エリック・ホブズボーム

Eric Hobsbawm

マルクスとマルクス主義の200年

いかに世界を変革するか

水田洋［監訳］　伊藤誠・太田仁樹・中村勝己・千葉伸明［訳］

作品社

いかに世界を変革するか
マルクスとマルクス主義の200年

目次

日本語版解説

［凡例］

一、本書は以下の全訳である。Eric Hobsbawm, *How to Change the World : Tales of Marx and Marxism*, Abacus, 2011.

一、▼は、原注の合印であり、当該の見開きの左端に掲載した。

一、◆は、訳注の合印であり、訳注も当該の見開きの左端に掲載した。また、〔　〕内の割注も訳注である。

一、原則として、文中の（　）内は著者ホブズボームによる記述、［　］内は訳者による補足、引用文中における［　］内は著者による補足である。

一、既訳書のある文献からの引用文は、出典を明示し、その訳文を参照したが、本書の文脈などに則して変更したものもある。

一、ドイツ語版『マルクス＝エンゲルス全集』（*Werke*）からの引用は、原則として大月書店版『マルクス＝エンゲルス全集』の訳文を参照した。注などにおける出典表示では、前に記したページ数が*Werke*のものであり、［　］内のものが日本語版のものである。なお、巻数は両者とも同じである。また、例外として、『資本論』は国民文庫版（大月書店）を、『共産党宣言』は講談社学術文庫版（水田洋訳『共産党宣言・共産主義の諸原理』二〇〇八年）を参照した。

一、原文のイタリック体は、書籍・新聞・雑誌名などは『　』でくくり、それ以外のものは傍点を付した。

一、固有名詞については、原則として慣用によったが、原音に近いと思われる表記を用いたものもある。

（例）フォイアバッハ（慣用では、フォイエルバッハ）など。

一、第4章および第13章以外の小見出しは原文にはなく、訳者が付したものである。

一、文献一覧は、原著にはなく、訳者が便宜的に作成したものである。ホブズボームの書誌データには省略も多く、訳者が補完したところもある。このため、ホブズボームの意図した版と異なる場合もありうる。また、同定できないものは、掲載していない。

一、明らかな誤字や誤記については、とくに断わらずに訂正した。

一、索引は、原著に準じて訳者が作成した。ただし、原語と訳語は一対一に対応するものではないことから、必ずしも原著に対応していない。

リヒトハイムの追憶に

まえがき

エリック・ホブズボーム

本書は、一九五六年から二〇〇九年までの私のこの領域での著作から多くを集めたものであり、その本質は、カール・マルクス（および分かちがたいフリードリヒ・エンゲルス）の思想の発展と死後の影響の研究である。それは伝統的な意味でのマルクス主義史ではないが、その核心部分は、私がエイナウディ出版社のイタリア語の非常に野心的な数巻の『マルクス主義史』（一九七八—八二年）に書いた六章からなっていて、私はその企画者であり編集者の一人であった。これらの章は検討され、ときには広範に書きなおされて、一九八三年以降のマルクス主義の退潮に関する一章が補遺として追加され、本書のなかばを超えるものになっている。本書にはそのほかに、マルクスとマルクス主義の、学者用語でいう「受容」のより進んだ研究がいくつか収められている。それは、リンツ国際労働史会議でのドイツ語の講演をもとにして一八九〇年代以来のマルクス主義と労働運動を論じたものと、個別著作への三つの序論、すなわちエンゲルスの『労働者階級の状態』、『共産党宣言』、および『経済学批判要綱』という出版物として知られている一八五〇年代の重要な手稿群における、資本主義に先行する社会形態についてのマルクスの見解をあつかったものである。本書のなかで、マルクス＝エンゲルス以後のマルクス主義者としてとくに議論されたのは、アントニオ・グラムシだけである。

本書の約三分の二は、英語あるいは他言語によっても出版されたことがなかったものである。第1章は、二〇〇六年◆にユダヤ人図書週間のイベントとして開催された公開討論での発言を、大幅に拡張し書きなおしたものであり、第12章も同様である。第15章は、これまで公表されなかった。

本書に集められたこれらの論文を書いたとき、私が心に描いていた読者たちとは、どういう人々であっただろうか。いくつかの章（第1、4、5、16章とおそらく12章も）は、それはただ、その主題についてもっとよく知りたいと思う男性であり女性であった。しかし、ほとんどの章が対象としているのは、マルクス、マルクス主義、さらに歴史的文脈と思想の発展やその影響との相互作用に、とくに関心をもつ読者である。この両方の種類の読者に私が提供しようと努めてきたもの、それは、政治的でイデオロギー的な領域を占めるマルクス主義者やその敵対者たちの潮流は多様で変遷するのだから、マルクスとマルクス主義に関する議論は、賛成論にも反対論にも限定できないという洞察である。過去一三〇年にわたってこの議論は、近代世界の知的音楽の主旋律であったし、二〇世紀の歴史のなかでは社会の諸勢力を動員する力をもっていたことから、重要な存在感、そしていくつかの時期にあっては決定的な存在感を示してきた。本書が、二一世紀におけるこの議論の将来、そして人類の将来はどのようなものかという問題を熟考する読者の一助となることを、私は期待している。

ロンドン、二〇一一年一月

◆（訳注）原文には二〇〇七年とあるが、この公開討論がおこなわれたのは、二〇〇六年三月二日であった。テーマは「二一世紀のためのマルクス」。以降、同様に修正した。

MARX and ENGELS

第I部
マルクスとエンゲルス

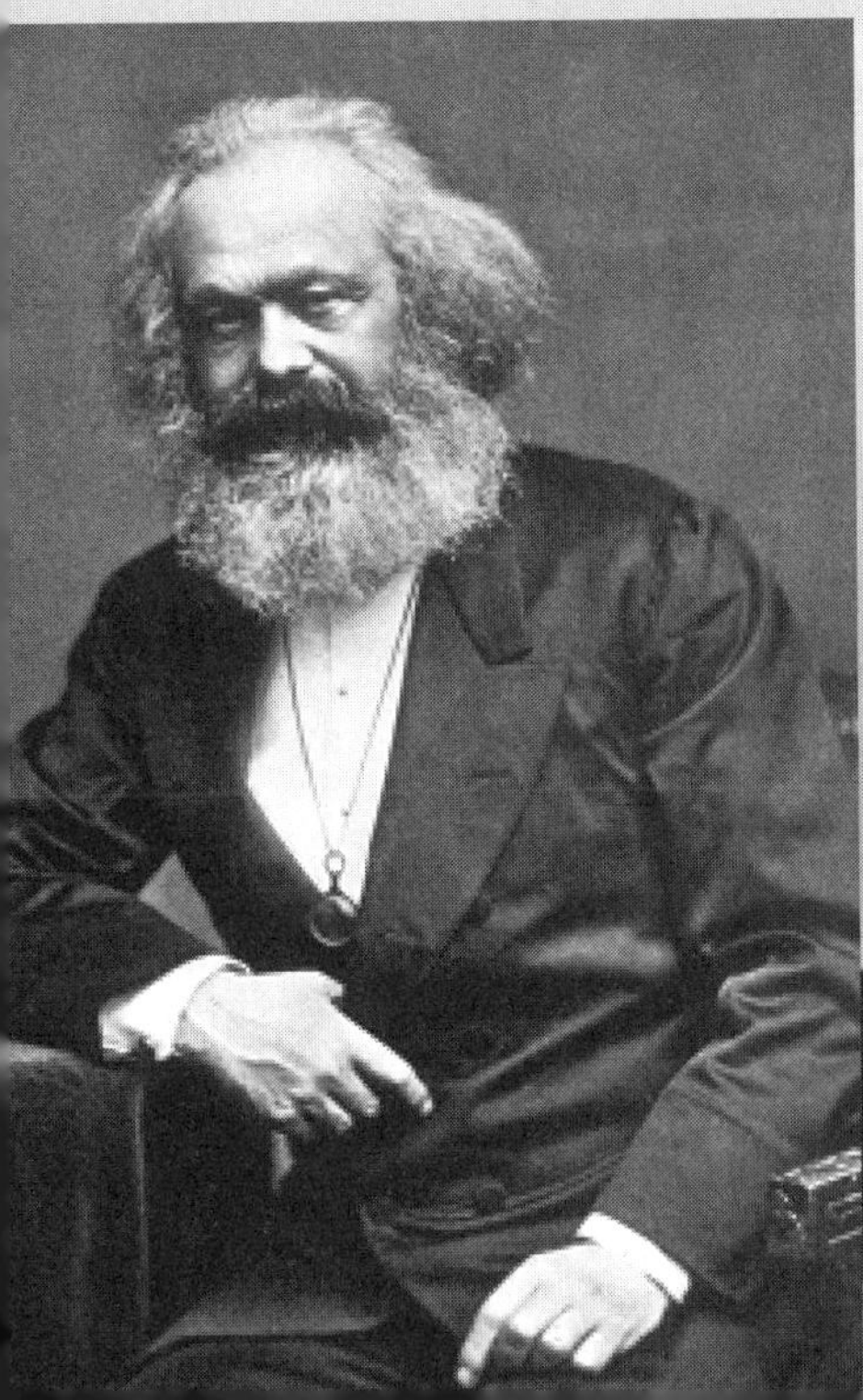

第1章
現代のマルクス

Marx Today

1 社会主義・共産主義の凋落とマルクスの復活

二〇〇六年に、マルクスの死を記念する日(三月一四日)より二週間ほど前に、ユダヤ人図書週間が開催された。その場所はロンドンで彼と最も緊密に結びついているところ、すなわちブリティシュ・ミュジアム読書室から、徒歩でわずかな距離であった。相互にたいへん異なった二人の社会主義者、すなわちジャック・アタリと私が、彼に対する後世からの敬意を表明した。それでもこのことは、機会と日付を考えると二重の意味で思いがけないことであった。マルクスが一八八三年に失意のうちに死んだとは、誰も言うことはできない。なぜなら彼の諸著作はドイツで、またとくにロシアの知識人のあいだで、影響をもち始めていたし、彼の弟子たちが指導する運動はすでにドイツの労働運動を支配する方向に動いていたからである。しかし一八八三年には、彼のライフワークとして示すべきものは、完成にはほど遠かった。彼はすでに見事な数冊のパンフレットと未完の主著『資本論』のトルソを書いてはいたが、この主著のための仕事は、彼の生涯の最後の一〇年間でほとんど進捗しなかったのである。彼の仕事についてたずねる訪問者に対して、彼は「何の仕事だって？」と苦々しく聞き返した。一八四八年革命の敗北以来、彼が主要な政治的努力を傾けていた一八六四―七三年のいわゆる第一国際労働者協会（インタナショナル）は崩壊していた。彼はその生涯のなかば以上を亡命者として過ごしたイギリスで、政治においても知的生活においても、目立った地位を占めることがなかった。

しかしそれにもかかわらず、なんとすばらしい死後の成功であろうか。彼の死後二五年間に、彼の名前で設立されるか彼の思想的影響を認めたヨーロッパの労働者階級諸政党は、民主的選挙がおこなわれている国々で――イギリスだけを例外として――一五％から四七％の得票を獲得した。その大部分は、一九一八年以後に単なる野党ではなく与党にもなり、ファシズムの終焉後も与党であったのだが、そのときから設立の思想を打ち消すのに力を注ぐようになった。そのような諸政党は、すべて今なお存在している。その間、マルクスの弟子たちは、非民主主義の第三世界諸国で、革命的グループを結成した。マルクスの死後七〇年には、人類の三分の一が共産党が統治する体制で暮らしていて、共産党は彼の思想を継承し彼の大志を実現すると主張していた。それらの政権政党は、少数の例外を除いて政策を劇的に変更したが、それでも未だに人類の優に二〇％以上が共産党の統治の下で暮らしている。要するに、一人の思想家が二〇世紀に、消すことができない大きな痕跡を残したとすれば、それが彼だったのである。ハイゲイトの墓地に入ると、そこには一九世紀のマルクスとスペンサー、すなわちカール・マルクスとハーバート・スペンサーが、奇妙なことに、お互いに墓が見えるほど近くに埋葬されている。二人が生きていたとき、ハーバートはその時代のアリストテレスとして認められていたが、カールはハムステッドの斜面の下のほうで、友達の金で暮らす男であった。今日、スペンサーがそこに葬られていることなど誰も知らないだろうが、他方のマルクスは、日本やインドからやってきた老巡礼たちが墓を詣で、イランやイラクの亡命共産主義者たちがその墓の蔭に葬られたいと言っている。

共産党体制と大衆的な共産党の時代は、ソ連の崩壊とともに終焉した。というのは、中国やインドのようにそれが生き残っているところでも、実際には、彼らは古いレーニン主義的マルクス主義の計画を放棄してしまったからである。そうしてその時代の終焉とともに、カール・マルクスは再び自分が無人地帯にいることを知ったのである。共産主義は、自分がマルクスの唯一の真の継承者であると主張してきたし、彼の思想の大部分は共産主義と一致していた。というのは、一九五六年のフルシチョフによるスターリン批判のあとで、あちらこちらにいくつかの足場を築いたマルクス主義あるいはマルクス＝レーニン主義の異端派の諸潮流でさえも、ほとんど確実に元共産主義者の離脱であったからである。そういうことで、彼の死後一〇〇年を記念してから二〇年ほどのあいだに、彼は間違いなく過去の人となり、すでに取り上げられる価値を失っていたのである。あるジャーナリストはこの夜の討論を、「歴史の屑かご」から彼を救いだそうとするものだと、ほのめかしさえした。それでも今日、マルクスは再び、まさに二一世紀のための思想家となっているのである。

ＢＢＣの世論調査によれば、イギリスのラジオ聴取者が、すべての哲学者のなかでマルクスがもっとも偉大な哲学者であると見なしているが、このことはそれほど大騒ぎをするまでもないと私は考えている。とはいえ、あなたがグーグルに彼の名前を打ち込むと、彼は依然としてすべての偉大な知識人のなかで最大のヒット数となっており、ダーウィンとアインシュタインだけには及ばないが、アダム・スミスとフロイトをはるかに超えているのだ。

これには二つの理由があると、私は思う。第一に、ソ連の公式マルクス主義の終焉が、マルクスを理論においてはレーニン主義との、実践においてはレーニン主義体制との公然たる同一視から解放したということである。きわめて明らかになったのは、マルクスがこの世界について言うべきであったことには、注目する理由が十分にあるということである。とくに第二の理由としては、一九九〇年代に出現したグローバル資本主義世界が、マルクスによって『共産党宣言』で予想された世界に、重要な諸側面で不気味なほど似ていることである。このことは一九九八年に、この驚異的なパンフレットの出版一五〇年を記念したときの、世論の反響によって明らかになった。

ついでに言えばこの年は、グローバル経済の劇的な変動の年であった。皮肉なことに、マルクスを再発見したのは社会主義者ではなく、資本家たちであり、社会主義者たちには元気がなくて、この機会を十分に利用することができなかった。私は今でも覚えているのだが、ユナイテッド航空の機内誌の編集者からの依頼にびっくりしたものだった。その雑誌の読者は、八〇%がアメリカのビジネス旅行者であるに違いないのだ。私は『宣言』について小論を書いたことがあった。その編集者は、機内誌の読者が『宣言』についての議論に興味をもつだろうと考えたのだが、彼は、私の小論を何かの役に立たせることができただろうか。それ以上に私を驚かせたのは、世紀の変わり目のある日のランチで、ジョージ・ソロスが、私がマルクスについてどう思うかと聞いたことである。私は二人の見解の開きがどのくらい大きいかを知っていたので、議論を避けたいと思って曖昧な答えをしたのだが、ソロスは言った。「あの人物は一五〇年も前に、資本主義について、われわれが注意しなければならないことを発見していたのだ」。確かにそうだった。それからまもなく、私の知るかぎり一度も共産主義者になったことがない執筆者たちが、再び本格的に彼に注目し始めたのである。たとえば、ジャック・アタリの新しい活動とマルクス研究がそうである。アタリは、世界が今われわれが生きているようなものとは異なる、よりよい社会であることを望んでいる人々に対して、マルクスは多くのことを言い残していると考えている。このような観点からも、われわれが現代のマルクスについて考慮するべきだと指摘されるのはよいことである。

二〇〇八年の一〇月に、ロンドンの『フィナンシャル・タイムズ』が、「激動する資本主義」というトップ記事を掲載したときには、マルクスが公然とよみがえったことについて、もはや疑いはありえなかった。グローバル資本主義が、一九三〇年代初頭以来、最大の混乱と恐慌を経過しているかぎり、彼の存在がそこからなくなることはありそうにもない。他方で二一世紀のマルクスは、二〇世紀のマルクスとはほとんど確実に異なったものであるだろう。

二〇世紀に人々がマルクスについて考えたことは、三つの事実に特徴づけられていた。その第一は、革命が議論できるような国々とそうでない国々、すなわち大雑把に言って北大西洋・太平洋地域の先進資本主義諸国とその他の国々との分離である。第二の事実は、第一の事実から引き出される。すなわちマルクスの遺産は、当然ながら社会民主主義的で改良主義的な遺産と、ロシア革命の圧倒的な影響を受けた革命的遺産とに二分されたのである。このことが一九一七年以降に明らかになってくるのは、第三の事実によってであり、その事実とは、一九世紀資本主義と一九世紀ブルジョワ社会が、いってみれば一九一四年から四〇年代後半にかけて、私が「破局の時代」と呼んだものへ崩壊したことであった。当時の危機は非常に深刻だったので、資本主義はもち直すことができるかどうか疑う人が多かった。マルクス主義からはるかに遠いヨゼフ・シュンペーターによって、一九四〇年代に予言されていたように、資本主義は社会主義経済に置き換えられることになっていたのではなかったか。確かに資本主義は回復したのだが、もとの形態においてではなかった。それと同時にソ連では、社会主義という選択肢には崩壊に対する免疫があるように思われていた。一九二九年から六〇年までのあいだは、社会主義体制の政治的側面に賛成しかねる多くの非社会主義者たちにとってさえ、資本主義が停滞しており、ソ連が資本主義の生産力に優ることを証明していると信ずることは、非理性的ではあると思われていなかった。スプートニクの年には、こうしたことを述べても荒唐無稽の響きはなかった。一九六〇年を過ぎるとそのことは十分に明らかになった。

これらの出来事と、政策や理論に対するその影響は、マルクスとエンゲルスの死後の時代のことである。

それらはマルクス自身の経験と評価の領域を超えたところにあり、二〇世紀マルクス主義についてのわれわれの理解は、マルクス自身の思考にではなく、彼の著作についての死後のさまざまな解釈と修正にもとづいている。われわれが主張できるのはせいぜいのところ、一八九〇年代後期のマルクス主義の最初の知的危機のあいだに、マルクスあるいはそれにも増してエンゲルスと個人的に交渉があった第一世代のマルクス主義者たちが、すでに、二〇世紀に重要性をもちはじめる諸問題のいくつか、なかでも修正主義、帝国主義、民族主義を議論していたということである。その後のマルクス主義者の議論の多くは、二〇世紀に特有のものであり、カール・マルクスには見られないものであった。とくにそうした議論は、社会主義経済は実際にはどのようなものでありうるか、あるべきかに関していた。それが現われたのは主として一九一四—一八年の戦争経済の経験と戦後の準革命あるいは革命の危機のなかからであった。

それだから、生産諸力の最も急速な発展を確保する方法として、社会主義が資本主義に優るという主張は、マルクスに依拠しては到底なされえなかった。それは戦間期の資本主義の恐慌が、五カ年計画のソ連に直面した時期に属する。実際、カール・マルクスの主張は、資本主義が生産諸力を向上させる能力の限界に達してしまったというものではなく、資本主義の目まぐるしい成長リズムが生み出す過剰生産の周期的恐慌が資本主義的な経済運営様式と両立できないということが遅かれ早かれ明らかとなるだろうし、またそうした恐慌から資本主義が堪えきれない社会的紛争が生じるだろうというものであった。資本主義はその本性上、後続する社会的生産の経済を形成することができなかった。必然的にそれは社会主義であるだろうと、マルクスは想定していた。

したがって、カール・マルクスについての二〇世紀の議論と評価の核心が「社会主義」であったということは、驚くべきことではない。理由は、社会主義経済のプロジェクトが明確にマルクス主義的であることではなく——事実、マルクス主義的ではないのだ——、マルクス主義の影響を受けたすべての党派がそのようなプロジェクトを共有しており、そして共産主義諸政党がそれを制度化したと実際に主張していたことである。二〇世紀的な形態において社会主義経済のプロジェクトは死んだ。ソ連で実施された「社会主義」とそのほかの「中央計画経済」すなわち理論的に無市場・国有・指令経済は、過去のものとなっており復活することはないだろう。社会主義経済を建設しようという社会民主主義の大志は、常に未来のための理想であったが、二〇世紀の終わりには、形式的な大志としてですら放棄されていたのである。

社会民主主義者が想定していた社会主義のモデルや共産主義の諸体制が樹立した社会主義は、どれだけマルクス的であっただろうか。ここで決定的なのは、マルクス自身が社会主義の経済学と経済制度についての明示的な発言を注意深く控え、共産主義社会の具体的な形態については、何も語らず、ただ共産主義社会は建設あるいは計画されうるものではなくて、社会主義社会のなかから発展的に生じてくるとだけ述べている点である。ドイツ社会民主党に対する『ゴータ綱領批判』においてそうであったように、この主題についてマルクスが示したこのような一般的な見解は、マルクスの後継者たちに明確な指示をほとんど与えておらず、そして実際のところ、後継者たちは、このようなマルクスの見解によれば学問的問題あるいは革命が生じるまでは空想的な練習問題とされるものを、まったく真剣に考察しなかったのである。共産主義社会は、国内産業の国有化によって達成しうるものとして一般に理解されていた――有名な労働党規約「第四条」を引用すれば――「生産手段の共同所有」にもとづくものだろうということを理解すれば十分であった。

まったく奇妙なことに、集権的社会主義経済についての最初の理論は、社会主義者たちによってではなく非社会主義のイタリアの経済学者エンリコ・バローネによって、一九〇八年に編み出された。第一次大戦の終わりに、私企業の国有化が実際に政治の議題になるまで、ほかには誰もそのことについて考えもしなかった。この時点になって社会主義者たちは、まったく準備ができていないまま、そして過去からも、あるいは誰からも教えられることもないまま、彼らの諸問題に直面した。「計画化」ということは、種類を問わず社会的に管理される経済であれば当然含まれているのだが、マルクスはそれについて具体的には何も言わなかったし、革命後にソヴェート・ロシアでそれが企てられたときは、ほぼ場当たり的でしかなかった。これは理論的には（レオンティエフの投入産出分析のような）諸概念を作り出し、関連諸統計をそろえることによっておこなわれた。これらの方策は後に非社会主義の諸経済によって、広く取り上げられるようになった。実際には、ソ連の計画化は第一次世界大戦時の、同じように場当たり的な戦争経済、とくにドイツの戦争経済を、継承することによっておこなわれた。おそらくとくに電力産業に対する特別の注目があったと思われるが、それについてレーニンは、ドイツとアメリカの電力会社の経営者のなかの政治的同調者から、知識を得ていた。戦争経済が、ソヴェートの計画経済、いわば、一定の目標——非常に急速な工業化、戦争の勝利、原爆の製造、人類の月面到達——が事前に定められ、次いで短期的にはどれほど費用がかかろうとも資源を割り当てることでその目標を達成するための計画が定められるような経済の基本モデルでありつづけた。こうした計画経済は社会主義の専売特許ではない。ア・プリオリな達成目標をめざす労働の成果は、より精巧なものとなることもあれば、より粗雑なものとなることもあるが、ソヴェート経済は決して実際にこうした労働を超えるものではなかったのである。しかもそれは、一九六〇年以来の努力にもかかわらず、市場を官僚指令構造に適合させようとするジレンマから、決して脱却することができなかった。

社会民主主義はマルクス主義を、社会主義経済の建設を延期するか、あるいはより積極的に混合経済の諸形態を案出するかという違ったやり方で変容させた。社会民主主義諸政党が、完全な社会主義経済の創造に関与しつづけていたかぎり、このことはこの主題についてのある思考を意味していた。最も興味深い考え方は、フェビアン派のシドニー・ウェッブとビアトリス・ウェッブのような非マルクス主義の思想家から生まれた。彼らは、資本主義から社会主義への不可逆的で累積的な諸改良による漸進的移行を考え、したがって社会主義の制度的形態についての政治思想を提供したが、社会主義の経済運営については何も言わなかった。マルクス「修正主義」の中心人物エドゥアルト・ベルンシュタインは、改良主義の運動がすべてであり、最終目標は現実性がないのだと主張することによって、この問題を巧妙に回避した。実際には、第一次世界大戦後に政権党になった、たいていの社会民主主義政党は、事実上、資本主義経済を労働の要求にいくらか応じながら運動するままにして、修正主義の諸政策を取り続けていた。この態度の標準的典拠〔locus classicus〕がアンソニー・クロスランドの『社会主義の将来』（一九五六年）であって、それは一九四五年以後の資本主義は、豊かな社会を作り出すという問題を解決したのであり、公企業（国有化という古典的形態であれなんであれ）は必要ではなくなり、社会主義者の唯一の任務は国富の公平な分配を確保することであると、主張したのである。これらはすべてマルクスから遠く離れてしまったし、マルクスももっていたと思われる本質的に非市場的な社会という伝統的な社会主義者の社会主義像からさえも、はるかに遠かった。

ここで私が付け加えたいのは、経済新自由主義者とその批判者たちが国家と公企業の役割についておこなった、より最近の論争は、とくにマルクス主義的な論争でもなければ、原則上、社会主義的な論争でもないということである。それは一九七〇年代以来の、利潤追求企業の活動に対する規制や統制から国家を組織的に手を引かせることによって、自由放任原理の病理学的退廃を経済的現実に転化させようという企てにもとづいていた。この企ては、合理的な自己利益追求者が住まう（とされる）、自制的で、富あるいは福祉さえ最大化する（とされる）市場に人間社会を引き渡そうとするものであって、先進経済の資本主義的発展のこれまでのどの局面においても、この企ての先例となるものはなかった。アメリカ合衆国にすらなかったのである。これは、その主義者たちがアダム・スミスに読み込む帰謬法〔reductio ad absurdum〕

であり、ボリシェヴィキたちがマルクスに、これと対応する極端なソ連の完全国家計画による命令経済を読み込むのと同じである。経済的現実よりも神学に近いこの「市場原理主義」がやはり失敗したことに驚くことはない。

社会民主主義諸政党が士気沮喪し、彼らの展望から中央計画的国家経済が消滅し、根本的に変更された社会が実質的に消滅したことは、社会主義についての二〇世紀の議論の多くを消し去ってしまった。彼らはカール・マルクスから非常に大きな教えを受け、彼の名において行動したのだが、彼自身の思考からはいくらか離れていた。他方でマルクスは、三つの点で巨大な力をもっていた。経済思想家として、歴史思想家、分析者として、社会についての近代的思考の公認の創始者として（デュルケームとマックス・ヴェーバーとともに）である。私は、彼の哲学者としての継続的でしかも明らかに真剣な重要性について、発言する資格はない。間違いなく現代への関わりを決して失わないのは、資本主義は人間の経済生活の限られた一時期の様式だというマルクスの資本主義像と、絶えず拡大し集中し恐慌を生み、自己変容していく資本主義の運動様式についての彼の分析である。

2　マルクスに立ち返る

マルクスは二一世紀にどのように関わるのか。これまでのところ社会主義経済を建設しようという唯一の企てであった、社会主義のソヴェート型モデルは、もはや存在しない。他方では巨大で加速し続けるグローバリゼーションの進展と人間の純然たる富生成能力がある。このことは国民国家の経済的政治的活動の力と範囲を縮小させ、したがって国民国家政府の差し迫った改良に主として依存した、社会民主主義運動の古典的な諸政策も縮小させた。市場原理主義の支配が進んだので、それはまた諸国間や地域間に極端な経済的不平等を生み出し、資本主義経済の基礎的な循環的リズムに対して、一九三〇年代以来の最も深刻なグローバル恐慌のような破局の要素を再生させたのである。

われわれの生産能力は、少なくとも可能性としては、人類のほとんどすべてを、必然性の王国から、豊かさの、教育の、そして想像を超えた人生選択の領域へと移せるようになった。ただし世界人口の大部分は、まだそこに入っていない。そうではあるが二〇世紀のほとんど全体にわたって、社会主義の運動も体制も、本質的にはなおこの必要の領域で活動していたのであり、民衆的な豊かさの社会が一九四五年から二〇年経って現われた、西側の富裕国においてさえそうであった。しかし豊かさの領域における十分な衣食住、収入をもたらす仕事、生命の危険から民衆を守る福祉制度は、必要ではあっても、もはや社会主義者たちの行動計画として十分ではないのである。

第三の発展は、否定的な発展である。グローバル経済の目覚しい拡大が自然環境を破壊したので、無制限の経済成長を制御する必要が、ますます喫緊の課題となってきた。われわれの経済が生物圏に与える影響を逆転させ、あるいは少なくとも統制する必要と、資本主義市場の至上命題すなわち利潤追求における最大限の持続的な成長とのあいだには、明白な矛盾が存在する。これは資本主義にとって、アキレスの踵《かかと》なのだ。誰の矢が致命的な傷を与えるのかは、われわれはまだ知ることはできない。

そこで、われわれは今日、マルクスをどのように見るべきか？　人文学の一部分ではなく、そのすべてに関わる思想家として見るべきか？　確かにそうだ。哲学者としてか？　経済分析者としてか？　近代社会科学の創設者、人類史を理解するためのガイドとしてか？　すべてそのとおり。しかしマルクスについての核心は、アタリが正しく強調したように、彼の思想の普遍的な包括性ということである。それは便宜的な意味で学際的なのではなく、あらゆる研究分野を統合したものである。アタリが書いているように「マルクス以前の哲学者たちは、人間をその全体性において考察したのだが、マルクスが初めて、政治的、経済的、科学的、かつ哲学的に、世界を全体として把握した」のである。

マルクスが書いたもののうちの多くが時代遅れとなり、またいくつかは受け入れがたいもの、あるいはもはや受け入れられないものになったということは、完全に明らかである。さらに明らかなのは、マルクスの著作が完成体の形をとらず、思想という名に値するすべてがそうであるように、終わりのない進行中の作業なのだということである。今では誰も、それを教条に転化しようとはしていないし、言うまでもなく制度的に防衛された正統理論へ転化しようともしていない。こうしたことは、マルクス自身にとってはショックなことであったろう。しかし、われわれはさらに、「正確」なマルクス主義と「正確でない」マルクス主義とのあいだに際だった違いがあるという観念も、拒否するべきだろう。マルクスの研究様式は、さまざまな結果と政治的展望を生み出すことができた。まさにそれによってマルクス自身、イギリスとオランダにおける権力の平和的移行の可能性、ロシアの農村共同体の社会主義への転化の可能性を思い描いたのであった。カウツキーも、ベルンシュタインでさえも、プレハーノフおよびレーニンと同じ程度に(同じようにわずかに、と言ってもいい)マルクスの後継者だったのである。こうした理由によって私は、アタリが、真実のマルクスと、後にマルクスの思想を単純化したり変造した一連の人々、すなわちエンゲルス、カウツキー、レーニンとを区別していることに、疑問をもっている。

『資本論』の最初の注意深い読者であったロシア人たちにとって、彼の理論を彼らの国のような後進諸国を西欧型の経済発展を通じて近代性に移行させるための道筋と見ることは、マルクス自身にとって、ロシアの農村共同体を基礎とした社会主義への直接的な移行が可能かどうかを思索することと同様に、当然のことであった。おそらくそれは、せいぜいカール・マルクス自身の思想の一般的な傾向に、より良く沿うものであったということだろう。ソヴェートの実験に対する有罪論告は、社会主義の建設は全世界がまず資本主義になって初めて可能だということではない。それはマルクスが言ったことではなく、そう信じていたと強く主張できることでもない。それは経験の問題であった。「赤い服の中国皇帝」とプレハーノフが警告したと伝えられるように、ロシアはあまりにも後進的で、社会主義の戯画以外には何も生み出せなかったのである。一九一七年には、このことは、たいていのロシア・マルクス主義者を含むすべてのマルクス主義者の、圧倒的な同意事項であった。他方で、いわゆる一八九〇年代の「合法マルクス主義者たち」に対する論告は、アタリの見解では、マルクス主義者の主な仕事はロシアに繁栄する産業資本主義を発展させることだというのだが、これもやはり経験の問題である。自由資本主義ロシアは、皇帝の下にもやってこなかっただろう。

それでもなお、マルクスの分析の中心部分のいくつかは、その多くが有効で妥当なものでありつづけている。第一は明らかに、資本主義的経済発展の逆らいがたいグローバルな動力の分析と、前に立ちふさがるすべてを破壊する能力についての分析である。この立ちふさがるもののなかには、家族構造のように資本主義自身が利益を得てきた人類の遺産でさえ、いくつか含まれている。第二は、内部「諸矛盾」を生み出すことによる資本主義的成長のメカニズムの分析である。絶えざる緊張の発作とさしあたりの解決、恐慌と変化に向かっての成長、すべてが、ますますグローバル化していくなかで経済的集中を生み出す。毛沢東は終わりのない革命によって絶えず新しくなっていく社会を夢見た。資本主義はこの夢を、シュンペーターが（マルクスに従って）終わりのない「創造的破壊」と呼んだ歴史的変化によって実現した。マルクスはこの過程がやがて途方もなく集中した経済に到達するだろう――到達せざるをえないだろう――と信じていた。それはまさに、アタリが最近のインタビューで、そこで何が起こるかを決定するのは一〇〇〇人か、せいぜい一万人程度だろうと述べた状態である。マルクスはそれが資本主義に取って代わるようになるだろうと信じていた。私には、これは今なおもっともらしく思われる予言なのだが、マルクスが予想したのとは違ったやり方でのことである。

他方で、それは社会主義を目指す膨大なプロレタリアートによる「収奪者たちの収奪」によって起こるだろうという、マルクスの予言は、資本主義のメカニズムについての彼の分析にもとづくものではなく、別の先験的な想定にもとづいていた。それはせいぜいのところ、工業化が、当時のイングランドで起こっていたように、主として肉体的賃金労働者として雇用される労働人口を生み出すであろう、という予言にもとづいていた。これは中期的予言としては十分に正しかったのだが、われわれが知っているように、長期についてはそうではない。さらに、一八四〇年代以降、マルクスもエンゲルスも、工業化が彼らの望みどおりに、政治的な急進化を促す貧困化を生むとは、予想していなかった。二人にとって明らかであったとおり、プロレタリアートの大部分は、どのような絶対的な意味においても、さらに貧しくはならなかった。実際に、一九〇〇年代にドイツ社会民主党の純粋にプロレタリア的な大会を見たアメリカ人が、そこにいる同志たちは「一段も二段も貧困より上」のように見えた、と述べていたのである。他方で、世界のさまざまな地域のあいだでの、また諸階級のあいだでの経済的不平等の明白な増大は、必然的にマルクスの言う「収奪者たちの収奪」を生むものではなかった。要するに、未来への希望は彼の分析のなかに読み込まれたのであって、それから引き出されたのではなかった。

第三は、経済学のノーベル賞受賞者、故サー・ジョン・ヒックスの言葉を借りるのが最適である。「歴史の全体の流れを見分けようとするたいていの人々にとって」と彼は言う。「マルクス主義の範疇か、あるいはそれを少し修正したものを使うのがいいだろう。なぜなら、それに代わるものがなかなか手にはいらないからだ」。

われわれは、二一世紀に世界が直面している諸問題の解決策を予見することはできないが、もしそれらが成功の機会に恵まれるものであるとすれば、それはマルクスの諸問題に立ち返るものにほかならない。彼のさまざまな弟子たちの回答を受け入れるつもりはないにしても。

第2章

マルクス、エンゲルスとマルクス以前の社会主義

Marx, Engels and pre-Marxian Socialism

1　近代社会主義の先行者たち

マルクスとエンゲルスは、比較的遅れて共産主義に到達した。エンゲルスが自分は共産主義者であると宣言したのは、一八四二年末であったし、マルクスはおそらく一八四三年後半まではそうしたことがなく、それは自由主義およびヘーゲル哲学との関係に長引いた複雑な決着をつけた後のことだった。後進地帯のドイツにおいてさえ、彼らは最初ではなかった。国外で働いていた職人たち（手仕事職人仲間〔Handwerksgesellen〕）は、すでに組織された共産主義の運動と接触していたし、最初の独自の共産主義理論家、仕立職人ヴィルヘルム・ヴァイトリングを生み出して、その最初の著書（『人類とは誰であり、どうであるべきか』）は一八三八年に出版されていたのである。知識人のあいだではモーゼス・ヘスが先行していて、じつに若きフリードリヒ・エンゲルスを転向させたと主張したのであった。それでも、ドイツ共産主義における先行性の問題は重要ではない。一八四〇年代初期にはある期間、理論的・実践的で活発な社会主義と共産主義の運動が、フラン

ス、イギリス、アメリカ合衆国に存在した。これらの運動について、若きマルクスとエンゲルスがどれだけを知っていただろうか。二人はどれだけ、彼らに負うところがあったか。二人の社会主義は、その先行者たちと同時代者たちの社会主義に対して、どのような関係をもつのか。これらの問題は本章で議論されるであろう。

その前にわれわれは、共産主義理論の歴史より以前の人々を簡単に整理しておくのがいいだろう。もっとも、革命家たちも先祖をもちたがるので、社会主義の歴史家たちはたいてい彼らに対して敬意を表明するものだが。近代社会主義はプラトンやトマス・モアから出てきたのではなく、カンパネッラからでさえもない。青年マルクスはカンパネッラの『太陽の都』から強い感銘を受けて、一八四五年に彼がエンゲルスやヘスとともに計画しながら実現しなかった「最高外国社会主義者文庫」に、それを入れることを企てたのだった。[1] そうした著作は、一九世紀の読者たちの興味をひいた。というのは、都市知識人にとって共産主義理論の主要な難点のひとつが、共産主義社会の実際の運営には先例がないように思われて、説得力を持たせるのが難しかったからである。事実、モアの書物の題名すなわちユートピアは、将来の理想社会を素描しようとするどんな試みをも表現する用語となったのだが、一九世紀において理想社会とは主として共産主義的な社会を意味していたのである。少なくとも、ひとりの空想的共産主義者、E・カベ（一七八八―一八五六年）がモアの賞賛者であったのだから、ユートピアという用語の選択は間違ってはいなかった。そうではあるが、一九世紀初頭の先駆的社会主義者や共産主義者たちが、社会に対する彼ら自身の批判、すなわちユートピアを組み立てようとするときの通常の手続きは、十分に検討すればわかることだが、彼らの思想をいくぶん遠い昔の著者から引き出すことではなくて、彼らよりいくぶん前の理想的共和国についての理論構築者の妥当性を発見し、あるいはそれに着目し、次にその理論構築者を利用して、賞讃することであった。一八世紀におけるユートピア的――必ずしも共産主義的でない――文学の流行は、そのような著作をいつでも手に入るものにした。

そのような著作は、程度の差こそあれ知られていたにもかかわらず、キリスト教の共産主義的施設の多数の歴史的実例は、近代社会主義・共産主義の鼓吹者たちに知られていなかった。初期の実例（一六世紀の再洗礼派の後裔のような）がとにかくどこまで知られていたかは、わかっていない。確かに青年エンゲルスは共産主義の実行可能性の証拠として、さまざまなそういう共産社会を挙げたとき、次のような比較的最近の実例に限定した。すなわちシェイカー（彼はこれを「全世界で……初めて財貨共有原則による社会を作った人々」と見なした）であり、[2] ラッパイトとセパラティストである。知られているかぎりで言えば、彼らもまた主として、共産主義への既存の願望を吹き込んだというよりも、それを裏づけしたのであった。

古代の宗教的・哲学的な諸伝統を、それほど簡単に処理してしまうことはできない。それらは近代資本主義の興隆とともに、社会批判の新たな潜在的能力を取得し、あるいは露わにし、またはすでに認められている社会批判の可能性を強化したりした。というのは、拘束されない個人主義の自由経済社会という革命的なモデルは、事実上これまで知られたかぎりすべての、男と女の共同体の社会的な諸価値と衝突したからである。実際にはすべての社会主義者がそのほかのあらゆる社会理論家とともに属していた、少数の教養人層にとって、そうした伝統は、哲学的思想家の連鎖あるいはネットワークのなかで、とくに古典古代にまでさかのぼる自然法の伝統のなかで、具体的に表現されていた。一八世紀の哲学者たちのなかには、そういう伝統を調整し、自由個人主義社会の新しい展望に合わせようと努めたものもあったが、哲学は過

▼1　Marx-Engels, *Collected Works*, vol. 4, note 242, p. 719を見よ。

▼2　エンゲルス「近代に成立し今も存続している共産移住地の記述」（『全集』第二巻、五二一、五二二ページ〔五四八、五四九ページ〕）。〔ページ数は、先に示したのがドイツ語版全集（*Werke*）のもので、〔　〕内が大月書店版『マルクス＝エンゲルス全集』のものである。なお、巻数は両者とも同じである〕。

去から共同体主義の強固な遺産を継承し、またいくつかの場合には私的所有のない社会は、それのある社会よりもある意味で「自然」である。あるいは、とにかく歴史的に先行するという信念を継承した。このことはキリスト教イデオロギーにおいてはとくに明瞭である。山上の説教のキリストを最初の「社会主義者」あるいは共産主義者と見ることほど簡単なことはないし、初期の社会主義理論家の大多数はキリスト教徒ではなかったが、のちの社会主義運動の参加者の多くは、このように振り返ることが有益だと考えた。これらの諸観念が、社会主義理論家の正規あるいは非正規の教養の一部となっていた先行的諸観念を注釈し、補足し、批判する一連の文献のなかで具体的に表現されていたかぎり、「良き社会」の観念、とくに私的所有にもとづかない社会の観念は、少なくとも瑣末なものとしてではあれ、社会理論家の知的遺産の一部であった。カベが孔子からシスモンディにいたる思想家の巨大な隊列をならべたことを、笑うのは簡単である。それはリュクルゴス、ピュタゴラス、ソクラテス、プラトン、プルタルコス、ボシュエ、ロック、エルヴェシウス、レナル、ベンジャミン・フランクリンからなり、カベの共産主義のなかに彼らの基本的諸観念が実現していることを確認するものであった。そして実際にマルクスとエンゲルスは『ドイツ・イデオロギー』で、そういう知的系譜学を笑い話にして愉しんだのだった。[3] そうではあるが、それは少なくとも識字階級にとっては、社会悪に対する伝統的な批判とブルジョワ社会の悪に対する新しい批判とのあいだの、純粋な継続の要素を示すものであった。

そのようなより古い文献や伝承が共産的な諸概念を具体的に表現しているかぎり、それらは実際に、ヨーロッパの――主として農村的な――前工業的諸社会において影響力をもつ何らかの諸要素と、ヨーロッパ人が一六世紀以降、接触するようになった異国諸社会の一層明白に共産的な諸要素を、反映していた。そういう異国的で「原始的」な諸社会の研究が、西洋の社会批判、とくに一八世紀のそれの形成にあたって注目すべき役割を演じたことは、「文明」社会に対して、「高貴な野蛮人」、スイスやコルシカの自由な農民、あるいはその他の形態で、そうした諸社会を理想化する傾向によって明らかである。少なくともルソーその他の一八世紀の思想家において、その研究からは、文明というものは、いくらか昔の人間の状態からの、しかもある点では、より公正で、より平等で、より慈愛に満ちた人間の状態からの堕落を含意しているということが示唆されている。さらに私的所有以前のそういう社会（「原始共産主義」）は、未来社会が再び目指すべきモデルを与え、それが実行不可能ではないという証拠を示したのだということさえ示唆されているかもしれない。この系統の思想は、確かに一九世紀社会主義思想のなかに存在し、マルクス主義のなかにも少なからず存在する。しかし逆説的なことにそれは、〔一九〕世紀の最初の数十年間よりも、その終わりに、はるかに強烈に現われるのである。これはおそらく、原始共産制の諸機関に対するマルクスとエンゲルスの知識と思い入れが増大したことと関係があるだろう。[4] フーリエを除けば、初期の社会主義者・共産主義者たちは、ある意味で人類の将来の至福のモデルとして役立ちうる「原初の幸福」を、彼らの横目で一瞥する傾向すら示していない。一六世紀から一八世紀を通じて、完全社会の理論的建設の最もよく知られたモデルは、旅行者がこの世界の遠隔地への旅の途中で出くわしたものごとを物語ろうとするユートピア小説であったにもかかわらず、こうした状況なのである。伝統と進歩、原始と文明との争いのなかで、彼らはゆるぎなく一方に加担した。人間の原始状態をエデンの園と同一視したフーリエでさえも、進歩の不可避性を信じていたのである。

「進歩」という言葉は、明らかに近代初期の社会主義・共産主義の社会批判の主要な知的母体であったも

▼3　『全集』第三巻、五〇八ページ以下〔五六五ページ以下〕。

▼4　マルクスにとって、所有の本源的形態は「種族的」であったが、初期著作のなかには、これが原始共産主義の一段階を示すのだという示唆はない。それについてのよく知られた『共産党宣言』の脚注は、一八八〇年代に追加された。

の、すなわち一八世紀の（そしてフランスの）啓蒙思想にわれわれを向き合わせる。少なくともこれは、エンゲルスの強固な見解であった。[5] 彼が何よりも強調したのは、啓蒙思想の体系的な合理主義であった。理性はすべての人間行為と社会形成の基礎を与え、「これまでの社会と統治のすべての形態、すべての伝統的な諸観念」を拒否するべきだとする規準を与えた。「いまからのちは、迷信、不正、特権、抑圧は、永遠の真理、永遠の正義、自然にもとづく平等、譲ることのできない人権によって、とってかわられる」[6]。啓蒙思想の合理主義は、社会に対する根本的に批判的な態度を意味し、その社会というのは論理的にブルジョワ社会を含んでいた。それだけではなく、啓蒙思想の諸学派諸潮流は、単に社会批判と革命的変革の憲章を提供したのではなかった。それらが提供したのは、人間には自己の状態を改善する能力があることの確信、人間には完成能力――チュルゴーやコンドルセの場合のように――さえあることの確信、存在しうる最善の社会が最終的にそうなるに違いない状態に向かう人類の進歩としての人類史があることの確信、理性一般よりも具体的に諸社会を判断するための社会的基準があることの確信であったのである。人間の自然権は生存と自由だけではなく、「幸福の追求」でもあり、革命家たちは、その歴史的な新しさを正しく認識して（サン＝ジュスト）、「幸福が社会の唯一の目的である」という信念に変容させた。[7] 時勢が順調であれば、そのような革命的な態度は、最もブルジョワ的・個人主義的な形態においてさえも、社会の社会主義的批判を促進するのに役立った。われわれはジェレミー・ベンサムを、どのような種類であれ社会主義者と見なすことはないだろう。それでも青年マルクス、エンゲルス（おそらく前者より後者）は、ベンサムを、エルヴェシウスの唯物論と「ベンサムの体系から出発して、イギリス共産主義を基礎づけた」ロバート・オウエンとのつなぎ目と見ていた。他方で「プロレタリアートと社会主義者だけが……彼の教えを一歩前進させるのに成功した」[8]というのである。事実二人はそろって、彼らが企画した「最高外国社会主義者文庫」に――ウィリアム・ゴドウィンの『政治的正義』を入れることの結果としてではあったが

――ベンサムを入れようと提案したほどであった。[9]
啓蒙思想のなかで生まれた思想の諸学派に対する、マルクスの特定の負い目――たとえば経済学と哲学の領域におけるそれ――については、ここで議論をする必要がない。その諸学派が自分たちの先行者である「空想的」社会主義者・共産主義者を、イルミニズム◆に属するものとして、正しく見ていたという事実は残る。彼らが社会主義の伝統をフランス革命以前にまでさかのぼったかぎりでは、それはドルバックとエルヴェシウスの哲学的唯物論とイルミニスト共産主義者のモルリとマブリに到達した。（カンパネッラを除けば）この早い時代に彼らの文庫の企画に現われる名前は、これらだけであった。
そうではあるが、ある特定の思想家がのちの社会主義理論の形成のなかで演じた役割については、彼が

▼5　『反デューリング論』は次の文章からはじまっている（『全集』第二〇巻、一六ページ脚注〔一六ページ、段落末注〕）。「近代の社会主義は、どれだけ多く実質として、現在の社会にみられる財産を持つものと持たないもの、労働者と搾取者との階級対立を熟視することからでているにしても、その理論的形式においては、一見してわかるのは、それは一八世紀啓蒙の偉大なフランスの代弁者たちが提出した諸原理を、さらに一貫して継続発展させたものだということである。モルリとマブリは、このグループに属していた」。
▼6　『全集』第二〇巻、一七ページ〔一七ページ〕。
▼7　Advielle, *Histoire de Grachus Babeuf* (Paris, 1884), II, p. 34.
▼8　『聖家族』(*Works* IV, p. 131)、(『労働者階級の状態』ibid., p. 528)。
▼9　*Works* IV, p. 666; エンゲルスからマルクスへ 1845. 3. 17 (『全集』第二七巻、二五ページ〔二四―五ページ〕)。しかし、すぐにこの思想家に対してマルクスは評価を減少させる。『ドイツ・イデオロギー』での判断はまだ積極的だが。
◆（訳注）イルミニズムIlluminismは一八世紀の啓蒙思想を一九世紀半ばにかけて普及しようとした思想運動だが、明確な組織をもたなかった。

マルクスとエンゲルスに直接に大きな影響を与えたようには見えないにしても、簡潔に考察することが必要である。それはジャン＝ジャック・ルソーである。彼を社会主義者と呼ぶことは到底できない。というのは、私的所有はすべての社会的不平等の源泉であるという主張の最も普及した版となったものを展開したとはいえ、良き社会は所有を社会化しなければならないとは主張せず、平等な分配を保障しなければならないと言うにとどまったからである。彼は「所有は盗みである」という理論的概念に同意をしたが、それをいくらかでも詳しく発展させることはなかった。その概念はのちにプルードンによって広められたが、ジロンド派のブリッソによる仕上げを見ればわかるように、それ自身で社会主義を意味するものではなかった。[10]それでも彼については、二つのことを述べておかなければならない。第一に、社会的平等は富の共有と全生産的労働の中央統制に依拠しなければならないという見解は、ルソーの主張の自然な拡大である。第二に、もっと重要なことに、ルソーの平等主義のジャコバン左派への政治的影響は否定できず、それから最初の近代的共産主義運動が発生したのであった。バブーフはみずからの弁護論のなかで、ルソーに依拠した。[11]マルクスとエンゲルスが最初に知った共産主義は、平等論をその中心スローガンとしてもっていたし、[12]ルソーはそれについて最も影響力のある理論家であった。一八四〇年代初期の社会主義と共産主義がフランスのものだったかぎり——彼らが主としてそうだったので——ルソー的平等主義はその本来の構成要素であった。ドイツ古典哲学へのルソーの影響も、やはり忘れるべきではない。

2　空想的社会主義者たち

すでに示唆しておいたように、近代的社会運動としての途絶えることのない共産主義の歴史は、フランス革命の左翼から始まる。バブーフの平等党の陰謀がブオナロッティを通じてその直系の後裔としてつながりをもつのは、一八三〇年代のブランキ的な革命諸結社である。そして同様に、これらの結社が、その感化を与えた亡命ドイツ人の「義人同盟」——のちの「共産主義者同盟」——を通じて、同盟のために『共産党宣言』を起草したマルクスとエンゲルスを直系の後裔としているのである。マルクスとエンゲルスが一八四五年に企画した「文庫」が「社会主義」文献の次のような二部門から始められるべきだとされたのは、自然なことであった。すなわち（モルリとマブリを継承して）明白に共産主義集団を代表するバブーフとブオナロッティと、フランス革命の形式的平等に対する左翼批判者たちとアンラジェ（「社会グループ」、エベール、ジャック・ルー、ルクレール）という二部門である。ただし、「スパルタからきた禁欲的共産主義」とエンゲルスが呼ぶことになるものへの理論的関心は、大きくなかった（『全集』第二〇巻、一八ページ〔二八ページ〕）。一八三〇年代と四〇年代の共産主義の筆者たちでさえ、理論家としてのマルクスとエンゲルスに深い印象を与えることはなかったようである。マルクスは、こうした初期共産主義の粗雑さと一面性こそが、「それから区別されたものとしてフーリエ、プルードンその他の社会主義学説を、偶然ではなく必然によって生んだのだ」[13]と主張したのである。マルクスは彼らの著作を——ラオティエール（一八一三—八二年）やピヨ（一八〇九—七七年）のように比較的目立たぬものさえ——読んだにもかかわらず、彼らの社会分析に負うところがわずかであったことは明らかであるのだが、彼らの分析の主な重要性は、階級闘争を「プロレタリアート」とその搾取者たちとの闘争として定式化した点にあった。

▼10　J. P. Brissot de Warville, *Recherches philosophiques sur le droit de propriété et le vol* (1780); cf. J. Schumpeter, *History of Economic Analysis* (NY, 1954, pp. 139-40).〔J・A・シュンペーター著、東畑精一・福岡正夫訳『経済分析の歴史』上中下（岩波書店、二〇〇五年）上、二四七—五一ページ〕。

▼11　Advielle, op. cit., II, pp. 45, 47.

▼12　Cf. 'Anti-Dühring', English edn, p. 116.

しかしながら、バブーフ主義と新バブーフ主義の共産主義は、二つの点で重要であった。それは第一にたいていの空想的社会主義の理論と違って、政治に深く組み込まれており、したがってそれは革命の理論だけでなく、政治的な実践、組織と戦略・戦術の教義も、いかに限界があったとはいえ体現していたのである。一八三〇年代におけるその主要な代表者たち――ラポヌレー（一八〇九―四九年）、ラオティエール、デザミ、ピヨと、とりわけブランキ――は、行動力のある革命家であった。このことは、マルクスが集中的に学んだ彼らのフランス革命史への有機的なつながりとともに、彼らをマルクスの思想の発展に高度に関わるものとした。第二に、共産主義の書き手たちは主として周辺的な知識人であったが、一八三〇年代の共産主義運動は、目に見えて労働者たちを引きつけていたのである。ロレンツ・フォン・シュタインが注目したこの事実にマルクスとエンゲルスは明らかに感銘を受け、のちに一八四〇年代の共産主義運動のプロレタリア的性格を、ほとんどすべての空想的社会主義の中産階級的性格と明確に区別して回想している。[14]そのうえ、一八四〇年ごろに[15]「共産主義」という名前を採用したこのフランスの運動から、マルクスとエンゲルスを含むドイツの共産主義者たちは、みずからの見解の名称として採用したのであった。

一八三〇年代に、新バブーフ主義とフランスの本質的に政治的で革命的な伝統のなかで出現した共産主義は、初期産業革命の資本主義社会におけるプロレタリアートの新しい経験と溶けあった。このことによって、共産主義を小さいながらも「プロレタリア」の運動にしたのである。共産主義思想は、直接にこのような経験に依拠するかぎり、明らかに工業労働者階級がすでに大量現象として存在する国、すなわちイギリスの影響を受けている可能性が高かった。それであるから、当時のフランス共産主義の理論家のなかで最も傑出したエチアン・カベ（一七八八―一八五六年）が影響を受けたのが、新バブーフ主義からではなく、一八三〇年代の彼のイングランド経験からであり、とくにロバート・オウエンからであって、したがって彼がむしろ空想的社会主義の潮流に属することは、偶然ではない。それでも、工業的でブルジョワ的な新たな社会を、ブルジョワジーによる「二重革命」――フランス革命と（イギリスの）産業革命――のどちらかの側面によって直接に変容した地域における思想家が分析できたかぎり、そのような分析は工業化の実際の経験に、それほど直接に結びついたものではなかった。事実それはイギリスとフランスの双方で、同時に独立しておこなわれたのである。この分析が、マルクスとエンゲルスの思想のその後の発展の主要な基礎を形成する。ついでに言えるのは、エンゲルスのイギリスとの関係のおかげで、マルクスの共産主義はその出発点から、フランスの知的影響とともにイギリスのそれの下にあり、それに対してその他のドイツ社会主義・共産主義左翼は、フランスでの推移以上のものはほとんど知らなかった、ということである。▼16

常に綱領を意味した共産主義という言葉と違って、「社会主義」という言葉は主として分析的で批判的であった。この言葉は、人間社会の特定の見解を含意する人間本性（たとえば、「社交性」の根本的な重要性とそのなかにある「社会的本能」）に関する特定の見解を主張する人々か、あるいは、とくに公的問題（たとえば、自由市場の運営への介入）における社会的行動の特定の様式の可能性または必要性を確信

▼13　エンゲルスの見解については、次を見よ。オウエン派の『ニュー・モラル・ワールド』（一八四三年）のために書かれた『大陸における社会改革の進展』（『全集』第一巻、四八四—五ページ〔五二七—九ページ〕）。マルクスの見解（一八四三年）については『全集』第一巻、三四四ページ〔三八一ページ〕を見よ。

▼14　エンゲルス「〔『共産党宣言』（一八八八年の英語版）の〕序文」『全集』第一巻、三五四ページ以下〔三六〇ページ以下〕を見よ。

▼15　第一回共産主義者祝宴は一八四〇年に開催された。カベの*Comment je suis communiste*と*Mon crédo communiste*は一八四一年から始まっている。一八四二年にはロレンツ・フォン・シュタインが、ドイツで広く読まれた*Der Sozialismus und Communismus des heutigen Frankreichs*ではじめて二つの現象の明白な区別を試みた。

する人々を表わすために用いられた。まもなく次のことが明らかになった。すなわち、おそらくそれらの見解は、ルソーの弟子たちのような平等の支持者たちが発展させ、あるいはそうした人々を引きつけ、所有の諸権利――この論点は、啓蒙と「社会主義者[17]」に対する一八世紀のイタリア人反対者たちがすでに提起していた――に干渉する気にさせた可能性が高いのだが、社会主義という言葉が生産諸手段の完全な共同所有と管理にもとづく社会と完全に同一視されたわけではない、ということである。実際、その言葉は、一般的な用語法としては、一九世紀後半に社会主義政党が出現するまで完全に同一視されたわけではなく、人によっては、現代でさえ完全には同一視されないと論ずるかもしれない。それであるから、明白な非社会主義者たち（現代的意味における）が、一九世紀後半でさえ、ドイツの講壇社会主義者や「われわれはいまや、すべて社会主義者だ」と宣言したイギリスの自由党の政治家のように、みずから「社会主義者」と名乗ったり、そう呼ばれたりすることができたのである。この綱領的な曖昧さは、社会主義者たちによって社会主義的と見なされた運動にまで拡張された。忘れてはならないのは、マルクスとエンゲルスが「空想的社会主義」と呼んだもののうちの主要学派のひとつであったサン＝シモン主義者たちは、「富の協同所有よりも産業の共同的規制に関心があった[18]」ということである。イングランドで初めて（一八二六年）この言葉を使用した――しかし数年後には「社会主義者」を自称するだけであった――オウエン主義者たちは、彼らが熱望する社会を「協同」による社会として描いた。

　しかし、「社会主義」の反対語である「個人主義[19]」が、それだけで競争的で規制のない市場経済の特定の自由資本主義のモデルを意味する社会では、「社会主義」もまた自然に、アソシエーション的または協同的なモデル、すなわち私的所有よりも協同所有にもとづく有機的社会へのすべての熱望を表わす一般的な名称としての、綱領的な含蓄をもつことになるはずである。この言葉は、引き続き不正確なままであったが、一八三〇年代以降、それはこの意味における社会の多かれ少なかれ根本的な改造に主として結びつけられた。その信奉者は社会改良家から気まぐれ者にまで及んだ。

したがって、批判的と綱領的という初期社会主義の二つの側面は、区別されなければならない。批判的側面は二つの要素からなり、主として一八世紀のさまざまな潮流から引き出された、人間本性と社会についての理論と、ときとして歴史的な発展または「進歩」についての見解の枠組みにおいて「二重革命」を

▼16　おそらくエンゲルスによる、ドイツの「真正社会主義者たち」の無知と対比された「イングランドの共産主義者たち」についての知識の誇らかな展開は、『ドイツ・イデオロギー』を見よ。「モア、水平派（レヴェラーズ）、オウエン、トンプソン、ウォッツ、ホリオーク、ハーニー、モーガン、サウスウェル、J・G・バーンビー、グリーブズ、エドモンズ、ホブスン、スペンス」——以上のようなリストは、誰が入っているかだけでなく、誰が入っていないかを見るのも面白い。それは成熟期のマルクスには身近であった何人かの「労働経済学者」とくにJ・F・ブレイとトマス・ホジスキンにはまったく触れていない。逆にそれは、今では忘れられたが、エンゲルスのように一八四〇年代の急進左翼とよくつきあっていた者には親しかった。「共産主義」という言葉を導入したと主張するジョン・グッドウィン・バーンビー（一八二〇—八一年）、「聖社会主義者」ジェームス・ピアポント・グリーブズ（一七七七—一八四二年）、ジョン・ウォッツ（一八一八—八七年）のようなオウエン派の社会伝道者のチャールズ・サウスウェル（一八一四—六〇年）、かなりよく知られたG・J・ホリオーク（一八一七—一九〇六年）、オウエン派の活動家で『ニュー・モラル・ワールド』と『ノーザン・スター』の出版者であったジョシュア・ホブスン（一八一〇—七六年）。オウエン、ウィリアム・トンプソン、ジョン・ミンター・モーガン、T・R・エドモンズ、トマス・スペンスは、今でもイギリスのどんな社会主義思想史の本にも出ている。

▼17　Franco Venturi, 'Le mot "socialista"' (Second International Conference of Econ. Hist., Aix, 1962; The Hague, 1965, II, pp. 825-7).

▼18　G. Lichtheim, *The Origins of Socialism* (NY, 1969), p. 219.

▼19　サン＝シモン主義者ピエール・ルルーのこの問題についての最初の論文は二つの言葉を括弧に入れた。'De l'individualisme et du socialisme' (1835).

生み出した社会の分析である。これらのうちの最初のものは、それが（フランスよりもイギリスの思想のなかで）政治経済学に到達したことを除けば、マルクスとエンゲルスの関心を大いに惹くことはなかった。われわれはこのことを、あとで考察しよう。第二の要素は明らかに、彼らに大きな影響を与えた。綱領的側面も、二つの要素からなっていて、それは協同の基礎の上に、極端な場合には共産主義の共同体を創設することで、新しい経済を創造しようというさまざまな提案と、このようにして実現される理想社会の本性と性格を考察しようという試みである。ここでもまたマルクスとエンゲルスは、第一の要素には関心がなかった。空想的な共同体建設を、彼らは政治的に無視していいものと正当にも見なしたのであり、実際無視できるものであった。こうした共同体建設は、非宗教的形態においても宗教的形態においても、いくぶん人気を集めたアメリカ合衆国以外では、実践的意義をもつ運動にはならなかった。せいぜいのところ、それは共産主義の実行可能性の例証として役立つくらいであった。それ以上に政治的に影響力があったアソシエーション主義と協同の諸形態は、イギリスとフランス双方の工匠と熟練職人にかなり浸透したのだが、マルクスとエンゲルスはその当時、それらについて（たとえば一八三〇年代のオウエン主義の「労働交換」）、ほとんど知らなかったか、信用していなかった。あとになってエンゲルスは、オウエンの「労働市場」をプルードンの諸提案と比較した。[20] 目に見えて成功したルイ・ブランの『労働の組織』（一八三九―四八年に一〇版を重ねた）では、そうした諸形態は明らかに重要だとは考えられていないし、マルクスとエンゲルスはといえば、彼らは反対であった。

他方で、共産主義社会の性質についてのさまざまなユートピア的考察は、マルクスとエンゲルスに非常に重要な影響を与えた。しかし共産主義の未来についてそのような展望を描くことに彼らは反対であったので、その後の多くの解説者はこの影響を過少評価してきたのである。共産主義社会の具体的形態についてマルクスとエンゲルスが述べたほとんどすべては、初期のユートピア的著作にもとづいていた。たとえば、都市と農村の区別の廃止（エンゲルスによればフーリエとオウエンから引き出された）[21]と国家の廃止（サン＝シモンから）[22]がそうであり、そうでなくてもそれはユートピア的テーマの批判的討論を基礎にしていた。

したがって、マルクス以前の社会主義は、その後のマルクスとエンゲルスの著作に埋めこまれたのであるが、それは二重に歪曲されている。彼らは自分たちの先行者たちをきわめて選択的に利用したのであり、さらに彼らの後期の成熟した著作は、初期社会主義者が彼らの形成期に与えた影響を反映しているとは限らない。それで、青年エンゲルスは後年に比べて、サン＝シモン主義者たちから影響を受けることがはるかに少なかったのだが、他方で、カベは『反デューリング論』ではまったく姿を現わさないのに、一八四六年以前の著作では稀にどころではなく言及されているのである。[23]

そうではあるが、マルクスとエンゲルスは、ほとんど出発点から三人のユートピア思想家を、とくに重要なものとして抜き出していた。サン＝シモンとフーリエとロバート・オウエンである。このことに関して、後期エンゲルスは、一八四〇年代初期の判断を維持した。[24]オウエンは他の二人から少し離れて立っているが、それは彼が明らかに、イングランドのオウエン主義運動と緊密に接触していたエンゲルスによっ

▼20　『反デューリング論』『全集』第二〇巻、二四六ページ〔二七三ページ〕。
▼21　『反デューリング論』『全集』第二〇巻、二七二―三ページ〔三〇〇―三ページ〕。
▼22　ユートピア思想家に対する一般的な負い目については、『共産党宣言』（『全集』第四巻、四九一ページ〔五〇五ページ〕）を見よ。そこには「未来社会についての積極的な諸提案」が列挙されている。
▼23　エンゲルス『大陸における社会改革の進展』（『全集』第一巻、四八二ページ〔五二五ページ〕）。『ドイツ・イデオロギー』でのグリュンの誤解に対して、カベが詳しく弁護されている。
▼24　計画された「文庫」では、彼らはすでにいっしょに現われている。

て、マルクス（オウエンの著作はまだ翻訳されていなかったので、彼を知っていたことはほとんどありえない）に紹介されたということだけによるのではない。サン＝シモンやフーリエと違ってオウエンは、一八四〇年代初期のマルクスとエンゲルスによって、通常、「共産主義者」として叙述されていた。その当時もあとになってもエンゲルスは、オウエンが彼のユートピア共同体を設計したときの実際的な常識とビジネス流のやりかたから、深い印象を受けていた（「細目の仕組みにたいしては、専門家の見地からみてさえ、ほとんど文句のつけようがない」『全集』第二〇巻、二四五ページ〔二七二ページ〕）。社会改良の三大障害である「私的所有と宗教と現在の婚姻形態」（同書）に対する、オウエンのひたむきな敵意もまた、明らかに彼に訴えた。そのうえ、オウエンが、自分は資本主義の企業家であり工場主でありながら、産業革命の実際のブルジョワ社会を批判したという事実は、彼の批判にフランスの社会主義者にはない特殊性を与えた（彼がまた一八二〇年代と三〇年代に、労働者階級のしっかりした支持を得ていたということは、エンゲルスによって評価されていなかったようである。エンゲルスが知っていたのは、一八四〇年代のオウエン主義の社会主義者たちだけであった）[25]。そうではあったがマルクスは、オウエンが理論的にはフランス人に劣るということについて、疑いをもたなかった[26]。彼の著作に対する主要な理論的関心は、マルクスがのちに研究したその他のイギリス社会主義者の著作に対する関心と同じく、その資本主義の経済的分析、すなわち彼の著作においてはブルジョワ経済学の前提と議論から社会主義的結論が得られる際の方式にあった。

「サン＝シモンには、天才的な視野の広さが見いだされ、そのおかげで、彼の著作には、厳密な意味での経済思想を除いて、後代の社会主義者たちのほとんどあらゆる思想が、萌芽としてふくまれているのである」[27]。後期エンゲルスの判断が疑いもなく反映しているのは、まったく奇妙なことだが、教祖サン＝シモンの才気にあふれながら曖昧な洞察を社会主義の体系のようなものへと実際に転化したサン＝シモン派（バザール、アンファンタンなど）への言及は、多くはないにもかかわらず、マルクス主義がサン＝シモン主義にきわめて多くを負っているということである。サン＝シモン（一七五九―一八二五年）が、フランスだけではなく海外でも、たいていは才能あふれる多様な重要人物（カーライル、J・S・ミル、ハイネ、リスト）に途方もない影響を与えたことは、ロマン主義期におけるヨーロッパ文化史のひとつの事実であるが、この点を彼の原著の読者が現代において正しく評価することは必ずしも容易ではない。もし彼らの著作が、首尾一貫した学説を含んでいるとすれば、それは生産産業の中心的重要性であるが、この生産産業によって社会のなかの純生産的諸要素が社会を社会的・政治的に統制するものとならなければならず、また社会の将来が形成されねばならない。すなわち一貫した学説とは、産業革命の理論である。「産業家たち」（サン＝シモンの造語）は、人口のうちの多数派を形成し、そのなかには生産的企業家――注目すべきことに銀行家を含む――、科学者、技術革新者、およびその他の知識人たちと、労働民衆を含んでいた。労働民衆は生産的企業家などの補充源となる貯蔵庫として偶発的に機能することもあるのだが、労働民衆が「産業家たち」に含まれているかぎり、サン＝シモンの学説は貧困と社会的不平等を攻撃し、他方で、自由と平等というフランス革命の原理を個人主義的なものとして、また競争と経済的無政府主義へ導くものとして完全に拒否している。社会の諸制度の目的は、単純に「最大多数の階級」と定義された「プロレタリアの幸福の増大に主要な諸制度を寄与させる」（『社会組織論』一八二五年）ことである。他方で「産業家たち」は、企業家や技術的計画者であるかぎり、怠惰で寄生的な支配階級だけでなく、ブルジョワ自由

▼25　『労働者階級の状態』『全集』第二巻、四五一―二ページ〔四七一―二ページ〕。
▼26　マルクス「プシュの自殺論」（一八四六年）*Works*, IV, p. 597.
▼27　『反デューリング論』『全集』第二〇巻、二四二ページ〔二六九ページ〕。

資本主義の無政府状態にも反対して、それに対する初期の批判を提供している。彼は、工業化は非計画的な社会と基本的に両立しえないという認識を密かにもっている。

「産業階級」の出現は、歴史の結果である。サン＝シモンの諸見解のうちどれだけが彼自身のものであったか、どれだけが彼の秘書であった（一八一四―一七年）歴史家オーギュスタン・チエリの影響であったかということには、われわれは関わる必要がない。いずれにせよ、社会体制は所有の組織様式によって決定され、歴史の進行は生産体制の発展に立脚し、ブルジョワジーの権力はその生産手段の所有に立脚している。彼は階級闘争としてのフランス史について、フランク族によるゴート族の征服にはじまるかなり単純な見解をもっていたように思われ、それは弟子たちによってもっと明確な被搾取階級の歴史に仕上げられ、マルクスにさきがけて、奴隷が農奴にかわり、農奴は名目的には自由だが無産のプロレタリアである、としたのである。しかしながらサン＝シモンは、彼自身の時代の歴史については、いっそう明確であった。エンゲルスがのちに称讃をこめて述べたように、彼はフランス革命を貴族やブルジョワと無産大衆との階級闘争と見ていたのである（彼の弟子たちはこれを拡張して、フランス革命はブルジョワを解放したが、いまやプロレタリアを解放すべきときが来たのだと主張した）。

歴史とは別に、エンゲルスはそのほか二つの主要な洞察を、強調しなければならなかった。すなわち、政治の経済への従属というよりじつは吸収、したがって将来の社会における国家の廃止であり、「人々の統治」を「事物の管理運営」に置き換えることである。このサン＝シモン的な表現が、この創始者の著作のなかに見られるかどうかにかかわらず、その概念は明らかにそこに存在している。さらにマルクス主義やその後のすべての社会主義の構成要素となっていたそのほかの多くの概念もまた、明白にサン＝シモン自身にさかのぼれないにしてもサン＝シモン学派へたどることはできる。「人間による人間の搾取」はサン＝シモン的な表現であり、共産主義の第一段階の分配原則を説明するためにマルクスがやや訂正を加えることになる「各人からはその能力に応じて、各能力にはその仕事に応じて」という定式もサン＝シモン的であり、またマルクスが『ドイツ・イデオロギー』で取り上げた「すべての人間にその素質の最も自由な展開を保証する」という表現も同様である。要するにマルクス主義は明らかに、サン＝シモンから多くのおかげを受けていて、ただその負債の正確な性質を確認するのが容易ではないのであり、それはサン＝シモンの貢献が、必ずしも常にほかの同時代人の貢献から区別できないためである。そういうことで、歴史における階級闘争の発見は、誰でもフランス革命を研究すれば、あるいはそれを経験しさえすれば、できそうなことであった。その発見は実際にマルクスによって、フランス王政復古期のブルジョワ歴史家たちの貢献とされたのである。同時に、そうした歴史家のなかで（マルクスの視点から）最も重要であったオーギュスタン・チエリは、すでに見たように、人生の一時期にサン＝シモンと密接に結びついていた。しかもわれわれがその影響をどれほど限定しようとも、それは疑う余地がないのである。エンゲルスがサン＝シモンを一貫して好意的に取り扱ったことは、「サン＝シモンは発想が豊かすぎて困っている」と言ったり、彼を実際にヘーゲルと比較して、「あの時代の最も百科全書的な精神」としたことから明らかである。[28]

成熟期のエンゲルスは、シャルル・フーリエを次の三つのことを根拠として称讃した。[29]それは、ブルジョワ社会に対する、というよりむしろブルジョワ的行動様式に対する、才気と機智による激しい批判、女性解放への支持、そして本質的に弁証法的な歴史概念である（この最後の点は、フーリエにというよりも

▼28　エンゲルスからテニエスへ、一八九五年一月二四日（『全集』第三九巻、三九四―五ページ〔三四三ページ〕）。『反デューリング論』（『全集』第二〇巻、二三ページ〔二三ページ〕）。

▼29　青年エンゲルスは、フーリエが労働者と彼らの状態について多く書いたのは、ずっとあとになってからだったと書いている。『フーリエの商業論の一断章』『全集』第二巻、六〇八ページ〔六三四ページ〕。

エンゲルスに属するように思われる）。それでもフーリエの思想がエンゲルスに与えた最初の衝撃と、それがマルクスの社会主義に残したと思われる最も深い痕跡は、フーリエの労働の分析である。社会主義の伝統に対するフーリエの貢献は、特異なものであった。ほかの社会主義者たちと違って、彼は進歩を疑っていたし、人類は文明化においていくぶん曲がり角を間違えたという、ルソー的な信念を共有していた。彼には産業と技術的進歩を受け入れて利用する用意があり、歴史の車輪は逆行させられないという確信はあったけれども、産業と技術的進歩について懐疑的だったのである。彼はまた――この点ではほかの何人かの空想家と同様に――ジャコバンの人民主権と民主主義について懐疑的であった。哲学的には、彼は超個人主義者であり、彼にとって人類のための最高の目標は、すべての個人の心理的な衝動の充足と、それぞれの個人の最大限の享受の達成であった。というのは――彼についてのエンゲルスの印象の、最初の記録を引用すれば▼[30]――「〔フーリエが打ち立てた社会哲学の偉大な公理は〕それぞれの個人はすべて、ある特殊な種類への仕事のこのみ、または偏愛をもっていながら、すべての個人のこれらすべてのものの総計は、全体として、すべてのものの欲求をみたすのに適当な力であるにちがいない、ということである。この原理から次のことがでてくる。すなわち、各個人が、なにをし、なにをしないかについて好きなとおりにするように、彼自身のこのみにゆだねられると、すべての人の欲求は、……みたされるだろう」。そして次のように論証した。「絶対的怠惰は無意味なもの、かつて存在したことがなく存在しえないものなのである。……彼はつづいて労働と享受との同一性の証明にとりかかる。そして、両者を分離する……現在の社会秩序の非合理性をしめすのである」。フーリエが、急進的な性の自由化への明白な帰結をともなって女性解放を主張したのは、人のすべての本能と衝動の解放という彼のユートピアの論理的展開――おそらくじつにその核心――である。フーリエは確かに、初期社会主義者たちのなかで唯一のフェミニストではなかったが、それへの情熱的な参加は、おそらく彼を最も強力なフェミニストにしたであろうし、彼の影響はサン＝シモン主義者たちのこうした方向への急進的な転換のなかに探ることができるだろう。

マルクス自身がおそらくエンゲルスよりも意識していたのは、労働は人間本能の本質的充足であり、遊戯と一致するものであるというフーリエの労働観と、共産主義が確保するだろうとマルクスもエンゲルスも信じていた人間の全能力の十全な展開とのあいだには矛盾がありうるということであったが、分業（すなわち機能の永続的専門化）の廃止は、フーリエ主義を基本線として解釈しうる結果をおそらく生み出しただろう（「朝《あした》には狩りをし、午《ひる》すぎには魚をとり、夕《ゆうべ》には家畜を飼い、食後には批判をする」[31]）。確かに彼はあとになって、フーリエの労働概念を「ただの遊び、ただの娯楽」[32]としてはっきりと拒否し、そうすることで暗黙裡にフーリエの、自己実現と本能解放の同一視を拒否したのである。フーリエの共産主義的人間は、自然が作ったままの男たちと女たちで、抑圧から解放されていたが、マルクスの共産主義男女はそれ以上のものであった。そうではあるが、成熟したマルクスが、人間の活動としての労働についての最も真剣な議論においてフーリエを特別に再考察しているという事実は、彼にとってのこの著作家の重要性を暗示している。エンゲルスはといえば、彼のフーリエに対する称讃的な言及の継続は（たとえば『家族の起源』）永続的な影響を立証するし、さらに、今日なお一八四〇年代初頭と同じ意味の楽しみと開明を――憤激も――もって読むことができる唯一の、空想的社会主義の著作家への永続的な共感を立証するのである。

空想的社会主義者たちはこうして、ブルジョワ社会の批判、歴史理論の概略、社会主義は実現可能であ

▼30　『社会改革の進展』『全集』第一巻、四八三ページ〔五二六ページ〕。
▼31　『ドイツ・イデオロギー』『全集』第三巻、三三ページ〔二九ページ〕。
▼32　『経済学批判要綱』（一九五三年、ベルリン版、五〇五ページ、五九九ページ）〔高木幸二郎監訳『要綱』第三分冊、五五五ページ、六六一ページ〕。

るだけでなくこの歴史的瞬間にも求められているのだという確信、そのような社会での人間の諸制度はどういうものになるだろうか（個別の人間の行動を含めて）についての大量の考察を提供した。それでも彼らには、著しい理論的および実践的な欠陥が存在していた。彼らは大なり小なりの実践的弱点をもっていた。控えめに言って、彼らは、さまざまな種類の非現実的な逸脱者たちと混同された。すなわち、透徹した先見の明をもつ者から心理的に混乱した者におよぶ逸脱者、また精神錯乱者——観念が過剰だからといって、常に済まされるわけではないのである——から奇妙な崇拝者や疑似宗教の誇大な宗派にいたる逸脱者と混同されたのである。要するに、彼らの弟子たちは滑稽なものとされる傾向があり、そして青年エンゲルスがサン＝シモン派について述べたように「フランスでは、ひとたび笑いものにされると、なんであれ不可避的に没落するのである」[33]。マルクスとエンゲルスは、偉大な空想家たちの空想的な諸要素を、彼らの天才あるいは独創性に必要な代償と見なしていたが、ますます異様になり、しばしばますます孤立化する奇想家たちの諸集団に対して、世界の社会主義への転換において多くの実践的な役割をもつとは想定することがほとんどできなかった。

第二に、もっと重要なことに、彼らは本質的に非政治的であり、したがって理論においてさえ、そのような転換を達成しうる有効な手段を、何も提供しなかった。共産主義共同体への脱出は、サン＝シモンが初期に、ナポレオン、皇帝アレクサンドル、あるいはパリの大銀行家たちに対してしておこなった要請と同様に、期待された成果を生みそうもなかった。空想家たち（サン＝シモン派を除いて。というのは、彼らがみずからの媒介者として選択した活動的な資本主義企業家たちが、彼らを社会主義から引き離したので）は、彼らの思想の伝達者として、何か特定の階級や集団を認識してはいなかったのであり、（エンゲルスがオウエンについて認めたように）彼らが労働者に訴えかけたときでさえ、彼らの計画のなかで、プロレタリアの運動は何もはっきりとした役割を与えられていなかった。というのも、彼らの計画の名宛人とされたすべての人びとは、彼らだけがすでに発見していた明白な真理を認識すべきであったが、しかし、たいていは認識できなかったからである。しかも、教義の宣伝と教育は、とくに青年エンゲルスがイギリスのオウエン主義者たちに関して批判した抽象的形態においては、ひとりでに成功することは決してないだろう。要するに、エンゲルスがイギリスでの経験によって明白に見たように、「社会主義はその基礎においてはフランスの共産主義をはるかに凌駕しているが、その発達の点ではおくれをとっている。それはのちにフランス共産主義を凌駕するために、一時フランス人の立場にもどるべきだろう」[34]。フランス人の立場というのは、プロレタリアートの革命的――そして政治的な――階級闘争であった。われわれが後で見るように、マルクスとエンゲルスは、初期社会主義がさまざまな種類の協同と相互主義へ非ユートピア的に発展することに対して、さらに一層批判的でさえあった。

空想的社会主義の数多くの理論的な弱点のうち、ただひとつが劇的に突出していて、それは私的所有の経済的分析がないことであった。その私的所有を「フランスの社会主義者と共産主義者たちは、……さまざまな経路で批判しただけでなく、空想的なやりかたで『止揚［aufgehoben］』さえしてしまっていたのだ」[35]。しかし彼らは私的所有を、資本主義体制と搾取の基礎として体系的に分析していたわけではなかった。マルクス自身は、エンゲルスの初期の著作『国民経済学批判大綱』（一八四三―四四年）に刺激を受けていた[36]、そういう分析が共産主義の核心でなければならないと結論したのである。のちに彼が自分の知的発展の過程を説明したときに述べたように、政治経済学は「市民社会の解剖学」（『経済学批判』序文）であ

▼33　『全集』第一巻、四八二ページ〔五二五ページ〕。
▼34　『労働者階級の状態』『全集』第一巻、四五二―三ページ〔四七二ページ〕。
▼35　マルクス「P・J・プルードンについて」（一八六五年）『全集』第一六巻、二五ページ〔二三ページ〕。
▼36　『全集』第一巻、四九九―五二四ページ〔五四三―六九ページ〕。

った。それはフランスの「空想的」社会主義者たちのなかに、見出されるべきものではなかった。ここからマルクスのP・J・プルードン（一八〇九―六五年）に対する、称讃と（一八四五年の『聖家族』における）大幅な擁護が生じるのであって、彼はその『所有とは何か』（一八四〇年）を一八四二年の終わり近くに読み、すぐに「最も一貫し、鋭い社会主義の著者」[37]の称讃にのり出した。プルードンがマルクスに影響を与えたとか、マルクスの思想形成に貢献したとかいうことは、誇張である。一八四四年においてさえ、マルクスはプルードンを、ドイツの仕立て屋共産主義者ヴィルヘルム・ヴァイトリングといくつかの点で比較して、理論家として劣ると評価していたが[38]、ヴァイトリングの現実的な存在理由は、彼が（プルードンと同様に）実際に職人だったということにすぎなかった。しかし彼は、プルードンをサン＝シモンやフーリエよりも劣った人物と見なしていたのではあるが、プルードンが両者より進んでいることを評価していた。のちにマルクスは、そうした先進性をヘーゲルに対するフォイアバッハの先進性と比較した。そしてその後、プルードンとその弟子たちへの敵意の厳しさは増加したにもかかわらず、彼は決してこの見解を修正しなかったのである[39]。それは、その著書の経済学的価値にはあまり関係がなかった。なぜなら「政治経済学の厳密に科学的な歴史のなかでは、この著書が一度でも取り上げられる価値をもつことはめったになかっただろうから」である。確かにプルードンは、本格的な経済学者ではなかったし、決してそうならなかった。マルクスがプルードンを称讃したのは、何かを彼から学んだからではなく、マルクス自身が中心的な理論的課題と見なした「経済学批判」そのものの先駆者としてプルードンを認めたからであった。そして、彼が実際の職人であると同時に、疑いもなく独創的な人であったので、マルクスの称讃はいっそう惜しみないものであった。マルクスは、プルードン理論の功績以上にその欠陥に強い衝撃を受けるまでは、自分の経済学研究を進める必要はなかった。その欠陥は、『哲学の貧困』（一八四七年）で酷評されている。

そのほかのフランスの社会主義者の誰もが、マルクスの思想形成に、何か重要な影響を与えるということはなかった。

3　経済学者たち

マルクスの社会主義の三つの源泉が、フランス社会主義とドイツ哲学とイギリス政治経済学にあるということは、よく知られている。早くも一八四四年にマルクスは、「ヨーロッパ・プロレタリアート」の国際的な知的分業とでもいうようなことを述べていた。[40]本章が対象とするマルクスの思想の起源は、マルクス以前の社会主義思想あるいは労働思想において見出されるかぎりのものだけであり、したがって本章では、マルクスの経済思想がマルクス以前の社会主義思想あるいは労働思想に由来する、またはその影響を受けたかぎりにおいてのみ、あるいはマルクスが彼以前のそうした思想のなかに彼の分析の先行思想を見出すかぎりにおいてのみ取り扱う。さて知的な面について言えば、イギリスの社会主義は、事実上イギリスの古典派経済学に由来したのだが、その道筋は二つあった。すなわち、オウエンを通じてベンサムの功利主義からという道筋、しかし何よりも、いわゆる「リカード派社会主義者たち」（彼らのうちの何人かは、元は功利主義者）、とくにウィリアム・トンプスン（一七七三―一八三三年）、ジョン・グレイ（一七九九―一八八三年）、ジョン・フランシス・ブレイ（一八〇九―九七年）、トマス・ホジスキン（一七八七―一八六九

▼37　マルクス「共産主義とアウグスブルク『アルゲマイネ・ツァイトゥンク』」（『ライン新聞』一八四二年）『全集』第一巻、一〇八ページ〔一二五ページ〕。『ライン新聞』一八四三年四月一日（新メガ I, 1, p. 417）。
▼38　マルクス「一プロイセン人に対する批判的論評」『全集』第一巻、四〇四―五ページ〔四四一―二ページ〕。
▼39　マルクス「P・J・プルードンについて」『全集』第一六巻、二五ページ以下〔二三ページ以下〕。
▼40　マルクス「批判的論評」『全集』第一巻、四〇五ページ〔四四二ページ〕。

年）という道筋を通じてである。彼らが重要なのは、職人たちに対する経済的搾取の理論を案出するのに、リカードの労働価値論を使用したことだけによるのではなく、社会主義者（オウエン派）および労働者階級運動との積極的な結びつきにもよるものだった。じつは、エンゲルスでさえも一八四〇年代初頭にはこれらの著作の多くを知っていたという証拠はないし、マルクスは確かに一八五一年までは、「マルクス以前の著者たちの中で最も説得力がある社会主義者[▼41]」であるホジスキンを読まなかった。このあとでマルクスは彼についての高い評価を、彼としては通常の学問的な自覚をもって、表明したのである。[▼42]これらの著者たちが、結局マルクスの経済学研究に貢献したということはおそらく、マルクスの経済恐慌理論へのイギリスの貢献――社会主義者よりむしろ急進的な――よりもよく知られているだろう。早くも一八四三―四四年にエンゲルスは――ジョン・ウェードの『中流および労働者階級史[▼43]』（一八三五年）によるものと思われそうな――次のような見解を自分のものにしていた。すなわち一定の周期をもつ恐慌は、資本主義経済の運動の必然的な側面だという見解で、彼はこの事実をセー法則の批判に利用した。

イギリスの左派経済学者たちとのこれらの関連性に比べると、マルクスの大陸の経済学者たちへの負債は少ない。フランス社会主義は、それが経済理論をもっていたかぎり、サン＝シモン派との関連で、おそらくスイスの異端経済学者、シスモンディ（一七七三―一八四二年）の影響を受けながら、とくに「サン＝シモン主義とマルクス主義の結び目」（リヒトハイム）と言われてきたコンスタンタン・ペクール（一八〇一―一八七年）を通じて発展した。この二人はともに、マルクスが本格的に研究することになる（一八四四年）最初の経済学者たちのなかに含まれていた。シスモンディは何度も引用され、ペクールは『資本論』の第三巻で取り上げられた。しかし、マルクスはシスモンディを含めるかどうか迷ったにせよ、どちらも『剰余価値の諸理論』には含まれていない。他方で、イギリスのリカード派社会主義者たちは含まれている。マルクスは結局、彼自身が比較にならないほど最大の、最後のリカード派社会主義者だったのである。

それでも、マルクスがその時代の左派の経済学のなかの何を承認し何を発展させたかを簡単に見渡すためには、われわれは彼が何を拒否したかも、簡単に考慮しなければならない。マルクスが拒否したものは、信用改革、通貨操作、地代改革、相続廃止等々による資本主義的集中の抑制措置などの手段――たとえ、これらの手段が、小所有者個人にではなく、資本主義内部で機能し結局は資本主義を代替すると想定される労働者のアソシエーションに利益をもたらすよう意図されていたとしても――によって資本主義の諸問題を解決しようとする「ブルジョワ的」（『共産党宣言』）な、のちには小市民的な、そうでなければ間違った試みであった。そのような提案は、社会主義運動の諸部分を含めて、左翼のなかに広がっていた。マルクスが、経済学者として尊敬していたシスモンディに対してもった敵意、そうではなかったプルードンに対する敵意は、ジョン・グレイに対する批判とともに、彼の以上のような見解から生じていた。彼とエンゲルスが彼ら自身の共産主義の見解を形成したとき、同時代の左翼理論のこれらの弱点は、彼らをあまりひるませなかった。それでも一八四〇年代半ばからは、彼らはますますこれらの人々に対して、その政治的実践に、したがって理論に、大きな批判的な注意を払わなければならないと、思うようになった。

▼41　E. Roll, *A History of Economic Thought* (London, 1948), p. 249.〔E・ロール著、隅谷三喜男訳『経済学説史』上下巻（有斐閣、一九五一年）上巻、二四九ページ〕。

▼42　『剰余価値の諸理論』〔通称、剰余価値学説史〕Ⅳ（『全集』第二六巻第三分冊、二六一―三三一ページ〔三四八―四一六ページ〕）および『資本論』Ⅰでのホジスキンへの言及を見よ。そこではブレイ、グレイ、トンプスンも引用されている。

▼43　『経済学批判大綱』『全集』第一巻、五一四ページ〔五五八―九ページ〕。マルクスは一八四五年にマンチェスターで、ブレイやトンプスンとともにこの著者のものも読んだ（『経済学批判要綱』一九五三年、一〇七〇ページ〔高木監訳『要綱』第五分冊、一一二八五ページ〕）。

4　ドイツの思想家たち

彼らの思想形成に対するドイツの貢献については、どうだろうか。政治的にも経済的にも遅れていた、マルクスの青年時代のドイツには、彼が何か大事なことを学びうるような社会主義者たちはいなかった。じつは、マルクスとエンゲルスが共産主義に転向するほとんどその瞬間まで、そして実際にある点においては一八四八年を越えるまで、この国では、反動と王侯絶対主義に対する急進的反対勢力を形成した民主主義的ジャコバン的傾向と区別された、社会主義的または共産主義的左翼について語ることは誤解を生んでいた。『共産党宣言』が指摘するように、ドイツでは（フランスやイギリスと違って）共産主義者は、一方で労働者たちをブルジョワに対する敵対性を明確に自覚するように励ましながら、絶対君主制、封建的土地所有、小市民的状況（die Kleinbürgerei）[44]に反対して、ブルジョワジーと足並みをそろえて行進するほかには、選択肢がなかった。政治的に、またイデオロギー的に、ドイツの急進左翼は、西方を見ていた。一七九〇年代のドイツ・ジャコバン以降、フランスは政治的・知的亡命者にモデルと避難所と進歩的諸傾向の情報源とを提供してきた。一八四〇年代初頭にはロレンツ・フォン・シュタインの社会主義と共産主義の調査でさえ、それらの学説を批判しようという著者の意図にもかかわらず、そこでは主としてそのように利用されたのである。そうしている間に、主としてパリで働いているドイツ人旅職人の集団が、一八三〇年以後の在フランス亡命者から離れて、彼ら自身の目的のためにフランス労働者階級の共産主義を採択した。したがって、共産主義の最初のドイツ版は素朴ではあったが、やり方が初歩的で革命的でプロレタリア的であった。[45]ヘーゲル左派の急進青年知識人たちが、民主主義で停止することを望むか、政治的・社会的にそれを超えることを望むかにかかわらず、フランスは彼らの諸思想のために知的なモデルと触媒を提供した。

これらの旅職人のなかで、モーゼス・ヘス（一八一二―七五年）が目立っていたが、それは彼の知的な能力によるというよりも（というのは彼は決して明敏な思想家ではなかったので）、一番先に社会主義者になり、若い知的反逆者世代の全員の転向に成功したためであった。彼のマルクスとエンゲルスに対する影響は、一八四二―四五年に決定的であった。ただし両者はともに、きわめて早く、彼を真面目に考えることをやめてしまったのである。彼自身の銘柄「真正社会主義」（主としてサン＝シモン主義の一種がフォイアバッハ流の術語に翻訳されたもの）は、たいした重要性をもつはずのものではなかった。真正社会主義は主として、マルクスとエンゲルスのそれに対する論争（『共産党宣言』）において有名になったことによって記憶されているのだが、その論争の主な標的とされたカール・グリュン（一八一七―八七年）は、論争以外では忘れられたし、また忘れられてしかるべき人物であった。ヘスは、一八四八年にマルクスの弟子であることを自認してももっともであったほどに、その知的発展はしばらくマルクスに同伴していたのだが、自分が思想家としても政治家としても不十分であることに悩み、マルクス主義の、ドイツ労働運動の、そして最後にシオニズムの、永遠の先駆者としての役割に甘んじるしかなかったのである。

しかしながら、ドイツの前マルクス社会主義がマルクスの諸思想の成立にとって――伝記的な点を除いて――たいして重要ではないとしても、ドイツの非社会主義的な自由主義批判については一言しなければならないのであって、それは一九世紀の曖昧な用語感覚では「社会主義の」と分類される可能性のある音

▼44　ここではdie Kleinbürgereiを小市民〔The petty-burgeoisie〕と訳した。

▼45　ヴィルヘルム・ヴァイトリングは一八三五―三六年と一八三七―四一年にパリに住んでいて、そこでピヨやさまざまな共産主義の雑誌を読んでいる。

調をもっていた。ドイツの知的伝統には、一八世紀の「啓蒙」のどのような形態に対しても（したがって自由主義、個人主義、抽象論の議論に対しても――たとえばベンサム的あるいはリカード的な議論のどのような形態に対しても）敵対的な、強力な構成要素が含まれていた。それは、元来戦闘的な反動運動であったドイツ・ロマン主義に表現された、歴史と社会の有機体的概念を全面的に支持していたが、ヘーゲル哲学がいくつかのやり方で、啓蒙とロマン主義的見解との一種の総合を提供したのであった。ドイツにおける政治的実践は、したがってドイツにおいて実践に適用された社会理論も、全包括的な国家行政の活動によって支配されていた。ドイツ・ブルジョワジー――遅れて企業家階級として成長した――は全体として、政治的優位も無制限の経済的自由主義も要求しなかったし、その有力構成員の大きな部分は、どんな場合にもあれかこれかの形態の国家官僚であった。公務員（教授を含む）としても、企業家としても、ドイツの自由主義者たちは無制限の自由市場についての純粋な信念を、もちそうもなかった。フランスやイギリスと違って、農村育ちの理論家たちは、イギリスですでに見られるようになった資本主義経済の完全な発展を回避でき、それとともに大衆的貧困の諸問題を国家計画と社会改良の結合によって回避できるならと希望した人々であった。そういう人々の理論は、J・K・ロートベルトゥス＝ヤゲッツォウ（一八〇五――七五年）の場合のように、実際に一種の社会主義にかなり近いものになることができた。彼は保守的な君主主義者（一八四八年に短期間、プロイセンの大臣になった）で、一八四〇年代に資本主義の過少消費説的批判と労働価値論にもとづく「国家社会主義」の学説を、作り上げていた。このことはビスマルク時代に、マルクス自身が傑出した保守主義思想家から剽窃したとまでは言わなかったが、ドイツ帝国がどの社会民主主義者とも同じく「社会主義的」であったことの証拠として、宣伝目的に利用されることになったのである。この非難はばかげていて、マルクスは一八六〇年ごろ、彼の見解が十分に形成されたときにロートベルトゥスを読んだにすぎず、ロートベルトゥスにできたのは、「せいぜいのところマルクスに、どのようにその事業に取りかかってはならないか、どのようにして最大の諸誤謬を避けるべきかを、教えることであった」[46]。この論争は永く忘れられていた。他方で、ロートベルトゥスによって例示された態度と主張の類型が、ラサール型の国家社会主義の形成に影響を与えた（二人は一時提携した）ということは、十分に主張できるかもしれない。

反資本主義のこれらの非社会主義版が、マルクスの社会主義の形成に何の役割も演じなかったということについては、ほとんど何も述べる必要はないだろう。のみならず、明らかに保守的な連想をもたらしたために、青年ドイツ左翼の活発な攻撃を受けたのである。[47]「ロマン主義」理論と呼びうるものが、マルクス主義の前史に属するのは、その最も非政治的な形態、すなわち「自然哲学」の形態においてであり、それに対してエンゲルスは常にわずかな愛好をもっていたが（『反デューリング論』への彼の序文を見よ）、ドイツ古典哲学のなかにそれがそのヘーゲル的形態で吸収されてしまったかぎりのことである。産業の国有および国家管理を含む経済への国家介入という、保守的で自由主義的な伝統は、産業の国有化はそれ自体では社会主義ではないという彼らの見解を、確認したにすぎなかった。

こうしてドイツの経済的・社会的・政治的な経験も、それの諸問題を取り扱うことをとくに意図した諸著作も、マルクスの思想に対して何か重要な貢献をすることはなかった。実際、このことは、それ以外ではありえなかった。とくにマルクス、エンゲルスによって、しばしば言われてきたように、フランスとイングランドでは政治的・経済的な形態で具体的に現われた諸問題が、彼らの青年時代のドイツでは、抽象

▼46　Schumpeter, *History of Economic Analysis*, p. 506.〔東畑・福岡訳、中、二四〇ページ〕。
▼47　『共産党宣言』で、諸傾向を比較した「封建的社会主義」の部分は、ドイツにはまったく触れないで、フランスの正統王朝派とディズレーリの「青年イングランド」だけに言及している。

的な研究という衣装をまとってしか現われなかったのである。反対に、疑いもなくこの理由によって、この時期におけるドイツ哲学の発展は、他の諸国のそれよりもかなり強い印象を与えていた。たとえ、ドイツ哲学は、このことにより社会の具体的現実に接触できなかった——マルクスは「無産階級」に実際に言及することはなかったが、しかし、「無産階級」の諸問題については、一八四二年の秋に先立って「マンチェスター、パリ、リヨンで、声高に訴えられた」[48]のである——としても、ドイツ哲学は直接の事実を超えて一般化し浸透する強力な能力を提供した。しかしながらその全能力を現実化するために、哲学的省察は世界に働きかける手段に変容されなければならなかったし、思索的な哲学的一般化は、ブルジョワ社会の現実世界の具体的な研究と分析に、結びつけられなければならなかった。この結合なしに主としてヘーゲルの哲学的発展の政治的急進化から出てきたドイツ社会主義は、せいぜいのところドイツ的または「真正」社会主義を生み出すにすぎないのであり、マルクス、エンゲルスはそれを『共産党宣言』で冷やかしたのだった。

この哲学的急進化の第一歩は、まず宗教への、次いで国家（主題が政治的敏感さを増した場合には）への批判という形をとった。それは、宗教と国家への批判が、哲学が哲学として関わる主要な二つの「政治的」問題であったからである。この急進化の、マルクス以前の二つの大きな目印は、シュトラウスの『イエス伝』（一八三五年）と、とくにフォイアバッハの、いまや明白に唯物論の『キリスト教の本質』（一八四一年）であった。ヘーゲルとマルクスの中間段階としてのフォイアバッハの決定的な重要性はよく知られているが、マルクスとエンゲルスの成熟した思想のなかの宗教批判で、それが引き続き中心的な役割を演じたことは、常に明白に評価されているわけではない。そうではあるが、彼らの急進化のこの決定的な段階において、青年ドイツ派の政治・哲学的反逆者たちは、急進的な、社会主義的でさえある伝統に直接に頼ることができた。というのは、最もよく知られた、一貫した哲学的唯物論の学派すなわち一八世紀フランスのそれは、フランス革命だけでなくフランス初期共産主義——ドルバック、エルヴェシウス、モルリ、マブリ——にさえ結びついていたからである。このあたりまでフランスの哲学的発展はマルクス的な思想に貢献したか、少なくともそれを助けたのであり、それはイギリスの哲学的伝統が、その一七、八世紀の思想家たちを通じて直接に、あるいは政治経済学を通じておこなったことと同じである。そうではあるが、基本的には、青年マルクスが「ヘーゲルをただしくひっくり返した」過程は、ドイツ古典哲学の内部で起こったことであって、前マルクス的な革命的社会主義的伝統に負うところは、向かおうとする方向の感覚を除けば、ほとんどないのである。

5　科学的社会主義の成立

政治学と経済学と哲学、フランスとイギリスとドイツの経験、「空想的」社会主義と共産主義、すべてが一八四〇年代にマルクス的総合のなかで溶けあわされ、変容され、乗り越えられた。この変容がこの歴史的瞬間に起こったということは、確かに偶然ではなかった。

一八四〇年前後にヨーロッパの歴史は、新しい様相を呈した。「社会問題」あるいは（別の観点から見れば）潜在的な社会革命が、いずれも「プロレタリアート」という現象のなかに典型的に現われたのである。ブルジョワの書き手たちはプロレタリアートを経験的で政治的な問題として、ひとつの階級、ひとつ

▼48　『新ライン新聞』一八四九年一月一日のマルクス（*Collected Works* vol. 8, pp. 213-25）。Cf. S. Avineri, *The Social and Political Thought of Karl Marx* (Cambridge, 1968), p. 54.〔S・アヴィネリ著、中村恒矩訳『終末論と弁証法——マルクスの社会・政治思想』（法政大学出版局、一九八四年）、六五ページ〕。

の運動として——ついには社会を転覆する勢力として、体系的に認めるようになってきた。この認識は一方の極では、この階級の状態の体系的でしばしば比較による調査（フランスについて一八四〇年にヴィルメによって、フランスとイギリスについて一八四〇年にビュレによって、多数の国について一八四三年にデュペショーによって）として表現され、他方の極では歴史的な一般化によって表現され、それはすでにマルクスの議論を暗示するものであった。

しかしこれが歴史の内容なのだ。新しい敵対関係が現れない限り、主要な敵対関係が消滅したり死滅したりすることはない。こうして富裕と貧困の普遍的な対立は、最近になって、一方には資本家たちと労働の雇用者たちと他方にはすべての種類の産業労働者たちとのあいだの、緊張関係に明確化されてきたのであり、この緊張関係のなかから発生したひとつの対立の諸要素は、それに伴う産業人口の成長によってますます脅威的になったのである（ロテックとヴェルカーの『国家科学辞典』XIII、一八四二年の項目「革命」[49]）。

われわれがすでに見てきたように、自覚的にプロレタリア的で革命的な運動が、このときフランスで発生し、しかも「共産主義者」および「共産主義」という言葉自体が一八四〇年ごろに、それを叙述する日常語となったのである。同時に、エンゲルスによって身近に観察された巨大なプロレタリア的階級運動が、イギリスでその頂点に達した。それがチャーティズムである。その前に、西ヨーロッパの「空想的」社会主義の初期的諸形態は、公共生活の周辺に退いていた。例外はフーリエ主義で、それは遠慮がちではあったが根気強く、プロレタリア的土壌で繁栄した[50]。

ジャコバン的革命的共産主義と社会主義的アソシエーション主義の経験と諸理論の、新しくさらに一層脅威的な合流は、目に見えて成長し結集する労働者階級の基礎の上に可能になった。ヘーゲル主義者マルクスは、既存の社会の否定によって社会を変容しそうな力を探して、それをプロレタリアートのなかに見出した。そしてマルクスは、プロレタリアートを（エンゲルスを通じてのほかは）具体的には熟知していなかったにもかかわらず、また資本主義的な政治経済運営についてあまり多く考えていなかったにもかかわらず、ただちに両者をともに研究しはじめたのである。彼が一八五〇年代初頭より前には経済学に真剣に取り組まなかったと想定するのは、間違いである。彼が真剣な諸研究を開始したのは、一八四四年より後ではなかった。

社会理論と社会運動のこの合流を促進したのは、この期間に発展して明らかに模範的になったフランスとイギリスのブルジョワ社会における勝利と危機の結合であった。政治的には、一八三〇年の諸革命とそれに対応するイギリスの一八三二―三五年の諸改革が、明らかに自由主義ブルジョワジーの支配的部分の利害関心に奉仕する制度を樹立したのだが、それは著しく政治的民主主義を欠いていた。経済的には、イギリスではすでに支配的であった工業化が、明らかに大陸各地で進行していたのだが、それは恐慌と不安定の雰囲気のなかでのことであって、多くの人々にとっては、その雰囲気は体制としての資本主義の全将

▼49　Avineri, op. cit., p. 55〔中村訳、六六ページ〕に引用されている。類似の引用文については、J. Kuczynski, *Geschichte der Lage der Arbeiter unter dem Kapitalismus* vol. 9 (Berlin 1960), およびC. Jandtke and D. Hilger (eds.), *Die Eigentumslosen* (Munich, 1965) を見よ。

▼50　そしてのちのマルクス主義労働運動に足跡を残した。たとえば献身的なフーリエ主義者でインタナショナルという言葉の創始者であるユージン・ポティエを通じて、あるいはアウグスト・ベーベルさえも通じてであり、ベーベルは遅くとも一八九〇年までに、シャルル・フーリエの生涯と思想について、著書を出版した（*Charles Fourier, Sein Leben und seine Theorien*, Stuttgart, 1888）。

来を疑わせるようなものであった。社会主義と共産主義の最初の体系的な研究者であったロレンツ・フォン・シュタインが、次のように書いたとおりである（一八四二年）。

ヨーロッパの最も重要な部分で政治的な改良と革命が終了したことについては、もはや疑う余地がない。社会革命がそれらに取って代わった。その恐るべき力と真剣な疑問によって、いまや社会革命はすべての運動のなかで群を抜いている。われわれが今直面しているものが、わずか数年前には単なる空虚な影のように見えたのだ。いまや社会革命は、すべての法律を敵として立ち向かっているのであり、それをこれまでのように無の中に押し込もうとする、すべての努力はむなしいのである。[51]

すなわちマルクスとエンゲルスが数年後にそれを、「ヨーロッパには幻影が出没している。それは共産主義の幻影だ」と述べることになるとおりである。

したがって、社会主義のマルクス的変容は一八四〇年代より前には、歴史的に到底不可能であっただろう。おそらく主要ブルジョワ諸国それ自体においても、不可能であっただろう。そこでは労働者階級の急進的な政治運動も、急進的な社会的政治的理論も、長い歴史、伝統と実践に深く根差していて、そこから自己を解放することは困難だと思われていたのである。その後の歴史が示すことになるように、フランスの左翼はその土着的革命性とアソシエーション主義の伝統にもかかわらず（じつはそのために）長いあいだマルクス主義に抵抗していたし、イギリスの労働運動は、国内で意識的な階級運動と搾取批判を発展させることに自主的に成功したにもかかわらず（じつはそのために）それよりむしろ長いあいだマルクス主義を受け入れられずにいた。フランスとイギリスの貢献なしにはマルクス的総合は、ほとんど不可能だっただろう。そのうえ、すでに示唆しておいたようにマルクスが、イギリスで独特の経験を積んだ（とくに実務的なマンチェスターの資本家としての）エンゲルスと終生の交友関係を結んだという伝記的事実が、疑いなく重要であった。そうではあるが、社会主義の新しい段階が展開されるのはブルジョワ社会の中心ではなく、その周辺のドイツにおいてであり、ドイツ哲学のすべてを包括する思弁的建築の再建という手段によってであったということが、おそらく一層の真実であっただろう。

マルクスの社会主義の実際の発展は、この章の範囲を超えている。ここでわれわれがしなければならないのは、それがその先駆者たちと三つの点で違っていたことを想起させることだけである。第一にそれは資本主義社会の部分的批判の代わりに、その社会を規定する基本的な（この場合には経済的な）関係の分析にもとづく包括的な批判をおこなった。分析的に見て、マルクスの社会主義が、経験的批判に利用可能であった表層的な諸現象よりも大きな影響力をもっていたという事実から暗に意味されていたものは、障害となる「虚偽意識」とその（歴史的）理由の分析であった。第二に、マルクスの社会主義は、進化論的な歴史分析の枠組みのなかに社会主義を置いたが、その枠組みから、マルクスの社会主義が現われたときに、なぜひとつの理論として、またひとつの運動として出現したのかも、またなぜ資本主義社会の歴史的発展が結局は社会主義社会を生み出さざるをえないのかも説明された（ついでに言えば、マルクス以前の社会主義者たちにとっては、新しい社会は完成物であり、彼らの選好するモデルがどのようなものであれ、そのモデルに従い、適切な時期に、最終的な形態で組織されるだけでよかったのとは違って、マルクスの将来社会はそれ自身が歴史的に発展し続けるものなので、したがって、まさにその一般原則と概要を予測することができるにすぎず、設計するどころの話ではない）。第三にそれは、旧社会から新社会への移行の様式を明らかにした。すなわち、革命――「収奪者たちの収奪」――を通じてのみ目的を達成するよう

▼51　W. Hofmann, *Ideengeschichte des sozialen Bewegung des 19.u.20 Jahrhundert* (Berlin, 1968), p. 90.n に引用。

な階級闘争に関与する階級運動を通じて、プロレタリアートがその担い手となる。社会主義は「空想的」ではなくなって、「科学的」になったのである。

　実際にマルクスによる変容は、その先行者たちを置き換えただけでなく、吸収さえした。ヘーゲル的用語で言えば、それは彼らを止揚〔aufgehoben〕したのである。学術論文の執筆という目的を別にすれば、彼らはマルクス主義前史の一部分となって忘れられたか、あるいは（サン＝シモン派のいくつかの潮流の場合のように）社会主義と何も関係がないイデオロギー的方向に発展した。彼らはせいぜい、オウエンとフーリエのように教育理論家のあいだで生き残るのである。マルクス主義以前の時期の社会主義の執筆者で、社会主義運動の一般的領域でいくらかの意義を維持し続けているのは、プルードンだけである。彼はアナーキストたちによって引き続き引用されている（言うまでもなく、フランスの極右その他さまざまの反マルクス主義者たちによってもときどき引用されている）。このことは、独創的な思想家――輝かしい最良の空想家たちのもとに置かれた場合でさえ、今日提起されたならばきわめて真剣に受け取られるような思想の持ち主――に対して、いくらか不当であるように思われる。そうではあるが、彼らが今日、社会主義者としては主として歴史家の関心の対象であるという事実は動かないのである。

　われわれはこのことから間違って、マルクスが彼の特徴的な見解を発展させると、ただちに前マルクス社会主義が死滅したと想定してはならない。マルクスは一八八〇年代までは、あるいは最も早くて一八七〇年代初頭までは、労働運動では名目的な影響力さえもたなかった。マルクス自身の思想と彼の政治的イデオロギー的論争の歴史を理解するには、われわれは次のことを想起しなければならない。すなわち、その後の生涯全体にわたって、労働運動のなかで彼が批判し闘争した、あるいはあきらめて受容しなければならなかったのは、主として前マルクス的急進左翼の諸傾向、それから派生した諸傾向であった、ということである。それらは急進民主主義の形態をとるにせよ、ジャコバン共和主義であれ、ブランキの指導下に生きながらえた新バブーフ主義の革命的プロレタリア共産主義であれ、フランス革命が生んだものであった（マルクスはときどき自分が、政治的理由から、この最後の傾向に結びついていることに気づいていた）。それらはときには、何人かのロシアの革命家、とくにバクーニンの場合のように、マルクス自身も通過してきたのと同一の左翼ヘーゲル主義または左翼フォイアバッハ主義から発生したのであった。しかし大体においてそれらは、前マルクス社会主義の子孫、むしろ継続であった。

初期空想家の思想が一八四〇年代を生き延びなかったのは事実である。だが、それらはすでに一八四〇年代の初めに、教義としても運動としても死にかけていたのであり、フーリエ主義だけが例外であった。フーリエ主義は、控えめに言っても一八四八年革命まで人気を維持したのだが、その革命のなかで指導者のヴィクトール・コンシデランは、自分が演じる役割が期待されず成功しないものであることを知ったのである。他方でさまざまな種類のアソシエーション主義と協同主義理論が、一部は空想家の源泉（オウエンとビュシェ）から発生し、一部は一八四〇年代にあまり救世主的でない基礎（ルイ・ブラン、プルードン）から発展して、人気をもち続けた。それらはますます曖昧なやり方で、それらを生み出してきた協同主義の線で社会全体を変容したいという希望を主張しさえした。労働を資本家の搾取から解放するはずの協同主義ユートピアが、薄められて協同組合経営になってしまったイギリスでさえそのような状態であったとすれば、生産者の協同が支配的なままであったほかの国々では、その希望はさらに生き生きとしたものであったろう。マルクスが生きていた時代のたいていの労働者にとって、これが社会主義であった。というよりも、一八六〇年代においてさえ、労働者階級の支持を得た社会主義は、資本家をもたない独立の生産者集団が、成長するのに十分な資本を社会から提供され、公的権威によって保護され奨励されて、その代わりに公共に対する集団的諸義務をもっているのを、想像させるようなものであった。ここに、プルードン主義とラサール主義の政治的な存在理由があったのだ。これは、政治的意識のある組合員が主として職人であるかそれに近い経験をもつという場合には、自然なことであった。そのうえ、自主管理能力をもつ独立の生産単位という夢は、まだ完全にプロレタリア化していない男たちだけのものではなかった（女性についてはさらにそうであった）。この原初的な「サンディカリズム」の理想はまた、あるやり方で一九世紀半ばの仕事場におけるプロレタリアの経験を反映していたのである。

こういうことだから、前マルクス社会主義がマルクスの時代には死滅していたというのは、間違いであるだろう。それはプルードン主義者たち、バクーニン主義アナーキストたち、さらにその後の革命的サンディカリストやその他の者たちのなかに生き残っていたし、後者が、自分たち自身の適切な理論が何もないために、マルクスの分析を自分たちの目的のために採用したときでさえ、そうであった。それでも一八四〇年代半ばからは、マルクスがマルクス以前の社会主義の伝統から何かを引き出したとは、もはや言うことができないのである。彼がプルードンの解剖を拡大した（『哲学の貧困』一八四七年）あとでは、前マルクス社会主義の批判が彼自身の思想の形成において主要な役割を演じたと言うことさえ、もはや不可能である。全体としてそれは、彼の理論的発展よりもむしろ政治的論争の部分となった。おそらくただひとつの主要な例外は、『ゴータ綱領批判』（一八七五年）であって、そこではドイツ社会民主党のラサール派に対する容認しがたい譲歩に衝撃を受けた彼の抗議が、理論的声明をおこなわざるをえなくしたのである。その声明はおそらく新しいものではなかっただろうが、それまでに彼によって公的に定式化されたことはなかった。信用と金融についての彼の思想の発展が、プルードン主義型の労働運動で依然として人気があった、さまざまな通貨信用万能薬への信仰を批判することの必要によっていくらか助けられたということもまた、ありうるだろう。いずれにせよ、一八四〇年代半ばまでには、マルクスとエンゲルスは全体として、前マルクス的社会主義から学びうるすべてを学んでしまっていた。「科学的社会主義」の基礎は設定されたのである。

第3章 マルクス、エンゲルスと政治

Marx, Engels and Politics

1 国家、革命党、独裁について

この章は、マルクスとエンゲルスの政治的な思想と見解を取り扱う。それはすなわち、国家とその諸制度についてと、資本主義から社会主義への移行の政治的側面――階級闘争、革命、組織様式、社会主義運動の戦略と戦術、および類似の事柄――についてとの、双方に関する彼らの見解を取り扱うということである。分析的には、これらはある意味では二次的な問題である。「法的諸関係は国家の諸形態と同じく、それらだけでは理解できなかった。……それらは生活の物質的条件のなかに根をおろしていたのである」。すなわち「市民社会」のなかにであって、それの解剖学が政治経済学であった(『経済学批判』序文)。資本主義から社会主義への移行を決定したのは資本主義的発展の内部矛盾であり、さらに詳しく言えば、資本主義がその墓掘人であるプロレタリアートを生むことは避けられず、それは「絶えずその数を増し、資本主義的生産の過程そのものによって訓練され、統一され、組織される階級なのである」(『資本論』第一巻第三二〔二四〕章)。そのうえ、国家権力は階級支配にとって決定的であるが、労働者それ自体に対する資本家の権威が、「その担い手たちに与えられるのは、その労働者に対してそそりたつ労働の必要条件の人格化としてにすぎない。それは彼らに、これまでの生産様式においてそうであったようなやりかたで、その政治的あるいは神学的な支配者としての能力において、与えられるのではない」(『全集』第二五巻、八八八ページ〔第二五巻b、一一二六ページ〕)。したがって政治と国家は基礎分析に組み込まれる必要はなく、のちの段階で導入されればいいのである。▼1

もちろん実際には政治学の諸問題は、活動的な革命家たちにとっては二次的ではなく第一のことである。それだからマルクスの著作のうちのきわめて多くが、それを取り扱っている。しかしそれらの著作は性格において、彼の主要な理論的作品とは違っている。彼は、資本主義の包括的な分析を決して完成しなかったとはいえ、そのトルソが、さまざまな多くの手稿として、出版されるべきものとされたり、実際に出版されたりして、存在している。マルクスはまた社会哲学の批判と一八四〇年代のブルジョワ社会と共産主義の本性の哲学的分析と呼びうるものに、体系的な注目を注いでいた。政治については、これに比較すべき体系的な理論的努力は存在しない。この領域での彼の著作はほとんどまったく、ジャーナリズムの形態をとる。すなわち直接の政治的過去に対する検討、運動内の議論への参加、私的な手紙である。しかしエンゲルスは、この主題についての彼の著作ではやはり、主として時事政治の解説という性格を維持していたが、『反デューリング論』ではこれらの主題の一層体系的な取り扱いを企てたのであり、ただしそれは主として、マルクス死後のさまざまな著作においてのことであった。

したがって、とくに自分の関心の的でない事柄についてのマルクスの見解は、しばしば正確な性質が不明瞭であり、彼ほどではないがエンゲルスも同じであった。彼らは実際には、それらの事柄を抑止できたらと願ったのであり、なぜなら「国家制度や、法体系や、それぞれの特殊分野におけるイデオロギー的諸観念が独自の歴史をもっているかのようなこの外見こそ、大多数の人々の目をなににもましてくらましているもの」（エンゲルスからメーリングへ、『全集』第三九巻、九六ページ以下〔八五ページ以下〕）だからである。晩年、エンゲルス自身は、次のように認めた。すなわち、彼とマルクスは「政治的法律的およびその他のイデオロギー的諸概念が経済的事実の基礎から派生するということを、誰よりも早く最初に強調したのは正しかったが」、彼らはこの過程の形式的な側面を、内容に比べていくらか軽視したというのである。このことは、イデオロギーとしての政治的・法律的その他の諸制度の分析に当てはまるだけでなく、これらの上部構造の相対的自立性にも当てはまるのであって、それは彼が史的唯物論の解説をおこなった有名な手紙のなかで、指摘したとおりである。これらの論点について知られているマルクスとエンゲルスの考えのなかには、かなりのギャップがあり、したがってそれらがどういうものであったか、ありえたかについての不確実性が存在する。

これらのギャップがマルクスとエンゲルスを煩わせなかったことは、明らかであり、なぜなら、もしそのような分析が彼らの具体的な政治的実践の過程で必要だとわかれば、それらを自分たちが埋めただろうということは、確かだったからである。こうしてマルクスの著作には、法律への特定の引照がほとんどないのだが、エンゲルスは、適当と思われれば（カウツキーの協力を得て）法学の議論に即応するのに何の困難もなかった[2]（一八八七年）。それにまた、マルクスとエンゲルスが、われわれには明白だと思われるい

▼1　『資本論』の初めの計画が国家、外国貿易、世界市場を取り扱う最終の三篇を展望していたことは確かだが(Roman Rosdolsky, *Zur Entstehungsgeschichte des Marxschen 'Kapital' I* (Frankfurt, 1968) chapter 2〔R・ロスドルスキー著、時永淑他訳『資本論成立史――一八五七―五八年の『資本論』草案』（法政大学出版局、一九七三―四年）、第一巻第二章〕)、国家に関する一篇は、「国家の様々な形態と社会のさまざまな経済構造との関係」だけを扱うことを、意図していたように思われる（マルクスからクーゲルマンへ、『全集』第三〇巻、六三九ページ〔五一八ページ〕）。

くつかの理論的ギャップを満たすことに気を使わなかった理由を、理解するのに大きな困難はないのである。彼らがそのなかで書き、それについて書いた歴史的時代は、ただわれわれの時代とまったく違うというだけでなく（エンゲルスの晩年のいくらかとの重複を除いて）マルクス主義諸党派が大衆組織になるか、あるいは無視できない政治勢力になった時代とも、まったく違っていた。確かに、活動的な共産主義者としてのマルクスおよびエンゲルスが置かれた実際の状況は、これらののちの諸運動のなかで彼らを継承して、運動を指導したり政治的に活動したりしたマルクス主義者たちの状況に、ときどき比較しうるにすぎない。というのは、マルクスは、おそらくエンゲルス以上に実際の政治で、とくに一八四八年革命のなかでは『ライン新聞』の編集長として、また第一インタナショナルのなかで重要な役割を演じた。彼らは、第二インタナショナル期の運動の特徴となった種類の政治的諸党派を、主導したこともそれに所属したことも決してなく、せいぜいのところ、それらを指導していた人々に助言を与えたのであり、それらの指導者たちは（ベーベルのように）マルクスとエンゲルスに対する絶大な称讃と尊敬にもかかわらず、必ずしも常には彼らの助言を受け入れなかったのである。

のちのマルクス主義の諸組織の政治的経験と比較できるマルクスとエンゲルスの唯一の政治的経験は、共産主義者同盟（一八四七—五二年）における彼らの指導であるかもしれない。レーニン主義者たちが一九一七年以来このことに言及する傾向があったのは、そのためである。マルクス、エンゲルスそれぞれの政治的思考は、不可避的に彼らが直面した特定の政治情勢によって刻印されていたが、それでもその他の情勢に対応するように拡張し展開することは、完全に可能であった。

そうではあるが、われわれは彼らの思想のうちに、単にその場かぎりの部分と、蓄積される部分とを、後者の基礎にあるしっかりした分析とともに区別しなければならない。後者は引き続く歴史的経験の光の中で、次第に形成され、調整され仕上げられたのである。このことが目立って事実であるのは、国家と革命という二つの問題についてであって、それをレーニンは、この分析を体系的に提示しようという試みのなかで正確に結びつけた。

マルクス自身による国家についての考察は、『ヘーゲル法哲学批判』(一八四三年)でこの主題についてヘーゲル理論との決着をつけようと企てたときに始まった。この段階でマルクスは民主主義者であったけれども、まだ共産主義者ではなかったし、そのため彼のアプローチはいくらかルソーのそれと似ていた。しかし、二人の思想家のあいだに直接的な関連性があることを確認しようとした研究者たちは、「「ルソーからだといわれた影響」についてマルクスが、かすかにでも気づいていたという兆候を決して示さなかった」[3]という、疑う余地のない事実によって退けられてきたし、実際にはこの思想家を誤解しているように思われた。このテーマは、マルクスの後期政治思想のいくつかの側面を先取りした。すなわち、とくに、国家と生産関係の特定の形態(「私的所有」)との同一視、歴史的創造物としての国家、終局的な国家の解体(Auflösung)、それに加えて民主主義が国家と民衆の分離を終わらせたときの「市民社会」の終局的な解体といった側面を、曖昧にではあれ、先取りしたのである。しかしながらそれが注目されるのは、主として正統派政治理論の批判としてであり、したがってそれはマルクスの分析が憲法や代議制等の諸問題について体系的に展開した、最初にして最後の機会となるのである。われわれは、憲法形態は社会的内容

▼2　社会主義国家のための法学理論の構築を企てたPaschkanis, *Marxism and the general theory of law* (French edn., EDI Paris, 1970〔パシュカーニス著、稲子恒夫訳『法の一般理論とマルクス主義』(日本評論社、一九五八年)〕に特別の引用がないことに注意せよ。

▼3　L. Colletti, *From Rousseau to Lenin*, (NY, 1972), pp. 187-8. ルソーとマルクスの親近関係をたどることを初めて真剣に企てたのはG. della Volpe, *Rousseau e Marx* (Roma, 1957)〔G・デッラ＝ヴォルペ著、竹内良知訳『ルソーとマルクス』(合同出版、一九六八年)〕である。

――アメリカ合衆国もプロイセンも、ともに私的所有の社会秩序にもとづいている――に対して二次的なものにすぎないという彼の結論と、代表者（たとえば代議士）による統治に対する批判、すなわち民主主義を国家の本質として認めるよりもむしろ国家の形式的な部分として導入して統治することに対する批判に注目する。[4] マルクスは参加と代表とがもはや区別できなくなった民主主義体制を思い描いていた。彼がのちにパリ・コンミューンについて使った言葉によれば「議会的ではなく作業する集団」[5]であるが、その形式的な詳細は一八四三年には、さらに一八七一年になっても同様に、はっきりしないまま残された。

マルクスの国家理論の初期の共産主義的形態は、次の四つの主要な点を素描しつくしている。すなわち国家の本質は政治権力であり、それはブルジョワ社会内部での階級対立の公的な表現であったこと。したがってそれは、共産主義社会では存在しなくなるだろうこと。現体制においては、国家は社会の一般的利害関係ではなく支配（諸）階級の利害関係を代表すること。しかしプロレタリアートの革命的勝利とともに、それは予想される移行期間のうちに、即座には消滅しないで「支配階級として組織されたプロレタリアート」あるいは「プロレタリアート独裁」（ただしこの言葉をマルクスは一八四八年までは使用しなかった）という一時的な形態をとること。

これらの観念は、マルクスとエンゲルスのその後の生涯の全体にわたって、一貫して維持されたが、とくに二つの点で、かなり手を加えられた。第一に階級権力としての国家の概念が、とくにフランスにおけるナポレオン三世のボナパルティズムとそのほかの一八四八年以後の諸政権が、単純に革命的ブルジョワジーの支配とは言えないことを考慮して修正された（以下を参照）。第二に主として一八七〇年以降マルクスは、しかしそれ以上にとくにエンゲルスが、階級社会の発展の帰結としての国家の発生と発展について、より一般的なモデルを素描したのであり、それは『家族の起源』（一八八四年）に最も十分に定式化され、偶然にその後のレーニンの議論の出発点になったのである。社会のなかの和解させがたく処理しがたい階級対立の増大とともに、「この争いを緩和してそれを『秩序』の枠のなかにとどめておくという目的のために」、すなわち階級紛争が「不毛の戦いのうちに」階級と社会の双方を消耗させるのを阻止するために、「外見上社会のうえに立つ権力が必要になった」のである。[6] 明らかに「原則としては」国家は最も強力で経済的に支配する階級、統制力によって被抑圧者を抑え込む手段を手に入れた階級の、利害関係を代表するのではあるが、認めなければならないのはエンゲルスが、社会的分解を阻止する機構というような、国家の一般的社会的機能を、ネガティヴにではあるが承認したことであり、それとともに彼はまた、国家が社会の上に立つという外観に含まれる権力隠蔽の要素あるいは神秘化による支配や見かけの同意を認めていたということである。こうして、成熟したマルクスの国家理論は、国家＝強制権力＝階級支配という単純な等式よりもかなり考えられたものであった。

マルクスとエンゲルスは、国家の終局的な解体と（プロレタリアの）過渡的国家の必要性との双方を信じていたし、それとともに、少なくとも共産主義の最初の段階（「社会主義」）までの社会計画および経営の必要性を信じていたので、政治的権威の将来が複雑な諸問題を提起したのだが、彼らの後継者たちはそれらを理論と実践のいずれにおいても解決しなかった。「国家」そのものは、支配階級のための装置として規定されたのであるから、国家を超えて生き残る運営装置は、「事物の管理運営」に限定されたものとして許容されえたし、したがってそれはもはや国家ではないのである。[7] 人の統治と事物の管理運営との区別は、おそらく初期社会主義思想からとられたものだろう。それはとくにサン＝シモンによって、よく知

▼4　『全集』第一巻、三二一ページ〔三五九―六〇ページ〕。
▼5　『全集』第一七巻、三三九ページ〔三一五ページ〕、Colletti, op. cit., pp. 187-8.
▼6　『家族の起源』（*Works*, vol. 26, p. 29）。
▼7　『反デューリング論』（*Works*, vol. 49, pp. 34-6）。

られたものになっていたのだ。この区別が比喩表現以上となるのは、ある空想的な、いずれにせよ非常に楽観的な前提、たとえば「事物の管理運営」はこれまでのものよりもずっと単純で専門的でないものになるだろうという前提──すべての料理人が国家を統治できるというレーニンの理想──による場合だけであった。マルクスがこの楽観的な展望を共有していたことは疑いのないことのように思われる。▼8 そうではあるが、過渡期のあいだ、人の統治、あるいはエンゲルスのもっと正確な言葉では「社会関係への国家権力の介入」（『反デューリング論』）は、緩やかにしか消滅しないであろう。人の支配が実際上いつ消滅し始めるだろうか、どのように消滅するだろうかは、曖昧なまま残された。エンゲルスの『反デューリング論』における有名な言葉は、それは「萎縮していく」ことによって、「自然に」生じるだろうと述べているにすぎない。実際は、この過程が「国家が実際に全社会を代表しているように見えるその最初の行為」、すなわち生産手段の社会的所有への転化から始まっただろうという、純粋に同義反復的な形式的叙述のなかに、われわれが読みとれるものはほとんどない。なぜなら、それは全社会を代表しているのだから、もはや国家として分類されないと述べているにすぎないからである。国家の消滅に関するマルクスとエンゲルスの強い関心が興味深いのは、どのような予測を実際に読み込むことができるかということにあるのではなく、主として将来の共産主義社会に対する彼らの希望とその社会についての概念の、強力な証拠としてである。この証拠は、将来の共産主義社会という問題に関する彼らの予測が、予想できない将来について思索することに彼らがいつも感じていた躊躇と対照的であるぶん、ますます強力なものなのである。この問題について彼らが後継者たちに残した遺産は、相変わらずはっきりとせず、人を当惑させている。

彼らの国家理論のもうひとつのさらなる複雑さについて、簡単に述べなければならない。国家《ステート》は、それが単に支配の装置であるだけではなくて領土にもとづくものであるかぎり（『家族の起源』『全集』第二一巻、一六五ページ〔一六九ページ〕）、ブルジョワ的経済発展のなかで、「国民《ネーション》」すなわちこの発展の単位としての機能を、少なくとも多くのこの種の広大な領土的単位の形態として所有している（以下を参照）。これらの単位の将来については、マルクスによってもエンゲルスによっても議論されていないが、革命後にあるいくらか中央集権的な形態で国民的統一を維持することについての彼らのこだわりは、ベルンシュタインが注目しレーニンが反論した問題提起▼9ではあるが、疑いを入れない。マルクスは常に連邦制を否定していた。

革命についてのマルクスの思想は、同じように自然に、彼の時代の主要な革命的実験すなわち一七八九年以降のフランスにおけるそれの、分析とともに始まった▼10。フランスはその後の彼の生涯の全体にわたって、革命的形態における階級闘争の「古典的」な実例であり、革命的戦略戦術が形成された歴史的経験の、主要な実験室であり続けた。そうではあるが、彼がエンゲルスと知り合った瞬間から、フランスの経験はプロレタリア大衆運動の経験によって補足されたのであり、それについてはイギリスが、当時から数十年にわたって唯一の目立った実例であった。

双方の観点から見て決定的なフランス革命の挿話は、ジャコバン期であった。それはブルジョワ国家に対して不明瞭な関係をもっていた▼11。というのは、ブルジョワ国家の本性は、ブルジョワ社会／市民社会の無政

▼8　『フランスにおける内乱』第一草稿（『全集』第一七巻、五四四ページ〔五一五―六ページ〕）を見よ。「普通選挙権は……今やその真の目的に合致したものになった。行政と政治指導は秘儀であり超絶的な職分であって、訓練を得た種姓（カースト）の手にしかゆだねることのできないものだという幻想の除去……全欺瞞は、大部分が単純な労働者からなるコンミューンによって一掃された。この労働者たちはパリの防衛を組織し、ボナパルトの親衛隊との戦争を遂行し、この巨大都市の給養を確保し、これまで政府、警察、県庁のあいだに分担されていたすべての職務をうずめた」。

▼9　レーニン『国家と革命』第三章、四。

▼10　クロイツナハとパリで、一八四三―四四年。

▼11　『聖家族』を見よ。『全集』第二巻、一二七―三一ページ〔一二五―三〇ページ〕。

府的な運動に自由な場所を提供することであったが、恐怖政治もナポレオンもそうした運動を共同体／国民《ネーション》の国家指導的枠組みにそれぞれのやり方で押し込めようとしたからである。その一方はその運動を「永続革命」――マルクスによって初めてこの関連で使用された〔『聖家族』『全集』第二巻、一三〇ページ〔一二九ページ〕〕――に服従させることによって、他方は永続的な征服と戦争に従属させることによって、そうしたのである。真のブルジョワ社会はテルミドールのあとに初めて出現したのであり、ブルジョワジーは結局その効果的な形態を発見したのである。すなわち、一八三〇年革命における、「立憲的代議制国家（Repräsentativstaat）」での「彼ら〔ブルジョワジー〕の排他的権力の公的表現とその特定の利害の政治的承認」である〔同、一三一ページ〔一二九ページ〕〕。

それでも一八四八年に近づくと、ジャコバン主義のもうひとつの側面が強調された。ジャコバン主義はそれだけで封建制度の遺物の全面的破壊を達成したのであり、そうでなかったら数十年以上かかっただろう。逆説的なことにこれは、いまだ自分自身の目的を達成するには幼弱なプロレタリアートが革命に介入したことのおかげであった。[12] この議論は、われわれが今日、サンキュロット運動を「プロレタリア」的とは認めないとしても、依然として意味をもっている。というのは、それがブルジョワ革命における民衆的諸階級の役割という、またブルジョワ革命とプロレタリア革命との関係という決定的な問題を提起するからである。これらは『共産党宣言』および一八四八年とそれ以後の議論に関する著作の主要なテーマになる。引き続きそれらは、マルクスとエンゲルスの政治思想と二〇世紀マルクス主義の、主要テーマとなるのだった。そのうえ、ブルジョワ革命の到来が、ジャコバンの先例に従って、ブルジョワ支配を超える体制にいたる可能性を与えるのであれば、ジャコバン主義もまた、たとえば中央集権主義のような体制や立法権の役割の政治的性格のいくつかを示唆するものであった。

それだからジャコバン主義の経験は、その後のマルクス主義の議論のなかで大いに論争された概念である「プロレタリアートの独裁」を含む、過渡的な革命的国家の問題に光を投げかけた。この用語がマルクスの分析にはじめて入ったのは——ブランキから取られたかどうかにかかわらず——一八四八〜四九年の敗北の余波のなかで、すなわち何か一八四八年の諸革命のようなものの新版が可能であるという時代背景においてであった。その後のそれへの言及は、主としてパリ・コンミューンの後始末のなかと、一八九〇年代のドイツ社会民主党に関する展望との関連で生じている。マルクスの分析のなかで、それが決定的な要素でなくなることは決してなかったのだが、[13] それが議論された政治的文脈は、深刻に変化したのである。そこで、その後の議論のうちの曖昧な点をいくつか挙げよう。

マルクス自身は、統治の特定の制度的形態を叙述するのに「独裁」という用語を使用したことは決してなかったようであり、それは常に集団あるいは階級の支配形式よりもその内容を叙述するためにのみ使用された。こうして彼にとっては、ブルジョワジーの「独裁」は、普通選挙があってもなくても存在しえたのである。[14] しかしながら、革命的状況において、新しいプロレタリア体制の主要目的が、ただちに「ブルジョワ集団をひどい目にあわせておとなしくさせるのに必要な措置」[15]をとることによって時間を稼ぐこと

▼12 マルクス「道徳的批判と批判的道徳」『全集』第四巻、三三八—九ページ〔三五六ページ〕。この思想の起源については、次の両書を見よ。H. Förder, *Marx und Engels am Vorabend der Revolution* (Berlin. 1960), W. Markov, *Jacques Roux und Karl Marx* (Sitzungsberichte der deutschen Akademie der Wissenschaften zu Berlin, Klasse für Philosophie, Geschichte, Staats-. Rechts-, u. Wirtschaftswissenschaften, Jg. 1963. Berlin 1965)

▼13 重要な情報として、マルクスからヴァイデマイアーへ、一八五二年五月三日（『全集』第二八巻、五〇七—八ページ〔四〇七ページ〕）および『ゴータ綱領批判』（『全集』第一九巻、二八ページ〔二八—九ページ〕）がある。

▼14 Wilhelm Mautner, *Zur Geschichte des Begriffes 'Diktatur des Proretariats'* (Grünberg's Archiv), pp. 280-3.

▼15 マルクスからニーウェンホイスへ、一八八一年二月二二日（『全集』第三五巻、一六〇ページ〔一三一ページ〕）。

である場合には、そのような支配は、より明白に独裁的になりやすいだろう。マルクスが実際にプロレタリアートの独裁として叙述した政治体制は、パリ・コンミューンだけであり、彼が強調したそれの政治的性格は、（文字どおりの意味の）独裁とは反対であった。エンゲルスは「フランス革命がすでに明示したような」[16]それの特定の政治形態としての「民主共和国」と、パリ・コンミューンとの双方を挙げた。しかし、マルクスもエンゲルスも、プロレタリアートの独裁という形態の普遍的に適用できるモデルの作成にも、それが敷かれうる状況のすべての型についての予言にもとりかからなかったのであるから、われわれが彼らの観察から結論できるのは、それが大衆の政治生活の民主的変容を、敗北した支配階級の反革命を阻止する手段と結合するはずだ、ということまでなのである。二〇世紀の革命後の諸体制に対する彼らの態度がどうであったかについて思索するための文献上の典拠をもっていないが、彼らはほとんど確実に、革命的プロレタリア権力を転覆の危険に対して守ることに、最大の優先を与えたであろう。プロレタリアートの軍隊は、その独裁の前提条件である。[17]

よく知られているように、パリ・コンミューンの経験は、マルクスとエンゲルスの国家とプロレタリア独裁についての思想に対して重要な拡大を示唆した。古い国家装置は容易に接収できるものではなく、除去されなければならないものであった。マルクスはここでは、軍隊および警察とともに、主としてナポレオン三世の中央集権化された官僚制を考えていたように思われる。労働者階級は、これまでのすべての国家において起こったように「国家と国家機関が社会の召使からその主人へと転化する」ことがないように、「自分たちの代議士や役人たちに対して身を守らなければならない」[18]。この変化は後続のマルクス主義の議論のなかで、主として旧国家装置の生き残りの危険に対して革命を防衛する必要として理解されてきたが、予想される危険は、自律的な権威の樹立を許されているどのような国家装置にも、革命自身のそれも含めて、当てはまるのである。パリ・コンミューンとの関連でマルクスによって論じられた、結果としての体制は、それ以来引き続き、集中的な議論の主題であった。その体制が「責任ある（選挙された）社会の召使たち」によって構成されるのであって、「社会のうえにたつ組織」によってではない、ということを除けば、それについて曖昧でなく明らかになったことは少ない。[19]

正確な形態がどうであれ、敗北したブルジョワジーに対するプロレタリアートの支配は、不確定で間違いなく可変的な長さの、移行期間にわたって維持されなければならず、その間に資本主義社会は次第に共産主義社会に転形されるのである。マルクスが、統治あるいはその社会的費用がこの時期に「萎縮していく」ことを期待していたのは、明らかだと思われる。[20] 彼は「資本主義社会から永い陣痛ののちに成立した共産主義の第一段階」と、人間の能力と生産力に対する古い動機と制限が過去のものとなったために、「各人からその能力に応じて、各人にはその必要に応じて」という原則が適用される「より高度の段階」とを区別していたのだが、[21] 二つの段階のあいだにはっきりした時代区分を想定していたとは思われない。マルクスとエンゲルスは、未来の共産主義社会の絵を描くことを、厳しく拒んでいたのだから、この主題

▼16　「一八九一年の社会民主党綱領草案の批判」一八九一年（『全集』第二二巻、二三五ページ〔二四一ページ〕）。
▼17　マルクス、国際労働者協会創立七周年祝賀会での演説（一八七一年）（『全集』第一七巻、四三三ページ〔四〇五ページ〕）。
▼18　エンゲルス、マルクス『フランスにおける内乱』一八九一年への序文（『全集』第二二巻、一九七―八ページ〔二〇三―四ページ〕）。
▼19　マルクス『フランスにおける内乱』第二草稿（『全集』第一七巻、五九七ページ〔五六六ページ〕）。
▼20　マルクス『ゴータ綱領』（『全集』第一九巻、一九ページ〔一九ページ〕）。「直接に生産に属さない一般管理費。〔社会的生産物の〕この部分は最初から、今日の社会にくらべればきわめてひどく縮小され、そして新社会が発展するにつれてますます減少する」。
▼21　マルクス『ゴータ綱領』（『全集』第一九巻、二一ページ〔二一ページ〕）。

についての彼らの断片的あるいは一般的な所見をつなぎ合わせてひとつにすることは、誤解を生むものとして避けられなければならない。マルクス自身のこれらの論点についてのコメントは、ある不十分な資料（『ゴータ綱領』）によって示唆されたもので、明らかに包括的なものではない。それらは主として、一般原則の再説に限定されている。

革命後の展望は一貫して、永く複雑で、決して直線的ではなく、本質的に現在では予測できない発展の過程として、提示される。「フランスのブルジョワジーの一般的な諸要求は、プロレタリアートの第一の直接的諸要求が、今日、資本主義的生産のすべての国でかなり一般にそうされているのとだいたい同じように、必要な変更はくわえられはしたが、一七八九年以前に確定されていました。しかし、フランスのブルジョワジーの諸要求が実現されたやり方は、一八世紀のフランス人のだれが、まえもって、先験的に、ちょっとでも予想したでしょうか」[22]。革命ののちでさえ、彼がコンミューンとの関連で述べたように、「労働奴隷制の経済的諸条件を自由で連合した労働のそれに置き換えることは、時間のかかる緩やかな進行以外にないだろう」。過去において奴隷経済と封建経済に関して発生したように「現在の『資本と土地所有の自然法則の自発的な作用』が『自由で連合した労働の社会経済の法則の自発的な作用』に置き換えられるのは、新しい諸条件の発展の永い過程の中でしかありえない」[23]。革命はこの過程を開始できるということにすぎなかったのである。

将来を予言することについてのこの警告は、主として、革命の主要な実行者であり指導者であるプロレタリアートが、それ自身発展の過程にある階級であるということによっていた。この発展についてのマルクスとエンゲルスの見解の大まかな概略は、明らかに主として一八四〇年代のイギリスにおけるエンゲルスの経験にもとづくもので、次のように『共産党宣言』に示されている。すなわち個別的な反乱から、最初は非公式のものではあったが、その後次第に労働組合を通じて組織化される地域的・地方的な経済闘争を経て、階級間の全国的な闘争へと進展する。この全国的闘争は権力を目指す政治闘争でもあるに違いない。「労働者の階級としての組織」は「結局政党へ」でなければならない。この分析は、一八四八年以後の資本主義の安定と拡大および組織された労働運動の実際の経験に照らして、いくらか修正されはしたが、実質的にはマルクスの残りの生涯を通じて維持された。差し迫った労働者の反乱を促進する経済的危機の見通しが後退したので、マルクスとエンゲルスは、労働組合活動やそれに有利な立法の達成による資本主義の枠内での労働者の闘争の成功の可能性について、前よりもいくらか楽観的になった。[24] ただし労働者の賃金が、市場の要因とともに、ある程度は慣習的および取得された生活水準に依存するという主張は、すでにエンゲルスによって素描されていた。[25] したがって、労働者階級の革命以前の発展は、一八四八年以前にマルクスとエンゲルスが希望または期待したよりも、時間のかかるものになるだろう。

これらの問題を議論する際に困難ではあるが本質的なことは、その後一世紀にわたる論争を彼ら自身の著作の本文に読み込まないことである。マルクスが生きているあいだ、本質的な任務とは、マルクスとエンゲルスの見たところでは、労働運動を一般化して階級運動とすること、労働運動が現に存在していると いうことが意味する共産主義による資本主義の置き換えという目的を公にすること、きわめて速やかに労働運動を政治運動に、すなわちすべての所有階級の党から独立し政治権力の獲得を目指す労働者階級の党

▼22　マルクスからニーウェンホイスへ、一八八一年二月二二日（『全集』第三五巻、一六〇―一ページ〔一三一―二ページ〕）。
▼23　マルクス『内乱』第一草稿（『全集』第一七巻、五四六ページ〔五一八ページ〕）。
▼24　マルクス『国際労働者協会創立宣言』（『全集』第一六巻、一一ページ〔八―九ページ〕）。
▼25　本書第4章およびマルクス『賃金、価格、利潤』（『全集』第一六巻、一四七―九ページ〔一四七―九ページ〕）を見よ。

に転化することであった。それであるから、労働者たちが政治活動から離れたり、「彼らの政治活動からその経済運動を[26]」いくらかでも切り離すことを許したりしないことが重要であった。他方で、その党の性質は、それが階級政党であるかぎり二次的な問題である。[27] それはその後の「党」の諸概念と混同されてはならないし、それらについての一貫した学説は、彼らの著作のなかに見出されるべくもない。この言葉自体は、非常に一般的な意味で一九世紀半ばに使われ始めたのであり、特定の一連の政治的見解あるいは政治的大義の支持者たちと、ある正規の集団の組織された構成員との双方を含んでいた。マルクスとエンゲルスは、一八五〇年代にしばしばこの言葉を共産主義者同盟、旧『新ライン新聞』グループ、および両者の残党を叙述するのに使用したが、マルクスは注意深く、同盟は初期の革命的諸組織のように「党史の中の挿話にすぎず、それは自然に社会の土壌のなかのどこにでもできるもの」すなわち「広い歴史的な意味での党」であると説明した。[28] この意味においてエンゲルスは、「すでにほとんどの国に存在する[29]」（一八七一年）政党としての労働者の党について語ることができたのである。明らかに一八七〇年代以降マルクスとエンゲルスは、可能であるなら組織された政党の何らかの形態における結成を、それが分派でないかぎり、支持した。そして彼らの追随者たちによって、あるいは彼らの影響下に結成された諸党派では、内部組織、党の構造と規律等については当然ロンドンからの適切な表現をもった見解を求めたのである。そのような党が存在しないところでは、エンゲルスは引き続き「党」という言葉を、労働者階級の独立性を表現している政治的（すなわち選挙的）団体の総体として、そうした団体の組織とは無関係に使用した。「それが独立した労働者の党であるかぎり、どういうものかは問題ではない[30]」。のちの理論家たちの関心の的であった、党の構造、組織あるいは社会学については、彼らは偶然に関心をもつことはあったにせよ、あまり関心を示さなかった。

　逆に、「宗派的『儀礼』は避けなければならない。……労働者階級の一般的な狙いと傾向は、それがおかれていることを知っている一般的状況から生じている。したがってこれらの目標や傾向は階級全体の中に見られる。もっとも彼らの頭の中に、運動は極めてさまざまな形で反映して、多かれ少なかれ空想的で、多かれ少なかれ現実の状況に結びついているのだが。われわれの眼前に展開されている階級闘争のかくされた意味を最もよく理解する人々――共産主義者――は、分派主義を承認または促進するという間違いを最も犯さない人であるだろう」[31]（一八七〇年）。党は組織された階級であろうとしなければならないのであって、マルクスとエンゲルスは『宣言』の声明から決して外れることがなかった。すなわち共産主義者は、他の労働者階級諸党に対立する別の党を作ったり、プロレタリアの運動を形成するための彼ら自身の分派的な原則を設けたりはしなかった、というのである。

マルクスの晩年の年代におけるすべての政治論争は、次のような三重構造の概念を守るためのものであった。すなわち（a）プロレタリアートの政治的階級運動、（b）ある宗派的ユートピアがあとに続く一回かぎりの権力移譲として考えられる革命ではなく、複雑で容易に予測できない移行期間を開始する決定的な瞬間として考えられる革命、（c）したがって必然的な政治的権威の体系、「国家の革命的で過渡的な形

▼26　国際労働者協会ロンドン協議会決議一八七一（『全集』第一七巻、四二一―二ページ〔三九四―五ページ〕）、エンゲルス「講演のためのメモ」（『全集』第一七巻、四一六―七ページ〔三九〇―一ページ〕）。

▼27　マルクスからボルテへ、一八七一年一一月二五日（『全集』第三三巻、三三二ページ〔二六六ページ〕）。

▼28　マルクスからフライリヒラートへ、一八六〇年（『全集』第三〇巻、四九〇、四九五ページ〔三九二―三、三九八ページ〕）。

▼29　『全集』第一七巻、四一六ページ〔三九〇ページ〕。

▼30　ゾルゲへ、一八八六年一一月二九日。ニーウェンホイスへ、一八八七年一一月二九日（『全集』第三六巻、五七九ページ〔五〇九ページ〕、五九三ページ〔五二一ページ〕）。

▼31　ポールとラウラ・ラファルグへ（『全集』第三二巻、六七一ページ〔五五二―三ページ〕）。

態[▼32]」の維持。このために、それらすべてを拒否したアナーキストたちに対する彼の反対が、とくに厳しいのである。

このようにして、マルクスのなかに、「修正主義派」と「革命派」とのあいだでなされたような、後年の諸論争の先取りを探したり、あるいはマルクス主義運動における左右間の論争を考慮して彼の著作を読むのは無駄なことである。彼の著作がそのように読まれてきたということは、マルクス主義の歴史の一部分であるが、その歴史のあとの段階に属する。マルクスにとっての問題は、労働諸党が改良的か革命的かではなく、これらの用語が何を意味するものかでさえなかった。労働者たちが資本主義の下における彼らの状態を改良するためにおこなう日常闘争と、資本主義社会を社会主義社会に置き換えることを見通す政治意識の形成あるいはこの目的にいたる政治活動とのあいだの矛盾をマルクスは原則的に認めなかったのである。彼にとっての問題は、たとえば、プロレタリア階級政党をさまざまな種類の民主的急進主義の（したがってブルジョワジーまたは小市民の）影響下にとどめ置くことによって、あるいはそうした政党の発展をさまざまな種類のユートピアや社会主義を達成するための専売特許の処方箋と一体化させることによって、しかしとりわけその発展を経済闘争と政治闘争の必然的統一から迂回させることによって、プロレタリア階級政党の発展を阻害するさまざまな種類の未熟さをどのようにして克服するのか、ということであった。マルクスを、国際労働運動あるいは他の労働運動のなかの「右」翼か「左」翼か、「穏健」派か「急進」派かに入れようというのは、時代錯誤である。したがって、マルクスがどこかの点で革命的であるのをやめて漸進的になったかどうかという議論は、ばかげているとともに、どうでもよいことである。

実際の権力の移行とまさにそれに続く社会の変容が、どのような形をとるかは、プロレタリアートとその運動の発展の程度に依存したのであり、その程度は、資本主義的発展において到達した段階も、実践によるそれ自身の学習と成熟の過程も反映するものである。それは当然、そのときの社会経済的および政治的な状況に依存したであろう。マルクスは明らかに、プロレタリアートが数的な多数派になり、階級分化が進んだ段階に達するまで待てとは提案しなかったのだから、彼は確かに革命のあとに続くものとして階級闘争を考えていたのだが、ただしそれは「最も理性的で人道的なやりかた」[33]によるものであった。革命の前とその後のある不確定の期間、プロレタリアートはこのように、階級連合の核心および指導者として政治的に行動することを期待されるに違いないのであるが、プロレタリアートの強みは、歴史的立場のおかげで、まだ少数派であるにもかかわらず「社会的主導権を行使し得る唯一の階級として認められる」ことができることであった。マルクスが実際に分析した唯一の「プロレタリアートの独裁」であったパリ・コンミューンについて、彼がそれを理想的には労働者の指導とヘゲモニーの下で「社会の全ての階級が他人の労働によって生活するのではない」人民戦線のようなものによって進行するように定められているものとして考えたと言っても、言い過ぎではない[34]。しかしこれらは、具体的な評価の問題であり、それらからは単に、マルクスとエンゲルスが、歴史的諸力の自発的な作用にではなく、歴史が可能にした限界のなかでの政治活動に依拠したということが確認されたにすぎない。彼らはその生涯のすべての段階で、一貫して、自分たちが想定する行動とあわせて情勢を分析した。したがって、これらの変化する情勢の評価を考察しなければならない。

▼32　マルクス『政治的無関心』（『全集』第一八巻、三〇〇ページ〔二九七ページ〕）。
▼33　『内乱』第一草稿（『全集』第一七巻、五四四―六ページ〔五一五―八ページ〕）。
▼34　『内乱』本文と第一草稿（『全集』第一七巻、三四一、五四九―五四ページ〔三一七―八、五一八―二三ページ〕）。

2 革命の展望の変遷

われわれは、彼らの分析を三段階に分けることができる。すなわち一八四〇年代半ばから五〇年代半ばの時代まで、その後二五年間の、労働者階級の持続的な勝利が直接の議題だとは思われなかった時代、エンゲルスの晩年の、大衆的プロレタリア政党の興隆が先進資本主義諸国における移行の新しい展望を開くように見えた時代、である。そのほかの場所では、それ以前の分析を修正すれば役に立った。われわれは以下に、彼らの戦略の国際的な諸側面を、別々に考察しよう。

「一八四八年」の展望は、旧体制の危機が広範な社会革命に達するだろうという、あとで正しいことが証明された想定と、間違っていたことがあとで証明された想定、すなわち資本主義経済の発展は、そのような革命の結果としてのプロレタリアートの究極的な勝利を可能にするのにまったく十分なところまで進んでいたという想定に基礎を置いていた。どのように定義されようと実際の労働者階級は、イギリスを除けば、明らかに全人口のなかの小さな少数派であり、そのイギリスでは——エンゲルスの予言にもかかわらず——革命は起こらなかった。そのうえ労働者階級は、成熟していなかったし、ほとんど組織されていなかった。したがってプロレタリア革命の展望は、二つの可能性に依存していた。それは(マルクスがある点ではレーニンに先んじて予測したように)ドイツ・ブルジョワジーが、それ自身の革命をおこなうことができないか望まないことが判明して、共産主義知識人に導かれた萌芽的なプロレタリアートがその指導権を引き継ぐ可能性か[35]、あるいは(フランスにおいてのように)ジャコバンによって開始されたブルジョワ革命の急進化が継続される可能性かである。

最初の可能性はまったく非現実的であることが明白にわかった。二番目のものは、一八四八—四九年の敗北のあとでさえ、なお可能であるように見えた。プロレタリアートは、従属者《サバルタン》としてではあるが自由主義ブルジョワジーから左に連なる階級連合の重要なメンバーとして参加した。そのような革命においては、急進化の可能性はさまざまな時点で生じうる。温和派が革命は十分に進展してしまったと結論したときに、他方で急進派は「すくなくとも部分的には大きな人民大衆のほんとうの利益になるものであるか、それとも一見そう見える[36]」諸要求をもって、さらに推し進めることを願ったのである。フランス革命においては、この急進化は、温和派ブルジョワジーの勝利を強化するのに役立っただけであった。しかし、資本主義の時代には、さまざまな階級敵対が、一八四八—四九年のフランスにおけるように、いまや統一された反動的なブルジョワ支配階級と、プロレタリアートの周囲に結集するそのほかの階級からなる戦線とに二極化する見通しがあったから、ブルジョワジーの打倒のなかで「敗北によって賢明になったプロレタリアートが決定的な因子」◆となりうるということが、初めて可能になったのかもしれない。フランス革命のこのような歴史的回顧は、ルイ・ナポレオンの勝利によって、その意味を大いに失った。[37] もちろん、革命の政治的発展の特定の動学に依存するところが多かった——結局多すぎた——のである。というのは、パリを含め

▼35　この論点は、G. Lichtheim, *Marxism* (1964 edn) pp. 56-7〔G・リヒトハイム著、奥山次良・田村一郎・八木橋貢訳『マルクス主義』(みすず書房、一九七四年) 五三—四ページ〕で明らかにされた。ただし著者がマルクス主義を一八五〇年以前と以後で根本的に区別するのは受け入れがたいが。

▼36　エンゲルス『フランスにおける階級闘争』への序文、一八九一年(『全集』第二二巻、五一三—四ページ〔五〇九—一〇ページ〕)。

◆(訳注)『全集』第二二巻、五一四ページ〔五一〇ページ〕に「経験によって賢くなったプロレタリアートが決定的な因子とならざるをえない」とある。

▼37　L. Perini (ed.), *Karl Marx, rivoluzione e reazione in Francia 1848-1850* (Torino, 1976). 序文LIVはマルクスの『フランスにおける階級闘争』と『ブリュメール一八日』との歴史的状況の違いを明確に分析している。

て大陸の労働者階級は、その背後に資本主義経済の非常に不十分な発展しかもっていなかったからである。

したがって、プロレタリアートの主要任務は、次の革命の急進化であって、そこからは、いったん自由主義ブルジョワジーが「秩序の党」へ行ってしまえば、より急進的な「民主党」が勝利者として現われる可能性があった。これは「革命を継続させておく」ということであって、一八五〇年に共産主義者同盟の主要なスローガンになり[38]、マルクス派とブランキ派との短命な同盟の基礎となるはずであった。民主主義者のなかで、「共和主義小市民」は最も急進的であり、そういうものとして最もプロレタリアートの支持に依存するものであった。この層は、主としてプロレタリアートに圧力をかけるとともに、プロレタリアートの闘争の対象とならなければならなかったのである。とはいえ、プロレタリアートは革命の同盟の指導者として小市民民主主義者にとって代ろうとするまさにその時に、小さな少数派にとどまっていて、そのために同盟軍を必要としていた。われわれは通りがけに、一八四八―四九年のマルクスとエンゲルスが、左翼のたいていの人々と同様に、農村の革命的可能性を、あるいは急進的可能性さえも、過小評価していたことに気がつくかもしれない。彼らはそこにはほとんど関心がなかったのである。敗北のあとにようやく、おそらくエンゲルスにせきたてられて（彼の一八五〇年の『農民戦争』はすでにこの主題に対する鋭い関心を示していた）、マルクスは、少なくともドイツについてはプロレタリア革命を支持するための「農民戦争の第二版のようなもの」を、思い描くようになったのである（一八五六年）。このようにして描かれた革命的発展は複雑であり、おそらく冗長であっただろう。またそれは、そのどの段階で「プロレタリアートの独裁」が生じうるのかを予言できたわけでもなかった。それでも、基本的なモデルは明らかに、最初の自由主義的段階から急進民主主義的段階を経てプロレタリアートが主導する段階にいたる、多かれ少なかれ急速な移行であった。

一八五七年の世界資本主義恐慌が、どこの国でも革命を引き起こしえなかったとわかるまで、マルクスとエンゲルスは、一八四八年の改定新版を希望し、期待さえしつづけたのであった。その後二〇年ばかり、彼らにとっては差し迫って成功するプロレタリア革命への展望はなかったが、エンゲルスはマルクス以上の万年青年の楽観主義を保っていた。確かに彼らは、パリ・コンミューンに多くを期待しなかったし、その短い存続期間にそれについて楽観的な叙述をすることを注意深く控えていた。他方で資本主義経済の急速で世界的な発展、とくに西ヨーロッパとアメリカ合衆国の工業化は、いまやさまざまな国で大量にプロレタリアートを生み出していた。彼らがこのとき望みをかけたのは、これらの労働運動の増大する勢力と階級意識と組織であった。このことが彼らの政治的展望を、基本的に変更したと想定するべきではない。われわれがすでに見たように、権力の（おそらく暴力的な）移転という意味での実際の革命は、労働者階級の発展の長い過程のさまざまな段階で起こりえたし、また次には革命後の移行の長い過程を開始するだろう。実際の権力の移転が、労働者階級と資本主義の発展のどこかある段階まで引き延ばされることは、疑いもなくそれからの移行期の性質に影響しただろう。しかしそれは、行動に熱心な革命派を失望させたかもしれないとしても、予言された過程の基本的性格を到底変更しうるものではなかった。それにもかかわらず、この時期のマルクスとエンゲルスの政治的戦略の問題は、彼らが不測の事態について計画を立てようと望みながら、プロレタリアートへの権力移行の成功を差し迫ったものとも起こりうるものとも考えていなかったということである。

大衆的社会主義政党の発展は、とくに一八九〇年以降、経済的に発展したいくつかの国における、政権に就いていたプロレタリア政府の下での社会主義への直接の移行の可能性を、初めて作り出した。この発展はマルクスの死後に起こったので、われわれは、彼がどのように対処したであろうかを知らないのだが、

▼38　中央委員会の呼びかけ（『全集』第七巻、二四四―五ページ〔二四九―五四ページ〕）。

彼がエンゲルスよりも柔軟に、非「正統的」なやり方で対処したかもしれないといういくつかのしるしがある[39]。しかし、マルクスが死んだのは、ドイツ・プロレタリアートの隆盛をきわめる大衆的マルクス主義政党と彼自身を同一視しようという誘惑がそれほど大きくなる前であったから、これは推測の域を超えるものではない。「中間の急進ブルジョワ段階」[40]を通らないで権力への直接的移行がいまや可能になったとエンゲルスを説得したのは、ベーベルであったといういくらかの証拠があるが、この中間段階はそれまでブルジョワ革命をおこなうのに失敗した国々では、必要だと見なされていたのである。いずれにせよこれからは、労働者階級はもはや幸運にも広範な革命の同盟の頂点にいる少数派ではなく、大衆党として組織されて、党の周辺の他の諸階層から同盟軍を結集し、多数派へと成長しつつある巨大な階層となるだろう。この点に、新しい情勢とイギリスの（依然として独特な）情勢との、違いがあった。イギリスではプロレタリアートが、決定的に資本主義的な経済のなかで多数派を形成して「ある程度の成熟性と普遍性」を達成したのだが――マルクスが到底気にかけようとしなかった諸理由によって――それに対応する政治的階級運動を発展させることができなかった[41]。エンゲルスは、彼の最後の諸著作を、大衆的社会主義諸政党によって達成される「多数派革命」というこの展望にあてたが、それらはある程度この時期の特定の（ドイツの）情勢への反応として、読まれるべきである。

このときエンゲルスが受け入れはじめた新たな歴史的情勢は、三つの特殊性によって性格を決められていた。新たな種類の社会主義の大衆的労働者階級政党については、事実上前例がなかったし、ドイツでのように実際に左翼での競争者をもたず、ますます一般的になる全国単一の「社会民主主義」政党については、まったく前例がなかった。それらに発展を許した諸条件は、一八九〇年以降ますます一般化したのだが、それらは合法性、憲法政策、投票権拡大であった。逆に、伝統的に考えられていた革命への展望は、いまや実質的に変化した（国際的な変化については後述）。第二インタナショナル時代の社会主義者たちの討論と論争は、これらの変化から生じた諸問題を反映している。エンゲルスはそれらの早い段階に部分的に関わっただけであって、これらの諸問題が先鋭化したのは、彼の死後のことにすぎない。確かに彼は、この新しい情勢に含まれうる可能性を、到底利用しつくさなかったと、主張することができるかもしれない。それにもかかわらず、彼の見解は明らかにこれらの諸問題と関係があり、それらの形成を助け、多くの文

▼39　彼のロシア農民に対する態度（ザスーリチへの手紙と草稿、『全集』第一九巻、二四二—三、三八四—四〇六ページ〔二三八—九、三八六—四〇九ページ〕）を、エンゲルスのそれと比較せよ（「『ロシアの社会状態』へのあとがき」『全集』第七巻、四二一—三五ページ〔四一九—三二ページ〕）。また革命後の農民と中間層の支持の持続についての彼の極端な関心（『内乱』第一草稿、『全集』第一七巻、五四九—五四ページ〔五一八—二三ページ〕）を、エンゲルスが『フランスとドイツの農民問題』（一八九四年、『全集』第二二巻、四八五—五〇五ページ〔四八一—五〇一ページ〕）で反動デマゴギーが農民や小職人を捉える危険性を豪放に否定したのとを比較せよ。自らの消滅の予言を受け入れるほどには成熟していない小農民や独立職人について、『ブリュメール一八日』の著者が論じたとは考えにくい。「この人たちの所属すべき仲間は、反ユダヤ主義者である。彼らはこの連中のところに行き、この連中から彼らの小経営の救済を約束してもらうがよい」（『全集』第二二巻、四九九ページ〔四九四ページ〕）。

▼40　ベーベルからエンゲルスへ、一八八四年一一月二四日。August Bebel, *Briefwechsel mit Friedrich Engels*, ed. W. Blumenberg, The Hague, Mouton & co., 1965. pp. 188-9. 次をも見よ。L. Longinotti, *Friedrich Engels e la 'rivoluzione di maggioranza'* (*Studi Storici* XV, 4, 1974, p. 821).

▼41　「非公開通知」、一八七〇年（『全集』第一六巻、四一四—五ページ〔四〇九ページ〕）。ここでエンゲルスの分析は深くなっている。一八五八年においてさえ、イギリスの世界独占が作り出した「ブルジョワ・プロレタリアート」についての彼の偶発的な発言（マルクスへ、一八五八年一〇月七日、『全集』第二九巻、三五八ページ〔二八〇ページ〕）はすでに、一八八〇年代および九〇年代における彼の分析（「一八四五年と一八八六年のイングランド」一八八六年、『全集』第二一巻、一九一—七ページ〔一九六—二〇二ページ〕を見よ）および『空想から科学への社会主義の発展』（『全集』第二二巻、三〇九—一〇ページ〔三一三—五ページ〕）の序文の、彼の主要な主張のいくつかを先駆けるものであった〔非公開通知はエンゲルスには関係がない—訳者〕。

献上の論争の主題になった。なぜなら、互いに異なる諸潮流のどれかと彼の見解を同一視することは非常に困難だからである。

ひとつの論争を引き起こすことになったのは、普通選挙に内在する新しい可能性に対するエンゲルスのこだわりであり、旧来の反乱的展望を彼が放棄したことであった。二つとも、彼の最後の著作のひとつである『フランスにおける階級闘争』の改訂〔aggiornamento〕において、明白に定式化された（一八九五年）。それはそれぞれが論争的な二つのものの結合であった。ドイツのブルジョワジーと政府は、「労働者党の非合法活動よりもその合法活動をはるかにおそれ、反乱の結果よりも選挙の結果をはるかに多くをおそれている」[42]という定式である。それでも実際には、エンゲルスは、その最後の著作のなかのいくらかの曖昧さにもかかわらず、のちのドイツその他の社会民主主義者の、合法主義的で選挙主義的な幻想を承認するか含意するかのようには、決して読めないのである。

彼が旧来型の反乱への希望を放棄したのは、技術的諸理由からだけではなく、大衆政党を可能にした階級対立のより明白な発生が、同時に、かつて人口の全階層から共感を得た旧来型の反乱をより困難にしたからでもあった。反動勢力は、今では中間階層のはるかに大きな部分から支持を集めることができるだろう。「だから『人民』はつねに分裂して現われるだろう。こうして一八四八年にはきわめて効果のあった強力な槓杆《てこ》がなくなった」[43]。それでも彼は――ドイツに関してさえ――武力対決の諸思想を放棄することを拒否し、いつもながらの彼の過度の楽天主義で、一八九八―一九〇四年のドイツ革命を予言したのである。[44]確かに、一八九五年における彼の直接の主張は、当時の状況ではSPD〔ドイツ社会民主党〕のような諸政党はみずからの法的発展性を利用することによって、得られるかぎりで最大のものを得たのだということ以上は、ほとんど何も示そうとしていない。暴力的武力対決は、こうして反逆者たちによってではなく、社会主義者たちに対する右翼から開始される可能性が高かった。このことはマルクスによってすでに一八七〇年代に素描された社会主義的中央政府の選出に対して憲法上の障害がない国々に関する一連の議論の継続である。ここで示唆されていたのは、革命的闘争はそのとき（フランス革命とアメリカ南北戦争においてのように）「合法的」政府と反革命的「反徒」との争いという形をとるだろう。「大きな運動が流血なしに発生したことはなかった」という、そのころのマルクスの見解に、エンゲルスがいくらかでも同意しなかったと想定すべき理由はない。エンゲルスは明らかに、自分が革命を放棄しているのではなく、彼とマルクスが生涯を通じておこなったように、変化した情勢に対して革命的な戦略と戦術を適用しているだけなのだと考えていた。社会民主主義の大衆的諸政党の成長が、何かの形の対決にいたらないで、既存の体制への運動の統合という形になったという発見こそが、彼の分析に疑問を投げかけたものである。もし彼が批判されるべきだとすれば、この可能性を過小評価したことからである。

他方で彼は、日和見主義の危険――「運動の将来を、その現在のために犠牲にする」――に鋭く気づいていて、諸党派をこの誘惑から守るために、「社会主義科学」の必要を力説することによって、社会主義

▼42　『階級闘争』序文（『全集』第二二巻、五一九ページ〔五一五ページ〕）。
▼43　『階級闘争』序文（『全集』第二二巻、五二一ページ〔五一七ページ〕）。
▼44　R・フィッシャーへ、一八九五年三月八日（『全集』第三九巻、四二四―六ページ〔三六七―七一ページ〕）、『階級闘争』序文（『全集』第二二巻、五二一―二ページ〔五一六―八ページ〕）、ラウラ・ラファルグへ（『全集』第三八巻、五四五ページ〔四七七―八ページ〕）。
▼45　「ハーグ大会についての演説」（『全集』第一八巻、一六〇ページ〔一五八ページ〕）、エンゲルス『資本論』英語版序文。
▼46　Marx, 'Konspect der Debatten über das Sozialistengesetz, 1878' in *Briefe an A. Bebel, W. Liebknecht, K. Kautsky und andere* (Moscow–Leningrad) I, p. 516,『ニューヨーク・トリビューン』のインタビュー、一八七八年（『全集』第三四巻、五一五ページ〔四二七ページ〕）。

の発展の本質的にプロレタリア的な基礎を強調することによって、[49] またとくに選挙において支持を得るための政治的同盟、妥協、綱領的譲歩の、超えてはならない限界を確立することによって、[50] いまや「マルクス主義」と呼ばれるようになりつつある主要な学説と経験を想起させ、広く体系化さえして、全力をつくしたのである。それでも実際には、そして彼の意図に反して、このことはとくにドイツの党においては、一方に理論と教義、他方に実際の政治的実践という割れ目を広げる原因となった。それはエンゲルスの晩年の悲劇であった。それはわれわれが今見ることができるように、運動の具体的な情勢についての、彼の明快で現実的で、しばしばかぎりなく先見性のある発言が、運動の実践に影響を与えることでなく、運動からますます乖離するような一般理論を補強することに役立ったということである。彼の予言は、正確でありすぎた。「こういうやり方をすれば、決定的な瞬間に党が突然にとほうにくれてしまい、最も決定的な諸問題について、まだそれを討議したことが一度もなかったという理由で、はっきりした理解も、一致もないという結果にしかなりえないではないか[51]」。

3　四八年革命の敗北以降

労働者階級運動の展望がどうであれ、権力獲得の政治的諸条件は、一八四八年敗北以後のブルジョワ政治の予期せぬ変容によって、複雑になった。革命を経験した国々では、ブルジョワジーの「理想的な」政治体制である立憲議会制国家は達成されなかったか、（フランスでのように）新ボナパルティズムのために放棄された。要するに、ブルジョワ革命は一八四八年に失敗したか、あるいは予測できなかった諸体制――この諸体制の性格について、おそらくマルクスはブルジョワ国家に関する他のどの問題についてよりも関心をもっていただろう――、すなわちあからさまにブルジョワジーの利害に奉仕するが、直接的にはひとつの階級としてのブルジョワジーを代表するのではない国家に到達していた。[52] このことは、支配階級と集権的国家装置との関係という、決して興味の尽きたことのないより広い問題を提起した。ここでの集権的国家装置とは、もともとは絶対君主制が発展させ、ブルジョワジーが資本主義的発展の条件であった「全国のブルジョワ的統一」を達成するために強化したが、ブルジョワジーも含む全階級に対して自律性を確立しようとする傾向を絶えずもつものである[53]（これは、勝利したプロレタリアートは国家機構を単純に接収することはできず、それを破壊しなければならない、という議論の出発点である）。このような階級と国家、経済と「権力エリート」の転換という展望は、明らかに二〇世紀の発展の多くを先取りするものである。マルクスがフランスのボナパルティズムに特定の社会的基礎を、この場合には革命後の小市民的農民すなわち「自分の階級的利益を自分自身の名まえで主張する能力がない」階級を、当てはめようと

▼47　「一八九一年の社会民主党綱領草案の批判」一八九一年（『全集』第二二巻、二二七―四〇ページ〔二三五―四六ページ〕）、とくに二三四―五ページ〔二四〇―二ページ〕）。
▼48　ベーベルに、一八九一年（『全集』第三八巻、九四ページ〔七二ページ〕）、『ゴータ綱領批判』の公表への党内の反対について。
▼49　「将来のイタリア革命」（『全集』第二二巻、四四〇、四四一ページ〔四三五―六、四三七ページ〕）を見よ。「正確には我々が代表している階級の運動ではない運動を、直接に準備することは我々の仕事ではない」。
▼50　とくに次を見よ。「将来のイタリア革命」（『全集』第二二巻、四三九―四二ページ〔四三五―八ページ〕）、「フランスとドイツの農民問題」（『全集』第二二巻、四八三―五〇五ページ〔四八一―五〇一ページ〕）。
▼51　「一八九一年の社会民主党綱領草案の批判」（『全集』第二二巻、二三四ページ〔二四〇―一ページ〕）。
▼52　マルクスのボナパルティズムへの態度（主として『ブリュメール一八日』で定式化されて、その主張が『内乱』で続けられた）については、M. Rubel, *Karl Marx devan le Bonapartisme* (The Hague 1960) を見よ。
▼53　『ブリュメール一八日』七（『全集』第八巻、一九六―七ページ〔一九二―三ページ〕）。

試みたのがそうである。「彼らは自分で自分を代表することができず、だれかに代表してもらわなければならない。彼らの代表は、同時に彼らの主人として、彼らのうえに立つ権威として、彼らを他の諸階級にたいして保護し、上から彼らに雨と日光をふりそそがせる無制限な統治権力として、登場しなければならない」[54]のである。ここには、その後のデマゴギー的なポピュリズム、ファシズム等々のさまざまな形態が予想されている。

どうして支配のそのような諸形態が優勢になるのかは、マルクスとエンゲルスによって、明瞭には分析されなかった。ブルジョワ民主主義政府はその発展性を使い尽くしてしまったのであり、それであるから、プロレタリアートに対する最終の防壁であるボナパルティズム体制は、プロレタリア革命前の支配の最後の形態でもあるだろうというマルクスの主張[55]は、明らかに間違っていることが証明された。より一般的な形態でのそのようなボナパルティズムあるいは絶対主義体制の「階級均衡」理論は、結局エンゲルスによって（主として『家族の起源』において）、定式化されたのであるが、マルクスがフランスでの経験から引き出したさまざまな定式にもとづいていた。それらは、『ブリュメール一八日』における、秩序党内の恐怖と内部分裂が一八四九—五一年に、どのように、「自分の党の政体である議会政体を、それが他の諸階級との闘争の過程にあるときに、その存在条件をすべて滅ぼしたか」についての、手の込んだ分析から、それは「社会のなかの敵対する二階級の疲労と無気力」[56]によるのだという、単純化された叙述にいたるまでに及んでいる。他方で、あのようにしばしば理論的により慎重であり、またより経験的でもあるエンゲルスは、ボナパルティズムがブルジョワジーにとって受け入れやすいものであるのは、ブルジョワジーが直接統治に煩わされたくないからか、そのための「手段を持っていない」からであるという示唆を取り上げた[57]。ビスマルクに関連して、ボナパルティズムを「ブルジョワジーの宗教」として嘲笑しながら、この階級は（イギリスでのように）自己の利害のために貴族寡頭政治に実際の政権を運営させることができるし、あるいはそのような寡頭政治が存在しなければ、「ボナパルティズム半独裁」を政府の「通常の」形態として採用できるはずだと、エンゲルスは主張した。この内容豊かな暗示は、ずっとのちになってイギリスにおけるブルジョワと貴族の共存の特殊性が問題になるまで、仕上げられることがなかったが[58]、その場合でも、むしろ偶然的な見解としてであった。それと同時にマルクスとエンゲルスは、一八七〇年以後は典型的ブルジョワ体制の立憲・議会制的性格の強調を継続したか、あるいはそれに立ち戻った。

しかし、一八四八年〔の革命〕が簡単に打破され旧体制が再建されていた国々において、ブルジョワ革命の以前の展望はどうなっていったのか、また何が「永続革命」によって急進化され、乗り越えられるべきであったのか。ある意味では革命が起こったということ自体が、それが提起した諸問題が解決されなければならないことの証拠であった。「革命の現実の〔すなわち、歴史的な〕幻想的ではない諸任務はつねに

▼54『ブリュメール一八日』七（『全集』第八巻、一九八—九ページ〔一九四—五ページ〕）。
▼55『ブリュメール一八日』（『全集』第八巻、一九六—七ページ〔一九二—三ページ〕）、『内乱』草稿II（『全集』第一七巻、三三六—八ページ〔三一二—五ページ〕）。
▼56『ブリュメール一八日』（『全集』第八巻、一七六—八五ページ〔一七〇—八〇ページ〕）、ラファルグへ、一八六六年一一月一二日（『全集』第三一巻、五三〇ページ〔四四六ページ〕）、もっと丁寧な説明が必要ならエンゲルスの「昨年一二月にフランスのプロレタリアが比較的に不活発だった真の原因」（一八五二年）（『全集』第八巻、二二四—七ページ〔二二一—四ページ〕）。
▼57 マルクスへ、一八六六年四月一三日（『全集』第三一巻、二〇八ページ〔一七三ページ〕）。
▼58「ヨーロッパのどの国でも、ブルジョワが少なくともいくらか長い期間にわたっては、封建貴族層が中世にそうしたのと同じく排他的なやり方で、政治権力を把握することはできないということは、歴史的発展の一法則であるように思われる」（『空想から科学への社会主義の発展』英語版序文、『全集』第二二巻、三〇七ページ〔三一一ページ〕）。

この革命の結果によって果たされる」[59]のである。この場合にそれらは、「その遺言執行人たちすなわちボナパルト、カヴール、ビスマルクによって」果たされた。だがマルクスとエンゲルスは、この事実を認識し、ドイツの統一の達成という「歴史的に進歩的な」ビスマルクの場合については、歓迎さえした——複雑に入りまじった感情をもって——にもかかわらず、彼らはその含意を十分に展開しなかった。それで、反動勢力によっておこなわれた「歴史的に進歩的な」一歩への支持は、たまたまそれに反対することになった左翼の政治的同盟勢力への支持と、衝突するおそれがあったのである。事実このことは、普仏戦争に関して起こり、リープクネヒトとベーベルは、（一八四八年革命の左翼の大部分によって支持された）反ビスマルク的論拠からこの戦争に反対し、これに対しマルクスとエンゲルスは、ある点までは密かに支持に傾いていた。[60]誰が「歴史的に進歩的な」成果を遂行したのか考慮せずに支持することには、もちろん事後〔ex posto facto〕のものを除いて、危険がある（マルクスは、ナポレオン三世を嫌悪し軽蔑していたので、イタリア統一についての類似の矛盾からは逃れられた）。

しかしながら、それより深刻な問題は、上から（たとえばビスマルクによって）ブルジョワジーに対しておこなわれた、ときには「上からの革命」[61]と叙述されさえした疑いのない譲歩をどう評価するかという問題である。エンゲルスは——マルクスはこの点についてほとんど書いていない——、そうした譲歩が歴史的に避けられなかったことを認めはしたが、そうした譲歩は一時的なものであるという見解を捨てるのに長くかかった。ビスマルクがさらにブルジョワ的な解決に追い込まれるか、あるいはドイツ・ブルジョワジーが、「再びその政治的義務を果たして現体制に反対するように強制されるならば、挙句の果てに、またいくらかの進歩があるだろう」[62]。歴史的に、エンゲルスは正しかった。というのは、その後七五年が経過するうちにビスマルク的妥協とユンカー勢力は、彼が予測したやり方によってではないが一掃されたのだからである。そうではあるがマルクスとエンゲルスは、短期的には——そしてエンゲルスの国家の一般理論においては――ヨーロッパのほとんどのブルジョワ諸階級にとって一八四九―七一年の妥協による諸解決が、実質的にもうひとつの一八四八年という等価物であって、その貧弱な代替物ではないという事実を決して受け入れなかった。彼らは、より多くの権力、あるいはそれより完全で疑う余地なくブルジョワ的な国家――エンゲルス自身が示唆したような――が望まれている、あるいは必要とされているという証拠をほとんど示さなかった。

これらの事情の下で「ブルジョワ民主主義」のための闘いが継続されたのだが、それが前にもっていたブルジョワ革命の内容をともなわなかった。この闘いは、ますます労働者階級の指導の下におこなわれるようになり、大衆的な労働者階級政党の動員と組織化をきわめて容易にする諸権利を獲得したのではあるが、「ブルジョワ支配の論理的［*konsequente*］形態」である民主共和国はまた、ブルジョワジーとプロレタリアートとの闘いが先鋭化されて決着がつけられる形態でもあるという▼63、晩年のエンゲルスの見解に対する本当の証拠はなかったのである。民主共和国あるいはそれの等価物の内部での、階級闘争およびブル

▼59　エンゲルスからカウツキーへ、一八八二年二月七日（『全集』第三五巻、二六九ページ〔二二四ページ〕）。
▼60　エンゲルスからマルクスへ、一八七〇年八月一五日、マルクスからエンゲルスへ、一八七〇年八月一七日（『全集』第三三巻、三九―四四ページ〔三四―四〇ページ〕）。
▼61　『ロシアの社会状態』へのあとがき（『全集』第二二巻、四三三ページ〔四三〇ページ〕）。
▼62　ベーベルへ、一八八六年九月一三日（『全集』第三六巻、五二六ページ〔四六一ページ〕）。この問題についてはE. Wangermann, *The role of force in history*, London, 1968の序論を見よ。
▼63　エンゲルスからベルンシュタインへ、一八八三年八月二七日、一八八四年三月二四日（『全集』第三六巻、五四―五、一二八ページ〔四八―九、一一七ページ〕）。もちろんエンゲルスは将来の革命自体の短期的な様相について、考えていただけかもしれない。ベーベルへ、一八八四年一二月一一―二日（『全集』第三六巻、二五二―三ページ〔二三〇―一ページ〕）を見よ。

ジョワ・プロレタリア関係の性格は曖昧なままである。要するに、発展し安定した資本主義のなかでのブルジョワ国家の政治的構造と機能という問題は、マルクスとエンゲルスの著作において、一八四九年以後の先進諸国の歴史的経験に照らして体系的に考察されなかった、ということは認めなければならない。このことは彼らの洞察と観察の才気、そして多くの場合におけるその能力の高さを、減じるものではない。

4　国際情勢と革命の展望

しかしながらマルクスとエンゲルスの政治的分析を、その国際的側面なしに考察することは、『オセロ』をヴェネツィアの出来事ではないかのように上演することである。彼らにとってその革命は、本質的に国際的な現象であって、単に国内的諸変容の集積ではなかった。彼らの戦略は、本質的に国際的であった。マルクスの第一インタナショナルの創立宣言が、労働者階級が国際政治の秘密に分け入り、そこで積極的な役割を演じることを求めて終わっているのは、理由のないことではない。

国際的な政策と戦略が不可欠なのは、革命の存続の可能性に影響する国際的な国家体制が存在するからというだけでなく、もっと一般的に、マルクスが「社会」と「国民」という言葉をほとんど交換可能であるかのように使用していることに暗示されるように、世界資本主義の発展が必然的に分離独立の社会・政治的諸単位の形成を通じて進行したからであった。▼64 資本主義によって創造された世界は、ますます統一され「諸国民の普遍的な相互依存関係」（『共産党宣言』）となった。革命の運命はさらに国際関係の体系に依存しているのであり、なぜなら歴史、地理、不均等な力と不均等発展が、各国における革命の発展を、どこかよそで起こったことによって死命を制せられるようにしたり、あるいは革命に国際的影響を与えたりしたのだからである。

多数の分離した（「国民的」）単位を通じての資本主義の発展というマルクスとエンゲルスの信念を、そのころ「国民性原理」と呼ばれ、今では「民族主義《ナショナリズム》」と呼ばれているものと混同してはならない。彼らは、最初は自分たちが国民主義的性格の強い共和民主主義左翼に属することを自覚していて、これが一八四八年およびそれ以前には国内的にも国際的にも唯一の実効ある左翼であったからであるが、彼らは、民族主義それ自身が目的であるような民族自決を拒絶した。それは彼らが、それ自身が目的であるような民主共和国を拒否したのと同様である。▼65 彼らの追随者たちの多くは、注意力が不足し、プロレタリア社会主義者と小市民（民族主義）民主主義者とのあいだに線を引くことができなかった。エンゲルスが、青年時代のドイツ民族主義とそれに結びついた民族的偏見、とくに反スラヴを、決して失わなかったことは、よく知られている▼66（マルクスはそのような感情に影響されることが、彼よりむしろ少なかった）。それでも、ドイツ統一の進歩的性格についての彼の信念、あるいは戦争におけるドイツの勝利への支持は、ドイツ民族主義にもとづくものではなかったが、確かに彼はドイツ民族主義からドイツ人としての喜びを得ていた。その生涯の多くにわたってマルクスとエンゲルスは、彼ら自身の国よりもむしろフランスを、革命にとって決定的であると見なしていた。長いあいだ彼らの攻撃と軽蔑の的であったロシアについては、彼らの態度は、ロシア革命が可能になるとただちに変わった。

こうして彼らは、彼らの国の民族主義政治勢力を過小に評価し、この現象を適切に分析しなかったため

▼64　Cf. S. F. Bloom, *The world of nations*, pp. 17ff.

▼65　『新ライン新聞』一八四八年八月三一日のエンゲルス。さらにエンゲルスからベルンシュタインへの一八八四年三月二四日（『全集』第三六巻、一二八ページ〔一一六―七ページ〕）をも見よ。

▼66　Cf. Roman Rosdolsky,s *Friedlich Engels und das Problem der 'Geschichtslosen Vö1ker'* (Archiv für Sozialgeschichte4/1964, Hanover).

に批判されるかもしれないが、政治的または理論的一貫性の欠如のために批判されることはない。彼らは諸国家をそれ自体としては支持しておらず、ましてや、どれかのあるいはすべての民族自決をそれ自体として支持することはなかった。それはエンゲルスが彼のいつもの現実主義で、次のように述べたとおりであった。「ヨーロッパには、同じ政府のもとにさまざまな民族がいないような国はない。……この状態はおそらくずっとつづくだろう」[67]。彼らが分析家として認めたことは、資本主義社会は、地方的で地域的な諸利害を広域的単位に――彼らが『宣言』以降ずっと期待していたように、おそらく、結局は真の世界社会に――従属させることを通じて発展するということであった。彼らは、この歴史的過程と進歩が引き起こすいくつかの「国家」の形成を認識し、歴史的展望において承認し、この理由によって「はじめはもとは政治的強力によって作り出されたとはいえ、いまでは社会的生産の有力な一要因となっている大国民の統一にとってかわろうとする」[68]連邦主義の諸提案を拒否した。元来彼らは、アジアとラテン・アメリカの後進地域の先進ブルジョワ諸国民による征服を類似の理由によって認識し承認したのであり、同様に彼らは、多くの小国には独立して存在するためのそのような理由がないこと、そして実際に民族として存在しなくなるおそれのある民族もあることを容認したが、しかし、この点で彼らは、チェコ人には明らかであったようないくつかの逆の過程に気づかないでいたのである。エンゲルスがベルンシュタインに説明したように[69]、個人的な感情は、二次的なものであったのだが、それが（チェコ人についてのエンゲルスと同様に）政治的判断と一致する場合には、民族的偏見の表現のための不当な余地と――のちに明らかになることだが――レーニンのいわゆる「大国ショーヴィニズム」のための不適切な余地を残した。

他方で、革命的政治家としてのマルクスとエンゲルスは、その運動が客観的に革命を促進した民族と民族集団を、大小にかかわらず支援し、客観的に反動の側にいた民族と民族集団には反対した。原則として彼らは、諸国家の政策に対しても同じ態度をとった。このようにして彼らが後継者たちに残した主要な遺産は、民族と民族解放運動は、それ自体では目的と見なすことはできず、世界革命の過程、諸利害、諸戦略との関係においてのみ目的と見なすことができるという堅固な原則であった。そのほかのたいていの側面において、彼らはいくつかの言い訳的な判断は別にして、諸問題を遺産として残した。こうした判断は、創設者たちが非歴史的・後進的で破滅が待っているものとして退けた諸民族のなかに運動を構築しようとする社会主義者たちが、よく説明して取り除かねばならないものであった。基本的な原則を除いて、あとのマルクス主義者たちは、古典に頼ることがほとんどできないままで、「民族問題」の理論を作ることをまかされていた。指摘されなければならないのは、このことが、帝国主義期の歴史的状況の大きな変化によるだけでなく、マルクスとエンゲルスが民族現象についてきわめて部分的な分析しか残さなかったことにもよる、ということである。

歴史は、マルクスとエンゲルスの国際的革命戦略の主要な局面に三つの区切りをつけた。一八四八年を含めてそれまでと、一八四八―七一年と、一八七一年からエンゲルスの死までである。

将来のプロレタリア革命の決定的な舞台は、ブルジョワ革命と先進資本主義的発展の地域、すなわちフランス、イギリス、ドイツの各地、およびおそらくアメリカ合衆国であった。マルクスとエンゲルスは、比較的小さくて政治的に決定的でない「先進」諸国には、そこでの社会主義運動の発展が彼らの問題について発言を求めるまでは、偶発的な関心のほかは、ほとんど関心を示さなかった。一八四〇年代には、この地帯で革命を期待することは当然でありえたし、まさに革命が勃発した。しかしマルクスが認めたよう

▼67　「労働者階級はポーランドについてなにをなすべきか？」一八六六年（『全集』第一六巻、一五七ページ〔一五九ページ〕）。
▼68　マルクス『フランスにおける内乱』（『全集』第一七巻、三四一ページ〔三一七ページ〕）。
▼69　ブルガリア人についてエンゲルスからベルンシュタインへ、一八八二年八月二七日（『全集』第三五巻、二八〇―二ページ〔二三五―九ページ〕）。

に[70]、それはイギリスが参加できなかったために敗北を運命づけられていた。他方で、イギリスを除けば、本当のプロレタリアート、あるいはプロレタリア階級運動は、まだ存在していなかったのである。

一八四八年の次の世代には急速な工業化が、労働者階級とプロレタリア運動の成長をもたらしたが、先進地帯における社会革命の展望は、ますますありえなくなった。資本主義は安定していた。この時期にマルクスとエンゲルスが望みえたのは、せいぜい国内の政治的緊張と国際的紛争のある結びつきが、実際にフランスで一八七〇―七一年にそうであったように、革命が出現しうる情勢が生じるかもしれないということであった。しかしながら、この時期の終わりには、それはまたしても地球規模での資本主義の危機であったので、情勢は変化した。第一に、主としてマルクス主義の影響下にある労働者階級の大衆政党が、「先進」諸国における国内的発展の展望を変形した。第二に、社会革命の新しい要素が発展した資本主義社会の周辺地域であるアイルランドとロシアに発生した。マルクス自身は一八六〇年代後半に、この両者にほぼ同時に、初めて気がついた（ロシア革命の可能性への、最初のはっきりした言及は一八七〇年になされた[71]）。アイルランドはフィニアン主義の崩壊以後、マルクスの計算のなかで大きな役割を演じなくなったが[72]、ロシアはますます重要になり、その革命は「西欧のプロレタリア革命にたいする合図となって、両者がたがいに補いあう」（一八八二年）ことが可能であった[73]。言うまでもなく、ロシアの革命の主要な重要性は、それが発展した諸国における情勢を変えさせることのなかにあった。

革命の展望におけるこれらの変化は、マルクスとエンゲルスの戦争への態度の大きな変化を決定した。彼らは原則として共和主義の民主主義者あるいは民族主義者でなかったのと同様に、原則として平和主義者ではなかった。さらに彼らは、クラウゼヴィッツによれば戦争は「別の手段による政治の継続」であることを知っていたから、少なくとも彼らの生存中には、戦争がすべて経済的因果関係によることを信じていなかった。彼らの著作のなかには、このことについて示唆するものはない[74]。要するに、最初の二段階では、彼らは戦争を、彼らの大義を直接に推進するものとして期待していたし、戦争の希望は彼らの計算の主要な、ときには決定的な部分であった。一八七〇年代後半から——一八七九—八〇年に転機が来て[75]——彼らは全面戦争は、短期的には運動の推進の障害であると見ていた。そのうえ、エンゲルスは晩年に、自分が予告した新しいおそらく全地球的な戦争の恐るべき性格について、ますます確信するようになった。彼は預言者的に言った。「確かな結果はただひとつ」、すなわち「これまでに見られぬ規模での大量殺戮、これまでに見られぬ程度の全ヨーロッパの衰退、最後には古い全体制の崩壊だ」[76]（一八八六年）。彼はそのような戦争がプロレタリア党の勝利に終わることを期待したが、革命を達成するためには戦争は「もはや必要ではなかった」から、彼は当然、「われわれはこの屠殺の全てを避けるだろう」[77]と希望した（一八八五

▼70　『新ライン新聞』一八四九年一月一日（『全集』第六巻、一四九—五〇ページ〔一四五ページ〕）。
▼71　マルクスからポールとラウラ・ラファルグへ、一八七〇年三月五日（『全集』第三五巻、六五九ページ〔五四二ページ〕）。
▼72　エンゲルスからベルンシュタインへ、一八八二年六月二六日（『全集』第三五巻、三三七—九ページ〔二八七—九〇ページ〕）。
▼73　『共産党宣言』ロシア語版第二版序文（『全集』第一九巻、二九六ページ〔二八八ページ〕）。
▼74　E. H. Carr,'The Marxist attitude toward war', in *The History of the Bolshevik Revolution*, III (London, 1953), pp. 549-66〔E・H・カー著、宇高基輔訳「戦争に対するマルクス主義者の態度」『ボリシェヴィキ革命3』（みすず書房、一九七一年）、四〇九—二四ページ〕を見よ。
▼75　エンゲルスからマルクスへ、一八七九年九月九日、マルクスからダニエリソーンへ、一八八〇年九月一二日（『全集』第三四巻、一〇五、四六四ページ〔九一、三八二ページ〕）。エンゲルスからベーベルへ、一八七九年一二月二六日（『全集』第三四巻、四三一ページ〔三五四ページ〕）、エンゲルスからベーベルへ、一八八二年一二月二二日（『全集』第三五巻、四一六ページ〔三六二—三ページ〕）。
▼76　エンゲルスからベーベルへ、一八八六年九月一三日（『全集』第三六巻、五二五ページ〔四六〇—一ページ〕）。

年）。

マルクスとエンゲルスのものを含めて、革命戦略に戦争が元来必要不可欠な要素であったことには、二つの主な理由があった。第一に、ヨーロッパ反動の主要な堡塁であり、保守的現状の保証人であり回復者であるロシアを圧倒することが必要であった。ロシア自体はポーランド内の西方側堡を除けば国内の混乱を免れていた。したがってポーランドの革命運動は、長いあいだマルクスとエンゲルスの国際戦略のなかで大きな役割を演じたのである。革命は、ロシアに対するヨーロッパ解放戦争に転化して、逆にそのような戦争が東ヨーロッパ諸帝国の分解によって革命の範囲を拡大しないかぎり、敗北するであろう。一八四八年が、革命をワルシャワ、デブレッツェン、ブカレストに拡大したと、一八五一年にエンゲルスは書いた。次の革命はサンクト・ペテルブルクとコンスタンチノープルに、広がるに違いない[78]。そのような戦争が、イングランドを巻き込むことは避けられない。イングランドは、東方におけるロシアの一貫した敵であって、ヨーロッパにおけるロシアの支配に反対せざるをえないのであるが、イングランドが戦争に巻き込まれれば、もうひとつの現状維持の大きな柱である世界市場を支配する――おそらくチャーティストを政権に就けさえする――安定した資本主義イギリスを掘り崩すうえで、さらにそして決定的に有利な情勢となるだろう[79]。ロシアの敗北は進歩のための本質的な国際的条件であった。おそらく、マルクスのイギリス外相パーマストンに対する、いくらか執念深い論戦は、全面戦争によってヨーロッパの勢力均衡の主要な崩壊という危険を冒すことをイギリスが拒否したことに対する失望に彩られていたのかもしれない。というのは、ヨーロッパ革命が存在しない場合――それが存在する場合でさえも――、ヨーロッパのロシアに対する大戦争は、イングランドなしでは不可能であったからである。反対に、ロシア革命が起こりうるということになれば、そのような戦争はもはや先進諸国の革命の不可欠の条件ではなかったのだ。ただし晩年のエンゲルスは、彼が生きているあいだにロシア革命が起こらなかったので、再びロシアを反動の最後の砦と見なしたくなったのである。

第二に、そのような戦争が、ヨーロッパの諸革命を統一し急進化させる唯一の方法なのであって、その経過については、一七九〇年代のフランス革命戦争が先例を準備した。ジャコバン主義の国内的対外的な伝統に戻れば、革命フランスは、ツァーリズムに対するそのような戦争同盟の明らかな指導者であった。それはフランスが、ヨーロッパ革命を創始したからであり、また最も恐るべき革命軍をもつであろうからである。この希望もまた、一八四八年に裏切られた。フランスはマルクスとエンゲルスの計算のなかで決定的な役割を演じ続けたとはいえ――実際には二人はかなり一貫して、第二帝政の安定性と成果を低く評価し、今にも第二帝政が転覆することを期待した――、一八六〇年代以降は、フランスはもはやヨーロッパの革命で、かつて割り当てられていたような中心的な役割を演じることができなかった。

しかし、もし一八四八年の時代に、戦争がヨーロッパ革命の論理的な結果であり延長であり、同時にその成功の条件でもあると見られていたとすれば、その次の二〇年間にはそれは、現状を動揺させて、国々の内部緊張を緩和するという最も重要な希望と見られなければならなかった。ヨーロッパ革命が経済恐慌によって達成されるだろうという希望は、一八五七年に死滅した。[80] その後はマルクスもエンゲルスも、これに似た短期的な希望をどれかの経済恐慌に真剣にかけることは、一八九一年でさえ、なかったのである。[81]

▼77　ベーベルへ、一八八五年一一月一七日（『全集』第三六巻、三九一ページ〔三四三ページ〕）。
▼78　Gustav Mayer, *Friedrich Engels* (Hague, 1934) に引用されている。
▼79　『新ライン新聞』一八四九年一月一日のマルクス。
▼80　差し迫った革命への彼らの期待を知るには、マルクスからエンゲルスへ、一八五六年九月二六日、エンゲルスからマルクスへ、一八五六年九月二七日以後、一八五七年一一月一五日、マルクスからエンゲルスへ、一八五七年一二月八日（『全集』第二九巻、七六、七八、二一二、二二五ページ〔六〇、六二、一六九、二二五ページ〕）。

彼らの計算は正確であった。この時期の戦争は予告されたような結果をもたらしたが、マルクスとエンゲルスが希望したようにではなかった。というのは、それらはフランスを除けばヨーロッパのどの主要国にも、革命を引き起こさなかったからであり、フランスの国際的な役割は、われわれが見たように、変化してしまったのである。そこで、すでに示唆されていたように、マルクスとエンゲルスはいまやますます、すべてがブルジョワか、あるいは反動である既存諸勢力の国際政策のなかで決定するという新しい立場に追い込まれたのである。

このことはもちろん、マルクスとエンゲルスがナポレオン三世、ビスマルクおよびその他誰であれ政治家たちの諸政策に影響を与えることがまったくできないままでいたかぎり、そして諸政府がその態度を考慮しなければならない社会主義運動も労働運動も存在しなかったかぎり、ほとんど空論であった。そのうえ、ときには「歴史的に進歩的な」政策がかなりはっきりしていた――ロシアは反対されるべきであり、アメリカ内戦においては南に対して北を支持すべき――とはいえ、ヨーロッパの複雑性は、結論に達しない思索と討論に無限の余地を残した。マルクスとエンゲルスが一八五九年のイタリア戦争に対して、ラサールより正しい態度をとったことは決して明確ではないが[82]、実際にはどちらの態度も、そのときにはあまり問題にならなかった。ブルジョワ国家同士が争っていて、社会主義大衆政党がそのどちらかを支持しなければならないと感じるような場合、そのような論争の政治的含意はもっと深刻になっただろう。確かに晩年のエンゲルスが（そして晩年のマルクスでさえ）国際戦争が革命への手段でありうるかどうかの計算から離れ始めたひとつの理由は、それが「各国の排外主義を一層尖鋭化させ[83]」、それは支配階級に役立ち、いまや成長しつつある運動を弱めるだろうということの発見であった。

もし一八四八年以後の時期に、革命への展望が明るくなかったとすれば、それは主として、ロシアが反動の保塁であったように、イギリスが資本主義的安定の堡塁であったからである。「ロシアとイギリスとは、現在のヨーロッパの体制の二大支柱なのだ」[84]。長期的には、イギリス人はその国の世界独占が終わって初めて運動を始めたのであり、それは一八八〇年代に始まって、エンゲルスによってさまざまな機会に分析され歓迎された。ロシア革命の展望が、この体制の隅石のひとつを掘り崩したように、イギリスの世界独占の終焉はもうひとつの隅石を掘り崩した。とはいえ、一八九〇年代になってさえも、イギリスの運動に対するエンゲルスの期待は、むしろ控えめなままであった[85]。短期的にはマルクスは「イギリスにおける社会革命の促進」――アイルランドを通じて――に期待をかけ、彼はこれを第一インタナショナルの最も重要な任務と見なしていた。しかもそれはまったく非現実的な任務なのではなく、なぜなら「それは、（労働者階級の）革命の物質的諸条件がある成熟度まで発展している、唯一の国[86]」だからである。アイルランドはイギリスの労働者を人種的な線引きで分裂させ、彼らに他民族を搾取する共通利益の見かけを与

▼81　「ブリュッセル大会とヨーロッパの情勢について」（『全集』第二二巻、二四三ページ〔二四八―九ページ〕）を見よ。

▼82　この論争は下記にまとめられている。Gustav Mayer, op. cit., II, pp. 81-93.

▼83　エンゲルスからラファルグへ、一八八九年三月二四〔二五〕日（『全集』第三七巻、一七一ページ〔一四三ページ〕）。

▼84　マルクスからポールとラウラ・ラファルグへ、一八七〇年三月五日（『全集』第三二巻、六五九ページ〔五四二ページ〕）。

▼85　『空想から科学への社会主義の発展』英語版への序言（『全集』第二二巻、三一〇―一ページ〔三一四―六ページ〕）。

▼86　マルクスからマイアーとフォークトへ、一八七〇年四月九日（『全集』第三二巻、六六七―九ページ〔五四八―五一ページ〕）。もっと詳しくは、総評議会からラテン系スイス連合議会へ、一八七〇年一月一日（『全集』第一六巻、三八六―九ページ〔三八〇―三ページ〕）

え、イギリスの地主寡頭支配に経済的基礎を与えていたが、この寡頭支配の転覆が、イギリスの進歩の第一歩であるに違いないのだ。[87] 農業植民地における民族解放運動が、先進帝国の革命化の決定的な要素になりうるということの発見は、レーニンの時代のマルクス主義の諸発展を予告するものであった。マルクスの心中でその発見が、農業国ロシアにおける革命の可能性というもうひとつの新しい発見と、結びついていたのも偶然ではない。[88]

マルクスのというより、もっと正確に言えばエンゲルスの戦略の最終段階においては、国際情勢が、長引く世界的な資本主義の不況、イギリスの世界的独占の衰退、ドイツとアメリカ合衆国の持続的な工業的発展、ロシアにおける革命の可能性によって、根本的に変化していた。そのうえ、一八一五年以来初めて、世界戦争が目に見えて迫ってきており、エンゲルスによって、注目すべき預言者的な鋭さと軍事的専門性をもって観察、分析されたのである。そうではあるが、われわれがすでに見たように、列強の国際政策は今では彼らの計算のなかで、はるかに小さい、というよりむしろいっそう否定的な役割を演じていた。それは主として、成長しつつある社会主義諸政党の運命に対する影響という観点から、そしてそれらの発展に対する援助の可能性よりもむしろ障害として、考察された。

ある意味では、エンゲルスの国際政治への関心は、彼の晩年にインタナショナルとして再組織化された労働運動にますます集中した。というのは、それぞれの運動の活動が、他のそれを強化、推進、あるいは抑制することができたからである。これは彼の著作から明らかなことであるが、われわれは一八九〇年代の情勢と一八四八年以前のそれとの彼による時々の比較を、あまり読み込む必要はない。[89] そのうえ、社会主義の運命がヨーロッパで（合衆国に強力な運動が存在しないので）、今ではロシアも含む主要大陸諸国の運動にもとづいて（イギリスに強力な運動が存在しないので）決定されると想定することは、自然なことである。おおいに歓迎すべきものであったにせよ、エンゲルスはスカンディナヴィアあるいは低地諸国の運動についてあまり多く考えなかったし、バルカン諸国については事実上何も考えなかった。そして植民地諸国のどのような運動でも、本国での発展とは関係のない余興または帰結と見なす傾向があった。「勝利を得たプロレタリアートは、ほかの民族に対してどんな『恩恵』をも、それによって自分自身の勝利を台無しにすることなしには、押しつけることはできない」（『全集』第三五巻、三五八ページ〔三〇七ページ〕）という強固な原則の再主張を超えて、彼が植民地解放問題を真剣に考えたことはほとんどなかった。[90] 彼の灰が撒き散らされるとほとんどただちに、帝国主義に関する大論争というかたちで国際左翼を捉えたこれらの問題に、彼がいかにわずかの注意しか払わなかったかは、まったく驚くべきことである。彼は一八八二年に、ベルンシュタインに次のように述べた。「われわれは西ヨーロッパのプロレタリアートの解放においていっしょに協力しなければならないのであって、ほかのことはすべてこの目的に従属させなければなりません」。[91]

プロレタリア的前進のこの中心地域のなかでは、国際運動はいまや国民諸政党のひとつの運動であり、

▼87　マルクスからクーゲルマンへ、一八六九年一一月二九日（『全集』第三二巻、六三八ページ〔五二五―六ページ〕）。
▼88　マルクスからポールとラウラ・ラファルグへ、一八七〇年三月五日（『全集』第三二巻、六五九ページ〔五四二ページ〕）。
▼89　たとえば、アドラーへ、一八九三年一〇月一一日（『全集』第三九巻、一三四ページ以下〔一一二一ページ以下〕）。
▼90　ベルンシュタインへ、ついでにエジプトに触れて、一八八二年八月九日、カウツキーへ、一八八二年九月一二日（『全集』第三五巻、三四九、三五七―八ページ〔二九九、三〇七―八ページ〕）。
▼91　ベルンシュタインへ、一八八二年二月二二―二六日（『全集』第三五巻、二七九―八〇ページ〔二三五ページ〕）。

それは一八四八年以前と違って、そうであらざるをえなかった。[92] このことは国民諸政党の行動の調整の問題と、特定の国民的要求から、また個別の運動における想定から生じてくる紛争をどうするかという問題を提起した。これらのうちのあるものは、たとえば最終的な自決についての適切な定式によって、将来のいつかに戦術的に引き延ばすことができたが、[93] ロシアとオーストリア・ハンガリーの社会主義者たちは、そのほかの要求ではそれができないことを、エンゲルスよりも気がついていた。エンゲルスの死後一年が過ぎてまもなく、カウツキーは、ポーランド人、東方問題、チェコ人についての、「マルクスの古い命題」はもはや支持されえないと、率直に認めた。[94] さらに、さまざまな運動の力と戦略的重要性の違いが、小さくはあるが面倒な諸困難を引き起こした。こうしてフランス人は、伝統的に「フランスの世界解放の使命を」引き受け、「それによって」国際運動の「先頭に立つ権利を」、引き受けていたのである。[95] しかしフランスはもはや、この役割を維持する立場にはなかったし、フランスの運動は分裂し混乱し、小市民的急進共和主義やその他の分裂的要素がひどく侵入しており、絶望的であり、マルクスとエンゲルスの言うことを聞こうとしなかった。[96] エンゲルスはある点で、オーストリアの運動を「前衛」としてフランスに取って代わることができるだろうと、示唆さえしたのである。

これに反して、ドイツの運動がマルクスとエンゲルスに緊密に結びついていたことは言うまでもなく、それがめざましく成長したということのおかげで、いまやドイツは明らかに国際的な社会主義の前進の主力となった。[97] エンゲルスは、主導党に対する他の諸運動の従属を、直接的な行動のときにはありうるとしたほかは信じなかったが、[98] 世界社会主義の利害関係が、ドイツの運動の進歩によって最もよく促進されていたことは明らかであった。この見解は、ドイツの社会主義者たちに限られたものではなかった。それは第三インタナショナルの初期の何年かにおいても、非常によく見られたことである。他方で、エンゲルスによっても一八九〇年代早くに表明された、ヨーロッパ戦争でドイツがフランス・ロシア連合に勝つことを望むという見解は、[99]他の国々の同調を得られなかったが、彼がフランス人とロシア人に対して主張した敗北から生じる革命という展望は、確かにレーニンによって受容されることになる。一九一四年にエンゲルスが生きていたならばと考えるのは無駄なことだが、そのとき彼が一八九〇年代と同じ見解を主張し続けただろうと想定するのは、まったく不当なことである。ドイツの党がエンゲルスの権威に訴えることができずにいたとしても、おそらくほとんどの社会主義政党が自分たちの政府への支持を決定しただろう。いずれにせよ、彼が国際関係、とくに戦争と平和について、インタナショナルに残した遺産は曖昧なものであった。

▼92　カウツキーへ、一八八二年八月七日（『全集』第三五巻、二六九―七〇ページ〔二二四―六ページ〕）。
▼93　たとえば、ザスーリチへの手紙、一八九〇年四月三日（『全集』第三七巻、三七四ページ〔三二六ページ〕）でのアルザスやロシア・ポーランド係争地域への言及。
▼94　G. Haupt, M. Lowy, C. Weill, *Les Marxistes de la question nationale* (Paris, 1974), p. 21.
▼95　エンゲルスからカウツキーへ、一八八二年二月七日（『全集』第三五巻、二七〇ページ〔二二五ページ〕）。
▼96　アドラーへ、一八九四年七月一七日（『全集』第三九巻、二七〇ページ以下〔二四〇ページ以下〕）。ラファルグを除けばフランス人との接触が少ないことについては、*Marx-Engels Verzeichnis* I, pp. 581-684 の書簡索引を見よ。
▼97　アドラーへ、一八九三年一〇月一一日（『全集』第三九巻、一三六ページ〔一二四ページ〕）。
▼98　カウツキーへ、一八八二年二月七日（『全集』第三五巻、二七〇ページ〔二二五ページ〕）。
▼99　ベーベルへ、一八九一年九月二九日／一〇月一日（『全集』第三八巻、一五九―六三ページ〔一二八―三四ページ〕）、ドイツにおける社会主義（『全集』第二二巻、二四七ページ〔二五三ページ〕）。

5　未来についてのヴィジョン

マルクスとエンゲルスが彼らの後継者たちに残した政治思想の遺産総体を、われわれはどのようにまとめることができるだろうか。それは第一に、政治の歴史的発展への従属を強調した。社会主義の勝利は、資本主義的蓄積の歴史的傾向に関する有名な「収奪者たちの収奪」▼100についての予言で頂点に達する『資本論』第一巻の一節にマルクスが要約した過程によって、歴史的に避けられないことであった。社会主義の政治的営為は「労働者階級、すなわち常に数が増え続け、資本主義的生産そのものの構造自体によって訓練され統一され組織された階級の反乱」を創出しなかった。それは反乱に依拠していたのである。根本的に社会主義の政治的営為の展望は、資本主義の発展が地球的にもそれぞれの国でも到達していた段階に依存したのであり、したがって、この観点からのマルクスの情勢分析は、社会主義の政治戦略に対して必要な基礎を形成した。政治は歴史のなかに埋め込まれたものであり、マルクス的な分析は、政治がそのように埋め込まれていなければ目的達成についていかに無力であるか、反対に埋め込まれた労働者階級運動が、いかに無敵であったかを示したのである。

第二に、それにもかかわらず政治は決定的に重要であって、不可避的に勝利する労働者階級は、政治的に（すなわち「党」として）組織されなければならないし、されているだろう。労働者階級は、政治権力の移行を目指し、それにはプロレタリアートの下での過渡的な国家的権威体系が続くだろう。政治的行為はこのように、歴史におけるプロレタリアの役割の本質なのであった。それは政治を通じて、すなわち歴史によって決められた諸限界のなかで、選択、決定、意識的行為を通じて、作用したのである。おそらくマルクスとエンゲルスが生きていた時代には、第二インタナショナル時代とも同じく、マルクス派をほかのたいていの社会主義者、共産主義者、アナーキスト（ジャコバンの後裔を除く）から、また「純粋」労働組合や協同組合運動から、区別する主な基準は、革命の前とその間と後における政治の本質的な役割についての信念であった。これはマルクスのプルードン派およびバクーニン派のアナーキストたちに対する論争のために、強調されすぎたかもしれないが、そこに大きな意味があったことは疑いがない。革命後の時代については、この態度の含意はまだ理論倒れであったし、前革命期については彼らは必然的にプロレタリア党を、資本主義下のあらゆる種類の政治活動に含ませていた。

第三に、彼らはそのような政治を本質的に、階級均衡のような特殊歴史的状況を除いて、支配階級または支配諸階級を代表する諸国家のなかの階級闘争として見ていた。マルクスとエンゲルスが、哲学において観念論に対して唯物論のために闘ったように、彼らはまた一貫して、国家が諸階級の上に立ち、社会全体の共通利害を代表するとか（否定的に社会の崩壊に対する安全装置としてそうする場合を除いて）、あるいは諸階級間で中立であるとする見解を批判した。国家は階級社会の歴史的現象であったが、それが国家として存在するかぎり、それは階級支配を代表した。ただしそれは、扇動的に単純化された「支配階級の執行委員会」という形態をとるとはかぎらなかった。このことが、ブルジョワ国家の政治活動へのプロレタリア党の関与にも、またプロレタリア党がブルジョワ国家から引き出しうると期待しえた譲歩にも、さまざまな制限を課した。こうしてプロレタリア運動は、ブルジョワ政治の領域の内外の双方で、活動することになった。権力が国家の主要内容であると定義されたので、権力だけが、政治において、また国家の議論において常に重要な問題であると想定することは（マルクスとエンゲルスはそのような想定をしなかったのだが）、たやすいことだろう。

▼100　『資本論』第一巻、第三二章。

第四に、過渡的なプロレタリア国家は、どのような機能を維持していようとも、民衆と特殊な統治者集団としての政府との分離を終わらせなければならない。もし、民主主義的という言葉が、通常言われるような、マルクスが拒否したような定期的に選挙される議会体による政府という制度上の特定の型と同じものとされないとするならば、過渡的なプロレタリア国家は「民主主義的」でなければならなかったと言う人もいるだろう。それでも、過渡的なプロレタリア国家は、ある意味で特定の諸制度と一体化しておらず、ルソーのある側面を想起させるものであり、「民主主義」であった。これはマルクスが彼の後継者たちに残した遺産のうち、最も難しい部分であって、なぜなら——現在の議論を超えた諸理由によって——マルクスの路線に従って社会主義を実現しようとしたすべての現実の試みが、これまでのところ（非社会主義体制と同様に）独立の国家装置を強化することになっていたのに対して、他方でマルクス主義者たちは、マルクスがあのように強固に新社会の発展の本質的な側面と見なしていた展望を、捨てることをためらってきたからである。

最後に、マルクスとエンゲルスはある程度慎重に、その政治思想のなかに、いくつかの空虚なあるいは曖昧な場所を彼らの後継者たちに残した。政治的・制度的構造の革命の前の実際の形態は、彼らにとっては、その運動の発展を促進したか阻害したかというかぎりでしか関心がなかったので、彼らはそれらに対して体系的な注意をあまり払わず、さまざまな具体的な事件と情勢について自由に発言した。彼らは来たるべき社会主義社会とその準備の詳細について、あるいは革命後の移行期の詳細についてさえ、思いめぐらすことを拒否したので、後継者たちに残したのは、革命に直面するときのきわめて少数の一般原則をほとんど超えるものではなかった。こうして彼らは、経済の社会化の性質、あるいはそれの計画のための準備というような問題について、実際に役立つ具体的な指示を何も提供しなかった。そのうえ、いくつかの主題については、彼らはそれらを考察する必要を決して感じなかったので、一般的なものであれ、曖昧なものであれ、さらに時代遅れなものでさえ、とにかく何も指示を残さなかった。

それでもなお、強調しなければならないのは、のちのマルクス主義者たちが創始者たちの遺産から詳細に何を引き出せたのか、あるいは引き出せなかったのかでも、彼ら自身で考えるべきであったことは何かでもなく、その遺産の極度の独創性である。マルクスとエンゲルスが執拗に、戦闘的・論争的に拒否したのは、すべての初期社会主義者を含めて彼らの時代の革命的左翼の、まだ魅力を失っていなかった伝統的な態度であった。[101]彼らは、悪い社会を良き社会に、非理性を理性に、黒を白に取り換えようと説明する人々の、単純な二分法を拒否した。彼らは、左翼のさまざまな商標がついた先験的モデルを拒否したが、そのとき必ず指摘したことは、それぞれの商標に含まれるモデルには、きわめて入念な青写真に及ぶものや、それを含むものもあるが、それらのモデルが互いに一致することは稀だということである。彼らはまた、固定された作業モデルを案出する傾向――たとえば、革命的変化の正確な形態を規定して、他のすべては非正統であると宣言する、あるいは政治行動を拒否する、またはそれに全面依存する等々――を拒否したのである。彼らは非歴史的な主意主義を拒否した。

その代わりに彼らは、その運動の作用を、歴史的発展の文脈のなかにしっかりと位置づけた。未来の形状と行動の諸任務は、それらに到達するだろうと思われる社会的発展の過程を発見することによってのみ、見分けることができた。そしてこの発見そのものは、発展の一定の段階においてのみ可能になったのである。もしこのことが、思索的な予想を排除することで、未来についてのヴィジョンを少数の粗い構造的諸原則に限ったとすれば、それは社会主義の希望に歴史的不可避性の確かさを与えたのである。具体的な政

▼101　このことはエンゲルスの『反デューリング論』で、とくに『空想から科学への社会主義の発展』として独立して出版された部分で、明白に例示されている。

治的行動の点から、（地球的な規模において、それと同様に特定の地域や国において）何が必要であり可能であるかを決定するには、歴史的発展と具体的状況との双方の分析が必要であった。こうして政治的決定が、それに依存しない歴史的変化の枠組みのなかに挿入された。このことは不可避的に、政治における共産主義者の任務を、曖昧にさせるとともに複雑にしたのである。

共産主義者の任務が曖昧であったのは、マルクスの分析があまりにも多岐に及んでいるので、特定の政策が求められた場合であっても、それを提供できなかったからである。このことはとくに、革命の諸問題とその後の社会主義への移行に当てはまる。何世代にもわたって解説者たちは、「プロレタリアートの独裁」がどのようなものであるだろうかについての明白な叙述を、原典のなかに詮索したが成功しなかった。創始者たちの第一の関心が、そういう時期の歴史的必然性を確認することにあったからである。それは複雑な問題であった。なぜなら、政治行動と政治組織の内容から区別された諸形態に対する、およびそれらが作用する正規の諸制度に対する、マルクスとエンゲルスの態度は、彼ら自身が置かれていることを知っていた具体的な情勢によって大きく決定されていたのに、こうした諸形態や諸制度は何かひと組の永久法則にまとめられるようなものではなかったからである。いつでもどの国どの地域でも、マルクス流の政治分析はひと組の政策勧告に定式化されうる（たとえば、一八五〇年の中央委員会の〔共産主義者同盟への〕呼びかけのように）のだが、それらは当然のこととして、それらが組み立てられた情勢と違った情勢には当てはまらなかった――それはエンゲルスがマルクスの『フランスにおける階級闘争』についての晩年の考察のなかで指摘したとおりである。しかしマルクス以後の状況は、不可避的に彼の生存中とは違っていて、そこに類似性があるとすればそれは、マルクスが直面した情勢と、のちのマルクス主義者たちが彼の指導を求めている情勢との双方の、歴史的分析によってのみ発見できたのである。これらすべては、古典的著作から戦略的・戦術的指示の手引きを引き出すことを、実質的に不可能にした。それらをひと組の先例として使用することでさえ危険なのだが、そのように使われてきた。マルクスから学び得たものは、古典的著作から引き出される既製の教訓であるよりも、分析と行動に関わる諸任務に対処する彼の方法であった。

そしてまさしくこれが、マルクスが彼の追随者たちに学んでほしいと願ったであろうことであった。そうではあるが、マルクスの諸思想を、大衆運動、党、組織された政治集団といった着想に翻訳することは、不可避的に、かつてE・レーデラーが言った「思考を非人間化する、よく知られた、短縮され単純化された様式化」をマルクスの思想にもたらすことになるのであり、「すべての偉大な思想は、もし大衆を運動に向かわせようとするならば、この様式化にさらされざるを得ないのである」[102]。行動への指針は、自己の教条化への誘惑に絶えずさらされている。マルクス理論のなかで、マルクスとエンゲルスの政治的思考の領域ほど、このことが理論と運動の双方にとって有害であったところはない。しかしそれは、不可避的であったかどうかわからないが、マルクス主義が到達したものを表しているのである。それはマルクスとエンゲルスからの派生物を表しているのであり、とくに創始者の諸著作が古典の、さらには聖典の地位を得たためになおさらである。それはマルクスとエンゲルスが考え、書いたことを表すのではなく、ときどきに彼らがどのように行動したかを表わすにすぎない。

▼102　E. Weissel, *Die Ohnmacht des Sieges* (Wien, 1976), p. 17に引用されている。

第4章

エンゲルスの『イングランドにおける労働者階級の状態』について

On Engels, The Condition of the Working Class in England

忘れられがちなことだが、エンゲルスは、『労働者階級の状態』を書いたとき二四歳であった。彼はこの仕事に対して例外的な適格性をもっていた。彼はラインラントのバルメンの、富裕な綿業家族の出身であった。そのうえその家族は、産業資本主義経済のまさに中心であるマンチェスターそのもののなかに支店(エルメン・エンゲルス)を設置するほどに、抜け目がなかったのである。青年エンゲルスは、初期産業資本主義の惨状に取り囲まれ、家庭の狭隘で独善的な敬虔主義に反発して、一八三〇年代後半の進歩的青年ドイツ知識人として通常の道を辿った。少し年長の同時代人であったカール・マルクスのように、彼も「ヘーゲル左派」になり——当時ヘーゲル哲学は、プロイセンの首府であるベルリンの高等教育を支配していたので——ますます共産主義への傾斜を強め、ドイツ左翼がその社会批判を定式化しようとしていたさまざまな雑誌や出版物に、寄稿しはじめたのである。まもなく彼は自分を共産主義者と見なすようになった。しばらくイングランドに定住することを決めたのが、彼なのか彼の父なのかは、明らかではない。おそらく二人は、それぞれ違った理由でそれを好んだのだろう。老エンゲルスは彼の革命的な息子をドイツの運動から引き離して、堅実なビジネスマンに変えるために、青年エンゲルスは近代資本主義の中心に、イギリスのプロレタリアートの大運動の近くにいるためにである。彼はすでにその大運動を、近代世界の決定的な革命的勢力として、認識していた。

エンゲルスは、一八四二年秋にイングランドに向かった。彼は途中でマルクスに初めて会い、二年間の大半をそこにとどまって、観察と研究と自分の思想形成にあてた。[1] 間違いなく一八四四年の初めまでの数か月を、彼はこの本のための仕事にあてた。執筆の大部分を終えたのは、一八四四―四五年の冬であった。その著書は一八四五年夏に、序文と「イギリスの労働者階級へ」[2] という（英語の）献辞をつけた最終形態をとってライプツィヒで出版された。そして一八八七年に英語で、著者によるわずかな変更としっかりした序文を添えて出版された（アメリカ版。イギリス版は一八九二年）。このように、イングランドの工業化の初期についてのこの名著が、その主題であった国に到達するのに半世紀近くがかかったのである。それでもその後、産業革命を学ぶすべての学生にとって、名前だけでもそれはなじみ深いものとなった。

労働者階級の状態について本を書くという考えは、それ自体としては独創的なものではない。一八三〇年代に、すべての知的な観察者にとって明らかになったのは、経済的に進歩したヨーロッパの諸地方が社会問題に直面していて、それはこれまでのように「貧民」問題にすぎないのではなく、歴史的に前例のない階級すなわちプロレタリアートの問題なのだ、ということであった。それであるから、資本主義の進化と労働者階級運動の決定的な期間であった一八三〇年代と四〇年代は、労働者階級の状態についての本やパンフレットや研究が、西ヨーロッパ全体にわたって増え続けたことが見うけられた。エンゲルスの著書は、この種のもののなかで最も傑出した作品であったが、L・ヴィレルメの『綿・毛・絹業労働者の心身状態調査』（一八四〇年）は、社会調査のきわめて優れた作品として挙げておくべきである。プロレタリアートの問題が、単に地方的または国民的なものではなく、国際的であることもまた明らかであった。ビュレはイギリスとフランスの状態を比較し（『英仏労働者階級の惨状』一八四〇年）、デュペショーは一八四三年のヨーロッパ全体の青年労働者の状態についてのデータをまとめた。したがってエンゲルスの本は、文献として孤立した現象ではなかったのであり、このことから定期的に反マルクス主義者たちは、それよりましなことを思いつかないときには、彼を剽窃者だと非難するようになったのである。[3]

そうではあるが、それは見かけでは類似した同時代の著作といくつかの点で違っていた。第一にそれは、エンゲルスが正当に主張したように、労働者階級を職種や産業部門にかぎらず全体として取り扱った、イギリスであれ他のどの国であれ、最初の本であった。第二に、もっと重要なことに、それは労働者階級の

▼1　『状態』とは別に、彼の滞在の主要な結果としては、マルクス主義経済分析の未完成ではあるが初期の素描である『国民経済学批判大綱』(*Umrisse zu einer Kritik der Nationaloekonomie*) と、大陸のさまざまな紙誌に寄稿したイングランドについての諸論文や、オウエン派の『ニュー・モラル・ワールド』のために書いた大陸における社会改革の進展についての諸論考があった。『全集』第一巻、四五四―五九二ページ〔四九五―六四九ページ〕を見よ。

▼2　『イングランドにおける労働者階級の状態――著者自身の観察および確実な文献による』*Die Lage der arbeitenden Klasse in England.* Nach eigener Anschauung und authentischen Quellen von Friederich Engels. Leipzig, Druck und Verlag von Otto Wigand. 1845. ドイツ語第二版は一八九二年に出版された。標準版はMarx-Engels *Gesamtausgabe* (section I, vol. 4, pp. 5-286), Berlin, 1932 であり、そこでは誤植その他が訂正されている。基本的な英語本文はここで使用されている一九三二年英語版のものである。完全な英語版は、W・O・ヘンダスンとW・H・チョロナーによるオックスフォード一九五八年版であって、そこではエンゲルスの典拠がすべて点検されて、必要があれば訂正され、補足的な情報が追加され、本文は改訳された。不幸なことに、翻訳は必ずしも常に信頼できるものではなく、編者たちがエンゲルスの著書の信用を失わせようとする強烈だが空虚な願いが、この著作を貶めている。

▼3　とくにビュレによって。この非難は Gustav Mayer, *Friedrich Engels*, vol. 1 (Hague, 1934), p. 134 で議論されて却下されたが、それは部分的には、ビュレの見解にはエンゲルスと共通のものが何もないということにより、また部分的には、エンゲルスがイングランドから帰国する前にビュレの著書を知っていたという証拠がないという、さらに一層争う余地のない根拠によってであった。

状態の調査であっただけではなく、工業資本主義の進化についての、工業化の社会的影響とその政治的社会的帰結についての――労働運動の成立を含めた――一般的分析でもあった。実際にそれは、社会の具体的な研究にマルクスの方法を適用しようとした最初の大規模な試みであり、おそらくマルクスまたはエンゲルスの著作で、マルクス主義の創始者たちが永久保存に値する十分な価値があると見なした最初のものだっただろう。[4]そうではあるが、エンゲルスが一八九二年の序文で明らかにするように、彼の本はまだ、成熟したマルクス主義ではなく、むしろ「その胎児的諸段階のひとつ」を表わすものであった。成熟し完全に定式化された解釈を求めるならば、われわれはマルクスの『資本論』に向かわなければならない。

1　主張と分析

この本は、イギリス社会を変容させ、プロレタリアートをその主産物として作り出した産業革命の短いスケッチで始まる（第一―二章）。これはエンゲルスの先駆的業績のうち最初のものである。というのは、おそらく『状態』は、その分析が産業革命の概念に体系的に依拠した最初の大著だからである。当時、産業革命の概念は目新しく暫定的なものであり、一八二〇年代のイギリスとフランスの社会主義の議論のなかで発明されたばかりのものであった。この変容についてのエンゲルスの歴史的説明は、歴史的独自性の権利主張をしていない。依然として有用ではあるが、その後のもっと詳しい著作によって、すでに乗り越えられているのである。

社会的には、エンゲルスの見るところでは、産業革命が引き起こした変容は巨大な集中と両極化の過程であり、その過程は、ますます都市化していく社会のなかで、成長するプロレタリアートと、ますます規模を拡大する資本家からなるますます少数となるブルジョワジーとを、ともに創出する傾向をもっていた。

資本主義工業の興隆は小商品生産者、農民、小市民を破滅させ、これらの中間層の衰退は、職人が小親方になる可能性を奪い、そのため「かつては中間階級に参入しようとする過渡的な段階にすぎなかったが、人口の明確な階級」にいまやなっているプロレタリアートの一員に、職人を閉じ込めた。したがって職人たちは階級意識——この用語自体はエンゲルスによって使用されなかった——と労働運動を発展させた。ここにエンゲルスの、もうひとつの主要な成果がある。レーニンの言葉を借りると「エンゲルスは、プロレタリアートが苦難をうけている階級であるだけにとどまらないこと、プロレタリアートがおかれている恥ずべき経済的地位そのものが、さからえない力で彼らを前へおしすすめ、自己の終局的解放のためにたたかわせるということを語った最初の人であった」▼5。

しかしこの集中化・両極化・都市化の過程は、偶然のできごとではなかった。大規模機械化工業は投資の増大を必要とし、その分業は多数のプロレタリアの蓄積を必要とする。そのように大きな生産単位は、農村地方に建設された場合でも、そのまわりに集落を引き寄せ、それが過剰労働力を生み出し、そのために賃金が低下して、他の産業家たちが引き寄せられる。こうして産業村落が都会に成長し、それが産業家たちに提供する経済的利点のために拡大を続ける。産業は都市の高賃金から農村の低賃金へ、移動する傾

▼4　『共産党宣言』以前のそのほかの著作のなかで、エンゲルスが彼の生存中に再刊される価値があると考えていたのは、マルクスの『フォイアバッハ・テーゼ』と『哲学の貧困』だけであった。エンゲルスの仕事の先行性についての疑問は、マルクスが一八四五年の春のいつ、彼の偉大なテーゼの原案を書いたかを、われわれが正確には知らないことから生じている。そのことは、エンゲルスが彼の著書の序文に署名した三月一五日より前に、マルクスがそうしたというかぎりにおいてのみ可能である。

▼5　一八九五年に書かれた論文「フリードリッヒ・エンゲルス」から。*Marx-Engels-Marxism* (London, 1935), p. 37〔『マルクス＝エンゲルス＝マルクス主義』三分冊（大月書店、一九五二—三年、1）、五八ページ〕を見よ。

向があるだろうが、逆にこのことが農村に都市化の種を撒くことになるだろう。

したがってエンゲルスにとっては、大都市が資本主義の最も典型的な場所であり、彼は大都市を第三章で論じているのである。そこでは拘束されない搾取と競争が最もむき出しのかたちで現われ「いたるところに野蛮な無関心、利己的な残忍が一方にあり、言語に絶する貧困が他方にある。いたるところに社会戦争があり、どの個人の家も戒厳状態にある。いたるところで法の保護のもとに略奪しあっている」。この無政府状態のなかで生活と生産の手段をもたない者は、敗北し、わずかな収入のために労働するか、あるいは失業の場合は餓死するかというところまで落ちぶれる。さらに悪いことに、労働者の将来がまったくわからず、定まらないようなきわめて不安定な生活にまで零落するのである。実際には、労働者の将来は、資本主義的競争の諸法則に支配されていて、エンゲルスはその諸法則を第四章で論じている。労働者の賃金は、生計費の最低額と最高額とのあいだで、すなわち労働者相互の競争によって定まるが、労働者は最低生存費——これは、エンゲルスにとって厳密な概念ではなかった——以下では労働できないということによって制限される生計費の最低額と、労働力不足の場合に資本家相互の競争によって定まる生計費の最高額とのあいだで変動する。平均賃金は、たぶん最低額のいくらか上となろう。いくら上かは、そのときの習慣的な、あるいは獲得された労働者の生活水準による。しかしある種の労働は、とくに工業においては、より熟練した労働者を必要とし、したがって彼らの平均賃金水準は他の者より高い。ただしこの高い水準の一部分はまた、都市部での生活費が高いことを反映している（このように都市と工業の賃金水準の方が高いこともまた、農村や国外——アイルランド——からの移住者を引きつけることによって労働者階級の拡大を促進している）。しかしながら労働者間の競争は、恒常的な「過剰人口」——マルクスはのちにこれを産業予備軍と呼ぶことになる——を作り出し、それがすべての水準を下げ続ける。

技術的進歩による商品価格の低下——この低下により、需要が増加し、新産業へ追いやられた労働者が再吸収されるのだが――から生じる、またイギリス工業の世界独占から生じる経済全体の拡大にもかかわらず、労働者間の競争で全労働者の賃金水準が低下するのである。こうして人口は増加し、生産は増大し、労働需要もそうなる。そうではあるが、「過剰人口」は存在するままであり、それは繁栄と恐慌との周期的循環の作用によるものであった。エンゲルスはそれを資本主義の不可欠な部分として認識した最初の人々の一人であり、それが正確に周期的であることを示唆した最初の人々の一人であった。▼6 予備軍を資本主義と景気循環の恒常的な本質的部分として認識したことは、さらに二つの理論的先駆を表わす。資本主義は変動を通じて作用するから、ブームのまさに絶頂を除いて恒常的な労働者の予備をもたなければならない。予備は部分的にはプロレタリアから、部分的には潜在的プロレタリア――農村住民、アイルランド移民、稼ぎの少ない職業の人々――から構成される。

資本主義はどのような種類の労働者階級を生産するのか。その生活状態はどのようであるか。これらの物質的条件が作り出す個人的および集団的な行動様式は、どのような種類のものであるか。エンゲルスは彼の本の半分以上（第三、五―一一章）を、これらのことがらの叙述と分析にあて、そうするなかで、社会科学に対する彼の最も成熟した貢献を生み出す。それは資本主義による工業化と都市化の社会的影響の分析であって、今なお多くの点で乗り越えられていない。それは詳細に読まれ研究されなければならない。その議論は次のように要約できるだろう。資本主義は、しばしば非工業的な後背地からの移民で構成される新しいプロレタリアートを社会的地獄に押し込む。そこでは、労働者は、競争という非人格的な力によ

▼6　ここで彼はいくらかシスモンディのおかげを、さらに多くをジョン・ウェイドの『中流および労働者階級史』(John Wade, *History of the Middle and Working Classes*, 1833) から受けていたかもしれない。ウェイドの著書は、彼の著書の準備に使用された。ウェイドは五年から七年までの循環を示唆し、エンゲルスはそれを採用した。ただし彼はのちにそれを破棄して一〇年周期をとった。

ってだけでなく、階級としてのブルジョワジー――彼らは、労働者を人ではなく物として、人間ではなく「労働」あるいは「手」として見なしたのだから――によってもまた、虐げられ、給料を不当に安くされるかあるいは飢えさせられ、貧民街の腐敗のなかに置き去りにされ、無視され、軽蔑され、威圧されている（第一二章）。資本家は、ブルジョワ法によって裏づけられて、みずからの工場規律を強制し、労働者に罰金を科し、彼を投獄させ、みずからの願望をほしいままに彼に押しつける。階級としてのブルジョワジーは、労働者を差別し、彼らに対してマルサスの人口論を展開し、一八三四年のマルサス「新救貧法」を強制する。しかしながら、この体系的な非人間化は、同時に労働者をブルジョワのイデオロギーと幻想――たとえばブルジョワの利己主義、宗教、道徳――の到達圏外に置く。工業化と都市化が漸進することで、労働者はみずからの社会的立場の教訓を学ばざるをえなくなり、集団化するなかでみずからの力に気づく。「労働者の工業との結びつきが密接であればあるほど、その分労働者は進歩している」（しかしエンゲルスはまた、アイルランド人のあいだにおけるような、大量移民の急進化的効果についても述べている）。

労働者は、いろいろな仕方でみずからの境遇に向き合っている。ある人々は自分の立場に屈服し、風俗壊乱に身をまかせるのだが、泥酔、悪徳、犯罪、浪費の増加は社会現象であり、資本主義の創造物なのであって、個人の弱さやだらしなさによって説明されるべきでない。別の人々は、自分の運命に受動的に服従し、できるだけ尊敬すべき順法市民として生活し、政治問題に何の関心ももたず、こうして実際には、中産階級が労働者を縛る鎖を強化するのを助けているのである。しかし真の人間性と尊厳は、ブルジョワジーとの闘いにおいて、すなわち労働者の状態が不可避的に生み出す労働運動のなかにおいてのみ見出すことができるのである。

この運動はさまざまな段階を経過する。個人的反抗――犯罪――がひとつの段階でありうるし、機械破壊がもうひとつの段階でありうるが、いずれも一般的に見られるものではない。労働組合運動とストライキは、この運動がとる最初の一般的形態である。その重要性は有効性にあるのではなく、それが教える団結と階級意識についての教訓にある。チャーティズムの政治運動は、さらに一層高い発展を示す。これらの運動と並んで、社会主義の諸理論が中産階級の思想家たちによって発展させられた。彼らは、エンゲルスによれば、一八四四年までは、最良の労働者の少数派を捉えてはいたが主として労働運動の外にいたのである。しかし資本主義の危機が進行するにつれて、この運動は社会主義に向かって進むに違いないのだ。

エンゲルスが一八四四年に見たように、この危機は不可避的に二つの道すじのうちのひとつをとって発展するだろうと思われた。アメリカの（あるいは、もしかしたらドイツの）競争がイギリスの工業独占を終結させ、革命的情勢を促進するか、あるいは社会の両極分解が進行して、そのときにはすでに国民のなかの大多数となっている労働者が、自分の力を認識して権力を握るという道すじにいたるか、のどちらかである（興味深いことに、エンゲルスの議論はプロレタリアートの長期的な絶対的窮乏化を強調していない）。しかしながら、労働者の耐えがたい状態と経済の危機の下では、これらの傾向が成熟する前に革命が起こりそうだった。エンゲルスは、それが次の二つの経済不況のあいだ、すなわち一八四六―四七年と一八五〇年代半ばとのあいだに起こることを期待していた。

この本は成熟していないが、それにもかかわらずエンゲルスの科学的達成は、顕著である。彼の失敗は主として若気の失敗であり、ある程度は歴史の短縮の失敗であった。誤謬のうちのいくつかについては、もっともな歴史的説明が存在する。エンゲルスが執筆していたころのイギリス資本主義は、その長期的な恐慌の最初の重大局面が最も先鋭化した段階にあったのであり、彼は、まさに一九世紀の最も破局的な経済不況期のうちの、すなわち一八四一―四二年のうちのほとんど最悪の時期にイングランドに来たのであったのである。一八四〇年代の恐慌期を、資本主義の最後の苦悩であり革命への序曲であると考えることは、決して完全に非現実的なことではなかったのである。エンゲルスはそれについてこのように考えた、唯一の観察者ではなかった。

今ではわれわれは、これが資本主義の最終危機ではなく、重大な拡張期への序曲であったことを知っている。その拡張を支えたのは、部分的には資本財産業――回復局面の繊維に対して、鉄道、鉄、鋼鉄――の大規模な発展であり、また部分的にはこれまで発展していなかった国々で資本主義の活動がより広い領域を占めたことであり、また部分的には農村既得権益の打破であり、部分的には労働者階級を搾取する新しく効果的な方法の発見である。ついでに言えば、その方法は結果的に、彼らの実質所得をかなり上昇させることを可能にしたのである。われわれはまた、エンゲルスが相当な正確さで予想した一八四八年の革命的危機が、イギリスに影響を与えなかったことを知っている。これは主として、彼にはほとんど予想できなかった不均等発展の現象によるものであった。というのは、大陸では、経済発展の同等の段階には一八四六―四八年のきわめて深刻な恐慌において到達したのに対して、イギリスでは、同等の段階には一八四一―四二年にすでに到達していたからである。一八四八年までには新しい拡張期がすでに始まっていて、その最初の兆候は、一八四四―四七年の広範な「鉄道ブーム」であった。イギリスで一八四八年革命に相当するものは、一八四二年のチャーティストによるゼネストであった。大陸の革命を促進した恐慌は、イギリスでは単に急速な回復期を中断したにすぎなかった。エンゲルスはたまたま、このことが明らかになりえないときに書くという、特別の不運に出会ったのである。今日でもなお、統計家たちは、一八四二年と四八年のあいだのどこに、イギリス資本主義の黄金のヴィクトリア・ブームと「寒冷期」とを正確に分ける指標を置くべきか議論している。それを明確に見なかったということでエンゲルスを非難することは、とうていできない。

それでも偏見のない読者たちは、エンゲルスのこの欠点を単に偶然的なものと見なしうるだけであり、この本の成果にずっと強い印象を受けるに違いない。この成果は、エンゲルスの明らかに個人的な才能だけによるものではなく、彼の共産主義にもよるものであった。このことこそが彼に同時代の資本主義の擁護者たちにはるかに優る、経済的・社会的・歴史的洞察力を与えたのである。優れた社会科学者は、エンゲルスが示したように、ブルジョワ社会の幻想から自由な人物以外にはありえないのである。

2　エンゲルスによる一八四四年のイングランドの叙述

エンゲルスによる一八四四年のイギリスの労働者階級の叙述は、どの程度、信頼ができ包括的なものであるか。その後の研究は、どこまで彼の言説を確認したか。この本の歴史的価値についてのわれわれの判断は、これらの問いへの回答にあるはずである。一八四〇年代にV・A・フーバーとB・ヒルデブラントが、彼の挙げる事実については同意しながら、彼の解釈は悲観的すぎると批判して以来、冷戦時代にいたるまで彼は度々批判されてきた。冷戦時代になると編集者たちは「歴史家たちはエンゲルスの本を、一八四〇年代イングランド社会の貴重な描写を提供する権威ある著書とは、もはや見なさないかもしれない」と主張した。[7] 前者の見解は支持できるが、後者はナンセンスである。

エンゲルスの報告は、直接の観察とそのほかの利用可能な資料にもとづいている。彼は明らかにランカシャーの工業地方を個人的に知っていて、とくにマンチェスター地域がそうであり、ヨークシャーの主要工業都市――リーズ、ブラドフォード、シェフィールド――を訪問するとともに、ロンドンでも数週間を

▼7　V.A. Huber (*Janus*, 1845 II, p. 387); Bruno Hildebrand (*Nationaloekonomie d.Gegenwart und Zukunft*, Frankfurt, 1848); Henderson and Chaloner (eds.), *Engels' Condition of the Working Class* (Oxford, 1958, p. xxxi). エンゲルスの著書に対する同時代のドイツの反応については、いくつかの書評の再録を含む次を見よ。 J. Kuczynski, *Die Geschichte der Lage der Arbeiter unter dem Kapitalismus*, vol. 8 (Berlin, 1960).

過ごした。彼が見たことの説明を偽ったと、本気で示唆した者はこれまでにいなかった。叙述的な諸章のなかで、第三、五、七、九、一二章のかなりの部分が、直接の観察にもとづいていることは明らかであり、そのような知識は明白に、他の諸章をも照らし出す。忘れてはならないのは、エンゲルスは（そのほかのたいていの外国人訪問者と違って）単なる旅行者ではなく、自分のまわりの実業家たちと交際のある実業家であり、チャーティストや初期社会主義者と一緒に活動する共産主義者であり、そして――とくにアイルランド人女子工員メアリ・バーンズとその親戚友人を通じて――労働者階級の生活についてかなりの直接の知識をもっていたのである。このように彼の本は、当時の工業イングランドについてのわれわれの知識の重要な一次的資料なのである。

この本の残りの部分のために、そして自分の観察を確認するために、エンゲルスは印刷資料とともにその他の情報に頼った。そのような証拠資料の政治的な偏りを考慮するように気を使い、可能ならば資本主義に同情的な資料から引用したのである（彼の序文の最終パラグラフを見よ）。彼の資料処理は網羅的ではないが、立派で十分である。転記の間違いが多く（いくつかは、のちにエンゲルスによって訂正された）、典拠を原文どおりに引用するよりも要約しようとする傾向もあるが、彼が証拠を選別し誤引用したという非難はあたらない。彼に敵対的な編集者たちは、大著のなかに彼らが「間違った表現」と見なすもののの実例をひとにぎりしか発見できなかった。そしてこれらの非難のほとんどは、瑣末であるか間違っているかである。▼8 彼が使用しなかったが利用可能な資料は、確かに存在するが、そのいくつかは、どちらかといえばさらに痛烈に批判的な描写を提供している。すべての適切な基準から見て『状態』という著作は、見事に情報処理され、証拠資料の正当な把握によって取り扱われたものである。

彼がプロレタリアートの状態を不必要に暗い色彩で描いたとか、イギリスのブルジョワジーの温情を評価しえなかったというような非難は、間違っていることを示すことができる。注意深い読者は、エンゲルスはすべての労働者を貧窮しているあるいは飢えているものとして、その生活水準を生存ぎりぎりのものとして、プロレタリアートを一様な貧民集団として描いているなどといった主張には根拠がないことに、あるいは、エンゲルスのテキストを必ずしも読んだことがあるとはかぎらない批判者たちが彼のものと見なした他の多くの極端な言説には根拠がないことに気づくだろう。彼は、労働者階級の状態が、改善されてきたことを否定しなかった（第三章末の要約を見よ）。彼はブルジョワジーを黒い心をもった単一の集団として表現しなかった（第一二章末の長い脚注を見よ）。ブルジョワジーが代表するもの、彼らをそのように行動させてきたものに対する彼の憎悪は、善意の人と区別された悪意の人に対する素朴な憎悪ではない。それは資本主義の非人間性の批判の一部分であって、資本主義は自動的に、搾取者たちをまとめて「深く堕落し、私利私欲によって救いがたいまでに腐敗し、内面的にむしばまれた〔……〕階級に」転化させたのである。

エンゲルスに対する批判者たちの異議は、しばしばエンゲルスが挙げる事実に対して、彼らが承認をためらうということにすぎない。誰でも、共産主義者であってもなくても、それらの年に外国からイングランドを訪問した者は、衝撃的な恐怖感をもたずにはいられなかった。多くの尊敬すべきブルジョワ自由主義者はそれを、エンゲルスと同じ刺激的な言葉で——しかし彼のような分析なしに——表現したのである。「文明はその奇跡を実現する」と、ド・トクヴィルはマンチェスターについて書いた。「そして文明人は、ほとんど野蛮人に引き戻された」。「私が生きている毎日」とアメリカ人ヘンリ・コールマンは書いた。「私は自分がイングランドに家族を

▼8　これらの非難についての議論は、ホブズボームの *Labouring men* (London, 1962)〔E・ホブズボーム著、鈴木幹久・永井義雄訳『イギリス労働史研究』（ミネルヴァ書房、一九六八年）〕の第六章にある。

もつ貧しい人でないことを、天に感謝している」。

われわれは、産業家たちの粗野な功利主義的な無関心についての多数の言説を見つけて、エンゲルスの言説と比べることができる。

真実は、エンゲルスのこの本が今日なお、一八四五年にそうであったように、あの時代の労働者階級についての唯一抜群で最善の本であるということである。のちの歴史家たちは、それをそのようなものと見なしてきたし、今も見なし続けている。ただし最近の批判者たちは、イデオロギー的な嫌悪によって動機づけられているので例外である。この本はこの主題についての最終判断を下すものではない。というのは、一二五年間の研究が、とくにエンゲルスが個人的に熟知しなかった領域において、労働者階級の状態に関するわれわれの知識を増やしたからである。これは当時の本である。しかし、一九世紀のすべての歴史家あるいは労働者階級運動に関心がある誰にとっても、その蔵書のなかでこの本に取って代わるものはありえない。それは人類の解放のための闘いにおける不可欠の労作であり、画期的な業績であり続けるのだ。

第5章

『共産党宣言』について

On The Communist Manifesto

1 『宣言』の歴史

一八四七年の春、カール・マルクスとフリードリヒ・エンゲルスは、いわゆる義人同盟(Bund der Gerechten)に参加することに同意した。それは前の追放者同盟（Bund der Geächteten）の分派であり、一八三〇年代にパリで、フランス革命の影響を受けたドイツの渡り職人たち——主として仕立てと木工——によって形成された革命的秘密結社であって、引き続き主としてそのような亡命急進職人たちからなっていた。自分たちの「批判的共産主義」を確信する同盟は、マルクスとエンゲルスがその政治方針文書として起草した宣言を出版し、二人の方針に沿って組織を刷新することを提案したのである。確かに同盟は一八四七年の夏にそのように再組織され、共産主義者同盟と改称し、「ブルジョワジーの転覆、プロレタリアートの支配、

▼本章は『共産党宣言』出版一五〇周年記念版の序論として一九九八年に書かれた。

階級対立（Klassengegensätzen）にもとづく旧社会の廃止、階級と私的所有のない新社会の樹立」という目的を明言した。[1] 一八四七年一一―一二月にロンドンで開催された同盟の第二回大会は、目的と新規約を正式に承認し、マルクスとエンゲルスに、同盟の目的および政策を明らかにする新しい宣言の草案を委嘱した。

マルクスもエンゲルスもともに草稿を準備したが、また文書には明らかに両者が共有する見解が示されているのだが、最終原稿は、マルクスが執行委員会に執拗に督促されて書いたことは――というのは、マルクスは動かぬ締め切りという圧力の下でなければ文章を書き上げることは困難であるとわかっていたからだが――ほとんど確実である。初期草稿が現存していないことは、それが急いで書かれたことを示唆するかもしれない。[2] こうしてできあがった二三ページの手稿は、『共産党宣言』（*Manifesto of the Communist Party*）と名づけられ（一八七二年からはもっと広く『共産主義宣言』〔*The Communist Manifesto*〕として知られ）「一八四八年二月に出版」されたのであり、印刷はロンドンのシティのリヴァプール通り四六番、労働者教育協会（一九一四年まで存続した共産主義労働者教養同盟〔Communistischer Arbeiterbildungsverein〕としての方がよく知られていた）の事務所でおこなわれた。

この小さなパンフレットは、ほとんど間違いなく、フランス革命の『人権宣言』以来、単独で最も影響力があった政治的文書である。幸運なことにそれが店頭に出回ったのは、一八四八年革命が始まるわずか一、二週間前であり、革命はパリから森の火事のようにヨーロッパ大陸に燃え広がった。国際的な視野をもっていたが――初版は期待をこめて、しかし事実とは異なるのだが、『宣言』が英語・フランス語・イタリア語・フラマン語・デンマーク語ですぐにも出版されることを予告していたのである――、最初に影響を与えたのはドイツに限られていた。共産主義者同盟は小さくはあったが、ドイツ革命において、とくにマルクスが編集した『新ライン新聞』（一八四八―四九年）を通じて、無視できない役割を演じていた。『宣言』の初版は数か月のあいだに三回増刷され、『ドイツ・ロンドン時報』に連載され、一八四八年の四月か五月に改版修正されて三〇ページになったが、一八四八年革命の失敗とともに姿を消してしまった。マルクスが一八四九年に生涯の亡命地としてイングランドに居を定めるころまでには、彼が『宣言』の第三章（「社会主義的および共産主義的文献」）を、ほとんど読者がいなかった彼のロンドンの雑誌『新ライン新聞　政経展望』の最終号（一八五〇年一一月）に再掲載する必要があると考えるほどに、それは手に入らなくなっていた。

一八五〇年代と六〇年代初頭に、『宣言』の注目すべき将来を誰も予言できなかっただろう。少部数の新版がロンドンでおそらく一八六四年に、亡命ドイツ人印刷工によって個人的に発行されたし、一八六六年にベルリンでもうひとつの少部数版が発行されたが、これが実際にドイツで出版された最初のものであった。翻訳は、一八四八年と六八年末のあいだには、一八四八年に出版されたらしいスウェーデン語版と、一八五〇年の英語版のほかには何もなかったと思われる。この英語版は、『宣言』の出版史上で重要なものであったが、その理由は、翻訳者がマルクスと、あるいは、おそらくそれ以上に（翻訳者がランカシャーに住んでいたので）エンゲルスと相談をしたようだということでしかない。この二つの版は、跡形もなく消え失せた。一八六〇年代半ばまでには、マルクスが書いたものはもはや実質的には何も出版されていな

▼1　共産主義者同盟についての最も詳しい説明は Martin Hundt, *Geschichte des Bundes der Kommunisten 1836-52* (Frankfurt am Main, 1993) であり、『宣言』の背景については、Gareth Stedman Jones, *The Communist Manifesto: with an introduction and notes* (Penguin Classics, 2000) である。原版については、次を見よ。Wolfgang Meiser, *Das Manifest der Kommunistischen Partei vom Februar 1848*; 'Zur Entstehung und Ueberlieferung der ersten Ausgabe' in *MEGA Studien*, 1996, vol. 1, pp. 66-107.

▼2　そのような原史料は二つしか発見されていない。第三部のプランと下書きの一ページである。Karl Marx and Frederick Engels, *Collected Works*, vol. 6, pp. 576-7.

い。

国際労働者協会（いわゆる「第一インタナショナル」、一八六四―七二年）のなかでマルクスが傑出したことから、また、彼を尊敬していた元共産主義者同盟員たちが結成した有力な労働者階級の党が二つドイツに出現したことから、彼のほかの著作に対する関心と同様に『宣言』に対する関心も復活することとなった。とくに一八七一年の（『フランスにおける内乱』として一般に知られる）パリ・コンミューンの雄弁な弁護論によって、マルクスは、政府が恐れた国際的政府転覆運動の危険な指導者として新聞紙上で相当な悪名を得た。もっと明確に言えば一八七二年にドイツ社会民主党の指導者たち、すなわちヴィルヘルム・リープクネヒト、アウグスト・ベーベル、アドルフ・ヘプナーに対する反逆罪裁判で、この文書は思いもよらず広く知られるようになった。検察は法廷記録に『宣言』の本文を引用したため、裁判記録の一部として、社会民主主義者たちに初めて合法的に大量部数で出版する機会を与えたのである。一八四八年革命以前に出版されたこの本には、情報を更新し説明を与えるようないくらかの解説が必要だろうということは明らかであったので、マルクスとエンゲルスは最初の序文を書いたのだが、そのとき以来、『宣言』の新版が出版されるごとに新たに付されていくこととなった。[3] 法律上の理由によって、そのときは序文を広く流布させることはできなかったが、実際には（一八六六年版を基礎にした）一八七二年版が、その後のすべての版の基礎になった。その一方で、一八七一年と七三年のあいだに、『宣言』の少なくとも九つの版が、六つの言語で出版された。

その後の四〇年間に『宣言』は世界を征服した。すなわち、一八八〇年代にマルクス主義の影響が増大した新しい（社会主義的な）労働党の台頭によって広まったのである。ロシアのボリシェヴィキが一〇月革命のあとで元の名称に戻るまでは、そうした労働党のうちのどこも、共産党と称しようとはしなかったが、『共産党宣言』という題名はもとのままであった。一九一七年のロシア革命の前でさえ、日本語訳の三版と中国語訳の一版を含めて、約三〇の言語で数百の版が発行された。そうではあるが、それの主要な影響地域は、西ではフランス、東ではロシアという、ヨーロッパ中央地帯であった。七〇版という最大多数の版がロシア語によるものであったことは、驚くべきことではない。そのうえにロシア帝国内の三五版、すなわちポーランド語で一一版、イディッシュ語で七版、フィンランド語で六版、ウクライナ語で五版、グルジア語で四版、アルメニア語で二版があった。ドイツ語では五五版があり、さらにハプスブルク帝国について言えば、ドイツ語に加えてハンガリー語で九版、チェコ語で八版（ただしクロアティア語で三版、スロヴァキア語とスロヴェニア語はそれぞれ一版しかなかった）である。英語では三四版があり（これにはアメリカ合衆国版も含まれていて、最初の翻訳は一八七一年に出版された）、フランス語で二六版、イタリア語で一一版だが初版はようやく一八八九年であった。[4] 西南ヨーロッパへの衝撃は少なく、スペイン語で（ラテン・アメリカ版を含む）六版、ポルトガル語で一版であった。東南ヨーロッパへの衝撃も同様で、ブルガリア語で七版、セルビア語で四版、ルーマニア語で四版、サロニカで出版されたらしいラディノ語版が一版である。北ヨーロッパは、デンマーク語で六版、スウェーデン語で五版、ノルウェー語で二版ということで、かなりよく出版されている。[5]

この不均等な地域分布は、社会主義運動の不均等な発展や、アナーキズムのようなほかの革命的イデオ

▼3 創始者たちの生存中には、（1）ドイツ語（第二）版への序文、一八七二年。（2）ロシア語（第二）版への序文、一八八二年――バクーニンによるロシア語訳初版は一八六九年に出たが、マルクスあるいはエンゲルスの祝福を受けなかったことは理解できる。（3）ドイツ語（第三）版への序文、一八八三年。（4）英語版への序文、一八八八年。（5）ドイツ語（第四）版への序文、一八九〇年。（6）ポーランド語版への序文、一八九二年。（7）「イタリアの読者たちへ」の序文、一八九三年。

▼4 Paolo Pavilli, *Storia del marxismo italiano: Dalle origini alla grande guerra* (Milan, 1996), pp. 252-4.

ロギーとは異なるものとしてのマルクス自身の影響力の不均等な発展を反映していただけではなく、それと同時に、社会民主党や労働党の規模および勢力と『宣言』の普及とのあいだには強い相関関係はまったくないということをわれわれに当然気づかせてくれるのである。こうして一九〇五年までに、数十万の党員と数百万の投票者をもつドイツ社会民主党（SPD）は、『宣言』の新版を二〇〇〇部、三〇〇〇部以内の部数で繰り返し発行した。この党の一八九一年の『エルフルト綱領』が一二万部発行されたのに対して、『宣言』は一八九五年から一九〇五年までの一一年間に一万六〇〇〇部にも達しなかった。一九〇五年には党の理論誌である『ノイエ・ツァイト』の発行部数が六四〇〇部であった。[6] マルクス主義の大衆的な社会民主主義政党の平均的な党員は、理論的審査に合格するとは期待できなかった。逆に革命前の七〇のロシア語版は、ほとんど非合法であった諸組織の連合によるもので、その全党員数は数千を超えることはありえなかった。それと同様に三四の英語版は、アングロ・サクソン世界に散在するマルクス主義諸党派がみずからのために出版したのであり、そうした諸党派は存在したかぎりの労働党および社会主義党の左派として機能したのであった。これが、「同志の明晰さは彼の『宣言』に書き込まれた印の数でわかる」と言われた環境だったのである。[7] 要するに、『宣言』の読者たちは新興社会主義労働党と運動の一部分ではあったが、ほとんど確実にその構成員の代表例ではなかった。彼らはそのような運動の基礎にある理論に特別な関心をもつ男であり女であった。これはおそらく、現在でもそうであろう。

この状況は、ロシア一〇月革命ののちに、とにかく共産主義政党内では変化した。第二インタナショナル（一八八九―一九一四年）の大衆政党と違って、第三インタナショナル（一九一九―四三年）の大衆政党は、党員のすべてに対してマルクス主義の理論を理解すること、少なくともいくらかの知識を示すことを求めた。本を書くことに関心がない有能な政治的指導者たちと、カール・カウツキーのように「理論家」として名をなし尊敬されていたが、実際の政策決定者としてはそうではなかった人々との、二分法は消滅した。

レーニン以降のすべての指導者は、いまや重要な理論家であると想定された。なぜなら、すべての政治的決定は、マルクス主義的分析にもとづいて正当化されたし、あるいはそれにも増して「古典」という原典の権威、すなわちマルクス、エンゲルス、レーニン、時が来ればスターリンに言及することによって正当化されたのだからである。したがって、マルクスとエンゲルスの原典の出版と普及は、第二インタナショナルの時代に比べて運動にとってはるかに重要なものとなった。そうした古典は、ヴァイマール共和国期にドイツ語の共産主義者入門文庫〔Elementarbücher des Kommunismus〕を先駆とする一連の小作品集や、『マルクス＝エンゲルス書簡選集』のような厳選された選集の要約などから、最初は二巻本で、のちに三巻本となる『マルクス＝エンゲルス著作選集』〔*Selected Works of Marx and Engels*〕や、彼らの『全集』〔*Collected Works*〕（*Gesamtausgabe*）までにいたる――これらはすべて、ソヴェート共産党の（この目的のための）無限の財源に支えられ、さまざまな国の言葉でソヴェート連邦においてしばしば印刷された。

『共産党宣言』は、この新しい情勢から三つのやり方で恩恵を受けた。明らかに流通量が増えた。アメリカとイギリスの共産党の正規の出版機関が、一九三二年に出版した「数十万」部の廉価版は、「英語での出版ではおそらく最大部数」として記述された。▼8 その題名はもはや歴史的遺物ではなく、今では時の政治に直接に結びついていた。いまや大国がマルクス主義のイデオロギーを代表することを主張するので、

▼5　数字については、私はとても貴重な下記に依拠した。Bert Andréas, *Le Manifeste Communiste de Marx et Engels. Histoire et bibliographie 1848-1918* (Milan, 1963).

▼6　データはドイツ社会民主党党大会年次報告による。しかし一八九九年と一九〇〇年には理論的出版物について、データが与えられていない。

▼7　Robert R. LaMonte, 'The new intellectuals', in *New Review* II, 1914. これは下記に引用されている。Paul Buhle, *Marxism in the USA: From 1870 to the present day* (London, 1987) p. 56.

『宣言』の政治学の典拠としての地位は強化され、したがってこの本は大学の教育計画に取り入れられた。大学は、第二次世界大戦後に急速に拡張されることになり、そこでマルクス主義の知的な読者たちは、一九六〇年代と七〇年代に最も熱心な論壇を見出したのである。

ソ連は第二次世界大戦のなかから、世界の二大超大国のひとつとして、広大な地域の共産主義国と従属国を率いて出現した。西側の共産党（重要な例外としてドイツ共産党）は戦争のなかから、かつてそうであったよりも、あるいは予想されたよりも強力になって出現した。冷戦は始まっていたが、『宣言』はその一〇〇年記念の年には、もはや単に共産主義またはその他のマルクス主義の出版人たちによって刊行されるだけでなく、著名な学者の序文を添えて非政治的な出版社によって大量出版されたのである。要するに、もはや古典的マルクス主義文献というだけでなく、端的に〔tout court〕政治的古典となったのである。

ソヴェート共産主義の終焉と、世界の多くの地域でのマルクス主義政党・運動の退潮のあとでも、『宣言』はそういうものとして残った。検閲のない国家では、近くに良質な書店がある人はほとんど間違いなく、インターネットではもちろん、近くに図書館がある人は確実に『宣言』に接することができる。そうであるから、『宣言』の現在の刊行物の目的は、この驚異的な傑作の文章を入手させることだけではなく、ましてやマルクス主義の基本的文書の「正しい」解釈についての教義論争の一世紀を振り返らせることでもない。それは、『宣言』にはなお二一世紀の世界に対して語るべき多くをもっていることを、われわれに気づかせるためである。

2　『宣言』の内容

『宣言』は何を言わなければならないか。

もちろんそれは、歴史上の特定の時期のために書かれた文書である。そのうちのある部分は、ほとんどただちに古臭いものになった。たとえば、ドイツにおける共産主義者たちに対して推薦された戦術がそうであって、それらは一八四八年革命とその後に、彼らが実際に適用したものではなかった。それより多くの部分が、時の経過が読者を執筆時期から隔てるにつれて、古臭くなった。ギゾーとメッテルニヒはずっと前に、政府の指導書から歴史書へと引退しており、ツァーはもはや存在しなくなった（法王はそうではなかったが）。「社会主義的および共産主義的文献」の議論については、マルクスとエンゲルス自身が一八七二年に、そのときでさえ時代遅れだと認めているのである。

さらに重要なのは、時の経過によって『宣言』の言語が読者たちの言葉づかいではなくなったことである。たとえば、ブルジョワ社会の発展が「人口の少なからぬ部分を農村生活の愚昧から」救い出したという文章についてはいろいろな指摘をされた。当時のマルクスは、疑いもなく一般の都市住民と同じように農民的境遇に対しては無知であり蔑視を抱いていた。しかし一方で、実際に興味があり分析的に一層興味があるドイツ語の章句（‘dem Idiotismus des Landlebens entrissen’）は「愚昧」ではなく、「視野の狭さ」あるいは農村に暮らしている人々の「より広い社会からの孤立」を意味するのであり、それは idiot または idiocy の語源であるギリシャ語の「イディオテス」〔idiotes〕の本来の意味と対応していて、「自分の私的なことだけに関わり、より広い社会のことには関わらない人」のことである。一八四〇年代から何十年か経つうちに、マルクスのように古典教育を受けていない人々の運動のなかで、元の意味が忘れられてしまって誤読されたのである。

このことは、『宣言』の政治的用語ではもっと明瞭である。「身分」（Stand / estate）、「民主主義」（Demokratie /

▼8　Hal Draper, *The Annotated Communist Manifesto* (Center for Socialist History, Berkeley, 1984) p. 64.

democracy）、「国民／国民的」（Nation / national）というような用語は、今日の政治にはほとんど適用されないか、あるいは一八四〇年代の政治的または哲学的な言説のなかでもっていた意味を、もはやもっていない。ひとつの明白な例を取れば、われわれが今読んでいる文書がその党の宣言だと主張した当の「共産党」は、近代民主政治の政党とも、レーニン主義「前衛党」とも、さらには言うまでもなくソヴェート型や中国型の国家政党とも、まったく関係がなかった。どれもまだ存在していなかったのである。「党」は従来、基本的に信念または政策の傾向、あるいは動向を意味したが、マルクスとエンゲルスは、この傾向または動向がひとたび階級運動のなかで表現されれば、ある種の組織になるだろうと認識していた（「プロレタリアの階級への、それとともに政党への組織化」）。そこで第四章における、「すでに組織化されている労働者諸党派……イングランドのチャーティストと北アメリカの農業改革者」と、その他のまだそのように組織されていない諸党との区別ということになる。[9]この本文が明らかにしているように、マルクスとエンゲルスの共産党は、この段階ではどのような種類の組織でもなかったし、それを作ろうとしてもいなかった。その他の組織とは違う明確な綱領をもつ組織については言うまでもない。[10]ついでに言えば、『宣言』が書かれた団体である共産主義者同盟は、そのなかのどこにも挙げられていない。

さらに明らかなことは、『宣言』が特定の歴史的状況のために、その状況のなかで書かれたということだけでなく、それがマルクスの思想の発展のなかでのひとつの段階――比較的に未熟な段階――を代表していたということである。このことは、マルクスの思想の経済学的側面において最も明瞭である。マルクスは、一八四三年から経済学を真剣に研究しはじめていたけれども、『資本論』で展開された経済分析を本格的に発展させたのは、一八四八年の革命ののちイギリスの亡命地に到着して、一八五〇年の夏にブリティシュ・ミュジアム図書館の文献の宝庫を利用できるようになってからであった。それだから、マルクスの剰余価値と搾取の理論にとって基本的な、プロレタリアが彼の労働を資本家に売ることと、彼の労働力を売ることとの区別は、明らかに『宣言』ではまだなされていなかった。また、成熟したマルクスも「労働」商品の価格は、その生産費すなわち労働者を生存させておくための生理的な最低費用であるという見解をもってはいなかった。要するに『宣言』を書いたころのマルクスは、リカード派共産主義者であったほどには、マルクス経済学者でなかったということである。

それでも、マルクスとエンゲルスは読者に対して、『宣言』は歴史的文書であり、多くの点で時代遅れであることを注意してはいたが、一八四八年版を比較的小さな訂正によって文意を明確化しただけで、出版することを援助し促進した。[11] 彼らはこの本が、他のすべてのより良き社会の創造のための計画から、自分たちの共産主義を区別する分析の主要な叙述として存続することを認識していたのである。本質においてこの分析は歴史的であった。その核心は、諸社会の歴史的発展の論証であり、とくにブルジョワ社会が

▼9　ドイツ語原文はこの節のはじまりを「共産主義者たちの、すでに組織されている労働者諸党派に対する、……したがってイングランドのチャーティスト等に対する関係」からはじめている。一八八七年の正規の英訳版では、エンゲルスによって対照が弱められている。

▼10　「共産主義者たちは他の労働者諸党派に対立する独立の党派を作らない……。彼ら自身の分派的な諸原則を樹立して、それにしたがってプロレタリアの運動をかたちづくろうとするのではない」(第二節)。

▼11　これらのうちで、レーニンが下線を引いたので有名なのは、一八七二年の序文の次の観察である。すなわちパリ・コンミューンは「労働者階級が既存の国家装置をたんに乗っとって自分たちの目的のために制御することはできない」ことを示したというのである。マルクスの死後、エンゲルスは脚注を付け加えて、第一節の初めの文章を修正し、歴史以前の諸社会を階級闘争の一般的展望から除外するようにした。しかしながらマルクスもエンゲルスも、文書の経済的な表現について意見を言うとか修正するとかは、思ってもみなかった。マルクスとエンゲルスが実際に『宣言』をさらに改訂または増補することを考えたかどうか(一八八三年ドイツ語版序文)は、疑うことができる。しかし、マルクスの死がそのような書き直しを不可能にしたということではない。

先行者に取って代わり、世界に革命をもたらし、転じて必然的にそれが不可避的に取って代わられる条件を作り出すという発展の叙述であった。マルクス経済学とは違って、この分析の基礎にある「唯物史観」は、すでに一八四〇年代半ばに成熟に達していた。それは後年まで、実質的に変わらずに存続した。[12] この点で『宣言』はすでに、マルクス主義の決定的な文書だったのである。その概要はさらに十分な分析によって満たされるべきであるが、それは歴史的なヴィジョンを体現したものであった。

3　二一世紀を予見した書

『宣言』は、初めて出会った読者にどのような衝撃を与えるだろうか。新たに読んだ読者が、この驚くべきパンフレットの情熱的な確信、凝縮された簡潔さ、理論と文体の力によって圧倒されないということは、到底ありえないだろう。それは、ただ一回の創造的な爆発であるかのように、簡潔で荘重な文体で書かれ、ほとんど自然に記憶してしまう金言に転化して、それらは始まりの「ヨーロッパには幻影が出没している。それは共産主義の幻影だ」から、終わりの「プロレタリアが失うのは鎖だけであり、彼らには獲得すべき世界がある」まで、政治的論議の世界をはるかに超えて知られるようになった。[13] 一九世紀のドイツの著作として同じく異例なのは、それが主として一行から五行の短い必然的な段落で書かれ、二〇〇を超える段落で五か所だけが一五行以上であるにすぎないということである。そのほかがどうであれ、政治的レトリックとしては『共産党宣言』はほとんど聖書的な力をもっている。要するに、文学作品としてそれがもっている読者を魅了する力を否定することはできないのである。[14]

そうではあるが、さらにまた、疑いなく同時代の読者に感銘を与えると思われるのは、「ブルジョワ社会」の革命的性格と影響についての『宣言』の注目すべき診断である。それは単にマルクスが、自らは嫌悪した社会の驚異的な達成と発展過程を認識し宣告して、のちの「赤」の驚異に対する資本主義擁護者を一人ならず驚かせたということではない。それは、彼が一八四八年に暗い簡潔で雄弁な文章で叙述した、資本主義によって変容された世界が、まぎれもなく二一世紀初頭の世界を表わしているということなのである。奇妙なことに、二八歳と三〇歳の二人の革命家のまったく非現実的な楽観主義が、『宣言』のきわめて永続的な力であったことを証明したのだ。というのは、「共産主義の幻影」は確かに政治家たちにつきまとっていたとはいえ、そしてヨーロッパは主要な経済的・社会的危機を経過しつつあり、その歴史上最大の大陸規模の革命が爆発しようとしていたとはいえ、資本主義が転覆される瞬間が近づきつつある（「ドイツ・ブルジョワ革命は、プロレタリア革命の直接の序曲以外のものではありえない」）という『宣言』の信念を支える適切な根拠が、存在しなかったことは明らかだからである。反対である。今ではわれわれが知っているように、資本主義は勝ち誇ってグローバルに前進していく最初の時期に向かって、態勢を整えていたのである。

何が『宣言』に力を与えたかといえば、それは次の二つである。第一は、資本主義の勝ち誇った前進の

▼12　『宣言』と『経済学批判』序言の次の文章を比較されたい。「人間の思考、見解、概念、一言で言えば彼らの意識もまた、彼らの物質的生活、社会的諸関係、社会的存在の変化とともに変化するということを理解するのに、深い洞察が必要であろうか」（『共産党宣言』第二節）。「人々の意識が彼らの存在を決定するのではなく、反対に彼らの社会的存在が彼らの意識を決定するのだ」（『経済学批判』序言）。

▼13　これはエンゲルスによって承認された英文ではあるが、以下の原文の厳密に正確な翻訳ではない。「共産主義革命に直面して、支配階級は戦慄するに任せよう。プロレタリアはその中に、失うべき鎖のほかには何も持っていない」（「その中に」は「革命のなかに」。強調は引用者）。

▼14　文体分析については S. S. Prawer, *Karl Marx and World Literature* (Oxford, NY, Melbourne,1978), pp. 148-9 を見よ。私が知るかぎり、『宣言』の翻訳で、ドイツ語原文のような文学的な力をもつものはない。

出発点においてさえ、次のようなヴィジョンをもったことである。すなわちこの生産様式は、永久の、安定した、「歴史の終わり」のものではなく、人類史のなかの一時的な段階であり、そしてその先行者たちと同じく(『宣言』の章句はあまり注意されてこなかったが「闘争する諸階級のともだおれ」によって崩壊するのでないかぎり)、別の種類の社会によって取って代わられるべきものである、というヴィジョンである。第二は、資本主義の発展は必然的で長期的な傾向についての『宣言』の認識である。資本主義経済の革命的潜在能力はすでに明白であって、マルクスとエンゲルスは、自分たちだけがそれを知っているのだとは主張しなかった。フランス革命以来、彼らが観察した傾向のうちのいくつかは、明らかに実質的な効果をもっていた。たとえば、「独立あるいは緩やかにつながり、それぞれの利害、法律、政府、税制をもった諸州」が、「一つの政府、一つの法典、一つの国民的階級利害、一つの国境、一つの関税表」をもった国民国家の登場によって没落した。それにもかかわらず、一八四〇年代後期まで「ブルジョワジー」が達成していたものは、『宣言』が彼らによるものとした奇跡よりも、はるかにわずかであった。結局、一八五〇年に世界は七万一〇〇〇トン未満の鋼鉄を生産し(ほとんど七〇%はイギリスで)、二万四〇〇〇マイルにわずかに及ばない鉄道を建設した(この三分の二はイギリスとアメリカ合衆国で)のであった。歴史家たちは、産業革命(一八四四年以降、エンゲルスによって明確に使用された用語▼15)は、イギリスにおいてさえ、一八五〇年代以前には、産業的な社会、あるいは圧倒的に都会的な社会を、到底作り出せなかったということを示すのに、何も困難はなかった。マルクスとエンゲルスは一八四八年に、すでに資本主義によって変容された世界を叙述したのではなく、資本主義による世界の変容がどのように論理的に必然的であるかを予言したのである。

われわれは今、このような変容が広範になされた世界に住んでいる。さらに西暦第三千年紀の『宣言』の読者たちは、疑いもなくその変容が引き続き加速されているのを見るであろう。ある点ではわれわれは

『宣言』の予言の力を、その出版時とわれわれとのあいだの世代よりも明白に見ることさえできる。というのは、第二次世界大戦以降の輸送通信革命までは、生産のグローバル化には、すなわち「各国の生産と消費に万国共通の性格を与える」ことには、限界があったからである。一九七〇年代までは、産業化は圧倒的にその発生地域に限られていた。マルクス主義者のいくつかの学派は、次のように主張することさえできた。すなわち、資本主義は、少なくともその帝国主義的形態においては、「すべての国民を滅亡させるのではないならば、ブルジョワジーの生産様式を採用するように、強制する」どころではなく、その本性によっていわゆる第三世界に「低開発」を永続させた、あるいは作り出しさえしていたのだと。人類の三分の一がソヴェート共産主義型の経済で生活しているのであれば、資本主義がすべての国民に「みずからブルジョワになる」ことを強制することは決して成功しないように思われた。それは「自分たちのすがたのとおりに、ひとつの世界を創造する」ことを望みはしなかっただろう。さらに、一九六〇年代より以前には、資本主義は家族の破壊をもたらすという『宣言』の告知は、西側の先進諸国においてさえ立証されなかったように思われた。ところが今日では、子供の半分近くがシングル・マザーによって育てられているし、大都市全世帯の半分は単身者である。

要するに『宣言』は、一八四八年には、非政治的な読者に対しては革命的レトリックとして、あるいはせいぜいがもっともらしい予測として衝撃を与えたかもしれないが、新しい千年紀〔二一世紀〕の始まりにあたって、資本主義の簡潔な性格規定として読むことができるのである。一八四〇年代の文書で、このようなものがほかにあるだろうか。

▼15 「イングランドの状態。一八世紀」(『全集』第一巻、五六六―八ページ〔六二〇―三ページ〕)のなかで。

4　はずれた予見

ところで、もしわれわれが、当時においては遠い未来のことであった資本主義の巨大なグローバル化という『宣言』の展望の鋭さに衝撃を受けざるをえないとすれば、そのもうひとつの予測の失敗も、同じように衝撃的である。ブルジョワジーが、プロレタリアートを「特に自分の墓掘人」として作り出さなかったことは、今日では明らかである。「それ〔ブルジョワジー〕の没落とプロレタリアートの勝利」が「同じように不可避」であることは証明されていない。『宣言』の「ブルジョワとプロレタリア」の前半と後半の分析の対照は、一五〇年以上が経過した今では、一〇〇周年のとき以上に説明を必要としている。

問題は、資本主義は、その経済のなかで生計を立てているほとんどの人々を、賃金か俸給で雇用されることに依存する男性と女性に作り替えるという、マルクスとエンゲルスの資本主義像にあるのではない。今日、会社の管理職のように技術的には俸給によって雇われている人々の収入は、到底プロレタリア的な金額と見なすことはできないのだが、疑いなく資本主義はそうした傾向をもってきた。また問題は、本質的に、この労働人口のほとんどすべてが産業労働の労働力によって構成されるだろうという、彼らの信念にあるのでもない。一方で、イギリスがまったく例外的に、肉体的賃労働者が人口の絶対多数を占める国として残り、産業生産の発展は、『宣言』から優に一世紀を超えても、肉体労働の大量で増大する投入を要求したのである。言うまでもなくこのことは、『宣言』では考察されない現代の資本集約的なハイテク生産には当てはまらないのだが、実際にマルクス自身は、もっと成熟した経済学研究のなかで、少なくとも資本主義後の時代には、ますます労働を減少させていく発展が可能であると見ていたのである。▼16　資本主義の旧産業経済においてさえ、製造業に雇用されている人々の割合は、少し早く減少が始まったアメリカ合衆国を除けば、一九七〇年代までは安定したままであった。確かにイギリス、ベルギー、アメリカ合衆国というような非常に少数の例外はあったが、一九七〇年には、産業労働者はおそらく、産業的および産業化しつつある世界の全就業人口のなかの多数派であった。

いずれにしても『宣言』が展望する資本主義の転覆は、就業人口の大部分のプロレタリア化を前提とするものではなく、資本主義経済のなかでのプロレタリアートの状況が、次のようなものであるという想定にもとづいていた。すなわち、プロレタリアートが、必然的に政治化する階級運動としてひとたび組織されると、他の諸階級の不満を指導して自己のまわりに集め、こうして「圧倒的多数者の利益のための圧倒的多数者の自立的な運動」として、政治勢力を獲得するという状況である。プロレタリアートはこのようにして「興隆して国民の指導的階級になり、……国民として成立するであろう▼17」。

資本主義は転覆されなかったのだから、われわれはこの予言を退けがちである。しかし一八四八年にまったくありえないように見えても、たいていのヨーロッパの資本主義諸国の政治は、イギリス外で現われたばかりの、階級意識をもつ労働者階級に基礎を置く組織的政治運動の興隆によって、変容されようとしていた。一八八〇年代には「先進」世界のいたるところで労働党および社会主義政党が出現し、民主的な選挙制度がある国では大衆政党になった。彼らはこの制度の実現のために、力を尽くしてきたのだった。第一次世界大戦中とその後に、プロレタリア諸党の一派がボリシェヴィキの革命的な道をとり、他方の派は民主化された資本主義の支柱になった。ヨーロッパでは、今ではボリシェヴィキ派は、あまり意味をも

▼16　たとえば一八五七―五八年草稿での「固定資本と社会の生産諸力の発展」についての議論を見よ。*Collected Works*, vol. 29 (London, 1987), pp. 80-99.〔高木監訳『経済学批判要綱』第三分冊、六四一―六四ページ〕。

▼17　「国民的階級に上昇する」という成句はヘーゲル的な意味をもっていて、それをエンゲルスに承認された英訳は修正した。おそらく彼が、一八八〇年代の読者には理解されないだろうと考えたためであろう。

たなくなり、この種の諸党は、社会民主主義に同化してしまった。ベーベルの時代、あるいはクレメント・アトリーの時代にも理解されたような社会民主主義は、一九九〇年代には後衛戦を戦った。しかし世紀の終わりには、第二インタナショナルの社会民主主義諸党の後裔は、時には元の名称のもとに、西ヨーロッパの二国（ドイツとスペイン）を除けばすべての国で、政府与党となり、この両者はともに、過去に政府を作ったし、再びそうする可能性もあったのである。

要するに、間違っているのは、労働者階級に基礎を置く政治的運動（しかもイギリス、オランダ、ノルウェー、オーストラレイジアの労働党におけるように、時にはなおはっきりと階級名をもった）の中心的な役割についての『宣言』の予言ではない。それは「現在ブルジョワジーと対峙しているすべての階級の中で、プロレタリアートだけが真に革命的な階級であり」、資本主義の本性と発展のなかに含まれるプロレタリアートの不可避的な運命はブルジョワジーを転覆することなのだ、という主張なのである。「その没落とプロレタリアートの勝利とは、等しく不可避的である」。

悪名高い「飢餓の四〇年代」においてでさえ、このこと〔ブルジョワジーの没落と労働者階級の勝利〕を保障するはずのメカニズム、すなわち労働者の必然的窮乏化は、[18]資本主義の終局的な危機であり、ただちに転覆されようとしているという、当時でさえ信じがたい前提に立たなければ、完全に納得できるものではなかった。それは、二重のメカニズムであった。窮乏化は、労働者の運動に対して影響を及ぼしており、さらにそのうえ、ブルジョワジーが「統治に適さない理由は、ブルジョワジーがみずからの奴隷制のなかで奴隷に対して生存を保証してやれないこと、またブルジョワジーが奴隷に養われる代わりに奴隷を養わなければならないほどの状態に奴隷を零落させたままにせざるを得ないこと」を証明した。労働は、資本主義のエンジンに燃料を供給する利潤を提供するどころか、いまや資本主義を食いつぶした。しかしながら、『宣言』それ自身のなかであれほど劇的に説明された資本主義のきわめて大きなポテンシャルを考慮に入れれば、資本主義が、どれほど僅少であるにせよ、いくばくかの生計費を当然にも労働者階級の大半に与えられなかったと、なぜ言えるのか。また、当然にも「［厳密な意味での］窮乏が、人口や富よりも急速に拡大する」[19]と、なぜ言えるのか。もし資本主義が、福祉制度以前から長期にわたりつづいていたとすれば、――一八四八年のすぐあとに明らかになったように――窮乏化が生じるはずもなかったし、実際に生じることはなかった。

「ブルジョワ社会」が生み出す労働者階級を含めたうえで、その歴史的発展についての『宣言』の展望は、必ずしも結論として、プロレタリアートが資本主義を転覆させ、そうすることで共産主義発展への道を開くというものではなかった。なぜなら展望と結論が、同じ分析から引き出されたのではなかったからである。マルクスが「マルクス主義者」になる前に採択された共産主義の目的は、資本主義の本性と発展の分析からではなく、人間の本性の運命についての哲学的な、実に終末論的な、議論から引き出されたものであった。それからずっとマルクスにとって根本的であった思想、すなわちプロレタリアートは、社会全体を同時に解放することなしには自己を解放しえない階級なのだという思想が最初に現われたのは、「観察の産物であるよりもむしろ哲学的抽象」としてであった[20]。ジョージ・リヒトハイムが述べていたように、

▼18　Pauperismは、貧困（poverty）と同じ意味に理解されてはならない。英語の用語法から借用されたドイツ語はPauperとPauperismusである。『チェンバーズ二〇世紀辞典』によれば、「pauperとは缺格の人……慈善または公的配慮のおかげで生きている人であり、pauperismは、pauperの状態にある人である」。

▼19　逆説的なことに、一八四八年のマルクスの議論が今日では、資本家たちや自由市場政府たちによって、GNPが数十年ごとに倍増している国々の政府は、より貧しい時代に設立された、稼げる者が稼げない者を支えてきた所得移転制度（福祉国家など）を廃止しないかぎり、財政破綻するであろうということを証明するのに広く使用されている。

▼20　Leszek Kolakowski, *Main curents of Marxism* (London, 1968), p. 130.

「プロレタリアートはマルクスの著作の中に」、マルクスが一八四三―四四年に知っていたような「ドイツ哲学の諸目的を実現するために必要とされた社会的勢力として、初めて現れた」のである。[21]

　そのころマルクスはプロレタリアートについて、次のこと以上にはほとんど知らなかった。「それはドイツで、産業的発展の興隆のひとつの結果として、ようやく存在し始めている」ということ、そして、このことがはっきりとプロレタリアートの解放勢力としての可能性であったのだが、その理由は、プロレタリアートは、伝統社会の貧民大衆とは異なり、「社会の急激な解体」の子であり、したがってその存在によって「既存の世界秩序の解体を宣告する（した）」ことだということである。彼はフランス革命についてよく知っていたにもかかわらず、労働運動の知識は少なかった。彼はエンゲルスを協力者として得て、エンゲルスは「産業革命」の概念、イギリスに実際に存在した資本主義経済の動学の理解、経済分析の基本について協力した。[22] それらはともに彼を導いて、実際の労働者階級によってなされるべき将来の社会革命の予言に向かわせる。その労働者階級については、彼は一八四〇年代初期にイギリスで生活し活動していたときに、よく知っていた。マルクスとエンゲルスの「プロレタリアート」と共産主義への態度は相互補完的である。歴史の動力としての階級闘争についての彼らの理解もそうであって、マルクスの場合は主としてフランス革命期の研究から引き出され、エンゲルスの場合はナポレオン後のイギリスでの、社会運動の経験から引き出されたのである。彼らが、自分たちは「すべての理論的分野で一致している」ことを知った（エンゲルスの言葉）というのも、驚くことではない。[23] エンゲルスはマルクスに、資本主義経済の諸運動の変動的で自己不安定的本性を示すモデルの基本原理――とくに経済恐慌論の概要[24]――、およびイギリス労働者階級運動の興隆とそれがイギリスで演じうる革命的な役割についての経験的な資料を与えたのである。

　一八四〇年代には、社会が革命の淵に面しているという結論は、信じられないことではなかった。あるいはまた、労働者階級がいかに未熟でも革命を主導するであろうという予測も、同様であった。いずれにせよ、『宣言』の出版から数週間のうちに、パリの労働者の運動がフランス王権を転覆させ、ヨーロッパの半分に革命の信号を送ったのである。それにもかかわらず、本質的に革命的なプロレタリアートを生み出すという資本主義の発展の傾向は、資本主義の発展の性質を分析することからは導出できなかった。それはこの発展の、ひとつの可能な帰結であったが、可能な唯一の帰結として示すことはできなかった。プロレタリアートによる資本主義の転覆の成功が、必然的に共産主義的発展に道を開くに違いないということは、一層示しにくかった(『宣言』は、それがそのとき、非常に緩やかな変化の過程を開始するであろうと主張しただけであった)。[25] プロレタリアートというものについてのマルクスのヴィジョンはその本質上、資本主義を転覆することによって全人類を解放し階級社会を終了させるように運命づけられていたが、

▼21 G. Lichtheim, *Marxism* (London, 1964), p. 45.〔G・リヒトハイム著、奥山次良・田村一郎・八木橋貢訳『マルクス主義』(みすず書房、一九七四年)、四四ページ〕。

▼22 それは『経済学批判大綱』*Outlines of a Critique of Political Economy* として一八四四年に出版された(*Collected Works*, vol. 3, pp. 418-43)。

▼23 「共産主義者同盟の歴史について」*On The History of the Communist League*, in *Collected Works* vol. 26 (London, 1990), p. 318.

▼24 『〔経済学〕批判大綱』(*Collected Works*, vol. 3, pp. 433ff) これはイギリスの急進的な著者たち、とくに John Wade, *History of the Middle and Working Classes* (London, 1833, p. 428) から引き出されたように思われる。エンゲルスはこの関係で、彼に言及している。

▼25 このことは、『宣言』に先行した事実上二つの草稿におけるエンゲルスの定式化によって、さらに明らかでさえある。「共産主義の信仰告白草稿」(*Draft of a Communist Confession of Faith, Collected Works* vol. 6, p. 102) と「共産主義の原理」(ibid., p. 350)。

それは彼の資本主義分析のなかに読み込まれた希望の表明ではあっても、その分析によって必然的に与えられた結論ではなかった。

『宣言』の資本主義分析が、とくに一八四八年にはまだ示唆されただけであったマルクスの経済的集中の分析によって拡大された場合に、疑いもなく到達しえた結論とは、資本主義の発展のなかに組み込まれた自己破壊的な諸力についての、特殊的であるよりは一般的なものであった。それは、今日では、マルクス主義者でなくても承認する次のような点に到達するに違いない。すなわち「あのように巨大な生産と交換の諸手段を魔術で呼び出した、ブルジョワ的生産交換関係、ブルジョワ的所有関係、近代ブルジョワ社会は、自分が呼び出した地下の諸力を統制できなくなった魔法使いのようなものである。……ブルジョワ的諸関係は、それらが創造した富を包み込むには狭すぎるようになったのだ」ということである。

人間存在相互間の、裸の自己利害関心と冷血な「現金勘定」の連鎖だけにもとづく市場制度、すなわち搾取と無限蓄積の制度に内在する「矛盾」は、決して克服されえないのであり、変容と改造の連鎖のうちのどこかの点で、この本質的に自己変動的な制度の発展が、もはや資本主義として叙述しえない状態に到達するであろうと結論するのは、不合理ではない。あるいは、のちのマルクスから引用すれば、「生産手段の集中も労働の社会化も、それがその資本主義的な外皮とは調和できなくなる一点に到達する」[26]のであり、「外皮は爆破される」のである。後続する状態をどういう名称で呼ぶかは重要ではない。しかし世界経済の爆発の世界環境に対する影響が示しているように、それは必然的に、私的領有からグローバルな規模での社会的管理へのはっきりした移行を示すものであるべきだろう。

そのような「資本主義後の社会」が社会主義の伝統的なモデルに対応するだろうということは、きわめてありえないし、ソヴェート時代の「実際に存在する」社会主義に対しては、さらにありえないだろう。それがどういう形態をとりうるか、そしてそれがどこまでマルクスとエンゲルスのヒューマニズム的諸価値を体現するかは、この変化が実現するときの政治的行為に依存するだろう。『宣言』が主張しているように、このことが歴史的変化を形成するにあたって、中心になるからである。

5　『宣言』が求めたこと

マルクスの見解によれば、われわれが「その外皮が爆破される」歴史的瞬間をどのように叙述しようとも、政治がそのなかの本質的な要素であるだろう。『宣言』は主として歴史的必然性の文書として読まれたし、確かにそれがもっている力は、主としてそれが読者たちに与える次のような確信から生じていた。すなわち資本主義は必然的にその墓掘人によって埋葬されるように運命づけられていて、歴史上これより前のいつでもなく現在、解放のための諸条件が存在するようになったのだという確信である。そうではあるが、広く普及した想定に反して、歴史的変化は人々が自分たちの歴史を作ることを通じて進行するのだということを『宣言』は確信している。それは決定論の文書ではない。墓穴は人間の行動によって、あるいはそれを通じて、掘られなければならない。

議論の決定論的な読み方は、確かに可能である。エンゲルスはマルクスよりも自然に、その方に傾いたと示唆されたこともあって、それはマルクスの死後のマルクス主義理論の発展とマルクス主義労働運動に重要な帰結をもたらした。しかし、エンゲルス自身の初期草稿が証拠として引用されたが、[27]実際にはそれを『宣言』自体のなかに読み込むことはできなかった。歴史的分析の領域を離れて現在に入ると、選択肢

▼26　『資本論』第一巻の「資本主義的蓄積の歴史的傾向」から（*Collected Works* vol. 35, p. 750）。
▼27　G. Lichtheim, *Marxism*, pp. 58-60.〔奥山他訳、五五―七ページ〕。

の資料、政治的蓋然性——もちろん、政治的確実性——というよりもむしろ政治的可能性の資料である。「今」と「発展の行程のうちの」予測できないときとのあいだに、「各人の自由な発展が全てのものの自由な発展の条件であるというアソシエーション」が、政治行動の領域のなかに見られるだろう。

社会的実践を通じての、集団的行動を通じての、歴史的変革が核心である。『宣言』はプロレタリアートの発展を「プロレタリアたちの階級への組織化、従って政党への組織化」として見ている。「プロレタリアートによる政治権力の奪取」（「民主主義の獲得」）は、「労働者の革命の第一歩」であって、社会の将来は、新体制のその後の政治行動がどうであるかにかかっている（どのように「プロレタリアートがその政治的優位を利用するか」）。政治参加は、マルクス社会主義をアナーキストたちから、また、『宣言』がとくに非難する、あらゆる政治活動を拒否する社会主義者の継承者たちから、歴史的に区別するものであった。レーニン以前でさえもマルクス理論は「これから何が起こるであろうかを歴史が我われに示す」だけではなく「何をなすべきか」にも関わっていた。確かに二〇世紀のソヴェートの経験は、成功を事実上とどかないところに置いた歴史的条件の下でなら、「なすべきこと」をおこなわないほうがいいだろうと、われわれに教えた。しかしこの教訓は、『共産党宣言』の意味を学ぶことからも、得られたかもしれない。

しかしそれで、『宣言』は——その注目すべき諸特質の最小のものではないが——失敗を展望した文書であった。それは資本主義の発展の結果が「社会全体の革命的再構築」になることを希望したのだが、われわれがすでに見たように、それはもうひとつの可能性として「ともだおれ」を排除しなかったのである。

何年も経って、もう一人のマルクス派がこれを、社会主義か野蛮かの選択と言い換えた。それらのうちのどれが優勢になるかは、二一世紀が答えるために残された問題である。

第6章

『経済学批判要綱』の発見

Discovering the *Grundrisse*

マルクスの全作品〔*oeuvre*〕のなかでの『経済学批判要綱』の位置と運命は、多くの点で独特なものであった。第一に、『要綱』はマルクスの重要な一群の成熟した著作の中で、実際上は、マルクスの死後半世紀以上にわたってマルクス主義者たちにまったく知られておらず、それどころかこの名称で伝えられてきた手稿の作成からほとんど一世紀が経つまで、じつにほとんど完全に利用不可能であった唯一の実例である。それがどういう意味をもつかについての議論がどうであれ、一八五七—五八年の著作は、明らかに『資本論』を生み出すための知的努力の一部分であり、成熟したマルクスを、とくに経済学者として示すものとしている。このことによって『要綱』は、マルクス著作集のなかでの早期の追加遺稿すなわち一九三二年刊の『初期著作』と区別される。マルクスの理論的発展のなかでのこれらの四〇年代初めの著作の、正確な位置について、正誤あわせていろいろと論じられてきたが、一八五七—五八年の著作の成熟性については、そのような意見の違いはありえない。

▼本章は、Marcello Musto (ed.), *Karl Marx's* Grundrisse: *Foundations of the Critique of Political Economy 150 years Later* (Routledge, London, 2008) のはしがきとして書かれた。

第二に、そしていくらか驚くべきことに、『要綱』の出版が、マルクスの研究とマルクス的思考とのあらゆる独創的な発展にとって最も不利と見なされても間違いではない条件の下で、すなわちソ連とドイツ民主共和国で、スターリン時代の絶頂でなされた。マルクスとエンゲルスの原文の原典は、あとになっても政治権威の出版許可の下に置かれているという問題であり、そのことを彼らの著作の外国語版の編集者たちが明らかにしたことには根拠があったのである。マルクス＝エンゲルス研究所における粛清、その創設者・指導者の除名と挙句のはての謀殺を含む出版への障害が、どのように克服されたか、あるいは一九二五年から三九年にかけて手稿関係の業務の責任者であったパウル・ヴェラーが、それを実行するためにどのように一九三六―三八年のテロを生き延びたかは、今なお明らかになっていない。権威筋がこの大量で難解な原文をどのように処理すべきかを、あまりよくわかっていなかったことが、助けになったかもしれない。しかしながら、彼らは明らかにこの手稿の位置づけについて疑問をもっていて、それは少なからず、スターリンがこの手稿を、マルクスの成熟した態度と見解を反映している『資本論』三巻より重要度が低いとしたことによっていた。実際、『要綱』が、ロシア語版完訳で刊行されたのは一九六八―六九年であり、オリジナルのドイツ語版（一九三九―四一年、モスクワ）も、リプリント版（一九五三年、ベルリン）も刊行はされたが、（未刊の）ソヴェート版マルクス＝エンゲルス著作集――これは通常、頭文字をつないで「メガ（MEGA）」として知られる――の一部としても、あるいはマルクス＝エンゲルス全集（*Works*）の一部としても刊行されなかった（いずれにせよ、「MEGA版として」だけは出なかった）。しかしながら、一八四四年の『初期著作』が、初めてメガ（一九三二年）に現われたあとに消え失せたのと違って、手稿はソ連で、スターリン時代の絶頂期であったのに、実際に出版されたのである。

第三の特殊性は、一八五七―五八年手稿の位置づけが長いあいだ不確定だったことであって、そのことは一九三〇年代のマルクス＝エンゲルス＝レーニン研究所で、その文書が印刷にまわされる少し前に『経済学批判要綱』という名称を得るまで、名称が不確定であったことに反映されている。確かに、マルクスによって書かれエンゲルスによって再構成されて出版された『資本論』の本文と、マルクスの一八六一―六三年ノートからカウツキーが編集した『剰余価値の諸理論』という〔『資本論』の〕第四巻とに対する、この手稿の関係の正確な性質は議論すべきこととして残っている。一八五七―五八年手稿を通読したカウツキーは、それらについて何をなすべきかが、わからなかったようである。彼はそのなかから二つの抜粋を彼の評論誌『ノイエ・ツァイト』に公表したが、それだけだった。その二つとは、ほとんど注目されなかった短い「バスティアとケアリ」（一九〇四年）と、「経済学批判」へのいわゆる序説（一九〇三年）であり、後者は決して完成されず、したがって一八五九年に出版された同名の本とともには出版されなかったのであるが、マルクス主義の理解を、広く行き渡った正統派を超えて広げようとする人々、とくにオーストリア・マルクス主義者にとって、初期の典拠になった。今日にいたるまで、おそらくこれが、『要綱』のなかで最も広く議論された部分であろう。ただし少なくとも一人の解説者は、この主題についての最近の著書で、この二編は『要綱』の一部をなすものかどうか、疑っている。手稿のうちの残りの部分は、出版されないで残り、じつに解説者にさえ知られなかったが、一九二三年にモスクワでリャザノフと彼の協力者たちがその写真コピーを入手し、それを整理してメガのなかに組み入れて出版することを計画した。それが最初の計画どおりに一九三一年に出版されたなら、どういう衝撃を与えたかを推測するとおもしろい。その実際の出版の日付――一九三九年末と四一年のヒトラーによるソヴェート侵攻の一週間後――は、それが一九五三年の東ベルリンでのリプリント版まで、西側にはほとんどまったく知られないままであったということを意味した。ただし希少なコピーがアメリカに到着して、アウシュヴィッツその他の強制収容所からアメリカに移って間もない『要綱』の尊敬すべき先駆的研究者であるロマン・ロスドルスキー（一八九八―一九六五年）によって、一九四八年から分析されたが、出版はようやく一九六七―六八年になされた。この本のドイツ語初版は、その大半が「ドイツ兵士に対する扇動資料として前線に送られ、のちには戦争捕虜のための研究資料として収容所に送られて」、理論的または実践的な目的を達成したというのは信じがたいことである。

『要綱』の国際的受容の原版〔editio princeps〕となった一九三九—四一年の完全リプリントが、東ドイツで一九五三年に、マルクス＝エンゲルス『全集』に数年先立って、意図的にそれと区別されて出版された理由については、いくつかもっともらしい推測があったが、われわれにはわからない。ひとつの例外を除いて、一九六〇年代までこの著作はマルクス研究に目立った痕跡を残しはじめることはなかった。その例外は「資本制生産に先行する諸形態」であって、まず一九三八年にロシア語で単独に（いくらか前の貨幣の章がそうであったように）出版されて、一九四七年に日本語に翻訳され、一九五二年にドイツ語で出版された。ある版がすぐにハンガリー語、日本語、イタリア語に翻訳され（一九五三—五四年）、間違いなく英語圏のマルクス主義歴史家のあいだで議論された。解説序論付きの英訳（一九六四年）が間もなくスペイン語に翻訳されて、アルゼンチンとフランコのスペインで、出版された（一九六六—六七年）。おそらく、このテキストがマルクス主義の歴史家たちや社会人類学者たちの特別の興味関心をそそったことが、『要綱』の全文が手に入るよりずっと前にこのテキストが広く流布した理由を説明するだろう。そしてまた、このテキストが第三世界諸国についての大いに議論されたマルクス主義的分析と独自の関連を結んだことも、流布の理由を説明するだろう。このテキストは、ウィットフォーゲルの『東洋的専制』（一九五七年）のような著作によって西側で論争的に復活された、「アジア的生産様式」論に、光を投げかけたのである。

一八五七—五八年手稿の受容史〔Rezeptionsgeschichte〕は、一九五六年の危機ののち、一枚岩でなくなった諸共産党の内外で、マルクス主義をソヴェート正統性の拘束衣から解放するために、じつに大きな努力とともに始まった。一八四四年の著作と一八五七—五八年の手稿は、ともに「古典」の正典に属するものではないが、間違いなくマルクスによって書かれたものであるから、諸共産党の内部では、これまで秘密にあった立場を明らかにするための正当な根拠と見なされた。ほとんど同時に、グラムシの著作の国際的な発見が同じ役割を担った。彼の著作のソ連での最初の出版は、一九五七―五八年であった。『要綱』が異端の可能性をもっていたという確信は、非公式で独立の翻訳、例えばフランスのアントロポ出版社の改良主義者たちのもの（一九六八年）や、『ニュー・レフト・レヴュー』社の援助によるマーティン・ニコラウスのもの（一九七一年）の出版によって示されている。『要綱』は諸共産党の外部で、共産党系ではないが間違いなくマルクス主義であるものを正当化する役割を果たしていたのだが、このことの政治的な意味は一九六〇年代の学生反乱までわからなかった。もっとも、その意味はすでに一九五〇年代に、政治的行動主義の環境にではなく、リヒトハイムや若いハーバマスのようなフランクフルト〔学派〕の伝統に近い学術的なドイツ人研究者たちによって認識されていたのだ。急速に拡大する諸大学における学生の急進主義もまた、これらのように極度に難解なテキストについて、過去には期待しえなかった多数の読者を提供した。こうした事情がなかったら、ペリカン・ブックスのような商業出版社が「ペリカン・マルクス文庫」の一冊としてではあっても、『要綱』を出版しようとは思わなかったであろう。そうしているうちにソ連で、いくらかためらいがちにではあるが、この原典がマルクスの著作群の不可欠の部分であることが承認されて、一九六八―六九年に既刊のマルクス＝エンゲルス著作集に追加された。ただし『資本論』には及ばぬ規模で。まもなくハンガリーとチェコスロヴァキアでの出版がそれに続き、毛沢東の死後に中国で続いた。

こうして『要綱』に関する議論を、それを成立させた政治情勢、およびそれが激化させた政治情勢から区別することは、容易ではない。一九七〇年代にその議論が最も白熱したとき、議論は世代的あるいは文化的な欠陥に悩まなければならなかった。それは（主として中央および東ヨーロッパの）マルクス原典学の開拓者世代の研究者たち、すなわちダヴィド・リャザノフやロマン・ロスドルスキーのような人々の不朽の献身と学識が、ほとんど失われたということであった。確かに、若いトロツキー派の知識人たちによって、マルクスの思想の発展における一八五七―五八年手稿の位置づけについての、もっと明確には『資本論』のトルソになったものの大まかな計画における位置についての以前の分析を利用するための真剣な努力がおこなわれた。それでもなお、マルクス主義の高度の理論論争が、フランスのルイ・アルチュセールとイタリアのアントニオ・ネグリのような書き手たちによって、マルクス文献についての明らかな訓練不足のまま開始されて、青年男女によって受容されえたのであったが、青年たちもやはり、原典についての多くの知識とそれらについての過去の諸論争を判断する能力を、言語的な理由だけによるとしても、もたなかった。

この著作集は、マルクス主義の諸政党と諸運動が、グローバルな舞台に稀にしか重要な役者として現われない時代、そして彼らの教義・戦略・方法・目的が、マルクス、エンゲルスおよび彼らの後継者たちの著作についての議論の、もはや不可欠の枠組みではなくなった時代に出版される。とはいえ本書はまた、資本主義の経済的な活動様式についてのマルクスの洞察の明敏さを世界が実証しつつあるように見えるときに、現われるのである。おそらくこれは、フルシチョフのスターリン弾劾からゴルバチョフの没落にいたるあいだの左翼諸政策についての一時的な考察に拘束されずに、『要綱』の研究に戻るのに最適の時期である。それはあらゆる点で途方もなく難しい原典であるが、同時にまた途方もなく見返りのある原典であって、それがただ『資本論』が一部分にすぎない著作の全体に対する唯一の手引きと、成熟したマルクスの方法論に対する独自の序論とを、提供するだけであったとしてもそうなのである。それは分析と洞察を含んでいて、たとえば技術について、マルクスの資本主義論は一九世紀をはるかに超えて、生産が大量労働をもはや必要としないオートメーション社会、レジャーの可能性、そういう状況における疎外の変容に及んでいる。それは『ドイツ・イデオロギー』での、共産主義的未来についてのマルクス自身の示唆を、いくらか超える唯一の原典である。要するに、それは正当に「マルクスの最も豊かな思想」と言われてきたのである。

第7章

マルクスの資本主義に先行する諸形態論

Marx on pre-Capitalist Formations

1　『要綱』とその『諸形態』論の意義

一八五七－八年にカール・マルクスは、著書『経済学批判』と『資本論』への準備に、厖大な手稿を作成していた。それは、一九三九－四一年にモスクワで『経済学批判要綱』という表題で出版された。もっともそのごく一部の抜粋は、一九〇三－四年に『ノイエ・ツァイト』誌に掲載されていた。一九三九－四一年のモスクワで出版されたという、その出版の時期と場所のため、この著作は、あまり知られないまま、一九五二年にその一節が小冊子としてベルリンで刊行され、一九五三年にはその全体が同じくベルリンで再版されるにいたる。この一九五三年版が長らく唯一の入手可能な版本となっていた。それゆえ『要綱』は、著者の生前には刊行されず、一九三〇年以降にようやく適切な研究に利用可能となった、マルクスとエンゲルスの草稿の大群に属している。▼それらの草稿のほとんどは、その後おおいに注目されてきている『一八四四年の経済学・哲学草稿』のように、初期のマルクスとマルクス主義とのものである。ところが

『要綱』はマルクスの完全な成熟期のものであるといえる。それは、イギリスにおける一〇年の集中的研究の所産であり、一八六〇年代前半における『資本論』執筆の直前のマルクスの思索段階をはっきりと示している。それは、『資本論』執筆への準備作業をなすものであったとみられている。それゆえ、『要綱』は、公刊されたものでは成熟期マルクスの最後の主要な著作である。◆

その事情からみると、『要綱』が無視されているのはまったくおどろくべきことである。そのことは、とくに「資本主義的生産に先行する諸形態」と題された節にあてはまる。マルクスはここで資本主義にさきだつ歴史的進化の問題にとりくもうとしている。それは、重要でない思いつきのメモなどではない。マルクス自身がラサールに（一八五八年一一月一二日に）誇らしげに述べていたように、この『諸形態』は、「私の人生最良の時期といえる、この一五年の研究の成果」をあらわしているにとどまらない。そこには、マルクスの最も輝かしい深遠な考察が示されており、この直後に書かれ、唯物史観をきわめて含蓄に富むかたちで提示した、あのみごとな『経済学批判』への「序言」への不可欠な補論が多面的に示されているのである。この『要綱』を考慮に入れていないマルクス学派の歴史論は、――つまり事実上一九四一年以前のそのすべてと、（不幸にして）それ以降のものの多くも――こうした観点から再検討しなければならないことになる。

しかしこの著作が無視されてきたのには、いくつかの明らかな理由もある。ラサールにマルクスが述べていたように、『要綱』は、「ごくいろいろな時期に、自分自身の考えをはっきりさせるために、公刊を目的とせずに書いた研究論文」であった。それらは、読者がマルクスの思考様式に――すなわち彼の知的な進化全体ととりわけヘーゲル哲学に――なれ親しんでいることを要請しているだけではない。それらはまたときとしてわかりにくい一種の個人的な知的省略語法で、しかもマルクスには明白であったにせよ、われわれにはしばしば不明確な余論をまじえた素描の体裁で記述されている。この草稿の翻訳やましてその研究や解釈を試みたなら、ある謎めいた一節の意味を明らかにすることはほとんど不可能であることが誰にでもわかるであろう。

マルクスがその意味をはっきりさせようと苦労している場合でさえ、容易なことにはならないであろう。というのは、彼の分析がきわめて高度な一般性の次元で、すなわち高度に抽象的な用語でおこなわれているからである。マルクスが第一に関心を払っているのは、――『経済学批判』の「序言」におけるように――すべての社会変革の一般的仕組みを確定することであった。すなわち、生産の物質的諸力の特定の発展段階に対応する生産関係の形成、それら生産諸力と生産関係との軋轢の周期的展開、生産関係が生産諸力の水準にみずからをふたたび適応させる「社会革命の諸時期」を確認することであった。この一般的分析は、どのようなものであれ特殊な歴史的時代、生産諸力および生産関係について述べようとしているものではない。そこで、「序言」では「階級」という用語にも言及されていない。というのも、諸階級は――きわめて長きにわたるものとみなければならないにせよ――特定の歴史的諸時代における社会的生産関係における特殊な事例をなすにすぎないからである。そして歴史的社会構成とその諸時代についての唯一の現実的記述は、「経済的社会構成が進歩していく諸時代」――すなわち、「アジア的、古代的、封建的、および近代ブルジョア的」――の手短かで、論証も説明もないリストにとどめられ、その最後のものが生産の社会的過程の最終の「敵対的」形態である、とされている。

▼本章は、『要綱』の一節の英訳である *Pre-Capitalist Economic Formations* (Lawrence & Wishart, London, 1964) への序文として執筆された。本章にあげられている文献は、この版本用のものである。

◆(訳注) その後、MEGA『マルクス＝エンゲルス歴史的批判的全集』のなかで、一九七六年以降に『要綱』に続く『資本論』の第二草稿『経済学批判（一八六一―六三年草稿）』や第三草稿『資本論（一八六三―六五年経済学草稿）』も出版されている。

『諸形態』は「序言」にくらべいっそう一般的でもあり、同時により特殊的でもある。とはいえ、これを最初に注意しておくことが大切になるが、『諸形態』も厳密な意味での「歴史」とはなっていない。この手稿は、一面では、社会的進化の分析において、いかなる主題にも適合する弁証法的でまったく納得のいく理論の、特性を発見しようと努めている。それは、科学者たちが「優美」あるいは「洗練さ」とよびたがる知的統一性、一般性、一貫した内的論理の特質を保持しようと試み、また実際それを保持し、その追求に際し、ヘーゲルの弁証法的方法を、観念論ではなく唯物論にもとづいてではあれ、用いている。

そのことからただちに第二の側面が導かれる。『諸形態』は歴史の内実をその最も一般的なかたちに定式化しようと努めている。その内実とは進歩である。歴史的進歩の存在を否認するものも、あるいは（しばしば成熟していないマルクスの著作にもとづいて）マルクスの思想に人間解放へのたんなる倫理的要求をみようとするものも、この手稿にその裏付けを見出すことはできないであろう。マルクスにとって、進歩とは、客観的に定義しうるものであり、同時に望ましい方向を指示するものでもあった。すべての人の自由な発展が勝ちとられるにちがいないというマルクス主義的信念の力強さは、マルクスがそれを強く望んでいたことではなく、まさに歴史的発展がやがて人類をそこに導くという、分析の正しさへの確信にもとづいているのである。

マルクスにおける社会的・経済的進化理論のヒューマニズムの客観的基礎は、もちろんまた同時に、社会的動物としての人間についての彼の分析におかれている。人間は、あるいはむしろ人々は、労働をおこなう。すなわち、人々は、呼吸し、食料や住まいや愛情などを求める日々の活動においてその生存を創造し、再生産している。人々がこれをおこなうのは、この目的のために自然のなかで作業し、自然からとりだす（そしてやがて意識的に自然を変化させる）ことによる。人間と自然とのあいだのこの相互作用が、社会的進化であり、それを生み出すのである。自然からとりだすこと、ないしは（みずからの身体をふくむ）自然の一部を利用するよう決めることは、領有とみなしうるし、実際にもそれが普通の用語法でもある。それゆえ、領有は元来は労働のたんなる一側面をなしているのである。それは、所有という概念に表現される（その場合、所有とは私的所有という歴史的に特定の事例と決して同じことではない）。マルクスが述べているように、当初に「労働者がその労働の客観的諸条件に対してもつ関係は所有の関係である。それは、労働とその物質的［事実的〔sachliche〕］諸前提との自然的統一である」（高木幸二郎監訳、大月書店、Ⅲ、四〇七ページ〔以下『要綱』からの引用は、この邦訳のページのみを示す。ただし訳文は必ずしもこの訳書にしたがっていない〕）。社会的動物として、人間は協業と社会的分業（すなわち諸機能の専門化）とを発達させる。社会的分業は、個人と彼を一員とする共同体の維持に必要なものを上回る剰余の生産によって、はじめて可能とされるとともに、さらに剰余生産の可能性を増大させることにもなる。剰余と社会的分業との存在が交換を可能とする。とはいえ、当初は生産と交換とはその目的をたんなる有用性――すなわち、生産者とその共同体社会の維持――においていた。これらのことが理論を構築する主要な分析素材をなしており、そのすべては、特種な社会的動物としての人間という独創的概念の事実上の拡張ないし系論をなしている。▼1

　進歩は、いうまでもなく人間が自然からますます解放され、自然への統御を増していくところに認められる。この自然からの解放――すなわち原始人が生存のために動き回っていたころの前提条件、あるいは動物から人間集団への進化の過程から生じた原初的で自生的な（マルクスのいう自然発生的な自然のなかで成長したものとしての）諸関係からの解放――は、生産諸力だけでなく生産関係にも影響を与える。

▼1　猿から人間への進化、したがってまた人間と他の霊長類との相違についてのエンゲルスの説明は、彼の『自然の弁証法』におさめられている一八七六年の草稿「猿が人間化するにあたっての労働の役割」（『全集』第二〇巻、四四四－五五ページ〔四八二－九四ページ〕）をみよ。

『諸形態』であつかわれるのは、その後者、生産関係の側面なのである。一方で、労働の専門化――およびとくに交換――の結果として人々が入り込む諸関係は、しだいに明確で高度なものとなっていき、ついには貨幣やそれにともなう商品生産と商品交換の創出により、以前には想像もされなかったような資本蓄積をふくむ行為への基礎をもたらすにいたる（もっとも、この過程は冒頭（四〇七ページ）でふれられてはいるが、それが主題ではない）。他方で、人間が自然発生的〔naturwüchsig〕で自生的な自然との原始的関係から遠ざかるにつれて、労働‐所有の二層関係はますます分解されていく。それは、漸進的な「自由な労働の、その客体的な実現条件からの分離――労働手段と労働材料とからの分離……したがってとりわけ労働者の自然の仕事場であった土地からの分離」（四〇七ページ）という形態をとる。それの最終的な明確化は、資本主義のもとで達成される。そこでは、労働者は労働力にすぎないものとなり、逆に、付言すれば、生産手段を統御する所有はまったく労働から切り離される。同時に、生産過程において、（直接の関心事でなくなる）有用性と（生産の直接の目的となる）交換や蓄積とが全面的に分離される。この過程が、そこにありうるさまざまなタイプにおいて、マルクスが分析しようとしていたところなのである。この進化の個別の諸局面を示す、個別の諸社会経済構成体は大きな関心事とはなるが、マルクスが念頭においているのは何世紀にもわたり諸大陸におよぶ全過程である。それゆえ、その枠組みは最も広い意味でのみ年代記的であるにすぎず、ある局面から他の局面への移行も、それが長期的な形態転換を解明するものとならないかぎりは、マルクスの第一義的関心事とはされていない、ということができよう。

しかし、生産の原初的自然条件から人間を解放するこうした過程は、同時にまた、人間的個人主義の解放である。「人間は歴史的過程をつうじてのみ個人化される。本来的には人間は類的存在、種族的存在、群棲動物……としてあらわれる。交換自体がこうした個人主義化への主要動機となる。それは、群棲生活を無用とし、解体する」（四三〇ページ）。そのことはおのずから、もともとは個人がそのなかで機能していた共同体社会に対する個人の諸関係を変形させることを含意している。かつての共同体社会は、資本主義という極端な事例では、非人間的な社会機構へと変化してきている。その社会機構は、現実に個人主義化を可能としながら、個人に対して外的で敵対的でもある。それでもなお、その過程は人間性にとって、計りしれない可能性を有している。マルクスは、希望と輝きにみちたつぎのような章句において、それをみつめている。

人間を（いかに狭い民族的、宗教的、ないしは政治的規定性のもとにおいていようと）生産の目的としている古代の考え方は、生産が人間の目的とされ、富が生産の目的とされている現代の世界より、はるかに高尚にみえる。ところがじっさい、狭いブルジョア的形態がはぎとられるならば、富とは、普遍的交換のうちに生産される、諸個人の欲求、能力、享楽、生産力の普遍性でなくてなんであろうか。――人間自身の天性でもありいわゆる「自然」の諸力でもある――自然力への人間の統御の全面的な発達でなくてなんであろうか。先行する歴史的進化のほかには何の前提条件もなしに、人間の創造的素質を無条件で彫琢すること、そしてこうした進化の総体――すなわち既往の尺度では計りしれないような人間的諸力そのもののすべての進化――を目的そのものとすることでなくてなんであろうか。それはまた、人間がみずからをなんらかのきめられた形態で再生産するのではなく、みずからの全体性を生産する状況でなくてなんであろうか。そこでは人間は、過去によって形づくられたものにとどまろうとするのではなく、無条件的な生成の運動のうちに存在するのではなかろうか。ブルジョア経済学――およびそれが対応する生産の歴史的時代――においては、こうした人間に内在する素質の完全な彫琢はまったく疎外されてあらわれ、すべての固定的で一面的な目的の破壊は、もっぱら外面的な衝動のために目的そのものが犠牲にされることとしてあらわれる。（四二一ページ）

この最も非人間化されて明らかに矛盾した形態においてではあれ、自由な個人の発達というヒューマニズムの理念は、先行するすべての歴史諸段階よりもその実現に近づいている。それは、マルクスが、碑文にしたい名文句で述べているように、人間社会の前史段階――すなわち資本主義が最後となる階級諸社会の時代――から、人間がみずからの運命を統御できる時代、すなわち共産主義の時代への移行を待つばかりなのである。

　このようにマルクスの見方には、おどろくほど統合的な力強さがある。社会的経済的発展についての彼の理論モデルは（ヘーゲルのものと異なり）同義反復的ではなく、歴史に適用して豊かで独創的な結果をもたらしうる。しかしそれは同時に、人間の本質についてのいくつかの基本的なほとんど公理的叙述に内在する論理的可能性の展開として、――労働と所有および分業の矛盾の展開として――提示されうるものでもある。[▼2] それは事実の理論モデルである。しかしいくらか異なる角度からみれば、同じモデルが価値判断も与えてくれる。マルクスの理論のこうした多次元性こそは、愚か者か偏見をもつ者を除けば、すべての者から、思想家としてのマルクスに、同意しない場合でさえ、尊敬と感嘆をひきおこしている。それと同時に、とくにマルクスが門外漢の読者に対する必要条件をゆるめない場合には、そのことが明らかにこのテキストに難解さを加えることにもなっている。

　このような複雑さの一例にとくに論及しておかなければならない。それはマルクスがさまざまな学問分野を分離するのを拒んでいることである。マルクスに代わってそれらを分離することもできなくはない。そこで、すぐれて知的なマルクス批判家のひとりであった故J・シュンペーターは、社会学者としてのマルクスを経済学者としてのマルクスから区別しようとしていたのであり、さらに歴史学者としてのマルクスを分離することも容易にできる。しかしこのような機械的な諸区分は誤解をまねくものであり、マルクスの方法にまったく反するものである。専門的ブルジョワ経済学者たちは、静態的分析と動態的分析とを峻別し、なんらかの「動態化」要因を静態システムに投入することによって前者を後者に転化しようと望んできた。同じく専門的経済学者たちはいまなお、できれば一連の方程式で表現できる手際のよい「経済成長」のモデルを案出し、それに適合しないすべては「社会学者たち」の領域にゆだねようとしている。専門的社会学者たちも科学への関心の程度はより低いにせよ同様の区分をしており、歴史学者もいっそう謙虚にではあれそうしている。しかしこうしたことはマルクスの方法ではない。生産の社会的諸関係（すなわち最も広義での社会組織）と生産の物質的諸力とは切り離せないのであり、前者は後者の水準に対応するのである。「社会の経済構造はこうした生産諸関係の総体によって形成される」（「序言」、『全集』第一三巻、八ページ〔六ページ〕）。経済発展を、現代の俗流経済学者のやり方で「経済成長」に、まして他と切り離された生産性や資本蓄積率とかの要因の変数に単純化してしまうことはできない。そうした俗流経済学者は国民所得のたとえば五パーセント以上が投資されれば経済成長が生ずるといった議論をするのがつねである。▼3 経済発展を、特定の歴史的時代と特定の社会構造とを考慮せずに論ずることはできない。資本主義に先立つ諸生産様式についてのマルクスの考察は、その鮮やかな実例をなしており、あわせてまた唯物史観を歴史の経済学的（あるいは問題によっては社会学的）な解釈であるとする理解が、どれほどまったく間違っているかを例証するところともなっている。▼4

▼2　マルクスは——ヘーゲルと異なり——みずからの理論の抽象的で先験的な提示の可能性——および実際にはある思考段階における必然性——に欺かれることはなかった。そのような考察手順の価値をマルクスが論じている『経済学批判』への（公刊されなかった）「序説」〔もともとは『経済学批判要綱』の冒頭におかれていた草稿〕における「経済学の方法」についての節（『全集』第一三巻、六三一－九ページ〔六一一－六ページ〕）をみよ。それは、マルクスが、彼の思索のこの決定的段階に書いたほとんどすべてのものと同様に、天才的で深遠で刺激的である。

マルクスを、現代の学問的専門化に従い細分してはならないことは十分にわかったとしても、彼の思考の統合性を把握することにはまだ困難が残る。それは、ひとつにはその体系的で明確な説明を試みるさいに、その異なる諸側面を同時的なものより継起的なものとして論ずることになりがちであり、またひとつには科学的研究と検証の課題はある段階ではそうせざるをえないためである。これがひとつの理由となって、明快な説明を目的としているエンゲルスの著作のあるものは、マルクスの濃密な思考をいくぶん過度に単純化し希釈しているという印象を与えることがある。後のマルクス派の論稿には、スターリンの『弁証法的唯物論と史的唯物論』のように、さらに大きくこの方向にむかい、いきすぎたものもある。その逆に、マルクスの弁証法的な統合性と相互依存性を強調しようとする意向から、弁証法のたんなる漠然とした一般化や、あるいは社会の上部構造は経済的基礎によって機械的にもしくは短期的には決定されるものではなく、経済的基礎に反作用をおよぼし、おりにふれて経済的基礎を支配するといった見方が導かれることもある。そのような主張は、教育的価値があるかもしれないし、マルクス主義の過度な単純化への警告として役立つかもしれない（ブロッホへの有名な手紙でのエンゲルスの扱い方は、まさにこうしたことであった）が、しかし実際にはわれわれの理解を深めるのにあまり役には立たない。エンゲルスがブロッホに述べていたように、[5]こうした困難を回避するために納得のゆくやり方がひとつある。それは、「この理論を、仲介者からではなく、原典からさらに学ぶことである」。こうした理由からも、読者が実際に思考しつつあるマルクスをたどることができる『諸形態』は、そのような十分綿密で熱心な研究に値するのである。

たいていの読者は、その主要な一面として、歴史的発展の諸時代についてのマルクスの考察に興味をよせるであろう。それは、『経済学批判』への「序言」に示される簡略なリストへの背景をなしている。これもそれ自体が複雑な主題であり、マルクスとエンゲルスの歴史と歴史的進化に関する思索の発展と、その後のマルクス派の討論における歴史的時代の区分や分割がたどった成り行きとについて、若干の知識を必要とするところである。

人類の進歩の諸時代についての古典的定式化は、『経済学批判』の「序言」にみられるところであり、『要綱』はその準備草稿にあたる。マルクスはそこで「経済的社会構成が進歩していくいくつかの諸時代として、大ざっぱにいって、アジア的、古代的、封建的、および近代ブルジョワ的生産様式をあげることができる」(同、九ページ〔七ページ〕)と示唆していた。この「序言」では、マルクスをこうした見解に導いた分析や、その含意している経済的進化についての理論的モデルは論じられていない。もっとも、『批判』や『資本論』(ことにその第三巻)のいろいろな箇所がその分析の一部をなしており、あるいはその分析を念頭におかなければ理解が困難となる。他方、『諸形態』は、この問題をほとんど全面的にあつかっている。それゆえ、『諸形態』は、マルクスの思考法一般や、ないしはとくに歴史の進歩とその分類につ

▼3　マルクスは、このような単純化をあまり重要なこととはみていなかったにせよ、その可能性にも、さらには有用性にも十分に気づいていた。そこで、マルクスは、生産性の歴史的成長の研究が、アダム・スミスの停滞的および前進的経済についての概観に、ある程度の科学的意義を与える方途であろうと示唆している。『経済学批判』への「序言」(『全集』第一三巻、六一八ページ〔六一四ページ〕)。

▼4　このことは、マルクス主義の優れた批判家たちにも認識されている。たとえば、G・リヒトハイムは、マックス・ヴェーバーの——宗教と資本主義、あるいは東洋社会についての——社会学的諸理論は、マルクスの代替物とはならないことを正しく指摘していた。それらはマルクスによって予見されていたか、マルクスの枠組みに容易におさめることができるのである。*Marxism* (1961), p.385〔G・リヒトハイム著、奥山次良・田村一郎・八木橋貢訳『マルクス主義——歴史的・批判的研究』(みすず書房、一九七四年)、三二一－二ページ〕;'Marx and the Asiatic Mode of Production' (*St. Antony's Papers*, 14, 1963), p.106.

▼5　ジョセフ・ブロッホあての書簡、一八九〇年九月二一日付け。*Collected Works* vol.49, pp.33-7.

いての問題への接近方法を理解しようと望む者には必読のものである。

そのことは、「序言」や『諸形態』に与えられている歴史的諸時代についてのマルクスのリストをそのまま受容しなければならないということを意味するものではない。後にもみるように、マルクスの思索のなかでこのリストほど、マルクスの最も献身的信奉者たちにより——かならずしも同等の正当性をもってではないにせよ——多くの改訂をうけてきた部分はなかったし、マルクスもエンゲルスもその後の生涯にわたりこのリストに安んじて満足していたわけではない。このリストと、その背後にある『諸形態』での考察の多くは、理論の所産というより歴史観察の所産である。唯物史観の一般理論から要請されるのは、たんに生産諸様式の一連の継起があるはずであるということで、かならずしも特定の生産諸様式や、それらの特定のあらかじめ決められている順序ではおそらくない。▼6 歴史的記録を精読することにより、マルクスは、一定数の社会経済構成体とその一定の継起とを識別できるとは考えた。しかし、かりに彼の観察がまちがっていたり、あるいはその観察が部分的でそれゆえ誤解を生む情報にもとづいていたとしても、唯物史観の一般理論は影響をうけることはないであろう。現在では、マルクスとエンゲルスの資本主義に先行する諸時代についての観察は、資本主義についてのマルクスの記述や分析にくらべ、はるかに不十分な研究に依拠するものであったことが一般的に認められてもいる。マルクスは資本主義の研究に精力を集中していたのであり、その他の歴史は、もっぱら資本主義の源泉と発展に関わるかぎりにおいて、詳しさの程度を異にしてとりあつかっていたのである。マルクスもエンゲルスも、歴史に関しては専門家ではないにせよ例外的な博識を有し、彼らの天才と理論により、読書からえた知識を同時代の誰よりもはるかによく活用できた。しかし彼らが依拠した文献は当時入手できたものであって、現代にくらべればずっと乏しかった。したがって、マルクスとエンゲルスが歴史について知りえたことと、知りえなかったことを手短かに調べてみることは有益であろう。そのことは、資本主義に先行する諸社会についての彼らの理論をしあげるためには、彼らの知識が不十分であったことを意味するものではない。その知識は完全に適切であったことも十分にありうるだろう。書籍や論文の蓄積のみで理解が進展すると思うのは、学者の職業病のようなものである。それはたんに図書館をいっぱいにするだけなのかもしれない。にもかかわらず、マルクスの歴史分析の実際の基礎を知っておくことは、その理解のために明らかに望ましいことである。

古典古代（ギリシャ・ローマ）の歴史に関するかぎり、マルクスとエンゲルスは純粋に文献的典拠に依拠する現代の研究者とほとんど同様に十分な材料をえていた。しかし、『諸形態』が執筆された当時は、古典古代の研究をその後変革した大量の考古学的作業も碑文の収集も、さらには羊皮紙文書もまだ入手できなかった（一八七〇年まではシュリーマンもトロイ発掘を開始していなかったし、一八六三年まではモムゼンの『ラテン碑文集』も公刊されていなかった）。マルクスとエンゲルスは古典の素養があり、ラテン語とギリシャ語を読むのに困難はなかった。彼らが、ごく難解なヨルナンデス、アミアヌス、マルケリヌス、カッシオドルスさらにはオロシウスといった原典にも精通していたことがいまではわかっている。[7]他方で、当時えられた古典の教養もその資料も、エジプトや古代の中近東については本格的知識を与えうるものではなかった。じっさい、マルクスとエンゲルスはこの時代のこの地域をあつかっていない。たまたまそれに言及することさえ比較的少ないが、それはマルクスとエンゲルスがそこでの歴史的諸問題を見逃していたことを意味するものではない。[8]

東洋史の分野では彼らの状況はやや異なっていた。一八四八年以前には、このテーマについてマルクス

▼6　といっても一定の限度がそこにあるのは明らかである。たとえば、蒸気機関を要するような技術水準に依存する社会経済構成体が、それに依存しないような構成体より前に生ずるようなことはありそうもない。

▼7　*Marx und Engels zur Deutschen Geschichte* (Berlin, 1953), I, pp.88, 616, 49.

もエンゲルスもあまり多くを考えたり読んだりした証拠はない。東洋史に関する彼らの知識はおそらく、（さして啓発的でもなかった）ヘーゲルの『歴史哲学講義』の記述や、当時の教養あるドイツ人によく知られているようなその他の情報をこえるものではなかった。ところがイギリスへの亡命、一八五〇年代の政治的展開、およびとくにマルクスの経済学研究が、彼らの知識を急速にあらためさせることとなった。マルクス自身、一八五〇年代初めに読んだり再読した古典派経済学者たち（J・S・ミルの『原理』、アダム・スミス、一八五一年のリチャード・ジョーンズの『政治経済学についての序講』）からインドに関するかなりの知識をひきだしている。[9] 一八五三年には、彼は『ニューヨーク・デイリー・トリビューン』にシナについて（六月一四日付）とインドについて（六月二五日付）の論稿を発表しはじめている。この年には明らかにマルクスとエンゲルスはともに東洋の歴史的諸問題に深く没頭していたのであり、エンゲルスはペルシャ語を学ぼうと試みるまでになっていた。[10] 一八五三年の夏の初めには彼らの往復書簡は、R・C・フォースターの『アラビア歴史地理』、ベルニエの『大ムガル帝国の記事をふくむ旅行記』、東洋学者のサー・ウィリアム・ジョーンズ、インドに関する議会調書、およびスタンフォード・ラッフルズの『ジャワ史』に論及している。[11] この数か月のあいだにアジア社会についてのマルクスの見解が最初の成熟した定式化をえたものと無理なく想定できる。後にも明らかとなるように、その見解はおざなりの研究をはるかにこえたものにもとづいていた。

他方で、マルクスとエンゲルスの西ヨーロッパ封建制度の研究は、また違ったやりかたで進捗していたように思われる。マルクスは、『資本論』第一巻ですでに言及されている、ハンセン、マイツェン、マウラーの著作[12]に主として示されるような、当時の中世農業史の研究に到達していた。とはいえ、この時期にマルクスが、中世の農業ないし農奴制の展開の諸問題に本格的な関心をよせていた形跡は事実上ほとんどみあたらない（言及されているのは、東ヨーロッパとくにルーマニアでの農奴制の現実についてである）。

この問題が明らかに二人の関心を占めるようになりはじめたのは、『資本論』第一巻の出版後のことであり、それは、『資本論』第二巻と第三巻の大部分の草稿も書き上げられた後でもあった。◆ とくに一八六八年以降、マルクスはマウラーを本格的に研究しはじめ、それ以降マウラーの著作を彼とエンゲルスはこの分野での知識の基礎とみなすようになる。▼13 そうではあるが、マルクス自身の興味は、農奴制よりもむしろ、マウラーやその他のものが明らかにした、もともとの農民共同体におかれていたようにみえる。ただしエ

▼8　バビロニア王国の起源についてのマルクスあてエンゲルスの一八五三年五月一八日付け書簡、および一八五三年六月六日付けのマルクスあてエンゲルスの書簡をみよ。

▼9　Karl Marx, *Chronik seines Lebens*, 〔Moskau: 1934〕, pp.96, 103, 107, 110, 139.

▼10　マルクスあてエンゲルスの一八五三年六月六日付け書簡。

▼11　五月一八日－六月一四日の往復書簡。一八五三年三月から一二月までのあいだのマルクスの著述で論及されている他の東洋についての典拠のなかには、G. Campbell, *Modern India* (1852), J. Child, *Treatise on the East India Trade* (1681), J. von Hammer, *Geschichte des osmanischen Reiches* (1835), James Mill, *History of India* (1826), Thomas Mun, *A Discourse on Trade, form England into the East Indies* (1621), J. Pollexfen, *England and East India...* (1697) およびSaltykov, *Lettres sur l'Inde* (1848) などがある。マルクスはさらに他の種々の著作や議会報告書類をも読み、抜き書きをつくっている。

▼12　G. Hanssen, *Die Aufhebung der Leibeigenschaft und die Umgestaltung der gutsherrlich-bäuerlichen Verhältnisse überhaupt in den Herzogthümern Schleswig und Holstein* (St. Petersburg, 1861); August Meintzen, *Der Boden und die landwirtschaftlichen Verhältnisse des Preussischen Staats* (Berlin, 1866); G. von Maurer, *Einleitung zur Geschiche der Mark, Hof, Dorf, und Staatverfassung und der öffentlichen Gewalt* (Munich, 1854); *Geschichte der Fronhöfe*, etc., 4 vols. (Erlagen, 1862-3).

◆（訳注）ただし、第二巻へのエンゲルスの「序文」によれば、この巻のしあげに用いられた重要な草稿は、むしろ第一巻初版出版後に書かれている。

ンゲルスのほうは、初めから農奴制の側面に興味をよせ、それをマウラーにもとづき「マルク」論（一八八二年執筆）での所説にしあげている。この二人が一八八二年に交わした最後の往復書簡のいくつかでは、農奴制の歴史的展開がとりあつかわれていた。[14] マルクスのこのテーマについての関心は、生涯のおわり近くになって、ロシアの諸問題にますます没頭する時期に、明らかに増大したようにみえる。『資本論』第三巻の地代の形態変化をあつかう諸節には、西ヨーロッパの封建農業に関する文献を詳細に研究したあとはみえない。

マルクスは、中世におけるブルジョワジーの起源と封建時代の商業と金融には――『資本論』第三巻からも明らかなように――はるかに強い関心をよせていた。彼が、西ヨーロッパ中世についての全般的な著作だけではなく、中世の物価（ソロルド・ロジャーズ）、中世の銀行業と通貨、および中世の商業に関しての、当時入手可能であったかぎりでの専門的文献をも研究していたことは明白である。[15] いうまでもなく、これらの主題についての研究は、マルクスが最も集中的に仕事をしていた一八五〇年代および一八六〇年代のころにはまだ揺籃期であったので、彼が農業史や商業史の典拠としていたいくつかの文献[16]はいまではるかに時代遅れとみなされるにちがいない。

西ヨーロッパ、とくにゲルマンの中世についてのエンゲルスの関心は、概してマルクスよりずっと旺盛であった。彼は、一次資料や特定地域の専門論文をふくむ大量の文献を読み、初期のゲルマンやアイルランドの概説も起稿し、言葉で残された証拠のみならず考古学（とくにマルクスもすでに一八六〇年代に重要なものとみとめていたスカンディナヴィアでの考古学的業績）の重要性をもきちんと認識し、さらにサン・ジェルマンのイルミノ修道院長の所領明細帳のような暗黒時代の経済文書の決定的重要性をも、現代の研究者と同様に、はっきりわきまえていた。とはいえ、マルクスと同じくエンゲルスの真の興味も、荘園の発展にあったというより、古代の農民共同体にあったという印象はぬぐいがたい。

原始共同体社会に関するかぎり、マルクスとエンゲルスの歴史的見解が、つぎの二人の著述を研究することであらためられたことは、ほとんど確実である。そのひとりは、ゲオルク・フォン・マウラーであり、ゲルマン史の一段階に共同体所有が存在していたことを立証する試みをすすめていた。さらにもうひとりはとりわけルイス・モーガンであり、その『古代社会』（一八七七年）は、マルクスとエンゲルスの原始共産主義の分析の基礎を与えるものとなった。エンゲルスの「マルク」（一八八二年）は前者にもとづいていたし、彼の『家族、私有財産および国家の起源』（一八八四年）は、後者に負うところが大きく、そのことをまた率直にみとめてもいる。マウラーの著作は、（それが二人に主要な影響をおよぼしはじめたのは、すでにみたように一八六八年のことであったが）、フランス革命への反動であったロマン的中世主義からある意味で学問を解放したものと二人は考えていた（そうしたロマン主義に共感をもてなかったことが、西ヨーロッパ封建史を二人が比較的軽視していたことの理由にある程度までなっていたかもしれない）。マウラーがしていたように、中世をこえて人類史の原始時代を回顧することは、そのような研究をしてい

▼13　マルクスのエンゲルスあて一八六八年三月一四日付け、エンゲルのマルクスあて一八六八年三月二五日付け、マルクスのヴェラ・ザスーリチあて一八八一年八月三日付け、エンゲルスのベーベルあて一八八二年九月二三日付け、の各書簡。

▼14　エンゲルスのマルクスあて一八八二年一二月一五日付け、マルクスのエンゲルスあて一八八二年一二月一六日付け書簡。

▼15　ソロルド・ロジャーズは、『資本論』第一巻（Torr edn. p.692n.〔国民文庫版③二九一ページ〕）で中世期について「最初の信頼できる物価史である」と称賛されている。『資本論』第三巻では、K. D. Huellmann, *Städtewesen des Mittelalters* (Bonn, 1826-9) が広範に引用されている。

▼16　たとえば、Huellmann, Vincard, *Histoire du Travail... en France* (1845) やKindlinger, *Geschichte der deutschen Hörigkeit* (1818) のような文献。

たドイツの学者たちが、社会主義者でなかったにせよ、社会主義的傾向には調和することのようにも思われた。[17] むろん、ルイス・モーガンはユートピア的社会主義の空気のなかで成長し、原始社会の研究と将来社会とのあいだの関連性をはっきりと思い描いていた。したがって、マルクスが、その著作を刊行直後にみて、その成果とみずからのものとの類似性にただちに気づき、それを歓迎し利用したのはごく当然のことであった。そして学者としてのマルクスにきわめて特徴的であったきちょうめんな科学的誠実さで、いつものようにその恩義への謝意を述べてもいた。なお、マルクスが後にふんだんに利用した第三の典拠は、ロシアの学者の豊富な文献であり、とりわけM・M・コヴァレフスキーの著作であった。

そうしてみると、『諸形態』が執筆された時期には、マルクスとエンゲルスの原始社会についての知識はまだ素描的なものにとどまっていた。それは、氏族社会についての本格的認識にもとづくものではなかった。というのも、近代的考古学はなお揺籃期にあり、プレスコットの著作（マルクスはこれを一八五一年に読んでおり、明らかに『諸形態』に利用している）はあったとはいえ、コロンブス以前の両アメリカ大陸の文明化についての知識も同様になお揺籃期の状況であったためである。モーガンにさきだつマルクスとエンゲルスの原始社会についての見解の大部分は、一部には古典期の著者たちに、また他の一部は東洋の資料にもとづいていたが、さらに主としては中世初期ヨーロッパからの資料やヨーロッパに残る共同体遺制の研究にもとづくところが大きかった。それら共同体遺制のなかでは、スラブ的および東ヨーロッパ的遺制が重要な役割を演じていた。というのもそれらの地域での共同体遺制の根強い存続が、長らく研究者たちの注意を引きつけていたからである。〔『諸形態』での資本主義に先行する社会の〕四つの基本類型――東洋的（インド的）、ギリシャ＝ローマ的、ゲルマン的、およびスラブ的――への区分は、一八五〇年代における彼らの認識状況に適合している。

資本主義の発達の歴史に関しては、マルクスは一八五〇年代末までにはすでに相当の専門家となっていた。それは、まだほとんど存在もしていなかった経済史の文献によるものではなく、彼がすでに深い知識をたくわえていた経済理論の厖大な文献によるものであった。いずれにせよ、マルクスの知識がどのようなものであったかは十分によく知られているところである。『資本論』の各版本のほとんどに付されている文献目録を一覧するだけでもそれが例証される。現代の基準にてらせば、一八五〇年代や一八六〇年代に得られる情報がごく不完全なものであったことは認められるにせよ、その理由でそれを無視してよいことにはならないし、とくにマルクスのように鋭敏な頭脳の持ち主にそれが利用された場合にはなおさらのことである。たとえば、一六世紀の物価騰貴とそこでもアメリカ産地金の役割についてのわれわれの認識に適確な文書の裏付けが与えられたのは、ほぼ一九二九年以降のことであり、あるいはさらに後のことですらあるといった議論はできるかもしれない。しかしそのさい、すでにマルクスの生前に、この問題について少なくとも基本的な一研究が利用可能となっていた[18]ことが忘れられがちとなり、さらにそれよりずっと前からこの問題についての十分な認識が一般的にあって、そのためにマルクスが『経済学批判』でそれをあれほど理性的に論じえたのだ[19]、ということもいっそう忘れられやすい。マルクスとエンゲルスが、この分野に現われたその後の著作も認識し続けていたことはつけ加えるまでもない。

マルクスとエンゲルスの歴史認識の一般的状況についてはこの程度にしておこう。それはつぎのように要約できる。先史時代、原始共同体社会、およびコロンブス以前のアメリカについての歴史認識は（なん

▼17　エンゲルスのマルクスあて一八六八年三月二五日付け書簡。
▼18　エンゲルスが読んでいたものとして、A. Soetbeer, *Edelmetall-Produktion und Werthältnis zwischen Gold und Silber seit der Entdeckung Amerikas...* (Gotha, 1879) がある。
▼19　『全集』第一三巻、一三五－九ページ〔一三六－四〇ページ〕。付言すれば、それは物価上昇の純貨幣的説明への現代的批判を予示している。

としても『諸形態』執筆のころには）希薄で、アフリカについては事実上欠如していた。古代ないし中世の中東についての認識もさほど感心するほどのものではなかったが、アジアの特定の諸地域、とくにインドについては明らかにそれよりましであった。とはいえ日本についてはましとはいえない。古典古代とヨーロッパ中世についての認識はすぐれていたが、マルクスのこの時期についての興味にはむらがあった（もっともエンゲルスはその程度が少なかった）。時代別にみれば、資本主義勃興期についての歴史認識はきわだってすぐれていた。いうまでもなく二人とも周到な歴史研究家であった。とはいえ、おそらくマルクスの生涯において、工業化以前の時代ないしは非ヨーロッパ諸社会にとりわけより専念していた時期が二度あった。そのひとつは、『経済学批判』の執筆に先立つ一八五〇年代であり、もうひとつは『資本論』第一巻の公刊とその第二巻、第三巻の草稿の実質的執筆後の一八七〇年代であった。この後の時期には、マルクスはとりわけ東ヨーロッパと原始社会についての歴史研究にたちもどっているが、それはたぶん、ロシアにおける革命の可能性についての関心と関連しているものと思われる。

2　人類史上の歴史的時代区分

ついで、歴史的時代区分と歴史的発展についてのマルクスとエンゲルスの見解の進展をたどってみたい。その最初の段階が最もよくわかるのは、一八四五‐六年の『ドイツ・イデオロギー』である。そこでは、社会的分業の多様な諸段階が所有の多様な諸形態に対応していることが、（それ自体はむろん新しいことではなかったが）すでに容認されていた。その第一段階は、共同体所有で、それは「人びとが狩猟、漁労、牧畜、あるいはせいぜいが農耕で生存している生産の未発達な段階に対応している」[20]。この段階では、社会構造は、血縁集団とその内部での分業の発達と変化にもとづいている。この血縁集団（「家族」）は、人口と必要物の増大、さらには戦争であれ交易であれ対外関係の成長につれて、その内部に首長とその他の成員の区分のみでなく奴隷をも発達させる傾向がある。社会的分業の最初の主要な進展は、工業的労働と商業的労働との農業労働からの分離にあり、それゆえまた都市と農村との区別と対立をもたらす。そのことからついで、「古代の共同体所有および国家所有」という所有諸関係の第二の歴史的段階が導入される。マルクスとエンゲルスは、その起源が、奴隷を存続させ続けている氏族集団の（合意または征服による）連合から生まれた都市の形成にあったとみなしている。（都市奴隷に対する市民的所有をふくむ）共同体的都市所有が主要な所有形態となるが、最初はそれに従属的ではあれ、そのかたわらに私的所有も出現することになる。はじめは動産の、やがてはとくに不動産の、私的所有が増大するにつれ、この社会的秩序は崩れていき、もともとは原始的氏族成員としての集団的地位にもとづいていた、奴隷に対する「自由市民」の立場もまたくずれていく。

そのころまでには社会的分業はすでにかなり精巧なものとなっている。分業は、都市と農村のあいだに、ときには都市と農村の利害を代表する諸国家間にさえ存在していただけでなく、都市の内部にも、産業と海外貿易とのあいだにも、さらにはむろん自由市民と奴隷とのあいだにも存在していた。ローマ社会は、こうした発展局面の究極の発達を示していた。[21] その基礎は都市にあり、その諸限界は決してこえられるものではなかった。

年代史的にこれに続く第三の歴史的所有形態は、「封建的ないし身分的所有」である。[22] とはいえ、実際には『ドイツ・イデオロギー』は、それらのあいだの結合関係を示唆することなく、単に継承と解体され

▼20　『全集』第三巻、二二ページ〔一八ページ〕。
▼21　『全集』第三巻、二二―三ページ〔一八―九ページ〕。

たローマの諸制度と征服氏族（ゲルマン）の諸制度との混合効果をのべているだけである。封建制は、原始共同体制からの代替的な進化のひとつで、広大な地域に人口密度が低く、都市が発達しないという条件のもとで生ずるものと思われる。マルクスとエンゲルスも「封建制の発達は、はるかに広大な領域ではじまるのであって、それはローマ征服およびそれと関連した農業の伝播とによって準備されたところであった」[23]と指摘しているように、領域の規模が決定的に重要であるようにみえる。こうした事情から、都市ではなく、農村が、その社会組織の出発点をなす。ここでもふたたび共同体所有がその基礎をなすのであるが、その共同体所有は事実上、ゲルマン氏族の征服者たちの軍事的組織に裏付けられた、集団としての封建領主たちの集団所有になっている。とはいえ、封建貴族が位階制を組織し、その武装家臣たちを編成したさいに、その対極におかれた被搾取階級は、奴隷ではなく農奴となっていた。それと同時にこれと類似の分割が都市にもみられた。そこでは、所有の基本形態は個人の私的労働であったが、軍備の必要、競争、および周囲の農村部の封建的組織の影響などのいろいろの要因が、類似の社会組織をつくりだした。手工業親方や商人のギルド（同職組合）がそれであって、やがてそれらは職人や徒弟と対立するようになった。農奴の労働で営まれていた土地所有および徒弟や職人をともなう小規模な手作業の仕事が、この段階では封建制のもとでの「主要な所有形態」とされている。そこでの分業は比較的未発達であったが、もっぱら「諸身分」の――すなわち、封建諸侯、貴族、僧侶、および地方の農民と都市での親方、職人、徒弟、さらにやがては日雇い労働者「平民」といった諸身分の――はっきりした分離に示されていた。こうした地域的広がりをもつ体制は、土地貴族と諸都市との双方のために比較的大きな政治的装置を必要としたのであり、封建君主制がそれにあたるものとして、普遍化する。

　とはいえ、封建制から資本主義への移行は、封建的発展の産物であった。[24]それは都市からはじまった。というのも、都市と農村との分離が、文明の誕生から一九世紀にいたるまで、社会的分業における基本的で恒常的な要因をあらわしているからである。中世にふたたび勃興した都市の内部では、生産と交易との分業が、古代から継承されていなかったところはないにせよ、また発達した。そのことが遠隔地貿易の基礎となり、その結果また異なる諸都市のあいだでの分業（生産の専門化）をもたらした。封建勢力に対する中世市民の防衛と諸都市間の交流とが、個々の都市での市民グループから市民階級を生み出した。「ブルジョワジー自体は、みずからの存在条件の出現につれてしだいに発達し、分業がおこなわれるのに応じて異なる部分に分かれ、そしてやがてはすべての既存の所有が商業資本ないし産業資本に転化されてゆくにつれ、すべての既存の所有諸階級を吸収する（それとともに他方では、既存の無所有階級の大部分とそれまでの有産者階級の一部とをプロレタリアートという新たな一階級へ発展させる）」。マルクスはこれに注を加えて、「ブルジョワジーはまず直接に国家に属する労働諸部分、ついですべての多かれ少なかれイデオロギー的な諸身分をも吸収する」と述べている。▼25

交易が世界的にならず、また大規模な工業にもとづいてもいないかぎり、交易の発展による技術進歩も不確実なものにとどまっていた。それは局地的で地域限定的であり、蛮族の侵攻や戦争で失われかねず、局地的進歩が一般化される必要もなかった（ついでにふれておけば、『ドイツ・イデオロギー』はこの点で歴史的な衰退・退行という重要な問題にも言及している）。それゆえ、資本主義における決定的な発展

▼22 〔「身分的所有（rank ownership）」としているのは原典ではständische Eigentum であるが〕〝estate〟（社会的身分）という中世の言葉がいまでは〔資産とうけとられ〕混乱を生ずるおそれもあるので、ständsich（身分上の）という形容詞には適切な英訳がない。

▼23 『全集』第三巻、二四ページ〔二〇ページ〕。その全体の論議は二四－五ページ〔一九－二一ページ〕。

▼24 『全集』第三巻、五〇－六一ページ〔四七－五七ページ〕。

▼25 『全集』第三巻、五三－四ページ〔四九－五〇ページ〕。

は、世界市場の発展なのである。

都市間の分業の最初の結果は、(イタリアやフランドルの先駆的中心地のように）外国貿易にもとづき、あるいは（イギリスやフランスにおけるように）国内市場にもとづく、ギルドに依存しないマニュファクチャーの勃興である。それらのマニュファクチャーは、――とくに農村での――人口密度の増大と、ギルドの内外での資本の集積の増大にもよるものである。そうしたマニュファクチャーの職種のなかでは、織布が（いかに粗末であっても、機械の利用に依存していたので）最も重要なものとなった。マニュファクチャーの成長は、ついで、封建農民にとっての逃げ道ともなった。それまでは農民は都市に逃散しても、ギルドの排他性によりますます排除されてしまっていたのである。こうしたマニュファクチャー労働の源泉は、一部はかつての封建的な家臣や軍隊からであったが、一部は農業の改良と耕地の牧地化とにより追放された人々からなっていた。

マニュファクチャーの勃興にともない、国家がたがいに競争しはじめ、（貿易戦争、関税、および諸禁令をともなう）重商主義が国民的規模で興隆する。マニュファクチャー内では資本家と労働者の関係が発達する。アメリカ大陸の発見とインド航路の開発の結果としての貿易の大規模な拡張、さらには海外産品、とくに金銀の大量の輸入が、封建的な土地所有者と労働者の両階級の立場に動揺を与えた。その結果生じた、階級関係の変化、征服、植民地化、「さらにとりわけ、いまや可能となり実際にますます実現されてゆく世界市場への市場の拡大[26]」が、歴史的発展に新たな局面を開いたのである。

ここではこうした議論をさらに追跡する必要はない。ただし、『ドイツ・イデオロギー』では、工業の勝利にいたる以前の発展に、さらにつぎのような二つの時期があったと記していることには注意しておこう。それは、一七世紀中頃までの時期と、それから一八世紀末までの時期とである。そこでは、イギリスの工業的発展の成功は、一七世紀に貿易とマニュファクチャーとが同国に集積され、それがしだいに「この国の利益となる相対的世界市場と、それによって、既存の工業生産力ではもはや充たしえないマニュファクチャー製品への需要と」を創出していった、とされている。▼27

この分析は明らかに『共産党宣言』の歴史的諸部分の基礎となっている。その史実の論拠は幅が狭く、古典古代（おおかたはローマ史）と西および中央ヨーロッパにかぎられている。その分析は、古代奴隷社会、封建社会、およびブルジョワ社会という階級社会の三形態のみを認識しているにとどまる。そこでは、それら三形態のうち前二者が原始共同体社会から生じた代替的経路であって、それらの関連は、第一の経路の滅亡のうえに第二の経路が確立されたという事実によってつながれているにすぎない、と示唆されているように思われる。すなわち、前者の古代奴隷社会の崩壊の仕組みは、その分析のうちに含意されているところはあるにせよ、なんらの概略も述べられてはいないのである。ついでブルジョワ社会は、いわば封建社会の間隙に生ずるとみなされている。その発達はまったく――少なくともその初めには――都市の発達であり、都市内部での発達であると素描されている。農業的封建制との主たる関連は、都市の住民の起源と増大とが、もとは農奴であった者をひきよせるところにあるとされている。そこには、都市やマニュファクチャーに労働力を補給することになる過剰人口の源泉を発見する本格的試みはまだみられない。これに関する記述は素描的すぎて、分析としての重みをまだあまり有するものではない。それは、若干の付随的論議に示唆的で輝かしいところはあるにせよ、歴史の発展についてのごくおおざっぱで暫定的な仮説とみなければならない。

『諸形態』に代表されるマルクスの思索段階は、それよりずっと洗練され思慮深いものとなっている。い

▼26　『全集』第三巻、五六–七ページ〔五二–三ページ〕。
▼27　『全集』第三巻、五九ページ〔五五ページ〕。

うまでもなく、それははるかに大規模で、もはやヨーロッパにかぎられないずっと多様な歴史研究にもとづくものとなっている。歴史的時代区分の一覧での主たる革新は、「アジア的」ないし「東洋的」体制の導入で、それが『経済学批判』の有名な「序言」に組み込まれることになる。

大ざっぱにいって、原始共同体体制から生じてそれにかわる代替的経路がいまや三つないし四つあることになる。それぞれは、その内部にすでに存在するか伏在している社会的分業の一形態をあらわしている。すなわち、東洋的、古代的、ゲルマン的（といってもむろんマルクスはそれをどれかひとつの民族にかぎるものとはしていない）およびいくぶんあいまいなスラブ的形態がそれである。スラブ的形態は、詳論されてはいないが、東洋的形態と類似性を有している（四二四、四三一ページ）。それらのあいだの区別の一つは、歴史的発展に抵抗するか、それを促進するかという歴史的にきわめて重要な区別である。すでにみたように、マルクスの歴史的発展についても見解は、決してたんなる単線的なものではなかったし、彼はそれをたんなる進歩の記録とみなすこともなかった。一八四五－六年の彼のモデルでは、この問題はほとんどふれられていなかった。にもかかわらず、一八五七－八年までにはその議論はかなりすすんだものとなっているのである。

『諸形態』が知られていなかったため、東洋的体制についての過去の論議は、主としてマルクスとエンゲルスのそれに先立つ書簡とマルクスのインド論[28]（ともに一八五三年のもの）に依拠しており、そこでは――初期の外国人観察者の見解にそって――東洋的体制は「土地所有の欠如」によって特徴づけられていた。その原因は、たとえばその地域に必要で、その条件なしには効率的に造成しえないような、公共事業や灌漑計画の必要性のような、例外的集権制を要する特殊な諸条件にあったと考えられていた。しかし、さらなる考慮を重ねたうえで、マルクスは明らかに、この体制の基本的特徴が村落共同体内部における「工業と農業との自給自足的結合」にあり、したがってそこに「それ自体の内部での再生産と剰余の生産のすべての条件がふくまれており」（四〇九、四二〇、四二七ページ）、それゆえまた分解や経済的発展に他のいかなる体制より頑強に抵抗するものとなっていた（四二〇ページ）と主張するようになった。そうしてみると、「東洋的専制主義」における所有欠如論は、その基礎にある「種族的もしくは共同体的所有」を隠蔽していることになる（四〇八－九ページ）。そのような体制は、形態上分権化されることも、集権化されることもあり、「より専制的となることも、あるいはより民主的になることも」あり、多様に組織されうる。そのような小規模の共同体＝諸単位が大規模な統合体の部分として存在している場合には、小共同体の剰余生産物の一部が「(大規模) 共同体の、戦争、祭祀などの諸費用」、さらには経済的に必要な灌漑や交信の維持のような機能をまかなうためにあてられ、それらが「小共同体のうえに架けわたされた専制政府」としての上位共同体によりおこなわれているようにみえることになろう。とはいえ、剰余生産物のこうした割譲は、「その本来的意味における領主支配〔dominium〕」の萌芽をふくみ、封建制（農奴制）がそこから発展しうる。共同体諸単位の「完結した」性質は、都市がその経済にほとんどまったく関係していないことを意味する。都市は、「たんにその場所が対外交易にとくに有利なところか、あるいは統治者とその太守たちとが彼らの収入（剰余生産物）を労働と交換し、労働元本として支出しているところにのみ生ずるにとどまる」（四一〇ページ）。したがって、アジア的体制はまだ階級社会ではないか、あるいは階級社会であるとしても最も原始的形態のものとなる。マルクスはメキシコやペルーの社会もこれと同じ部類に属するものとみなしていたように思われる。ある種のケルト社会についてもそうみなしていたように思われるが、ただしそこではいくつかの部族や共同体が他の部族や共同体に征服されたことにより複雑化され

▼28　主としてマルクスのエンゲルスあて一八五三年六月二日付け、エンゲルスのマルクスあて一八五三年六月六日付け、マルクスのエンゲルスあて一八五三年六月一四日付け各書簡、および『全集』第九巻。

――さらにおそらくは精巧化されている（四一〇、四二四ページ）。ここで注意しておきたいのは、アジア的体制がさらなる進化を不可能にしているというのではないにせよ、あたかもそれを余分な奢侈としてのみ許容するにすぎず、それも部族や村落の基礎的な自給的経済諸単位から与えられるか収奪される剰余にもとづき展開されうるかぎりでのことにすぎないという点である。

原始的社会から出現する第二の体制は、――「よりダイナミックな歴史的生活の所産」（四一〇ページ）であり――都市を生み出し、それをつうじて、拡張主義的で動的で変化してゆく社会としての古代的様式（四一一―五ページ）を生み出す。そこでは「都市はその付属領地とともに経済的全体をなしていた」（四一七ページ）。その発達した形態では――もっともマルクスはそれに先行する長期にわたる過程とその複雑な内容とを周到に力説しているが――、奴隷財産制度を特徴とするにいたる。しかしついでこれにも経済的限界があり、領主による隷属農民のより柔軟な生産的搾取形態、すなわち封建制にとって代わられざるをえなかったのであって、それがさらに資本主義に道をゆずることになるのである。

第三の類型は、その基本単位を農村共同体や都市にではなく、「それぞれに独立の生産センターをなす世帯（そこでは手工業はたんに女性の家内副業労働をなす、など）」（四一七ページ）におかれる。それら分離されている世帯は、（同じ部族に属していることを条件として）たがいに多少ともゆるやかに結ばれており、「戦争、宗教、法的紛争の調停、などのため」（四一七ページ）や、あるいは共同の牧草地や狩猟地などの――おのおの自給的世帯による――使用のために、ときに応じ結束する。その基本単位は、こうして農村共同体より弱小で、潜在的にはより「個人主義的」ともなりうる。マルクスはこれをゲルマン的類型とよんでいる。くりかえして述べておきたいが、明らかに彼はそれをなんらかの一民族にかぎっているわけではない。[▼29]古代的およびゲルマン的類型は、東洋的類型とは違うとされているのであるから、マルクスはゲルマン的類型もそれなりに東洋的類型より潜在的にダイナミックなものとみていたと推論しうる。

それはじっさいありえないことではない。[30]マルクスのゲルマン的類型についての考察はもどかしいくらい素描的ではあるが、われわれは彼とエンゲルスとが、ゲルマン諸部族のあいだにみられたように、原始的社会から封建制度への直接的移行もありうるとしていたのを知っている。

都市と農村（あるいは農業と非農業的生産）との分離は、一八四五－六年のマルクスの分析の基本であったが、こうして『諸形態』においてもいぜん基本的である。とはいえ、それはより広い裏付けと、より洗練された定式化とを与えられている。

古代の歴史は都市の歴史であるが、農業と土地所有にもとづく都市の歴史であった。アジアの歴史は、都市と農村との一種の無差別な統合をなしている（そこでの大都市は、はっきりいえば現実の経済構造のうえにおかれた王侯の居住地にすぎないとみなさなければならない）。中世（ゲルマン的時代）は、歴史の場面として農村部から出発するが、その発展はやがて都市と農村の対立により進展する。近代史は、農村の都市化をなし、それは古代人の場合のような、都市の農村化ではない。（四一五－六ページ）

とはいえ、社会的分業のこれらのさまざまな形態は明らかに共同体社会の分解にともなう代替的諸形態

▼29　この名称が使われなくなってゆくのは、専門的文献のその後の研究にともない、以前のみずからのゲルマン的社会像が正確なものであったかどうか、マルクスが疑うようになったことに由来するのかもしれない。

▼30　共同体的社会と単一家族的共同社会の発達の異なる諸傾向については、G. C. Homans, 'The Rural Sociology of Medieval England', *Past and Present*, 4, 1953 を参照せよ。

をなしているのであるが、それらは――『諸形態』ではとくにそうではないにせよ、『経済学批判』の「序言」では――、一見継起的な歴史的諸段階として提示されているようにみえる。まったくのところそれは明白に事実に反している。というのは、アジア的生産様式がすべての他の生産様式と共存していたからであるが、それだけではない。『諸形態』でも、その他のどこでも、古代的様式がアジア的生産様式から進化したといったことは示唆されていないからでもある。それゆえ、マルクスがいおうとしていたのは、年代順の継起でもなく、あるいはある体制がその先行体制から進化してきたということ（ただし資本主義と封建制との場合は明らかにそうなのだが）でもなく、むしろより一般的な意味での進化についてなのだと理解しなければならない。前にもみたように、「人間は歴史的過程をつうじてはじめて個人となる。本源的には人間は類的存在、部族的存在、群棲動物としてあらわれる」。人間のこうした漸次的な個人化の異なる諸形態は、本源的な統合性の分解を意味し、歴史の異なる諸段階に対応する。そのそれぞれが、いわば「特殊な（部族的）共同体の形態と、それと結びつけられている自然の所有、ないしは自然的定在としての客観的生産諸条件との関係性との本源的統一」（四二九ページ）からのひとつの離脱を示している。換言すれば、それらは私的所有の進化への歩みを示しているのである。

マルクスは、この進化における四つの段階を、年代順というのではないが、区別している。その第一は、東洋的体制、およびその修正形態としてのスラブ的体制における、直接的共同体所有である。そのいずれにおいても、十分に形成された階級社会とはみなされえないように思われる。第二は、古代およびゲルマン的形態におけるように、すでに「矛盾した」、すなわち階級的体制の基層として存続する共同体所有である。第三段階は、マルクスの論議にしたがえば、封建制からというよりむしろ手工業の勃興をつうじて出現し、そこでは（ギルドに協同的に組織された）独立の職人が、生産しているかぎりその生活をささえることのできる生産手段、および実際には消費手段にわたるはるかに個人主義的な管理形態をすでに示している。マルクスがここで念頭においていたのは、職人的生産部門の一定の自主性であったと思われる。というのは、彼は、その理由を述べてはいないものの、古代東洋の手工業は注意深く除外しているからである。第四の段階は、プロレタリアートが出現する段階であり、そこでは、搾取がもはや――奴隷ないし農奴としての――人間の領有といった粗野な形態においてではなく、「労働」の領有という形態でおこなわれるようになる。「資本にとって、労働者は生産条件ではなく、労働のみをなすものとなる。労働が機械や、さらには水や空気によってさえおこなわれうるなら、いっそう結構なことであろう。さらに資本が領有するのは労働者ではなく、その労働なのであって、しかも直接的にではなく、交換をつうじてのことなのである」（四三二ページ）。

マルクスの思索は難しく、彼のノートは省略をともなう性質があることを考慮すると、確信はもちにくいとはいえ――こうした分析は、つぎのような意味で歴史的諸段階の図式に適合するように思われる。すなわち、東洋的（およびスラブ的）形態は、原始的（村落）共同体の機能を、より精巧な社会的上部構造のただなかに保存しており、階級制度の発達も不十分であるから、人間の始原に歴史的に最も近い（マルクスの執筆当時に、これら両体制が、世界市場のインパクトをうけて解体しつつあり、したがってそれらの特徴も消滅しつつあることを観察していたのは、むろん付言しておいてよいところである）。古代的およびゲルマン的体制は、おなじく第一次的形態――すなわち東洋的形態から派生するものではない――ではあれ、原始共同体からの進化形態としては、ある程度よりはっきりと組み立てられた形態をあらわしている。しかし「ゲルマン的体制」そのものとしては、特種な社会・経済構成体を形成するものではない。それは、（自主的な職人的生産の出現の場所となった）中世都市と結合されて、封建制の社会・経済構成体を形成するのである。この結合が中世に出現し、第三の局面をなす。封建制から生まれ出るブルジョワ社会は、第四の局面を形成する。したがって、アジア的、古代的、封建的およびブルジョワ的構成体を

「進歩してゆく」ものとする言明は、いかなる単純な単線的史観も、あるいはあらゆる歴史は進歩的であるといった単純な見方も意味するものではない。それは、これらの体制のそれぞれが、決定的な諸点において、人間の原始的状態からいっそう遠くなっていることを述べているにすぎない。

3　社会経済構成体の移行の論理

つぎに考慮すべき点は、それらの体制の内部の動態であり、なにがそれらの体制を勃興させ、ついで没落させたのか、である。東洋的体制については、それは比較的簡単で、外部からの資本主義の力により破壊されるまでは、その諸特質によって解体にも経済的発展にも抵抗していた。マルクスはこの段階でのスラブ的体制についてはあまり述べていないので、論評もできない。他方、古代的および封建的体制の内的矛盾についての彼の見解は複雑で、いくつかの困難な問題を提起している。

奴隷制が古代的体制の主要な特徴である。とはいえ、その基本的な内的矛盾についてのマルクスの見解は、かなり複雑で、奴隷制が経済発展に限界を与え、したがってまた自己崩壊を生ずるといった単純な見方ではない。ついでに注意しておけば、彼の分析は、地中海沿岸地域のギリシャのほうの半分より西ローマ寄りの側にあったように思われる。ローマは、その組織が都市的であったが、農民共同体として出発している。古代の歴史は「土地所有と農業とにもとづく都市の歴史であった」（四一五ページ）。それは完全に平等な共同体ではない。部族の発展が、族内婚や征服ともからんで、すでに社会的に上位と下位の血縁集団を生み出す傾向があったからである。しかし、ローマの市民は本質的には土地所有者なのであって、「その共同体の存続は、自給的農民としてのそのすべての成員が再生産されることにあるが、成員の剰余時間は、戦争などの（共同体的）労働として、共同体にすべて帰属する」（四一三ページ）。というのも、戦争がその共同体の最重要な仕事だからであり、そうなる理由は、共同体存続への唯一の脅威が土地を求める他の諸共同体に由来するとともに、人口が増大するにつれ各市民に土地を保障する唯一の方途が武力による土地の占拠であったという事情にある（四一〇－一ページ）。しかし、まさにそのような農民共同体の好戦的で拡張的な傾向が、その基礎となっている農民的資質の崩壊へとみちびかざるをえない。あるところまでは、奴隷制、土地所有の集中、交換、貨幣経済、征服などは、このような共同体の諸基礎と調和していける。しかし、その点をこえると、それらは共同体の崩壊にいたらざるをえないし、社会や個人の進化を不可能にするにちがいない（四二〇ページ）。それゆえ、奴隷制の発達以前においてさえ、社会組織の古代的形態には重大な限界があり、そのことは、そこでは生産性の発展が基本的関心事ではなく、またそうなりえなかった事実にも示されている。「古代人のあいだでは、土地所有などのどの形態が最も生産的であり、最大限の富を創造するか、といった探究はまったくみられない。……探究はつねにどの所有形態が最善の市民をつくりだすかにむけられていた。富が自己目的としてあらわれるのは、中世社会のユダヤ人のように、古代世界の間隙に生活していた――仲介商業の独占者としての――少数の商人たちのあいだにかぎられていた」（四二〇－一ページ）。

二つの主な要因が古代的体制の基礎を掘り崩す傾向がある。第一の要因は、共同体内の社会的分化である。土地の共同体的所有と私有との古代特有の組み合わせは、この傾向に対抗する安全装置とはなりえなかった。個々の市民としては――みずからの市民権の基礎をなす――その所有を失う可能性があった。経済発展が急速になればなるほど、そのようなことがおこりやすい。そこから、商工業は、奴隷から解放された自由民、隷属平民、あるいは外国人にまかせておくのがよいという、商工業への古代的不信感や、さらには外国人と交際したり、剰余生産物の交換を望んだりすることは危険だとする市民たちの「信念」も生まれる。第二に、むろん奴隷制があった。というのは、市民権（あるいは同じことになるが、土地所有）を征服者共同体の成員に限定する必要自体が、とうぜん被征服者の奴隷化または農奴化をまねくことになるからである。「それゆえ、奴隷制と農奴制とは、たんに部族制にもとづく所有のいっそうの発展にすぎない」（四二七ページ）。そこで、「その共同体の維持は、その基礎をなす諸条件の破壊を意味するものとなり、その反対物に転化する」（四二八ページ）。最初は全市民を代表していた「共和国」が、下層民や奴隷に対して唯一の完全な土地所有者でありつづける血統貴族、および非市民や奴隷と区別される市民とに代表されるものとなる。マルクスは、奴隷経済の現実的な経済的諸矛盾をここではまったく論じていない。『諸形態』におけるマルクスの一般的な分析次元では、それらは、古代社会の基本的矛盾のたんなる特殊側面にすぎない。古代に発達したのが農奴制ではなく奴隷制であったのはなぜかも、論じられていない。その理由は、古代の地中海沿岸ですべて到達していた生産諸力の水準と複雑な生産の社会的諸関係とにあったと推論してよいかもしれない。

古代的生産様式の崩壊は、そうしてみるとその社会経済的な性格に内在的にふくまれていた。それが、なぜより高い生産性を可能とする他の「労働の新たな形態や結合」（四二八ページ）ではなく封建制を必然的にみちびくことになったのか、そこには論理的理由があるようには思えない。他方で、古代的様式から資本主義への直接的移行は、考慮の外におかれている。

資本主義がそこから実際に発達した封建制に移ると、マルクスがこれについて述べていることがあまりに少ないということだけによるのではなく、問題がさらにずっと難しくなる。『諸形態』には、封建制の内的諸矛盾については、古代的様式の場合と比較できるような素描もみられない。あるいは農奴制についての本格的議論さえ（奴隷制についての議論にくらべても）みられない。たしかにこれら二つの生産関係は、自由な労働者の立場と対比される「支配と服従の関係」として事実上しばしば一括して示されている。[31]資本主義がそこから由来する封建社会内の要素は、一八四五－六年と同じく一八五七－八年のマルクスでも、都市——さらに特定化すれば都市の商人と職人たち——にあるように思われる〔四三二、四三三－五ページ〕。「客体的生産諸条件」からの「労働」の分離の基礎をなすのは、中世の職人たちのあいだに生ずる共同体的基礎からの生産手段の所有の解放である。資本家の進化の基礎となるのも同じ発展であり、土地所有とならんで、あるいはその外側における「労働する所有者」の形成であり——労働の職人的・都市的発展であって——、「土地所有の偶有性であり、土地所有に従属するもの」〔四三三ページ〕ではない。

こうした過程における農業的封建制の役割は、論じられてはいないが、むしろ否定的なものと思われる。もっとも、それは、適当な時期に小農が土地から、家臣が領主から分離されて、賃金労働者に転化することを可能にしなければならない。その形態が、農奴身分の解体か、独立自営農民ないし小作農民の私的所有や占有の解体か、さまざまな隷属形態の解体かは、ここではどうでもよい。重要なのはそのいずれもが、人々を少なくとも潜在的には自由な労働者に転化する妨げになってはならなかったということなのである。

ところで、『諸形態』では論じられていないが（『資本論』第三巻には述べられているように）、農奴制やその他類似の従属関係は、経済的には重要な諸点で奴隷とは異なっている。農奴は、領主の支配下にあるとはいえ、事実上は経済的に独立の生産者である。奴隷はそうではない。▼32 農奴制から領主をとりのぞけば、小商品生産が残る。プランテーションと奴隷を分離すれば（奴隷がなにかほかのことをするまでは）いかなる種類の経済も残らない。「だからここで必要なのは、人身的従属関係であり、どのような形であ

▼31　たとえば、『諸形態』〔四二三、四二五、四三二ページ〕にみられるように。『資本論』第三巻における用語法も一般にこのたぐいのものとなっている。たとえば、その三五七、六六五、六八四、八七三、八八五－六、九三七ページ（ベルリン、一九五六年版）〔国民文庫版⑦二五、⑧一二、四二、三三八、三五七、四三六ページ〕。

▼32　『資本論』第三巻、八四一ページ〔国民文庫版⑧二九二ページ〕。

ろうと人身的不自由であり、人びととの土地への付属物としての束縛であり、言葉の本来の意味での隷農制なのである」（『資本論』Ⅲ、八四一ページ〔Ⅲb、一〇一四ページ〕）。というのは、農奴制の諸条件のもとでは、農奴は、その領主があれこれの形で取得する労働の剰余を産出するだけではなく、自分のための利潤も蓄積しうるからである。すなわち、封建制のような経済的に原始的で未発達な体制では、剰余が慣習的な大きさとして変わらないままとなる傾向があり、そのうえで「〔農奴の〕労働力の用途はけっして農耕のみにかぎられているのではなく、農村家内工業をもふくみ、そこにはある程度の経済的発展……の可能性が存在しているのである」（同、八四四－五ページ〔一〇一八ページ〕）。

マルクスが、農奴制のこれらの諸側面について、奴隷制の内的矛盾についてとおなじく、論議していないのは、『諸形態』ではそのいずれの「経済史」の概説もみずからの任務としていないためである。実際、マルクスはほかのところでも、――ここではより一般化された形でではあれ――資本主義の前提条件の解明とならないかぎり、資本主義に先行する諸体制の内的動態に関心を向けていない。[33] 彼はここではつぎのような二つの否定的疑問だけに興味をよせているのである。すなわち、どうして「労働」と「資本」が、封建制以外の前資本主義的な社会経済構成体から発生しえなかったのか。また、その両者の出現を、農業的形態における封建制がなぜ許容し、それらの出現に根本的障害を課さなかったのか。

そのことからマルクスの取扱いに明らかな欠落があることも説明できる。たとえば、封建的農業の特殊な作動様式〔modus operandi〕については、一八四五－六年におけると同様に、論議されていない。封建的都市と農村との特殊な関係性についても、あるいはその一方が他方をなぜ生み出すことになるのかも論じられていない。他方、ヨーロッパの封建制は独特なものであり、それはマルクス的資本主義発展論にとってきわめて重要な中世都市が、封建制の他の形態では生み出されなかったためであるという含意がある。封建制が、ヨーロッパ（ないしは、マルクスによりどこにも詳論されてはいないが、おそらくは日本）以外にも存在する一般的生産様式であるかぎり、その資本主義への発展傾向を明らかにしうるような、なんらかの「一般的発展法則」の探究を、マルクスによって正当化することはできない。『諸形態』において論じられているのは、「ゲルマン的体制」であり、それは原始共同体体制からの特殊な一派生種であって、それに応じた社会構造の特殊な類型を展開する傾向がある。その核心は、すでにみたように、経済的に自給的な家族単位の分散的定住であり、古代の農民都市とは対照的である。「個々の世帯が経済活動の全体をふくみ、生産の独立の中心をなしている（そこでは手工業はたんに女性の家内副業をなす、など）。古代世界では都市はその付属領地とともに経済的全体をなしていたが、ゲルマン的世界では個々の農戸がそれにあたる」（四一七ページ）。その存続は同じ部族に属す他の同様の農戸との結束により保全され、その結束は、戦争、宗教、紛争の調停、さらに一般的には相互保障のために、随時開催される戸主の集会にも示される（四一七ページ）。牧草地、狩猟地などの共同所有があるかぎりは、各成員は個人としてそれを使用するのであって、古代社会におけるように共和国の代表としてではない。ローマの社会組織の理念は、オックスフォードやケンブリッジのカレッジと同じとみることもできる。それらカレッジのフェロー（特別研究員）たちは、フェロー会を構成しているかぎりにおいてのみ土地と建物の共同所有者となっているのであり、個人としてその一部を「所有」しているとはいえない。ついでゲルマン的体制は、住宅協同組合になぞらえることができよう。そこでは、ある人の個人的な住居部分の専有は、他の成員との結合と継続的な協力にもとづいてはいるにせよ、なおかつ個人的占有がはっきり確認できる

▼33　マルクスが封建的農業のテーマを最も十分に検討している『資本論』第三巻においてさえ、彼は土地所有をその異なる歴史的諸形態において分析するつもりはないと、とくにことわっている。その第三七章、六六二ページおよびまた八四二ページ〔国民文庫版⑧九ページ、およびまた⑧二九三ページ〕を参照せよ。

形で存在している。こうしたゆるやかな共同体の形態は、経済的な個人主義化への余地が大きいことを意味しており、「ゲルマン的体制」を（封建制を経由して）ブルジョワ社会の直接の祖先とすることになる。

　このようなゲルマン的体制がいかにして封建制へと発展したかは論議されていない。もっとも、（戦争と征服の作用などにより）内部的および対外的な社会的分化が生ずるさまざまな可能性があることは自明である。マルクスは軍事組織にかなりの重要性を与えていたとあえて推論してもよい（というのも、古代的体制とおなじく、ゲルマン的体制にあっても「それら原始的（自然発生的）共同体のすべてにとって、戦争は、その財産を保全し獲得するための最も早くからの任務」だからである（四二五ページ））。それはまさに、のちにエンゲルスが『家族の起源』で、チュートン諸部族の氏族的軍事指導制から転化したものとして王制の発生を説いた筋道ともなる。マルクスがこれとは異なる考えであったと推定する理由はない。

　封建制の内的諸矛盾とはどういうものであったのか。封建制は資本主義にどのようにして発展したのか。これらの問題は、一九五〇年代の初めにモーリス・ドッブの『資本主義発展の研究』から生じた活発な国際論争と、ソ連で少し後に生じた「封建制の基本的経済法則」についての論争とにみられるように、マルクス学派の歴史学者たちの関心をますますひきよせてきた。それらの論争――それらのうちでは前者のほうが後者より大規模であったが――の貢献がなんであったにせよ、それらは、その主題についてのマルクス自身の見解が何も示されていないことから明らかに障害をうけていた。マルクスは、いずれかといえば、封建的支配階級の需要の相対的非弾力性、すなわち慣習的な需要の固定化傾向を強調していたように思われる[34]が、封建社会の没落の原因は「支配階級の収入増大の必要と組み合わされた、生産体制としての封建制の非効率性」（『資本主義発展の研究』四二ページ〔M・ドッブ著、京大近代史研究会訳（岩波書店、一九五四年）六二ページ〕）にあったとするドッブにマルクスも同意していたということもありえなくはない。同様にありうるのは、「地代闘争が封建社会における『最重要原動力』であった[35]」というR・H・ヒルトンの見解をマルクスが承認したであろうということである。もっとも、被搾取大衆の単純な闘争がそのような最重要原動力をなしていたとするポルシネフの簡単化しすぎた見解は、マルクスがほとんど確実に拒否したところであろう。しかし重要な点は、マルクスがこうした議論のいずれの筋道をもどこにも予示していないということであり、『諸形態』ではほんとうにそういえるのである。

これらの論争参加者のなかでマルクスのものと確認できる足跡を追っているといえるのは、ポール・スウィージーである。スウィージーは、封建制は使用目的のための生産体制であり[36]、そのような経済構成体においては「剰余労働にたいする無制限な欲望は生産そのものの性質からは生じない」(『資本論』第一巻第八章第二節、二一九ページ〔国民文庫版②一六ページ〕)と(マルクスにしたがい)主張している。それゆえ、解体への動因は商業の成長にあり、それはさらに具体的には、封建的農村とその周辺に発達した都市とのあいだの軋轢と相互作用の結果をつうじて作動したとしている(『封建制から資本主義への移行』二一、七一一二ページ〔大阪経済法科大学経済研究所訳、三四、四〇－六ページ〕)。この議論の筋道は『諸形態』のそれとごく類似している。

マルクスにとって、封建制から資本主義への発達を説明するためには、つぎの三つの事象の結合が必要であった。その第一は、すでにみたように、ある時点で小作農が「解放」されることを許容する農村社会

▼34　『資本論』第三巻、八四三－五ページ〔国民文庫版⑧二九四－七ページ〕(第四七章第二節)。
▼35　P.M. Sweezy, M.H. Dobb, K. Takahashi, R.H. Hilton, C. Hill, *The Transition from Feudalism to Capitalism* (London, 1954), p.70.〔P・スウィージー他著、大阪経済法科大学経済研究所訳『封建制から資本主義への移行』(柘植書房、一九八二年)、一一七ページ〕。
▼36　このことはマルクス主義者たちにあまり否定されてはいないが、使用価値の生産体制はときとして自然経済の体制でもあるという立論と混同されてはならない。

構造である。第二は、手工業の形態で専門化された、独立の非農業的商品生産を生み出す都市職人の発達である。そして第三は、商業や高利貸からひきだされる貨幣的富の蓄積である（マルクスはこの最後の点については無条件にそうみている（四三九－四〇ページ））。そのような貨幣的蓄積の形成は「ブルジョア経済の前史に属する」（四四四ページ）のであって、それはまだ資本とはなっていない。そのような貨幣的蓄積が存在するだけでは、あるいはそれが支配的にみえてさえ、自動的に資本主義的発達を生ずるものではない。そうでなければ、「古代のローマ、ビザンツなどは、自由な労働と資本とをもってその歴史を終えたことであろう」（四四一ページ）。しかしこの貨幣蓄積は絶対に不可欠ではある。

　同様に不可欠なのは、都市職人の要因である。マルクスのこれについての記述は省略的で比喩的であるが、彼の分析におけるその重要性ははっきりしている。マルクスが強調しているのは、とりわけ職人の熟練、誇りおよび組織といった要因である。[37] 中世的職人形成の主要な重要性はつぎのことにあったと思われる。すなわち、「手作業に規定された熟練としての労働の発展により、労働そのものを、財産の源泉のみならず、財産自体とする」（四三七ページ）とともに、ひいては労働とその他の生産諸条件との分離の可能性を導入し、そこに共同体的なものより高度な個人主義化が示され、自由な労働という労働種類の形成も可能とされることになる。それは同時に、特殊な熟練とその道具も発達させる。とはいえ、職人ギルドの段階では、「労働の道具はまだ生きた労働と緊密に癒着していて、ほんとうには流通してはいない」（四四〇ページ）。都市職人がそれだけで労働市場を生み出しうるものではなく、交換のための生産の発達と貨幣のみが労働市場を創出しうるのではあるが、それにもかかわらず、それは「資本と労働に立脚するのではなく、ギルドなどの労働組織に立脚する都市の職人活動を前提条件としていた」（四四四ページ）のである。

　しかし、これらすべてはまた、農村構造の溶解可能性を必要としている。というのは、資本主義は、発達し「使用価値ではなく、交換価値の生産に、全農村が引きこまれること」（四四七ページ）なしには、発達しえないからである。そのことは、古代人たちが、手工業に軽蔑と不信をいだきつつ、一種の「都市の職人活動」を生み出したにもかかわらず、大工業はつくりだせなかった、もうひとつの理由ともなっている（同上）。そこで、なにが封建制の農村構造をこのように溶解可能にしているのか。その基層をなしている「ゲルマン的体制」の諸特徴を別とすれば、われわれは聞いていない。また実際、この点についてのマルクスの議論の文脈では、さらなる考究は必要でもない。交換経済の成長の多くの作用は、余論として論及されている（たとえば、四四四－五ページ）。「部分的には、［客体的生産諸条件――食料、原料、道具――からの労働の］分離は［貨幣的富］なしにも進行した」（四四四ページ以下）ことも指摘されている。一般的説明に最も近いものとして、資本は、最初は散発的にあるいは局地的に旧生産様式のかたわらに出現し、ついで旧生産様式をいたるところで分解すると示唆される（四四六ページ、強調はマルクス）。

外国市場向けのマニュファクチャーが最初に発生するのは、遠隔地貿易にもとづき、そうした商取引中心地においてであるが、手工業ギルドにおいてではなく、熟練度やギルドの支配力が最も弱い紡毛や毛織物のような農村副業のなかからであり、さらにむろん海運業と直接に結びついた造船業のような都市的産業部門からである。他方、農村では、住民が自由な日雇い労働者に転化するにつれて、借地農民があらわれる。これらマニュファクチャーはすべて大衆的市場の先行的存在を必要としている。農奴制の解体とマニュファクチャーの勃興とは、しだいにすべての生産部門を資本主義的なものに転化する。と同時に、都市ではギルドの外部の日雇い労働者などが、本格的なプロレタリアートを創出する一要因を与える[38]（四四

▼37　ギルド組織の威厳、「なかば芸術的で、なかばみずからのためにおこなわれる労働」、都市的手工業活動、といった用語が一貫して用いられている。それらすべてには感情的で、じっさい総じて是認的なひびきがある。

▼38　マルクスはここで、事実上の雇用主と事実上の賃金労働者とへ都市職人が分化することを過小評価している。

六－四七ページ)。

農村副業の破壊は、それまでの消費財の農村での供給に代わるマニュファクチャーないし工業生産にもとづく資本にとっての国内市場をつくりだすことになる。「その過程は、労働者たちの土地と生産諸条件における所有（たとえそれがたんなる農奴的所有であろうと）からの分離から、おのずから生ずる」（四四八ページ）。都市の職人ギルドの工業への転化はそれより後に進行する。それには工場生産を可能とするような生産方法のかなりの進歩が必要とされるからである。マルクスの資本主義に先行する諸形態をとくに取り扱う草稿は、この点で終わっている。資本主義発展の諸局面は論じられていないのである。

4　マルクス・エンゲルス晩年の先行諸形態研究

つぎにわれわれは、マルクスとエンゲルスのその後の思索と研究が、どこまで『諸形態』に示された一般的諸見解を修正し、増幅し、さらに追求するものとなったかを検討しておかなければならない。

そのことはとくに原始共同体体制の研究領域にあてはまる。『資本論』（一八六七年）刊行後のマルクス自身の歴史的興味が、社会的発展のこの段階に圧倒的に集中していたことはたしかである。この段階については、マルクスが一八七三年以降にむさぼり読んでいたマウラー、モーガン、および豊富なロシア文献が、一八五七－八年に入手可能であったものより、はるかに確実な研究の基礎を提供していた。『資本論』第三巻におけるマルクスの作業が農業をあつかう指向性をもっていたことは別としても、彼のこの問題への関心の集中にはつぎのような二つの理由があったとみてよいであろう。第一に、ロシアの革命運動の発展が、マルクスとエンゲルスに、ロシアでのヨーロッパ革命にますます希望をいだかせることとなっていた（マルクスは西欧の先進工業諸国のみから革命を期待していた、という誤解ほどばかげたものはない▼39）。

村落共同体をどう位置づけるかが、ロシアの革命家たちのあいだでの基本的な理論的不一致問題であり、マルクスに彼らがこの点で相談していたから、マルクスがこの主題についてさらに詳細に研究したのは自然なことであった。

興味深いのは、マルクスの見解が――いくらか予想外のこととして――ナロードニキの見解に傾いていったことである。ナロードニキは、ロシアの村落共同体が、資本主義の発達による解体にさきだち、社会主義への移行の基礎を与えうると信じていた。こうした見解は、マルクスの以前の歴史思想からの自然な流れとして導かれるものではないし、(この点でナロードニキに反対していた) ロシア・マルクス主義者たちやその後のマルクス主義者たちに受容されていたものでもなく、いずれにしても根拠を欠くものとされていた。マルクスがその理論的正当化を試みる文案に苦労したところに[40]、その事柄の厄介さの感じがある程度反映されている。それは、エンゲルスが、数年後に同じ主題を論じたさいに[41]、マルクス派の主要な伝統にたちもどった――そしてロシア・マルクス主義者を支持した――際の明快で才気あふれる筆致とおどろくほどの対比をなしている。にもかかわらず、そこからマルクスが原始共同体体制にますます没頭し

▼39　エンゲルスは、一八七〇年代末に彼らがロシア革命を望んでいたことを記録しており、一八九四年には「ロシア革命が西欧の労働者革命に合図をおくり、その結果両者が補い合うことになる」可能性をとくに期待していた(『全集』第一八巻、六六八ページ〔六八三ページ〕)。そのほか、マルクスのゾルゲあて一八七七年九月二七日付け書簡、エンゲルスのベルンシュタインあて一八八二年二月二二日付け書簡も参照せよ。

▼40　一八八一年のヴェラ・ザスーリチあて手紙にみられる。この手紙には四つの草稿が残されており、そのうちの三つが『全集』第一九巻、三八四 - 四〇六ページ〔三八六 - 四〇九ページ〕に公刊されている。

▼41　「『ロシアの社会状態』へのあとがき」(一八九四年)(『全集』第一八巻、六六三 - 四ページ〔六七六 - 八ページ〕)。

た第二の理由が導かれるであろう。それは、資本主義社会へのマルクスの憎悪と軽蔑の増大である（マルクスの理論への好みを保持しつつ、マルクス主義の革命的実践を放棄したがる批評家たちのあいだでは、晩年のマルクスが若いころの革命的情熱をいくらか失ったという見方がつねに評判がよい）。マルクスがかつては停滞的な先資本主義経済への西欧資本主義のインパクトを非人間的ではあれ、歴史的に進歩的動力として歓迎していたのに、その非人間性にますます嫌悪感をいだくにいたったということは十分ありうるように思われる。いかに遅れた形態においてではあれ、原始共同体体制に体現されていた社会的価値の積極面を、彼がつねに称賛していたことはよく知られている。さらに確言できるところとして一八五七－八年以降――『資本論』第三巻[42]やその後のロシア論[43]において――、マルクスは原始共同体の生命力、歴史的解体作用へのその抵抗力をますます強調するようになり、――おそらくはナロードニキ論争の文脈においてのみではあれ――あらかじめ破壊されることなくより高次の経済形態へ発展する可能性さえ強調するようになっていた[44]。ここでは、エンゲルスの『家族の起源』[45]に読みとれるような原始的発展一般やとくに農村共同体についてのマルクスの見取り図を詳細に論ずるつもりはない。とはいえ、これに関する一群の著述についてつぎのような二つの概括的所見を加えておくことは妥当であろう。第一に、階級社会以前は、それ自体で厖大で複雑な歴史時代をなしており、それ自身の発達の歴史と諸法則、さらにはそれ自身の社会経済組織の多様性をともない、マルクスはいまやそれらをまとめて「原古的構成体」または「原古的類型[46]」とよぶ傾向を示している。それは明らかに『諸形態』に提示されているような四つの基本種類をふくむように思われる。そこにはまたおそらく（発達した社会経済諸構成体のうちで最も原始的なものとみなしてきた）「アジア的様式」もふくまれているのであって、エンゲルスが『反デューリング論』と『家族の起源』において、この問題を体系的にとりあつかうなかで、その生産様式が除かれているようにみえるのもそのためであろう[47]。マルクスとエンゲルスが、異なる類型の支配階級がそこから出現する、共同体解体のある種の中間的歴史局面をも念頭においていたこともありうる。

第二に、「原古的」社会発展の分析は、あらゆる点で『ドイツ・イデオロギー』と『諸形態』で素描さ

▼42　『資本論』第三巻、三五六–六ページ〔国民文庫版⑦三六–八ページ〕。

▼43　たとえばザスーリチあて書簡の諸草稿、『全集』第一九巻、三八七、三八八、四〇二、四〇四ページ〔三八九–九〇、三九〇–一、四〇四–五、四〇七–八ページ〕。

▼44　G・リヒトハイム（前出*St. Antony's Papers*, 14, p.98）は、こうしたマルクスの資本主義への憎悪と存続している原始共同体への愛好の増大に、適切に注意をうながしているが、一八五八年のマルクスはそれらをまったく否定的観点でみていたと示唆しているのは正しくない。共産主義は、原始共同体主義の社会的徳性を、より高度の水準で再創出するであろうというのは、最も早くから社会主義の遺産となっている理念である。フーリエも、「天才は、あの原始的幸福の道を発見して、それを近代産業の諸条件に適合させなければならない」と述べていた（J. Talmon, *Political Messianism*, London, 1960, p.127. に引用されている）。初期マルクスについては、一八四二年の「歴史法学派の哲学的宣言」（『全集』第一巻、七八ページ〔九〇ページ〕）のつぎのような見解をみよ。すなわち、「一八世紀に流行した作り話では、自然状態を人間性の真の状態とみなしていた。人びとは、人間の理念像を生身の目でみようと望み、したがってまたその素朴さが羽毛の生えた皮膚にまでゆきわたっているような、〈自然人〉パパゲーノを創造した。一八世紀最後の二、三〇年には、原始的諸民族が原生的な知恵をもつものと思われ、鳥追いたちがイロコイ族やインディアンの歌をまねていたるところでさえずるのがきこえ、それによって鳥たちがみずから捕らえられるであろうと信じていたのである。およそこうしたエクセントリックな行為の根本には、この自然のままの状態が、真の状態についての素朴なオランダ風絵画なのである、という正しい思想があった」。

▼45　この『家族の起源』は、マルクスが執筆したいと望んでいた作品であり、そのために大部のノートも準備していたのであって、エンゲルスはできるかぎりそれを基礎としていた。一八八四年の初版への序文（『全集』第二一巻、二七ページ〔二七ページ〕）をみよ。

▼46　ヴェラ・ザスーリチあて書簡の草稿（『全集』第一九巻、三八四–四〇六ページ〔三八六–四〇九ページ〕）をみよ。

れていた分析と整合しており、たんに後二者を詳しく仕上げたものにすぎない。たとえば、『イデオロギー』における人間の（両性による）再生産と家族の決定的重要性についての手短かな論及[48]は、モーガンを参照することで、『家族の起源』へと拡大されており、あるいはまた、原始共同体的所有の要約的分析は（みずからもマルクスの影響をうけていた、コヴァレフスキーのような研究者たちを参照することで）、ザスーリチへの手紙の下書きでの農村共同体解体の諸段階の分析へと拡充され修正されているのである。

マルクス主義の両創始者が特別に研究を続けた第二の分野は、封建時代についてであった。それは、マルクスよりエンゲルスが好んだところであった[49]。エンゲルスの作業のかなりの部分は、封建制の起源を扱った場合のように、マルクスによる原始共同体の諸形態についての研究と重なりあっている。にもかかわらず、エンゲルスの興味はマルクスのとはやや異なっているようにみえる。彼はおそらく原始共同体の存続と解体よりも、封建制の勃興と没落に関心をひきつけられていた。農奴制農業の動態への彼の関心は、マルクスよりずっと顕著であった。われわれがこれらの問題の分析をマルクスの生涯の晩年からとらえているかぎり、それらはエンゲルスの定式化によるものである。加えて、エンゲルスの著作では、政治的および軍事的要因がかなり顕著な役割を演じている。最後に、彼は（個人的な関わりをもっていたアイルランドについての一、二の補論はあるにせよ）ほとんどまったく中世ドイツに関心を集中し、歴史的発展におけるる国民性の起源やその機能に、明らかにマルクスよりずっと関心をよせていた。こうした強調点の相違のある部分は、たんにエンゲルスの分析がマルクスのそれより一般性の低い次元でおこなわれている事実に起因している。そのことは、マルクス主義に最初に接する人々にとってしばしばエンゲルスの分析のほうがわかりやすく、興味をひきやすい理由のひとつでもある。両者の強調点の相違には、それだけではないところもある。とはいえ、両者はシャムの双子ではなかったし、（エンゲルスが認めていたように）マルクスのほうがはるかに偉大な思想家であったことは認識したうえで、マルクスとエンゲルスを対比して一般に後者に短所をみたがる現代の傾向には用心しなければならない。マルクスとエンゲルスのように二人が四〇年余も実質的な理論的不一致なしに緊密に協力していれば、おたがいに考えていることはわかり合っていると推定してよい。かりにマルクスが（彼の生前に出版されている）『反デューリング論』を執筆したとすれば、それは異なった読物となったことであろうし、たぶんいくつかの新しい深遠な示唆もふくまれたであろう。しかしマルクスが『反デューリング論』の内容に賛同していなかったと信ずべき理由はまったくない。そのことはマルクスの没後にエンゲルスが執筆した著作にもあてはまる。

エンゲルスによる（まったくヨーロッパ的脈絡での）封建制の発展の分析は、一八五七－八年のきわめてグローバルな分析に残されていたいくつかの欠落を埋めようと試みている。第一に、古代的生産様式の没落と封建的生産様式の勃興とのあいだの論理的関連が、一方の廃墟の上に他方が外来蛮族侵入者によって確立されたという事実にもかかわらず、それとは別に確定される。すなわち、古代においては、大規模農業の唯一可能な形態は、奴隷制ラティフンディウムであったが、ある点をこえるとそれは不経済となら

▼47 「奴隷制は最初の［強調はホブズボーム］搾取形態であり、古代に属しており、それに続き中世の農奴制があり、近代には賃労働制がある。これらが文明の三大画期の特徴をなす三大隷属形態をなしている」（『家族の起源』、『全集』第二一巻、一七〇ページ〔一七四ページ〕）。このテキストからも明らかなように、一覧されている三項目のどれにも、マルクスが「アジア的」生産様式とよんだものをふくめようとする試みはみられない。それは、「文明」の先史に属するところとして、省かれているのである。

▼48 『全集』第三巻、二九－三〇ページ〔二四－六ページ〕。

▼49 『反デューリング論』、『家族の起源』、小さな論文「マルク」、および『ドイツ農民戦争』が公刊された主要な著作であるが、中世のドイツとアイルランドの歴史についての（大部分は未完成な）草稿やノート類も存在している。『全集』第一六巻、四五九－五〇〇ページ〔四五一－九六ページ〕、『全集』第一九巻、四二五－五二一ページ〔四三一－五三八ページ〕、『全集』第二一巻、三九二－四〇一ページ〔三九六－四〇三ページ〕をみよ。

ざるをえず、「唯一有利な形態」[50]としての小規模農業にふたたび屈服せざるをえなかったのである。それゆえ、古代的農業はすでに中世的農業への途上にあった。小規模農耕が封建的農業の支配的形態であって、それは、小農の一部は自由であり、他の部分は領主にさまざまな義務を負っているということは「機能的に」関係ないところであった。[51]都市においても、生産手段をみずから所有する小所有者たちによる同様の小規模生産が支配的であった。それは、当時の諸事情のもとでより経済的な生産形態であったとはいえ、封建時代初期の経済生活の全般的後進性――すなわち局地的自給性が強く、販売や多様化にはごくわずかな剰余の余地が残されているにすぎない状況――が、それに限界を与えていた。そこでは、どのような領主制も（かならず大所領ないしはその耕作者集団の管理にもとづくものとなり）「必然的に大規模な支配的地主と従属的な小作農とを生みだす」こととならざるをえなかったのであり、そのような大所領を古代的奴隷制のやり方や近代の大規模農奴制農業により搾取することも不可能にしていた。そのことは、シャルルマーニュ大帝の帝領「荘園」の失敗によっても立証されている。唯一の例外は修道院であったが、それは宗教的独身生活にもとづく「非正常な社会集団」をなし、それゆえまたそこでの例外的な経済的実績はあくまで例外的なもとにとどまらざるをえない。[52]

　こうした分析は、明らかに中世盛期における世俗的領主直営地の大規模農業の役割をいくぶん過小評価してはいるが、とりわけ社会的、政治的および財政的単位としての大所領と生産の単位としての大所領とを区別し、さらに封建制において領主直営農業より小作農業が優勢であることを強調している点で、抜群に鋭い。しかし、それは隷農制と封建領主制との起源についてはいくらか未解決のままとしている。エンゲルス自身のその説明は、経済的であるより、社会的、政治的、軍事的だと思われる。すなわち、チュートンの自由農民は、たえざる戦争により窮乏化して、（主権が弱かったばあいには）貴族や聖職者の保護のもとに身をおかざるをえなかったとされる。[53]根本的にはそのことは、いく度もの征服の成功によりつくりだされた大規模な政治的構造を管理し統御することが、血縁にもとづく社会的組織形態には不可能であったことに起因し、それらのことはそれゆえおのずから諸階級と国家との起源を含意するものとなる。▼54 この仮説はその単純な定式化においてはさほど満足のいくものではないが、それでも（素朴な経済的決定論からではなく）社会構造の諸矛盾から階級の起源を導出していることは重要である。それは一八五七－八年草稿の、たとえば奴隷制についての、思索の筋道を継続するものとなっている。

封建制の没落は、もう一度述べるが、都市職人と商業の勃興、および都市と農村の分裂・抗争によるものである。農業の発展との関連でいえば、それは、購買によってのみ得られる消費財（および武器と装備）への封建領主の需要の増大となってあらわれた。▼55 あるところまで――農業の停滞的技術条件を所与とするかぎり――小農からひきだせる剰余の増大は――たとえば新たな土地の開墾や新たな村落の設立などの――外延的やり方によってのみ達成しえた。しかしそのことは、「隷農にせよ自由民にせよ、入植者たちとは友好的合意」をとり結ぶ必要を意味していた。そこで――またそれも一因となって、領主制のもともとの形態には搾取を強化する誘因がなく、むしろときが経過するにつれ、農民の固定的負担が軽くなる

▼50　『家族の起源』、『全集』第二一巻、一四四ページ〔一五〇ページ〕。
▼51　『反デューリング論』、『全集』第二〇巻、一六四、六一八ページ〔一八三、六六六ページ〕。
▼52　『家族の起源』、『全集』第二一巻、一四八－九ページ〔一五四－五ページ〕。
▼53　同右、『全集』第二一巻、一四六－八ページ〔一五〇－五ページ〕。
▼54　同右、『全集』第二一巻、一四六、一六四ページ〔一五三－四、一六八ページ〕。「マルク」『全集』第一九巻、三二四－五ページ〔三一八－二〇ページ〕。
▼55　「マルク」（『全集』第一九巻、三二六－七ページ〔三二一－三ページ〕）。都市製の武器を必要としたことについては、エンゲルスの草稿「封建制の衰退とブルジョアジーの勃興について」（『全集』第二一巻、三九二ページ〔三九四ページ〕）をみよ。

傾向がふくまれ――、とくに一三世紀以降には農民の自由が顕著に増大する傾向があった（ここでもまた、エンゲルスが、当時としては当然のこととはいえ、中世盛期における領主領内市場むけ農業の発達と、一四世紀の「封建制の危機」についての認識を欠いていたために、彼の図式はある程度簡単化されすぎ、ゆがめられてはいた）。

しかし一五世紀からはその反対の傾向が支配的となり、領主たちは自由民を農奴へと再転化し、農民の土地をみずからの所領に転換した。それは（少なくともドイツでは）、それ以降領主たち自身の所領からの販売増大によってのみまかなわれうるようになる、彼らの需要の増大に起因していたばかりではなかった。王侯の権力の増大が、貴族から、公道での盗略やその他の同種の強奪のような、かつての別途財源をとりあげていったことにも起因していた。[56] それゆえ封建制は、資本主義の成長に対応し、――そこから派生する――農奴制に基づく大規模農業の再興と農民の収奪とをもって終焉するのである。「農村部における資本主義時代は、農奴の労働賦役にもとづく大規模農業の時代をもって導入されることになる」。

封建制の没落についてのこうした見取り図は完全に満足のいくものではない。ただし、それは、封建制についての独創的なマルクス派の分析――すなわち、封建農業、とくに領主と隷属農民との諸関係の動態を確認し、考慮に入れる試み――において重要な進歩を画すものである。それはほとんどエンゲルスによるものである。というのは、エンゲルスが（「マルク」論の構成に関する手紙で）、賦役労働の動向にとくに力点をおき、その点でマルクスが以前思い違いをしていたことを実際に指摘もしているからである。[57] それは（マウラーに大きくもとづきつつ）、その後とりわけ実り豊かであることが明らかとなってきている中世農業史研究の道筋を導入するものとなっている。他方で、この分野の研究がマルクスとエンゲルスの主要な関心にとっては周辺的であるように思われることも注意するに値する。エンゲルスがその問題を扱った著述は、封建社会の起源を扱ったものにくらべ、短く、大まかなものである。[58] その議論はしあげられたものではまったくない。大規模農業が中世初期には非経済的であったのに、その末期には農奴（ないしその他）にもとづきふたたび経済的になったのはなぜかということに、適切な、あるいは直接の説明は与えられていないのである。さらに（エンゲルスが考古学で記述されているような、古代から中世への移行の技術的展開に示している強い興味にてらし）[59]いっそう意外なことに、農耕における技術的諸変化がまったく論じられていないし、ほかにも多くの未解決部分がある。西ヨーロッパ、中央ヨーロッパ以外にその分析をおよぼす試みもおこなわれていない。ただその例外として、ロシアとアイルランドにおけるような、直接的ないし間接的な隷農制の形態のもとでの原始農業共同体の存在についてごく示唆的な所見が示され、[60]さらに東ヨーロッパでの農民の再農奴化は、農産物輸出市場の増大とそれに応ずる農業生産の成長とに起因していたという――後の「マルク」論での議論をいくぶん先取りしているようにみえる――所見が示されているにとどまる。[61]これらを全体としてみると、エンゲルスは、何年も前にマルクスとともに定式化していた封建制から資本主義への移行の一般的見取り図に変更を加える意図は少しもなかったように思われる。

▼56　「マルク」（『全集』第一九巻、三二六－七ページ〔三二一－三ページ〕）。
▼57　エンゲルスのマルクスあて一八八二年一二月一五日付け、同一六日付け書簡。
▼58　「マルク」は、――封建的農業の諸動向をたんに付随的にあつかう目的で――『反デューリング論』への八－九ページの付録として企図されたものであり、公刊されなかった「封建制の衰退とブルジョアジーの勃興について」は、『ドイツ農民戦争』の新版へのまえがき的覚え書きとして企図されたものであった。
▼59　「ドイツ人の古代史によせて」（『全集』第一九巻、ことに四五〇－六〇ページ〔四五九－七一ページ〕）をみよ。
▼60　『反デューリング論』、予備的ノート（『全集』第二〇巻、五八七－八ページ〔六三二－三ページ〕）。
▼61　同右、五八八ページ〔六三三ページ〕。

マルクスとエンゲルスの晩年においては、一六世紀以降の時代や、とりわけ二人にとっての同時代史については重要な研究がおこなわれはしたが、以上のほかには「資本主義に先行する諸形態」の歴史に重要な試みが加えられたとはいえない。したがって、社会的発展の諸局面についての彼らの晩年の思索については、つぎの二つの側面を手短に論ずるだけにとどめてよいであろう。すなわち、『経済学批判』の序言で提示していた諸構成体のリストを彼らがどこまで保持していたのか。社会経済的発展についてほかにどのような一般的諸要因を彼らが考慮し、あるいは再考したであろうか。

すでにみてきたように、晩年のマルクスとエンゲルスは、彼らの社会の大分類内に、とりわけ階級発生に先立つ社会内に、副次的種類、副次的段階、および過渡的諸形態を区分し、あるいは暗示する傾向があった。しかし、「アジア的生産様式」の「原古的社会類型」へのほとんど形式的な移転を考慮しなければ、社会諸構成体の一般的リストに大きな変化は生じていない。アジア的生産様式を放棄する意図も――少なくともマルクスには――なかった（むしろ「スラブ的」生産様式をまたとりあげる傾向さえあった）のであり、「スラブ的」様式を封建的なものとして再分類することは、慎重に拒否していたのは確かである。コヴァレフスキーが、ゲルマン的＝ローマ的封建制の四つの主要標識の三つがインドにみられるので、インドは封建的とみなされるべきであるとする見解を述べたのに反対して、マルクスはつぎのように指摘している。すなわち、「コヴァレフスキーはなかでも特に農奴制を忘れているが、インドでは農奴制が実質的重要性をもっていない（それに加え、不自由農民のみならず自由農民の保護者としての封建領主の役割についても、（宗教的目的にあてられた所領）ワクフを除けば、インドでは重要でない）。ゲルマン的＝ローマ的封建制にきわめて特徴的な『土壌の詩』（マウラーをみよ）もインドには、ローマと同様に見出せない。インドではどこでも、土地は、たとえば貴族階級（ロトゥリエ）の非成員には譲渡できないといったような、高貴なものとはされていないのである」▼62。エンゲルスは、領主制と原始共同体の基層との結合の可能性により大きな関心をむけており、これほど断言的ではなかったように思われる。もっともエンゲルスも封建制から東洋（オリエント）をとくに除外しており[63]、すでにみたとおり、農業封建制の分析をヨーロッパ以外に拡大する試みはしていない。マルクスとエンゲルスが、農業封建制と中世都市との特別な組み合わせを、ヨーロッパに特有ではないとみなしていたことを示唆するものは何もない。

他方で、生産の社会的諸関係については、こうした晩年に執筆された多くの箇所に、きわめて興味深い精密化が示唆されている。ここでもイニシアティブをとったのはエンゲルスであったように思われる。たとえば彼は農奴制について（一八八二年一二月二二日付書簡でマルクスに――多分マルクスの示唆にしたがい）つぎのように述べている。「農奴制と隷農制が中世的＝封建的形態に特有でないことは確かです。それは、征服者が自分たちのために原住民に土地を耕させるところでは、どこにでも、あるいはほとんどどこにでも生じているのです」。さらにまた賃金労働についても、こう述べている。「最初の資本家たちはすでに形態としての賃労働に出会ってはいた。しかし、それは、付随的、例外的ないし間にあわせ的、あるいは一経過点のようなものとしてであった[64]」。一定の諸関係に特徴付けられる生産諸様式と、そうした諸関係の「形態」がさまざまな時代や社会経済的背景のうちに存在しうることとを区別することは、マルクスの思索にすでに以前から暗示はされている。貨幣や商人的活動についての議論のように、ときにはそれは明示もされている。その注目すべき重要性はつぎのことに示される。すなわち、それは、古代エジプ

▼62　L. S. Gamayunov, R. A. Ulyanovsky, "The Work of the Russian Sociologist M.M. Kovalevsky... and K. Marx's criticism of the work", *XXV International Congress of Orientalists* (Moscow, 1960) p.8 に引用されている。
▼63　『反デューリング論』、『全集』第二〇巻、一六四ページ〔一八二―三ページ〕。
▼64　同右、二五二ページ〔二八〇ページ〕。

トにも商人はいたとか、中世の荘園でも収穫労働には貨幣で支払っていたとかを理由に、資本主義は新しいものではないとするような素朴な主張をしりぞけるのに役立つが、それだけではない。それはさらに、基本的社会諸関係はその数が必然的にかぎられており、人々により数多くの場合に「発明され」、また「再発明される」ものであるという事実と、生産のすべての貨幣的諸様式は（多分、資本主義を除けば）それら社会諸関係の組み合わせのすべての種類から成る複合体をなしているという事実とに、注意をうながすものともなる。

5　マルクス以降の研究動向

最後に、マルクスとエンゲルス没後のマルクス主義者たちのあいだでの主要な社会経済構成体に関する議論も手短にみておくに値する。その議論は多くの点で満足のいくものではなかった。もっとも、マルクスとエンゲルスのテキストを最終的真理の体現とは決してみなさないというメリットはあった。実際、マルクスとエンゲルスのテキストは広く修正されてきている。とはいえ、その修正過程は、意外なほど非体系的で非計画的であり、その議論の多くの理論水準は期待はずれで、主題は明確化されるより、混乱させられてきた。

つぎのような二つの傾向が注意されてよいであろう。その第一は、マルクスとエンゲルスの思想のかなりの単純化を意味するが、主要な社会経済的諸構成体を、一本のはしごに還元し、すべての人間社会はそれを一段ずつ速度は異なれのぼってゆき、その結果すべての社会はやがてその頂点に到達するものとみなす傾向である。▼65 これには政治・外交の観点からはメリットもある。というのは、それは、諸社会のあいだでこれまでの急速な歴史的発達に生来的に優れた、あるいは劣った傾向性が示されてきたといった区別を消し去り、さらに特定の諸国がみずからを一般的歴史法則への例外だと主張することを困難にするからである。[66] しかし、それには明らかに科学的メリットはないし、マルクスの見解からもそれている。それに加え、それは、政治的にもまったく不必要なものである。なぜなら、マルクス主義は、すべての人民が、人種や歴史的背景の相違がどうであれ、ひとたび自由にそれらを追求しうるようになれば、近代文明の全成果を等しく実現しうるという見地をつねに堅持してきているからである。

単線的接近はまた、各社会構成体のつぎの高次の形態への移行を説明できる「基本的法則」の探究へと導く。そのような一般的メカニズムはマルクスと（とくに『家族の起源』における）エンゲルスによって、明らかに普遍的であった原始共同体段階から階級社会への移行についてと、それとはかなり異なる資本主義の発展とについて、すでに示唆されていた。その後、類似の「一般的法則」を封建制について、[67] さらに

▼65 「すべての民族は基本的には同じ経路をたどっている……社会の発展は、一つの社会経済構成体からつぎのそれへと、一定の法則にしたがい、順次に交代しつつすすんでいくのである」。O. Kuusinen (ed.), *Fundamentals of Marxism - Leninism* (London, 1961), p.153.〔日本共産党中央委員会宣伝教育文化部訳『マルクス＝レーニン主義の基礎』四分冊（日本共産党中央委員会機関紙経営局、一九六〇年）、第二分冊、二二四ページ〕。

▼66 「アジア的例外主義」を助長し、（西欧の）帝国主義的影響への十分に強固な反対に水をさすおそれが、一九三〇年代以降の国際共産主義運動において、マルクスの「アジア的生産様式」が放棄されるにいたる、強い、おそらくは決定的な要因をなしていた。K. A. Wittfogel, *Oriental Despotism* (1957), pp.402-4〔K・A・ウィットフォーゲル著、湯浅赳男訳『オリエンタル・デスポティズム――専制官僚国家の生成と崩壊』（新評論、一九九一年）、五〇一－三ページ〕に（ごく傾向的に）報告されている、一九三一年のレニングラードの討論を参照。中国共産党も、それより数年早くから、独自におなじ道をとっていた。その見解は、きわめて規格的で単線的にみえるが、Mao Tse-tung, *Selected Works*, III (London, 1954), pp.74-7〔「中国革命と中国共産党」、『毛沢東選集』全五巻（外文出版社、一九六八－七七年）、第二巻、四一二－五ページ所収〕を参照されたい。

は奴隷制段階についてさえ発見しようとする多くの試みがおこなわれてきている。一般的に同意されているところでは、それらはあまり満足のいくものではないし、合意のために最終的に示唆された定式化は、定義をほとんどこえていないようにさえ思われる。封建制と奴隷制社会とに適用可能な、一般に受容されうる「基本的法則」発見のこうした失敗は、それ自体どうでもいいことではない。[68]

第二の傾向は、このような第一の傾向から部分的には由来するが、またあるところではそれと矛盾もしている。それは、マルクスの社会構成体リストについて、「アジア的生産様式」をはぶき、「古代的生産様式」の範囲を制限し、それに対応して「封建的生産様式」の範囲を拡大する形の修正に到達した。「アジア的生産様式」の省略は、おおまかにいって一九二〇年代末から一九三〇年代末のあいだに生じた。たとえばスターリンの『弁証法的唯物論と史的唯物語』（一九三八年）には、もはや「アジア的生産様式」についての論及はない。ただし、その規定は若干のマルクス主義者たちには、――主として英語圏で――ずっと後まで用いられ続けていた。[69]マルクスにとって「アジア的生産様式」の特徴は、歴史的発展に対する抵抗にあったのだから、その省略は、発展図式を単純にし、普遍的で単線的なその解釈をはるかに容易にする。しかしそれはまた、東洋的諸社会を本質的に「不変で」非歴史的なものとみなす誤りも除去することになる。たとえば、「［インド史の］理論的基礎はマルクス主義的なものでありつづける」にしても、「マルクス自身がインドに関して述べたことはそのまま受け入れることはできない」と論評される。[70]「古代的」生産様式の範囲を制限することは、重要な政治的問題を提起するものでも、あるいは政治的論争を（明らかに）反映するものでもなかった。それはたんに研究者たちが奴隷制段階をいたるところに発見することに失敗し、流布されていた（マルクス自身のものよりずっと単純な）奴隷経済の単純モデルの古典古代諸社会への適合性すら見出せなかったことに由来していた。[71]ソ連の公的学界では、奴隷社会を普遍的段階とする言質も与えなくなっていた。[72]

封建制の範囲が拡大されたのは、一面では、こうした変更により残された欠落を埋めるためであり、――変更の影響をこうむった諸社会は、資本主義的社会に再分類することもできなかったし、（マルクスとエンゲルスがその傾向にあったと想起されるように）原始共同体的ないし「原古的」社会に再分類されることもなかった――、また他面では、以前には原始共同体に分類されていた諸社会と、資本主義発展の初期段階とを犠牲にしてのことであった。というのも、（たとえばアフリカ各地におけるように）かつては「部族的」社会とおおまかによばれていたいくつかの社会に、階級分化がかなり進展していたことがいまや明らかだからである。その時代区分の他方の端では、正規の「ブルジョワ革命」が起きるまでのすべての社会を「封建的」と分類する傾向が、とくにイギリスで、さかんとなってきている。▼73 とはいえ、「封

▼67　一九五〇年代初期のソ連での議論については、*Voprosi Istoriti*, 6, 1953; 2, 1954; 2, 4 and 5, 1955 をみよ。同様のテーマに部分的にふれている、西欧での封建制からの移行についての論議に関しては、*The Transition from Feudalism to Capitalism*〔『封建制から資本主義への移行』〕をみよ。また、G. Lefebre, *La Pensée*, 65, 1956; G. Procacci, *Società*, 1, 1955 をもみよ。

▼68　Guenther and Schrot, *Problèmes théoriques de la société esclavagiste*, in *Recherches Internationales à la lumière de marxisme* (Paris) 2, May-June 1957.

▼69　たとえば、E.M.S. Namboodiripad, *The National Question in Kerala* (Bombay, 1952).

▼70　D.D. Kosambi, *An Introduction to the Study of Indian History* (Bombay, 1956), pp.11-12.

▼71　そのような研究の撰集としては、*Recherches Internationales*, loc. cit., (1957) をみよ。

▼72　E. Zhukov, "The Periodization of World History", *International Historical Congress* (Stockholm, 1960): *Rapports* I, pp.74-88, とくにp.77.

▼73　"State and Revolution in Tudor and Stuart England", *Communist Review*, July 1948. を参照されたい。とはいえ、この見解を批判する者もつねにいるのであって、とくにJ.J. Kuczynski (*Geschichte d. Lage d. Arbeiter unter dem Kapitalismus*, vol.22, chapters 1-2)をみよ。

建制」はたんに残余の範疇としてのみ拡大したのではない。マルクス以後のごく早い時期から、一種の原始封建制ないしプロト封建制を、原始共同体体制の解体から生ずる階級社会の最初の一般的な――かならずしも普遍的にあらわれるわけではないにせよ――形態としてみようとする試みがおこなわれていた[74]（そのような原始共同体体制から封建制への直接的移行は、マルクスとエンゲルスによってもむろん容認されている）。こうしたプロト封建制から、ヨーロッパ的（および日本的）類型の発達した封建制をふくむ多様な他の社会構成体が発達したと示唆されている。他方では、さらなる進歩の可能性は低いにせよ、現実にはより高度な発達をとげている社会構成体から封建制への逆転も――ローマ帝国からチュートン部族王国への反転のように――つねに考慮されてきた。オウエン・ラティモアはそこからさらにすすんで、「試みに、発展的封建制と逆行的（ないし退行的）封建制といった観点から考えることを示唆」し、さらに部族諸社会がより発達した諸社会との相互作用をもつなかで、臨時に封建化する可能性も念頭におくよう求めている[75]。

これらの多様な諸傾向のすべての究極の結果として、「封建制」は、諸大陸にわたり数千年におよぶ広大な範疇として通用するようになってきている。それは、たとえば北ナイジェリアの首長国から一七八八年のフランスにまで、あるいはスペインによる征服前夜までのアズテック社会にみられる諸傾向から一九世紀の帝政ロシアにまで広がっているのである。それらすべてをそのような単一の一般的分類におさめうることも、またそのことに分析的価値があることも、実際にありそうだともいえる。しかし同時に、多くの副次的分類や、さらには副次的類型と個別の歴史段階の分析なしには、そのような一般的規定はあまりに大きすぎてあつかいにくいものとなる危険をともなうことも明らかである。たとえば「半封建的」といったさまざまな副次的分類が試みられてはきたが、これまでのところ封建制のマルクス主義的解明は、適切な進歩をとげてきてはいない。

　ここで述べた二つの傾向が組み合わされて、一、二の付随的困難が生じてきた。すなわち、あらゆる社会や時代をあれかこれかの既存の整理棚にきちんと分類しようと望めば、境界論争が生ずることになる。それは動態的概念を静態的概念に押しこもうと固執すれば、当然のことでもある。そこで、中国では、奴隷制から封建制への移行の時期について大論争が生じた。というのは、「その闘争は、数世紀にもわたる非常に長引いた性質のものとなっていたのであり、……異なる社会的経済的生活様式が、中国の広大な領域には臨時的に共存していた」[76]からである。西欧では、同様の困難が、一四世紀から一八世紀にいたる時代の特徴をめぐる論議をまねいた。[77]少なくともこれらの論議は、さもなければ他のマルクス主義的論議ほど関心をひかなかったであろう、生産の社会的諸関係の異なる「諸形態」の混交や共存という問題を提起したという功績を有している。[78]

　しかし、非スターリン化とともに、一部には『諸形態』の刺激もうけて、マルクス主義的議論は、歓迎すべき復活傾向を示し、過去数十年にわたり容認されるようになってきた諸見解のいくつかを問い直す傾向も示しはじめた。こうした復活は、社会主義国と非社会主義国との多くの国で、それぞれ独立にはじまったようにみえる。たとえばフランス、ドイツ民主共和国、ハンガリー、イギリス、インド、日本、およ

▼74　Bogdanov, *Short Course of Economic Science*, 1897, revised 1919 (London, 1927), およびより洗練された形では、K.A. Wittfogel, *Geschichte der bürgerlichen Gesellschaft* (Vienna, 1924)〔K・A・ウィットフォーゲル著、新島繁訳『市民社會史』上下（叢文閣、一九三五年）〕を参照せよ。
▼75　O. Lattimore, "Feudalism in History", *Past and Present*, 12, 1957.
▼76　E. Zhukov, op. cit., p.78.
▼77　*The Transition from Feudalism to Capitalism*〔『封建制から資本主義への移行』〕。
▼78　*Zur Periodisierung des Feudalismus und Kapitalismus in der Geschichtlichen Entwicklung der U.S.S.R.*, Berlin, 1952 を参照せよ。

びエジプトからの寄与があった。[79] それらの一部は、一九六二年に『マルクシズム・トゥデー』誌上で論じられたような、歴史的時期区分の一般的諸問題を、また一部はとくに資本主義に先行する社会経済的諸構成体の諸問題を、さらに他の一部は「アジア的生産様式」という悩ましい、いまや再提起された問題を、それぞれあつかっている。[80]

これらすべては、この分野でも他の多くの分野でもマルクス派の論議の水準にうたがいなく否定的影響を与えていた、一九五〇年代半ばまでの世代における国際マルクス主義運動内の歴史的展開から脱却しようとする試みをあらわしていた。歴史的発展の問題へのマルクスの独創的接近はいくつかの点で単純化され、変更されていたのであって、『諸形態』の公刊のような、マルクスの方法の奥の深い複雑な性質を想起させる文献は、そうした傾向を是正するためにまだ利用されていなかったのである。社会経済構成体についてのマルクスの独創的なリストも変更されていたのに、満足のいくその代替物はまだ提供されていなかった。マルクスとエンゲルスの才気あふれてはいるが、未完成で暫定的な論議におけるいくつかの欠落は発見され、補充されはしたが、彼らの分析の最も実り豊かないくつかの部分が見失われたままにもなっていたのである。

それだけにこそますます、今日、歴史的発展と、とりわけその主要な発達段階についてのマルクス主義的見解の明確化が大いに必要とされており、実行されなければならない。『諸形態』を注意深く研究することは、――マルクスの結論をすべて自動的に受け入れることを意味するものではなく――、この課題にとても役立ちうるし、実際その不可欠な部分なのである。

本章については、ホブズボーム編、Jack Cohen訳、Karl Marx, *Pre-capitalist economic formations*, (London : Lawrence & Wishart , 1964) の邦訳、E・J・ホブズボーム『共同体の経済構造――マルクス「資本制生産に先行する諸形態」

の研究序説』市川泰治郎訳（未來社、一九六九年）を参照し、参考にした。ただし、本書巻末の各章の原版一覧にあるように、本章は二〇〇八年の『経済学批判要綱』全体への序文としておさめられたもので、その間にたとえば注35が追加されているように、若干の補整も加えられている。――訳者

▼79　Asiaticus, *Il modo di produzione Asiatico* (*Rinascita*, Rome, 5 October 1963, p.14).

▼80　*Recherches Internationales* 37 (May-June 1963) は、封建制をあつかっており、いくつかの関連した論争的寄稿をふくんでいる。古代社会については、Welskopf (*Die Produktionsverhältnisse im Alten Orient und in der griechisch-römischen Antike*, Berlin, 1957) と Guenther and Schrot (*Ztschr. f. Geschitswissenschaft*, 1957 および *Wissensch. Ztschr. d. Karl-Marx-Univ.*, Leipzig, 1963) とのあいだの討論を、東洋社会については、F. Tökei, *Sur le mode de production asiatique*, Paris, Centre d'Etudes et de Recherches Marxistes, 1964（謄写版刷り）をみよ。

第8章

マルクスとエンゲルスの諸著作の遍歴

The Fortunes of Marx's and Engels' Writings

1　第一次大戦前までの時期

マルクスとエンゲルスの諸著作は、それらからインスピレーションをえている社会主義および共産主義の諸政党のあいだでは「古典」の地位を獲得してきている。そこには、一九一七年以降、それらが公的イデオロギー、あるいは世俗的神学の基礎とさえされている国々も、その数を増しつつ、ふくまれている。エンゲルス没後のマルクス派の論議の大きな部分——実際、おそらくはそのほとんど——が、原典をめぐる注解、思索、解釈の形をとり、マルクスとエンゲルスの諸著作のテキストにこめられている彼らの諸見解の受容可能性や修正の望ましさについての論争の形をとってきた。にもかかわらず、彼らの諸著作は、初めはこの二人の古典作家の完結して公刊されている作品集をなしてはいなかった。実際、一九二〇年代以前には、この二人の業績の完全な版本を公刊しようとする試みはおこなわれていなかった。その後、ダヴィド・リャザノフの監修のもとで一九二〇年代にモスクワで、有名な（通例メガ〔ＭＥＧＡ〕として知られる）全集が始められる。それは原典のドイツ語では完成しないまま、ロシア語での作業は続けられたが、当初の意図よりは完全性は低いものとなっていた。完結させるつもりでの全集版刊行の独立のいくつかの試みは、同時に他でもおこなわれており、たとえばフランスでのアルフレード・コスト出版社によるものが目立っている。充実した、とはいえ決して完全とはいえないマルクスとエンゲルスの諸著作の（通例ヴェルケ（*Werke*）として引用される）全集版が、一九五六年からドイツ民主共和国で刊行され、これが他の諸言語での同様なさまざまな全集版の基礎を与えた。それらのうち最も野心的なのは、一九七五年から二〇〇四年までに英語の五〇巻として刊行された（はるかに充実した）マルクスとエンゲルスの著作集であった。

長年の準備を経て、ソ連のマルクス＝レーニン主義研究所とドイツ民主共和国との後援のもとに、（新メガとして知られる）新たな全集が一九七五年に刊行を開始した。その両国の消滅にともない、この刊行は、イデオロギー的な様式から学術的な様式に移行し、その全般的責任は、一九三三年以降マルクスとエンゲルスの実際上の文書館を有していたアムステルダム社会史国際研究所のマルクス＝エンゲルス国際財団という施設に移転され、その企画の実際的作業は、ベルリンおよびブランデンブルグの科学アカデミー、およびさまざまな諸国の研究センターに移された。その計画は一二〇巻を上回ると予定しているが、読書中の抜き書き、素描的覚え書き、余白への書き込みなどまでふくまれるはずであったから、その巻数でもおそらく確実に過小評価となろう。新世紀のはじまりまでに、五四巻が出版された。二〇三〇年までには刊行を完成することが期待されている。

したがってマルクス主義の歴史の大部分についての論争は、マルクスとエンゲルスの諸著作からのさまざまな選択のちがいにもよるものであった。そこで、そのような歴史を理解するためにも、マルクスとエンゲルスの諸著作の遍歴について、手短に必要なかぎりで大まかにでも概観しておくことが必要となる。

主として一八四〇年代と一八五〇年代とにおける大量のジャーナリスティックな作品を除けば、マルクスの生前にマルクスとエンゲルスにより出版された著作の実体は現実には比較的ひかえめなものであった。一八四八年革命前には、それはざっとみて〔grosso modo〕、二人の意図的協力開始にさきだって（たとえば『独仏年誌』などに）執筆されたマルクス（およびそれより少ないがエンゲルス）の多様な重要論文、エンゲルスの『イギリスにおける労働者階級の状態』（一八四五年）、マルクスとエンゲルスの『聖家族』（一八四五年）、プルードンとのマルクスの論争『哲学の貧困』（一八四七年）、『共産党宣言』（一八四八年）、および一八四〇年代末のいくつかの講演と論文から成っていた。これらのうち『共産党宣言』を除けば、マルクスの生前により広範な人々が入手しやすい形で再版されたものはなかった。一八四八－九年の革命敗北後に、マルクスは当時の革命とその結果について、いまでは有名な分析を、ひどく発行部数もかぎられていた亡命者たちの雑誌に公表した。すなわち、『フランスにおける階級闘争』および――この原題で書かれた〔最初は『ルイ・ナポレオンのブリュメール一八日』として公刊された〕――『ルイ・ボナパルトのブリュメール一八日』として今日では知られている作品である。後者は、一八六九年にマルクスが復刻している。エンゲルスの『ドイツ農民戦争』（一八五〇年）についての著作も、亡命者たちの雑誌に掲載され、――『ニューヨーク・トリビューン』紙上にマルクスの名で掲載され今日では『ドイツにおける革命と反革命』として知られている諸論稿とは異なり――マルクスの生前に復刻された。その後マルクスが出版した著作は、時論的大衆向け記事や政治的論争文を除けば、事実上つぎのものにかぎられている。すなわち、重版されなかった『経済学批判』（一八五九年）、後で経緯を短く論ずる『資本論』（第一巻、一八六七年）、ならびに国際労働者協会のために執筆された多くの作品で、そのうち『創立宣言』（一八六四年）と『フランスにおける内乱』（一八七一年）とが最も著名である。後者は何度か版を重ねていた。エンゲルスは、主として軍事的・政治的諸問題について、多様な論説を公刊していたが、一八七〇年代には、『オイゲン・デューリング氏の科学の変革（反デューリング論)』(一八七八年)を手始めに、事実上、国際社会主義運動が経済学以外の諸問題についてのマルクスの思想になじむようになる一連の著述を始めていた。とはいえそれらの大部分は、マルクス没後の時期に属している。

たとえば一八七五年時点で、マルクスとエンゲルスの作品のうち、初期のものの多くが絶版になっていたので、有名で入手可能な部分はとぼしくなっていた。それはつまるところ、一八七〇年代初頭からさらによく知られるようになっていた『共産党宣言』、ロシア語とフランス語にも翻訳された『資本論』、マルクスを大いに有名にした『フランスにおける内乱』からなっていた。にもかかわらず、一八六七年から一八七五年のあいだについていえるのは、マルクスの一作品集が初めて入手可能になっていたことである。

マルクスの死去(一八八三年)とエンゲルスの死去(一八九五年)とのあいだの時期には、つぎのような二重の転換がみられた。第一に、マルクスとエンゲルスの作品への関心が、国際社会主義運動の興隆とともに加速された。アンドレアスにしたがえば、『共産党宣言』の七五を下回らない版本が、一五か国語で出版された▼1。興味深いのは、帝政ロシア帝国の諸言語での版本がすでにその原典のドイツ語版の数を上回っていたことである。第二に、古典的作品の大規模な作品集が、主としてエンゲルスによって、いまでは原語で体系的に出版されるにいたった。その集積は、つぎのようなものからなっていた。(a)長らく絶版であった諸著作の(概して新たな序文をともなう)再出版がおこなわれ、エンゲルスはそれによってそれらの永続的重要性を強調したいと願った。(b)マルクスによっては公刊されないか未完成のまま残されていた著作が新たに出版された。(c)エンゲルスにより新たな著述がおこなわれ、そこにはときには「フォイアバッハに関するテーゼ」のようなマルクスによる未公刊の本文が組み込まれていた。エンゲルスはそれらにおいてマルクス主義学説の首尾一貫した完結した全体像を提供しようと試みたのである。こうした区分の(a)のなかでは、エンゲルスは、マルクスの論稿『賃労働と資本』、『哲学の貧困』、『ブリュメール一八日』、『フランスにおける内乱』、および最後に『フランスにおける階級闘争』を、彼自身の『労働者階級の状態』や一八七〇年代からのさまざまな著述の再版ともあわせて、小冊子として再出版している。(b)のなかで利用可能となった主要な著作には、『資本論』の第二巻と第三巻、および『ゴータ綱領批判』(一八九一年)がある。(c)のなかでの主要な著作には、『反デューリング論』、それよりずっと多くの版を重ねた『空想から科学へ』、より大規模な作品を書き直した『家族、私有財産および国家の起源』(一八八四年)、および『ルードゥウィッヒ・フォイアバッハ』(一八八八年)があり、さらに当時の政治的論争への多くの寄稿もあった。これらの諸著作は、おそらく『空想から科学へ』を除けば、大量出版としては刊行されていない。にもかかわらず、それらは当時もその後も永続的に入手可能なものであり続けたのである。それらは、エンゲルスが彼とマルクスの著述の作品集と考えた規模を形成していた。もっとも彼がさらに生きていたなら、——たとえばやがてカウツキーの編集で出版された『剰余価値学説史』や、彼自身公刊したいと望んでいた『ドイツ農民戦争』の改訂版のような——いくつかのさらなる原典を加えていたことであろう。

もともと英語で出版された著述(そのいくつかのものはエンゲルス没後まもなくエリナー・マルクスにより再出版された)のような、若干の例外はあるにせよ、以上が外国語の翻訳をふくめ、一九世紀末に国際マルクス主義運動に利用可能な資料であった。それは、エンゲルスによりおこなわれた選択と編纂から成っていた。こうして、『資本論』も、マルクスが意図したものというより、マルクスが意図していたであろうとエンゲルスが考えたものとして、われわれに伝えられてきているのである。よく知られているように、その最後の〔第四巻として『剰余価値学説史』をふくむ—訳者〕三巻は、マルクスの未完成な草稿からエンゲルス——および後にカウ

▼1 Bert Andréas, *Le Manifeste Communiste de Marx et Engels: Histoire et Bibliographie 1848-1918* (Milan, 1963).

ツキー――によって集成されたものである。とはいえ、その第一巻もマルクスではなく、エンゲルスによってしあげられた版本をなしている。というのは、その標準版（一八九〇年のドイツ語第四版）が、マルクスによって修正された最後の（第二）版、一八七二－五年のフランス語版のためにマルクスがおこなったさらなる諸変更、草稿に残されたいくつかの覚え書き、および細かな技術的考慮にてらして、エンゲルスにより改訂されたものだからである（実際、一八七二年のマルクス自身による第二版にしても、一八六七年の初版の諸節への重要な改稿をふくんでいた）。第二インタナショナルの理論家や指導者たちのなかで、面談や第一次世界大戦後まで公刊されなかった大量の文通により、晩年のエンゲルスと直接個人的に接触できた人は、とくにドイツでも多くはなかったにもかかわらず、第二インタナショナルのマルクス主義がそれにもとづき構築されたであろう古典的テクストの主要な集成が、このようにして与えられたことになる。注意すべきは、それが「しあげられた」理論的著述の集成になり、エンゲルスによってそのように意図されており、エンゲルス自身の著述はマルクスの残した欠落を埋め、以前の出版物を最新のものにする試みにあてられていたということである。こうして、エンゲルスの『資本論』編集作業の目的は、（ごく当然のこととして）マルクスがなくなる時点までなお進歩の過程にあった、マルクス自身の経済学的思索の流れや発展を再構成することではなかった。そのような『資本論』の生成と発展の（出版された巻の諸版のあいだの諸変化をふくめての）歴史的再構成は、第二次世界大戦後になって初めて本格的におこなわれるようになったのであり、現在でもなお完成されていない。エンゲルスの目的は、彼の友人の主著の「最終的」テクストを産みだすことにあり、それによってそれ以前のその草稿は無用となるであろうと想定していたのである。

エンゲルス自身によるマルクス主義の手短な概説類とともに好評をえた『空想から科学へ』は、そのような理論の集成の諸内容を、新たな大衆的社会主義諸党の党員たちに容易に理解できるようにすることを意図していた。そして実際、この期間における社会主義運動の理論家と指導者たちの関心の大きな部分も、マルクスの学説のそうした大衆向け概説の作成にむけられていた。こうしてフランスではドゥヴィルが、イタリアではカフィエロが、さらにイギリスではエイヴリングが、『資本論』の概説書を出版し、その間にカウツキーも『カール・マルクスの経済学説』を公刊している。それらは、このタイプの作品のうちのいくつかのものにすぎない。実際のところ、新たな社会主義運動の教育と普及への努力は、マルクスとエンゲルス自体の作品より、むしろこの種の作品の出版と流布に集中されていたようにみえる。たとえばドイツでは、『共産党宣言』の各版当たりの平均印刷部数は、一九〇五年以降には規模を増大させたとはいえ、それ以前にはわずか二〇〇〇部ないしせいぜいでも三〇〇〇部にすぎなかった（ドイツ社会民主党機関紙からのデータ）。それと比較して、カウツキーの『社会革命』（第Ⅰ部）は一九〇三年に七〇〇〇部、一九〇五年には二万一五〇〇部を印刷しており、ベーベルの『キリスト教と社会主義』は一八九八年と一九〇二年のあいだに三万七〇〇〇部が印刷され、続いて一九〇三年には二万部の重版をかさねており、さらにドイツ社会民主党の『エルフルト綱領』（一八九一年）は一二万部流布されていた。

こうしたことは、いまや入手可能となった古典的著述の集成が、理論好みの社会主義者たちによっても読まれなくなったことを意味するものではない。その作品集はうたがいなくさまざまな言語へ急速に翻訳もされていった。こうして、一八九〇年代には知識人たちのあいだにマルクス主義へのきわめて活発な興味がみられた国であるイタリアでは、一九〇〇年までには、エンゲルスによって選択された作品集の事実上の全体が（『資本論』のあとのほうの諸巻をのぞけば）入手可能となっていたし、さらにチコッティによって編集されたマルクス、エンゲルスおよびラサールの『著作集』（一八九九年以降）は、それ以上の多くの諸作品をもふくんでいた。[▼2] 英語でも、古典的著作の作品集は、主としてシカゴのチャールズ・H・ケール出版社により、——しばしばむしろできはよくないにせよ——一九一三年までにはすでに翻訳されており、一九三〇年代半ばまでにそれに追加されたものはあまりなかった。

理論的興味をもつ人々のあいだでは――すなわち、マルクス主義が大いに関心をひいていた中央ヨーロッパと東ヨーロッパ、および部分的にはまたイタリアの知識人たちのあいだでは――、マルクスとエンゲルスの著述の残る部分にも当然活発な需要があった。ドイツ社会民主党は、その創設者たちの遺稿を所有してはいたが、それらの全集を出版する試みはせず、それらのうちのどちらかといえばぶしつけなまたは攻撃的な論評や、まったく一時的な関心での政治的著述のいくつかを出版したり、再公刊することは得策でないと実際考えていたのかもしれない。にもかかわらず、とくにドイツのカウツキーやフランツ・メーリング、およびロシアのD・リャザノフのようなマルクス主義学者たちは、エンゲルスが明らかに当面必要なものと考えていたものより、さらに完全なマルクスとエンゲルスの出版物著作集の刊行にのりだしていた。こうして、メーリングの『マルクスとエンゲルスの文献的遺産から』は、一八四〇年代の著作を再刊行し、同時にリャザノフは、一八五二年から一八六二年の日付をもつ諸作品を数冊にわたり再出版していた。

一九一四年以前に、その種の未刊行資料への少なくとも一つの重要な突破口が、一九一三年のマルクス－エンゲルス往復書簡の刊行により開かれた。カウツキーはすでにおりにふれて、ドイツ社会民主党の理論的機関誌『ノイエ・ツァイト』に、選択した草稿資料をすでに公刊していた。そのうち、とくに顕著なものとして、マルクスのクーゲルマンあてのいくつかの書簡（一九〇二年刊）、『経済学批判』への未完の序説のような、いまでは『経済学批判要綱』として知られている草稿からのいくつかの断章があった（一九〇三－四年刊）。マルクスとエンゲルスの著作のうちで、それぞれの国の文通相手にあてたものや、それらの国の言語で出版されたものや、それらの国にとくに言及したものもまた、現地ではときおり出版もされていたが、その当時はそれらは他の言語に翻訳されることがほとんどなかった。一九一四年に古典的著作のうち入手可能であったものは、レーニンによりその年に執筆され、その後『カール・マルクスの学説』として何度も再出版された、百科事典項目「カール・マルクス」〔大塚弘訳、岩波文庫、一九三三年、他〕につけられた文献一覧におそらく最もよく示されている。もしマルクスとエンゲルスのあるテクストが、その古典的諸作品の最も勤勉な研究者たちであった、ロシア・マルクス主義者たちにも知られていなかったのであれば、それはマルクス主義国際運動にとっても事実上利用できなかったものと想定してよいであろう。

2　両大戦間期

ロシア革命は、いくつかの面で、そのようなマルクス主義の古典的諸作品の出版と普及化とに転換をもたらした。第一にそれは、マルクス主義の原典研究の中枢を、マルクスはいうにおよばず、エンゲルス――さらにはベルンシュタイン、カウツキー、メーリング――とも個人的接触のなかった世代の編集者たちに移すことになった。そこで、それらの新たな編集者集団はもはや、エンゲルスの古典的著作についての個人的判断によっても、あるいはマルクスとエンゲルスに近い彼らの文書の遺言執行者たちに明らかに影響を与えていた――諸個人や当面の政治との関連での――戦術や便宜の問題によっても、直接影響されることはなかった。マルクス主義的出版の主要中枢がいまや共産主義運動となったという事実により、こうした切れ目が強調されることになった。というのは、共産党の（とりわけロシア共産党の）編集者たちは、――ときにはまったく正当に――ドイツ社会民主主義によるこれまでのテキストの省略と修正を「日

▼2　R. Michels, *Die italienische Literature über den Marxismus* (*Archiv f. Sozialwissenschaft u. Sozialpolitik.* 25ii, 1907, pp.525-72).

和見主義的」歪曲と解釈する傾向があったからである。第二に、ロシア革命は、ソ連国家の財源を有するにいたった、ボリシェヴィキ・マルクス主義者たちに、古典的著作の全体的集成――つまりは大全集（*Gesamtausgabe*）――の出版という目的達成への方途を開いたのであった。

そのことから多くの技術的諸問題が生じた。そのうちの二つに言及しておこう。マルクスの著作についていえることは、エンゲルスの著作についても程度は低くてもいえるのだが、それらはさまざまな度合での配慮はともないながら完成されて出版された諸著作から、さまざまな度合での未完成さと暫定性をともなう草稿類を経て、たんなる読書ノートおよび余白への書入れにまでわたっている。「著作」とその準備前の注記や手稿とのあいだに線を引くのは困難である。新たに形成されたマルクス＝エンゲルス研究所は、あの驚嘆すべきマルクス研究家D・リャザノフの指導のもとに、ある種の著述は、雑誌的定期刊行物『マルクス＝エンゲルス・アルヒーフ』に並行して刊行しはじめたものの、それらは実際の「著作」からは除外した。それらは、一九七〇年代の新メガまでは、著作全集にふくまれてはならないとされていたのである。それに加え、膨大な現実の手稿類はドイツ社会民主党の所有していた（そして一九三三年以降はアムステルダムの社会史国際研究所に移された）マルクス＝エンゲルス遺稿館において利用可能であったものの、古典作家たちの往復書簡は、広く分散しており、したがってまたその全集の編集はその大部分が所在不明だということだけによっても不可能であった。実際上は、マルクスとエンゲルスからの多くの手紙は、ほぼ一九二〇年ごろからときおりその受領者たちや両名の文書の遺言執行者たちにより、ばらばらに公刊されていた。しかし、たとえばラファルグとの往復書簡のような大規模で重要な資料集が、一九五〇年代まで未公刊のままであった。メガは完成はされなかったので、こうした諸問題はまもなく緊急性を失ったのではあるが、それでも注意しておくべきであろう。それゆえまた、マルクス文献の継続的刊行は、存続している古くからのマルクス主義資料の諸センター、とりわけドイツ社会民主党の文書館にもとづいておこなわれざるをえなかった。というのは、モスクワの研究所は、この古典作家たちの完全な全集版――準備中の唯一のものとして――のために、彼らのすべての著述を可能な限り手に入れようとつとめてはいたけれども、実際には圧倒的に最大規模の文書の収集について、現物は西欧に残るままで、たんにその写真複写を入手しえたにとどまっていたからでもある。

一九二〇年代には、こうしてそれらの古典的著述の出版は注目すべき急成長をみた。つぎの二つの部類の資料が概して初めて一般に利用可能となった。未公刊の草稿類とマルクスとエンゲルスによる第三者たちとの往復書簡とである。しかしまもなく、一九一四年以前には想定されなかったような政治的諸事件が、出版と翻訳の継続に支障と中断を与えた。一九三三年のナチスの勝利は、西欧（ドイツ）のマルクス主義研究センターを崩壊させ、そこでの諸研究にもとづく諸解釈への反響も大きく遅延させた。ひとつだけ事例をあげれば、グスタフ・マイヤーの記念碑的なエンゲルス伝は、注目すべき学問的著作であるが、一九三四年にオランダの亡命出版社で公刊されていたものの、一九四五年後の西ドイツにおける若い世代のマルクス主義者たちには、一九七〇年代にいたるまで事実上知られていないままであった。マルクス主義のテキストの新たな出版の多くは、たんに（一九二〇年代に出版されたシリーズの表題を引き合いに出せば）[3]「マルクス主義の稀覯本」の再生産であったばかりでなく、それら自身もまた不可避的に希少なものとなった。ロシアでは、スターリンの台頭が、マルクス＝エンゲルス研究所を、とくにその指導者リャザノフの解任と謀殺の後に崩壊させ、その編集作業は――粛清の悲劇的打撃にもかかわらず――停止とはならなかったものの、ドイツ語でのメガの出版を終焉させた。それに加え、ある意味でより深刻なことに、マルクス主義の正統スターリン主義的解釈とでもよぶべき発想が強化され、一九三八年の『ソ連共産党小

▼3　*Neudrucke marxistischer Seltenheiten* (Verlag Rudolf Liebing, Leipzig).

史』で公的に流布され、マルクス自身のいくつかの著述も異端視されて、そのためまたそれらの出版についても問題を生じたのであった。そのことはとくに一八四〇年代の初期の著述にあてはまっていた。[4] 最後に、第二次世界大戦の破壊作用がマルクスの諸著作にも深刻な結果をもたらした。一九三九－四一年にモスクワで出版されたすばらしい『経済学批判要綱』の版本は、（アメリカには一、二冊届いていたけれども）一九五三年の東ベルリンでの再版までは、事実上知られないままであった。

一九一七年以降にそれらの古典的著作の出版に生じた第三の変化は、それらの大衆化に関わる。前にも述べたように、一九一四年以前の大衆的社会民主主義諸党は、『空想から科学へ』とおそらくは『共産党宣言』は例外とされうるにせよ、その党員たちにマルクスとエンゲルスを読ませる試みは真剣にしていなかった。『資本論』第一巻は、たしかにひんぱんに――ドイツでは一九〇三年と一九二二年のあいだに一〇度も――再版されてはいたが、それが広く読まれるようになっていたかどうかは疑わしいであろう。それを購入した人々の多くは、社会主義の不可避性をマルクスが科学的に論証した明白な証左として自分の書棚にそれを有することで多分満足していた。しかし、マルクス主義的党派として結集することを好む知識人、党幹部、および通例献身的な戦闘的人々からなる諸小政党は、むろんその党員たちにいっそう多くを要求していた。そこで、アングロ・サクソン世界では、一八四三年と一九一八年のあいだに、比較的零細なマルクス主義諸分派や諸政党のために『共産党宣言』は三四の版本が出版されたが、それはフランスでの二六の版本、ドイツ語諸国での多数の諸政党向けの五五の版本とも対比される。

他方、国際共産主義運動は、その党員たちのマルクス主義的教育に多大の関心を払い、しかもその目的のために、もはやもっぱら学説の概説に依存しなくなっていた。そのため、もとの古典的テクストの選択や大衆化が重要関心事となったのである。政治的主張をテキスト上の正統性で裏付ける傾向は、マルクス主義の伝統――とくにロシアで――のある部分を長く特徴づけてはいたのであるが、その傾向の成長が古典的テキストの流布を促進したのである。もっとも、当時の流れでは、当然マルクスとエンゲルスよりレーニンとスターリンのテキストに訴えるほうがかなり頻繁におこなわれてはいた。一九三三年と一九四四年のあいだにマルクスとエンゲルスが出版されうる地域は急激に収縮したとはいえ、それらの出版が許容されていた諸国ではどこでも、そうしたテキストの広範な入手可能性が、マルクス主義を研究したいと望む人々の状況を一変させたことは疑いない。

それまで未公刊だった重要な草稿のうち、一八四〇年代のものは一九三九年以前にも衝撃を与えはじめていた。一八四四年の『ドイツ・イデオロギー』と『経済学哲学草稿』がともに、なかなか完訳はされなかったものの、一九三二年に公刊された。ここではそれらの重要性をたちいって論ずる余裕はない。ただたんに、一九四五年以降のマルクス主義的論議の大きな部分がこれら初期の著述の解釈によるものとなり、それとは逆に一九三二年以前のマルクス主義者の論議のほとんどはそれらの作品を知らないまま進行していたということに、ついでに注意しておくにとどめよう。未公刊草稿類のうちの第二の大きな部分は、『資本論』への準備作に関するものである。そうした著述の大作の一つ『経済学批判要綱』は、すでにみたように、一九五三年におこなわれたその初めての有効な刊行の後にすら長らく知られないままで、その最初の（不満足な）外国語への翻訳は一九六〇年代末にようやくおこなわれた〔日本では翻訳も研究もこれより先行していた〕。それが国際的マルクス主義的論争の重要な基礎となったのは、一九六〇年代になってからであり、しかも当初はこの草稿の全体というより、『資本主義的生産に先行する諸形態』（ベルリン、一九五二年）という表題で別に

▼4　その後一九六〇年代になっても、『マルクス＝エンゲルス全集（*Werke*）』のドイツ民主共和国版は、それら初期の著作の出版を実際にさしひかえはしなかったものの、それらを主要シリーズとは別に、全集の巻号外で刊行していた。

出版され、数年のうちに（イタリア語には一九五三――四年に、英語には一九六四年に）翻訳された、歴史的部分に関連してのことであった。このテキストの出現はふたたび、それを以前には知らなかったマルクス主義者の大多数にマルクスの諸著作についての重大な再考をせまることとなった。『資本論』の最終刊行版にふくまれなかった、その執筆に関連するマルクスの草稿類のうち、重要部分の諸節は、その後にもよりゆっくり選別されて、流布するようになってきている。――その一例が、第一巻第七編に予定されていた『直接的生産過程の諸結果』であり、一九三三年の『マルクス＝エンゲルス・アルヒーフ』に公刊されてはいたが、一九六〇年代末までは本格的に議論されるにいたらず、ともかく一九七六年までは英語に翻訳もされなかったのであった。こうした資料のある部分はいまだに未公刊のままである。◆

第三の重要な未公刊草稿は、エンゲルスの『自然の弁証法』であり、エンゲルスの他の下書き類とあわせて、いくらか早い時期に『マルクス＝エンゲルス・アルヒーフ』（一九二五年）にまず出版された。それが企画中の大全集メガにふくまれないか、あるいはやがておさめられるかは、リャザノフが注記していたように、一八七〇年代に執筆された自然科学についてのエンゲルスの議論の多くが、事実上時代遅れになっていることによるところがおそらく大きかった。それにもかかわらず、この作品は、長らくロシアでは人気があり、スターリン時代に再強化されたマルクス主義の「科学的」志向性に適合していた。それゆえ『自然の弁証法』は、一九三〇年代にごく急速に流布され、一九三八年の『ソ連共産党小史』にスターリンによって引用されさえしていた。▼5 そのテキストは、当時急速に数を増していたマルクス主義的自然科学者たちのあいだにかなりの影響を与えていた。

マルクス＝エンゲルスの第三者との往復書簡は、未公刊のマルクス主義資料のなかで、覚え書きを除けば、おそらく最大規模の単一部分をなしており、一九一四年以前には、一部は雑誌類に、他の一部は、『F・A・ゾルゲその他宛のJ・P・ベッカー、J・ディーツゲン、F・エンゲルス、K・マルクスその他からの書簡と書簡からの抜粋』（シュトゥットガルト、一九〇六年）のような個別的交信相手たち宛の手紙の収集ないし選集として、公刊されてはいたが、それは比較的わずかにすぎなかった。一九一七年以降になると、多くの同様の書簡集が出版され、とくにベルンシュタイン宛の手紙（ロシア語で一九二四年、ドイツ語で一九二五年）、およびベーベル、リープクネヒト、カウツキーその他との往復書簡（ロシア語一九三二年、ドイツ語、レニングラード一九三三年）が注目されたが、その完全な全集は、一九三四－四六年のロシア語版（『マルクス＝エンゲルス全集』*Sochineniya* XXV-XXIX）、あるいは原語のドイツ語では一九五六－六八年の『マルクス＝エンゲルス全集（*Werke*）』にいたるまでは、刊行されていなかった。前にも注意しておいたように、一九五〇年代末までは、ある種の高度に重要な書簡集も入手可能とならなかったのであり、往復書簡の刊行はいまなお完全なものとはみなしえない。にもかかわらず、一九三三年までにモスクワの研究所に入手可能となっていた資料は、きわめて重要な一群の書簡をふくんでいたのであって、それらは、一九三〇年代初期から『書簡選集』での主として外国語への翻訳と翻案を通じ、社会に広められてはいた。

とはいえ、それらの手紙の「公的」出版については、つぎのような注記が必要とされる。すなわち、

◆（訳注）その後新メガ第Ⅱ部で、入手可能な限りでの『資本論』草稿の未公刊部分がすべて公刊された。たとえば、『直接的生産過程の諸結果』は、一八六三－五年草稿の冒頭部分として、あらためて一九八八年に公刊された新メガ第二部四・一におさめられている。

▼5　当然のこととして影響力が大きかったその作品にテキストが引用されていたマルクスとエンゲルスの著作にはつぎのようなものがある。すなわち、『反デューリング論』、『資本論』、『共産党宣言』、『経済学批判（序言）』、『自然の弁証法』、「フォイアバッハに関するテーゼ」、「ヘーゲル法哲学批判　序説」、『哲学の貧困』、『空想から科学への社会主義の発展』、「賃労働と資本」、およびエンゲルスによる一、二の書簡といくつかの序文、である。

（マルクスとエンゲルスとの通信をのぞけば）往復書簡としてよりも、むしろ古典的著述の部分としてみられていた。それゆえ、マルクスとエンゲルスの交信相手たちの手紙は、公的な共産主義的書簡集には通常ふくまれていなかった。もっとも、おもにマルクスとエンゲルスの交信相手たちや（たとえばカウツキー、ヴィクトル・アドラーのような）彼らの遺言執行者たちにより作成された、特別な書簡集のいくつかの版には、交信の双方がふくまれているものもあった。多分、エンゲルス＝ラファルグの往復書簡（一九五六‐九年）が共産党の後援のもとで双方をふくんで出版された最初のものであり、マルクス＝エンゲルスのテキストについてのこうした面での研究に新たな段階を開くものとなった。それに加え、一九七〇年代までのマルクスとエンゲルスのさまざまな全集版で、マルクス＝エンゲルスの手紙と彼らの第三者との往復書簡とを別扱いにしておくやりかたは、それら書簡の厳密に年代順の研究を比較的不便なものとしていた。

3　第二次大戦後の新たな傾向

すでにみてきたように、マルクス＝エンゲルスの著作集のはるかに完全な形での出版と翻訳とは、第二次世界大戦後、とくにスターリン後の時代に重要な進展をみた。一九七〇年代初期までには、草稿や手紙のさらなる発見がなければ、すでに知られている大量の著作類は、必ずしも広く利用可能とはいえないまでも、原語では印刷されていたといえるであろう。そこには、――読書中の覚え書きや余白への書き込みなどの――きわめて未完成な準備的資料もますますふくまれるようになっており、それらも「著作」として扱い、したがって出版することがますます通例となってきた。おそらくより肝要なこととして、マルクス自身の思索の筋道を発見する視点をともない、それらの諸資料を分析し、解釈する試みが、たとえばマルクス『古代社会ノート』（L・クレイダー編、アッセン、一九七二年〔布村一夫訳（未来社、一九七六年）〕）のように、――とりわけマルクスがテキストの草稿さえ出版しなかったような諸主題について――ますますおこなわれるようになってきた。これはマルクス派の原典研究における新たな有望な段階のはじまりとみなせるであろう。同様のことは、『フランスにおける内乱』や一八八一年のヴェラ・ザスーリチ宛の有名な書簡のための準備草稿のような、マルクスの草稿類や異なる版の研究にもいえることである。実際、こうした発展が不可避的であるのは、『経済学批判要綱』のような、より重要な新たなテクストのいくつかが、それら自体草稿であって、現存の形では出版を意図されていなかったことからもいえる。異なる版本の原典研究は、マルクスによってその後の諸版で実質的な書き直しが加えられた『資本論』第一巻の初版（一八六七年版）第一章が日本で再出版された◆ことにともない、また大きく前進した。

マルクス学派の研究は、とりわけ一九六〇年代以降、マルクスとエンゲルスに、マルクス主義理論を詳説した決定的で「最終的な」一連のテキストを求めようとするのではなく、その思索の発展の過程を探究しようとする傾向を強めてきているといえるであろう。それはまた、マルクスとエンゲルスの諸著作がマルクス主義の集大成を構成する本質的には区別できない諸部分であるという見方を、ますます放棄する傾向があり、この二人の生涯のパートナーのあいだの差異やときには不一致を探査するようになっている。そのことが、ときにはそれらの差異の誇張された解釈にも導いていることには、ここでは関心がない。一

◆（訳注）初版第一章と付録の対訳版は、大原社会問題研究所編（一九二八年）、宮川実訳（青木書店、一九四八年）、牧野紀之訳（信山社、一九九三年）、邦訳は、岡崎次郎訳（国民文庫、一九七六年）他、第一巻全体の初版原書リプリント版は、青木書店、一九五九年がそれぞれ刊行されている。著者は、おそらくここではこの五九年のリプリント版を念頭においていると思われる。

九五〇年代中期以降における公式の教条体系としてのマルクス主義の漸次的衰退が、マルクス主義の原典研究の以上のような新しい傾向を自然に助長したのだが、それはまた同時に最近出版されて、人気があるがなじみの少ない著述に「マルクス主義」の代替的で、ときには独断的な諸解釈の典拠としての正統性を求めることも助長したのである。

4　スターリン体制後の世界で

一九五六年以後の教条的マルクス主義の衰退から、多かれ少なかれ一枚岩的な公的マルクス主義学説をともなうマルクス主義政府のもとにおかれた諸国と、複数のマルクス主義諸政党、諸団体、諸分派が共存する、世界の他の諸国とのあいだの相違が増大した。一九五六年以前にはそのような相違はほとんど存在していなかった。一九一四年以前の第二インタナショナルのマルクス主義的諸政党は、右からの「修正主義的」挑戦者たちと左からのアナルコ・サンディカリスト的挑戦者たちとに対峙して、正統的学説解釈を発達させる傾向にはあったものの、解釈の複数性は容認し、かりにそれを望んでいたとしても、その複数性を妨げることのできる立場にはとてもなかった。修正主義の主導者エドゥアルト・ベルンシュタインが、一九一三年にマルクスとエンゲルスの往復書簡を編集したさいにも、ドイツ社会民主党内部では誰もそれを奇妙とは思わなかった。もっとも、レーニンはその編集方針に「日和見主義」を見抜いてはいたが。一九二〇年代にも社会民主主義的マルクス主義と共産主義的マルクス主義とは共存していたのである。それでも、マルクス＝エンゲルス研究所の設立とともに、その古典的テキストの出版の中心はしだいに共産主義の側に移行していった。ついでにいえばいまも〔一九八二年にも―訳者〕なおそうなっているままであるとみてよい。一九六〇年代以来、（たとえばフランスでのリュベル、およびドイツでのベネディクト・カウツキーによる）それら古典的著作集の競合版出版の試みにもかかわらず、それなくしては数多くの翻訳版をふくむ、他のどの全集版も考えられないようなその標準版は、モスクワ（および一九四五年以降は東ベルリン）にもとづくものであり続けている。第一次と第二次のマルクス＝エンゲルス大全集（MEGA）およびマルクス＝エンゲルス全集（*Werke*）がそれである。一九三三年以降は、共産主義運動のさまざまな分派や異端のために人数的に意味のある支援者集団を得られなくなったので、ソ連内外のマルクス主義者たちの大多数は実践的諸目的のために共産党と提携するようになった。社会民主主義諸政党内のマルクス主義は――一九三三－四年以後におけるドイツとオーストリアの社会民主党の事実上の壊滅を考慮の外におくとしても――ますます力を弱め、マルクス主義の古典的正統に公然と批判的になっていった。一九四五年以降になると、ごくわずかの例外はあるにせよ、社会民主主義諸政党は、おそらくは歴史的意味を除けば、もはやみずからをマルクス主義的とは考えなくなった。戦間期におけるマルクス主義的文献の複数性が認識され、とくに一九六〇年代以降のドイツでその時期の著作類を出版しあるいは再版する系統的な努力がおこなわれるようになったのは、一九六〇年代と一九七〇年代におけるマルクス主義的複数性にてらされてのことであったにすぎない。

それゆえほぼ四分の一世紀ほどのあいだ、海外での諸共産党のマルクス主義（それは量的にはマルクス主義の大部分を意味していた）とソ連の共産党のマルクス主義のあいだに重要な相違は存在していなかったのであり、少なくともそのような相違の公然化は許容されていなかったのであった。こうした状況がしだいに、だが加速度的に変化していったのは、一九五六年以降のことであった。ソ連と中国の分裂にともない、教義的な正統性が一つから少なくとも二つにとり替えられただけではない。野党の諸共産党は、少なくとも知識人たち――すなわちマルクス主義のテキストの読者たち――のあいだにより重要な支持をともなう競合的マルクス主義的諸集団からの競争にますます直面し、同時に、それぞれの西ヨーロッパ共産党内にも、少なくともマルクス主義的学説については、党内的な理論的論議の自由がかなり進展した。こうして、マルクス主義が、政府とも緊密な関係にあり、どの時点でのそれぞれのいかなる問題についても唯一の収束点として「マルクスの教えているところ」を、公的教義とし続けている諸国と、もはやそういうことにはならない諸国とのあいだにはっきりした乖離が生じた。こうした乖離を便宜的に計れるのは、マルクス主義の創始者たちの実際の伝記の取り扱いである。第一群の諸国では、その伝記は、まったくの聖人物語化はしていないにせよ、とにかく創始者たちを好意的観点で示すことにならないような生活や活動の諸側面は扱いたがらないように抑制され続けていた（この伝統は新しいものではなく、一九一八年に出版されたメーリングの準公的な『マルクス伝』に例示されるように、一九一四年以前のドイツにおける正統的マルクス伝の第一段階にきわめて顕著であり、おそらくそれ以上にもともとの『マルクス＝エンゲルス往復書簡』からの省略のしかたにも顕著である）。第二群の諸国におけるマルクス主義者やマルクスの伝記の著者たちは、魅力的な観点からの人物像にならない場合でさえも、創始者たちの生涯の諸事実を公然と受け入れるようになってきている。この種の乖離は、一九五六年以降、マルクス主義の諸テキストをふくむマルクス主義の歴史についてもますます特徴的にみられるようになっている。

簡略に概観すべきこととして残っているのは、マルクス主義の古典的著作がどのように普及したかである。ここでもふたたび「一枚岩的」共産主義の正統性の時代の意義に注意することが重要であり、それはまた創始者たちによる実際のテキストの組織的普及の時代でもあった。そうした組織的普及は四つの形態でおこなわれた。すなわち、マルクスとエンゲルスによる個々の著作の出版、選集ないし全集の出版、特殊テーマについての論文集の出版、および最後に古典的著作にもとづき、そこからの引用をふくむマルクス理論概要の編纂である。この時期には、そうした「古典的著作家」にマルクスとエンゲルスとともに、レーニンと、後にはスターリンがふくまれていたことは、いうまでもない。しかし、プレハーノフを例外として、他のマルクス派の著者が、こうした「古典的著作家」の仲間の位置を自ら国際的に保持することは、少なくとも一九二〇年代以降はなかった。

（おそらくは一九三三年以前のドイツで先鞭をつけていた「共産主義入門叢書」にならった）フランス語での「共産主義の基礎」あるいはイタリア語での「マルクス主義文庫」といったような表題のもとでのより安価なシリーズにおいて、個々に出版されていた著作には、『共産党宣言』、『空想から科学へ』、『価値、価格、利潤』、『賃労働と資本』、『フランスにおける内乱』、およびたとえば一九三〇年代に編集されたマルクスとエンゲルスのアナーキストたちとの論争のような、時宜に適した選集などがふくまれていた。それらより長大な諸著作も、「マルクス＝レーニン主義双書」あるいはイタリア語で「マルクス主義の古典」のような表題のもとで、標準的判型で出版されるのが通例となっていた。第二次世界大戦の直前におけるイギリスでのそうした双書の目録は、そのようなシリーズの内容を例示するものとなろう。そこには（マルクスとエンゲルスによるものでない著作は省いて）『反デューリング論』、『フォイアバッハ論』、『クーゲルマンへの手紙』、『フランスにおける階級闘争』、『フランスにおける内乱』、『ドイツにおける革命と反革命』、エンゲルスの『住宅問題』、『哲学の貧困』、『マルクス＝エンゲルス往復書簡選集』、『ゴータ綱領批判』、エンゲルスの「『資本論』についての諸論稿」、および『ドイツ・イデオロギー』の短縮版がふくまれていた。『資本論』第一巻も、社会民主党の時代に人気があった短縮や圧縮の形ではなく、省略なしに出版されるのがすでに通例となっていた。一九三〇年代末までには、マルクス＝エンゲルス著作選集を発行する試みはおこなわれなかったようにみえるが、モスクワでは二巻（後には三巻）でのそのような選集がつくりだされ、それは主として戦後にさまざまな言語で普及することとなった。（第一次）メガの終了後には、ロシア語以外の言語でのマルクス＝エンゲルス全集作成の共産主義的試みは、ドイツ語版全集*Werke*（一九五六－六八年）の出版にいたるまで、おこなわれなかった。そのフランス語版は一九六〇年代まで、イタリア語版は一九七二年まで、英語版は一九七五年までそれぞれ進展しなかったが、それは明らかに翻訳作業が膨大で困難であったためである。マルクス主義のテキストの普及が重視されていたことは、イタリア共産党の指導者、パルミーロ・トリアッティ自身が、こうしたマルクス＝エンゲルス全集のイタリア語版のいくつかの翻訳者に加わっている事実にも示されている。

一九三〇年代には、さまざまな主題についてのマルクス主義的テキストの論稿集が、ロシアあるいは地方的な編集で、人気を得ていた。すなわち、マルクスとエンゲルスのイギリス論、マルクスとエンゲルスの芸術および文学論、インド論、中国論、スペイン論などである。概説書のなかで最もぬきんでた権威のあったものは、スターリン自身が関与していた、『ソ連共産党小史』の第四章第二節であった。この著作が、ことに古典的著作の現地語版がほとんどなかった諸国で、多大の影響をおよぼしたのは、共産党員たちにそれを勉強する圧力がかけられていたためだけではなく、その単純で明快な叙述によりそれがすばらしく効果的な教育手引き書となっていたためでもある。一九三八年から一九五六年までの、そしてとくに東ヨーロッパではおそらく一九四五年以降のマルクス主義者たちの世代におよぼしたその影響力は、誇張されすぎることにはなりえない。

一九六〇年代には、とりわけマルクス主義に興味をよせる学生やその他の知識人たちの大群が生じ、共産党以外の多様なマルクス主義的なもしくはマルクス的な諸運動も盛んになるにつれ、マルクス主義の古典的テクストの普及も、ソ連およびソ連と連携している諸共産党の独占事業のようなものではなくなった。商業出版社のますます多くが、マルクス主義者やその共鳴者たちから社員たちへの勧めがあってもなくても、この市場に参入するようになった。左派および「進歩的」出版社の数と種類もまた増大した。もちろんある程度まで、それは、マルクスが、政治的意味よりむしろ一般的意味での「古典作家」として、――通常の教育を受け教養のある読者なら、みずからのイデオロギー的観点にかかわらず、その人についてなんらかの知識はもっていなければならない人物として――広範に受容されたことの反映でもあった。マルクスがプレイヤード版のフランス語の古典作家全集におさめられて出版されたり、イギリスのエヴリマンズ・ライブラリーにおさめられて『資本論』が長年出版されてきているのは、こうした理由からである。マルクス主義への新たな関心は、もはや伝統的な大衆向けの諸著作類にはかぎられなくなっていた。そこで、一九六〇年代には、『ヘーゲル法哲学批判』、『聖家族』、マルクスの博士論文、一八四四年草稿〔『経済学・哲学草稿』―訳者〕、および『ドイツ・イデオロギー』のような著作も、それまでマルクス主義研究の最前線にあるとはいえなかった、スペインのような諸国でも利用できるようになった。こうした諸著作のあるものは、たとえば『経済学批判要綱』のフランス語、スペイン語、英語への翻訳（それぞれ一九六七‐八年、一九七三年、および一九七三年。そのイタリア語訳は一九六八‐七〇年に出版されている〔日本語訳は一九五八―六五年で、これらに先立っていた〕）のように、もはやもっぱら共産党の後援のもとに翻訳されたのではなくなっている。

最後にマルクス主義の古典の地理的普及について若干ふれておこう。初歩的テキストのいくつかは一〇月革命以前にも広く翻訳されていた。こうして、一八四八年と一九一八年のあいだに、『共産党宣言』は日本語版三種、中国語版一つさえもふくめて――もっとも実際には、カウツキーの『カール・マルクスの経済学説』が中国マルクス主義の基礎とされ続けていたが――ほぼ三〇ほどの言語で出版されていた。なお、さらに『共産党宣言』のたどった遍歴についてのより詳しい分析は、本書第5章をみていただきたい。その間に、『資本論』第一巻は、エンゲルスの死去以前に、ヨーロッパの主要文字言語の大部分（ドイツ語、ロシア語、フランス語、デンマーク語、イタリア語、英語、オランダ語、およびポーランド語）にはすでに翻訳されていた。不完全ではあったがスペイン語にも翻訳された。一〇月革命までには、それはさらにブルガリア語（一九一〇年）、チェコ語（一九一三‐五年）、エストニア語（一九一〇‐四年）、フィンランド語（一九一三年）、およびイディッシュ語〔世界のユダヤ人が用いるヘブライ文字による言語〕にも翻訳されていた。西ヨーロッパでは、いくつかの落ちこぼれていた言語もずっと遅くではあれ、後に続いた。ノルウェー語訳は（おそらく文字言語としてのデンマーク語との親近性が翻訳の重要性を低めていたので遅れたと思われるが）一九三〇－一年、そして最初の完訳のポルトガル語版は一九六一年に出版されている。戦間期には、『資本論』は、完訳ではなかったものの、ハンガリー語版（一九二一年）、ギリシャ語版（一九二七年）、セルビア語版（一九三三－四年）とともに南ヨーロッパに広められていた。ところがウクライナ語版（一九二五年）を除けば、ソ連内の諸言語にそれを翻訳する重要な試みはおこなわれてきていないようにみえる。帝政ロシア帝国内でのマルクス主義の大きな発達が遅れた反響として、なお独立国であったラトヴィアでは、現地版（一九二〇年）が出版されていた。この時期にはまた、『資本論』は、アルゼンチン版（一九一八年）、日本語版（一九二〇年）、中国語版（一九三〇－三年）、およびアラビア語版（一九三九年）とともに、はじめて（アメリカ以外の）非ヨーロッパ世界に広められた。このようなその浸透力は、ロシア革命の影響と密接に関連していたといえる。

戦後の数十年には、共産党政府のもとにある諸国の言語（一九四七年にはルーマニア語、一九五三年にはマケドニア語、一九五五年にはスロヴァキア語、一九六一――二年にはベトナム語、一九六二年には（キューバの）スペイン語）への『資本論』の大規模な翻訳がおこなわれた。とても奇妙なことだが、一九五二年までもその後も、ソ連内の諸言語（ベラルーシ語、アルメニア語、グルジア語、ウズベク語、アゼルバイジャン語、リトアニア語、ウゴル語、ツルキ語、およびカザフ語）へこの著作を翻訳する組織的努力は生じなかった。これらの他の唯一重要な『資本論』の言語上の拡大は、独立したインド内で、一九五〇年代と一九六〇年代におけるマラーティー語版、ヒンディ語版、およびベンガル語版として生じた。

いくつかの国際的言語（ラテン・アメリカでのスペイン語、イスラム世界でのアラビア語、英語、およびフランス語）の通用範囲の広がりは、マルクス主義的テキストの実際上の地理的広がりをわかりにくくしている。にもかかわらず、一九七〇年代末をとってさえ、マルクスとエンゲルスの諸著作は、ヨーロッパ以外の非社会主義世界のきわめて重要な部分では、ラテン・アメリカ〔および日本〕を例外として、口語としての言語では入手できなかったものと示唆してよいであろう。それらの入手可能なテキスト類がどのくらい容易に利用でき、あるいはどのくらい広く普及しているかを調べることはここではできないが、おそらく政府が禁止しているところでなければ、世界のあらゆる地域でそれらが学校や大学内で、さらには教養ある公衆に以前より広く利用可能となっていると示唆してよいであろう。それらの範囲の外部でどこまでそれらのテキスト類が読まれ、あるいは購入もされているかは、明確でない。この問題に答えるには、現在はおこなわれていない、かなりの規模での調査が必要とされるであろう。

MARXISM

第Ⅱ部
マルクス主義

第9章

マルクス博士とヴィクトリア時代の評論家たち

Dr Marx and the Victorian Critics

マルクス主義が知的パワーとして登場して以来、それを否認するなんらかの試みなしに一年として——一九四五年以降のアングロ・サクソン世界であれば一週間として——すぎたためしはない。その結果、否認と抗弁との論稿は、ますます反復的となり、そのためますます興味をひかないものになってきている。マルクスの諸著作は、多量にのぼるが、それでも規模はかぎられている。そこで、それらについて独創的批判をおこなうことは、一定数をこえては技術的に不可能となり、批判の大部分はずっと以前にもおこなわれていたものとなっている。逆にまた、マルクスの弁護者も、ますますみずからくりかえし同じことを述べていることがわかり、せめてそれを新たな表現でする苦心はするにせよ、それすら不可能となる。目新しさの効果は、たんにつぎの二つのやり方でのみ達成されうるかもしれない。すなわち、ひとつはマルクスについてではなく、その後のマルクス主義者たちについて論評することであり、もうひとつはマルクスの思索を、批判家が最後に書いた以降に判明した事実に照らして検討することである。しかしそのような可能性もまたかぎられている。

ではなぜ学者たちのあいだでそのような論争が続くのであろうか——というのも、独創性にあまり関心のない扇動者たち同士のあいだであれば、そうした論争が続いても当然だからである。諸理念は、大衆の心をしっかりとらえなければ、力にはならず、それには、広告代理店がみとめてきたように、大量の繰返しやきまり文句さえ必要とされるものなのである。そのことは、マルクスを偉大な人物と考え、彼の教義が政治的に望ましいと思う人々と、その反対の見方をとる人々の双方にもあてはまる。とはいえ、たんなる無知ももうひとつの原因となっている。印刷された言葉が生き残るというのは、書物や論文を執筆する人々の悲しい幻想にすぎない。残念ながら、めったにそうはならないのである。印刷された著作類の大多数は、出版後数週間か数年のうちには、動画の停止状態のようになり、そこから研究生たちにより、同じく短い期間だけ、ときおり覚醒されるにすぎない。さらにそれらの多くは、また英語での批評家たちの手のとどかない言語で出版されている。しかし、そうでない場合でも、それらは、イギリスにおける初期のブルジョワ的マルクス批判家たちと同じように、しばしば忘れ去られるのである。それでもなお、そうした初期のマルクス批判家たちの著作は、ヴィクトリア後期のわが国の知的な歴史だけでなく、マルクス批判の全般的な進展についても理解を深めるのに役立つ。

われわれはもっぱらその論調が、その後通例となってきているところとかなり大きく異なっていることに感銘をうける。これにくらべ、数年前に「マルクス主義と歴史研究」[1]という論文を書いたトレヴァー＝ローパー教授は、あの沈滞した年代における反マルクス主義の論調のうちで異例のものではなかった。彼は、多数の紙面を使ってきわめて信じがたいつぎのような命題を提示している。すなわち、マルクスは、「他の思想家たちによってすでに提起されていた諸発想をかき集め、それらをきわめの粗い哲学的ドグマに付け加える」以外には歴史に独創的貢献はおこなっていないし、マルクスの歴史解釈は過去については役に立たず、未来についての予言の基礎としてもまったく信用を失ったものであり、まじめな歴史家たちには重要な影響を与えなかったし、さらにマルクス主義者であると自認する人々は、「マルクスとレーニンなら『ブルジョワ的』社会史とよんだであろうものを」執筆したか、あるいは「おたがいの評釈を論評しあうのにいそがしい一群のさえない評釈家たち」であった。要するに、マルクスの知的名声は、「あらゆる知的試練により反証されており」、それゆえ大いに誇張されていたものだという主張は広く認められていて、「マルクス主義的歴史解釈は、ソ連の権力によってのみ維持されており、不合理に正当化されているのである」、というのである。

ヴィクトリア時代のマルクス批判家たちの著作は、いまでは大部分当然にも忘れられている。そのことは、この論議に関与しているわれわれにも一種の警告になっている。だが、それらを拾い読みしてみると、まったく違った論調を見出す。明らかにイギリスの著者たちは、その冷静さを保つのを異常に容易なことみていた。反資本主義の運動が彼らに挑戦することもなく、資本主義の永遠性についての疑念が彼らを悩ますこともなく、さらに一八五〇年と一八八〇年のあいだであれば、イギリス生まれの市民で、みずからをマルクス主義者はおろか、われわれの規準で社会主義者とよぶ人を見出すことも困難だったであろう。それゆえ、マルクスに反駁するという課題は緊急なものでも、大きな実践的重要性をもつものでもなかった。おそらくわが国での最初の非マルクス主義的なマルクス主義の「専門家」、M・カウフマン牧師がよろこんで述べていたように、マルクスはみずからの学説を実践に移そうと試みなかった純粋の理論家であったとされる。[2] 革命的な規準では、マルクスはアナーキストたちにくらべてさえ危険でないと思われ、それゆえまたときには無鉄砲な人々と対比もされて、ブロドリックによるとマルクスの方がましだとされ、[3]

▼1　*Problems of Communism* V (1956).
▼2　M. Kaufmann, *Utopias from Sir Thomas More to Karl Marx* (1879), p.241.
▼3　*Nineteenth Century* (April 1884), p.639.

ベルファストのクイーンズ・カレッジのＷ・グラハムによると劣るとされていた。グラハムのみるところでは、アナーキストたちは「カール・マルクスとハインドマン氏の学派のような競合的革命家たちには欠けている……方法と論理」を有している。[4] 結果として、ブルジョワ的読者たちもマルクスに、われわれの世代では失われたような、平静な精神で、あるいは――カウフマン牧師の場合のように――クリスチャン的寛容さで、接していた。カウフマンによれば、「マルクスは哲学的にはヘーゲリアンであり、聖職者たちに対してはむしろ辛辣な反対者である。しかし、彼の著作についての意見を形成するさいに、われわれはその人物に反対する偏見にみずからをゆだねてはならない」[5]。マルクスも明らかにこれへ敬意をもって報い、匿名の「共通の知人」の教唆にもとづき、後年の著書で、みずからに対するカウフマンの説明に改訂を加えていた。[6]

マルクス主義についての英語の文献はこうして、ボナーもそうみていたように、[7] 独りよがりがなくはないにせよ、ドイツ語でのこの主題での議論にはすでに欠けていた平静で公平な精神を示していた。そこにはマルクスの動機、独創性、あるいは科学的誠実さへの攻撃はほとんどなかった。マルクスの生涯と諸著作の取り扱いは、もっぱら解説的なもので、異議をとなえている場合も著者たちが訴追と解説をいっしょにしているためというより、読み方か理解が不十分なためであった。明らかに彼らの解説はしばしば不完全であった。マルクス主義の主要な諸教義が今日理解されているような内容で、近似的にでも役立つように非社会主義的に要約されているものは、カーカップの『社会主義の歴史』（一九〇〇年）以前に、なにかあったか疑わしい。しかし読者は、なおかつマルクスはどういう人か、なにを意図していたと著者は考えているかについての事実に基づく説明を、そのかぎりで読みとれるものと期待することはできた。

読者は、とりわけマルクスの資質についてのほとんど異口同音の容認を読みとることを期待できた。[8] ミルナーは、一八八二年のホワイトチャペルでの講演で、はっきりとマルクスを称賛していた。バルフォアは一八八五年に、ヘンリー・ジョージの発想とマルクスの発想とを「〔彼らの〕知力、〔彼らの〕首尾一貫性、〔彼らの〕推論一般、ないしとくに〔彼らの〕経済学的推論の運用力、などのいずれの観点においても」比較することは滑稽なことと考えていた。[9] わが国のマルクス主義の初期の「専門家たち」のうちで最も先端的なジョン・レーも、マルクスを同様の真剣さであつかっている。[10] いくらかの進歩的傾向をもったアメリカの教授リチャード・イーリの『フランスとドイツの社会主義』はイギリスでは一八八三年に出版されたが、そこでは目利きたちは『資本論』を「リカードと同列においている」し、「マルクスの能力については意見の一致がある」とみていた。W・H・ドウソンは、最近マルクス批判家たちがむなしくその名誉回復を試みているあわれなデューリングを除けば、と注記しつつ、すべてのものの意見はほとんど確実につぎのように要約できるとしていた。[11] すなわち、「その教訓がどのようにみられるにせよ、〔『資本論』の〕諸ページ……に示されている熟達した創意、まれな洞察力、緊密な論証、さらに加えれば鋭利な論争のみごとさに、あえて異議をとなえようとする者はいないであろう」というのである。*

▼4　W. Graham, *The Social Problem* (1886), p.423.

▼5　M. Kaufmann, *Socialism* (1874), p.165.

▼6　*Subject of the Day: Socialism, Labour and Capital* (1890-1) におけるカウフマンの章 (p.44) をみよ。

▼7　J. Bonar, *Philosophy and Political Economy* (1893), p.354.〔J・ボナー著、東晋太郎訳『經濟哲學史』(大鐙閣、一九二一年)、五六三ページ〕。

▼8　*National Review* (1931), p.477.

▼9　*Report of the Industrial Remuneration Conference* (1885), p.344.

▼10　以前の諸論文を再刊行した*Contemporary Socialism* (1884).

▼11　W.H. Dawson, *German Socialism and Ferdinand Lassalle* (1888), pp.96-7.

＊『資本論』第一巻の一九三八年再版へのドナ・トアの付録に、これらのような意見のいくつかをみることができる。しかし、彼女は明らかに利用可能な文献のうちのごく小部分しか参照していなかった。

こうした賞賛の合唱は、初期の評論家たちがマルクスを全体として拒絶しようとはまったく望んでいなかったことを想起すれば、さほどおどろくにはあたらない。そのような賞賛をもたらした原因の一部は、それら評論家たちの若干がマルクスを自由放任論に反対する自分たちの闘争に役立つ味方とみたこと、他の一部は、マルクスの全理論の革命的含意を彼らが正しく理解していなかったこと、さらに一部は、彼らが、平静で、マルクスの優れた諸点を注意してみようと純粋にこころがけ、原則としては、マルクスから学ぼうとさえこころがけていたことなどにもあった。もっとも、そこにはひとつ例外とされているところがあり、それは労働価値説であり、あるいはより正確にいえば、当時の利潤と利子の正当化についてのマルクスの攻撃であった。こうした点に批判的論難が集中されていたのは、おそらくは「労働がすべての価値の源泉である」という表現に含意されている道徳的非難が、資本主義の衰退と没落の予言よりも、確信的な資本主義の信奉者たちに大きな作用を与えたためであろう。そうであるとすれば、彼らは、マルクスの思想のうちでまさに「マルクス的」度合いが低い諸要素のひとつで、より粗雑な形態ではあれ、リカードはいうまでもなく、マルクスに先立つ社会主義者たちもすでに提示していた論点のために、マルクスを批判していたことになる。いずれにしても、価値論は「ドイツ社会主義およびすべての近代社会主義の支柱」▼12とみなされていたのであり、それがひとたび倒れれば、主要な批判的任務は完了したことになるとみられていた。

とはいえ、マルクスの貢献はこの争点をこえても大きく、とくに当時なお流行していた粗雑なマルサス主義を批判する失業理論がそうであることは明らかであると思われた。マルクスの人口問題と「産業予備軍」についての見解は、（レーにおけるように）批判なしに通例提示されていたばかりでなく、ときにはたとえば先駆的経済史家のカニンガム副司教[13]――彼は『資本論』を早くも一八七九年に読んでいた[14]――や、もう一人の経済学者でその名声が経済史における著作（『工場工業と社会主義』グラーズゴウ、一八八七年）に依拠しているグラーズゴウのウィリアム・スマートによって、賛意をもって引用されたり、部分的に受け入れられたりもしていた。同様に、分業と機械装置についてのマルクスの見解は、たとえば一八八七年の『アシニアム』誌における『資本論』の書評執筆者などから、全般的賛同をもって迎えられた。マルクスのその見解には、J・A・ホブソン（『近代資本主義発達史論』、一八九四年）も明らかに感銘をうけており、彼のマルクスへの論及はすべてこの論題をあつかう場合であった。だがエディンバラのJ・シールド・ニコルソン[15]のような、より正統派的で非友好的な著者たちですら、この論題やそれに関連する事項についてのマルクスの取り扱いは「博識で徹底的であり、熟読に十分あたいする」ものとみていた。そのうえさらに、マルクスの賃金と経済的集積についての諸見解も簡単に払いのけられるものではなかった。実際、マルクスを全面的に拒絶することを不安とする論評者たちも何人かはいたのであって、ウィリアム・スマートは一八八七年に『資本論』の書評を執筆するさいに、とくにその価値論への批判によりこの書物の研究から離れたかもしれない読者たちに、その書物が「歴史家と経済学者との双方にきわめて大きな価値を有する」[16]多くのものを含んでいると薦めていた。

▼12 William Graham, *Socialism* (1890), p.139.
▼13 Archdeacon Cunningham, *Politics and Economics* (1885), p.102.
▼14 Cunningham, "The Progress of Socialism in England" *Contemp. Rev.*, (January 1879), p.247.
▼15 J. Shield Nicholson, *Principles of Political Economy* I (1893), p.105.

インドの大学生向けに企画された入門的教科書で、M・プロテーロは、非マルクス主義者たちがどのようにマルクスをみていたかをかなりうまく要約している。すなわち、いささか無知であったので、個人的研究よりは一般に流布している諸見解を反映していたために、それだけましだった、というのである。そのような諸見解として、とくに価値論、失業論、および「現在の資本主義の経済的構造が封建社会の経済構造から成長してきた」[17]ことを最初に指摘した歴史家として、マルクスの業績の三点が選びだされていた。実際、マルクスが最大のインパクトを与えたのは、歴史家としてであり、経済学者たちのあいだでは、彼らの主題への歴史的接近方法をもってであった（それでもなお、イギリスの専門的歴史家で経済史家でない者は、いぜん型どおりのまったくの制度的、政治的、外交的および軍事的歴史に没頭していたのであって、マルクスの影響をほとんどうけていなかった）。最近の著者たちがどういおうとも、マルクスを読んだ人々に彼が与えた影響についてはまったく争う余地はなかった。一八八〇年代にみられるかぎりで辛辣なアカデミックな反マルクス主義者のフォクスウェルは、「わが国の真面目な学生たちに最も大きな影響を与えた」経済学者たちのなかに、またこの時期の「歴史的感覚」にはっきりした前進をもたらした人々のなかに、当然のこととしてマルクスをあげていた。[18]『資本論』に示されている奇妙な、私見では誤っている価値論」を拒否した人々でさえ、その歴史的諸章には価値論とは異なる判断をせざるをえないと感じていた。[19]マルクスの刺激のおかげで、うたがいなく「われわれはいまや歴史の大部分がこの新たな見方にてらして書き直されなければならないであろうとみなしはじめている」。[20]それは、その刺激がマルクスのものではなく、アダム・スミス、ヒューム、ド・トクヴィルあるいはフュステル・ド・クランジュのものであるというトレヴァー＝ローパー教授の論証を明らかに無視するものであった。ボーズンケトも「経済学的ないし唯物論的な歴史観」は、バックルやル・プレーの多くの主張にも例示されているとはいえ、「主としてマルクスの名前と結びつけられている」ことに疑いはないとしている。[21]ボナーは、――先駆者として一七世紀の思想家ハリントンをきわめて適切に例示しつつ[22]——マルクスが唯物史観を発明したことははっきり否定したが、それにもかかわらず、つぎのようなマルクス主義的な歴史の主張は前にはきいたことがないとし、それに瞠目している。すなわち、「三〇年戦争が長引いたのは経済的諸原因によるし、十字軍は封建的領土拡張熱によるものであったし、家族の発達は経済的諸原因に由来するものであり、デカルトによる動物の機械観は工場制度の成長と関連づけることができる」といった論点である。[23]

マルクスの影響は、わが国では当然のこととして経済史家たちのあいだに最も顕著であって、そのなかでまったくインスピレーションをうけていないとみなしうるのはソロルド・ロジャーズだけである。ケンブリッジのカニンガムは、すでにみたように、一八七〇年代末以降、共感しつつマルクスを読んでいた。オックスフォードの人々は——おそらくはそこでのヘーゲリアンたちのはるかに強力なドイツ的伝統のおかげで——、イギリス・マルクス主義者グループの出現以前からマルクスを知ってはいた。もっともトインビーの（『産業革命』における）歴史についてのたんに付随的なマルクス批判は、たまたま誤っていた。[24]ジョージ・アンウィンは、その世代では最も印象的なイギリスの経済史家であるが、マルクスを通じ、あ

▼16　William Smart, *Factory Industry and Socialism*, (n.d.), p.1.
▼17　M. Prothero, *Political Economy* (1895), p.43.
▼18　H. S. Foxwell, "The Economic Movement in England", *Q. Jnl. Econ.* (1888), pp.89, 100.
▼19　Shield Nicholson, op. cit., p.370.
▼20　Kirkup, *History of Socialism* (1900), p.159.
▼21　B. Bosanquet, *The Philosophical Theory of the State* (1899), p.28.
▼22　Bonar, op. cit., p.358.〔東訳、五五七ページ〕。
▼23　Ibid., p.367.〔東訳、五八三－四ページ〕。

るいはまたとにかくマルクスを論駁しようとみずからの研究主題にとりくんだ。しかし彼も、「マルクスは正しい種類の歴史をめざしての試みをすすめていた。正統派の歴史家たちが、人類の発達における最も重要な諸要因をまったく無視している[25]」ことに疑いはないとしていた。

さらにまた資本主義の歴史家としてのマルクスの業績についてであれば、あまり見解の相違はなかった(『アシニアム』誌の書評者は、それより早い歴史的諸時代についてのマルクスの見解を「不満足でまったく表面的である」とみていたが、しかしそれらの見解も通常は無視されていたところであり、しかもマルクスとエンゲルスの最もすばらしい諸洞察の大部分は広く公衆に利用可能となっていない、と述べていた)。イギリスでの最も広範で非友好的なマルクス思想の批判――それはフリントの『社会主義』(一八九五年、執筆されたのは主に一八九〇-一年)であるが――も、「マルクスのみが歴史理論家として記憶されるべき仕事をなしとげたといえるのは、資本主義時代についての分析と解釈においてであり、彼はそこでは、彼の分析が正確というより巧妙で、その解釈が真実というより独創的だと考える人々からみても、卓越した仕事を提示してきた[26]」と認めている。

「推論における過度の洗練への傾向[27]」にイギリス人らしい不信を示しつつ、資本主義、より特定すれば一九世紀の資本主義についての歴史家としてのマルクスの功績を容認したのは、フリントだけではなかった。マルクスとエンゲルスの学問性、首尾一貫性、および典拠の用い方に疑問を投ずるのは現代的慣行となっているが[28]、当時の人々は、マルクスの攻撃している弊害がまったくあまりに現実的なのは明白だと思われたので、こうした批判の筋道を探ろうとはほとんどしなかった。たとえば、カウフマンは、「マルクスが現代の社会生活の憂鬱な側面のみを提示しているとしても、悪意をもって偽り伝えているのだと彼を論難することはできない[29]」とみて、多くの人々にそれを述べていた。リュウリン＝スミスも「マルクスはその描写をあまりに暗く描きだしているとはいえ、彼は近代産業の陰鬱な諸様相に注意を喚起するという偉大な功績を提示しているのであって、それに目をふさぐのは無益である」[30]と感じていた。シールド・ニコルソンも、マルクスの取扱いはいくつかの点では誇張されてはいるが、「弊害のいくつかはあまりに大きく、誇張することは不可能に思える」[31]とも考えていた。そしてマルクスの学者としての信義〔bona fides〕に対する最も手厳しい攻撃でさえ、彼が白い映像やグレーの映像すら黒く描きだしたとはあえて主張していなかったのであり、せいぜいのところ、諸事実はたしかに黒かったとしても、マルクスが関心を払わなかったような「銀白の縞」のような証拠もときにはふくんでいたと主張するにとどまっていた。[32]

そうした初期のブルジョワ的なマルクス批判には、現代的なヒステリー的懸念を示す論調は完全になかったのであろうか。そうではない。イギリスにマルクス主義に鼓舞された社会主義運動が出現した瞬間から、理解を排除するまでに信用を失わせ反論を拒否する現代型のマルクス批判もあらわれはじめる。その

▼24　トインビーは、独立自営農民が一七六〇年までには消滅していたというマルクスの見解に同意していなかった(*The Industrial Revolution*, 1908edn, p.38〔A・トインビー著、原田三郎訳『イギリス産業革命史』(創元社、一九五三年)、七八ページ〕)。しかし、その後の諸見解は、トインビーよりマルクスと一致していた。
▼25　George Unwin, *Studies in Econimic History* (1927), pp.xxiii, lxvi.
▼26　Robert Flint, *Socialism* (1895), p.138.
▼27　Robert Flint, in *Athnaeum* (1887).
▼28　Trevor-Roper, *Capitalism and the Historians*, およびW. H. Chaloner とW. O. Hendersonによる諸批判を参照せよ。
▼29　Kaufuman, *Utopias*, p.225.
▼30　Llewellyn-Smith, *Economic Aspects of State Socialism* (1887), p.77.
▼31　Shield Nicholson, op. cit., p.370.
▼32　J.R. Tanner and F. S. Carey, *Comments on the use of the Blue Books made by Karl Marx in Chapter XV of Capital* (Cambridge Economic Club, May Term, 1885).

いくつかのものは、とくに一八八〇年代半ばから、英語に翻訳されたヨーロッパ大陸での諸著作であった。たとえばラヴルイの『今日の社会主義』（一八八五年）、シェフレの『社会主義の真髄』（一八八九年）のような、敵意をもった大陸の諸作が翻訳されたのである。とはいえ、国内産の反マルクス主義も、とくにアカデミックな経済学の指導的中心をなしていたケンブリッジにおいて芽生えはじめていた。すでにみてきたようなマルクスの学問性についての手厳しい最初の攻撃は、一八八五年のケンブリッジの二人の教師（ターナーとケアリ）の共著からよせられていた。もっとも、――当時「反マルクス主義的」度合いがずっと少なかった――オックスフォードのリュウリン＝スミスは、その批判をさほど悲惨なものとは解釈せず、数年後にもたんにマルクスの「議会報告書からの引用は、つねに信頼できるものとはいえないにせよ、きわめて重要で啓発的なものである」[33]とみていた。興味深いのは、ケンブリッジの批判家たちの提示している内容よりも、中傷的で、たとえば、『資本論』の「雑然とした代数的表現」とか「典拠の利用にさいしてのほとんど犯罪的な不注意は、マルクスの著作の他の部分をも疑うように警告している」[34]といった言い回しは、――少なくとも経済学的諸主題における――学者的な不同意以上のなにかを指示している。実際、ターナーとケアリがいらいらしていたのは、たんにマルクスによる証拠の取扱い方のせいだけではなく――彼らは（事実はいずれにせよ十分暗黒だったので）「とくに偽証は不要とさえ思われたため……故意の偽証の告発からはひきさがり」――むしろ「資本に対するマルクスの不公正な態度の全体」[35]のせいである、と述べている。すなわち、資本家たちは、マルクスが彼らに与えた評判よりは親切なのであって、マルクスは彼らに不公正である。だからわれわれも彼に不公正とならざるをえない。こうしたことが、概してそのような批判家たちの態度の基礎となっていたようにみえる。

ほぼ同じころ、ケンブリッジのフォクスウェルは、いまでもよくみられるつぎのような批判の筋道を開拓していた。すなわち、マルクスは、とくに知識人のあいだの、未成熟な人々にのみ訴えかけることができる論述の才能をもった変わり者であって、――バルフォアがいましめているにもかかわらず――ヘンリー・ジョージと同類視できる人物である。『『資本論』は、貧しい人々の痛ましい状態を実感し、それに反感をいだくのには十分教育されてはいるが、その悲惨さの真の諸原因を見出すのに十分なほどには辛抱強くも実際的でもなく、また美辞麗句で効果的に提示されている偽の治療法のまったくの空虚さを理解するのに十分な訓練もうけていないような人々の、あてど衒学的《ディレッタント》な情熱に訴えかけるよう、みごとにもくろまれていた」[36]というのである。ディレッタントで、辛抱強くも実際的でもない、まったくの空虚さ、偽の、美辞麗句の、といった感情的なたわごとがこの批判家の語彙にはつみあげられている。さらにマルクスの独創性を攻撃し、彼をトムソン、ホジスキン、プルードン、ロートベルトゥス、あるいは批判家の空想を占めるほかのどの先行の論者たちでも、の盗作者とみなす、ドイツの室内ゲームのような論難の普及も（オーストリアのメンガーを介し）フォクスウェルのおかげである。マーシャルの『経済学原理』（一八九〇年）はこれを脚注に引き継いでいたが、第四版（一八九八年）以降ではマルクスの独創性の欠如についてのメンガーの論証への参照指示は省かれている。マルクスとロートベルトゥスとは――この二人はしばしば一括されていた――「もっぱら先行の経済学者たちの諸学説の誇張や、あるいはそれらからの推論」をおこなっていた[37]、あるいはまた、先行の他の思想家のなかには――ロートベルトゥス[38]やコント[39]のように――マルクスが歴史について述べたいと思ったことを、前もってずっとみごとに説いていたものもい

▼33　Llewellyn-Smith, *Two Lectures on the Books of Political Economy* (London, Birmingham and Leicester, 1888), p.146.
▼34　Tanner and Carey, op. cit., pp.4, 12.
▼35　Ibid., p.12.
▼36　Foxwell, op. cit., p.99.
▼37　Flint, *Socialism*, p.136.

る、というような見方は、すでにわれわれを見慣れた世界にみちびくものである。マーシャル自身は、ケンブリッジの経済学者たちのなかで最も傑出していたが、彼の通例であるマルクスへのきわだった感情的敵意と同じくきわだった回りくどさとの組み合わせを示していた。[*] しかし全体として、一九世紀には徹底的な反マルクス主義は少数派にとどまっていたのであり、その後の一世代も全面的な攻撃よりも、外接的な冷笑といったマーシャル的な筋道をたどる傾向があった。それはマルクス主義が急速に、議論を挑発するだけの影響力を失ったからである。

＊マーシャルの見解は以下の補記においてより詳しく論じられる。

奇妙なことだが、冷静なタイプのマルクス批判のほうが、ヒステリックなタイプよりはるかに有効なことがわかった。たとえば一八八四年一〇月号のイギリス社会党の『トゥデー』誌に掲載された、フィリップ・ウィクスティードの『資本論』——一批判」より有効なマルクス批判はほとんどない。それは、共感と丁重さをともない、「この偉大な著作」、マルクスが価値を論じている「注目に値する節」、「あの偉大な理論家」、さらにはとくに第一巻の後半部分におけるウィクスティードがマルクスならなし遂げるものと信じていた「きわめて重要な業績」の十分な評価をもともない執筆されていた。しかし、価値論へのまったくの限界学派的接近をいまどのように考えるにせよ、ウィクスティードの論文は、フォクスウェルやフリント流の（「経済学史における最大の失敗作」といった）感情的なはげしい非難よりもはるかに、マルクス価値論は社会主義の経済学的正当化になぜか無関係であるという誤った印象をつくりだすうえで大きな役割をはたした。『フェビアン社会主義論集』のそのような論調が熟成されていったのは、ウィクスティード、——もうひとりの感情論を回避した限界主義者の——エッジワース、[**] ショウ、ウェッブ、ウォラス、オリバー、その他何人かが『資本論』について議論していたハムステッド研究会においてであった。

＊＊エッジワースは、マルクスを真剣に研究する労をとったことはなかったが、ケンブリッジの経済学者たちのマルクスへの全般的拒否と反感とを共有していたようにみえる（一九二〇年に執筆した論評、*Collected papers*, III, p. 273ff.）。とはいえ、彼がこうした見解を一九世紀に公にしていたという証拠はない。

そして数年後に、シジウィックが、マルクスの「根本的な混乱については、……私見によれば、はるかに有能で影響力のあるイギリスの社会主義者たちも、いまや注意深く距離をおくようになっているのであるから、イギリスの読者がその検討に時間を費やす必要はない」▼40と述べることができたのは、彼らのつねであったシジウィック流の冷やかしからではなく、ウィクスティード流の議論によるところであり、――おそらくさらに付言すれば、イギリスのマルクス主義者たちがマルクス経済学をその批判家たちに対し防御しえなかったためでもある。労働者たちはそれでもなおマルクス主義を要求し、初期の労働者教育協会（WEA）がそれを教えてくれないことに反逆していた。しかし、さまざまなできごとが、マルクス批判家たちのみずからの理論への確信は見当違いであるか、いきすぎたものであることを、はっきりわからせるまでは、マルクス主義はアカデミックな勢力として復活することはなかった。いまでは学界からマルクス主義がふたたび消えてしまうようなことは起こりそうもない。

▼38 E. C. K. Gonner, *Rodbertus* (1899).
▼39 Flint, loc. cit.
▼40 *Econ. Jnl.* V, p.343.

補記

マーシャルとマルクス

マーシャルは、当初、マルクスについてどのような明確な見解ももっていなかったようにみえる。『産業経済学』（一八七九年）における唯一の言及は中立的であり、『経済学原理』第一版においてさえ、ある時期には資本主義への脅威は、マルクスからよりヘンリー・ジョージからのものがより心配であったといった様子（一三八ページ〔原著のページ数。以下同様〕）が示されている。『経済学原理』におけるマルクスへの言及はつぎのようなものである。（1）資本が、「その所有者たちに他人を収奪し搾取する機会を与える」唯一のものであるというマルクスの「恣意的学説」への批判（一三八ページ）（一八九五年の第三版からは、それは書き換えられ推敲されている）。（2）経済学者たちは「節欲〔abstinence〕」という用語をさけて、むしろ「待忍〔waiting〕」のようななんらかの用語を選ぶべきである――少なくともこの点での脚注の追加を私は、こう解釈している――「カール・マルクスとその信奉者たちは、ロスチャイルドのような大富豪の節欲がその富の蓄積の由来だと考えてみるのをたいへんおもしろいこととみているのである」（二九〇ページ）（この言及は、第三版からは、索引から省かれているが、脚注の本文には残されている）。（3）ロートベルトゥスとマルクスは、「利子の支払いは労働を盗んでいることである」と主張する見解において、独創的ではないし、「マルクスがたのしんでいるヘーゲル的いいまわしにつつまれてはいても」、循環論証として批判されてもいる（六一九－二〇ページ）。（第二版（一八九一年）で、それ以前には風刺的に扱っていたのに代えて、マルクスの搾取理論の要旨を用いるよう試みるようになっている。）（4）リカードを、マルクスだけでなくよくわかっていない非マルクス主義者たちによっても、誤って主張されているように、労働価値論者であるとする嫌疑に対し、弁護すること（この弁護は版を重ねるなかでますます詳論されるようになる）。マーシャルは、リカードに大きな敬意をいだいていたので、――たとえばフォクスウェルのような――他の多くの経済学者たちがすすんでそうしていたように、リカードを社会主義的理論家たちの先駆者として水に流すことは望まなかったのである。しかし、リカードが労働価値論者でなかったと論証する作業は、マーシャルもそう認識していたと思われるように、入り組んだことになる。こうして、われわれは、マーシャルのマルクスへの論及はすべてが批判的で論争的であった――彼がマルクスに認めた唯一の長所は、フロイト以前の時代に生きていたので、健全な心をもっていたことであった――ことに気づくだけではない。マーシャルの批判は、期待されるより、あるいは信頼できる同時代のアカデミックな経済学者たちがおこなっていたより、マルクスの諸著作についての詳しい研究が、はるかに乏しい基礎にもとづいていたようにみえることにも気づかされる。

本章は、E. J. Hobsbawm, *Labouring Men: Studies in the History of Labour* (London: George Weidenfeld and Nicolson,1964)〔E・J・ホブズボーム著、鈴木幹久・永井義雄訳『イギリス労働史研究』（ミネルヴァ書房、一九七〇年）〕の第一三章におさめられているので、その邦訳を参照し、参考にした。――訳者

第10章

マルクス主義の影響——一八八〇年から一九一四年まで

The Influence of Marxism 1880–1914

1　マルクス主義の影響範囲

マルクス主義の歴史書は、総じて、排除によって主題を定義してきた。その対象範囲を確定したのは、マルクス主義ではない人々——それは、教条主義的マルクス主義者も、確信的な反マルクス主義者もともに、イデオロギー的および政治的理由からしばしばできるだけ拡張しようとしたカテゴリーであるのだが——ではない人々であった。最も包括的で諸潮流を統一しようとする歴史家たちですら、「マルクス主義者」と「非マルクス主義者」をはっきりと区別しつづけ、できるだけ広範囲のマルクス主義者を取り込もうとしてはいたにせよ、マルクス主義者にしか注意を払ってこなかった。そして実際、彼らはそうしなければならなかったのである。というのは、このような明確な区別がないとすれば、マルクス主義だけの歴史を書く必要はないだろうし、おそらく書くこともできないからである。それでもまた彼らは、はっきりとマルクス主義的な理論本体の発展史およびその内部の論争史としてのみマルクス主義の歴史を描こうとする誘惑、したがってマルクス主義が普及する重要領域——簡単には定義できないとしても——を無視しようとする誘惑にかられてきた。しかし、近代史家がこの領域をさまざまなマルクス主義運動とは明らかに異なるものとして放置することはありえない。「ダーウィニズム」の歴史は、ダーウィン派の歴史に、あるいは生物学者一般の歴史にさえ限定されえない。ダーウィンの思想や隠喩、さらには言葉遣いさえもが、ガラパゴス諸島の動物相をまったく考えたこともなく、また自然選択理論において近代遺伝学が要求する厳密な一時変異を考えたこともまったくないような人々の知的世界の一要素となり、ほんのわずかな場合だけだとしても、それらが利用されていることは、考慮しないわけにはいかないのである。同様にフロイトの影響は、分裂し対立している精神分析学諸派をはるかに超えて、そしてさらにはその創設者が書いたものをわずかでも読んだことのある人々さえもはるかに超えて拡がっている。マルクスは、ダーウィンやフロイトと同様に、その名前と思想が何らかの形で近代世界の一般文化の一部となった希有な思想家の一人である。たいへん大雑把にいえば、一般文化に対するマルクス主義の影響は、第二インタナショナルの時代に認知されはじめた。本章は、このことを概観しようとするものである。

カール・マルクスの名前に結びついた労働運動や社会主義運動が一八八〇年代と一八九〇年代に劇的に拡大したので、これらの運動の内外を問わずさまざまな彼の理論（あるいは彼の理論と考えられたもの）の影響力が必然的に広まった。運動の内部では、「マルクス主義」は左翼の他のさまざまなイデオロギーと競合し、いくつかの国では少なくとも表向きにはそれらに取って代わった。運動の外部では、「社会問題」が衝撃を与え、さまざまな社会主義運動が取り組む課題が増大したので、ますます運動と同一視される名前をもち、明らかに独創性と瞠目するほどの知的資質に恵まれた思想家の思想に関心が集まった。マルクスの名声は容易に落とせると、また彼以前の社会主義者や資本主義批判者たちが述べた以上のことをマルクスはほとんど語っていない——さらにマルクスは先行者たちをほとんど剽窃した——と証明しようとする論争が試みられたにもかかわらず、誠実な非マルクス主義者はおそらくこれほど基本的な間違いを犯すことはなかった。[1]ある程度までマルクスの分析は非マルクス主義的な分析を補完するために用いられた。一八八〇年代の何人かのイギリスの経済学者が、失業に関する正統派マルサス理論の不十分な点に気づき、マルクスの「産業予備軍」に関する見解に概して肯定的な関心を寄せた場合などである。[2]もちろん、マルクス主義に影響されたさまざまな労働運動が当時のイギリスほどささいなものではなかった国々では、このような冷静なアプローチが当時のイギリスのように生ずることはなかった。それらの国々では、マルクスを論駁するためにアカデミックな知性という重火器を動員する必要性、あるいは少なくともマルクスの魅力の性質を理解する必要性がイギリス以上に切迫して感じられていたのである。したがって、とくにドイツとオーストリアで、この目的のために、卓越した学識と重大な影響力を伴う著作が一八九〇年代半ばから後半にかけて出版された。たとえば、ベーム＝バヴェルクの『マルクス体系の終結』（一八九六年）、ルドルフ・シュタムラーの『唯物史観による経済と法』、ハインリッヒ・ヘルクナーの『労働問題』（一八九六年）などである。[3]

労働運動と社会主義運動の外部では、別の形態でのマルクス主義の影響が、一八九〇年代後半の「マル

▼1　こうした趣旨での英語の引用としては、E.J. Hobsbawm, *Labouring men* (London, 1964), pp.241-2〔E・J・ホブズボーム著、鈴木幹久・永井義雄訳『イギリス労働史研究』（ミネルヴァ書房、一九九八年）、二一七－九ページ〕を参照されたい。信頼できるドイツ語の概説としては、*Handwörterbuch der Staatswissenschaften* (2nd edn, 1900) のR・シュタムラーの「唯物史観〔Materialistische Geschichtsauffassung〕」という項目を参照されたい。

▼2　Hobsbawm, op. cit., pp.242-3〔鈴木・永井訳、二一八－二二〇ページ〕を参照されたい。

▼3　利用可能な文献のすぐれた概観については、*Hwb. d. Staatswissenschaften* (2nd edn, 1900) のK・ディールによる項目「マルクス」における文献目録を参照されたい。

クス主義の危機」の時代から徐々に増加した半マルクス主義者や元マルクス主義者を通して広まった。男女の政治的および知的成長における一時的段階としてのマルクス主義というよく知られた現象の誕生が、見受けられた時代であった。そして周知のように、この一時的段階を経た人々がこの経験の何かしらの痕跡を残していないことはあまりなかった。イタリアのクローチェ、ロシアのストルーヴェ、ベルジャーエフ、トゥガン＝バラノーフスキー、ドイツのゾンバルト、ミヘルス、――彼らに比べてアカデミックではない分野であるが――イギリスのバーナード・ショウなどの名前をあげさえすれば、一八八〇年代と一八九〇年代のこの元マルクス主義第一世代が当時の一般的な文化的・知的生活においてどれくらい重要であったかを評価することができる。こうした元マルクス主義者に加えて、マルクス主義とのつながりを切ることには躊躇するが、いまやより明確に正統として規定されつつあったものからどんどん遠ざかっていく――多くの「修正主義的」なドイツ知識人のような――人々や、マルクス主義者でないが、社会主義的左翼に与することを主たる理由としてマルクスの思想のいくつかの側面に引きつけられる人々が増加した。

　マルクス主義伝播のこれらの形態は、多少とも、この時期に労働運動や社会主義運動が発展したあらゆる地域において、すなわち大部分のヨーロッパや、主としてあるいは一般にヨーロッパ人の海外移住者が定住した諸地域において見受けられた。そのような運動の圏外では、当時、マルクス主義はほとんど存在しておらず、日本という周辺的例外でしかとうてい存在しえなかった。インドでは、一九一四年以前のさまざまな革命運動にマルクス主義の影響の証拠はないが、それらの運動は（明らかに）イギリスだけでなくロシアの知的影響も受けがちで、またたとえば一九一四年以前の時代のベンガルのテロリストを供給した支持層はマルクス主義に対する高い受容性を後に示すこととなった。イスラム世界やサハラ砂漠以南のアフリカ諸国、そして移民がたいへん多かった「サザンコーン〔ブラジル・パラグアイ・ウルグアイ・アルゼンチン・チリ〕」という例外はあるにせよ、ラテンアメリカではまったくその影響の証拠がない。これらの地域はすべて無視することができる。

他方で、マルクス主義の伝播がとくに重大な意味をもち、全般的なものとなったヨーロッパのいくつかの国では、実質的にすべての社会思想が社会主義運動や労働運動との政治的つながりとは無関係にマルクスの影響によって特徴付けられていた。この文脈でいえば、マルクスは（ほとんど存在していない）公認されたブルジョワ正統理論に対する挑戦者というよりも、むしろ社会とその変革のあらゆる分析を作り出した主要人物の一人だったのである。これが東ヨーロッパ諸地域、とくに帝政ロシアでの実情であった。こうした国々では、当時でさえ、マルクスと関わらないことはありえなかった。というのは、すでにマルクスは知的生活の一般的枠組みの一部となっていたからである。とはいえ、マルクスの影響を受けたものすべてが、何らかの明確な意味においてマルクス主義者を自認した、あるいは今日からすればそのように見なしうるというわけではない。

2　時代の細区分

本章で扱う期間は三〇年を大幅に上回りはしないが、それでもやはり、一節だけで論じることはできない。主要な細区分期間を三つ設ける必要がある。第一の細区分期間は、一八八〇年代から一八九〇年代前半にかけての折々に多少ともマルクス主義志向の社会主義政党と労働者政党が誕生した期間、またとくにインタナショナル結成当初の五、六年のあいだにこうした運動が大躍進した期間である。多くの場合、こうした運動の組織や選挙、労働組合における影響力はたいへん大きいものとして示されたのであるが、それよりもむしろこのころ重要であったのは、こうした運動を前進させる根拠であると思われていた労働者階級の希望が、注目に値するほどにそして時には空想的に高揚したことに加えて、こうした運動がそれぞれの国内政治の舞台や（メーデーのようなイニシアチブを通じて）国際社会のなかに突如乱入したことである。資本主義は危機にあった。その終焉は、常にはっきりと述べられていたわけではないが、視野のなかに入っているようだった。だから、多くの国で、さまざまな労働運動へのマルクス主義の浸透――ドイツ社会民主党は、一八九一年にマルクス主義の立場を公言した――と、またこれらの運動圏を超えてマルクス主義の肯定的あるいは否定的伝播がともに著しく進んだ。

第二の細区分期間は、グローバルな資本主義的拡張の復活が明らかになった一八九〇年代中葉に始まる。さまざまな大衆的社会主義労働運動は、浮き沈みがあったにせよ、それが存在している地域では急激な成長を続けた。実際、いくつかの国ではさまざまな大衆運動や、さらには多少とも永続的に組織化された運動までもがこの時期に生まれた。こうした運動が合法であった地域では、革命や全体的な社会変革は運動の直接の目標ではないことが次第にはっきりしてきた。一八九八年から外部の観察者には気づかれていた「マルクス主義における危機」[4]は、資本主義が依然として繁栄しているという論証がマルクス主義理論に対してもつ重要性に関する論争――「修正主義」論争――であり、かつ、社会主義のたった一度の急進的高揚であると最近になるまで思われてきたものの内部に非常に多様な利害をもつグループが出現したこと、たとえばオーストリアやポーランド、ロシアにおけるような運動の内部での民族的な分裂が発生したことから生じた論争であった。このおかげで、マルクス主義およびさまざまな社会主義運動内の諸論争の性質も、またそうした運動の外部におけるマルクス主義の影響の性質も、明らかに変化した。

ロシア革命とともに始まるのが第三の細区分期間であり、一九一四年に終わるものと考えてよい。この期間の特徴をなすものは、一方で、一九〇五年革命の結果として、同時に――その数年後のことだが――第一次大戦前の数年のあいだ飽和していた労働不安のために、大規模な大衆行動が復活したことであり、他方で、それに呼応するように、革命的左翼がマルクス主義運動の内部および外部（革命的サンディカリズム）で復活したことであった。同時に、組織的な大衆的労働運動の規模が拡大し続けていた。アムステルダム・インタナショナルが影響力を及ぼした国々における社会民主主義的な労働組合の組合員数は、一九〇五年から一九一三年にかけて倍増し、三〇〇万弱から六〇〇万弱となった。[5] 他方で、社会民主党は、ドイツ、フィンランド、スウェーデンで——三〇％から四〇％の票を獲得する——単一の最大政党であった。

当然、社会主義運動の外部でマルクス主義に傾倒するものが増えた。こうして、マックス・ヴェーバーの『社会科学・社会政策雑誌』には、一九〇〇年から一九〇四年まではこの主題についての論文は四本しか掲載されなかったが、一九〇五年から一九〇八年までは一五本掲載された。その一方で、社会主義、労働者階級、それらに類似する諸テーマに関するドイツ語の学術論文の数は、一年平均で、一八九〇年代は二、三本であったが、一九〇〇年から一九〇五年までは四本、一九〇五年から一九〇九年までは一〇・二本、一九〇九年から一九一二年までは一九・七本に増加した。[6] 当時、革命運動はマルクス主義と単純に一体化していたわけではない——開戦直前の数年間は、革命的サンディカリズムや、それよりもずっと曖昧な形態の反乱がマルクス主義と競合していた——ので、潜在的同調者および批判者に対するマルクス主義の影響は複雑であり、はっきりさせることは難しかった。しかし、その影響はおそらくこの頃までには何

▼4　一八九八年にマサリクが作り出した元々の表現は「マルクス主義における危機」であったことが思い出されるかもしれない。しかし、この表現は、ラブリオーラがすぐに言及したように、修正主義論争のなかでたいへん速やかに「マルクス主義の危機」に変わった。E. Santarelli, 'La revisione del marxismo in Italia nel tempo della Seconda Internazionale' (*Riv. Stor. del Socialismo* 4, 1958, p.383n) を参照されたい。

▼5　一九〇九年以前のデータがないアメリカの組合は除く。情報源は、W. Woytinsky, *Die Welt in Zahlen* II (Berlin, 1926), p.102である。

らかの形でかつてないほど広範囲に拡大した。とくに、当時相当数にのぼる元マルクス主義者や、マルクス主義に対する自分の態度を定めなければならないと感じていた人々の著作を通じて拡大したのである。

3　マルクス主義の浸透度

マルクス主義の影響をより正確に調査して確かめようとするならば、労働者政党と社会主義政党の規模そのもの（したがって、政治的存在感）に加えて、二つの主要変数を考慮しなければならない。すなわち、どの程度これらの党自体がマルクス主義的であったのかということと、おそらく他の何にもまして理論に関心をもつ階層すなわち知識人層の興味をマルクス主義がどの程度ひいたのかということである。

さまざまな労働運動は、マルクス主義との一体性が公認されていたもしくは公認されるようになったものか、あるいは社会主義型の革命イデオロギーもしくは類似のイデオロギーと関連づけられるものか、あるいは本質的に非社会主義的なものであった。概していえば、ドイツ社会民主党が指導した第二インタナショナル加盟の政党のほとんどは一番目のタイプであり、党内のマルクス主義のヘゲモニーのためにそれ以外のおびただしいイデオロギー的影響はわかりにくいものであった。それでもやはり、フランスのようにその地域独自の従前の革命的伝統が圧倒的に染みこんでいる党もあれば、マルクスの影響をかろうじて感じ取れただけの党もあった。社会主義的左翼の圧倒的多数をこうした政党のなかに見出すことのできる国々もあれば、さまざまな競合的なイデオロギーと運動が社会主義的左翼と競い合っている国々もあった。

しかし、主として民族主義的ないくつかのものを別にすれば、さまざまの競合的な左翼イデオロギーのなかにマルクス主義の影響が浸透する余地もいくらかあった。（特別な逆の理由がなければ）最も偉大な社会主義理論家とのつながりにはある種の象徴的価値があることも理由のひとつではあったが、主な理由は、そのような競合的なイデオロギーによる社会問題の理論的な分析が、そのイデオロギー自身の革命成就の方法論や革命後の将来像――漠然としているとはいえ――と比較して発展していないことであった。ここで私たちが関心を向けている主要イデオロギーは、（逆に、マルクス主義に浸透した）そもそも民族主義的なイデオロギーに加えて、アナーキズム、その一部から派生した革命的サンディカリズム、ナロードニキ的諸潮流、またもちろん、とくに革命的形態における急進ジャコバン的伝統である。しかし、一八九〇年代半ば以降については、英国フェビアン協会を主要な知的中核とするあえて非マルクス主義的な社会主義の改良主義にもある程度は注意を払わねばならない。同協会は小さかったとはいえ、その影響を受けた一時滞在の外国人――エドゥアルト・ベルンシュタインが最も有名である――を通じてだけでなく、オランダやスカンディナヴィアのような地域とイギリスとの文化的なつながりを通じても、国際的な影響をいくらかは及ぼした。しかし、こうしたフェビアン主義の伝播は興味深いことだが、この現象はあまりにも小規模なので私たちが手間をかけるほどではない。[7]

急進ジャコバンの伝統は、いっそう革命的なその構成員が一人の偉大な革命家に敬意を払い、その偉大な革命家に結びつく大義と一体化することを切望していたときですら――あるいは、おそらくそうだったからこそ――、たいていはマルクス主義の浸透力を受けつけないままであった。フランスでは、マルクス

▼6　E.J. Hobsbawm, 'La diffusione del marxismo' (*Studi Storici* xv, 1974, pp.263-4).〔水田洋訳「マルクス主義の普及――一八九〇－一九〇五年」『思想』第六一一号（一九七五年五月）一四五－六ページ〕。

▼7　フェビアン協会の指導層は、もともとはイギリスにおける少人数の極左サークル内で影響力をいくらかもっていたマルクス主義理論と一八八〇年代後半に縁を切った。しかし、同協会の見解（一八八九年）を詳説する『フェビアン社会主義論争』（一八八九年）において、とくにウィリアム・クラークによる章など、いくつかの章でマルクス主義の明白な影響があいかわらず見受けられる。

主義が異常なほど発展していなかった。一九三〇年代になるまでフランス共産党の多数の著名な知識人を理論的マルクス主義者と評することは冗談でしかなかったが、一九三〇年代になると、全員ではないにせよ、彼らの多くが理論的マルクス主義者を自認しはじめた。一九三八年に創刊されたフランス共産党の理論誌『ラ・パンセ』は、今日でも「近代合理主義評論」と題されているのである。逆にアナーキズムは、マルクス主義と論争中の特定の論点を除けば、マルクスとバクーニンの悪評高い敵対にもかかわらず、広い範囲にわたりマルクスの分析を借用していた。これはとくに驚くべきことではない。一八九六年にアナーキストがインタナショナルから除名されるまで――それよりもずっと後のこととなる国々もあったが――、革命運動の内部で、反乱と希望の同一の境遇の片隅において、アナーキストとマルクス主義者とのあいだに明確な線を引くことはほとんどできなかったからである。

正統派マルクス主義と革命的サンディカリズムとの理論的相違のほうが甚だしかった。革命的サンディカリストがマルクス主義において容認できなかったのは、その組織観と国家観だけでなく、カウツキーと関連づけて考えられる歴史的分析の全体系でもあった。というのも、彼らがその体系を理論的には歴史的決定論――運命論とさえ――とみなし、実践的には修正主義とみなしたという理由からだけでも、十分そういえるのである。確かに革命的サンディカリズムはよくイデオロギー的議論をする左翼知識人をいくらか引きつけはしたのだが、しかし、マルクス主義の出ではなかったものたちでさえ、とくに一八九〇年代にはまだ若すぎたものたちでさえ、マルクス主義の議論で飽和した空気を吸っていたことを忘れてはならない。だから、イギリスの反乱的だが完全に非大陸的な若き社会主義者G・D・H・コールは、当然にも、ジョルジュ・ソレルの著作を「ネオ・マルクス主義的」と考えていた。▼8 実際のところ、革命的サンディカリズムの知識人は、マルクス主義的分析それ自体に対してというよりもむしろ公認社会民主主義の機械論的進化論に対して、また若きグラムシが「実証主義的で自然主義的なかさぶた」の下の窮屈な革命思想と呼んだものに対して異議を唱えた。[9] すなわち、ダーウィンやスペンサー、そしてとくにイタリアでマルクス主義者とみなされることの非常に多かった他の実証主義思想家とマルクスとの奇妙な混合物に対してそうしたのである。実際、西ヨーロッパでは、マルクス主義に転向した第一世代は、総じて一八六〇年前後の生まれであり、至極当然のことだが、当時広く認められていた知的影響力にマルクスを結びつけた。第一世代の多くのものにとってマルクス主義は、理論としてどれほど新奇で独創的なものだとしても、また政治的には一層急進的で、はっきりとプロレタリアートに結びついているのだが、進歩思想の一般的範囲に属していた。

それとは対照的に、社会的な激動期にあった東ヨーロッパにおいては一九世紀の近代化を説明するものとしてはマルクス主義に匹敵しうるものは何もなく、同様にこうした国々では、労働運動どころか労働者階級の発展以前でさえ、あるいは偏狭なナショナリズムとは別の意義をもつブルジョワ・イデオロギーの発展以前でさえ、マルクス主義の影響力が強まっていた。だから、社会不適合層すなわち批判的「インテリゲンチャ」の故郷ロシアで、他のどの国にも先んじて『資本論』の熱烈な読者が生まれ、そのしばらく後に東ヨーロッパが熱烈なマルクス主義的学識と分析の重要拠点になることになったのである。政治的には、ロシア初のマルクス称賛者たちはおそらく（一八八〇年代にマルクス主義諸派に転向するまで）ナロードニキに理解を示したが、彼らのなかにはマルクス主義の分析方法やさらにその用語法さえも受け入れ

▼8　G.D.H. Cole, *The World of Labour* (London, 1913), p.167.
▼9　A. Gramsci, 'La Rivoluzione contro il *Capitale*' in *Scritti Giovanili* (Turin, 1958) p.150.〔A・グラムシ著、上杉聰彦訳「『資本論』に反する革命」、石堂清倫編／河野穣・上杉聰彦訳『グラムシ政治論文集　2』（五月社、一九七九年）所収、一七ページ〕。

ている明らかに穏健でアカデミックな経済学者が多数含まれてもいた。[10] はっきりいえば、ロシアを席捲したイデオロギーは、資本主義の進展は歴史的に不可逆であり、資本主義外部の諸勢力（たとえば農民勢力）の抵抗がどれほど敵対的であるにせよ、そうした抵抗ではなく資本主義自体から産み出されその継承者となるよう定められた勢力のみが資本主義の進展に打ち勝つことができると公言するものであった。すなわち、ロシアは資本主義段階を経なければならなかったのだ。

したがって、ロシア・マルクス主義のパラドックスとは、ロシア・マルクス主義が（いずれにせよマルクスの資本主義分析を部分的に継承した）ナロードニキによる農民中心の革命的反資本主義のオルタナティヴであると同時に、ブルジョワ資本主義の発展に対して徹底的に冷淡であった国におけるその発展の正当化でもあるということであった。このパラドックスから革命家たちが生み出され、同時に経済成長の進展――それが資本主義なのだが――を信じてはいたが、資本主義崩壊の見通しは的外れなものとみなしていた「合法マルクス主義者」という奇妙な現象も生じた。マルクスとブルジョワジーとのこのような和解は、中央ヨーロッパと西ヨーロッパでは求められなかった。これらの地域では、そのような思想家はほとんど確実にある種のリベラルを自認していたからである。教養のあるロシア人左派のこうしたグループ間で見解がどのように相違しているにせよ、周辺的な非主流派（トルストイ）を別にすれば、マルクス主義の影響が浸潤していた。

一八九〇年代まで社会主義と結合しない労働運動は、アングロ・サクソン地域――イギリス、オーストラリア、アメリカ――ではありふれたものであったが、それとはちょうど反対に、他の地域ではまれなものであった。それでもやはり、大陸ヨーロッパに劣るにせよ、アングロ・サクソン諸国でもマルクス主義はある程度の意義をもっていた。とくにアメリカにおいて、ドイツや帝政ロシア等々の国からやって来た多数の移民の重要性を過小評価してはならない。しばしば彼らが、マルクス主義に影響されたさまざまなイデオロギーを自身の知的な携帯品の一環として新世界にもち込んだのである。[11]また同様に過小評価してはならないのは、アメリカにおいて社会的緊張と動乱が先鋭化したこの時期の「大企業」に対する抵抗運動である。そのおかげで、多くのラディカルな思想家が社会主義的な資本主義批判を受容するようになったか、あるいは少なくともそれに関心を寄せるようになったのである。ソースティン・ヴェブレンだけでなく、リチャード・イーリ（一八五四－一九四三年）のような進歩的で左右にかたよらない経済学者も思い出される。彼は、「おそらくアメリカ経済学のきわめて重要な草創期に、誰にも増してそれに強い影響を及ぼした」[12]。これらの理由によって、アメリカは、独立のマルクス主義思想自体がほとんど発展しなかったにもかかわらず、むしろ驚くべきことに、マルクス主義の著作と影響力の普及の重要拠点となった。この影響力は、太平洋諸国（オーストラリア、ニュージーランド、日本）だけではなく、イギリスにも及んだ。イギリスでは、一九〇〇年代にマルクス主義的労働運動の活動家グループが小規模ではあるが成長しつつあり、そうした活動家の多くの文献――マルクス、エンゲルスだけでなく、ディーツゲンも含めて――を、シカゴのチャールズ・H・ケール出版社から入手していたのである。[13]

▼10　R. Pipes, 'La teoria dello sviluppo capitalistico in P.B. Struve' in Istituto G. Feltrinelli, *Storia del marxismo contemporaneo* (Milan, 1973), p.485.

▼11　それよりも小規模であったが、男女を問わず少数の東欧知識人の（主に政治的な）移民のおかげで、そうした移民がなければマルクス主義の影響を受けなかったような国々にその影響力が拡大した――たとえば、フランスに移住したシャルル・ラポポールやイギリスに移住したテオドール・ロートシュタインなどである。G. Haupt, 'Le rôle de l'exil dans la diffusion de l'image de l'intelligentsia révolutionnaire' (*Cahiers du Monde Russe et Soviétique* xix/3, 1978, pp.235-50) を参照されたい。

▼12　*The International Encyclopaedia of the Social Sciences* (1968) の項目「Ely, Richard T.」。

しかし、非社会主義的な労働運動は支配的な諸グループの知的ヘゲモニーに対して真剣に抗議してこないように思われていたので、支配的な諸グループの知識人はまだこの抗議を切迫したものとして取り扱う必要を感じていなかった。彼らがマルクスと社会主義を議論する機会は、一九〇〇年代に比べて一八八〇年代と一八九〇年代の方がずっと多かった。したがって、「使徒会」として一般に広く知られている（秘密の）討論クラブに加入していたケンブリッジの知的エリート集団（H・シジウィック、バートランド・ラッセル、G・E・ムーア、リットン・ストレイチー、E・M・フォスター、J・M・ケインズ、ルパート・ブルックなど）のあいだでは、二〇世紀初頭は著しく非政治的な時期とされた。シジウィックがマルクスを批判したのに対して、バートランド・ラッセルは一八九〇年代にフェビアン協会に近づき、ドイツ社会民主主義に関する書物を出版した（一八九六年）。また、一九一四年以前の最後の学生世代が社会主義（マルクス主義的形態ではないにせよ）に向かいはじめたときでさえ、このサークルが輩出した最も卓越し、周知のように政治的に積極的であった経済学者のJ・M・ケインズは、マルクスにも、マルクスに関する経済学的議論にも何も興味を示さず、またその知識ももっていないようであった。[14]

4　中産階級知識人にとってのマルクス主義の魅力

マルクス主義の影響を規定するものとして想定できる第二の要因は、一集団としての中産階級知識人にとってのマルクス主義の魅力であり、地域的な労働者階級の運動の規模とは関係がなかった。（早くも一九〇四年に労働党政権が成立していた）オーストラリアでのように、当時、実際上、知識人をまったく含まず、引きつけもしなかった強力な労働運動がいくつかあった。おそらく、オーストラリア大陸にはほとんど知識人がいなかったからである。同様に、スペインの主としてアナーキズム的な力強い労働運動は、自国知識人をほとんど引きつけなかった。反対に、革命的マルクス主義組織が本質的に大学生に限られていたことは周知の事実であるが、第二インタナショナル全盛期にはそうした現象はかなりまれなことであった。しかし、大衆的労働運動が合法的に登場するにはさまざまな重大な支障があったという理由だけであるにせよ、明らかに、ロシアの社会主義運動のように主として知識人を構成員とする社会主義運動もあったのである。また同様に、イタリアのような国々では、少なくとも一時は、知識人と大学人にとって社会主義の魅力がとくに大きなものとなった。

このことの関連として、一集団としての知識人の社会学、すなわち知識人が独立の階層（インテリゲンチャ）を形成するかどうかという問いはそれほど掘り下げる必要はないのだが、時には、この問いにマルクス主義の議論が没頭することもあった。どこの国でも、ある種の高等教育を受けた男性は多数おり、女性は男性に比べてずっと少数であったが、まさに問題となっているのは、このような人々に対する社会主義／マルクス主義の魅力である。[15] 今日では「知識人」と呼ばれるような人たちは、ドイツ社民党のさまざまな議論のなかでは典型的、習慣的に *Akademiker* ──学位保持者──として言及されていた。しかし、二点ほど所見を述べねばならない。ドイツ語で *Kunst*（全芸術）として適切に表現されるものの実践家と

▼13　E.J. Hobsbawm, *Studi Storici*, 1974, pp.251-2〔水田訳、一三六－七ページ〕。ベルギーにおける労働騎士団やイギリスにおけるマルクス主義者ダニエル・ド・レオンの、そして後の世界中における（サンディカリスト的）世界産業労働組合のさまざまな役割は、周知の事柄である。

▼14　しかし特筆に値するのは、一八八〇年代と一八九〇年代にマルクスに対する非常に大きな関心を示しがちであったイギリス経済学派は、「方法論争」で間違っているとされる側に立ち勝利できなかった少数派であり、それで経済学のアカデミックな領域からほとんど追いだされ、経済史家、社会改良家、政府役人となったことである。ケンブリッジ学派が勝利した側であった。

Wissenschaft（教育と学問の全世界）の実践家は、どちらも大部分はともに中産階級から補充されていたにせよ、多くの国では両者をかなりはっきりと区別する必要がある。それで、フランスでは一八九〇年代にアナーキズムが、相当数の（より広い意味での）「芸術家」を引きつけていたが、大学教員〔universitaires〕にとっては大した魅力ではなかった。この文脈においては、せいぜい両者の違いに注目するくらいしかできず、その説明は不可能である。マルクス主義と芸術との諸関係については、後に改めて考察しよう。第二の点は、（たとえばドイツとベルギーのように）社会主義政党や社会主義運動の内部で目立つ知識人は少数で、大部分の知識人は党や運動に与しないままでいた国と、（たとえばロシアのように）少なくとも青年層では「知識人」と「左翼知識人」という言葉にほぼ互換性があった国とを区別しなければならない。いうまでもなくたいていの社会主義運動は、その理論家をほぼ知識人からのみ引き入れたのはもちろんのこと、突出した指導的地位を知識人に与えた（ヴィクトル・アドラー、トルールストラ、トゥラーティ、ジョレス、ブランティング、ヴァンデルヴェルデ、ルクセンブルク、プレハーノフ、レーニン等々）。

当時のヨーロッパの学生や学者の政治的態度に関する十分な比較研究はなく、ましてや最も成熟した知識人が含まれていたであろうより広範な専門家層に関するものなどはない。したがって、知識人にとっての社会主義／マルクス主義の魅力に関する私たちの評価は、印象によるものとならざるをえない。[16] しかしながら、この魅力が格別に大きかったのは、主に資本主義発展地域の周辺部に位置していた少数の国々だけであったといっても総じて差し支えない。

イベリア半島では、大多数の知識人は、反教権主義的なリベラル派および急進派のままであった。おそらくそのため、敗戦後にスペイン再建を呼びかけた「九八年世代」——ウナムノ、バロハ、マエストゥ、ガニベト、バリェ＝インクラン、マチャド等々——はとうていリベラルとはいえず、また社会主義的でもなかったのである。イギリスでは、知識人はいずれにせよ圧倒的にリベラル派であり、社会主義にはほとんど魅力を感じていなかったが、教育を受けた中産階級の若い女性というむしろ周辺に置かれていた集団は、その魅力をより強く感じていた。そうした女性がフェビアン協会会員の相当数を占め、一八八〇年代と一八九〇年代の「新しい女性」というジャーナリストの紋切り型のモデルとなっていたのである。重要な社会主義的学生運動がようやく立ち上がってきたのは、一九一四年の数年前になってのことである。フェビアン協会の男性知識人のほとんどは、労働者階級や下層中産階級から自力で身を立てた専門家という新しい階層の出身であった（ショウ、ウェッブ、H・G・ウェルズ、アーノルド・ベネット）[▼17]。実際特徴的なことだが、イギリスにおいて最も興味をそそる左翼理論家であるとともに（自著の『近代資本主義発達史論』において）マルクスに影響され、かつ（自著の『帝国主義論』を通して）マルクス主義者に影響を及ぼすほどに大陸的諸潮流に非常に近かったのは、フェビアン協会の社会主義者ですらなくて、進歩的な自由党員のJ・A・ホブソンであった。中産階級出身のマルクス主義知識人は、ウィリアム・モリス（後

▼15　**Christophe Charle**, *Les intellectuels en Europe au XIX siècle, essai d'histoire comparé* (Paris, 1996), **part 2, pp.143-311** を参照されたい。社会に対して無批判な知識人が優位に立っていたことについては、**Wolfgang J. Mommsen**, *Bürgerliche Kultur und Politische Ordnung: Künstler, Schriftsteller und Intellektuelle in der deutschen Geschichte 1830-1933* **(Frankfurt, 2000), esp. pp.178-215**' また **Christophe Prochasson and Anne Rasmussen**, *Au nom de la patrie: les intellectuels et la première guerre mondiale (1910-1919)* **(Paris, 1996)** を参照されたい。

▼16　このような評価を試みたのは、ミヘルスの『現代民主主義における政党の社会学』であるが、西欧では医師が社会主義に比較的反対していたこと（フランスとイタリアを除いて）に注意を促している（Michels, *Zur Soziologie des Parteiwesens in der modernen Demokratie : Untersuchungen über die oligarchischen Tendenzen des Gruppenlebens*, Stuttgart, 1970, pp.249-250.〔森博・樋口晟子訳『現代民主主義における政党の社会学――集団活動の寡頭制的傾向についての研究』ⅠⅡ（木鐸社、一九七三－四年）三二四－五ページ〕）。

▼17　Hobsbawm, *Labouring Men*, Chapter 14.〔鈴木・永井訳、第一四章〕。

述）を除けば、人数の面でも聡明さの面でも無視してよい。

フランス革命の伝統は、当然のことながらフランス知識人に重大な影響を及ぼしており、またフランス特有の社会主義的要素を含んでいたので、たいていは左翼的見解の仮の象徴としてにすぎなかった（他の国々では忠誠心が永続的であったのに対して、ミヘルスの観察によれば、フランスで一八九三年に社会主義者として当選した代議士六人のうち五人は、一九〇七年までに社会主義から離れていただけでなく社会主義に対立するようにもなっていた）[18]としても、社会主義の影響も見受けられた。同様に、青年特有のウルトラ急進主義がブルジョワ的伝統の一部分となっていた。こうして、フランス知識人の間に社会主義を見出すことは少しも難しくなく、一八九〇年代以降とくにドレフュス事件の頃に、高等師範学校のような一流のある種の機関が社会主義知識人あるいは社会主義者になりつつあった知識人の正真正銘の養成所となった。しかし、マルクスの影響力――マルクスへの忠誠を求める社会主義政党、ゲード派の魅力さえ――が小さかったので[19]、この時期のフランス知識人に対するマルクスの魅力については、これ以上論じる必要はほとんどない。実際、一九一四年以前にフランスで利用できたマルクスとエンゲルスの著作は、――アメリカの版を含めるとしても――イギリスにおいて利用できたものよりも、ましてやドイツ、イタリア、ロシアで利用できたものよりも、明らかに貧弱な選集であった[20]。

一八四八年においてドイツの大学の知的社会のリベラリズムがどのようなものであったとしても、その知的社会は一八九〇年代までにはヴィルヘルム帝国に深く関与し、社会主義に引きつけられるというよりもむしろそれと戦闘的に対立していた。しかし、ユダヤ人は例外でありえた。証拠資料はないにせよミヘルスの一九〇七年の評価によれば、ユダヤ人についていえば、その知識人の二〇から三〇％が社会民主党を支持していたのである[21]。一八八九年から一九〇九年にかけてフランスの大学で社会主義、社会民主主義、マルクスという一般的な分野で三一本の学術論文が著された一方で、ドイツの大学コミュニティーはフランスよりもずっと規模が大きかったのだが、同様の主題について同時期に著された学術論文は一一本だけであった。[22] ドイツの知識人や学者はマルクス主義や社会民主主義に熱中したが、彼らの多くはそれらに引きつけられることはなかった。さらに、いくつかの証拠によれば、社会民主主義に引きつけられた人々は、少なくとも一九一四年の数年前までは、おそらく社会民主党左派であるよりもむしろその穏健な修正主義派であることの方がずっと多かった。実際確かに、ドイツにおける社会主義の学生組織は、修正主義を最

▼18　Michels, op. cit., pp.99-100.〔森・樋口訳、I、一〇〇－一〇二ページ〕。

▼19　この時期に社会主義者になった大勢の高等師範生のうち、注目すべきゲード主義者は、著名な古典学者でありマルクスの翻訳者でもあるブラック＝デルソーだけであった。H. Bourgin, *De Jaurès à Léon Blum* (Paris, 1938) を参照されたい。

▼20　元ゲード派のアレクサンドル・ゼヴァエスの *De l'introduction du Marxisme en France* (Paris, 1947) における観察によれば、一八七二年から一八七五年にかけての『資本論』第一巻の翻訳は「当時は、ほとんど注意を引きつけなかった」。ゲード派機関誌および社会主義に関するブルジョワのルポルタージュ形式の一冊の書物において発表されたもの（一八八二年、一八八六年）をのぞけば、『共産党宣言』の単行本が出版されたのは、一九〇一年に大学教授のシャルル・アンドレールによる緻密な学術版が出るまでは、一八九五年だけ（一八九七年に再版）だったようである。『フランスにおける内乱』の最初の単行本が出版されたのは一九〇〇年、『ルイ・ボナパルトのブリュメール一八日』は一八九一年、『フランスにおける階級闘争』は一九〇〇年であった。一八九〇年代後半に翻訳が何冊か出版された。『哲学の貧困』（一八九六年）、『経済学批判』（一八九九年）、『賃金、価格、利潤』（一八九九年）、『ドイツにおける革命と反革命』（一九〇一年）などである。『資本論』第二巻と第三巻がフランスでなくベルギーで翻訳されたこと（出版は一九〇〇年から一九〇二年）は重要である（Zéavès, op. cit., chapter X）。一九〇二年から一九一四年までは、ほとんど出版されたものがなかった。

▼21　Michels, op. cit., p.255.〔森・樋口訳、II、三三一ページ〕。

▼22　Hobsbawm, *Studi Storici*, p.245.〔水田訳、一三二ページ〕。

初に擁護したもののひとつであった。もちろん、ドイツの社会民主党は、その構成において圧倒的にプロレタリア的であり、おそらく他の大衆的社会主義政党と比べた場合ですら、よりプロレタリア的であった。[23]しかし、このような〔アカデミックなコミュニティーという〕範囲内ですらドイツ知識人にとってマルクス主義の魅力が比較的に小さかったことは、党自身がその卓越したマルクス主義理論家のうち何人かを国外から招聘する必要があったという事実が示唆している。ローザ・ルクセンブルクはポーランド、カウツキーとヒルファーディングはオーストリア・ハンガリー、「パルヴス」はロシアの出身だったのである。

北西ヨーロッパの比較的小さな国々についていえば、ベルギーとスカンディナヴィア諸国では、強力な労働者階級の相対的に大規模な大衆政党が発展し、マルクス主義と公式に結びついた。とはいえ、ベルギーでは広範な支持層をもつ労働党が、左翼の古いベルギー的伝統を取り込んでもいた。スカンディナヴィア人のなかでは、デンマーク人がスウェーデン人やノルウェー人よりもマルクスに対するやや強い関心を示していたようである。ノルウェーでは、指導的人物が、たまたま医師や牧師だということもあったが、そうした事例を除けば主として労働者であった。スウェーデン人の運動は、他のスカンディナヴィア人（強固に組織化されたフィンランド人も含めて）の運動と同様に注目すべき理論家を輩出せず、インタナショナルのさまざまな議論において重要な役割をまったく果たさなかった。芸術界では、社会主義（あるいはアナーキズム）の魅力がいっそう強かったかもしれないが、総じておそらくスカンディナヴィア諸国の知識人の間にあった社会主義は、すべて、ヨーロッパのこの地域にきわめて特有の民主主義的で進歩主義的な急進主義のいわば左への拡張であって、おそらく文化と性道徳の改革をとくに強調するものであったようである。当時のスウェーデン知識人の理論的左派を代表する人物は誰かといえば、おそらく経済学者のクヌート・ヴィクセルである。彼は、急進的な共和主義者、無神論者、フェミニスト、新マルサス主義者であったが、社会主義とは距離をおいていた。

ヨーロッパ文化における〔オランダ、ベルギー、ルクセンブルクの〕低地諸国の役割は、一七世紀以降のどの時期よりもおそらくこの時期のものが最も重要であった。格段にプロレタリア的なベルギー労働党の、知識人と学者たちは、主としてブリュッセルの合理主義的な学問環境から引き寄せられてきて、著しく突出した役割を果たした。ヴァンデルヴェルデ、ユイスマンス、デストレ、エクトル・ドニ、エドモン・ピカール、そして左にド・ブルケールがいた。にもかかわらず、党もその知識人スポークスマンも、国際運動の右派の立場をとる傾向にあって、国際的基準によれば大まかにいってのみマルクス主義者とみなすことができたということに、留意してもよいだろう。[24] ヴァンデルヴェルデがマルクス主義者であることを自称していたかどうかは疑わしいが、それも時と所による。G・D・H・コールが述べるように、「彼が社会主義運動に身を投じた時代は、マルクス主義がドイツ社会民主党の形をとって西欧社会主義の発展のきわめて枢要な要因となったので、政治的リーダーシップを──とくに国際的な水準で──切望する大陸の社会主義者が一般的なマルクス主義的枠組みを受容し、自分自身の考えをこの枠組みに順応させることは、ほとんど必然であるだけでなく、当然なことでもある時代であった」[25]。とくに、小国の大衆的な労働者党のなかのものにとってはそうであった。確かに、ベルギーの知識人におけるマルクス主義の影響力は、特筆すべきものではなかった。

オランダでは同程度に政治的に重要な国民的労働運動が発展しなかったが、西ヨーロッパで唯一、知識

▼23　R. Michels, 'Die deutsche Sozialdemokratie. Parteimitgliedschaft und soziale Zusammensetzung', *Archiv f. Sozialwissenschaft u. Sozialpolitik* 23 (1906), pp.471-559.

▼24　この時期、エンゲルスとベルギーの社会主義指導者とのあいだには実質的に文通はなかった。ヴァンデルヴェルデあての唯一の書簡の筆致は、形式的なものであった。

▼25　G.D.H. Cole, *History of Socialist Thought, The Second International*, II, p.650.

人の間の社会主義の影響力が文化的にきわめて重大であった、逆にいえば、運動における知識人の役割が異常なほど目立っていた国である。▼26 実際、社会民主党は、ときどき皮肉っぽく学生、牧師、法曹の党として描写された。結局は、他の国と同様に、主として熟練肉体工の党となった。しかし、オランダが信仰上の集団（カルヴァン派、カトリック派および俗人）に分断されてきたことは特徴的で伝統的なことであるが、その各集団が階級線を切断しつつ政治ブロックを形成していたので、当初は、どの国にもまして階級政党が形成される余地は狭かった。このことは、世俗的な文化部門の著しい拡張と関連していたようである。この新しい党は、はじめは主として二つの非典型的集団に支持されていた。すなわち、（辺境地域に住みかつ独自の民族である）フリースラントの農場労働者とアムステルダムのユダヤ人ダイヤモンド労働者である。この小さな運動のなかで、その党の穏健な中心的指導者となったフリースラント人のトルールストラ（一八六〇–一九三〇年）や、また詩人ヘンリエッテ・ロラント＝ホルストや天文学者A・パンネクークとならび革命的左翼の主要人物になることとなった文学の第一人者ヘルマン・ホルテルのような知識人が果たした役割は、不相応なほど目立っていた。非常に興味深いのは、知識人が同党内で役割を果たしたことや、犯罪学者W・ボンガーのような重要なマルクス主義社会科学者が何人か登場したことだけでなく、とりわけ、オランダで生まれ育った知識人極左が国際的に傑出していたことでもある。同党にはローザ・ルクセンブルクに比肩する者や彼女との連絡を取っていた者がいたにもかかわらず、東ヨーロッパの影響を受けていなかった。オランダ人は、小規模であるにせよ、西ヨーロッパにおける異例のケースであった。

勢力を伸ばしていたオーストリア社会民主党は、党指導者のヴィクトル・アドラー（一八五二–一九一八年）と老エンゲルスとの個人的な親交しかその理由がないとしても、明らかに戦闘的であり、かつ明らかにマルクス主義と一体化していた。実際、オーストリアという国でのみ、はっきりとマルクス主義との一体性が認められる一学派すなわちオーストリア・マルクス主義が生まれたのである。一般文化におけるマルクス主義の存在感が否定しがたく、知識人にとっての社会民主主義の魅力がきわめて小さい地域が、ハプスブルク家の帝国のなかに初めて登場したのである。しかし、知識人のイデオロギーは、この帝国の運命を決定したあの「民族問題」によって当然にも色濃く特徴付けられていた。典型的なことであるが、オーストリア・マルクス主義者が初めてそれを体系的に分析したのである。[27]

チェコ人のように何の自治権も保持していない民族の知識人は、自らの言語ナショナリズムに、あるいは、どこかの未回復地〔irredenta〕の知識人であれば、一体化したいと切に願う国（ルーマニア、イタリア）の言語ナショナリズムに、大いに引き寄せられた。おそらく民族的な要素は、社会主義者から影響を受けた場合でさえ――一八九〇年代後半にオーストリア社会民主党から袂を分かち、本質的にはチェコの小市民急進党を形成したナロードニキ‐社会主義者のなかにおけるように――広く浸透していた。知識人は、マルクス主義にはっきりと気づいていたが、たいていは影響を受けていなかった。最も著名なチェコの知識人トマーシュ・マサリクは、ロシア研究とマルクス主義批判で世界的に名をなしていた。またドイ

▼26　Marcel van der Linden, (ed.), *Die Rezeption der Marxschen Theorie in den Niederlanden* (Trier, 1992), esp. pp.16ff. and the chapters by H.M. Bock and H. Buiting を参照されたい。

▼27　民族問題の存在は明白であったにもかかわらず、西ヨーロッパでは、マルクス主義者を含めて社会主義者はその問題を放置していた。たとえば、ベルギー労働党がフランドル問題にまったく注意を払わなかったのは、ヘントが同党の最強の根拠地であったからだということは確実である。ヴァンデルヴェルデとデストレの共著『ベルギーの社会主義』（パリ、一九〇三年）に附された四八ページの文献目録には、この主題に関する節が含まれず、また書名すら含まれていない。民族／地域主義的運動は、主としてブルジョワ的あるいはプチ・ブルジョワ的なものとみなされるだけでなく、同時に政治的には二次的なものとみなされたのである。

ツ・マジャール文化およびユダヤ文化という二つの支配的文化に属する知識人もいたのである。二重帝国における一般文化へのマルクス主義の影響力は、このような異例の少数者をある程度考慮しなければ理解できない。

西ヨーロッパにおける中産階級のさまざまなユダヤ系マイノリティに共通する傾向は、文化的政治的に同化することであり、そうした同化はたいてい容認されていた。たとえば、ディズレーリのようにユダヤ系イギリス人に、デュルケームのようにユダヤ系フランス人になり、あるいはユダヤ系イタリア人に、とくにユダヤ系ドイツ人になることが認められていたのである。オーストリアでは、一八六〇年代および一八七〇年代に実質的にドイツ語を話すあらゆるユダヤ人が、自分はドイツ人であると、すなわちリベラルな統一大ドイツの信奉者であると自認していた。オーストリアがドイツから排除され、一八七〇年代後半に反ユダヤ主義が出現し、文化的に同化しないユダヤ人の西方への移住がさらに大規模化し、ユダヤ人コミュニティーがまさに大きくなったことなどにより、こうした態度は不可能になった。フランスやイギリス、イタリア、ドイツとは異なり、オーストリアではユダヤ人の人口構成比は小さくなく、ユダヤ人は中産階級の一大区分であった。ウィーンの総人口の八から一〇％、ブダペストの総人口の二〇から二五％であった（一八九〇年－一九一〇年）。ユダヤ人知識人――確かにユダヤ人は教育システムの最も熱心な受益者であったのだ▼28――の状況は、こうして、独特〔sui generis〕であった。

ハンガリーでは、ユダヤ人の同化は、マジャール化政策のひとつとしてたえず積極的に受け入れられ、その結果、ユダヤ人も熱烈に同化を追求していた。しかし、ユダヤ人の完全統合は不可能であった。ある意味で彼らの状況は、二〇世紀後半の南アフリカのユダヤ人の状況と同様であった。非マジャール人（あるいは非白人）との対比で支配民族の一部として受け入れられたが、しかし、ユダヤ人がきわめて密集し社会的に特殊化したので、完全な同一化は不可能であった。理論的諸問題にあまり関心を示さず、ある程度の弾圧を受ける状況のなかで影響を及ぼしていたハンガリー社会民主党におけるユダヤ人の役割は、確かに目立っていなかった。しかし、一九〇〇年代に強力な社会革命的諸潮流が学生運動のなかで影響力をもつようになり、一九一七年の革命以後のハンガリー左翼内のユダヤ人の役割を顕著なものにしたのである。それでもやはり、海外で最も広く知られたハンガリー人マルクス主義者の事例が重要である。ジェルジ・ルカーチ（一八八五―一九七一年）は、遅くとも一九〇二年から社会主義者であり、また同国のマルクス主義／アナルコ・サンディカリズムの指導的知識人であるエルヴィン・ザボー（一八七七―一九一八年）と接触していたにもかかわらず、一九一四年以前は、マルクス主義者としての真剣な理論的関心をおくびにも出していなかった。

二重帝国のオーストリア側では、ユダヤ人はより早い時期から、またより明らかに、周辺化されていた。マジャール人とは異なり、ドイツ語を話す非ユダヤ知識人の巨大な供給源があり、そこからそれ自身の上級管理公務と高等教育機関という二つの重なり合う分野で働く職員が輩出された。一八七〇年以降にあらわれた経済学の「オーストリア学派」は本質的にはこのような人々で成り立っていたが、そこに（ミーゼス兄弟という例外はあるが）ユダヤ人を見つけることはほとんどできなかった。メンガー、ヴィーザー、ベーム＝バヴェルク、またいくらか若い世代としては、シュンペーターとハイエクがいたのである。さらに、大半のユダヤ人が信奉していた大ドイツ・ナショナリズムは、反ユダヤ主義だけというわけではない

▼28　ハンガリー（一九一〇年）では、ユダヤ人男性の二二％――すなわち、非ユダヤ教徒における割合の三倍――は、四年間の中等教育を受けていた。またユダヤ人男性の一〇％――非ユダヤ教徒における割合の二倍――は、中等教育の八年間を修了していた（V. Karady and I. Kemény, 'Les juifs dans la structure des classes en Hongrie', *Actes de la Recherche en Sciences Sociales* 22, 1978, p.35）。

にせよ[29]、とくに反ユダヤ主義と結びつくようになった。このため、ユダヤ人は自分たちの忠誠心と政治的野心の明白な焦点をもてないままであった。社会主義が考えうる選択肢のひとつであったので、ヴィクトル・アドラーはこれを選択したが、彼よりも若い世代のなかでさえ、そうしたのは少数派でしかなかったことはほぼ間違いない。一九三八年までオーストリア社会民主党は大ドイツ統一に熱狂的に傾倒しつづけていた。シオニズム（極端に同化したウィーン知識人の発明品）が、後にもうひとつの考えうる選択肢となるのだが、当時の魅力はずっと小さいものであった。ドイツ語を話す労働者を主とする著しく強力で献身的で戦闘的な労働運動の出現に、おそらく知識人はある程度の魅力を感じた。他の地域でもそうであったようにウィーンでも、支配的な勢力をもつ反ユダヤ主義的大衆政党に対抗したのは大衆運動だけであったという事実は、看過されてはならない。しかしそれでもやはり、確かに、オーストリアのユダヤ人知識人の大多数は社会主義に引き寄せられず、逆に、徹底的な文化活動や個人的交友に、すなわち自分たちの文明の危機のおおむね非政治的な言い逃れやその内省的分析に引き寄せられたのである（キリスト教知識人に対する社会主義の魅力はもっと小さくさえあった）。この時期のオーストリア文化（すなわち、おおむねウィーン文化）が言及されるときに思い出される名前は、主として社会主義者のものではない。フロイト、シュニッツラー、カール・クラウス、シェーンベルク、マーラー、リルケ、マッハ、ホーフマンスタール、クリムト、ロース、ムージルなどの名前であった。

他方で、主要都市とくにウィーンとプラハでは、社会民主主義（すなわち、知識人の言葉を用いれば、マルクス主義）は、青年知識人が避けて通れない経験の一つとなったが、このことを見てとれるのは、アルトゥール・シュニッツラーの小説『自由への道』（一九〇八年）における（主にユダヤ人の）教養深いウィーン中産階級の環境の最も生き生きとした描写であるかもしれない。したがって、オーストリア社会民主党がマルクス主義知識人の養成所となり、正統派マルクス主義の創設者カール・カウツキーに加えて、カール・レンナー、オットー・バウアー、マックス・アドラー、グスタフ・エックシュタイン、ルドルフ・ヒルファーディングやマルクス主義の人気教授陣（オーストリアの大学では、ドイツほど計画的にマルクス主義者が差別されなかった）などからなる「オーストリア・マルクス主義」グループを発展させたことは、驚くに当たらない。こうした人々のなかでは、カール・グリュンベルク、ルードー・M・ハルトマン、シュテファン・バウアーらが一八九三年に雑誌を創刊したことで有名である。この雑誌は、後に『社会経済史四季報』と題されるようになってから、ドイツ語圏での経済社会史学の主要機関誌となるが、最終的には社会主義的な起源を反映しなくなった。グリュンベルクは、ウィーンで教授職を得てから、（一般にグリュンベルク・アルヒーフとして知られる）『社会主義史および労働運動史の紀要』を一九一〇年に創刊した。この紀要は、社会主義運動、とくにマルクス主義運動の学術的研究の先駆けとなった。逆にいえば、オーストリア社会民主党を特色づけたのは、とりわけ華々しい定期刊行物と際立って幅広い文化的関心であった。同党は、たとえシェーンベルクを評価しなかったにせよ、少なくとも、この音楽の革命家が労働者の合唱団の責任者としてどうにか生計を立てられるよう援助する数少ない組織のひとつだったのである。

「おそらく他国では、科学者、学者、著名な作家のなかにこれほど多くの社会主義者を発見すべくもない」とイタリアのアメリカ人作家が述べた▼30。イタリアの社会主義運動における知識人の著しく広範で突出した役割と、——少なくとも一八九〇年代における——イタリア知識人の間のマルクス主義の一時的な絶

▼29　ウィーンでは、扇動的なキリスト教社会党が一八九〇年代に市当局を掌握し、反ユダヤ主義を喧伝したが、同党指導者ルエーガーは自らのターゲットの選択には注意を怠らず、「私が、誰がユダヤ人かを決める」と述べた。

▼30　Robert Hunter, *Socialists at Work* (NY, 1908).

大な魅力は、注目されることが多かった。知識人は人数の上では社会主義運動の主力とはならず――一九〇四年時点で四％に達していない[31]――、ほぼ確実に一八九〇年代の（男性の）ブルジョワ青年・学生の間ですら、社会主義者は多数派となっていなかった。それでもやはり、ドイツとオーストリアの大学の学生や教授が圧倒的に保守的であったのとは異なり、多くの場合イタリアの社会主義は、学問的および政治的影響力をもつだけでなく進歩的でもあったイタリアの――トリノにおけるような――大学環境から伝播した（フランスのアカデミズムにおける社会主義は、元祖というより後追いである）。当時のフランスの大学教員〔universitaires〕の社会主義が圧倒的に非マルクス主義的であったのと異なり、イタリアの大学知識人が非常に強くマルクス主義に引きつけられたので、イタリア・マルクス主義の大部分は、イタリア中産階級の男性文化の土台となる実証主義的、進化論的、反教権主義的な混合物に施された装いをほとんど超えなかった。さらにいえば、それは単なる青年の反乱運動ではなかった。イタリアの社会主義／マルクス主義への転向者には、地位のある成熟した大人が含まれていた。インタナショナルの指導者は、典型的にはおおむね一八五六年ないし一八六六年生まれの世代であったが、ラブリオーラは一八四三年生まれ、ロンブローゾは一八三六年生まれ、作家のデ・アミーチスは一八四六年生まれであった。イタリア知識人に普及したマルクス主義あるいは親マルクス主義的〔Marxisant〕社会主義の種類をどんなものと考えるにせよ、彼らがマルクス主義に真剣に没頭していたことはうたがう余地がない。論争好きの反マルクス主義者（自身は元マルクス主義者であったクローチェのような何人か）でさえ、そのことを証言している。たとえば、パレート自身が、ラファルグによる『資本論』抄訳（パリ、一八九四年）に序文を寄せている。

　私たちが全体としてのイタリア知識人について語ることが正当でありうるのは、イタリアでは地域主義と南北格差が顕著であるにもかかわらず、知識人コミュニティーが国民的なものであり、外国（フランスとドイツ）のさまざまな知的影響を受容する準備がだいたいは整ってさえいたからである。それに比べて、知識人の社会主義と労働運動との諸関係を国民的な観点で考察することは正当ではない。というのは、さまざまな地域格差がこの点で非常に大きな役割を果たしているからである。工業化された北部――ミラノやトリノ――における知識人と社会主義的労働運動との相互作用は、たとえばベルギーやオーストリアにおけるものとある程度は比較しうるが、明らかにそれはナポリやシチリアには当てはまらなかった。イタリアの特質は、イタリアがマルクス主義的社会民主主義の西欧型にも、東欧型にも適合しないことであった。イタリア知識人は、反体制的な革命的インテリゲンチャではなかった。このことを示唆しているのは、イタリア知識人のマルクス主義への熱狂の波は一八九〇年代初頭に高揚したが、きわめて急速に平静を取り戻したという事実であるよりも、むしろ社会党知識人の大半が一九〇一年以降に改良主義陣営および修正主義陣営へ急速に転向したという事実、またドイツやオーストリアでは生まれたような党内のある程度の規模のマルクス主義左翼反対派を社会党が成長させられなかったという事実である。

集団としてのイタリア知識人は当時の基本的な西欧型に一致した。彼らはイタリアの国民的中産階級の正式な構成員であり、一八九八年以降、社会主義の政治家であったとしても、制度の一員として受け入れられた。おそらく、多くの知識人が一八九〇年代に社会主義者になるもっともな理由があった。おそらくそれは、リソルジメント以来のイタリアの政治的発展、イタリアの労働者と農民の痛ましいほどの貧しさ、そして一八八〇年代および一八九〇年代における大規模な大衆反乱を考慮すれば、ベルギーにおいて知識人が社会主義者となった理由と比べてさえも、確たるものであった。青年の寛容と反抗精神が、これらの理由を補強していた。同時に、中産階級の社会主義知識人の社会主義は、若干の例外があるものの、進歩的かつ共和的な考え方をわかりやすく拡張したものとして受け入れられていたので、中産階級の社会主義

▼31　Michels, *Soziologie*, p.259.〔森・樋口訳、II、三三五ページ〕。

知識人だからといって冷遇されることはなかったばかりか、彼らの生活とキャリアのパターンが非社会主義知識人のそれと実質的に変わらなかったのである。フェリーチェ・モミリアーノ（一八六六―一九二四年）は、一八九三年に活動家として社会党に入党した後の数年間は、中学校の教員としてのキャリアに多少とも問題を抱えていたが、しかしその後は、教員・大学教授としての職業生活において、あるいは（その内容はともかく）文筆活動においてさえ、マッツィーニのような背景をもち知的好奇心の旺盛な非社会主義者の高校〔licei〕教員と、ほとんど区別されなかったようである。せいぜいのところ、彼が社会主義者でなければもっと早く大学にたどり着いていただろうと想像できるぐらいである。

　要するに、西ヨーロッパの社会主義知識人の大半は、どれほど少なく見積もっても、マックス・アドラーが「個人的免責と知識人の精神的（geistige）関心の自由な発展」として表現したものを享受した[32]。これはロシア型インテリゲンチャには当てはまらない。彼らは、はじめは主として「住民中の裕福な諸階級」から生じたが、本質的には革命的なものとして定義されることから、裕福な諸階級から明確に区別された。一九〇六年にペシェホーノフが確然と述べたように、貴族や役人の「大半は、知識人の範疇に分類することはできない[33]」。インテリゲンチャが、ナロードニキによる定義のように主観的および観念論的に定義されようが、あるいは社会的に分離された階層として定義されようが――これは、一九〇〇年代初頭、ロシアの左翼について大いに議論された問題であったのだが――、知識人の使命そのものによって、また彼らが対立する体制と社会からの反応によって西欧型の統合が妨げられた。ちょうどプロレタリアートも自信をさらに深めたブルジョワジーもともに一九〇〇年代に発展したことにより、両者の状況は複雑化した。一部のインテリゲンチャが次第に人目につくようになり、今やブルジョワジーに属しているように思われたので（トロツキーが論じたように、「ロシアでもまた、西欧と同様にインテリゲンチャが解体しつつあり、その一派であるブルジョワ・フラクションは、ブルジョワジーに身を任せ、ブルジョワジーに決定的に同化した[34]」）、もはやこの階層がどんな性質を帯びているのかや、それが遊離して存在しているということまでもが、明らかではないように思われた。しかしながら、これらの議論の性質自体が西欧と当時ロシアを典型例とする国とのあいだの根深いさまざまな相違点を示している。西欧であれば、ロシア系ポーランド人の革命家マハイスキー（一八六六－一九二六年）とその解説者の何人かとともに、まさに知識人は、革命的イデオロギーを通じて、プロレタリアートの助けを得てブルジョワジーにとって代わり、そして今度は自分たちがプロレタリアートを搾取しようとしている一つの社会集団であると論ずるようなことは、ほとんど不可能であったろう。▼35

近代ロシア社会の分析を促した者としてのマルクスの主要な役割を考慮すれば、インテリゲンチャへのマルクス主義の影響の浸透にあれこれと注釈する必要はほとんどない。左翼のあらゆる立場は、その性質と示唆がどのようなものであるにせよ、マルクス主義の影響の浸透との関連で定義される必要もあった。実際、民族主義運動にさえ影響を与えるほど、左翼の影響力は支配的であった。確かに、グルジアではメンシェヴィキが地域的な「民族」政党になることとなった。ユダヤ人社会民主主義労働者協会――その時点では、ユダヤ人の民族的政治組織に最も近いものであるが――は、断固としてマルクス主義的であった。比較的穏健であったその頃のシオニズム運動がこうした影響を明白に示してさえいる。イスラエル建国の父たちが主として一九〇五年革命の余波のなかでロシアから「第二次アリヤー」としてパレスチナに移住

▼32　Max Adler, *Der Sozialismus und die Intellektuellen.*
▼33　A.V. Pešehonov, 'Materialy dlya istorii russkoy intelligentsii' cited in M. Aucouturier, 'Le Probelème de l'intelligentsia vue par les publicistes marxistes avant la révolution' (*Cahiers du Monde Russe et Soviétique* XIX, 3, 1978, pp.251-2).
▼34　*Intelligentsia i sotsializm* (1912), cited in Aucouturier, op. cit., p.256.
▼35　Aucouturier, op. cit., p.253ff.

してきた際にもち込んださまざまなロシアの革命的イデオロギーが、現地のシオニスト共同体の構造とイデオロギーに影響を与えることになったのである。しかし、おそらくユダヤ人ほどにはマルクス主義の影響を受けていない民族のなかにさえ、マルクス主義の影響の証拠がある。ポーランドの民族主義の主たる闘士となったのは、名目上は、第二インタナショナルのポーランド社会党——ある程度までは真の労働者党——であったが、その対抗勢力として、かつてのマルクス主義的伝統が復興され、よりマルクス主義的なポーランド・リトアニア王国社会民主党（ローザ・ルクセンブルクとレオ・ヨギヘスの指導下にある）が再建されなければならないほどであった。アルメニアでも同様の分裂が進展し、（やはり第二インタナショナルの一員であると自認していた）ダシュナク党が結成された。要するにロシアでは、昔の民族的伝統を断ち切った知識人が、どのような形であるにせよマルクス主義の影響から逃れることはまったくできなかったのである。

だからといって、知識人がすべてマルクス主義者であった、あるいはマルクス主義者でありつづけたということが示唆されるわけではなく、また知識人がマルクス主義者を自認している場合に関していえば、マルクス主義の正しい解釈について知識人同士の合意が形成されていたということが示唆されるわけでもない。とくに後者が示唆されていない点に注意されたい。他の地域と同様ロシアでも、一八九〇年代初頭の巨大なうねりがナロードニキ主義のはっきりとした凋落を経験し、また最も革命的で進歩的な諸イデオロギーが総称的な意味でのマルクス主義にひとまず収束した後、次世紀になると、発散と分裂がとくに目立つようになり、——おそらく初めて——明確に反マルクス主義的で、おそらくある意味で非政治的でさえあるインテリゲンチャが登場した。しかし、このようなインテリゲンチャは、ある種のるつぼのなかで必然的にマルクス主義との接触をもちその影響を被ったあとで、そのるつぼから登場したのである。

東南ヨーロッパでは、知識人にとってのマルクス主義の魅力は限定されていた。それは主に、（バルカン半島諸国におけるように）一層遅れたいくつかの国にはどんなタイプの知識人も欠けていたからであった。また、ドイツとロシアの影響に抵抗した——パリを注視する傾向にあったギリシャと、ある程度まではルーマニアにおけるように[36]——からでもあり、重要な労働運動や農民運動が挫折した（一八九〇年代の後、遊離した知識人グループの社会主義がやがて崩壊したルーマニアにおけるように）からでもあり、おそらくクロアチアにおけるように民族主義イデオロギーの魅力が対抗していたからでもあった。マルクス主義は、（とくにブルガリアにおけるように）ナロードニキが影響を及ぼしたすぐ後にスイスの大学を通じてこの地域のあちこちに浸透した。スイスの大学は、革命の動員の拠点であり、そこに東ヨーロッパ出身の政治的反体制の学生たちが集い交流していたからである。『資本論』は、一九一四年になるまでブルガリア語を除く東南ヨーロッパのどの言語にも翻訳されなかった。おそらくより重要なことは、マルクス主義の衝撃が（ロシアの影響を受けたブルガリア以外では）比較的小さいままであったことよりも、何がしかのマルクス主義がこれらの遅れた地域に——やや遠方のマケドニアの盆地にさえ——、とにかく浸透したことである。

5　マルクス主義と諸科学

それでは、こうした民族的および地域的なさまざまな変種を想定した上で、この時期の教養人文化に対するマルクス主義の影響はどのようなものであったろうか。おそらく、この問い自体が偏向していると念

▼36　とはいえ、最も独創的な理論家で社会主義指導者のドブロジェアヌ＝ゲレア（一八五五－一九二〇年）は、ナロードニキ的マルクス主義の亡命ロシア人であった。

押しすることは、有益であろう。ここでの私たちの考察対象は、非マルクス主義（あるいは非社会主義）文化がどの程度マルクス主義の影響を示しているかであるよりも、むしろ両者の相互作用である。非マルクス主義文化に対するマルクス主義の影響は、その影響に関連して生ずるマルクス主義内部の非マルクス主義思想の影響から切り離すことはできないのである。厳密派のマルクス主義者は、このマルクス主義内部の非マルクス主義思想を堕落として遺憾に思い、断罪した。その証拠が、マルクス主義哲学のカント的解釈に対する、またマッハの「経験批判論」の浸透に対するレーニンの論争である。次のような異議、すなわち、結局、もしマルクスがカント派になりたかったとすれば、いとも簡単にカント派になれただろうという異議や、さらにまた、おそらくマルクスの哲学のなかでヘーゲルの代わりにカントを用いる傾向は修正主義と結合するという事態が、常にというわけではないにせよ、ときおり生じていたのだという異議も理解はできる。しかしながら、第一に、この文脈においては、どちらが「正しい」マルクス主義か、「正しくない」マルクス主義なのか、どちらが純粋なマルクス主義か、堕落したマルクス主義なのかを決定することは歴史家の仕事ではない。第二に、いっそう重要なこととして、マルクス主義思想と非マルクス主義思想が相互浸透するこうした傾向は、一般的な教養人文化のなかにマルクス主義が存在していたことの最も有力な証拠のひとつなのである。というのは、マルクス主義者も非マルクス主義者もその両者を含む文化的世界のなかで活動しているのだから、マルクス主義思想と非マルクス主義思想をきっちり相互排他的に切り離したままにしておくことがきわめて困難になるのは、まさにマルクス主義が知識人界に厳然と存在している場合だからである。このようなわけで、一九六〇年代においては、左派の一部分においてマルクスを構造主義や精神分析、大学での計量経済学等々と結びつける傾向が、とくに、当時の大学知識人におけるマルクス主義の強烈な魅力を証拠立てている。反対に、まさにイギリスでは、一九〇〇年代にアカデミックな経済学者たちはあたかもマルクスなど存在しなかったかのように論文を執筆しており、マルクス主義経済学は小さな活動家グループに限られ、完全に分断されたままであって、非マルクス主義経済学と共存していたが重なり合うことはなかった。

もちろん、インタナショナルの大規模なマルクス主義政党では、修正主義とその他のさまざまな異説に対抗しながらマルクス主義正統学説を定式化する傾向があったにもかかわらず、社会主義運動内部での議論の妥当な範囲からさまざまな異端的解釈を排除しないように確かに注意を払っていた。これらのマルクス主義政党は、党の団結——それは、大衆政党においては、相当多様な理論的見解を容認することを暗に意味している——の維持を実践的政治団体として切望していただけでなく、たとえば「民族問題」や帝国主義、その他の多くの問題に関して古典的テキストから適切な指針を得られないような、あるいはどんな指針も得られないような分野において、またそうした主題についてマルクス主義的分析を定式化する任務に直面してもいた。これらのことに関する「マルクス主義の教訓」をア・プリオリに判断することはできず、ましてや権威のある文献に判断を求めることなどできなかった。したがって、マルクス主義の議論の範囲は非常に広かった。しかし、マルクス主義を非マルクス主義からきっちり相互排他的に切り離すことができるとすれば、マルクス主義正統学説をドラコンの法の如く厳格に制限することによってのみ、また——事実が証明したように——国家権力あるいは党の権威によって異端学説を実質的に禁止することによってのみ可能であった。国家権力は利用できず、党の権威は発動されないか、あるいはどちらかといえば無力であった。したがって、運動外部において拡大しつつあったマルクス主義思想の影響力には、運動内部の非マルクス主義文化から引き出された思想の影響力がいくらか付随していた。それらは、一枚のコインの両面であった。

マルクス主義の性質と政治的重要性を判断することなく、一般教育を受けた人たちの一八八〇年から一九一四年にかけての文化におけるマルクス主義の存在感を評価できるだろうか。自然科学分野では小さかったことはほぼ確実だが、マルクス主義自体は自然科学から、とくに（ダーウィン派の）進化論的生物学からたいへん強い影響を受けた。マルクス自身の著作では自然科学についてほとんど触れられていなかった。エンゲルスの著作が重要であるにしても、それは科学の大衆化および労働者の労働運動教育にとってだけのことであった。彼の『自然の弁証法』は、一八九五年以来の科学的発展とほとんどかみ合っていないと考えられていたので、リャザノフはマルクス＝エンゲルス全集から本書を除外し、後年、あまり重要でない『マルクス＝エンゲルス・アルヒーフ』でのみ（初めて）発表したのである。第二インタナショナルの時代には、一九三〇年代の才気あふれる自然科学者たちがマルクス主義に対して示した熱心な関心に比べうるものはない。さらに、周知のとおり、そのころは少人数のグループであった（主としてドイツの）化学界と医学界以外では、当時の自然科学者のあいだに注目すべき政治的急進主義があったとの証拠はない。西欧のあちこちで、高等師範学校などの左派の機関の出身者（たとえば、若きポール・ランジュヴァン）のような自然科学者たちのなかに、おそらく社会主義者を一人は見つけることができる。非常に異なるイデオロギー的方向に進むことになる生物統計学者カール・ピアスン[37]のような科学者が時折マルクス主義と接触をもっていた。マルクス主義者は、社会主義を信奉するダーウィン派を見つけ出したいと切望していたが、あまり見つけられなかった。[38]（主にアングロ・サクソンの）生物学者、新マルサス派的な優生学者たちの主たる政治傾向は、当時、少なくともある程度は政治的左派に基づいていると見なされていた。しかし、その傾向は、マルクス主義に対立はしないとしても、どう見ても無関係以外ではありえなかった。

せいぜいいえることは、マリア・スクウォドフスカ＝キュリーのような東欧育ちの科学者や、またおそらく急進的な東方インテリゲンチャが大挙して入りこんできたスイスの大学の学生や研究者は、明らかにマルクスおよびマルクス主義に関する議論を知っていたということである。若きアインシュタインは、周知のとおりチューリヒ以来のユーゴスラビア人同級生と結婚していたので、こうした環境に触れていた。

しかし事実上、自然科学とマルクス主義とのこうした接触は、伝記的で瑣末なものであると見なすべきである。この点は注意しなくてよい。

当然ながら、このことは、哲学やさらには社会科学の実情からはほど遠い。マルクス主義は、いくばくかの議論が必要なさまざまの深い哲学的問いを立てずにはいられなかったのである。イタリアやロシアのようにヘーゲルの影響が強かった地域では、こうした議論は激しいものであった（イギリスのヘーゲル派哲学者たちは、主としてオックスフォードの一グループを形成していたが、強力なマルクス主義運動が存在していなかったのでほとんどマルクスに関心を示さなかった。しかし、社会改革へ引きつけられたものも何人かはいた）。哲学者の故郷ドイツは、当時、明白に非ヘーゲル派的であったが、その理由はヘーゲルとマルクスとの近親関係だけではなかった。[39]『ノイエ・ツァイト』は、ヘーゲル派の諸テーマを議論するためにプレハーノフのようなロシア人に頼らなければならなかった。哲学の専門知識をもつドイツ社会民主党員がいなかったからである

反対に、さらに大きな影響力をもち続けた新カント派は、すでに示唆したとおり、実質的に（たとえば、修正主義者とオーストリア・マルクス主義者のなかで）何人かのドイツ人マルクス主義者に影響を及ぼしただけでなく、社会民主党に対する同調者的な関心をある程度発展させた。たとえば、フォアレンダーの

▼37　*Neue Zeit* 16/1, 1897-8, p.709n に再掲された'Socialism and Darwinism'に関する二つの記事、また*Dictionary of Scientific Biography* X (NY, 1974), p.448 における K・ピアスンによる項目を参照されたい。
▼38　*Neue Zeit* 9/1, 1891, p.171ff, 'Ein Schüler Darwins als Verteidiger des Sozialismus' を参照されたい。
▼39　G・フォン・ベーロの、「歴史家は、最小限の例外があるにせよ、他の厳密な学説体系と同様にヘーゲル的な進化論的図式を拒否してきた……同様に、唯物論の進化論的図式への共感も示していない」('Die neue historische Methode', *Hist. Ztschr.* 81/1898, p.241）という発言を参照されたい。

『カントとマルクス主義』（ベルリン、一九〇〇年）におけるようなものである。したがって、哲学者のあいだでは、マルクス主義の存在感は否定できない。

社会科学についていえば、経済学はマルクスに対してまったく一貫して冷淡なままであり、主流派のうちで限界効用学説をとる新古典派（オーストリア学派、アングロ・スカンディナヴィア学派、イタリア・スイス学派）には、明らかにマルクス経済学との接触点がほとんどなかった。オーストリア学派はマルクスの間違いを証明することに多くの時間を費やしていた（メンガー、ベーム＝バヴェルク）。その一方でアングロ・スカンディナヴィア学派は、一八八〇年代以降わざわざマルクスを論破することすらしなかった。そのころすでにマルクス経済学は間違っていると確信するものもいたからである。▼40 とはいえ、マルクスの存在感が感じられていなかったわけではない。オーストリア学派の一員の若き俊抜ヨゼフ・シュンペーター（一八八三－一九五〇年）がその学問上の経歴のはじめ（一九〇八年）から没頭していたのは、資本主義の歴史的運命であり、またマルクスの経済発展解釈に代替するような解釈を提供するという問題であった（彼の『経済発展の理論』一九一二年、を参照されたい）。しかしながら、新たな正統学説は、経済学の領域を慎重に限定したので、経済成長や経済危機のようなマクロ経済学の大問題に対して貢献することが困難になった。十分に興味深いことだが、イタリア人の社会主義に対する（厳密に非マルクス主義的あるいは反マルクス主義的観点からの）関心が、社会主義経済は理論的に実現可能であるとの論証――すでにその不可能性を論証していたオーストリア学派のミーゼスに対抗して――につながった。バローネが本章で検討しているよりも後の時代に、経済学の議論に衝撃をもたらすこととなる「集産主義国家に於ける生産省」という基礎的論文を執筆する（一九〇八年）以前に、パレートはすでに社会主義経済の実践不可能性は理論的には証明できないと論じていたのである。おそらくマルクス主義のいくばくかの影響あるいは刺激が「制度」学派すなわち当時アメリカ合衆国で広く普及していたアメリカ経済学の潮流のなかに見出されるかもしれない。合衆国では、すでに述べたように、経済学者の多くが、「進歩主義」と社会改革に強く共感していたので、大企業に批判的な経済理論を好ましいものとみなす傾向にあった（ウィスコンシン学派のR・T・イーリ。とりわけ、ソースティン・ヴェブレン）。

他の社会諸科学から切り離された一学問としての経済学は、ドイツにはほとんど存在しなかった。そこでは「歴史学派」と国家学〔Staatswissenschaften〕（「政策科学〔policy sciences〕」という訳語が最も良い）の概念の影響力が支配的であったのである。マルクス主義が経済学に与える衝撃、すなわちドイツ社会民主主義の堂々たる現実が経済学に与える衝撃は、他のものから隔離して扱うことはできない。ほとんどいうまでもなく、ヴィルヘルム帝政ドイツの公認社会科学が断固として反マルクス主義的であった一方で、古株のリベラル派はマルクス自身との論争に参加しており（ルヨ・ブレンターノ、シェフレ）[41]、プロイセン志向のより強いシュモラーの学派にもまして論争に取り組むことを熱望していたようである。『シュモラー年報』は一八九八年以前にはマルクスに関するいかなる記事の掲載も控えていた。その一方でシェフレの『全国家諸科学雑誌』は、社会民主主義の興隆に対して特集記事（一八九〇年から一八九四年までのあいだに七回）で対応したが、後にこの主題について沈黙するようになった。総じて、先に示唆したとおり、ドイツ社会科学のマルクス主義に対する関心は、ドイツ社民党の伸張とともに高まりをみせた。

▼40　また同学派のおかげで、フェビアン協会の指導者は経済学的正統の真理を確信できたのであり、だから、一八九〇年代のフェビアン派の一拠点であった新しいロンドン・スクール・オブ・エコノミクスが正統派経済学の砦となり、非マルクス主義的異端に対してさえ抵抗したのである。

▼41　両者とも、一八七〇年以来このような議論に没頭してきた。興味深いことに、シェフレの『社会主義の真髄』（初出は一八七四年）は、一般に社会主義の公平な説明とみなされ、社会主義への入門書としてドイツ国外で用いられた。

ドイツの社会科学が、専門化した経済学から距離を保っていたとすれば、同様に、専門化した社会学を信頼してもいなかった。ドイツの社会科学においては、専門化した社会学はフランスやイギリスと関連づけて考えられ、また——他の国々も同様であったが——左翼に対する過度に共感的な関心と同一視されたのである。[42] 実際には、専門分野としての社会学は、第一次世界大戦の数年前（一九〇九年）にドイツでやっと成立しはじめたところであった。さらに、社会学的思考——それ自身がどのような名称を選択するにせよ——を調査すれば、マルクスの影響が後世と同様に当時においても色濃く感じられた。マルクスとエンゲルスは、その社会科学へのアプローチがケトレーよりも説得的であり、コントよりも「いっそう論理的で一貫して」いたので、きわめて強烈な抜群の刺激を与えたということをゴータインは少しも疑っていなかった。[43] こうして当面の時期について、影響力の最も大きなアメリカの社会学者の一人から引用すれば、マルクス主義の評判が示されよう。一九一二年にアルビオン・スモールの書いたところでは、「マルクスは、社会科学の歴史における数少ない真に偉大な思想家の一人であった……マルクスが社会科学に付け加えたのは、彼が表現した際の用語に確定されるような単一の定式ではないと思う。とはいうものの、歴史の最後の審判において、マルクスは、ガリレオが物理学において占めたのと同様の位置を社会科学において占めるだろうと、私は確信をもって予言する[44]」。

マルクス主義の影響力は、ベルギーにおけるように、社会民主主義運動に接近していた多くの社会学者——マルクス主義者であろうが、なかろうが——の政治的急進主義のおかげで明らかに強まった。こうして、レオン・ヴィニャルスキーの今や忘れられた理論は、どのような意味であれほとんどマルクス主義とは呼べないのだが、彼が『ノイエ・ツァイト』（一八九一年、第一号）に「ロシア領ポーランドにおける社会主義」と題する記事を寄稿したことは知られている。非マルクス主義者に対するマルクスの直接的影響はドイツ社会学会の創設者たちが例証するかもしれないが、この学会の会員には、マックス・ヴェーバーやエルンスト・トレルチ、ゲオルク・ジンメル、フェルディナント・テニエスらがいた。彼らについては、「競争のいかがわしい側面をマルクスが断固として暴露したことに影響を受けているようであり……それにまさる影響はトマス・ホッブズからしか受けていないようだ」といわれてきた。[45] おそらくヴェーバーの『社会科学・社会政策雑誌』が、社会主義に近いか、その影響を受けたか、あるいは社会主義と同一視された執筆者たちの協働に開かれたドイツ社会科学の唯一の機関誌であった。

マルクスからの折衷主義的な諸々の借用物と、実証主義や、イタリア社会学、ロシア社会学、ポーランド社会学、さらにはオーストリア社会学における反マルクス主義論争との混合物については、それらもまたマルクスの存在感を論証するものであるということ以外にほとんどいうべきことはない。ましてや、このテーマの少数のセルビア人専門家の間ではそうであったように、社会主義とマルクス学が実質的に一体化していたさらに遠方の国についていうべきことはない。しかしながら、フランスにおけるマルクス主義の存在感の著しい希薄さは、予想されなかったとしても、注意に値するだろう。その例は、デュルケームである。フランス社会学は、断固として共和主義的でドレフュス擁護論的な環境にあったので左派的傾

▼42　次のものを参照されたい。E. Gothein in *Hwb. d. Staatswissenschaften*, 2nd edn, art. 'Gesellschaft und Gesellschaftswissenschaft', p.207. および、H. Becker and H.E. Barnes, *Social Thought from Lore to Science* (3rd edn, 1961) III, 1009.「本当に多くのイタリアの学者が、社会学を史的唯物論の学説と同一視しているようである」。

▼43　E. Gothein in *Hwb. d. Staatswissenschaften*, 2nd edn, art. 'Gesellschaft und Gesellschaftswissenschaft'.

▼44　'Socialism in the light of social science', in *American Journal of Sociology* xvii, May 1912, pp.809-10.

▼45　Becker and Barnes, op. cit., p.889. また、F. Tönnies, *Gemeinschaft und Gesellschaft* (6-7th edns, 1926), pp.55, 80-1, 163, 249〔F・テンニエス著、杉之原寿一訳『ゲマインシャフトとゲゼルシャフト——純粋社会学の基本概念』上下（岩波書店、一九五七年）、上一一九ページ、上一五九–六一ページ、下七六–七ページ、下二一一ページ〕も参照されたい。

向をもち、『社会学年報』の若手構成員のなかには社会主義者になったものもいたとはいえ、いくらかマルクス主義の影響があると主張されてきたのは、アルブヴァクス（一八七七－一九四五年）の場合だけであった。いずれにせよ、一九一四年以前の影響は定かなものではない。

精神史を回顧的に読みこんで、近代社会学の先駆者として後に認められるようになった思想家を選び出すのであれ、あるいは一八八〇年代から一九〇〇年代にかけて影響力をもつ社会学（グンプロビチ、タートツェンホファー、ロリア、ヴィニャルスキー等々）として何が受け入れられていたのかを検討するのであれ、マルクス主義の存在感は強烈であり、かつ否定できるものでもない。同じことは、今日では政治学と呼ばれるような領域でもあてはまる。「国家」の伝統的政治理論は、おそらく主に哲学者や法学者のおかげでこの時期に発展したが、確かにマルクス主義的ではなかった。しかしすでに見たように、史的唯物論の哲学的課題がひしひしと感じられ、その回答が与えられた。どのように政治が実際に機能しているのかに関する具体的調査は、社会運動や政党などの新種の研究主題を含めて、おそらくより直接的な影響を受けたようである。もちろんのことながら、民主政治と大規模な大衆政党の誕生によって階級闘争と大衆の政治的管理（またはこのような管理に対する大衆の抵抗）が先鋭で実践的な関心の対象となった時、理論家にとっては階級闘争や大衆管理、大衆的抵抗を発見するためにマルクスが不可欠であったのである。例外的なロシア人のオストロゴルスキー（一八五四－一九二一年）には、ド・トクヴィルやバジョット、ブライスと同様にマルクスの影響の痕跡が見受けられなかった。それでもやはり、常に国家は多数者を従属状態に縛り付ける少数者の用具であるというグンプロビチの学説は、パレートやモスカにいくらかの影響を与えさえしていたかもしれないが、確かにある程度はマルクスの影響を受けていた。またソレルとミヘルスに対するマルクス主義の影響は明白である。後年と比べてほとんど発展していなかった分野については、これ以上いう必要はほとんどない。

社会学が明らかにマルクスの影響を受けていたとしても、アカデミックな公認歴史学の要塞は、とくに西欧においてはこのようないかなる侵略に対しても熱心に自己防衛をした。社会民主主義と革命に対する防衛であるだけでなく、全社会科学に対する防衛でもあった。歴史法則を否定し、また政治や思想とは異なる力の優越も、一連の既定的な諸段階を経る発展も否定した。実際に、歴史の一般化の正当性を疑いもしたのである。「基本的な論点は、歴史現象に法則的な規則性があるかどうかについての昔ながらの論争的問いである」と若きオットー・ヒンツェは論じた。[46] あるいは、ラブリオーラの著作に対する浅薄な書評で述べられたように、「歴史学は、記述的学問になるだろうし、そうでなければならない」[47]。

こうして、敵はマルクスだけでなく、社会科学者による歴史家の領域へのどんな浸食もまた敵なのであった。国際的な反響をいくつか呼んだ九〇年代半ばのドイツの激しい議論においては、主な敵対者は、マルクスではなく、論争志向のカール・ランプレヒト、コントから着想を得たあらゆる歴史家であり、また、――猜疑に満ちた調子は明白だ――社会－経済の発展から政治史を引き出そうとするいかなる経済史も、いやおよそ経済史であれば何でも敵対者となった。[48] しかし少なくともドイツでは、マルクス主義は、すべての「集産主義的」歴史を本質的に「歴史の唯物論的概念」であるとして攻撃する人々に十分に意識されていたということは、明らかである。[49] 反対に、(自著の『フッガー家の時代』が同様の攻撃にさらされたR・エーレンベルクのような年下の歴史家から支持された) ランプレヒトは、自分をマルクス主義と結びつけるために自分は唯物論の廉で告発されたのだと主張した。『ノイエ・ツァイト』は、彼を批判する一

▼46 'Uber individuelle und kollektivistische Geschichtsauffassung' (*Hist. Ztschr.* 78/1897, p.60).
▼47 *Hist. Ztschr.* 64/1890, p.258.
▼48 実証主義者のブライジヒに関する*Hist. Ztschr.* 78/1897, p.522 の注記を参照されたい。またG・フォン・ベーロについては*Hist. Ztschr.* 65/1891, p.294 も参照されたい。

方で、ブルジョワ歴史家のなかで彼が「最も史的唯物論に近づいた」と考えてもいたので、ランプレヒトの否認陳述は、彼は「自分の学派が異議なく容認する以上のものをマルクスからおそらく学んできた」[50]と示唆していた正統派のなかで、ほとんど説得力をもたなかった。

したがって、率直にマルクス主義的なごくごく少数の歴史家だけにマルクス主義の影響を求めるとすれば、間違いを犯すことになるだろう。きわめて当然のことだが、そうした歴史家のなかには、歴史的にみて不適当な宣伝者として片付けることができるものも何人かはいた[51]。社会学の領域におけるように、マルクス主義の影響は、マルクスと同様の答えにたどり着いたかどうかはともかくも、マルクスと同様の問いに答えようとした著作家たちのなかに求められるべきである。すなわち、叙述的、政治的、制度的、文化的な歴史の領域を社会経済の転換というより広範な枠組みのなかへ統合しようと努めた歴史家たちのなかで、マルクス主義の影響が感じとられていたのである。こうした歴史家のなかに正統派のアカデミックな歴史家はほとんどいなかったが、ランプレヒトの影響が明らかに際立っていたのは、ベルギー人アンリ・ピレンヌである。彼は、どんな種類の社会主義からもたいへん距離をとっていた[52]。『歴史雑誌』（一八九七年）で断固としたランプレヒト弁護論を執筆した[53]。経済社会史――通常の歴史からおおむね切り離された――は、きわめて受容性の高い根拠地であって、実際、比較的若い世代の歴史家は、不毛な公認保守主義に受け入れられなかったので、この専門領域をいっそう居心地良く感じ始めた。すでに見たように、ドイツ自体においてさえ最初の経済社会史の雑誌は、（主にオーストリアの）マルクス主義者が主導したものであった。イギリスにおいて同世代の経済史家のなかで一番の俊才であったジョージ・アンウィンは、マルクスを論駁しようとして自分の主題に専念したが、それでもやはり彼の確信によれば「マルクスは正しい種類の歴史学を手に入れようと努めていたのである。正統派の歴史家は人類の発展における最重要の要素をすべて無視している」[54]。ナロードニキとマルクス主義者で飽和状態にあるロシア人歴史家の影響を過小評価してはならない。たとえば、フランスにおけるカレーエフとルッチスキー、イギリスにおけるヴィノグラドフたちである。

要約しよう。マルクス主義は、歴史学を社会科学に統合し、そして政治や精神の発展においてさえ社会経済的諸要因が根本的な役割を果たしていることをとくに強調する一般的傾向の一角を占めていた。[▼55] マル

▼49 *Hist. Ztschr.* 81/1898, 'Die neue historische Methode', pp.265-6. ランプレヒトは、「唯物論という告発を重々しく否定した。なるほど、彼はまったくマルクス主義者ではない。彼をマルクス主義者として非難したものもいなかった。しかしながら、彼の歴史概念は唯物論的である。もちろん彼はあらゆる事物の動因は経済的動機（ママ）であるとしたわけではない。しかし、マルクス主義者であっても、あらゆる場面で経済的動機が直接的に効果をもたらすとしているわけではないのだ。多くの場合、マルクス主義者は、直接的な動機は政治的または宗教的であると考えている」。

▼50 G. von Below, op. cit., p.262. ランプレヒトに対するマルクスの影響については、L. Leclère, 'La théorie historique de M. Karl Lamprecht', *Revue de l'Université de Bruxelles* IV (1899), pp.575-99 も参照されたい。

▼51 *Hist. Ztschr.* 79/1897, p.305 に掲載されたカウツキーの著作の書評を参照されたい。しかし、マルクス主義者の真剣な仕事はそれほど簡単には片付けられなかった。公法学者のG・イェリネクは、ベルンシュタインによる水平派とディッガーズの先駆的な探求を賞賛すべきものとして示した（*Hist. Ztschr.* 81/1898, pp.117f）。その一方で、ローベルト・ペールマンは、近代社会主義および近代共産主義に激しく対立していたが、チコッティの『古代世界における奴隷制の没落』（一八九九年）を尊重せざるをえず、またマルクス主義がチコッティの役に立ったとさえ認めざるを得なかった。さらに、この種の仕事が古代研究を前進させることを認めたのである（*Hist. Ztschr.* 82/1899, p.110）。ペールマンは、古代の社会主義および共産主義について幅広く書いた。一八九三年にはマルクス主義を意識しているようには見えなかったが、しかし一八九七年までにはたいへん意識するようになったようである。

▼52 Bryce Lyon, *Henri Pirenne* (Ghent, 1974), pp.128ff.

▼53 'Une polémique historique en Allemagne' (*Revue Historique* LXIV/2, 1897, pp.50-7).

▼54 R.H. Tawney, (ed.), *Studies in Economic History*, ed. (London, 1927), pp.xxiii, lxvi.

クス主義は確かにそうしたことを試みる最も包括的で力強く一貫性のある理論であったので、その影響は他のものから厳密には分離できないにせよ、現実のものであった。マックス・ヴェーバーのような非マルクス主義者に対して「潜在的であるにせよ重大な影響」をすでに及ぼしていた知識社会学をもマルクスは包括していたという理由だけでも、彼が提供した社会の科学の土台はコントが提供したものよりも重要であったことは容易にわかる。だから、すでに優秀な観察者は、伝統的な歴史学に対する真の異議申し立ては、たとえばランプレヒトのような人物よりもむしろマルクスに由来するということに気付いていたのである。

それでもやはり、非マルクス主義思想に対するマルクス主義の実際の影響は、必ずしも常にはっきりと特定あるいは定義できるものではない。幅広いグレー・ゾーンがあり、そこではマルクス主義の影響は明白で次第に大きくなりつつあったが、マルクス主義者も非マルクス主義者も政治的な理由からその影響を否定していた。『歴史時評』の書評者たちは、ラブリオーラが「彼以外のより若い代表的な社会主義理論家よりもブルジョワの歴史家の諸概念に近づいている」とか、彼が「周知のとおり、穏健な唯物論を代表する」とか主張したときに、マルクス主義に結集しつつあったのだろうか。▼56 明らかに、彼らはそのようには考えなかった。ラブリオーラとマルクスの両者を拒否したからである。しかし、非マルクス主義者がマルクス主義者たちの言説と自分たちの見解が必ずしも完全に異なることはありえないと認識するこのグレー・ゾーンにおいてこそ、非マルクス主義者および非マルクス主義文化一般に対するマルクス主義の影響のほとんどを探し求めねばならない。マルクスが亡くなった時には、マルクス主義の影響力は小さいものであった。とはいえその理由は、東ヨーロッパのインテリゲンチャ以外にはマルクスがほとんど知られていなかった、あるいはほとんど読まれていなかったということでしかない。一九一四年までにその影響力は非常に大きくなった。ヨーロッパの広い範囲で、いまや、教養のある人でマルクスの存在を知らない人はほとんどなく、マルクスの理論の解釈のいくつかは共有財産となっていた。

6　マルクス主義と芸術

私たちには、マルクス主義と芸術、とくにこの時期の芸術界においてますます重要な役割を果たした文化的アヴァンギャルド〔前衛派〕との関係のいっそう一般的な問題が残されている。この二つの現象のあいだには必然的なあるいは論理的な連関性はまったくない。というのは、芸術において革命的なものは政治においても革命的でなければならないという仮定は、意味論的な混乱に基づいているからである。他方で社会民主主義者も芸術文化的アヴァンギャルドもアウトサイダーであり、ブルジョワ的正統と対立しあっていたのだから、多くの場合両者には実存的な連関性が存在している、あるいは存在していた。いうまでもなく、アヴァンギャルドや自由気ままの芸術家となる多くの者は、若者で、たいてい比較的貧しかった。社会民主主義者も芸術文化的アヴァンギャルドも、ある程度まで、お互いとの共存関係を、またブルジョワ社会の道徳や価値体系に反対している他の人々との共存関係を険悪なものにしないよう迫られていた。政治革命的なあるいは「進歩的」な少数派のさまざまな運動は、文化的異端とオルタナティヴな生活様式――菜食主義者、心霊主義者、接神論など――のよくある非主流派を引き寄せただけでなく、同時に、自立的で自由な女性、性の正統に異議を申し立てる者、まだブルジョワ社会で出世していなかった青年男女、どのようなものであれ最も明示的と考えるやり方でブルジョワ社会に反抗していた青年男女、ブルジ

▼55　E.J. Hobsbawm, 'Karl Marx's Contribution to Historiography' (*Diogenes* 64, 1968).
▼56　E. Klebs, *Hist. Ztschr.* 82/1899, pp.106-9; A. Vierkandt, *Hist. Ztschr.* 84/1900, pp.467-8.

ョワ社会からの疎外感を味わっていた青年男女たちも引き寄せたのである。異端者たちは重なり合っていた。こうした環境は、どの文化史家にもおなじみのものである。一八八〇年代の小規模なイギリス社会主義運動がいくつかの例を提供してくれる。エリナー・マルクスは、マルクス派の活動家であっただけでなく、正式な結婚を拒否した自由業の女性、イプセンの翻訳者、素人女優でもあった。バーナード・ショウは、マルクス主義に感化された社会主義活動家、独学の文学者であり、また音楽と戯曲の評論家としては紋切り型の正統派に一撃を与え、芸術と思想におけるアヴァンギャルド（ヴァーグナー、イプセン）の擁護者であった。芸術と工芸のアヴァンギャルド運動（ウィリアム・モリス、ウォルター・クレイン）は、（マルクス派の）社会主義に引き寄せられた。他方で、性解放のアヴァンギャルド――同性愛者エドワード・カーペンターと性の全面解放の擁護者ハブロック・エリス――も同じ環境のなかで活動していた。オスカー・ワイルドは、政治活動をほとんど自身の領分とはしていなかったのだが、社会主義におおいに引きつけられ、その主題について書物を一冊著した。

アヴァンギャルド派とマルクス主義とのこのような共存にとって幸いなことではあるが、マルクスとエンゲルスがはっきりと芸術に関して書いたものは非常に少なく、出版されたものはさらに少なかった。したがって、初期マルクス主義者の美的感覚は、あまり古典学説に束縛されていなかった。マルクスとエンゲルスは、一八四〇年代以降の同時代的アヴァンギャルドに対する愛好を示してこなかった。同時に、創設の父たちには一連の美学理論が欠如していたので、初期マルクス主義者がそれを発展させざるをえなかった。社会民主主義に受け入れられるかどうかの同時代芸術の最も明白な基準（創設の父たちについての疑念はまったくなかった）は、資本主義社会のさまざまな現実を率直かつ批判的に表現し、なるべく労働者を格別に強調し、理想的には労働者の闘争に関与するかどうかであった。この基準自体が、アヴァンギャルドへの選好を含意しているわけではなかった。おそらく伝統的で定評のある作家や画家もまったく同様に、自身の主題あるいは社会的共感を容易に広めることができた。実際に、画家のあいだで産業風景や労働者、農民の描写、時としては（H・ハーコマーの『ストライキ』におけるような）労働争議の場面さえの描写への転換は、穏健な進歩派のなかではまったく普通に見受けられたが、アヴァンギャルドの立役者（リーバーマン、ライブル）のなかでは少しも見受けられなかったのである。しかし、これらのことは特別の議論を要しない。

この種の社会主義美学は、一八八〇年代と一八九〇年代に、すなわち、少なくとも散文文学においては強い社会的政治的関心をもつリアリズム作家、あるいはその筋で解釈できる人々が強い影響力をもってい た時代に、マルクス主義とアヴァンギャルド派との諸関係をとくに問題としているわけではなかった。労働者階級の興隆にますます影響を受けて、労働者に特別な関心を寄せるものもいた。こうしたことから、マルクス主義者がロシアの偉大な小説家を歓迎することに支障はなかった。主として「進歩派」のおかげで、他のスカンディナヴィア文学（ハムスンや、現代から見るとさらに驚くことだが、ストリンドベリ）と同様にイプセンの戯曲のおかげで、とりわけ、「自然主義」とみなされた流派の——因習的な芸術家が顔をそむけた資本主義的現実の諸相にはっきりと没頭していた——作家（フランスのゾラとモーパッサン、ドイツのハウプトマンとズーダーマン、イタリアのヴェルガ）のおかげで、そうしたロシアの小説家が西ヨーロッパで見出されたのである。非常に多くの自然主義者が、政治運動や社会運動に参加しており、あるいはハウプトマンのように社会民主主義▼57に引きつけられさえもしていたので、自然主義はいっそう受け入れやすくなった。もちろん、イデオローグたちは、社会主義的意識と単なる醜聞暴露を注意して区別し

▼57　ハウプトマンの『織匠』と『フロリアン・ガイアー』は、社会政治的な立場を戯曲に表した戯曲であり、そのようなものとして非常に賞賛された。

ていた。メーリングは、一八九二年から一八九三年にかけて自然主義を調査し、これを「芸術が芸術界に資本主義を感じ始めている」ことの兆しとして歓迎し、自然主義と印象主義との類似点――現代において指摘する場合ほど思いがけないものではなかったが――を指摘した。「実際、他の方法では無理だがこの方法で、私たちは、資本主義社会の不潔な廃棄物すべてに印象派……と自然主義派……が感じた喜びを簡単に説明できる。彼らはこのような塵芥のなかで暮らし、働いており、またもやもやした衝動に突き動かされて、自分たちを苦しめる奴らに向かって投げつけるべきこれ以上の苦悩の抗議を見つけられない」[58]。しかし、メーリングの議論では、これはせいぜいのところ「真」の芸術への第一歩であった。それにもかかわらず、『ノイエ・ツァイト』は、「近代主義者」にコラム欄を開放しており[59]、ハウプトマンやモーパッサン、コロレンコ、ドストエフスキー、ストリンドベリ、ハムスン、ゾラ、イプセン、ビョルソン、トルストイ、ゴーリキーなどの作品や論評を掲載した。そしてメーリング自身は、「ブルジョワ自然主義者が社会主義気質であるのは、封建時代の社会主義者がブルジョワ気質であったのと同様のことであり、それ以上のことでもそれ以下のことでもない」[60]と信じていたとしても、ドイツ自然主義が社会民主主義に引き寄せられていることを否定しなかった。

マルクス主義と芸術との二番目に重要な接触点は、視覚に関するものである。一方で、社会的な意識をもつ多くの視覚芸術家が労働者階級を一つの主題として発見し、それゆえ、労働運動に引きつけられた。どのアヴァンギャルド文化においても、低地諸国の役割が重要であった。低地諸国はフランスとイギリスと、ある程度はドイツの影響の交錯点に位置し、(ベルギーでは)住民は著しく搾取され、むごい仕打ちを受けながら働いていたのである。実際、これらの国――とくにベルギー――の国際的な文化的役割は、すでに言及したとおり、当時、過去数世紀よりも重要なものであった。たとえば、低地諸国の貢献を考慮しないと、象徴主義も、印象派以降のアール・ヌーヴォー、後期近代建築、アヴァンギャルド絵画も理解できない。具体的にいえば、一八八〇年代に、ベルギー労働党に近い芸術家集団の一員でベルギー人のコンスタンタン・ムニエが、後に「労働者」の標準的な社会主義的図象となるもの──筋肉質の胸のはだけた働く男性、プロレタリアートの苦しみやつれた妻と母──の先駆者となった（ファン・ゴッホによる貧しきものの世界の探求がはじめて知られたのは後年のことである）。プレハーノフのようなマルクス主義の批評家は、絵画の主題を資本主義の犠牲者の世界へこのように拡張することについて、それが単なる証拠資料や社会的憐憫の表現以上のものとなる時でさえ、たいてい黙殺した。それにもかかわらず、なによりもまず自身の主題に関心をもっていた芸術家にとっては、その主題が芸術家自身の世界とマルクス主義の論戦の場との橋渡しをした。

社会主義とのより強力で直接的なつながりは、実用装飾芸術に現われた。このつながりは、とくにイギリスの芸術工芸運動において直接的で、意図的なものであった。その運動の偉大な巨匠のウィリアム・モリス（一八三四－九六年）は、一種のマルクス主義者となり、芸術界の社会的変化に対する強力な理論的貢献と同時にずば抜けた実践的貢献をなした。この芸術部門は、孤立した個人の芸術家ではなく職人が出発点となっており、資本主義的産業によって創造的な職人－工芸家が単なる「工員」に矮小化されることに対して抗議した。この芸術部門の主な目的は、それだけで鑑賞されるように理想的に設計された個別の芸術作品ではなく、人間の日常生活の枠組みを、たとえば、村や町、住まいやそのインテリア家具などを創

▼58 F. Mehring, *Gesammelte Schriften und Aufsätze*, ed. E. Fuchs, *Literaturgeschichte* II (Berlin, 1930), p.107.
▼59 'Was wollen die Modernen, von einem Modernen', 1893-4, pp.132ff, 168ff を参照されたい。
▼60 Mehring, op. cit., (1898-9), p.298.

造することとであった。驚くべきことに、経済的理由からその成果品の主な市場は、文化的に大胆なブルジョワジーと専門職の中産階級のなかに見出された――こうした巡り合わせは、当時のまたその後の「人民劇場」の擁護者にもよく知られていた。[61] 実際、芸術工芸運動とその発展である「アール・ヌーヴォー」は、一九世紀の真に快適な最初のブルジョワ的生活様式、すなわち郊外あるいは田園の「小さな家」あるいは「お屋敷」の先駆けとなり、また、その様式は、さまざまなヴァリエーションがあったが、自分たちの文化的アイデンティティーを表明することを切望していた若いまたは田舎のブルジョワジーのコミュニティーにおいて――ブリュッセル、バルセロナ、グラーズゴウ、ヘルシンキ、プラハで――とくに歓迎された。それでもやはり、このアヴァンギャルドの芸術家‐工芸家と建築家たちの社会的野心は、中産階級のニーズを満たすことに限られなかった。彼らは社会‐ユートピア的要素の明白な近代建築と都市計画を切り開いた――そして、この「近代的運動の先駆者」は、W・R・レザビー（一八五七‐一九三一年）、パトリック・ゲデスおよび田園都市の擁護者などのように、イギリスの進歩主義的‐社会主義的環境の出身者であることが多かった。大陸においては、その擁護者は社会民主主義と密接に結びついていた。ベルギーのアール・ヌーヴォーの偉大な建築家ヴィクトル・オルタ（一八六一‐一九四七年）は、ブリュッセルの人民の家を設計した（一八九七年）。そこの「芸術部門」で、ドイツの近代的運動の発展における後の重要人物H・ヴァン・デ・ヴェルデがウィリアム・モリスについて講義をした。社会主義者でオランダ近代建築の先駆者のH・P・ベルラーヘ（一八五六‐一九三四年）は、アムステルダムのダイヤモンド労働組合会館を設計した（一八九九年）。

決定的な事実は、新しい政治と新しい芸術がこの点に収束したということである。さらにいっそう重要なこととしては、実用芸術におけるこの革命を先駆けた独創的な（主にイギリスの）芸術家は、たとえばモリスのように直にマルクス主義の影響を受けただけでなく、社会民主主義運動の国際的に流布した図象的な表現法の多くを――ウォルター・クレインとともに――提供もした。実際、初期に受けたラファエル前派とラスキンの影響も見てとれるとしても、ウィリアム・モリスは、確実にマルクス主義的であると自分がみなした芸術と社会との諸関係の強力な分析を発展させた。まったく奇妙なことに、芸術に関する正統派マルクス主義思想は、これらの発展の影響をほとんど完全に受けないままであった。ウィリアム・モリスのさまざまな著作は、一九四五年以降はずっと認知度も高まり、力強いマルクス主義の擁護者を見つけたのだが、今日にいたるまで、マルクス主義の美学議論の主潮流として認められてこなかった。[62]

一八八〇年代と一八九〇年代のアヴァンギャルド派のなかの他の主要グループ、すなわち大雑把に象徴主義と呼ぶことのできるグループとマルクス主義とを結びつけた連関性が同じくらい明白であるわけではない。しかし、ほとんどの象徴派詩人が革命あるいは社会主義に共感していたという事実に変わりはない。一八九〇年代フランスでは、彼らは、おもにアナーキズムに引きつけられた。当時の若い世代のほとんどの画家も同様であった（印象派の古い世代はむしろ非政治的であったが、ピサロのような奇妙な例外的人物も何人かいた）。おそらくそれは、象徴派詩人がマルクス主義に対して原理的に異議をいくらか唱えていた――「バクーニンのものであれ、カール・マルクスのものであれ、反抗の学説[63]」に転向した「若い詩

▼61　少なくとも一人のオペラ作曲家、すなわち革命的なギュスターヴ・シャルパンティエが、労働者階級のヒロインの造型を試みた（『ルイーズ』、一九〇〇年）が、同様の理由から「人民のオペラ」はまったく発展しなかった。そして、この時期、ヴェリズモ的要素がオペラに入りこむ（『カヴァレリア・ルスティカーナ』）。

▼62　E.P. Thompson, *William Moris, Romantic to Revolutionary* (London, 1955, 1977); Paul Meier, *La pensée utopique de William Morris* (Paris, 1972).

▼63　Stuart Merrill, cited in E.W. Herbert, *The Artist and Social Reform: France and Belgium 1885-98* (New Haven, 1961) p.100n.

人の大多数」は、おそらく反乱にうってつけのどんな旗印も歓迎しただろう――からではなく、フランス社会主義の指導層（ジョレスが登場するまでの）からインスピレーションを受けとっていなかったからである。とくにゲード派の教師然とした俗物根性が彼らをほとんど引きつけなかった一方で、アナーキストが芸術にずっと大きな関心を寄せていただけでなく、その初期の活動家のなかには重要な画家や批評家、たとえばフェリックス・フェネオンが確かに含まれてもいたのである。[64] 反対にベルギーでは、象徴派を引きつけたのはベルギー労働党であった。その理由は、同党にアナーキズム志向の反乱者が含まれていたことだけでなく、教養のある中産階級出身の同党指導部および代表部が芸術にはっきりと積極的に関心をもっていたことでもあった。ジュール・デストレは、社会主義と芸術について広く著述し、オディロン・ルドンのリトグラフのカタログを出版した。ヴァンデルヴェルデは詩人たちと交際していた。メーテルリンクは、一九一四年の直前まで党との関係を保っていた。ヴェルハーレンは、ほとんど党公認の詩人となった。画家のエークハウドとクノップフは、人民の家〔Maison du peuple〕で活動していた。確かに、象徴主義は、（プレハーノフのように）熱心に象徴主義を非難しようとするマルクス主義理論家がほとんどいない国々において、花開いたのである。このようにして、芸術的反抗と政治的反抗との関係は十分に友好的なものであった。

　したがって、その世紀が終わるまでは、一方で文化的アヴァンギャルドと慧眼の少数派が賞賛する芸術とのあいだに、また他方では文化的アヴァンギャルドとマルクス主義の影響がますます強まる社会民主主義とのあいだには、多くの共通基盤があった。新党――特徴的には、一八六〇年ころに結党された――において指導者となった社会主義知識人は、まだ十分に若く、「進歩派」のセンスをもつ人々とのつながりを失うことはなかった。最年長者すなわちヴィクトル・アドラー（一八五二年生）やカウツキー（一八五四年生）でさえ、一八九〇年にはまだまだ四〇歳になっていなかった。アドラーは、ウィーンの芸術家や知識人の主なたまり場であったカフェ・グリーンシュタイドルの常連だったので、古典文学や音楽に深く精通していただけでなく、熱狂的なヴァーグナー崇拝者（プレハーノフやショウと同様に、今日の普通のこととなっている以上に、ヴァーグナーの革命的で「社会主義的」な含意を強調したのである）、友人グスタフ・マーラーのファン、ブルックナーの初期の擁護者、また、この世代のほとんどすべての社会主義者に共通のことだが、イプセン、ドストエフスキーの称賛者でもあり、ヴェルハーレンに深い感銘を受け、アドラー自身が彼の詩を訳しもしたのである。[65] 反対に、すでに検討したように、自然主義派や象徴派、当時の他の「進歩」派の大部分は、労働運動や（フランス以外では）社会民主主義に引きつけられていた。そうした魅惑は、必ずしも長続きしたわけではなかった。たとえば、オーストリアの文士〔littérateur〕ヘルマン・バールは、「現代派」のスポークスマンを気取っていたが、一八八〇年代の終わりにマルクス主義から進路変更し、自然主義の偉人ハウプトマンは、マルクス主義的な批評家の理論的な疑念を強めさせる象徴主義的方向に進んだ。社会主義者とアナーキストとの分裂はまたさまざまな影響をもたらしもした。というのは、明らかに、アナーキストの純粋反乱に魅了される者も（とくに、視覚芸術において）常にいたからである。それでも、「現代派」は労働運動周辺に居心地の良さを覚え、

▼64　アナーキズム雑誌『ラ・レヴォルト』の一八九四年の定期購読者には、ドーデやアナトール・フランス、ユイスマン、ルコント・ド・リール、マラルメ、ロティ、演劇アヴァンギャルドのアントワーヌとリュニェ゠ポーなどが含まれていた。当時、おそらくこのような綺羅星のごとき集団を引きつける社会主義雑誌はなかった。しかし、詩人ギュスターヴ・カーンと並ぶ初期のアナーキストでさえ、マルクスを深く尊敬し、全左派の団結を支持した(Herbert, op. cit., pp.21, 110-1)。

▼65　Max Ermers, *Victor Adler* (Vienna, 1932), pp.236-7.

またマルクス主義者、少なくとも教養のあるマルクス主義知識人は、「現代派」と一緒にいると居心地が良かった。

きちんと理由が調べられたことはないのだが、こうしたつながりは、しばらくのあいだ途切れていた。いくつかの理由を示唆できるかもしれない。第一に、「マルクス主義における危機」が一八九〇年代後半に論証したように、資本主義が崩壊寸前であり今にも社会主義運動が革命の勝利を勝ち取ろうとしているという信念は、西欧ではもはやもち続けることができなかったのである。労働運動をめぐって生じる希望、信頼、ユートピア的な期待といったぼんやりとした雰囲気によって漠然と規定される広範な労働運動に引きつけられていた知識人と芸術家たちが、今や直面している運動は、その将来展望が不確かであり、対内的でますますセクト的な議論によって分断されていた。このようなイデオロギー上の断片化は、東欧でも存在していた。たとえば、一八九〇年代初頭のように、全潮流が総じてマルクス主義的方向に収斂するように見えた運動の同調者となること、あるいは民族主義者と反民族主義者の分裂以前のポーランド社会主義の同調者となることと、相互に敵対している革命組織と元革命家とのあいだでどちらかを選択することとは、まったく別のことであったのである。

しかし西欧では、さまざまな新しい運動は、徐々に制度化され、おそらく芸術家や作家を興奮させない日常の政治問題に巻き込まれるようになった一方で、実際には改良主義的となり、将来の革命はある型の歴史的不可避性に任せたという事実を付け足すことができる。さらに、制度化した大衆政党は、多くの場合、独自の文化的世界を発展させたが、労働者階級の大衆がなかなか理解できないあるいは賛同できないような芸術はおそらくあまり優遇しなかったろう。確かに、ドイツの労働者図書館の会員は、次第に政治の本を投げ捨ててフィクションを読むようになり、また詩歌や古典はあまり読んでいなかった。しかし、最も人気のあった作家はほぼ確実に、冒険物語の著者のフリードリヒ・ゲルストエッカーであるが、彼がアヴァンギャルドを触発することはなかった。[66]ウィーンでは、カール・クラウスが文化的・政治的に反体制的であったので初めのうちは社会民主党にたいへん引き寄せられていたが、一九〇〇年代になると距離を置くようになったことは、驚くほどのことではない。彼は、労働者のあいだに十分本格的な文化水準を発展させていないとして社会民主党を非難し、普通選挙権のための党の——結局は勝利することになる——大キャンペーンに心を動かされなかったのである。[67]

当初は西欧ではやや周辺的であった社会民主主義内の革命的左派と、革命的サンディカリスト的あるいはアナーキスト的諸潮流が、ラディカルな精神的気質のアヴァンギャルド文化を引きつける見込みは大いにあった。一九〇〇年以降、とりわけアナーキストは、ラテン諸国以外では、自らの社会的基盤が——西欧世界のモンマルトルのようなさまざまな街区で——徐々にルンペンプロレタリアート〔Lumpen-proletariat〕化しつつあるボヘミアンと独学の労働者たちからなる環境のなかにあることに気づき、「ブルジョワ的」生活様式の拒否者あるいは非同化者、または大衆運動の組織者の一般的なサブカルチャーのなかにおさまったのである。[68]この本質的に個人主義的で反律法主義的な反乱は、社会革命に対立はしなかった。たいていこの反乱は、自らと結合しうるうってつけの反抗運動や革命運動を待っているだけであり、

▼66　H.-J. Steinberg, *Sozialismus und deutsche Sozialdemokratie* (Hanover, 1967), pp.132-5.〔H－J・シュタインベルク著、時永淑・堀川哲訳『社会主義とドイツ社会民主党——第一次世界大戦前のドイツ社会民主党のイデオロギー』（御茶の水書房、一九八三年）、二五六－六四ページ〕。

▼67　Caroline Kohn, *Karl Kraus* (Stuttgart, 1966), pp.65, 66.

▼68　オーストリア・ドイツのアナーキズムについては、G. Botz, G. Brandstetter, M. Pollak, *Im Schatten der Arbeiterbewegung* (Vienna, 1977), pp.83-5 を参照されたい。

反戦およびロシア革命支持のために再び大量動員された。一九一九年のミュンヘン評議会が、おそらくこの反乱に政治主張の重要な契機を提供した。しかし、現実においても理論においても、この反乱はマルクス主義から顔を背けた。ニーチェは、まったく明白な理由からマルクス主義者や他の社会民主主義者には人気のない思想家であるが、彼の「ブルジョワ」嫌いにもかかわらず、非政治的な中産階級の文化的反主流派の典型的な導師《グル》になったと同様に、アナーキストやアナーキストとなる反乱者たちの典型的な導師になった。

反対に、この新しい世紀におけるアヴァンギャルドの発展のたいへん文化的な急進主義そのもののせいで、伝統的な作風のままの構成員を抱えている諸々の労働運動とアヴァンギャルドとの関係は絶たれた。というのは、そうした構成員（と労働運動）は、芸術作品の内容を表現する既知の言語および象徴的コミュニケーション・コードを好んでいたからである。一九世紀の最後の四半世紀のアヴァンギャルド派は、実際にはまだこうした既知の言語を捨ててはいなかったが、拡大解釈をしていたのである。それに少し補正を加えさえすれば、ヴァーグナーや印象派が、また多くの象徴主義者さえもが何を「しようとしていた」のかを、はっきり見抜くことは完全に可能であった。二〇世紀初頭から——おそらく一九〇五年のパリのサロン・ドートンヌが視覚芸術における切断点を示しているように——その状況は変化した。

さらに、社会主義の指導者は、一八七〇年以降に生まれた若手世代でさえ、〔そうした芸術に〕もはや「通じて」いなかった。ローザ・ルクセンブルクは、「近代作家」嫌いという非難に対して、自己弁護をしなければならなかった。とはいえ彼女は、ドイツの自然派詩人などの一八九〇年代のアヴァンギャルドに深い感銘を受けていたのだが、その一方で自分はホーフマンスタールを理解せず、シュテファン・ゲオルゲのことは一度も聞いたことがないと認めた。[69] 新しい芸術の流行にずっと深く親しんでいると自負するトロツキー──彼は、一九〇八年にフランク・ヴェデキントの長ったらしい分析を『ノイエ・ツァイト』のために執筆し、美術展覧会の論評をしていた──でさえ、一九〇五年から一九一四年までの頃の大胆な青年であればアヴァンギャルドと見なすようなもの──もちろん、ロシア文学におけるものは別だが──にはっきりと精通しているようには見受けられなかったようである。ローザ・ルクセンブルクと同様にトロツキーも注目し、不満を示したものが、アヴァンギャルドの極端な主観主義であった。それは、ルクセンブルクの言葉でいえば、「精神状態」──しかし、その他に何もない（「しかし、精神状態でもって人間存在を造形することはできない」[70]）のだ──を表現する能力であった。ルクセンブルクと異なりトロツキーは、主観主義的反乱の新たな諸傾向と、「アカデミズムに対する蜂起を、どうでもよい事実たる内容に対する自足的芸術形式の蜂起へと当然に転化する」「純粋に美的な論理」[71]とをマルクス主義的に解釈しようとした。彼は、近代的な巨大都市の環境における生活の目新しさに、また、いっそうはっきりと、この近代のバビロンに暮らす知識人によるこうした経験の表現の目新しさにその原因を求めた。おそらく、ルクセンブルクもトロツキーも、ロシアの美学理論のとくに根強い社会的先入観をオウム返しにくり返したのだが、しかし根底においては、東欧であれ西欧であれ、マルクス主義者のきわめて一般的な態度を反映していたのである。とくに芸術に興味をもち、最新の諸傾向と接し続けていたいと切望していた人のなかには、一人の私人としてこの新機軸のいくつかを好むようになる人もいたかもしれないが、ど

▼69　Rosa Luxemburg, *J'étais, je suis, je serai. Correspondance 1914-1919* (Paris, 1977), pp.306-7.
▼70　Ibid.
▼71　L. Trotskij, ed. V. Strada, *Letteratura e Rivoluzione* (Turin, 1973), p.467.〔L・トロツキー著、桑野隆訳『文学と革命』上下（岩波書店、一九九三年）下、三八六ページ〕。

れくらい正確にこうした関心を自分自身の社会主義的な活動や確信と関連づけることができたのだろうか。

インタナショナルにおいて名をなしたもののうち一九一〇年に三〇歳以下であったものはほとんどおらず、大半はすっかり中年となっていたにせよ、それは単なる年齢の問題ではなかった。マルクス主義者が当然にも失敗したのは、形式上の技巧および実験への後退（アヴァンギャルドがそう考えたような前進というよりも）とみなしたもの、すなわち明白に認知しうる社会的内容や政治的内容も含めて芸術作品の内容の放棄とみなしたものを、適切に評価することであった。マルクス主義者が容認できなかったことは何かといえば、アヴァンギャルドが純粋主観主義を、すなわちプレハーノフがキュビストのなかに看破したようなほぼ独我論といえるものを選択するという点であった。[72]「プロレタリアートの側に転じたブルジョワ・イデオローグのなかでは、芸術の専門家」（芸術家 Künstler）「はきわめてわずかであった」ことは、説明できるにせよ、すでに残念に思われていた。そして一九一四年以前の数年間は、一九〇〇年以前よりも労働運動に引き寄せられたものはずっと少ないようであった。フランスの画家のアヴァンギャルドは、「どんな知的社会的騒乱からも距離をおき、技法的対立に閉じこもった[73]」。しかしこれにもまして、一九一二年から一九一三年の頃プレハーノフは、「現代の芸術家の大多数は、ブルジョワの観点に立ち、偉大な現代的自由の思想をまったく受け付けない[74]」ことを、なにか明白なこととして述べることができた。「反ブルジョワ」を以て自認する一群の芸術家のなかでは、組織的な社会主義運動にごく近い少数派以上のものを見つけることは容易ではなかった――アナーキストでさえ画家のなかに見出した献身的な熱狂者は、一八九〇年代よりも少なかった――が、労働者の俗物根性に対して不平をいう人々、すなわちドイツにおけるシュテファン・ゲオルゲのサークルやロシアのアクメイストのような無遠慮なエリート主義者、（なるべく女性的な）貴族的交際の追求者、さらには――とくに文学における――潜在的および現実的な反動主義者を見つけることは、ずっと簡単であった。その上、新興の実験的アヴァンギャルドが、アカデミズムに対して反抗していたというよりも、どちらかといえば当時の労働運動や社会主義運動に近づいていた他ならぬ一八八〇年代と一八九〇年代のアヴァンギャルドに対して反抗していた点を忘れるべきではない。

要するに、ブルジョワ文化の危機というもうひとつの兆候を除けば、マルクス主義者はこうした新しいアヴァンギャルドのなかに何を認めることができたのだろうか、そして過去は未来を理解できぬというこのもうひとつの証拠を除けば、新しいアヴァンギャルドはマルクス主義のなかに何を認めることができたのだろうか。おそらく、新進画家が（コレクターや画商として）援助してもらうことを当てにしていた少数の個人のなかには、マルクス主義の同調者（たとえば、モローゾフとシチューキン）も何人かいた。当時、おそらく反乱芸術の愛好者は政治的保守ではなかったろう。マルクス主義理論家──ルナチャールスキー、ボグダーノフ──はときに、自分の革新者への共感を正当化することさえもしたかもしれないが、しかしおそらく抵抗に出くわしただろう。しかしながら、社会主義運動や労働運動の文化世界には、新しいアヴァンギャルドのためのわかりやすい場所がなく、（事実上、ある中・東欧タイプの）マルクス主義の正統派美学理論家がそうした新しいヴァンギャルドを断罪したのである。

しかし、新しいアヴァンギャルドのなかには、社会主義や他の何らかの政治から確かに距離をとったままのものもいた──また、あからさまに反動主義者や、あるいはファシストにさえになったものもいた

▼72　G. Plekhanov, *Kunst und Literatur* (Berlin, 1954), pp.284-5.

▼73　J.C. Holl, *La jeune peinture contemporaine* (Paris, 1912), pp.14-5.

▼74　Plekhanov, op. cit., pp.292, 295.

けであった。彼らは、一九一四年以降、反戦運動とロシア革命のなかにその局面を見出した。一九一七年以降は、はじめは主にロシアとドイツにおいて、（レーニンのボリシェヴィズムという形の）マルクス主義とアヴァンギャルドとが再結合した。ナチスが（まさしく）文化的ボリシェヴィキ〔Kulturbolschewismus〕と呼んだものの時代は、第二インタナショナル期のマルクス主義史という本章の範囲には収まりきらない。それでもなお一九一七年以後の発展に言及しなければならないのは、この発展のなかでマルクス主義の美学理論が、「リアリズム派」と「アヴァンギャルド派」とに分岐するに至ったからである――ルカーチとブレヒトが、またトルストイの賞賛者とジェームズ・ジョイスの賞賛者が衝突したのである。そして、この分裂の根源が一九一四年以前の時期にあったことは、すでに検討したとおりである。

第二インタナショナル期を全体として振り返るならば、マルクス主義と芸術界との関係は、一九〇〇年――両者の関係が著しく険悪となった年――以前でさえ、決して容易なものではなかったと結論づけねばならない。マルクス主義理論家は、一八八〇年代と一八九〇年代のどんな「近代的」運動にも決して完全には満足しておらず、そうした運動の熱心な擁護を（ベルギーのように）マルクス主義周辺の知識人、あるいはマルクス主義者ではない革命家や社会主義者にゆだねた。正統派マルクス主義の指導的な批評家は、文化的論争の支援者や参加者というよりもむしろその解説者や仲裁者であると自認していた。だからといって、ブルジョワ社会の退廃の兆候としての芸術発展の、彼らの歴史分析――印象による分析――は少しもそこなわれなかった。しかし、彼らの観察が外在的なものであったことに衝撃をうけざるをえない。どのマルクス主義知識人も、どれほど素人的であるとしても、哲学と科学の仕事に参加していると自認していた。しかし創造芸術に参加していると自認するものはほとんどいなかった。彼らは、芸術の社会との関係や運動を分析し、流派や作家、作品を評価したり、酷評したりした。せいぜいのところ、実際にマルク

――としても、芸術界の反逆者の大部分は、芸術的政治的反抗が再び生じうる歴史的局面を待っているだ

ス主義運動に合流したごく少数の芸術家を大事にし、ブルジョワ社会と同様に、そのような芸術家の個人的でイデオロギー的な気まぐれは大目に見ていた。したがって、芸術界に対するマルクス主義の影響はおそらく周辺的なものであった。当時の社会主義運動に近かった自然主義と象徴主義でさえ、マルクス主義者がそれらにまったく関心を抱かなかったとしても、それ自身のやり方で非常に発展していたことだろう。実際のところ、マルクス主義者は、資本主義の下では、宣伝家としての、社会学的な兆候としての、あるいは「古典」としての役割以外では、芸術家のための役割を見出すのは難しいことに気づいた。現実に、第二インタナショナルのマルクス主義は妥当な芸術理論を欠いており、「民族問題」のケースとは異なり、政治の切迫からそうした理論的欠陥に気づくように強いられることはなかったのだといいたくもなる。

しかし、第二インタナショナルのマルクス主義内部には社会における芸術の真の理論があったが、その真の芸術理論すなわちウィリアム・モリスがほとんど完全に展開した理論は、マルクス主義学説の公式資料集においては知られていなかった。芸術に対するマルクス主義の永続的で重大な影響があったとすれば、この思想潮流に現われていたが、これはブルジョワの時代における芸術の構造（個人的「芸術家」）を超えてあらゆる労働の芸術的創造の要素と大衆生活の（伝統的）芸術を期待し、また商品生産の芸術における等価物（個人の「芸術品」）を超えて日常生活の環境を期待するような思想潮流なのであった。特徴的なことであるが、それは、建築に注意を払い、そして実際に建築を芸術の鍵として、また芸術の精髄としてみなしたマルクス主義美学理論の唯一の流派であった。[75] マルクス主義批評が自然主義あるいは「リアリ

▼75 William Morris, *On Art and Socialism*, ed. Holbrook Jackson (1946), p.76.

ズム」の自惚れ屋だとすれば、この思想潮流は近代建築とデザインに歴史的に重要な根本的衝撃をかつて与え、そしていまなお与えているアーツ・アンド・クラフツ運動の原動力であったのである。

この思想潮流は無視された。というのは、モリスは、最初期のイギリスのマルクス主義者の一人であったのだが、有名芸術家とはいえ政治的には取るに足りない人物としか見られなかったからであり[76]、おそらくまた芸術と社会に関する理論化のイギリスの伝統（新浪漫派的中世主義、ラスキン）は、モリスがマルクス主義に溶け込ませたにせよ、マルクス主義思想の主潮流との接点がほとんどなかったからでもある。それでもやはり、この思想潮流は、芸術の内部から生じ、マルクス主義的――少なくともモリスはそう宣言した――であって、ヨーロッパの大部分で芸術の専門家やデザイナー、建築家、都市計画家を、またとりわけ博物館や芸術学校の運営者たちを転向させ、彼らに影響を及ぼした。芸術に対するマルクス主義のこうした重大な影響がイギリスから生じたことは偶然ではないのだが、そこではマルクス主義の重要性は無視しうるものであった。その頃、西欧諸国のなかでイギリスだけが、資本主義のせいで十分に変質し、工業生産によって職人的生産がすでに変質していた国であった。よく考えてみれば、マルクスのいう「古典的な」資本主義発展国が、芸術に対して資本主義がなしたことについて唯一の重大な批判をしたことも、また芸術内部のこの重要な運動におけるマルクス主義的要素が忘却されてきたことも驚くに当たらない。

モリス自身は、十分に現実主義的であって、資本主義が続くあいだは芸術は社会主義的になりえないことを認識していた[77]。資本主義がその危機から抜けだし、繁栄し、拡大するにつれ、この潮流は革命家の芸術をわがものとし、吸収した。ゆとりと教養のある中産階級、インダストリアル・デザイナーがそれを引き継いだ。オランダの社会主義者で建築家のＨ・Ｐ・ベルラーヘへの最高傑作は、ダイヤモンド労働者組合の建物ではなくて、アムステルダム証券取引所であったのである。人民の側についたほとんどモリス派的な都市計画家の街は、中産階級が住むこともある「田園住宅地」、工業地域から隔たった「田園都市」であった。このようにして、芸術は、第二インタナショナルの社会主義の希望と失望を反映しているのである。

▼76　彼は一八八三年にはじめて社会主義者の会合に（大衆住宅の建築を議論するために）出席した。

▼77　「近代世界の芸術に対する関係を考えれば、今や私たちのやるべきことは明確な芸術を産み出そうと試みることというよりもむしろ芸術に好機を提供するための道筋を整えることであるし、これからもそうであろう」。'The Socialist Ideal' in Morris, op. cit., p.323.

第11章 反ファシズムの時代に——一九二九年から一九四五年まで

In the Era of Anti-fascism 1929–45

1 逆説的なマルクス主義の浸透

一九三〇年代は、マルクス主義が西欧および英語圏の知識人の間でひとかどの勢力となる一〇年間であった。東欧および中欧の一部ではずいぶん前からすでにそうなっており、ロシア革命は、西欧の社会主義者やそれ以外の反逆者、革命家の多くを自然に引きつけていた。しかし、一般的な通念に反して、一九一七年から二〇年にかけての革命の波が引いた後では、圧倒的に主流となった型のマルクス主義——共産主義インタナショナルのマルクス主義——は、西欧知識人とくにブルジョワ出身の西欧知識人を強烈に引き寄せるようなどんな魅力をも示さなかった。トロツキズムをはじめとするいくつかの反主流マルクス主義グループは、彼らにとってより魅力的なものであったが、主要な共産主義政党と比べて少なかったので、量的に無視することができる。西欧の共産主義政党の大半は圧倒的にプロレタリア的であり、党内における「ブルジョワ」知識人の立場は、たいていは異例のもので、必ずしもつねに居心地が良いものではなかった。[1][2] その上、とくに「ボリシェヴィキ化」期の後には、このような共産主義政党を指導するための労働者の役割が慎重に強調された。第二インタナショナルの諸政党とは異なり、共産主義政党の著名な指導者のほとんどが知識人でなく（いくつかの低開発または植民地の諸国をのぞいて）、こうした政党では、知識人が首脳部にいても、通常、それを誇りとすることはほとんどなかった。しかしその一方で、卓越した知識人が他の立場で関係することは好んだ。したがって、一九三〇年代における共産党への知識人の流入は新しい現象であった。イギリスでは一九三八年の共産党大会の代議員の一五%は、学生か、知的専門職であった。[3]

こうした西欧諸国への知的マルクス主義の浸透は、目新しいだけでなく、自生のものでもあった。第二インタナショナルの時代には社会主義とりわけマルクス主義の普及にとって政治亡命者が重要であった点には、いくらかの注意が払われてきた。[4] そして一九三〇年代とは、不幸にも、大規模な政治移民の時代なのであった。さらに受け入れ国側の知的活動に与えたこうした移民者の衝撃は、おそらくフランスではそれほどでもなかったにせよ、イギリスとアメリカでは深刻――アメリカの方がずっと深刻――であった。しかしながら、西欧において今や〔知識人層への浸透という〕こうした趨勢に転じたネイティヴ世代〔生まれたときにはすでにマルクス主義が存在していた世代〕のマルクス主義が、政治移民から大きな衝撃を受けることはまったくなかった。

おそらくこの原因は、ネイティヴ世代を圧倒的に引きつけていたマルクス主義解釈は、共産党およびソ連と結びついているもので、（今や、プレハーノフと同様にレーニンとスターリンを含む）「古典的大家」の翻訳の出版を通じて利用可能となった解釈であるという事実であった。マルクス主義の標準国際版がいまや存在し、それは一九三八年の『ソ連共産党小史』の「弁証法的唯物論と史的唯物論」の節で最も体系的に例証されていた。したがって、正統派共産主義の亡命者は、この標準版と矛盾すると考えていたものをもち込もうともせず、また公然と宣伝することも望まなかった。異端派マルクス主義者あるいは親マルクス主義者〔marxisants〕――彼らとの接点をもつことは、トロツキー追従者との接点をもつ場合とは異なり、実際には、忠実な共産主義者に禁止されていなかったにせよ——は、その説が異端であることは周知の事実であったので、どちらかといえば孤立していた。

さらに二つの要因によりマルクス主義者のディアスポラの影響は小さくなった。第一の要因は、言語上のものである。初期マルクス主義言説における二つの主要言語、すなわちドイツ語とロシア語は、西欧では広範囲には普及しておらず、あるいはまったく普及していなかった。[5] アメリカ以外では、ドイツ語やロシア語の作品を読めて左翼文献に興味をもつ可能性のあったロシア出身者層やドイツ出身者層は注目するほどではなかった。こうして、正統派共産主義者にとっても受容可能な著作家でさえ、翻訳されない限り

▼1　共産主義運動における一般的な状況については、Aldo Agosti, *Bandiere Rosse: Un profilo storico dei comunismi europei* (Rome, 1999), pp.35-40 を参照されたい。西欧の共産主義知識人の多様な出自とイデオロギー的態度については、一九四五年から五六年にかけてのフランス、イタリア、オーストリア、イギリスを比較するThomas Kroll, *Kommunistische Intellektuelle in Westeuropa* (Cologne-Weimar-Vienna, 2007) を参照されたい。

▼2　KPD（ドイツ共産党）の党員の九五%は初等教育しか受けておらず、大学教育を受けていた党員は一%であった（H. Weber, *Die Wandlung des deutschen Kommunismus*, Frankfurt, 1969, II, p.29）。（非合法の）きわめてプロレタリア的な政党における知識人の状況については、Giorgio Amendola, *Un'isola* (Milan, 1980) を参照されたい。

▼3　*For Peace and Plenty. Report of the Fifteenth Congress of the CPGB* (London, 1938), p.135. 大会の構成は、全体としての党の構成と相違していないという証拠がいくらかある。K. Newton, *The Sociology of British Communism* (London, 1969), pp.6-7.

▼4　Georges Haupt, 'Emigration et diffusion des idées socialistes: l'exemple d'Anna Kuliscioff' (*Pluriel* n.14, 1978, pp.2-12) を参照されたい。

▼5　モーリス・ドッブは、ソヴェート経済に関する最初の主著*Russian Economic Development since the Revolution* (London, 1928)〔M・ドッブ著、野々村一雄訳『ソヴェト経済史——一九一七年以後のソヴェト経済の発展』（新評論社、一九五六年）〕を書くのに際して、翻訳者の力を借りねばならなかった。

利用できなかったのだが、翻訳はまれであった。ルカーチ研究論集が英語の図書として出版されたのは一九五〇年からのことであり、一九三二年から利用できたマルクスの『初期著作』のような基本的なテキストでさえ、ドイツ語でそれを読める二、三の個人を通じてしかフランスに衝撃を与えておらず、それも即座にというわけではなかった。もちろん反対に、翻訳された作品は、過剰に重要視された。その証拠としては、B・ヘッセンのニュートン論がイギリスの科学者に与えた革命的衝撃がある（三八三ページを参照されたい）。第二の要因は、移民流入に対して受け入れ側の科学者がますます閉鎖的になったことである。ヒトラー統治下のドイツからの政治移民等々は、西欧ではしぶしぶ受け入れられたのであって、ある程度はアメリカが例外となっているが、歓迎もされず、特別な例を除けば組み込まれもされなかった。そうした移民たちは周辺的なままであり、しばしば無名のままであった。[6] こうして、西欧マルクス主義者は、主流派マルクス主義の伝統や慣例に依存することなく成長した。おそらく、マルクス主義経済理論の最初の、そしてなお多くの面で最良の――第二インタナショナル期の議論と発展を具体的に説明する――英語で書かれた報告書が、アメリカすなわち移民のマルクス主義（あるいはマルクス主義の知識）と受け入れ側の当時の「新左翼」との分断が最も目立たなかった国で出版されたことは、偶然ではない。[7]

したがって、マルクス主義の浸透は矛盾をはらむ現象であった。それは国産であり、輸入ではなかった。というのも、マルクス主義の浸透が生じたどの国も、公認共産主義を除けば外国の影響から独立していたからである。同時に、まさにこの理由から、マルクス主義の浸透は、圧倒的に、均一的で標準化された形態をとった。とはいえ、それが均一だからといって、国民の知的分断へ向かうはっきりした傾向――この傾向は、第二インタナショナルの時代とも、またおおむね一九六〇年以来の知的なマルクス主義の国際的特徴とも好対照をなしている――が覆い隠されることはありえない。この均一性の一因は、まさに共産主義インタナショナルの高度に集権的で統制のとれた機構と、同組織およびソ連から発表され、かなりご都合主義的に——一九四八年頃まで——影響を及ぼした著作物がますます帯びるようになった「公認的」性質であった（後述）。『インタナショナル・プレス・コレスポンダンス』や『共産主義インタナショナル』など、国際共産主義雑誌は、さまざまな言語で出版されており、内容的には地域ごとに異なっていたにせよ、圧倒的にその時々の政治課題を取り上げていたし、またその主要な執筆陣は政治指導者やいわば国際共産主義運動の国際的幹事記者だったのである。一九三〇年代には、どの言語においても『ノイエ・ツァイト』に並ぶものはなかった。[8] 反対に、一九三〇年代の後半に西欧諸国で出版されはじめた理論的・知的・文化的なマルクス主義あるいは親マルクス主義〔Marxisant〕雑誌は、政治的権威がないまま、主に知識人たちに任せられた。また、しっかりと国際的な連携をとりあった雑誌もいくつかあったにせよ、その雑誌の使用言語を母語とする人々以外では有意義な国際的反響はなかった。だから、逆説的にいえば、ある主題に関する国際的な「方針」がまったくない限り、あるいはそのような「方針」が義務的なものとして十分に宣伝されない限り、地域的な変種や発展の余地があったのである。こうして、のちに検討するように、たとえばイギリスでは自然科学および文学に関して独自のマルクス主義理論が数多く形成されたが、そのうちいくつかは、結局ジダーノフ時代には、いっそう包括的な正統派理論を押しつけられるという痛

▼6　これが、カール・コルシュ、ヴァルター・ベンヤミン、カール・ポランニー、ノルベト・エリアス等々のような大物——マルクス主義者であれ、非マルクス主義者であれ——の実情であった。

▼7　P.M. Sweezy, *The Theory of Capitalist Development* (NY, 1942).〔P・M・スウィージー著、都留重人訳『資本主義発展の理論』（新評論、一九六七年）〕

▼8　『マルクス主義の旗の下に』は、理論的な議論を取り上げる国際雑誌に近く、一九三〇年代半ばには見あたらなくなるが、いずれにせよ、ソヴェート正統派にだんだん取り込まれてきていた。さらにいえば、それはドイツ語版とロシア語版しかなかった。

手をうけた。しかし、基本的には、マルクス主義が公的に禁止されていなかった国や文化的地域のそれぞれで、それなりに地域的諸条件が考慮された標準的な国際的モデルが採用された――それは、一九三四年以後のコミンテルンにおける国際方針の転換が促進したひとつの発展である。

　左翼知識人の真に非集権的な国際主義に関しては、たった一つの分野においてしか論じることができない。特徴的なことだが、そのような国際主義は文学と芸術の分野のなかにあったのである。文学と芸術は、理論的反映によってというよりも、むしろその専門家や賞賛者が当時の闘争に感情移入したことによって、左翼の政策とつながっていた。芸術と左翼との結びつきは、第一次世界大戦において再び緊密なものとなったが、それは正統派マルクス主義理論を介してではなかった。文化の領域においてのみ、正統派理論の押しつけに対する本当の抵抗――共産主義知識人たちのなかでさえ――のあったことが見受けられる。一九三四年以来ソ連で公認のものとなった「社会主義リアリズム」に公然と異議を唱える共産主義者はほとんどいなかったのではあるが、何を「近代主義」と呼びうるのかに関する議論がまったく絶えることなく、非正統派側が実際には決して降伏していなかったことに重大な意味があった。ブレヒトはルカーチに屈しなかった。一九三〇年代にソ連において発表されたものを賞賛し、またそうしたもののうちで（とくに絵画と彫像の）賞賛しえない作品は黙殺しようとする真剣な努力がなされたが、しかし本当に賞賛されたものは、たいてい一九二〇年代のソヴェート芸術と文学から生き残ってきたものであった。芸術界における「近代」運動のなかで最も高名な世界的人物たちへの公認的批判に公然と反対しようとしたものはほとんどいなかった。しかし、ジョイスやマティス、ピカソよりも「社会主義リアリズム」の方に近い諸様式を心から広めようとしている場合でさえ、少なくとも私的には、進んでジョイスたちの賞賛をやめるものはずっと少なかった。[9] ジャズは、公認の正統派に承認されなかったが、アングロ・サクソンにおけるその最も情熱的で活動的な賞賛者、擁護者、実質上の支援者のなかには、不釣り合いなほど多くの共産主義者やその同調者がいた。

他の世界との連絡を保っているマルクス主義知識人は、したがって、どの国の出身であれ、国際的な左翼文化を共有する傾向をもっていた。この文化には、共産主義に、あるいは少なくとも反ファシズム闘争への関与に共鳴する作家や芸術家が含まれており、幸いにも、大勢いたのである。たとえば、マルロー、シローネ、(当時知られている限りでの)ブレヒト、ガルシーア・ロルカ、ドス・パソス、エイゼンシュテイン、ピカソ等々がいた。[10] 共産党員向けに、この文化は共産主義者あるいは「進歩派」として多少なりとも公認された著作家の作品集を含んでいたのかもしれない。たとえば、バルビュス、ロラン、ゴーリキー、アンデルセン・ネクセ、ドライサーなどである。教養層文化の国際的な舞台の配役表の一部をしめた著名人は、反動やファシズムと密接に関係していたことが知られていなければ、ほとんど確実にこの文化に含まれていた。たとえば、ジョイスやプルーストのような作家、(主にフランスの)二〇世紀初頭の有名画家、「近代運動」の有名建築家、そしてとくに、高名なロシアの映画監督およびチャーリー・チャップリンである。一九三〇年代の新奇さは、さまざまな国──実際には、主としてフランス、アメリカ、イギリス諸島、ロシア、ドイツ、スペイン──から偏ることなく著名人を輩出した国際文化が存在していた点にではなく、こうした国際的文化が左翼への政治的関与に密接に結びついている点にあった。[11] 確かにこの国際的文化ははっきりとしたマルクス主義文化ではないが、それの結晶化について、少数の献身的なマ

▼9　ラデックの詭弁は特徴的である。すなわち「プルーストのような偉大な芸術家から、人間の最も些細な動きを写生し、描写する能力を学びとる必要があるだろうか。それはこの問題の論点ではない。論点は、私たちには私たち自身の王道があるのかどうか、あるいはこの王道が外国の実験によって示されているのかどうかである」。*Problems of Soviet Literature* (Moscow, 1935), p.151 を参照されたい。

▼10　この種の文学の典型例に関しては、John Lehmann, *New Writing in Europe* (London, 1940) を参照されたい。

ルクス主義者（すなわち、実際上は、共産主義者）の役割が重要であったことは疑いを入れない。[12]

2　知識人への浸透――ファシズムの脅威

一九三〇年代の知識人の急進化は、後の時代に大きな爪痕を残した三〇年代初頭の資本主義の危機への対応から生じた。その直接の原因は、少なくとも比較的若い世代については、一九二九年から三三年にかけての大恐慌のうちに見出されるはずである。こうして、イギリスでは、知識人の間でのマルクス主義と共産党への関心の高まりは、その最初の重大な兆候が一九三一年に見受けられることになる。その頃、弁証法的唯物論および史的唯物論が少数の学者間での議論のテーマとなり、また、数年の空白期間を経て、共産主義の学生グループがあちこちに――たとえば、ケンブリッジ大学に――定着したのである。潜在的なあるいは現実の共産主義知識人のこうした小集団や、またいうまでもなく、それよりもずっと広範な諸階層を強く印象づけたものは、大量の失業において、また人々が小麦とコーヒーを大いに必要としながらもその過剰在庫が廃棄されることにおいて悲劇的に表現されている資本主義経済の全般的破局だけでなく、ソ連のそのような破局に対する明らかな抵抗力でもあった。知識人の急進化過程のこの局面の例証となるのが、社会民主主義的な漸進主義の最古参の擁護者、フェビアン主義の創建者のシドニー・ウェッブとビアトリス・ウェッブの「営利的資本主義の史的発展に関するマルクスの理論[13]」への華々しい転向である。ウェッブ夫妻は、イギリス共産党に感銘を受けていたわけではないが、残りの人生をソ連の賞賛のような説明に捧げた。

資本主義の崩壊と社会主義の計画的工業化の対照性からマルクス主義へ向かう知識人が何人かいたにせよ、ヒトラーの勝利すなわち大恐慌の明らかな政治的帰結から反ファシズムに向かう知識人のほうがずっと多かった。国家社会主義体制の確立にともない、主に三つの理由から反ファシズムが中心的な政治的論点となった。第一の理由は、ファシズム自体は、それまでの主な見方ではイタリアと一体化した運動とされていたのだが、政治的右翼の主要な国際的媒介物となったことである。ファシスト政治運動、あるいは今やファシスト統治下の二つのヨーロッパの大国の威光と権力に結合することを望む運動が、多くの国で増加し、勢力を伸ばした。他の戦闘的な反動の運動は、国内外のファシズムと結びついているか、国外のファシズムからの援助を求めているか、あるいは少なくとも国際的な――そして、とくにドイツの――ファシズム興隆を国内左翼に対する防波堤とみなしていた。たとえば、「レオン・ブルムよりヒトラー」という文句が広まった。左翼は、当然の傾向として、こうしたすべての運動をファシズムあるいは親ファシズムと同一視し、ベルリンやローマとの結びつきを強調していた。右翼にとっての共産主義のように、各国の左翼にとってのファシズムは、いまや単なる外国人の問題であるだけではなく、その国際的な性格によって、また二つの大国の支持や場合によってはその援助によって、いっそう不吉さを増した国内の脅威で

▼11　このような文化的－政治的雰囲気のうまいスケッチについては、J.M. Richards, *Autobiography of an Unjust Fella* (London, 1980), pp.119-20 を参照されたい。この著者は、イギリスで『建築評論』の編集者であった。

▼12　こうして、（一九三三年から三九年までの）イギリスにおける（共産主義的組織の）国際芸術家協会は、アカデミックな芸術家、構成主義者、キュビスト、シュルレアリスト、社会派リアリスト、後期印象派、ドイツの二〇世紀芸術、フランスの芸術家（グロメール、レジェ、ロート、ザッキン）等々の展覧会を――たいていは、「ファシズムと戦争に反対する芸術家たち」といったようなタイトルで――催した。同協会自身の活動家は主にリアリストであったが、ソヴェート・モデルというよりもむしろメキシコ芸術（リベラ、オロスコ）とアメリカ芸術（グロッパー、ベン・シャーン）に影響されていた。Tony Rickaby, ‘The Artists’ International’ (*History Workshop* 6, Autumn 1978, pp.154-68) を参照されたい。

▼13　Beatrice Webb, *Our Partnership* (Lodon, 1948), pp.489-91.

もあったのである。ヨーロッパでほとんど知られていないあの辺境のスペイン共和国でなされた幾多の戦闘は、その最も明確な意味において、フランスやイギリス、アメリカ、イタリアなどの未来のための戦闘であったという点に気づかなければ、一九三六年の同国に対する国際的支援の急増を理解することはできない。

第二の理由は、ファシズムの脅威が単なる政治的脅威をはるかに超えるものであったことである。問題となっていること——これを知識人以上に意識しているものはいなかった——は、一つの文明全体の将来であった。ファシズムがマルクスを完全に死に至らしめたとすれば、同様にヴォルテールとジョン・スチュアート・ミルも完全に死に至らしめたともいえる。ファシズムは、社会主義や共産主義を拒んだのと同じくらい冷酷に、あらゆる形態の自由主義を拒んだ。またそれは、ロシア革命だけでなくアメリカ革命やフランス革命から生じたあらゆる体制に加えて一八世紀啓蒙の全遺産も拒んだのである。共産主義者と自由主義者は、同一の敵と対峙し、同一の全滅の脅威に直面していたので、当然にも同じ陣営に押し込められた。共産主義と自由主義は、対ファシズム闘争において深い意味では同一の大義のために戦っていたということに気づかなければ、当時ソ連で進行中の出来事すなわちソ連の左派評論家の孤立化を左派の立場の人々が不本意ながら批判したり、あるいはそれどころか多くの場合、そうした孤立化をしぶしぶ自白したりすることを理解できない。いうまでもなくより明白な事実は、共産主義者と自由主義者のそれぞれがお互いを必要としているということ、また一九三〇年代の諸条件の下では、どれほどショッキングであろうがスターリンのしたことはロシアの問題であった一方で、ヒトラーのしたことは各国の脅威であったということである。すぐにこの脅威は、立憲民主主義政府の廃止や強制収容所、焚書、ドイツの知的活動の精鋭を含む政治的反対派およびユダヤ人の集団的追放あるいは移住によって劇的に示された。従来はイタリア・ファシズムの歴史がうっすらと示していたにすぎなかったものが、いまや明示化され、最も視野の狭いものにさえ見えるようになった。

ファシズムの脅威のこの側面の重要性は、ナチス・ドイツがその紛れもない急速な経済的成功から重要な政治資本をなにも形成できなかったことが示している。「列車を定刻どおりに運行させた」という主張が一九二〇年代にムッソリーニのプロパガンダに役立ったほどには、失業の解消は一九三〇年代のヒトラーのプロパガンダに役立たなかった。明らかに、ナチス・ドイツは、経済不況からの回復の成功とは別の基準によって判断されるべき体制であった。

第三の理由は、これが最も決定的なものだが、「ファシズムが戦争を意味していた」ことである。一九三三年以降、毎年、これは劇的に明瞭なものとなった。オーストリアにおけるナチ暴動（一九三四年）に続き、エチオピア戦争（一九三五年）、ヒトラーによるラインラントの再占領とスペイン内戦（一九三六年）、日本の中国侵略（一九三七年）、ドイツによるオーストリア占領とミュンヘン会談後のチェコスロヴァキアの屈服（一九三八年）が続いたのである。一九一八年より後の世代は、もう一つの世界戦争の影と恐怖のもとに生きていた。一九三三年以降、もう一つの世界戦争が永遠に回避できると信じていたものはほとんどいず、そしてファシストおよびファシスト政府を除けば、そのことを考慮するときに嫌悪感を抱かぬものはいなかった。この時期以上に侵略者と防衛者との境界線が明瞭であったことはない。そうではあるが、非ファシスト国家において必要であれば武装して抵抗する覚悟を決めた人民と、どのような理由であれその覚悟の決まらない人民との境界線がますます明瞭になってきた。この境界線は、右と左を単純に分割しているのではない。とくにフランスとイギリスにおいて、伝統的な保守主義者や愛国者のなかに、また非共産主義左翼の宥和主義者あるいは平和主義者のなかに抵抗者がいたのである。抵抗者ですら戦争を要求したのではなく、むしろ彼らの信念は（ミュンヘン会談後まではもっともらしさもないではなかったのだが）、すすんで侵略者に抵抗して侵略者を圧倒できる諸国家と諸国民の強力で広範な戦線の形成によって破局を回避する十分なチャンスがある、なぜならば必要であれば侵略者の打倒は可能なのだから、というものであった。しかし、侵略が進展し成功するにつれて、抵抗の必要性はますます明白となり、政治に自覚的な世論を反ファシズム陣営へと引き寄せた。実際のところは、結局、戦争と抵抗によってこの論点は紛れもなく明らかなものになった。そして、それがたいへん明らかになると、反ファシズムが共産主義者にますます近づいてきた。共産主義者は、広範な反ファシズム同盟と抵抗の政策を理論的に先駆けただけでなく、闘争のなかではっきりと指導的役割を実践的に果たしていたからである。一九四〇年五月の後、ヨーロッパの広大な地域を実際に征服することによって表現されたファシズムの深刻な危険がおさまらないかぎり、一九三九年の国際共産主義政策の不条理な一時的反転でさえ、この傾向に歯止めをかけることはできなかった。[14]

それでもやはり、知識人等々が反ファシズムに、したがって左翼へ、多くの場合マルクス主義的左翼へ引き寄せられた過程は、一見するほどには直線的でもなければすっきりしてもいなかった。コミンテルンとソヴェートの政策のジグザグとさまざまな転換、すなわち「第三期」のセクト的戦略の清算に手間取ったことおよび一九三九年から四一年にかけて一八〇度の方向転換をしたことは、すでに言及されてきたことであり、かかずらう必要はない。しかし、その他の複雑ないくつかの要因については、簡潔に議論しなければならない。

全世界のうちで、こうした要因のうち最重要の事情は、従属的なあるいは植民地の諸国に関していた。そうした国々では、反ファシズムは最優先の論点ではなかった。その理由は、大部分のラテン・アメリカのように、ヨーロッパのファシズム現象は遠方のものであり、それらの国の国内情勢とほとんど関係がなかったこと、もしくはファシズムが主要な敵あるいは脅威と現実的に結びつけられなかったこと、あるいはその双方であった。確かに、ラテン・アメリカでは伝統的右翼（とくにそこではそれは教会に依存している）は、――スペイン内戦において顕著なように――ファシズムとの同盟にますます引き込まれていったヨーロッパの伝統的右翼におそらく共鳴していた。ファシスト・モデルに基づくいくつかの極右運動もあちこちで展開した。たとえば、メキシコのシナルキスト党やブラジルのプリニオ・サルガドのインテグラリスタ党である。これと同じ程度には、左翼も——たとえ、マルクス主義的な反帝国主義への共感や、ラテン・アメリカ知識人層に対する、またその個人的経験に対するヨーロッパ文化の非常に強い影響などといった他の理由によってはまだ準備ができていなかったとしても——反ファシズムに結びついていただろう。ラテン・アメリカ、とくにメキシコ、チリ、キューバでは、明らかにスペイン内戦が決定的に重要な役割を果たした。他方で、ラテン・アメリカの大部分では、一九三〇年代にファシズム——ラテン・アメリカでイデオロギー上の流行を提供してくれるものとして当てにされていたヨーロッパにおいて、成功し名声を得た流行の運動——から進んで思想と言葉遣いが採り入れられていたからといって、ファシズムの発生大陸においてファシズムが有していた暗黙の意味が必ずしもそこに含まれているわけではなかった。ヨーロッパ大陸であれば、このような思想に引きつけられた政治家や政治志向の青年将校が、労働組合や選挙勢力として労働者階級を動員することで、国民生活に彼らなりの重大な影響を与えること（アルゼンチンにおけるように）や、社会革命の成就のために労働組合と協力すること（ボリビアにおけるように）は、考えにくいことであっただろう。おそらく、このことは南米大陸の大部分の知識人にたいした影響を及ぼさなかったが、ヨーロッパ的な政治協力をあまりにも安直にラテン・アメリカに当てはめることについて私たちに警告を発しているはずである。さらにいえば、その大陸は、事実上、第二次世界大戦に巻き込まれなかったのである。

▼14　必ずしもソ連の国益の観点から見て不合理だというわけではなく、各国の共産主義政党に統一的に新政策を課すことが、世界共産主義の、さらにはソ連の最大の利益となるという仮定のために不合理なのである。

アジアと（政治的に動員された限りでの）アフリカでは、情勢はさらに複雑であった。そこでは国内ファシズムがなく[15]――日本は、好戦的な反共勢力であり、ドイツおよびイタリアと同盟を結んだが――、そして反帝国主義者にとってはイギリスおよびフランス、オランダが明らかに主要な敵であった。大部分の世俗的知識人は、肌の色が黄色、褐色、黒色の人々に対するヨーロッパ・ファシズムの人種差別主義的な姿勢を考えに入れ、確かにヨーロッパ・ファシズムに反対した。さらに、こうした国々での運動は大都市の運動、すなわちインド国民会議派に顕著にみられるような西欧の自由民主主義的伝統に強く影響されることが多かった。それでもやはり、アイルランドの反乱者が長く保持してきた「イギリスの難局は、アイルランドの好機」という見方に反帝国主義者が立つことは当然である。実際のところ、国内の植民地主義者たちの敵に支援を求める伝統は、第一次世界大戦にさかのぼる。当時、アイルランドとインドの革命家（のちにマルクス主義者となる何人かもふくめて）は、イギリスに対抗するための援助をドイツに期待したのである。したがって、反ファシズムは、植民地の即時解放よりもドイツやイタリア、日本に対する勝利を優先しており、エチオピアや中国などの特例を除けば、国内の反帝国主義傾向および政治的打算と矛盾していた。この問題は、戦争の勃発とともに学問的なものではなくなった――実は、その数年前からすでに、この問題のせいで国内の政治活動は複雑なものになっていたのである（たとえば、インドシナにおいて）。世界規模の反ファシズムを優先した正統派共産主義者[16]は、戦争が十分に差し迫るとすぐに政治的孤立の危機に陥り、たいていは実際に孤立した――中東では一九四〇年から、南アジアおよび東南アジアでは一九四二年から孤立した。理論的な反ファシズムや、ある種の共産主義とすら結びついた左翼知識人は、ジャワハルラール・ネルーや大部分のインド国民会議派のように、即座にイギリス帝国主義との対決をはじめることもあれば、あるいはベンガル出身のスバス・ボースのように、日本人の庇護のもとでインド解放軍を実際に組織することもあった。おそらく、中東イスラム教圏における反帝国主義の圧倒的大多数は、イデオロギーがどのようなものであれ、親ドイツであった。要するに、ヨーロッパ以外では知識人と反ファシストとの関係は、ヨーロッパ的なパターンと合致することはなく、またそれは不可能であったのである。

ヨーロッパの反ファシズムには、それ自身の複雑性があった。第一に、反ファシズム同盟は、政治の中道と左派だけでなく、どのような理由であれ、ファシズムとファシスト政権に抵抗する覚悟を決めたどんな人や潮流、組織、国家をも巻き込む必要があるということが、一九三〇年代の推移のなかでますますはっきりしてきた。人民戦線は、必然的に「国民戦線」となる傾向があった。トレーズがカトリックに手をさしのべ、フランスの党が（長い間極右の象徴であった）ジャンヌ・ダルクに訴えかけ、ジャンヌ・ダルク同様に労働運動に対立するあらゆる反動的なものの象徴であったウィンストン・チャーチルとの同盟をイギリスの党が求めた時には、左派知識人も含めて左派の伝統的な感受性は共産主義者のこうした論理的な情勢認識によって揺さぶられた。少なくとも解放すなわち勝利までは、そのために問題が生じることは相対的にほとんどなかった。より大きな脅威に対して過去および将来の敵と連合することは、とりわけそうした連合にイデオロギーの和解が含意されていない場合は、道理にかなうものであるというくらいに、ナチス・ドイツの脅威は大きなものであった。ハイレ・セラシエが封建的皇帝であるという（まったく正しい）根拠に基づいてイタリアに対抗してエチオピアを援助することに反対した極左は、支持をほとんど勝ち取れなかった。他方で、社会主義の革命的左翼にとっては、自分たちの現実の目的である社会主義革

▼15　南アフリカで強い影響力をもつボーア人世論のナチス支持を別とすれば。
▼16　実は、南アジアと東南アジアは、共産主義異端派が大衆的支持を勝ち得た唯一の地域であった。セイロンにおいて最も顕著であった。

命を（少なくとも短期的には）犠牲にして、広範な反ファシズム戦略を追求すべきかどうかという問題からいっそう深い疑念が生じた。ファシズムを後退させるという当然の大義のもとで、革命家はどのような犠牲を払わなければならないのだろうか。ファシズムに勝利すること――しかし、革命の延期という犠牲や、あるいは非ファシズム的資本主義の強化という犠牲までも払うことになるのだが――は、考えられないことなのだろうか。革命家は、このような考察によって突き動かされるかぎりにおいて、植民地世界や半植民地世界における反ファシズムと何らかの共通点をもっていた。

しかし、おそらく他の活動家よりもこのような問いを立てる傾向が強かった知識人でさえ、この問いにそれほど煩わされていたわけではない。結局のところ、ファシズムの打倒は、まさに献身的な革命家にとっての死活問題であったのである。共産主義者も反主流派マルクス主義者も、反ファシズムと革命は両立できないと認められるという主張はしていなかった。コミンテルンの影響範囲内で――注意深く、断続的に、内々に、であるにせよ――なされていた議論は、広範な反ファシズム戦線から社会主義への移行戦略が提供されるかもしれないというものであった。もちろん表向きには、とりわけ反ファシズムの民主主義的で防衛的な側面だけが強調されたが、それはブルジョワ政府を含めて非社会主義反ファシズム勢が怖じ気づいて逃げ出さないようにするためであった。その結果生じた曖昧さについては、後ほど考察しよう。反対に、急進分子は、反ファシズムと即時のプロレタリア革命とのどんな矛盾も否定する空想的な道を辿った。広範な反ファシズム戦線をすべて無用な革命の裏切りとして（広範な反ファシズム戦線を主唱するスターリン主義的コミンテルンに対する敵対ゆえに誤ってトロツキーが否定したように）否定したわけではなかった人々ですら、適切な時点――一九三六年のフランス、一九四四年から一九四五年までのフランスおよびイタリア――における反ファシズム戦線の反乱への転化を求めており、一九三六年のスペインの反乱への転化に歓声を上げたのである。後に検討するように、当時、これらの空想的な議論はあまり重要ではなかった。トロツキストや他の反主流派マルクス主義グループなどのようなそうした議論の提起者たちが孤立し影響力を欠いた原因が、その議論自体から説明されることさえもある。困難な状況のなかでファシズム勢力の侵略と戦う人々は、即時の闘争を優先した。それに敗北すれば、将来の革命に――スペインでは、現在の革命にさえ――チャンスはなかったのである。

闘争の論理は反ファシズム左翼のもう一つの複雑さを明らかにした。すなわち平和主義である。これは明確なイデオロギーとして主にアングロ・サクソンの世界に限定されていた。そこで平和主義は、労働運動の内部においても、[17]また少なくとも一時的なことではあれ一九三〇年代にはリベラル知識人の大半においても、一般軍縮や国際協調、国際連盟を支持するいっそう広範な運動においても、隆盛を極めていた。蔓延する厭戦気分や、第一次世界大戦と同様な第二の大量虐殺の恐怖、あるいは――アメリカにおけるような――ヨーロッパの戦争の側杖の拒否という形で、平和主義がたいへん広く受け入れられた。当然のこととして、何よりもまず、戦争および軍国主義への激しい嫌悪は、政治的左派の現象であった。しかし、ファシズムに対峙する人々が抱くこの信念にはジレンマがつきまとっていた。その克服は、どうにか受動的な非協力だけでヒトラーを食い止めることができるという（総じてインドのガンジーと非暴力抵抗運動を参照することで裏書きされた）確信以外では不可能であった。知識人ですら、これを本気にしていたものはほとんどいなかった。したがって、闘争の拒否は、喜んでファシズム勝利の目撃者になることを含意していた。またフランスで最も熱烈な平和主義者の何人かが協力者になったことは、十分論理的なことであった。[18]代替策は、平和主義を放棄し、ファシズムへの抵抗が武装を正当化すると結論づけることであった。

▼17　一九三一年から一九三五年までイギリス労働党党首であったジョージ・ランズベリーは、熱烈な平和主義者であった。

た。実際に、これが、クエーカー教徒のように信仰上の理由から平和主義に関与した人々を除く反ファシズムの平和主義者の大部分がとった見方であった。一九四〇年六月以降、戦争勃発当時には「良心的徴兵拒否者」として登録していた多くのイギリスの知識人青年が軍服をまとった。戦争——たとえ反ファシズム戦争であったとしても——をすることの拒否は、「孤立主義」という形式においてのみ、すなわちヒトラーによる祖国征服の脅威をあまり真剣に受け止めないですむくらい十分にナチス・ドイツから遠く離れたアメリカ合衆国のような国々においてのみ、重大な政治的影響力を保っていた。

要するに、反ファシズムは、ヨーロッパ左翼の他のどんな事柄にも勝っていた。プロレタリアートの反乱にふさわしい闘争さえも、フランコに対するスペイン共和国の武装徴募兵において、またヒトラーとムッソリーニに抵抗する武装パルチザンにおいて直接的かつ実践的に表現されていたのとまったく同様に、反戦闘争は逆説的に知識人を反ファシズム戦争へと動員した。イギリスの科学者についていえば、ケンブリッジ科学者反戦グループのなかで、またそのグループを通じて急進化し、ポスト一九一八年世代の想像力にまとわりつく空爆と毒ガスの恐怖に対する有効な防衛策はないのだと人々に警告することに一九三〇年代の大半を費やすものが多く、そのような科学者は科学的主戦論者になった。実際のところ、急進的な共産主義の指導者——バナール、ホールデーン、ブラケット——は、民間人を空爆から守る方法に関する自身の独創的な研究のせいで戦争遂行の試みに巻き込まれた。これによって初めて科学者は、政府の計画立案者との接触をもつようになったのである。[19]

3　知識人と反ファシズム

私たちは、「知識人」一般について論じてきた。実際、ファシズムに対抗する「公共知識人」と呼びうるものの動員は、きわめて目立っていた。大半の非ファシズム国では、政治的右派やときにはファシズムにさえ引きつけられた著名人は、創造芸術の世界——とくに文学界——では少数ながら存在していたが、他方で視覚芸術界ではまれであり、▼[20]科学界ではほとんどいなかった。しかしながらこうした著名人たちは、小規模で非典型的な少数派を形成した。実際、当時、この少数派を右へと引き寄せるものとおそらく想定されていたような伝統主義的イデオロギーの持ち主のなかにさえ、イギリスの文芸評論家の大御所F・R・リーヴィスと同様、反ファシストやさらにはマルクス主義の門弟たちに自分が取り囲まれていることに気付いていただけでなく、政論の場から引退するまでは、彼らの主張に条件付きの慎重な共感を表明しようとする瀬戸際で二の足を踏むものもいた。▼[21]

イギリスやフランス、アメリカでは、スペイン共和国の側に、またより一般的にいえば反ファシズムの側に動員された人々には、大多数の才人や知識人が含まれていた。スペイン共和派支持を言明したアメリカ人作家として、シャーウッド・アンダソン、スティーブン・ヴィンセント・ベネー、ドス・パソス、ド

▼18　Pascal Ory, *Les collaborateurs 1940-1945* (Paris, 1976), pp.135-6.

▼19　Gary Werskey, *The Visible College* (London, 1972); S. Zuckerman, *From Apes to Warlords* (London, 1978); Andrew Brown, *J.D. Bernal: the Sage of Science* (Oxford, 2005); Simon Winchester, *Bomb, Book and Compass: Joseph Needham and the Great Secrets of China* (London, 2008) を参照されたい。

▼20　しかし、ドイツ占領下では文学が、視覚芸術よりも、とりわけパフォーマンス芸術よりも、しっかりと占領者の甘言に抵抗した。Henri Michel, *The Shadow War: Resistance in Europe 1939-1945* (London, 1972), p.141 を参照されたい。

▼21　彼の雑誌『スクリューティニ』の政策については、Francis Mulhern, *The Moment of 'Scrutiny'* (London, 1979), part II, chapter 2 を参照されたい。

ライサー、フォークナー、ヘミングウェイ、アーチボルド・マクリーシュ、アプトン・シンクレア、ジョン・スタインベック、ソーントン・ワイルダーらの名をあげられるが、これはごく一部である。スペイン語圏では、詩人はほとんど例外なく共和国を支持した。このような著名人の宣伝価値は明白であり、さまざまな形式の合同集会や公的声明、その他の示威運動に利用されたので、知識人の反ファシズムのこの役割はとくによく記録に残っている。実際のところ、実質的には、この問題に関する説明は、言論人すなわち本質的に文筆をするインテリゲンチャの議論に限られる。[22]

非凡な才能や知性に恵まれ、知的業績がすでに世に認められているか、後に認められることになる人々の反ファシズムは、歴史的に重大な意味をもち、またそうした人々がこの時期にマルクス主義に引きつけられたことも同様である。マルクス主義は、一九三〇年代と一九四〇年代に壮年期にさしかかる世代においてとくに際立っていた。このような現象は、イギリスやアメリカなどのようにマルクス主義がしっかりした知的伝統をもっていなかった国で、とくに目立っていた（アメリカでは反主流派マルクス主義は、主にトロツキストの類であったが、ほかのどこよりも多くの知識人を引きつけた）。今のところ、特定の時期にこのように類い希な偉材をえりすぐって補充したことをしっかりと説明することは難しいが、そうした事例は疑いようがない。しかしながら、こうした補充によって反ファシズムと知識人の問題を論じつくすことはできず、またいくつかの点でそれによって反ファシスト知識人の社会的アイデンティティーの問題が隠蔽されているので、この問題の分析がますます難しいものとなっている。

社会的にいえば、――さしあたって、国ごとの違いを捨象すれば――一九三〇年代の西欧知識人は、たいてい（高等教育の伝統のおかげでその社会的地位を得た教養市民層〔Bildungsbürgertum〕という周知の階層を含むこともあれば、含まないこともある）地位を確立したブルジョワジーの子弟であったか、あるいは貧困階級から出た上昇志向層の代弁者であった。きわめて簡単にいえば、彼らは、自分の子供のためには職業教育ではない高等教育が当然であるとすでに考えていた人々に属するか、あるいは当然ではないと考えていた人々に属していた。たとえば一五、六歳以上向けの古くからある教育制度は主として地位を確立した上流階層の子弟に相変わらず限定されていたので、その二つのタイプは、たいてい社会的背景と同様に相異なる教育過程をもっていた。彼らが最終的に就く専門的な職業にはそれと同じほどはっきりとした区別はなかったが、ブルジョワジーの「伝統的知識人」という由緒がありより誉れの高い専門職と「有機的知識人」というより高度な技術的専門職には、だいたいは、地位を確立したブルジョワジーから人材が補充された。そのようなブルジョワが、十中八九、そうした専門職についていた年長世代よりも優れていたからである。他方で、比較的貧しい環境出身の知識人の大部分は、もはや実際上は、教育や官僚、聖職の下級職務に限定されてはいなかったが、おそらく相変わらず教職と官職がそうした知識人のための最大の世俗的な受け皿となっていた。第一世代の知識人にとっての一時しのぎとなりえていた多くの他の非肉体労働の業務が、——たとえば、総じていえばホワイト・カラーや下級技師・設計者の職場のなかで、また同様に急成長中のマスコミ業界のなかで——いまや拡大しつつあった。

この二つの集団の境界線がどれくらい明確であるかは、民族的な諸条件によっていた。民族的伝統もまた知識人一般および特定の専門職従事者の政治的共感に大きな影響を与えていた。中等教育の教員や大学教授は、フランスでは主に左派であったが、ドイツでははっきりと右派的傾向を帯びていたのである。さらに大部分の国では、厳密に知的な学問分野に携わっていた人々と、創造芸術や娯楽産業に従事していた人々とが区別されていた点に注意すべきである。彼らの政治的な振る舞いは決して同じものではなかった。他つまるところ、年齢、性、民族的あるいは歴史的出自などの違いを考慮しなければならないのである。

▼22　たとえば、Aldo Garosci, *Gli intellettuali e la guerra di Spagna* (Turin, 1959).

の条件が同じであれば、青年はほとんど中高年以上に急進的であったが、だからといって必ずしも青年が左翼的急進主義に傾倒したわけではなかった。ほぼ定義上、女性知識人は左派になる見込みがずっと強かった。というのは、右派がたいてい一貫して女性解放に敵意を抱いていただけでなく、自分の娘に知的教育を授ける可能性の高い家庭は、十中八九、地位を確立したブルジョワジーのリベラル派あるいは「進歩」派に属していたからでもある。民族的出自は、（学問重視の強固な伝統と差別の経験とをあわせ持つ）ユダヤ人や（生まれながらのブルジョワジーは実質的に存在しないが、知的・文化的業績――文学や教育、伝道――を高く評価する身分体系をもつ民族である）イギリスのウェールズ人のような集団内では、知識人一般とりわけ左派知識人の割合が不釣り合いなほど高い決定的要因となりえた。反対に、たとえば主として遅れた階層出身で補助的な肉体労働に限られたスラヴ系およびイタリア系のアメリカへの移民、あるいはアフリカ系カリブ人とは区別されたアフリカ系アメリカ人など、その他の一定の集団内の知識人は不相応に少なくなりがちだった。

最後に、民族あるいは地域に特有の政治的な情勢と伝統が決定力をもちえた。そのため、西ヨーロッパと中央ヨーロッパの大学生は、主としては反ファシズムの影響を受けていないままであり、実際に――ドイツやオーストリア、フランスにおけるように――ほぼ右派側に動員されたが、他方では、周知のように、バルカン諸国のいくつか（とくにユーゴスラヴィア）では大学生たちが共産主義に熱狂していた。たぶんイギリスとアメリカの学生はたいていノンポリであったが、そのなかでは組織的な右翼は突出しておらず、組織的な左翼はほぼ確実にかつてないほどの力をもち、いくつかの大学では支配的であった。インドの学生はおそらく主としては反帝国主義的であったが、ベンガル出身の民族主義的な知識人層はおそらく他の誰にもまして革命的左翼（すなわち一九三〇年代にはマルクス主義）に接近していた。だから、知識人と反ファシズムとをまとめて［en bloc］一般化することはできない。

知的専門職への就職はたいてい地位を確立したブルジョワジーの子弟に限られ、従属階級《サバルタン》から上位の知的業務への上昇が難しい国々では当然なことであるが、この階層出身の知識人の政治活動がきわめて注目されてきた。非合法のイタリア共産党が新しい世代の知識人を引きつけはじめたのだが、そのとき引きつけられた新世代知識人は当然こうした環境の出身であった。アメンドラやセレーニ、ロッシ＝ドリアらは、一九二〇年代後半にナポリ大学を経てイタリア共産党に入党しており、格別に際立った経歴の持ち主であったといえるのかもしれないが、しかし明らかに同調者たちをミラノの上流ブルジョワジー出身の青年男性のなかや、その他の地域では主にブルジョワ学生周辺のうちに見つけることもできたのである。[23]

同様に、イギリスでは、上流ブルジョワジーの青年層は、いわゆる「パブリック・スクール」や古くからある大学の卒業生であり、まったく不相応なほど多くの衆目を集めてきた。それは一方では、文化の面で彼らの露出度が高かった（たとえば、W・H・オーデン、スティーヴン・スペンダー、セシル・デイ＝ルイスらを含む左翼詩人グループ）からでもあり、他方では一九三〇年代にソヴェートの秘密諜報員になるほど深く関与した若い共産主義知識人も何人かいた（バージェス、マクリーン、フィルビー、ブラント）からでもあった。ここは、いかにもイギリス人らしく自信に満ち物事に動じない支配階級の――数的にはわずかであるにせよ、大きな影響力をもつ――少数の子弟が、共産主義に転向した理由について考えをめぐらせる場所ではない。またその点については、ソヴェート諜報員研究という少々変わった文脈を除けば、系統的にまだ調査されてもいない。[24] おそらく、ほとんどの若い反乱者は、（その一人の本の題名を引用すれば）「リベラリズムから前へ」[25] 進んだ。上層中産階級の伝統的にリベラルまたは「進歩的」な家

▼23　G. Amendola, *Un'isola*, pp.96-7 におけるファシスト警察の証言を参照されたい。P. Spriano, *Storia del PCI* (Turin, 1970), III, pp.194-201. Thomas Kroll, op. cit., pp.361-6, 382-90, 394-402.

庭のなかには、このようにして、長続きするかすぐに脱落するかはともかく、一九二〇年代および三〇年代の世代が共産主義者になるような例がいくつかあった[26]。しかし、まさに伝統的に保守的で帝国主義的な家庭から逃げだしてくるものもいた（フィルビー[27]）。伝統主義的な貴族階級内部での政治的分裂の兆候さえあった。リーズデイル卿の子供たちについていえば、二人の娘とおそらく一人の息子がファシストになったが、一人の娘は共産主義者になり、スペインで義勇兵として戦ったウィンストン・チャーチルの甥と結婚した。

アメリカでは、東部の億万長者のエリート家庭（たとえば、ラモント家やホイットニー・ストレート家）の何人かの若者が共産主義に引きつけられたという証拠もあるが、ほぼ確実にその規模は比較的小さいものであった。ヨーロッパの他の国々の社会史のこの側面を研究すれば、アメリカ以外のどこかの国における類似した現象が明らかになる――そして、この現象の説明の役に立つ――こともありうる。ヨーロッパ以外では、西欧式教育はたいていごく少数のエリートに限られており、西欧リベラリズムや地域文化の近代化運動と同様に一九三〇年代の共産主義が主としてこの階層に、あるいはそれどころか、地方政府や上流社会のなかで植民地体制の当局者などとして指導的な役割を果たしてもいた家族に限定されていたことは、おそらくそれほど驚くべきことではない。あらゆる種類の幹部連が、いともたやすく同一の小さな母体から引き出されていたのである。インドのこうした一家族の四人の子弟――全員がイギリスで、そのうち男の子たちはイートン校で教育を受けた――のうち、三人が共産主義者となり、そのうち二人が後に政府の大臣と実業家になった。残りの一人はインド軍の総指令官になった。

それでもやはり、このように共産主義へエリートが補充されたからといって、イギリスの「パブリック・スクール」あるいはアメリカの名門の「プレップ・スクール」や「アイビー・リーグ」加盟大学を出ていない反ファシズム共産主義の学生数や、大卒でない知識人数の割合が非常に高かった――イギリスおよびアメリカでは大半を占めていた――ことが曖昧にされてはならない。一九三〇年代の歴史においてロンドン・スクール・オブ・エコノミクスとニューヨークのシティ・カレッジのようなマルクス主義機関が果たした役割は、オックスフォードやエールと同等、またはそれ以上に重要なものであった。一九三〇年代および四〇年代の世代に属するイギリス人マルクス主義歴史学者のなかで後に名を上げた人の大半は、グラマー・スクールの出身であり、実際、多くの場合は、体制順応的でない地方の自由党または労働党の出身背景をもっていた。とはいえ、彼らのなかには、オックスフォード大学やケンブリッジ大学という古い大学のエリートに混ざり込んでいくものも何人かはいた。フランスでは、能力主義的な出世の道が狭かったので、アカデミックな高等教育の長い伝統をもつ知的専門職の家庭の子弟とともに、共和派の下級公務員や小学校教員の子弟は、左翼の高度な知的研究へと導かれた。[28] 要するに、リベラル・デモクラシーの確立した国々では、ファシズムが中産階級や下層中産階級に大衆的に訴えることはほとんどなかったので、反ファシスト知識人の補充は相対的に広範であったのである。

▼24　Andrew Boyle, *The Climate of Treason* (London, 1980), chapters 1-4〔A・ボイル著、亀田政弘訳『裏切りの季節』（サンケイ出版、一八九〇年）、第一章－第四章〕を参照されたい。「パブリック・スクールの反乱」については、Esmond and Giles Romilly, *Out of Bounds* (London, 1935) およびPhilip Toynbee, *Friends Apart* (London, 1954), Miranda Carter, *Anthony Blunt: His Lives* (London, 2001) を参照されたい。

▼25　Stephen Spender, *Forward From Liberalism* (London, 1937).

▼26　このような親の子弟の一人以上がこの道を歩んだ例を少しだけ引こう。エドワード・トムソン（有名なインド独立の支持者）、E・F・キャリット（オックスフォードの道徳哲学者）、セント・ロー・ストレーチ（有力誌『ザ・スペクテイター』の編集者）である。

▼27　保守党の有名な政治家や判事の近親者である学生共産主義者――男性も女性もいた――を想起されたい。イギリスの一般的な状況については、T. Kroll, op. cit., pp.511-3, 525-33 を参照されたい。

このことは、大学外の非常に多くの知識人のなかでとくに明白である。周知のように、イギリス左翼読書クラブ（ピーク時の会員は五万七〇〇〇人、読者は二五万人に達した）会員の七五パーセントは、ホワイト・カラー、下級専門職、大学外の知識人であった。[29] この読者層は、一九三〇年代半ばのイギリスでペンギン・ブックス出版社も気づいていたような、安価で知的要求水準の高いペーパーバックをもとめる大衆的読者層に確かに似ていたが、同社の主要な知的シリーズは左派の編集者によるものであった。英米両国のフォーク・ミュージックとジャズの熱心な擁護者――イギリスでは、青年共産主義者の割合が突出していたのであるが――の大部分は、学生のなかだけでなく、熟練労働者や下級技師、下級専門職、中産階級のまわりにも見出されるはずである。[30] ジャーナリズム、広告、娯楽の領域が拡大してきており、そこでは大学外の知識人にも、そして公私の伝統的専門職のひとつのなかでのキャリア形成を選ばなかった大学の知識人にも雇用の場が――とくに、こうした新領域への参入が比較的容易であったイギリスやアメリカのような国において――提供されていた。したがって、反ファシズムおよび左翼の組織的活動の新たな中核は、ハリウッドのような（当時の主要なマス・メディアであった）映画産業の中心地において、また非政治的なあるいはとくに反動的とはいえないような種類の大衆的ジャーナリズムにおいて発展した。[31]

したがって、反ファシズムは知的エリートに限られてはいなかった。アメリカでは共産主義にとくに強い魅力を感じていた図書館員やソーシャル・ワーカーを含んでいたのである。エリートが軽蔑する人々、すなわち「社会の現状に不満を持つ雑誌の著述家、良心的なハリウッドのシナリオ作家、給料の低い高校教師、政治的経験の浅い科学者、知的な事務員、高い知性をもった歯科医師」などを含んでいた。[32] このように反ファシズムは、インテリゲンチャの民主化を反映していたのである。

4　知識人とマルクス主義

反ファシズムが共産主義よりもずっと広範な運動であったので、共産主義諸政党は知識人を集団的に〔en masse〕マルクス主義に転向させようとはしなかったが、反ファシズムを通じて政治的に動員されるものが増えてきていたので、当然、党はそうした人々から知識人を補充することができたし、実際に補充した。主要な任務は、知識人を、とくに優秀な知識人を最大限広範に動員し、さまざまな形の反ファシズムおよび平和の大義と知識人を結びつけることであった。ヒトラーのプラハ占領の後、アラゴン、ベルナノ

▼28　このように自力で教授資格者〔agrégés〕となったもののうち、雑誌『ラ・パンセ』の初代責任者G・コニヨと同事務局長A・パロー、フランス革命史家A・ソブールに言及してもいいかもしれない。

▼29　Stuart Samuels, 'The Left Book Club' (*Journal of Contemporary History*); John Lewis, *The Left Book Club* (London, 1970).〔J・ルイス著、鈴木建三訳『出版と読書――レフト・ブック・クラブの歴史』（晶文社、一九九一年）〕。出版社の記録文書から引き出されたこのクラブのデータについては、Richard Overy, *The Morbid Age: Britain Between the Wars* (London, 2009), pp.304-6 を参照されたい。

▼30　Francis Newton, *The Jazz Scene* (Harmondsworth, 1961), chaps 13, 14, App.1.〔F・ニュートン著、山田進一訳『抗議としてのジャズ』上下巻（合同出版、一九六八－九年）、第一三章、第一四章、補論1〕。

▼31　ハリウッドに対する一九三〇年代の衝撃については、Patrick McGilligan and Paul Buhle (eds), *Tender Comrades: A Backstory of the Hollywood blacklist* (NY, 1997) における秀逸な三五本のインタヴュー集を参照されたい。

▼32　この軽蔑的なカタログの引用元は、Arthur M. Schlesinger Jr (Harvard, Cambridge and the court of J.F. Kennedy), *The Age of Roosevelt: The Politics of Upheaval* (Boston, 1960), p.165.〔A・M・シュレジンガー（ジュニア）著、岩野一郎他訳『大変動期の政治』（ぺりかん社、一九七〇年）、一五三ページ〕。

ス、シャンソン、コレット、ゲーノ、マルロー、マリタン、モンテルラン、ジュール・ロマン、シュランベルジェなど、さまざまな人物が署名した呼びかけのなかでは、イデオロギー的な原則が強調されることはほとんどありえなかった[33]。

知識人の左翼への関与が長い伝統となっている国々では、実際に共産党に入党した知識人でさえ、とくにその名前が党に栄光をもたらすほど十分に有名である場合は、おそらく自身のイデオロギーを劇的に変えるように求められることはなかった。それがまさにフランス共産党の実態であった。同党では、革命の伝統が強かったが、マルクス主義には力がなかった。フランスの大学の伝統的な左派知識人は、たいていは社会主義者であり、「幸福と進歩と正義と労働と真実」を確信していたが、「人民戦線の時期、そしてレジスタンスと解放の時代になってはじめて――旧来の合理主義的で実証主義的な彼らの意見を修正することによってではなく、それとは逆に自分自身に忠実であることによって、劇的転化もなく――［共産党という］隣の家に服属するようになった[34]」。一九四〇年代後半ですら、共産党の反ファシズムとレジスタンスの実績から同党に入党していたにもかかわらず、マルクス主義者であることを否定する教授もいた。この種の知識人は、同様にマルクス主義理論によって共産主義に引きつけられた（おもに若い世代の）人々や、党内や党周辺でマルクス主義の体系的な教育を受けた人々から区別しなければならない。一九三〇年代には、その時代に合わせたマルクス主義の「古典」を出版し、普及させ、研究するきわめて体系的な努力が国際的になされたのが見受けられたことを忘れてはならない。そのような努力をしたのは共産主義者であった。

それにもかかわらず、「旧」左翼と「新」左翼を明確に分ける線はまったくなかった。一九三三年以降の共産主義者が社会主義者やリベラル派と共有していた反ファシズムとともにブルジョワ革命の進歩的な伝統を強調するようになったように、「旧」左翼もまた共通基盤の必要性に気づいた。ブルジョワジー自身が、合理主義の、科学の、進歩の古い真理を放棄しようとしていなかったか。当時、誰がブルジョワジーの古い真理の最も果断な擁護者であったのか。ジョルジュ・フリードマンの影響力の大きな書物『進歩の危機』は、『新フランス評論』の絶賛のもと一九三六年に出版された。その説得力に富む議論によれば、共通基盤は唯物弁証法、すなわちその敵対者たちによって唯物論であるがゆえに人類のあらゆる理想の敵として長期にわたり退けられてきたものであった。ソ連は、いまやブルジョワジーが放棄した伝統と理想を表現していた。

こうしたすべてのことから、反ファシズム知識人がいっそう容易にマルクス主義の周囲へ引きつけられるようになっただけでなく、マルクス主義自体の発展が重大な影響を受けた。啓蒙の合理主義的、実証主義的、科学主義的伝統や、人間には無限の進歩の可能性があるという啓蒙の信念に最も類似したマルクス主義の諸要素が補強された。自覚的であろうがなかろうが、マルクス主義者は、お互いに引き寄せ合うことで非マルクス主義者よりも本質的に自身の理論を修正する傾向にあった。しかしもちろん、そうした傾向をもっていた理由は、非マルクス主義知識人と反ファシズム共同戦線を確立したかったということだけではなく、あるいは、このことは主要な理由ですらなかったのかもしれない。ディミトロフが「革命の先兵の孤立」とよんだ事態の克服は、「変化する情勢にあわせてわれわれの政策と戦術」を再構成することを含意していたが、マルクス主義の理論およびイデオロギーを修正することは含意していなかった。逆説的なことに、マルクス主義諸潮流の強化をもたらしたヒトラーに対する抵抗の必要によってよりも、まさ

▼33　J. Fauvet, *Histoire du Parti Communiste Français* I (Paris, 1964), pp.267-8.
▼34　Annie Kriegel, *The French Communists* (Chicago & London, 1972), pp.175-6.〔A・クリエジェル著、横山謙一訳『フランス共産党の政治社会学』（御茶の水書房、一九八二年）、一八八－九ページ〕。

にソ連の内的発展によって、マルクス主義は古い一九世紀の進歩的イデオロギーにいっそう近づいたのである。実際には、反ファシズム時代の経験のなかで、ヒトラーの衝撃とソ連の衝撃は明確に分離できないのである。

こうして、この時期に普及していた「弁証法的唯物論と史的唯物論」――スターリンの権威によって共産主義者の正典となったもの――の解釈は、ほぼ確実に反ファシズム戦線構築を促進したとしても、まったくその構築の必要性のおかげをこうむらなかった。それは、第二インタナショナル期のマルクス主義正統派から生じた。同派は、スポークスマンをカール・カウツキーとし、その土台は、晩年のエンゲルスが体系化したエンゲルスとマルクスの学説であった。すなわち科学的権威や、科学的な方法および予測の確実性を、また弁証法的唯物論――実際には、弁証法はヘーゲルに由来し、唯物論は本質的に一八世紀のフランス哲学者〔philosophes〕につながるものであった――を通じて世界のあらゆる現象を解釈するという主張をマルクス主義にもたらすようなマルクス主義の説明であった。この解釈は、――実際のところ（エンゲルスの見解によれば）、細胞、エネルギー変換、ダーウィンの進化論という三つの決定的発見の結果として、自然科学自体の進歩がマルクスとエンゲルスに一八世紀の皮相的、静態的、機械論的唯物論を断念させており、彼らがひとたび断念した以上は――成功を収めた一九世紀の自然科学とマルクス主義とを密接に（エンゲルスの『フォイアバッハ論』におけるように）結びつける解釈であったのである。

この点にはたいして驚くべきことはなにもなかった。「進歩」と「革命」の結合、一八世紀唯物論とマルクス主義の結合は、自然科学の確実な事実と歴史的必然性を現に結びつけたのであるが、長い間労働者階級に好意的に受け入れられていた。この点で、ロシアの運動も例外ではなかった。さらに、おそらく革命後のロシア情勢のなかでよりいっそう明瞭な科学主義が促進された。ひとたびマルクスとレーニンの両者が革命の第一目標とみなしてきたことがロシア革命において達成されえなかったからには、すなわちロシア革命が「西欧のプロレタリア革命に対する合図となって、両者がたがいに補いあう」[35]ことができなかったからには、ボリシェヴィキ党員の重要な任務、主要な任務は、外国からの干渉戦争に勝利し同時に巨大ではあるが孤立している一国における社会主義建設の条件を作り出すために、疲弊した後進国を経済的、文化的に発展させることであったし、そうでなければならなかった。物質的な面では、生産と技術（レーニンの「電化」）が優先されねばならなかった。文化的な面では、大衆教育として、また同時に宗教と迷信に対する闘争とみなされた大衆啓蒙に優先権が与えられた。後進性に対抗し発展を求める闘争は、おそらく一九世紀とは異なるやり方で遂行された。それでもやはり、解放の力としての科学、理性、進歩などのテーマはたいてい同一のものであったことが見受けられる。このような社会における「弁証法的唯物論」の力は、伝統と権威から引き出されただけでなく、この戦いにおける弁証法的唯物論の武器としての有用性からも、また科学的に真理でありかつ勝利の定められたものへの信頼や確信そしてその知識を弁証法的唯物論から得た党活動家と将来の幹部連——自身は労働者や農民であったが——に対する弁証法的唯物論の魅力からも引き出されていたのである。

すでに見たように、ブルジョワ社会における「進歩の危機」と、その伝統的価値観がソ連で再び堂々と主張されることとが組み合わさったからこそ、知識人がマルクス主義に引きつけられたのである。知識人は、ブルジョワジーが貶めた理性と科学という旗の旗手として、啓蒙の破壊を目的とするファシズムに対する啓蒙的価値観の擁護者として、マルクス主義にやって来た。知識人は、とくに新参マルクス主義者である場合には、マルクス主義の旗の下で啓蒙的価値観を擁護するに際して、ソヴェート的および国際的正統派のなかで今や定式化された「弁証法的唯物論」を認めるだけでなく、喜んで取り入れ、発展させもし

▼35 「『共産党宣言』ロシア語第二版序文」、『全集』第一九巻、二九六ページ〔二八八ページ〕。

た。この時期のマルクス主義知識人の大多数は新参マルクス主義者であって、彼らにとっては、マルクス主義自体が、たとえばジャズ、トーキー、私立探偵小説などと同様にたいへん目新しいものであった。

5　反ファシズム期の西欧マルクス主義

二〇世紀後期のマルクス主義の文脈、したがって大半の本書の読者の経験はたいへん独特なものなので、反ファシズム期のマルクス主義のアナーキズム的な解釈、したがって誤解を避けようとするならば、その特殊な歴史的性格を強調しなければならない。知識人マルクス主義者は、一九六〇年代以来たくさんのマルクス主義の文献研究と議論に没頭してきた。また、彼らは、さまざまなマルクス主義とマルクス主義著作家の巨大スーパーマーケットのようなものを利用してきたし、どの国でも多数派の選択が歴史や政治情勢、流行の影響を常に受けることもありうるからといって、自分自身の選択肢の理論的範囲を意識しなくなるわけではない。その範囲は、少なくとも人文科学と社会科学においてマルクス主義が徐々に正式の高等教育科目に組み込まれる――とはいえ、主としては一九六〇年代からのことであったが――ようになってきたので、いっそう拡大している。西欧諸国の大半においては、一九三〇年代の新参マルクス主義者が利用できた文献は、敵対的な批判の標的としてでなければ公的文化と教育からはほぼ完全に排除されていた比較的わずかな文献だけだった。マルクス主義知識人自身がマルクス主義文献に対してなした貢献は、当時はまだ量的にごくわずかであった。こうして、一九四六年以前には、「マルクス主義あるいはマルクス主義に近い」と評しえた英語の歴史書の総数――「古典」的著作を除けば――の内訳は、およそ書籍三〇冊とせいぜい二、三〇本の論文であった。[36]

マルクス主義のより古い伝統が存在する限り、新参マルクス主義者はそうした伝統から四つの理由でたいてい切り離されていた。彼らは、社会民主主義と共産主義の分裂のせいで一九一四年以前の社会民主主義的マルクス主義およびその後の発展の大部分について懐疑的であった。マルクス主義の標準的な共産主義的解釈（レーニン主義）が形成されると、初期共産党に残存していたような革命的マルクス主義の各国の伝統（たとえば、イギリスではプレブス・リーグと関連する伝統）は葬り去られた。[37] またそれが形成されると、共産主義的マルクス主義内のある種の潮流は、断罪されることはなかったにせよ、周辺化した。スターリンの敵対者およびその他の「偏向者」の粛清をうけて、ボリシェヴィキ的マルクス主義の著作物の一部が実際の流通経路からはずされた（たとえば、ボグダーノフ、結局はブハーリン、いうまでもなくトロツキー）。それほどに、一九二〇年代後半の「ボリシェヴィキ化」は、政治的、組織的なものであるだけでなく、知的なものでもあった。最後に、すでに指摘したように、技術的な原因──言語的かつ政治的な原因（たとえばヒトラーの勝利の影響）──から、多くの先行業績があっさり利用できなくなった。こうして、すでに検討したように、グスタフ・マイヤーによるエンゲルスの記念碑的伝記は、一九三四年にオランダで移民出版社から出版されたが、戦後しばらくするまでドイツでは実質的に知られていなかったし、利用できた英語版は容赦なく省略された翻訳でしかなかった。

すでに示唆しておいたとおり、同時代のマルクス主義者は、知らないから──とくに言語を知らないから──といって、必ずしも視野が狭められたわけではない。共産主義運動に徐々に課せられるようになり

▼36　この算出基礎は、一九五五年にイギリス共産党の歴史家グループが作成した文献目録であり、アメリカ人の著作と翻訳を含む。

▼37　Stuart Macintyre, *A Proletarian Science* (Cambridge, 1980) および R. Samuel, 'British Marxist Historians I' (*New Left Review* 120/1980, pp.21-96) を参照されたい。

つつあった一枚岩の理論的正統の諸条件のもとでさえ、無知から逆の結果が生じていたかもしれない。同時代の西欧マルクス主義者は、ソヴェート正統理論を知らなかった。すなわち、より明確に定義され、種別化され、一九三〇年代初頭のソ連で文学や芸術から経済理論、歴史学、哲学を通ずる諸問題に拘束力をもつようになり、そして、マルクス自身の大幅な修正[38]を——いまから見れば明白に——含む「弁証法的唯物論」を創造することになったソヴェート正統理論を知らなかったのである。しかしながら、すでに示唆したように、この正統理論は、ソ連以外では正式にはまだ共産主義者に強制されてはいなかった。いずれにしても、異端（とくに「トロツキズム」）の汚名を着せられた政治的異端者をはっきりと告発する義務を意識しない共産主義者はいなかったが、他方では、政治実践から比較的かけ離れている諸問題に対する新しい正統理論の押しつけはロシア以外でははっきりと公にされていたわけではなく、（芸術と文学に関するものを除けば）主要な議論は、翻訳されておらず、そのため実質的に知られていなかったのである。

したがってそうした議論は、西欧の共産主義者にほとんど影響を及ぼさなかった。イギリスやアメリカ、中国、またその他の国の著作家は、一九三〇年代を通じて——英語圏諸国ではもっと遅い時期になっても——「アジア的生産様式」を使って作業し続けていたが、すでにロシアの著作家はそうすることを避けるように気をつけていた[39]。イギリスで用いるために採用された（非共産主義の出版社が刊行した）ソヴェート哲学の教科書にはデボーリンおよびルッポルに対する今では標準的な非難が含まれていたが、しかし、あいかわらずめでたくも、ルッポルが書いた一冊は一九三六年にフランス共産党の公式出版社から刊行された[40]。ドイツ語ができ、『初期著作』を利用できたマルクス主義者は、自らの分析にパリ草稿のマルクスを熱心に取り込んだが、明らかにこれらの初期の諸著作に関するソヴェートの疑念に気づいていなかった。実際、弁証法的唯物論と史的唯物論の新たな教義を組み込んだ『ソ連共産党小史』の有名な第四章でさえ、新教義からの逸脱者を批判することの要請としてではなく、たいていの場合は、単にマルクス主義の基本的信念を明快に力強く定式化するものとして読まれたのである。西欧の共産主義者は、トロツキズム告発の際と同様の忠誠心と確信をもって、明示的であれ黙示的であれソヴェートの議論において糾弾された見解をもつ人々を非難するよう求められていたとすれば、おそらくそうしただろうが、しかし、その当時はっきりと求められていたわけではないし、ロシアの共産主義者にはそれが求められているのだと気づいていた人は、まだほとんどいなかったのである。

一九三〇年代の新参マルクス主義者は、これほどまでにマルクス主義理論のさまざまな別の解釈――ボリシェヴィズムと一体化または同調した、あるいはすでにそうなっていた「西欧マルクス主義」▼41とその後呼ばれてきたものの解釈でさえ――についてほとんど無知であるか、あるいは気づいていなかった。さらに、二〇世紀後半のマルクス主義者と異なり、理論に関するマルクス主義者同士の論争にとくに関心をもっていたわけではなかった（こうした論争がレーニンとスターリンの公認資料ではっきりと表現されてい

▼38　慎重にマルクスにおけるヘーゲル的要素の評価を切り下げ、マルクスの分析から「アジア的生産様式」を削除したことは明白である。この修正を弁護しうるかどうかの問題は、本章の範囲を超えている。

▼39　K. Wittfogel, *Oriental Despotism* (Yale University Press, New Haven, 1957), pp.401ff〔K・A・ウィットフォーゲル著、湯浅赳男訳『オリエンタル・デスポティズム――専制官僚国家の生成と崩壊』（新評論、一九九一年）〕を参照されたい。

▼40　M. Shirokov and J. Lewis (eds), *A Textbook of Marxist Philosophy* (London n.d. —1937), p.183; I. Luppol, *Diderot* (Paris, 1936).

▼41　P. Anderson, *Considerations on Western Marxism* (London, 1976).〔P・アンダースン著、中野実訳『西欧マルクス主義』（新評論、一九七九年）〕

る場合や、ソヴェートあるいはコミンテルンの決定によって命じられた場合を除く)。こうした議論は、過去のマルクス主義的分析の妥当性が疑われた時期に、たとえば一九世紀末(修正主義の「マルクス主義の危機」)や、グローバルな資本主義の勝利およびポスト・スターリン主義の時代に明らかになる傾向があった。しかし、一九三〇年代の新参マルクス主義者は、資本主義の大恐慌時代におけるマルクス主義的予測を疑う理由も、別の意味をもとめて古典的テキストを吟味する理由も理解していなかった。むしろ、これまで不明瞭で不可解なままであった広範な現象を理解する鍵として、マルクス主義を理解していたのである。マルクス主義活動家で数学者の青年がいったように、「マルクス主義者は、まだ精査の途上にある多くのものに囲まれ、そこで広大な思考領域が弁証法的知性を待ち構えていると感じざるをえない」。[42]新参マルクス主義者は、自身の知的任務はそうした広大な領域の探求であり、また古典的著作や年長世代のマルクス主義者の著作は知的な解明が期待される謎というよりもむしろ輝かしい思想の共有の宝庫であるとみなしていた。そこにはさまざまな食い違いや内的不統一があるかもしれないが、むしろそのおかげで可能になる躍進の方がずっと重要であると思われていた。知識人にとってこうした躍進のうちで最も明白なものは、自分を取り囲む非マルクス主義者の見解の批判であった。知識人は、自らの政治的関与が他のマルクス主義者から批判されない限りは、当然、他のマルクス主義者の批判よりもむしろ非マルクス主義者の見解の批判に努力を集中した。知識人だけであったなら、自分と意見の合わないマルクス主義者でさえおそらく最悪のものというよりもむしろ興味深いものとみなしていただろうと考える人もいる。アンリ・ルフェーヴルは、その民族問題に関する興味深い考察(一九三七年)において、オットー・バウアーの民族の定義は、それが有害な誤謬である点というよりもむしろ曖昧である点においてスターリンの定義と異なるとみなしたのである。[43]

しかし、新参のマルクス主義者が正統派解釈を受け入れたのは、たんに他の解釈を知らず、またマルクス主義内部の学説上の微妙な区別にとりたてて悩まされはしなかったからというだけでなく、それがマルクス主義に対する彼ら自身のアプローチと一致したからでもあった点に注意しなければならない。カール・コルシュの『カール・マルクス』（一九三八年に出版された英語版）の影響を無視できたのは、彼が反主流派として認知されていた——少数のドイツ人の移住者を除けば、本当の彼を知るものはほとんどいなかった——からというよりもむしろ同書がともかくもこうしたアプローチとはほとんど無関係なように思われていたからである。初期マルクスの哲学的著作は、公式見解によれば、「マルクスの青年期の著作を含んでおり、ヘーゲル観念論から首尾一貫した唯物論へのマルクスの発展を反映している」[44]。しかし、フランス共産党には哲学の教授資格者〔agrégés〕が十分にいたので、アンリ・ルフェーヴルが指摘したように、マルクスのヘーゲルに対する関係の問題がこの公式見解によってとても論じ尽くされるものではないということが認められていた一方で、ジョルジュ・ポリツェルの（一九三五、六年になされた講義に基づく）『哲学入門』のなかにも、また、イギリス人デイヴィッド・ゲスト——彼は、レーニンの『哲学ノート』に精通し高く評価していたにもかかわらず——の同時期の『弁証法的唯物論教本』のなかにも、ヘーゲル的マルクスの反響はない[45]。こうした有能な独自の思想家は、いずれも単なる普及者とみなすことはできない。

▼42　C. Haden Guest (ed.), *David Guest: A Scientist Fights for Freedom. A Memoir.* (London, 1939), p.256.

▼43　H. Lefebvre, *Le nationalisme contre les nations* (Paris, 1937), p.128. 広く認められているように、この著者は後にいっそう正統的なやり方でバウアーを非難するが、しかしその表現は、スターリンの「マルクス主義と民族問題」のテキストに「直接的に霊感をうけた」ものとしてとくに注釈された（ibid., p.225）。

▼44　H. Lefebvre, *Le matérialisme dialectique* (Paris, 1939), pp.62-4.

▼45　前者がパリで一九四六年に、後者がロンドンで一九三九年に出版されたが、どちらも死後の出版であった。

反ファシズム期における西欧マルクス主義の特徴のおそらく最適な例証は、この時期のように、たいへん多くの自然科学者がより一般的な反ファシズムという目的に動員されると同時にマルクス主義に引きつけられもしたことの前例はなく、またおそらくその後も今日に至るまでなかったという事実である。一九六〇年代と一九七〇年代には、コルシュたちがすでにずっと以前に提案した批判指針に従い、マルクス主義が人類史とともに自然の秩序を含む包括的世界観であるという考え方を捨てさることが流行となった。しかし、一九三〇年代には、まさにこのマルクス主義の全−包括性が、老若の自然科学者と同様に新参マルクス主義者をエンゲルスが解説した理論へと引きつけたのである。[46]

この現象は、イギリス、アメリカ、フランス、すなわちドイツ崩壊後の自然科学研究の西側の主要拠点でとくに目立っていた。最高の水準についていえば、共産主義者やその同調者あるいは急進左翼の密接な関係者でありかつ優秀な科学者あるいは将来の優秀な科学者となるものの数は、きわめて強い印象を与えるほどだった。そうした科学者のなかには、イギリスだけでも将来のノーベル賞受賞者が少なくとも五人ほど含まれていたのである。最高水準ではないが、まさしくイギリス最大の科学の中心地であるケンブリッジ大学の科学者の急進主義は伝説的であった。ケンブリッジ反戦科学者グループは、研究職に従事するおよそ八〇名——当時は限定的なグループ——で結成された。[47]活動家は少数派であったとしても、多数派も少なくとも左翼への消極的な共感をいだいていた。一九三六年には、四〇歳未満の最も優秀なイギリス人科学者二〇〇人のうち、おそらく五、六人の極右を除けば、一五人が共産党員あるいは同調者であり、五〇人が積極的に中道左派であり、一〇〇人が消極的ながらも左翼に共感をいだいており、残りが中道であると見積もられている。[48]

ファシズム諸国からの科学者の集団的な追放および移住を考えれば、科学者の反ファシズムは当然であった。しかし、エンゲルスが自分の見解の土台とし、レーニンが哲学的な闘争の目的とした科学の一九世紀モデルと、科学の二〇世紀モデルの大部分とを両立させることの困難さを考えれば、科学者がマルクス主義に引きつけられたことは同じように当然というわけではなかった。[49] エンゲルスの『自然の弁証法』もレーニンの『唯物論と経験批判論』ももちろん利用可能であった。エンゲルスのこの草稿は、リャザノフが学者らしい誠実さでその序文に注記したように、科学的な評価を求めて実際に一九二四年にアインシュタインに提出された。この偉大な科学者の述べたところでは、「その内容は、現代物理学の視点からも、あるいは物理学の歴史にとっても特別な興味をひくようなものではない」が、「この草稿がエンゲルスの知的重要性を解明する過程に対して興味深い貢献となるかぎり[50]」出版に値するとのことであった。しかし、この草稿はエンゲルスの知的伝記として読めるものではない。むしろ、少なくとも私と同時期にケンブリ

▼46　「マルクス主義『哲学』は、独特の人気を博しもした。『反デューリング論』の執筆中にエンゲルスが注意深く探求していたものは、マルクスと自分が歴史と社会進化に適用したのと同じあの『弁証法』を自然界のなかで明らかにすると――自然科学や、新しい物理学および新しい化学において――思われるもの、すべてであった。今日では、弁証法にマルクス・エンゲルスの特殊科学の『哲学』を発見することで、彼らに返礼する学者や、大学者さえもいるのだ」。A. Rossi, *Physiologie du Parti Communiste Français* (Paris, 1948), p.335. 本書は一九四二年に書かれた。

▼47　E.H.S. Burhop in M. Goldsmith and A. Mackay (eds), *The Science of Science* (London, 1964), p.33.〔E・H・S・バーホプ著、是永純弘訳「科学者と社会活動」、M・ゴールドスミス、A・マカイ編『科学の科学――科学技術時代の社会』（法政大学出版局、一九六九年）、三九ページ〕。

▼48　C.P. Snow in John Raymond (ed.), *The Baldwin Age* (London, 1960), p.248.

▼49　天才的な生物学者で共産主義者のJ・B・S・ホールデーンは、レーニンの時空観は相対性理論と両立しないと認めた。しかし、「私がまだ翻訳を入手できていない」一九二二年の論文のなかでレーニンは相対性理論を受け入れたが、その観念論的解釈は拒否したのだという情報で、自分自身を慰めた（*The Marxist Philosophy and the Sciences*, London, 1938, p.60）。彼は、レーニンのこうした相対性理論受容を新経済政策の受容と比較した。

ッジ大学にいた若干の若手科学者にとっては、マルクスとエンゲルスの科学思想の形成に対する刺激的な貢献として読むことができた[51]。それでも、弁証法的唯物論は直接に自分の研究と関連するようには思われないと、非公式に認める共産主義者の科学者たちがいたことは付言しなければならない。

ここは自然科学のマルクス主義的解釈の歴史を調査する場所ではないので、弁証法を自然科学に適用しようとする当時のさまざまな試みについて論じうることはほとんどない[52]。しかしながら、自然科学者に対するマルクス主義の魅力について三点ほど所見を述べてもよいだろう。

第一に、その魅力は一九世紀の決定論的な機械論的唯物論に対する科学者の不満を反映していた。この唯物論から生じていたさまざまの結論は、明らかにこの〔自然科学の〕説明原理と両立しがたいものであったのである。この唯物論は、個別科学の内部でたくさんの問題を引きおこしただけでなく、科学を全般的に分断化し、科学的知見の革命的進歩と、それが説明すると主張している全体的現実のますます無秩序で支離滅裂なイメージとのあいだの矛盾を増大させた。ある聡明な青年マルクス主義者（ほどなくしてスペインで殺害されることになるのだが）が次のように述べた。

実践がそれ自身の特殊理論をもちつつ、未定式の科学全体の一般理論とそれぞれの領域において非常に矛盾するものとなったので、実際には、唯物論的な全哲学が急増するにいたるのだ。生物学や物理学、心理学、人類学、化学においては、その経験的発見物が科学の無意識的な一般理論にとっての過剰な重圧となっていることが理解され、科学は解体して断片化する。科学者は科学の一般理論をあきらめ、経験論に逃げ込む。そこでは、一般的世界観の試みはすべて断念される。あるいは折衷主義に逃げ込む。そこでは、すべての特殊理論が一括りにされて、寄せ集め的な世界観が構成されるが、特殊理論の統一が試みられることはない。またあるいは、特殊化へと逃げ込む。そこでは、理論家が実践的に関与する科学の特定の特殊理論に世界全体が縮減される。いずれにせよ、科学は解体し混乱する。はじめて人間は、現実に関する実証的知見を科学から得ることをあきらめる。[53]

クリストファー・コードウェルが論じた「物理学の危機」において、あるいは遺伝学がダーウィンの進化論に対して生み出しJ・B・S・ホールデーンが解決しようとした難題[54]において、あるいはより一般的な意味において、過去数十年のまさに革命的進歩のせいで科学的世界観がこのように解体したと感じる人々にとっては、弁証法的唯物論には三つの大きな魅力があった。まず、弁証法的唯物論は知のすべての領域を統一し統合すると主張し、したがって科学の断片化を緩和した。ホールデーンやJ・D・バナール、ジョゼフ・ニーダムのようなきわめて卓越したマルクス主義科学者の知識と関心の範囲がとりわけ広かったことは、おそらく偶然ではない。また弁証法的唯物論は哲学的不可知論、実証主義、数学ゲームに直面して、不確定で認識不能な世界の対立物としての客観的に存在し合理的に認識可能な単一世界が存在

▼50　*Marx-Engels Archiv*, Band II (Erlangen, 1971), pp.140-1. ドイツ社会民主党は、当時党と関係のあった少数の自然科学者の一人――しかし「経験論に深く関与しており、弁証法に敵対していた」――の（エンゲルスが亡くなった直後の）助言にもとづき、本草稿を出版するだんどりをまったくとっていなかったようである（Ryazanov in *Marx-Engels Archiv* II)。流行遅れという非難に対するリャザノフ自身のエンゲルス弁護は用心深いものであり、実際、本草稿が初めて出版されたのはMEGA版においてではなく、創設者たちの重要著作よりもむしろ派生的著作、〔parerga〕のためのものとされた『マルクス＝エンゲルス・アルヒーフ』においてであった。

▼51　個人的な情報である。

▼52　たとえば、J.B.S. Haldane, op. cit., および *A la lumière du marxisme* (Paris, 1936).

▼53　Christopher Caudwell, *The Crisis in Physics* (London, 1939), p.60.

▼54　J.B.S Haldane, 'A Dialctical Account of Evolution' (*Science and Society* I/4, 1937, pp.473-86) を参照されたい。

しているという信念を確固として主張した。この意味において、彼らは「観念論」に対する「唯物論」の側におり、レーニンの『経験批判論』のような唯物論弁護論の哲学的な弱点等々は大目に見るつもりになっていた。

第二に、マルクス主義はつねに一九世紀の科学の基礎であった機械論的すなわち決定論的唯物論の批判者であって、したがって、そのような唯物論に対するオルタナティヴを提供すると主張していたことである。実際、マルクス主義自体は、非ガリレオ的科学、非ニュートン的科学と連関していた。というのは、エンゲルス自身が、その青春時代の頃のドイツの学生をおそらく育んだドイツ「自然哲学」に対する愛情を終生もち続けていたからである。彼は、ガリレオよりもむしろケプラーに共感していたのである。マルクス主義の伝統のこうした側面が、自らの分野（生物学）または精神傾向によって機械論的‐還元主義的科学モデル――その最も偉大な勝利が物理学である――および実験の文脈から実験対象を分離する分析的方法（「条件を同じにして」）がとくに適切でないと思っていた科学者たちを引きつけたのかもしれない。このような人々（ジョゼフ・ニーダム、C・H・ワディントン）の興味の対象は、部分よりも全体、一般システム理論――この表現はまだよく知られていなかったのだが――、そして伝統的な「科学的方法」が分離した現象を生き生きとした現実のなかで統合する総体であった。たとえば、（反ファシズム時代にふさわしいニーダムによる例証を用いれば）「爆撃されたがそれでもなお機能している諸都市」▼[55]であったのだ。

第三に、弁証法的唯物論は、そのアプローチに矛盾の概念を組み込むことで科学の不整合から抜け出す道筋を提供するように見えた（「さまざまな研究者の諸発見は、相互に確然と矛盾しているようである。そして、ここにおいて弁証法的アプローチが絶対必要である」――J・B・S・ホールデーン）ことである。

したがって、科学者がマルクス主義に見出したものは、仮説を反証可能なやり方で定式化するいっそう優れた方法ではないし、また科学者の諸分野を考察する発見に導く創意に富んだ方法ですらなかった。科学者は、エンゲルスの『自然の弁証法』の間違いや陳腐化に必ずしも煩わされたわけではなかった。科学者は、宇宙に対する包括的で一貫したアプローチが崩壊してしまい、さしあたっては、それに取って代わるものがないように思われていた時代にあって、そのような一貫したアプローチおよびそれに含まれるすべてのものを同書に見出したのである。一九三〇年代初頭においては、科学が（物理学におけるように）一貫性などおかまいなしに新領域へと邁進した新世代（ハイゼンベルク、シュレーディンガー、ディラック）と、「敵陣への反撃を指導できない……ある種の妨害的な［防御］」をおこなう「アインシュタインやプランク……ニュートン物理学の最後の『年老いた番人』」とに分断され混乱していたことを認識しなければ、[56]弁証法的唯物論を通じて新しい方法が探し求められたことを理解できないのである。

しかしながら、マルクス主義は他にも科学に大きく貢献した。マルクス主義が科学史に適用されると、多くの科学者がその解明力に深い感銘をうけた。したがって、科学者のマルクス主義の発展において、一九三一年にイギリスの会議で初めて発表された「ニュートンの『プリンキピア』の社会的経済的根源」に基づくB・ヘッセンの論文がきわめて重要であった。[57]この論文で、科学の進歩を社会変化に組み込み、そのことによって科学的説明のパラダイム（ずっと後に考案される用語を用いれば）は知的探求の内的進歩

▼55　Joseph Needham 'On Science and Social Change' (*Science and Society* X, 3, 1946, pp.225-51). 本書は、一九四四年に中国で執筆された。ニーダム——キリスト教徒、マルクス主義者、発生学者、（発生学、イギリス革命、中国の科学と文明の）歴史学者であり、科学的かつ非ガリレオ的な世界観を絶えず探し求めた——は、このような一九世紀モデルに対する不満のとくに興味深い例である。

▼56　Caudwell, op. cit., pp.21, 3.

▼57　*Scinece at the Crossroads* (London, 1931) 所収。

からのみ生じているのではないことが示されたのである。ここでもまた、具体的なマルクス主義的分析の実際の妥当性は主たる論点ではない。ヘッセン自身の論文は、当時でさえ、もっともな批判にさらされていた。このアプローチが新奇で多産的であるからこそ、衝撃を与えていたのである。

というのもこのアプローチが、マルクス主義というよりもむしろマルクス主義の科学者およびソ連の科学界への主要な第三の貢献、すなわち科学の社会的意義や科学の発展計画策定の必要性、その計画策定における科学者の役割の強調に結びついていたからでもあった。マルクス主義が、早くも一九三二年に、（ホールデーン、ホグベン、バナールらの協力を得た）マルクス主義者で数学者のH・レヴィの「社会発展の諸傾向にしたがって」科学の計画を策定する必要性に関する論文という形で、科学者や他の知識人のイギリスの有力クラブ「トッツ・アンド・クオッツ」の議論に初めて登場したことは偶然ではない[58]。また、科学研究に対する体系的な援助がなかったフランスのような社会においては、左翼の科学者がそうした援助の擁護者となり、人民戦線政府にその必要性を説得したことも偶然ではない。社会主義者のジャン・ペランと共産主義の同調者（後の共産主義者）のポール・ランジュヴァンは、後に国立科学研究センターとなる国立科学研究基金を後押しした大立者であり、イレヌ・ジョリオ＝キュリーは科学研究省次官となった。このような意味において、マルクス主義者の科学的出版物のなかでおそらく最も重要で、確かにきわめて大きな影響力をもっていたものは、J・D・バナールの『科学の社会的機能』（ロンドン、一九三九年）であった。その理由はひとえに、他の点ではこれといってマルクス主義に共感したわけではない広範囲の科学者が共有していた思いや意見——たとえば、第四あるいは第五「階級」の処遇を受けているという科学者の主張、生産（と戦争）における、また社会資源の科学的な計画策定における科学の基本的役割を認識できなかった、国家と社会の批判——をこの本のなかで定式化したのが、マルクス主義者であったということである。当時、その呼びかけにはたいへん幅広い反応があった。科学者は、自分たちだけが新しい科学革命の理論的・実践的含意とは何であるのか（たとえば原子物理学）を知っていると感じていたからである。近代科学理論が社会にとって不可欠であると科学者が政府に説得した最初にして最大の成功例が反ファシズムであったことは、歴史の皮肉である。そして、それよりもいっそう重大でより悲劇的な皮肉は、まさに反ファシズム科学者がアメリカ政府に核兵器開発の実現可能性と必要性を説得して、それで主として反ファシズム科学者からなる国際チームが核兵器を開発したということである。

多くの重要な自然科学者にとってのマルクス主義の魅力は、つかの間のものであることが判明した。たとえソ連内部のさまざまな出来事（とくにルイセンコ事件）のせいで一般の科学者が敵意を抱くことも、また一九四八年以降、共産主義科学者の立場がほとんど成立しえなくなることもなかったとしても、おそらくマルクス主義の魅力は長続きしなかっただろう。少なくとも、マルクスには自然科学について何かいうべきこと——またさらに、何かいおうとしたこと——がなかったと主張することが流行となり、自然科学に関するエンゲルスの著作が単に同類の一九世紀的進化論者の仕事として、また科学と哲学の素人の仕事として片付けられた時代には、マルクス主義の魅力は歴史記述とマルクス主義的議論のなかではほとんど忘れられてしまったのである。しかしながら、その魅力は、マルクス主義の自然科学に対する関係をそのように片付けることはできないことを思い出させてくれるだけでなく、反ファシズム期における知識人マルクス主義の必要不可欠な要素にもなっている。またその魅力は、合理主義と進歩の前－マルクス主義的伝統との連続性と、理論と実践の革命をつうじてのみこの伝統を維持できるという認識とを反映している。そしてその魅力は、なぜソヴェート正統派の弁証法的および史的唯物論が同時代のマルクス主義知識

▼58　S. Zuckerman, *From Apes to Warlords* (London, 1978), p394. 本書の補論Ⅰからトッツ・アンド・クオッツの詳細を知ることができる。

人に心から本当に歓迎され、単にソ連から伝わったものだからといって（多かれ少なかれ合理化されたうえで）受け入れられたわけではないのかの説明に役立つのである。

マルクス主義者にとっては、マルクス主義は、理性や科学、進歩という古いブルジョワ的（実際には、同時にプロレタリア的）な伝統との連続性と、また理論と実践におけるその伝統の革命的変容という両者を含意した。共産主義者とひとつにまとまり共通の敵に対して共闘した非マルクス主義知識人にとっては、マルクス主義にそうした重要な理論的含意はなかった。彼らは、マルクス主義者と同じ側に立っていることに気づいた。そして、マルクス主義の主張が奇妙であることがわかったときでさえ、親しみのある態度と大志を認め、あるいは認めうると考えた。また少なくとも、若い熱狂者たちの希望、自信、熱意〔élan〕と動機を、また多くの場合は英雄的行為と自己犠牲を称賛し、尊重したのである。ちょうどJ・M・ケインズ――決してマルクス主義の同調者でもなく、あるいは何らかの社会主義の同調者ですらない――がそうしたように。

> 三五歳未満の知識人共産主義者の戦後世代を別にすれば、リベラル派以外には今日の政界に六ペンスの値打ちのあるものはいない。私は、知識人共産主義者も好きだし尊敬している。おそらく知識人共産主義者とは、その感情と衝動の点で非国教徒の神経質な典型的英国紳士――彼らが、十字軍に従軍し、宗教改革を断行し、清教徒革命で戦い、市民的自由と信教の自由を私たちのために勝ち取り、前世紀に労働者階級を人間らしい条件のもとにおいてくれたのだ――に今の私たちのなかで最も類似しているものである。▼[59]

後付け的な懐疑と嘲弄でその歴史が描かれた▼[60]さまざまな知識人「同伴者」は、本質的にこうした環境に属していた。この用語自体が曖昧である。というのは、冷戦期の反共主義が、リベラル知識人と共産主義知識人とのあいだで広まったファシズムに関する政治的コンセンサスや反ファシズムの実践上の必要物と、共産主義者主催の集会で「広い」舞台を飾り共産主義者の宣言に署名してもらえると当てにできた人々のずっと小規模なグループや、ソヴェート政策の常連擁護者や弁護論者となったさらに小規模なグループとを、この用語を用いて融合しようと努めてきたからである。これらのグループ間の境界線は明確でなく流動的であったが、それでもやはり一線を画す必要がある。反ファシズムの義務のために最も活動的で実効的な反ファシズム勢力の批判が抑制されたが、それは戦争の義務のためにヒトラーおよび枢軸国と戦う勢力の団結を弱体化させるおそれのあったことすべてが抑制されたのと同様であった。しかし、これは「同伴者」を含意していなかった。

イギリスにおけるジョージ・オーウェルの文学の浮き沈みがこのことの例証である。スターリニズムやスペイン内戦における共産主義者の政策、そしてイギリスの左翼の諸潮流を批判したこの著者の苦境は、(彼がほとんど関係しなかった)共産主義者あるいはその同調者というよりもむしろ「反対陣営」[61]を助け安心させる可能性のある書物の出版を心から望まなかった完全に非共産主義的または非マルクス主義的な編集者と出版社に由来した。実際、オーウェルが大衆的な読者を獲得した冷戦期になるまで、一般の人々はそのような作品をまったく受け入れなかった。彼の『カタロニア賛歌』(一九三八年)の販売部数は、数百部を超えなかったのである。

その名に値する――しかるべき全資質のおかげで――知識人「同伴者」は、知識の源泉も共感もさまざ

▼59 *New Statesman* 28.1.1939に収められたインタヴュー。
▼60 D. Caute, *The Fellow Travellers: A Postscript to the Enlightment* (London, 1973).

までであるという点で非常に雑多な集団であったが、ほぼ例外なく第一次世界大戦を嫌悪し、ほぼすべての知識人「同伴者」にとってその経験がトラウマとなり、決定的なものとなっていた。彼らの大半は、リベラル左派あるいは合理主義的左派であったか、そうなった。マルクス主義あるいは共産主義政党に引きつけられることはまれであった。実際のところ、知識人は自身の役割について総じて高尚なイメージをもっており、ゆるぎない行動主義も党規律への服従も不可能であった。ロマン・ロランやハインリッヒ・マン、リオン・フォイヒトヴァンガーのような人たちは、時には公共の問題に（ゾラのように）介入する覚悟をきめることもあるが、常にじっくり聞いてもらうことを期待しながら、ロランの表現を用いれば、『戦いを超えて』」いると自認していたのである。

彼らは、ロシア革命やその他の革命のドラマに大して引きつけられることすらなく、実際、ロランやマン、アルノルト・ツヴァイクのように、ソヴェート国内政策の抑圧的で恐怖政治的な様相のせいで気持ちがすでに離れていた。ヒトラーの勝利以前は、彼らはソヴェート国内政策に抗議さえしていた[62]。一九三〇年代では、彼らにソ連を支持し擁護する気を起こさせたものは、反ファシズムだけであった。トーマス・マンが一九五一年に述べたとおり、「ロシア革命を尊重するよう私に命じるものがたった一つあるとすれば、それはロシア革命がファシズムに対してつねに対立していることであろう[63]」。しかしながら、本質的には、彼らがソ連のなかに認めたと信じていたものは、まさに啓蒙の遺産すなわち合理主義や科学、進歩の遺産の存在であった。

彼らがそのように信じていたのは、ちょうどソ連の現実が西欧のリベラル知識人を撥ねつけるだろうとすでに想定されていたかもしれない時代でのこと、すなわちスターリンの恐怖政治の時代に、ロシアの文化的氷河期の迫り来る氷河にかこまれながらのことであった。しかしそれは同時に、西欧のブルジョワ的自由社会にとっての激震の時代、すなわち大恐慌、ファシズムの勝利、切迫する世界戦争という三重のトラウマの時代でもあったのである。長い間ロシアと関連づけられていた後進性と野蛮性よりも重要であるように思われたのは、西欧リベラリズムが黄昏ゆくなかでの啓蒙の価値観と希望に対するロシアの熱狂的な大衆参加や、自由主義経済の危機と劇的に対比されるロシアの計画的工業化であり、またいうまでもないことだがその反ファシズム的役割であった。「建設のソ連邦」（定期的に刊行された対外プロパガンダ用の贅沢なグラフ誌のタイトルとなった表現を使えば）は、啓蒙とフランス革命の直系子孫である理性や科学、進歩をひな形にして建設される社会として見られることもありえた。それは、人間的な目的のための社会工学の――よりよい社会のための人間的な希望の力の実例となった。革命それ自体の社会的勃発という空想的な希望によっても、貧困と崇高な希望の混合あるいは理想と不条理の混合によっても、一九二〇年代の文化的興奮によっても動かされなかった作家たちの気に入ったものは、まさにソヴェート史のこの局面であった。

　さらに、革命期のソヴェート・ロシアと初期の共産党は、作家の自由主義的ヒューマニズムを拒否して

▼61 『動物農場』に関するオーウェルの苦境については、B. Crick, *George Orwell: A Life* (London, 1980), pp.310-19.〔B・クリック著、河合秀和訳『ジョージ・オーウェル――ひとつの生き方』上下（岩波書店、一九八三年）〕。『ニュー・サイエンス・アンド・ネーション』の編集者のキングスレー・マーティンは、ＰＯＵＭ（マルクス主義統一労働者党）に好意的なオーウェルの諸論文の出版を拒否したことについて、次のように述べている。「私は、それまでの人生のどんな出来事にもましてスペインでの敗戦を心配していた……どちらの陣営も嫌悪感を催させるほどに残虐であった。しかし、一方を他方に勝たせるという目的のために、広く知れ渡った一般的な根拠に基づいて私なりの決断をしなければならなかった」。Ｐ・ジョンソンによる引用。*New Stateman*, 5.12.1980, p.16.

▼62 アルノルト・ツヴァイクは、一九三〇年の最初期の見せしめ裁判の一つを告発した（D. Caute, op. cit., p.279）。

▼63 J. Rühle, *Literatur und Revolution* (Munich, 1963), p.136における引用。

いたが、今や、そのヒューマニズムとの共有物を強調するようになった。アヴァンギャルド派に反対してジェルジ・ルカーチが論じたところによれば、まさにブルジョワの偉大な古典作家とその継承者——ゴーリキー、ロラン、二人のマン——こそが、文学の最高傑作だけでなく、政治にきわめて積極的な文学も生み出したのであった。この見解は、ルカーチの趣味と批評基準（また、いうまでもなく、一九二八——九年の「ブルム・テーゼ」以来もはや彼が自由に表現できなかった政治傾向）だけでなく、当時共産党の公式政策となった広範な反ファシズム戦線の諸原則にも適合していた。一九三六年のソ連憲法は、それに先行する（諸）憲法よりもずっと西欧の「ブルジョワ民主主義者」に受け入れやすいものであった。三六年憲法が完全に紙のままであったとしても、その紙は少なくとも西欧ブルジョワ民主主義者が心から歓迎しえた大志を表現していたのである。

こうして、マルクス主義者と非マルクス主義者が協力して得たものは、共通の敵に対して団結する実践的必要性どころではなかった。それは、両者がともにフランス革命の伝統すなわち理性や科学、進歩、ヒューマニズム的価値観の伝統に属するという、大恐慌とヒトラーの勝利によって明示されるとともに活性化された深い感覚であった。両者にとって同一化をより容易にしたものは、この時期に公認されたマルクス主義哲学の解釈であり、またフランスやアングロ・サクソン諸国——そこでは、マルクス主義知識人も非マルクス主義知識人もこうした伝統がすでに浸透していた文化のなかで教育を受けてきた——への西欧マルクス主義の中心地移転であった。

6　戦略としての反ファシズム

しかし、反ファシズムは、アカデミックな理論への優先的な入口ではなかった。それはなによりもまず、政治活動や政策、戦略の問題であったのである。そのようなものとしての反ファシズムが向き合ったのは、知識人および非知識人のマルクス主義者、反ファシズム期に政治活動を始めた人々、またそれ以前からの政治の記憶をもち、本章で取り上げないわけにはいかない政治的な分析と決定の諸問題に取り組んだ人々であった。

研究の現段階では、反ファシズムという大義への知識人の動員数は明示できないが、しかしドレフュス事件と同様にこの大義は、集団としての知識人に対する特別の訴えかけとなり、非常に多くの知識人を政治活動へ動員し、とりわけ、過去のまったくの平時と比べて知識人として理想に奉仕するずっと重大な機会を提供したと断言することはできる。スペイン内戦への参加を促す特別の努力がなされていたわけではない――実際のところ、イギリスでは学生の義勇兵志願を戦術的に思いとどまらせていたのである――のに、何人かの知識人がスペイン内戦へ行ってしまったことは、驚くほどのことではない。▼64 しかし、学生たちは知識人としてではなく兵士として国際旅団に参加した。彼らが戦時中のレジスタンス運動に参加したこともまったく当然のことであり、また、彼らがパルチザンの武装闘争に参加し、時には名をなすことさえあったということでさえ当たり前である。こうした活動はいずれも知識人に限られるものではなかった。

▼64　（職業革命家のように自らの義務の一部として参加した人々を除くと）国際旅団にたくさんの知識人が含まれていたようには見えないが、知識人の存在感はアメリカ人のなかで、また小規模なチェコ代表団のなかで非常に目立っていた。Andreu Castells, *Las Brigadas Internacionales de la guerra de España* (Barcelona, 1974), pp.68-9. また次のものも参照されたい。N. Carroll, *The Odyssey of the Abraham Lincoln Brigade: Americans in the Spanish Civil War* (Stanford, 1994); Rémy Skoutelsky, *L'Espoir guidait leurs pas: les volontaires français dans les Brigades Internationales* (Paris, 1998); Richard Baxwell, *Volunteers in the Spanish Civil War: the British Battalion in the International Brigades, 1936-1939* (London, 1994).

この時期に一新されたもの――おそらく共産主義運動がいち早く認知したもの――は、知識人の反ファシズム運動に対する明確な貢献の範囲であった。顕著なものをあげるとすれば、宣伝にあたっての象徴として貢献しただけでなく、同時に（出版や報道、映画、演劇等々の）メディアにおける知識人の仕事を通じて、また科学者として、あるいはその他にも知識人の資質をもつ人々が必要とされる点で貢献した。たとえば、はじめは戦争反対のため、後には戦争賛成のためであったが、科学者が科学者として自由意志で自発的に結集した先例はないのである。

実際、最初の原爆製造の主たる責任を負う科学者J・ロバート・オッペンハイマーのような人物のキャリアは、原爆製造を決定した具体的な歴史状況の文脈におかれてはじめて理解可能になる。当然のことながら、彼のようなタイプの知識人は反ファシストとなり、一九三〇年代の共産主義に引きつけられていた。しかし、核兵器の可能性に自国政府の注意を向けさせることができたのは、反ファシズムの科学者だけであった。というのは、科学者だけがこの可能性を認識でき、政治的自覚をもった科学者だけが、ファシストより先に核兵器を保有する必要がきわめて切迫していることに気づいていたからである。必然的にこのような人々は自国政府にとって必須の存在となり、きわめて重大な国家機密に内々に関与するようになった。彼ら以外には、必然的に機密となるものを発見し、製造することができるものはいなかったからである。同様に必然的に、彼らの立場は複雑であり、難しいものとなった。彼ら自身が（科学上の自由な意見交換の問題に関してだけであるにせよ）自分の雇用主である国家機関の道徳的および政治的立場と矛盾する立場を維持していただけでなく、それと同時に、その国家機関の方では、彼らを知識人として、また戦後にロシアが主要な敵対国となると、反ファシズムで親共産主義という過去をもつ者として徐々に不信の目で見るようにもなったのである。当然、軍事‐技術問題および道徳的で政治的な問題に関する彼らの見解を明確に区別することはできなかった。しかし、だからとって反ファシズム闘争があらゆる人の心を支配していたときには難題はほとんど生じなかったのだが、他方で、戦後の核政策の諸問題――たとえば水爆は製造すべきかどうか――のせいで、いっそう重大な道徳的・政治的不一致のおそれが残った。

オッペンハイマーは冷戦の最も目立った犠牲者となった。彼は、アメリカ政府の正式な科学顧問のなかで最も著名で影響力をもっていたが、根拠もなくロシアのスパイとして告発され、「危険人物」として情報アクセス権を奪われたのである。オッペンハイマーのような人物やアメリカ政府の難しい状況は、それ以前のどんな戦争においても決して生じえなかった。というのは、生粋の大学の科学者のイニシアチヴと専門的見解だけにそれほど依存する兵器は、かつては存在していなかったからである。おそらく後の世代の科学者にそうした難しい状況が生じることはそれほどなかった。というのは、彼らは、非政治的な専門家として破壊の大義に職業として仕える研究職公務員や科学者――いまやかなり大勢である――の一員でなかった場合でさえ、自分の先輩世代のような政治的にあいまいな過去をもっていなかったからである。特徴的なことに、それが反ファシズム期の知識人とそうした知識人と関係していた政府の難しい状況であった。

反ファシズムはこのように知識人を遇していたが、マルクス主義者は、知識人のなかに入ると、新たな任務や機会だけでなく政治的・公共的行動の新たな課題に直面した。これは、共産主義者とその同調者にとってとくに重大なものであった。本稿は、ファシズム打倒後の発展に対する彼らの反応を考察する場所ではない。また、反ファシズム期の共産主義運動における特別の政策転換の結果に多くの時間をかける必要もないのだが、しかしそうした政策転換のうちのいくつか――とくに、一九三九年から四一年にかけてのソヴェートの政策の反転と南北アメリカでのいくつかの共産主義政党の一時的解体（ブラウダー主義）――が、共産主義者のなかに重大な衝撃波をもたらした。大雑把にいえば、共産主義運動の国際方針は一九三四年から一九四七年まで変わらぬままであり、このような一時的な逸脱が何度かあっても後に主要方針に復帰したのである。また共産主義政党内の指導部と知識人とのはっきりとした軋轢にもそれほど関心を払う必要はないが、すでに言及したとおり、それは存在していたのである。反ファシズム期において、そうした軋轢は、運動への知識人の流入、諸政党による知識人の政治的価値の正当な評価（多少とも「一般的な」、あるいはいずれにせよ明確には政党と同一視されないような定期刊行物や団体の増加によって示される）▼65、知識人の自律的行動範囲の相対的な広範さなどによって埋め合わせられて余りあるほどであったことは、ほぼ確実である。おそらく、諸個人はさまざまな理由から離脱したり追放されたりしがちであり、共産主義政策とソ連をきわめてはっきりと批判する者もおそらく知識人のなかにいたはずだが、しかし、概して、この時期に共産主義運動に大きな分裂はなく、また知識人グループの有力な分派もなく（アメリカにはある程度は存在していたが、それを除けば）、当時反主流派マルクス主義グループは影響力をもっていなかったので、本質的に「忠実な」プロレタリアの代表者を自認する諸政党と、根本的には「小市民的」で「信頼できない」ものとみなされた知識人との緊張関係は、大体は統制下におかれていた。

大きな障害が国際共産主義運動による反ファシズム政策の採用それ自体から生じた。「階級対階級」方針から反ファシズムと人民戦線の支援への政策転換の衝撃は、別のところで議論されているが、それでもやはり、大半の共産主義者が政策に関して抱くようになっていた信念のなかで政策転換が表現した劇的な変化は強調するに値する。彼らの信念は、リベラリズムや社会民主主義との対立のなかで明確に定式化されていたが、その目的は、世界革命に捧げられたボリシェヴィズムを、あらゆる種類の改良主義や現状との妥協による汚染から防衛することであった。

これから生じた障害は、理論的というよりもむしろ心理的なものであった。コミンテルン第七回世界大会方針〔一九三五年の大会で、台頭するファシズムの脅威に対して統一戦線と人民戦線のスローガンが採択された〕についてマルクス主義的な正当化の根拠や先例を見つけだすことは難しくはなかったし、こうした根拠や先例は、はっきりと常識に一致するのでその分説得的であるように思われた。「ボリシェヴィキ化」と「階級対階級」の時代に教育を受けた共産主義者にとって難しかったのは、当面する情勢への一時的譲歩──その後に、古い闘争が再燃するのだが──として、あるいはある種の偽装とは別のものとして、純粋に戦術的な観点とは異なる観点から新方針を見ることであった。第七回世界大会それ自体が新方針の（共産主義者にとっての）斬新さを証言している。この証言は、新方針は従前の方針からの断絶ではなく、回避しえた過去のさまざまな「あやまち」の是正──当然のことである──であり、同時にはっきりした政治的危機に従前の方針を適合させたものにすぎないとする同大会の主張そのものを通じてなされたのである。それでもやはり、新しい展望の斬新さは、ソ連の国家政策の選択肢を事前に封じないようにする──おそらく──という目的からだけでなく、新しい展望を自由かつはっきりと議論することの戦術的理由による抵抗感からも曖昧にされた。また、「搾取者たちの階級支配」を転覆する唯一の決定的形態としてのソヴェート権力に依然として公的に献身していた新旧の共産主義者が、その新展望の含意をどの程度はっきりと認識し、あるいは受け入れていたかはまったく明らかでない。[66]

しかし、新方針は、どれほど慎重にまたどれほど暫定的なものとして定式化されたとしても、戦術上の

▼65　これらの内で言及してもよいものは、フランスでは、『コミューヌ』、『ヨーロッパ』、『ラ・パンセ』とさらに広範な人民戦線に依拠する週刊の『ヴァンドルディ』のような雑誌である。イギリスでは、左翼読書クラブ、長続きはしなかったが『レフト・レヴュー』、『モダン・クォータリー』と戦中戦後の『アワー・タイム』である。アメリカでは、比較的長続きした『ニュー・マッシーズ』、『サイエンス・アンド・ソサイエティー』と長続きしなかった『パルチザン・レヴュー』である。

▼66　共産主義インタナショナルの第七回大会でディミトロフは、「[反ファシスト統一戦線の]この政府は、究極的な解決をもたらすことはできない……だから、社会主義革命の準備をする必要がある。ソヴェート権力が、ただソヴェート権力だけが、救いをもたらしうるのである」と述べた。

暫定措置以上のものであるようにはっきりと意図されていた。新方針は、蜂起による権力掌握とは異なる社会主義への移行モデルを――エルコリ〔トリアッティ〕の報告では、平和的移行の可能性さえをも――想定していた。また「新民主主義」あるいは「人民民主主義」の概念のなかにあるような、「プロレタリアートの独裁」とは同一視されない体制移行形態を想定していたのである。さらに新方針が含意した共産主義的政策は、大体において、必要であり可能でもあったかもしれない「階級同盟」を含めたプロレタリアと資本家との階級闘争の延長ではないようなもの、したがって資本主義の経済構造から直接に引き出せたものであった。むしろ新方針が想定あるいは含意した政策は、自律的であり、かつ全国民に対する労働者階級の指導権あるいはヘゲモニーを獲得するよう企図されてもいたものであった。確かにファシズムは資本主義の極端で必然的な型として提示されたが、しかし資本家はすべてファシストであると主張されたわけではなかった。資本家のなかの少数の親ファシストは、労働者の搾取者としての他にも「農民、職人、小市民的庶民」の搾取者として表象可能であった（フランスの「二〇〇家族」のような）「独占‐資本家」と同一視できた。しかしながら、反ファシズムの試金石は、階級的立場あるいはイデオロギーといったものでなく、もっぱら反ファシズム戦線加盟の準備ができているかどうか、あるいは、より正確にいえば、戦争の主たる煽動者としてのドイツ・ファシズムへの反対に加わる準備ができているかどうかであった。資本家は、勝利の後に、資本家としてではなくファシストおよび裏切り者として、その所有権を奪われたのである。

今から見れば新方針の含意は、当時理解されていた以上に明瞭である。スペイン内戦に関する共産主義者の公式分析――パルミーロ・トリアッティが内戦勃発時に『スペイン革命』（一九三六年一二月）という意味深長な題名で執筆したもの――を読み直せば、その論旨は疑いをいれない。スペイン人民の闘争は、「資本主義諸国における人民大衆の解放闘争における最も偉大な事件であり、それを超えるのは一九一七年一〇月の社会主義革命だけである」。それは革命であった。それは、「ブルジョワ民主主義革命の諸任務を果たしつつ」あったが、それは「広範な人民大衆の、最も基本的な利益に一致する新しい方法で……〔諸任務を〕果たしつつ」あった――すなわち、（一九〇五年とも、一九一七年とも完全には比較しえないと論ずることで、トリアッティも示唆したように）単なるブルジョワ民主主義革命ではなかったのである。それは、軍事的反乱が引きおこした武装闘争という条件下でその諸任務を果たし、そして反乱側についた土地所有者や企業主の財産を接収せざるをえなくなった。それは、ロシア革命の経験を利用することができ、結局は「スペインの労働者階級は、革命における自らの指導的役割を果たしきり、自らの全面的な闘争範囲と闘争形態によって、スペイン革命にプロレタリアの足跡を残そうと奮闘している」。それでもやはり、これは労働者と農民だけによってなされた階級闘争ではなかった。スペイン人民戦線にはずっと広範な基盤があったからである。それは、レーニンが一九〇五年に目ざしていた「プロレタリアートと農民の民主主義的独裁」の相当物を表現しているだけではなかった。「内戦の圧力のもとで、革命的・民主主義的独裁の綱領をいくらか超える一連の措置を講じている」からである。それは、軍需による「国の全経済生活の厳格な統制」の道へすすまねばならないだろう。したがって、「人民が勝利すれば、この新しい民主主義は、あらゆる保守主義と敵対せざるをえない。というのは、この民主主義は、自らがさらに発展するためのあらゆる条件をそなえ、スペインの労働民衆の将来のさらなる経済的および政治的成果を保障しているからである」。

　要するに、トリアッティが――コミンテルンのスポークスマンとして活動しつつ――提起した社会主義への移行戦略は、この例では内戦の形式における反ファシズム闘争の具体的諸条件から生じており、ロシア革命の一九〇五年から一七年の過程とは異なるものであった。こうした闘争の形態について、すなわち共和国政府の政策および内戦勝利のための最善の道筋については、議論の余地がありえた。確かに、議論があったのであり、論争はまだ続いている。しかし、後世の共産主義者のスペインに関する諸報告はスペインでの出来事の革命的性格を軽視しがちであったといわざるをえないにせよ、この分析の革命的展望にはまったく議論の余地はありえない。しかし、(「広範な人民大衆の、最も基本的な利益に一致する」、「いくらか超える」、「自らがさらに発展するためのあらゆる条件」等々の)トリアッティの定式の意図的な曖昧さやほのめかしは、その含意は年長のボリシェヴィキ党員にとっては明白であるにせよ、計算された両義性をいくらか含んでいたのである。共産主義者が「ファシズムに対する人民戦線の完全な勝利」をプロレタリアート勝利の地ならしとみなしているということを非社会主義反ファシズム活動家たちに気づかれることも、あるいは、革命戦略に関する過去の共産主義的諸前提とのどれほど深い断絶が新方針のなかに含意されていたのかを過剰にはっきりと共産主義者に説明することも、およそ得策とはいえなかった。両者にとって最善策は、反ファシズム闘争の当面する諸任務に集中することであった。

一九三六‐九年にスペイン共和国を熱烈に支持した人々の大部分は、こうしたことの影響を受けなかった。スペイン内戦は、とくに知識人のあいだで反ファシズムの最大の自発的な国際的動員を引き起こした――戦時中のレジスタンス運動に比べてずっと大規模な動員であった。というのは、この動員は各国政府から独立しており、自国が占領されてしまうことへの対応として強いられたわけでもなく、また主要な敵の性質について意見が割れていたわけでもなかったからである。スペイン内戦は、国際的右派を分裂させた。というのは、その諸派――カトリック信者のものでさえ――は、共和国に好意的であったか、あるいは共和国の敵と対立していたからである。左派の諸派は相互に対立的であったにもかかわらず、スペイン内戦はリベラル民主主義者からアナーキストまでの左派を団結させた。左派は、フランコに対する最適な戦い方を含めて多くの点で意見がまちまちであったが、しかしフランコと戦う必要性については一致していた。国外の大半の共和派同調者にとってとりわけ重要であったのは、将来のスペイン体制をどのようなものにするのかよりもむしろフランコを打倒することであったといって間違いない。さらに次のようにいうことさえできる。すなわち、ほとんどの共和派同調者は、戦時中のほとんどのレジスタンス支援者と同様に、多少とも曖昧な意味で「新しく」、「革命的」でさえあるようなポスト・ファシズム体制――より自由でより公正な社会、すなわち、いずれにせよ単なる復古とはいえないもの――を期待していた。

しかし、マルクス主義者にとって、反ファシズムと社会主義との関係の問題はより具体的で重大なものであり、マルクス主義者のなかにいた共産主義者にとって、その関係に関する議論を取りまく不明瞭さは決して解消されなかった。共産主義者としては、広範な反ファシズム方針をとれば権力移転に近づくだろうと確信していた。この方針の採用の結果として共産主義諸政党が劇的に強化され、レジスタンス運動――反ファシズム方針の当然の産物――が現実に政治闘争を武装闘争に転化させた。実際に、共産主義諸政党は、反ファシズム期以来かつてないほど強力――スペインとドイツのいくつかの地方を除いて――になり、多くの反ファシズム連合政府の当事者として注目されだしただけでなく、多くの国で権力が本当に移転したのである。

したがって、反主流派マルクス主義者などの批判、すなわち反ファシズムの団結の強化のなかで階級闘争と革命が裏切られ、そしてソ連は（おそらく赤軍に強いられたものを除けば）国外の革命に関心をもっていないのだという批判に深刻に悩まされた共産主義者はほとんどいなかった。確かに、主要な敵に対する国内外の団結が比較的急進的に利用されたいくつかの事例に活動家たちは衝撃を覚えた。そうした利用事例は、活動家の直感や習慣、さらには経験さえとも矛盾していたからである。それでもやはり総じていえば、共産主義者の方針は、反ファシズムの論理を表現する限りにおいて説得的で現実的であると思われていた。スペイン内戦を戦うという共産主義者の政策にはどのような代替策があったのか。当時も今も、その答えは決まっている。代替策はない。[67] トレーズが一九三六年に「人民戦線は革命ではないのか」とマルソー・ピヴェールに反論したのは間違いであったのか。歴史家と左翼がこの点について議論をしてきたが、当時は、それはとんでもないというよりもむしろ妥当な発言と思われていた。イタリア共産党とフランス共産党は、一九四三年から五年にかけてより急進的な政策を追求しなかったことで、ましてや権力掌握を企てなかったことで、ひどく批判されてきた。しかし、その党員と同調者の大多数は、おもにレジスタンス期および解放期に新たに加わったのだが、やすやすと党の方針を受け入れたようである。ソ連についていえば、ソ連は国外の社会主義に与しえないという考え方そのものが、共産主義者には不条理に見えた。というのは、共産主義者の政治分析が立脚する前提条件は、ソ連の国際的国家戦略がどのように変わるとしても、世界初で唯一の社会主義国家の利害と、そのモデルに基づいてどこか他国で社会主義を建設したいと望む人々の利害は、根本的に同一のもの以外ではありえないということだったからである。

　実際、反ファシズム期における共産主義者の方針の妥当性に関する議論は、そのころ孤立状態にあった反主流マルクス主義分派のものを除けば、当時は比較的重要ではなかった。反主流マルクス主義分派がより広範な支持層を獲得したのは、スターリン死後の時期にモスクワ中心の一枚岩的共産主義運動が解体したことだけでなく、同時に、とりわけ反ファシズム戦略のすばらしい勝利にもかかわらず、何らかの理由で戦争によって共産主義政党が権力の座へ導かれた国は別として、実際には社会主義へのもう一歩前進の問題を解決しなかったことが知られるようになったからでもあった。[68] しかし、反ファシズム方針の隠れた展望の周辺はあえて曖昧にされていたので、この問題の明確な分析が先送りされ、実際に妨げられたことに疑いの余地はない。

　したがって、この問題に対するマルクス主義知識人の（あるいはあらゆる共産主義的マルクス主義者の）態度を議論することは非常に難しく、おそらく不可能である。ファシズムに対する勝利が確実視される時まで――一九四三年頃までは、このことはほとんど問題とされていなかったが、検討しておいたように、スペイン革命の文脈のなかではすでに想定されていた。ファシズムが明らかな敗北に直面するまでは、ファシズムの後継者は何かという問題は、完全に学問的なもののように見えたし、実際にそうであった。勝利が確実視されたとき、新たな展望は共産主義者には「人民民主主義」あるいは「新民主主義」の形をとるものとして見えたのだが、共産主義インタナショナルの解散および戦争の諸条件を考慮すれば、「人民民主主義」あるいは「新民主主義」は（反ファシズムが第七回世界大会によって宣伝されたように）正式に宣伝されることもなく、あるいは実際に共産主義政党のなかで体系的に普及し議論されることもなかった。むしろ、それらはソヴェート共産党等々の筋から発出された一連の文書という形をとって、あるいは明らかにその場限りの党の諸決定——そのうちのいくつかは、後に撤回された——という形をとって姿を現した。[69]

「人民民主主義」は端役として政治の舞台に立ったので、その用語の周りにある曖昧さはまったく解消されなかった。それは、純粋に短期の観点からは、枢軸国に勝利すべく戦っている諸勢力の最大限の団結を、国際的にも、また各国内的にも、維持するために必要な譲歩とみなすことができた。共産主義者が現在の

▼67　遠い昔の日に共産主義の国際旅団の一員であったある著名な古典学者の言葉を引用しよう。「社会革命は、（ある種の人々にとって）この世の天国であったかもしれない。しかし、それは馬鹿者たちの天国であった。優秀な軍隊がなければ、幸福の日々はいくばくもないのである。この世の天国を作り上げた人々は、自分たちに対してフランコが遂行しているような戦争を遂行することはできないということを証明した」。Bernard Knox, 'Remembering Madrid' (*New York Review of Books*, 6.11.1980, p.34).

▼68　新しい社会主義体制の批判は可能であるが、本論ではこの批判は重要ではない。

▼69　*Cahiers du Communisme* (April 1945) に収められた一九四四年のアメリカ共産党解党を批判するジャック・デュクロの論文は権威を代表するものとみなされており、アメリカ共産党はすぐのちに再建された。

国内外の同盟者に対する戦争を再開する準備を進めているという気配のせいで、その同盟者の方では、本気で現在の敵との戦闘に集中するよりもむしろ将来の敵との戦いに備えるという気にさせられたかもしれない。おそらくこの「人民民主主義」だけが、一九四二年一〇月以来コミンテルンで確認された「新方針」のなかにはっきりと含まれていた。[70]解放された国の体制は「民主制」――人民志向的、あるいは「新」民主主義的――であったろうが、こうした体制の樹立計画は、オーストリアの共産主義者が現実主義的に述べたように「社会主義綱領ではない」のであり、ディミトロフが述べたように、その急務は「社会主義の実現でもソ連体系の導入でもなくて、民主的議会制度の地固め」であった。[71]こうして、解放後の東西ヨーロッパで共産主義者も参加した国民的反ファシズム連合体の諸政府は形式的に類似しており、その分割線は極端に漠然としたままであった。

しかし、それは、第七回世界大会の方針に概要が示されたような移行の当然の発展と見なすこともできた。反ファシズム国民戦線へと拡大された「反ファシズム統一戦線の政府」は、社会主義へ漸進的かつ非暴力的に移行するための組織に転換しつつあると想定することができた。その転換方法は反ファシズム勢力連合に対する労働者階級のヘゲモニーの確立であったが、その労働者階級のヘゲモニーは、反ファシズム闘争における労働者階級の指導的役割の承認と、共産主義政党が結果として獲得した立場のおかげを被っていたのである。この意味で、それは、一九一七年にロシアで採用された社会主義への道とは異なる道であり、――ディミトロフと当時彼のスポークスマンであったチェルヴェンコフが、一九四七年九月のコミンフォルムの結成大会においてようやく述べたような――「プロレタリアートの独裁」の一つの代替案であった。[72]しかし、それについてはきわめてわずかなことしか公然と論じられなかったので、どのような政治条件においてこの道が可能となり、あるいは不可能となるのかについては、未解明のままであった。この移行期における複数政党制の政治の新たな諸問題の解明が進まなかったのと同様である。この道が可能となるあるいは不可能となる諸条件は、東側であれ西側であれ、この展望が事実上公式に放棄されるまでは、共産主義運動において公然と提起されることはなかった。

第三に、新方針は、戦後の国際関係の観点から解釈してもよい。戦時中の同盟の継続は、それが含意した非ファシズム的資本主義と社会主義国家との長期的平和共存も含めて、予想されていた。実際、戦後情勢を系統的に公然と議論する立場にあった共産主義者の議論に限定すれば、新方針は主にこうした国際関係の観点にたつもの、とくにスターリン、ルーズヴェルト、チャーチルらによる一九四三年末のテヘラン会談を考慮してのものであった。少なくとも共産主義知識人は、この会談にいくらかの不安を覚えた。しかし、テヘラン会談の展望は、社会主義への移行の「人民民主主義」的展望を排除しなかったが[73]、その一方で同時に、いくつかの国では社会主義闘争よりも平和共存へのより大きな要求を、別の国々ではおそらく前進の可能性を意図的に優先すべきだということも含意していた。遠慮なしにいえば、「英米の支配階級は、英米が共同して対ソ戦争をすれば……、赤軍の勝利に刺激を受けている西欧へソヴェート的な社会主義制度が拡大されることはないと確信しているに違いなかった[74]」。アメリカでは社会主義の現実的な見

▼70 Wolfgang Leonhard, *Child of the Revolution* (London, 1979), p.208.
▼71 E. Lustmann, *Weg und Ziel: die Politik der österreichischen Kommunisten* (London, 1943), p.36. また、F. Fejtö, *Histoire des démocraties populaires* (Paris, 1969), I, p.126〔F・フェイト著、熊田亨訳『スターリン時代の東欧』（岩波書店、一九七九年）、一一一ページ〕で引用された一九四六年のディミトロフ。
▼72 Fernando Claudin, *La crise du mouvement communiste: du Komintern au Kominform* (Paris, 1972), p.533; Eugenio Reale, *Avec Jacques Duclos au banc des accusés* (Paris, 1958), pp.75-6.
▼73 「それは、この枠組みにおいて各国民が望む統治形態と社会組織を最終的に自己決定する権利を各国民に留保している」。Earl Browder, *Teheran and America: Perspectives and Tasks* (NY, 1944), p.14.
▼74 Ibid., pp.13-4.

込みがなかったので資本主義（すすんでソ連と協力するような資本主義）の維持が同国における共産主義者の方針の基本であると想定することは合理的であったが、他の国では左翼的な選択肢を排除することはほとんど歓迎されなかった。おそらくだからこそ「ブラウダー主義」がフランスで一九四五年に糾弾されたのである。とはいえ、「テヘラン会談の展望」の含意は、ソ連の影響圏外と考えられる地域のいくつかの共産主義政党は祖国のために長く続く資本主義的な将来を甘受することになるかもしれないということであったが、そうなるのはどの国か、そしてそうなった国では共産主義政党が社会主義への移行闘争から身を引いておく期間はどのくらい長く続くのか、あるいはどのくらい短くてすむのか、また共産主義の将来展望はこうした情勢下でどのようなものであるのかという問いは、この展望のなかでは、まったくはっきりしないまま残った。これらの問いは答えられないままであった。というのは、アメリカではつかの間ブラウダー主義が入りこむという例外があるにせよ、これらの問いは問いとして提起されなかったからである。

これらは、反ファシズムの時代が終焉を迎えつつあった特定の相対的に短い期間においては、はっきりせず難解な問いであった。しかしやはり、それらは、反ファシズム戦略にはじめから潜んでいた曖昧な表現を例証している。トロツキストや他の左翼陣営がまさしく指摘したように、反ファシズム戦略は、ボリシェヴィキ党員や他の社会革命家たちがその時まで構想していたような「プロレタリア革命」の権力と両立しがたい社会主義権力のための闘争へのアプローチを含意していた。彼らは、この点については正しかったのだが、ファシズムは打倒すべきであるとすれば大半の知識人――マルクス主義者であろうが、なかろうが――にとっては必然的とされる諸政策を拒否したので、また、彼ら自身がもっともな代替案を生み出さなかったので、孤立へと追い込まれた。しかし、この戦略は明示される寸前で足踏みするばかりで、はっきりと定式化されたことは決してなく、実際、ポスト・ファシズムという将来に関する議論は、きわめて曖昧な言葉で論じられる場合を除けば、この時期の大半を通じて声高に論じられることもなく、やる気のないものであった。とりうる選択肢が上級機関からの決定によって排除されていなかったならば、同程度に忠実な共産主義者――たとえば、トリアッティやチトーら――が反ファシズム方針のなかに政治活動に関するまったく異なる含意を読みとることは、完全に可能であった。

ほとんどの共産主義知識人は、このような将来をめぐって渦巻く理論的な混乱に困惑したが、かつて経験したかもしれない、あるいは経験したに違いない困惑と比べると深刻ではなかった。その理由は主に、現在の任務が非常にはっきりしていることと、ファシズムに対する勝利が確実視されるまでは、共産主義の戦略――一九三九年から四一年までのような一時的なエピソードを無視すれば――が今なすべきことへの非常に説得力に富む明瞭な指針を提供したことであった。というのは、結局のところ大半の共産主義知識人にとって、反ファシズム闘争が最も重要であったからである。万一、反ファシズム闘争が敗北するならば、将来に関する議論は空論となるだろう。年長者であれ、若年者であれマルクス主義知識人にとって、明らかに反ファシズム闘争はそれ自体が目的ではなかった。それは、世界資本主義の、あるいは少なくとも世界の大部分における資本主義の終局的な転覆の一翼を担ったがゆえに正当化されたのである。しかし、本来、反ファシズム闘争にとって、このような正当化はまったく必要でなかった。将来に何が起ころうとも、ファシズムは害悪であり、ファシズムに抵抗すべきであったのである。黄昏の時代に、大恐慌と反ファシズム闘争において、また主としてその両者を通じて、知識人の一世代がマルクス主義にやって来たのである。それを生き延びた者たちは、失望させられることが多かった。彼らは自らの過去を深く調べて、自分たちが間違っていたかどうか、何が自分たちの失敗であったのか、何が自分たちの崇高な希望と調和しなかったのかを知ろうとしてきた。マルクス主義から離れた者も多かった。しかし、反ファシズム闘争やファシズム打倒への関与を拒否したマルクス主義者も何人かはいたにせよ、ごく少数であったといって差し支えない。民間人としてであれ、制服の兵士としてであれ、レジスタンス運動員としてであれ、対ファシズム戦争においてスペイン共和国を支持したことや、どれほどわずかであれ役割を担ったことを後悔する人をみつけるのは困難である。彼らは自分たちの過去のこの時期を遠慮がちな自負心をもちつつ振り返る。そしてそのうちの何人かにとってみれば、当時を生き延びた者たちが無条件の満足感をもって振り返るのは、政治上の過去のこの時期だけであるのだ。

第12章 グラムシ

Gramsci

アントニオ・グラムシは、一九三七年に亡くなった。その後の七五年のうちはじめの一〇年間は、彼は一九二〇年代以来の古い同志の他には、実際にはほとんど知られていなかった。なぜなら、彼の著作のうちきわめてわずかのものしか、出版されたり入手可能であったりしなかったからである。このことは、グラムシが影響力をもたなかったということを意味しているのではない。というのも、トリアッティは、イタリア共産党をグラムシの路線に基づいて、いや少なくともグラムシ路線のトリアッティ的解釈に基づいて指導したといっても過言ではないからである。それにもかかわらず、グラムシはどこであれほとんどの人民にとり、第二次世界大戦の終結まで、共産主義者たちにとってさえ、名前を知られているだけであった。その次の一〇年間に、グラムシはイタリアで非常によく知られるようになり、共産主義者の仲間内をはるかに超えて称賛されるようになった。彼の諸著作は共産党により大々的に出版されたが、とりわけエイナウディ出版社から刊行された。たとえ後になってこれらの初期の諸版がどのように批判されたにしても、これらの編集版があったからこそ、グラムシが広く普及し、イタリア人が彼の主要なマルクス主義思想家としての、より一般化していえば二〇世紀イタリア文化の主要な人物としての、資質を判断することも可能となったのである。

しかし、まだイタリア人だけにとどまっていた。グラムシはこのころの一〇年間、実際上はイタリアの国外ではまったく無名なままだった。というのも、彼は事実上翻訳されていなかったからである。実際、彼の感動的な獄中書簡集をイギリスとアメリカ合衆国で刊行するという試みでさえもうまくいかなかった。イタリアと個人的に関係のある少数の人々で、しかもイタリア語が読めた人々——その多くは共産主義者たちであった——を除けば、グラムシはアルプス山脈のこちら〔北〕側では存在しないも同然だった。

グラムシ没後二〇年を過ぎた頃、グラムシに対する関心の最初にして深甚な動きが国外で生まれた。人々は、疑いなく、脱スターリン化の動きに刺激されたのであり、それよりさらにいっそう一九五六年〔のスターリン批判〕以後にトリアッティがそうした自立的態度の代弁者になったことに刺激を受けたのであった。いずれにせよ、この時期になってようやくグラムシの著作からの最初の英語版選集が手に入るようになり、彼の思想が諸共産党の外部でも初めて議論されるようになったのである。イタリア以外では、英語圏の国々がグラムシに対する持続的な関心を発展させた最初であったように思われる。逆説的なことだが、イタリア自体では、同じ一〇年間、グラムシ批判は明確となり、時として辛辣となった。そして彼の著作の解釈についての議論は、イタリア共産党によって展開されていた。

一九七〇年代には、ついにグラムシは完全な名声を得た。イタリアでも彼の著作集は、初めて学問的に見ても満足のいく基礎をえて、完全版『獄中からの手紙』の刊行（一九六五年）、さまざまな初期の政治著作集の刊行、そしてとりわけヴァレンティーノ・ジェッラターナの学識の金字塔として執筆順に編集された校訂版『獄中ノート』の刊行がなされた（一九七五年）。いまやグラムシの伝記も共産党史における彼の役割も、共産党の記録に基づいて党により促進・奨励された体系的な歴史的作業に大いに依拠する形で、はるかに明快になった。議論は現在も継続しているが、ここで一九六〇年代半ばからのイタリアにおけるグラムシ論争を概観することはしない。イタリアの国外で初めてグラムシの著作の翻訳が十分な選集の形で手に入ったのは、明らかに、ホーアとノウエル＝スミスにより編集されたローレンス＆ウィッシャー出版社の二巻本によってである。こうしてジュゼッペ・フィオーリの『グラムシの生涯』（一九七〇年）のような重要な二次文献の翻訳も手に入るようになった。[1] ここで再度、英語において増え続けている彼に関する文献――それはさまざまではあるが、世界的に見ても丁寧な視点を提示している――を概観しようと試みなくても、グラムシの死から四〇年経って、彼について何も知らないということにはもはやいかなる言い訳も通用しなくなったといえば十分である。さらに重要なことに、いまでは実際に彼の著作を読んだことがない人々でさえ、グラムシのことを知っている、のである。「ヘゲモニー」のように典型的なグラムシ用語でさえも、政治と歴史についてのマルクス主義用語のみならず、非マルクス主義の議論においてさえも顔を出すようになったのであって、その頻繁な様子と時として大雑把な様子は、あたかも戦間期にフロイトの用語がそうであったのと同じである。グラムシは私たちの知的宇宙の一部となったのである。彼の

▼1　グラムシの『獄中ノート』は、ジョセフ・ブッティジジによりその全体が英語に翻訳された（NY, 1992-7）。『獄中からの手紙』も、二巻本としてコロンビア大学出版からフランク・ローゼンガルテンの編集で刊行された（NY, 1993-94）。最も簡便に利用できる英訳は、いまでも次の翻訳である。Q. Hoare and G. Nowell-Smith (eds), *Selections from the Prison Notebooks of Antonio Gramsci* (London, 1971). 次のものも参照されたい。David Forgacs, *A Gramsci Reader : Selected Writings 1916-35*〔デイヴィド・フォーガチ編、東京グラムシ研究会監修・訳『グラムシ・リーダー』（御茶の水書房、一九九五年）〕。次のものは、この思想家についての広範な意見を紹介している。James Martin (ed), *Antonio Gramsci : Critical Assesments of Leading Political Philosophers* 4 vols (London and NY, 2001). 近年のものとしては次を参照されたい。Anne Showstack Sassoon, *Gramsci and Contemporary Politics : Beyond Pessimism of the Intellect* (London and NY, 2000) and P. Ives, *Language and Hegemony in Gramsci* (London and Ann Arbor, 2004).

独創的なマルクス主義思想家としての――私の意見では、グラムシは一九一七年以降の西洋で登場した最も独創的なマルクス主義思想家である――資産は、実に広範に認められている。しかしながら、彼が何をいったのか、そしてそれがなぜ重要なのかについては、彼が重要な人物であるという端的な事実ほどには、まだ十分広く知られてはいない。私はここでは彼がなぜ重要なのかの理由をひとつだけ取り出すつもりだ。それは彼の政治理論である。

1　イタリア史とグラムシ政治理論

これは、マルクス主義の基礎的な見解なのだが、思想家とは、自らの理念を抽象的につくりあげるのではなく、彼らの時代の歴史的政治的文脈においてのみ理解されうるものなのである。もしマルクスが、人間は自分で自分の歴史をつくる――あるいはこういってもよい、人間は自分で自分の理念を考えつく――ということをつねに強調していたとするならば、彼はまた（『ブリュメール一八日』の有名な一節を引用するならば）人間は、すぐ目の前にある、与えられた、過去からうけついだ状況のもとでのみ、歴史をつくるのだと強調してもいるのだ。グラムシの思想は、全面的に独創的である。彼はマルクス主義者であり、そしてまた事実、レーニン主義者でもある。しかしながら私は、何がマルクス主義的であり何がそうでないかを正確に知っていると主張したり、マルクス主義についての自分の解釈には著作権があると主張するようなさまざまなセクト主義者たちによる非難からグラムシを擁護することに、時間を浪費しようとは思わない。しかし、一九一四年以前と一九一七年以後の両方のマルクス主義の古典的伝統のうちで育った私たちにとってみれば、グラムシはかなり驚くべきマルクス主義者なのである。たとえば、彼は経済発展についてはあまり書いたことがなく、むしろマルクス主義の古典的著述においては通常ほとんどあるいはまったく姿を現さないクローチェ、ソレル、マキァヴェッリのような理論家たちについて、そして彼らの用語を使って、政治について非常に多くのことを書いた。それゆえ、どれほどグラムシの背景と歴史的経験が彼の独創性を説明することになっているのかを理解することが重要なのである。こう述べたからといって、いかなる意味でも彼の知性の偉大さを貶めることにはならないということはいうまでもない。

グラムシがムッソリーニの監獄に入れられた時、彼は共産党の指導者だった。ところで、グラムシの時代のイタリアには、マルクス主義思想における独創的な発展を促進する一連の歴史的な特性が存在した。それらのうちのいくつかを手短に挙げてみよう。

（一）イタリアは、一国のうちに大都市と植民地、先進地域と後進地域の双方を含んでいるがゆえに、世界資本主義のいわばミクロ宇宙であった。グラムシの出身地であるサルデーニャ島は、イタリアの古代的とはいわないまでも、後進的で半植民地的な部分である。〔北部イタリアの大都市〕トリノは、グラムシが労働者階級の指導者となった舞台であるフィアット社の工場とともに、今と同じように当時から、すでに工業資本主義の最も発展した段階と、〔南部から〕移住してきた農民たちが労働者へと大衆的に姿を変えるという特徴をあらわしていた。言い換えるならば、この知的なイタリアのマルクス主義者は、発達した資本主義世界と「第三世界」のどちらか一方に完全に属している国々の出身のマルクス主義者とは違って、その双方の性格および両者の相互関係を把握できるという非常にめぐまれた位置にいた。したがって、つけ加えていうと、グラムシを単に「西欧共産主義」の理論家とみなすのは間違いなのである。彼の思想は、工業的に発展した諸国のためにだけ考案されたものではないし、もっぱらそうした諸国にのみ適用可能なものなのでもない。

（二）イタリアの歴史的特性のうちで重要な結果のひとつは、一九一四年以前でさえも、イタリアの労働運動は、工業的であると同時に農業的であること、つまりプロレタリア的であると同時に、農業労働者に基礎をおいていたことである。この論点をここでさらに掘り下げることはしないけれども、この点でイタリアは一九一四年以前のヨーロッパで多かれ少なかれ突出していた。さらにいえば、二つの簡潔な説明がその関連性を示唆するだろう。非常に強力な共産主義の影響下にあった諸地方（エミリア地方、トスカーナ地方、ウンブリア地方）は、工業地帯ではない。そして戦後イタリア労働組合運動の偉大な指導者であるディ・ヴィットリオは、南部イタリア出身者であり、農業労働者だった。イタリアは、労働運動の重要な役割が知識人により担われるという意味では、それほど突出した国ではなかった。――大半の知識人は、後進的で半植民地的な南部イタリア出身だったのだ。しかしながら、この現象はグラムシ思想において重要な役割を果たしているがゆえに、注意を要する。

（三）第三の特性は、国家として、ブルジョワ社会としてのイタリアの歴史の非常に特殊な性格である。ここでもまたあまり細部にわたるつもりはない。三点だけ思い起こそう。（a）イタリアは、近代的な文明化と資本主義化を他の諸国に数世紀も先駆けて実現したが、その達成を維持することができず、ルネサンス以降リソルジメントまで一種の停滞へと逸れてしまった。（b）フランスとは異なり、イタリアのブルジョワジーは、革命の勝利によって自らの社会を創設したのではなかったし、ドイツとも異なり古くからの支配階級が上から与えた妥協的解決を受け入れたわけでもない。イタリアは、不完全な革命をなしたのであった。イタリアの国家統一は、一部は上から――カヴールによって――達成され、一部は下から――ガリバルディによって――達成された。（c）したがってイタリアのブルジョワジーは、ある意味ではイタリア国民《ネーション》を創出するという自らの英雄的な使命を果たすことに失敗――あるいは部分的に失敗――したのである。イタリアの革命は未完成であり、それゆえグラムシのようなイタリアの社会主義者たちは、彼らの運動が国民《ネーション》の潜在的なリーダーとして、国民的《ナショナル》な歴史の運び手としての役割を担う可能性についてとりわけ自覚的であった。

（四）イタリアは、他の多くの国々のように、単にカトリックの国であった（そして今もそうである）だけではなく、カトリックの教会が明らかにイタリアという国の制度であり、国家装置をもたずに国家装置から切り離されている支配階級による支配を維持するひとつの様式であるような国なのである。イタリアは、国のエリート文化が国民国家に優先するような国でもある。したがって、イタリアのマルクス主義者たるグラムシは、自らが「ヘゲモニー」と呼んだもの、すなわち権威が維持される仕方であり、単に強制力に依拠しているわけではない仕方について、他国のマルクス主義者よりも自覚的であった。

（五）したがって、いろいろな――私がさきほど示唆したような――理由により、イタリアは政治的な経験の一種の実験室だったのである。この国が一六世紀のマキァヴェッリから二〇世紀初頭のパレートやモスカにいたる政治思想の力強い伝統を長くもち続けてきたことは偶然ではない。というのも、今なら政治社会学と呼ばれるだろう分野における外国の先駆者たちでさえも、イタリアと関係をもつか自分たちの理念をイタリアの経験からひき出す傾向があるからである。――私は、ソレルとミヘルスのような人たちのことを念頭に置いている。したがって、イタリアのマルクス主義者たちがひとつの問題としての政治理論について、とりわけ意識的でなければならないとしても、別に驚くべきことではない。

（六）最後に、もう一点だけ、非常に意義深い事実を挙げる。イタリアは、一九一七年以降、社会革命の客観的条件、そして主体的条件さえも、そのいくつかが――イギリスやフランスよりもはるかに、そして私が思うに、ドイツさえも超えて――存在するように思われた国だった。しかし、この革命は起こらなかった。むしろ逆に、ファシズムが権力に就いたのであった。なぜロシア一〇月革命は西欧諸国に拡大することに失敗したのか、そうした国々における社会主義への移行のための別の戦略と戦術はいかなるものであるべきか、といった分析を先導しなければならなかったのがイタリアのマルクス主義者たちであったということはまったく当然のことであった。これこそ、もちろんグラムシが取りかかったことだったのである。

そしてこのことにより、私は自分の主要な論点へと行き着く。すなわちマルクス主義に対するグラムシの主要な貢献は、マルクス主義政治理論を開拓したことにあるのだ、という論点である。というのも、マルクスとエンゲルスも政治について膨大な量の文書を書いたけれども、この分野で一般理論を発展させることにはむしろ乗り気ではなかったからである。それというのも――エンゲルスがよく知られている晩年の手紙で唯物史観を解説した際に指摘したとおり――彼らがより重要だと考えていたのは「法的諸関係ならびに国家諸形態は、それ自体から〔……〕理解できるものではなく、むしろ物質的な諸生活関係に根差している」ということを指摘することだったからである（『経済学批判』序言、『全集』第一三巻、八ページ〔六ページ〕）。それゆえにまた、彼らはなによりもまず「政治的、法的、その他のイデオロギー的な諸観念を〔……〕基礎にある経済的諸事実からみちびきだす」ことを強調したのだった（「エンゲルスからメーリングへの手紙」、『全集』第三九巻、九六ページ〔八六ページ〕）。このように、支配の性格と構造、国家の構成と組織、政治運動の性格と組織といった事柄についてのマルクスとエンゲルス自身の議論は、一般に他の議論に付随する時事評論から生じた観察という形でなされている――おそらくは国家の起源とその歴史的性格についての理論を除いては。レーニンは、権力獲得の前夜に、論理的に十分な形の、国家と革命についてのより体系的な理論の必要性を感じていた。しかし、私たち皆がよく知っているように、彼がそうした理論を完成できるよりも前に、一〇月革命が突発してしまったのであった。そこで私が指摘したいのは、第二インタナショナルの時代に発展した社会主義運動の構造、組織、リーダーシップについての激しい議論は、実践的諸問題についてのものだったということである。その理論的な普遍化は、マルクスとエンゲルスの継承者たちが事実上、一から始めなければならないテーマであった民族問題の領域をおそらく除いては、二次的でその場しのぎのものだった。私は、こうしたことが重要な理論的革新を導かなかったといっているのではない。レーニンは明らかにそれをもたらしたのだ。レーニンによる革新は、逆説的なことに、理論的であるよりはむしろプラグマティックなものだったとしても、そしてそれらはマルクス主義理論によって下支えされてはいたとしても。たとえば、もし私たちがレーニンの新しい党観についての議論を読むならば、カウツキー、ルクセンブルク、プレハーノフ、トロツキー、マルトフ、リャザノフのような有名なマルクス主義者がそうした議論に加わったにもかかわらず、マルクス主義理論がこの論争に入り込むことがいかに少なかったか、それは驚くほどである。政治の理論は彼らにおいては実際には暗に前提されていたものであったが、その姿は部分的に現われたに過ぎなかった。

この落差にはさまざまな理由がある。いずれの場合にも一九二〇年代初頭まで、この落差は大した問題であるようには思えなかった。しかし私がいいたいのは、その頃この落差は徐々に深刻な弱点となったことである。ロシア以外では、革命は失敗するかそもそも起こらなかったのであり、体系的な再考が必要となった。それは権力獲得のための運動戦略のみならず、一九一七年以前には具体的で直近の問題としては決して深刻には考えられなかった、社会主義への移行という技術的問題についての再考でもあった。ソ連の内部では、ソヴェート権力が永続的なものになるべく自己を維持するための絶望的な闘いから姿を現しつつあるとき、社会主義社会は、その政治的構造と諸制度の観点からすると、そして「市民社会」として、どのようなものでありえ、またあるべきかという問題が生じた。本質的にいって、これは近年のマルクス主義者を悩ませた問題であり、共産主義運動の外部にいる人々はいうまでもなく、ソ連の共産主義者、毛沢東主義者、「ユーロコミュニスト」たちのあいだで論点になっている問題でもあった。

ここで私が強調したいのは、私たちが、政治問題上の二つの次元の違う論点について論じているということ、すなわち、戦略と社会主義社会の性格という二つの問題であるということである。グラムシは、この二つを把握しようと努めたのである。幾人かの注釈者は、このうちのひとつ、すなわち戦略の方だけを過度に強調しているように私には思われるけれども。しかしながら、これらの諸問題の性格がどのようなものであれ、これらの問題を共産主義運動のなかで議論することは、かなり早い時期に不可能になってしまい、その状態が長く続くことになった。実際、自らの著述においてこうした諸問題と取り組むことができたのは、グラムシだけだったということさえ可能かもしれない。というのも、彼は獄中におり、政治活動からは切り離されていて、現在のためにではなく未来のために執筆していたからである。

しかし、だからといって、彼が一九二〇年代と三〇年代初頭の当時の時代状況の観点から政治的な著述をしていたのではないと、いっているのではない。実は、彼の著作を理解することにまつわる困難の理由のひとつは、私たちが、知られていないかいまでは忘れてしまった状況や議論に通じていることを、彼が当然のように議論の前提としていることである。たとえば、近年ペリー・アンダースンが私たちに思い起こさせたように、グラムシの最も特徴的な思考のいくつかは、一九二〇年代初頭のコミンテルン論争において生じた諸テーマに由来し、それらを発展させたものなのである。とにかく、彼はマルクス主義の内部で十全な政治理論の諸要素を発展させるように導かれたのであり、実際にそうすることのできたおそらく最初のマルクス主義者だったのである。私は、彼の思想を要約するつもりはない。むしろ私は、彼の思想のうちごくわずかの要素を拾いあげ、それらの重要性と思われるものを強調したいのである。

2　ヘゲモニー論の諸相

グラムシが政治理論家であるのは、彼が政治を歴史的発展によって定められた文脈と制限のうちにある「ひとつの自律的活動」（『獄中ノート』）とみなしているためであり、「マルクス主義における体系的な（一貫性があり論理的な）世界観において政治学が占めている、あるいは占めるべき場」（同）を探究することにとりわけ取り組んでいたからである。しかしながら、そのことは、マルクスとエンゲルスの著作のなかにはそれほどいつでも登場するわけではない一人の人物——すなわちマキァヴェッリという彼にとっての英雄の諸著作において確立された類いの議論を、彼がマルクス主義に導入したということ以上のことを意味していたのである。すなわち、彼にとり政治とは、社会主義を勝ち取るための戦略の核であるだけではなく、社会主義それ自体の核でもあるのだ。ホーアとノウエル＝スミスが正しくも指摘しているように、彼にとり政治とは、「人間の中心的な活動であり、個別の意識が社会的世界および自然的世界のあらゆる諸形態へともたらされる際の手段」（同）なのである。つまり、彼にとっての政治とは、通常使われる用語よりも意味が広いのである。さらにはまた、グラムシ自身のより狭い意味での「政治学および政治術」と比べてさえも、より広い意味なのである。彼は「政治学および政治術」を「現実における利害関心を呼び覚まし、政治的洞察力がより厳密でより活力あるものになるようにと刺激するのに有益な、探究と詳細な観察のための実践的規則の集まり」と定義している。世界を理解することと世界を変革することが一体のものであるということは、一面では実践概念そのもののうちに含まれているのだ。そして実践、すなわち与えられた——しかも発展している——歴史的条件のもとではあるが人々が自らのものにする歴史は、彼らがなすものなのであって、単に人々が社会の諸矛盾を意識するようになる際のイデオロギーの諸形態なのではない。実践とは、マルクスの表現を引用するならば、人々が戦い抜くその仕方なのである。つまり実践とは、政治的行為と呼ばれうるもののことなのである。しかしながら実践は、他面では次のような事実を認識することでもあるのだ。すなわち、たとえ政治的行為が「経済生活という『永遠』で『有機的』な領域に基づいて生じて」いるとしても、政治的行為それ自体は、ひとつの自律的な活動なのだ、という事実の認識である。

このことは、他のことがらと同様に——おそらくはよりいっそう——社会主義の創設にもあてはまる。

読者はこういうかもしれない。グラムシにとって社会主義の基礎となるものは、経済的な意味での社会化ではない――すなわち、社会的に所有され計画化された経済なのではない（そうした経済は明らかに社会主義の基礎にして枠組みではあるけれども）、と。むしろ政治的、社会学的な意味での社会化である――すなわち、社会的行動を自動化し、規範を課すための外的な装置の必要性を除去するような、集合的人間のうちに慣習を形成する過程と呼ばれてきたもののことである、と。言い換えるならば、社会的行動を自動化もするが意識化もするような過程であると。グラムシが社会主義における生産の役割について語る場合、彼が生産の最大化を最優先することに疑いをもっていなかったことは、話のついでにでも覚えておいてよいことだけれども、それでもグラムシの社会主義観は、たんに物質的豊かさを備えた社会を創出する手段とみなされていたわけではない。というのも、資本主義のもとでは生産において人間が占める場がその人間の意識にとって中心的だからである。言い換えるならば、社会主義は、そうした意識の自然発生的な学校としての巨大工場で働く労働者たちの経験だったのである。おそらくグラムシは、彼のトリノにおける経験に照らして、巨大な近代工場を疎外が生じる場というよりはむしろ社会主義のための学校とみなす傾向があったのだ。

しかし問題は、それゆえ、社会主義における生産は、単に独立した技術的、経済的問題として扱われうるものではないということであり、生産は同時に扱われるべきものであり、しかも彼の観点からすれば、何よりもまず、政治教育と政治構造の問題とみなされるべきだったのだ。この点では進歩的であったブルジョワ社会においてさえも、労働の観念は教育的に見て中心的なものであった。というのも、「社会の秩序と自然の秩序が労働によって、すなわち人間の理論的、実践的活動により媒介されているという事実の発見は、あらゆる魔術や迷信から解放された世界観の最初の諸要素をうみ出すからである。この発見がその後の歴史的で弁証法的な世界観の発展の基礎を提供するのだ。すなわち運動と変革を理解し、（……）

自己自身を未来へと投影するような、現代世界を、過去を、すなわちあらゆる過去の世代を綜合するものと見なすような、（……）世界観の基礎を。このことが、初等学校の現実の基礎なのである」。ここで私たちは、余談ではあるがグラムシにおける恒常的なテーマである未来について思い起こしてもよいだろう。

グラムシの政治理論の主要な諸テーマは、一九三一年九月の有名な手紙に概括されている。

知識人について私がおこなった研究は、構想としては大がかりなものであり（……）。私は、知識人という概念をずっと広げ、大知識人にだけ当てはめられる従来の観念に限定しないのです。この研究はまた、国家の概念の明確化をもめざすものです。国家はふつうに政治社会（すなわち、所与の時代の生産様式と経済に人民大衆を適応させるための独裁または強制装置）として理解されていて、政治社会と市民社会との均衡（すなわち、教会、組合、学校、等々の、いわゆる私的組織をつうじて国民社会全体にたいして行使される一社会グループのヘゲモニー）としては理解されていません。しかも、まさにこの市民社会のなかでこそとくに知識人は働いているのです。▼2

さて、強制的諸制度とヘゲモニー的諸制度とのあいだの均衡（あるいは、こちらの方がお好みであれば、両者の統一体）としての国家観は、少なくともこの世界を現実主義的に見る者にとってはそれ自体としてならとくに目新しいものではない。明らかなことではあるが、支配階級は強制力と権威のみに依拠するのではなく、ヘゲモニーに由来する同意にも依拠しているのだ。――これこそグラムシが支配集団によって

▼2　A. Gramsci, *Lettere dal Carcere* (Turin, 1965), p. 481.〔大久保昭男・坂井信義訳『グラムシ獄中からの手紙――愛よ知よ永遠なれ』全四巻（大月書店、一九八二年）三、二六－七ページ〕。

行使される「知的道徳的リーダーシップ」および「支配的な基本集団によって社会生活に押しつけられた全般的指導」と呼ぶものである。グラムシにおける新しさとは、ブルジョワ・ヘゲモニーでさえも、自動的に働くものではなく、意識的な政治行為と組織化を通じて達成されるという観察にある。イタリアのルネサンス期における都市ブルジョワジーは、マキァヴェッリが提案したように、そうした行為を通じて――実際には一種のジャコバン主義を通じて――のみ、国民的なヘゲモニー勢力になりえたのだった。ある階級が政治的にヘゲモニー的な勢力になるためには、グラムシが「経済的‐同業組合的」組織と呼ぶあり方をのりこえなければならない。つけくわえるならば、このことこそ、最も戦闘的な組合主義でさえ、資本主義社会の従属的《サバルタン》部分にとどまることの理由である。ここから導き出されるのが、「支配的」あるいは「ヘゲモニー的」階級と「従属的《サバルタン》」階級との区別が根本的だということである。これこそグラムシのもうひとつの理論的革新であり、彼の思想にとって決定的なものなのだ。というのも、革命の基本問題とは、それまで従属的《サバルタン》だった階級に、いかにしてヘゲモニー能力をもたせ、いかにひとつの潜在的な支配階級としての自己の力量を確信させ、いかにそれ自体を他の諸階級にとり信頼に足る存在にするかということだからである。

ここに、グラムシにとっての党――「現代の君主」の意義がある。というのも、ブルジョワ時代における政党一般の発展の歴史的な意義とはまったく別に――とはいえグラムシは、このテーマについても鋭い意見をいくつか述べている――、彼が認識していたのは、労働者階級が自らの意識を発展させ、自然発生的な「経済的‐同業組合的」あるいは労働組合主義的な段階をのりこえるのは、まさに自らの運動と組織化を通じて、つまり彼の意見では政党を通じてなのだということだった。実際に、私たちも知るとおり、社会主義が勝利を得た国では、労働者階級は国家を目指し、諸政党の変容を通じて国家へと到達したのである。グラムシは、革命党の役割についての彼の全般的な見解において、深くレーニン主義的だったが、党組織がいつでもあるべき姿についての、あるいは革命党の活動の性格についての見解においては、必ずしもレーニン主義的ではなかった。というよりも、私の見解では、諸政党の性格と機能についての彼の議論は、レーニンのそれを凌駕している。

もちろん、私たちが知るように、かなり多くの実践的諸問題が次のような事実から生じている。政党と階級は、歴史的には同一であるとみなされてきたけれども、同一のものではないということ、そして実際に社会主義諸国においては異なりうるという事実である。グラムシは、官僚制化の危険等と同様に、これらの問題についてもよく気づいていたのである。事実、ソ連におけるスターリン主義的発展にグラムシが批判的だったために、彼の生活は獄中においてさえも煩わされたのであった。私は彼がこれらの問題について適切な解決を提起しえたといいたいのだが、彼がこれまでのところ他の誰よりも見事にそうしたかどうかについては自信がない。それにもかかわらず、官僚制的中央集権制に対するグラムシの見解は、たとえ凝縮されていて難解ではあるにしても（たとえば『獄中ノート』におけるように）、真剣な研究の価値が十分にあるものなのだ。

新しくもあるのは、グラムシの次のような強調である。すなわち、ヘゲモニー的な形態においてであれ、いくぶんか権威主義的な形態においてであれ、支配の装置は本質的にいって「知識人」からなるということである。彼は、知識人を特殊なエリートとしてではなく、またひとつあるいは複数の特殊な社会的カテゴリーとしてでもなく、むしろこうした支配の目的のためにつくられた社会の一種の機能的な専門化として定義している。言い換えるならば、グラムシにとり、すべての人々は知識人であるが、すべての人々が知識人としての社会的機能を果たすわけではない。さて、この指摘が重要なのは、それが社会過程における上部構造の自律的な役割を強調しているという意味においてであり、あるいは、労働者階級出身の政治家は、ベンチに座っている労働者と必ずしも同じではないという単純な事実によるものでさえある。しかしながら、こうした視点は、グラムシにおける卓越した画期的な一節をしばしば生み出す助けになってはいるが、この観察はグラムシ自身が明示的に考えているほどに彼の政治理論にとり重要であると私自身には思えない。とりわけ、いわゆる「伝統的」知識人と新しい階級それ自体により生み出される「有機的」知識人とのあいだで彼がなした区別は、少なくともいくつかの国々では彼が示唆するほど意味のあるものではないと私は思う。もちろん、私が彼の難解で複雑な思想をここで完全に把握していないのかもしれないし、彼がこのテーマに捧げたノートの分量から判断するならば、この問題がグラムシ本人にとり大きな重要性をもっていることを、確かに私は強調すべきであるのかもしれない。

他方で、グラムシの戦略的思想は――いつものように――実に素晴らしい歴史的洞察力に満ちているだけではなく、よりいっそう大きな実践的意義をもってもいる。この連関において、私たちは三つのものごとをはっきり区別しておく必要があると私は考える。すなわち、グラムシの全般的分析、特定の歴史的時期における共産主義戦略についての彼の思想、そしてその時代ごとの戦略についてのイタリア共産党の実際の思想の三つである。三つ目のものは、グラムシ理論のトリアッティによる読解から、そしてトリアッティの後継者たちの読解から確かに影響を受けていた。私は、この第三の論点に立ち入ろうとは思わない。というのも、そうした議論は、このエッセイの目的にはふさわしくないからである。同様に、私は第二の論点についても長く論じることはしない。というのも、私たちのグラムシに対する判断は、一九二〇年代と三〇年代の特殊な状況に対する彼の評価に限定されないからである。たとえば、マルクスの『ブリュメール一八日』が深遠で基本的な著作であるということ、このことは、たとえマルクスの一八五二年から七〇年にかけてのナポレオン三世に対する態度や、その体制の政治的安定性についてのマルクスの評価がしばしばどれほど非現実的であったとしても、変わりがないのである。しかしながら、このことは、グラムシの戦略あるいはトリアッティの戦略のどちらかを批判するということを意味しているのではない。どちらも正当と認められうるのだ。以上のような問題はさておき、私は、グラムシの戦略理論における三つの要素を取りあげたい。

第一には、グラムシが西欧において長期の戦闘あるいは「陣地」戦という戦略を採用したのは、彼が「正面攻撃」あるいは機動戦と呼んだものに反対するためだったということではなく、彼がどのようにこれらの選択肢を弁別したのかということである。イタリアおよび西欧の多くの国々において一九二〇年代以降、一〇月革命が達成されなかった――しかも実現の見込みさえなかった――のであるから、彼が長期にわたる戦略を考案しなければならなかったのは明らかである。しかし彼は、実際には、彼が予測し提案した長期にわたる「陣地戦」のいかなる結果にも、原則として参与することはなかった。陣地戦は、社会主義への移行へと直結するかもしれなかったし、あるいは機動戦と攻撃という別の局面へと、あるいはそれ以外の何らかの戦略的局面へとつながるかもしれなかった。何が生じるかは、具体的な情勢のもとで起きる変動次第である。しかしながら、彼は他のマルクス主義者たちがほとんどはっきりとした形で直視することのなかったひとつの可能性を、確かに考察したのだった。すなわち西欧における革命の挫折は、彼が「受動的革命」と呼ぶ事態を通じて、進歩諸勢力のよりいっそう危険で長期にわたる弱体化をもたらすかもしれないという可能性である。一方で支配階級は、革命の機先を制し、革命を回避するために一定の要求を受け入れるかもしれないし、他方では革命運動が（必ずしも理論においてではないにせよ）実践において自らの無力を認め、力を奪われ体制へと政治的に統合されてしまうかもしれない（『獄中ノート』を参照せよ）。一言でいえば、「陣地戦」は、革命家たちがバリケードを構築する見込みがないときになすべき何ものかとして、というよりはむしろ、闘う戦略として体系的に案出されなければならなかったのである。もちろんグラムシは、一九一四年以前の社会民主主義の経験から、マルクス主義は歴史的決定論ではないということを学んでいた。労働者たちを権力へとなんとか自動的に到達させるために、歴史から何かを待つのでは十分ではなかった。

第二の点は、労働者階級を潜在的な支配階級にさせるための闘争、すなわちヘゲモニーのための闘争は、権力移行の最中やその後と同じように、権力移行の前にも遂行されなければならないというグラムシの強調である。しかしながら、この闘争は、「陣地戦」の一側面であるだけではなく、革命家たちがあらゆる状況において選び取る戦略のうちでも決定的な一側面なのである。権力移行以前での可能な限りでのヘゲモニーの獲得は、もちろん重要である。それは、支配階級権力の核心が強制力によりも大衆の従属的地位にあるような国々おいて、とりわけそうなのである。このことは、たいていの西欧諸国においては極左勢力が何といおうとも、そして最終的には強制力が存在するのはそれが行使されるためであるということにどれほど疑問の余地がないとしても、やはり事実なのである。たとえば、チリやウルグアイに見られるように、ある一定の限度を超えると、支配を維持するための強制力の行使は、外形的ないしは実在の同意の行使とあからさまに両立が不可能となり、それゆえ支配者たちはヘゲモニーと強制力、ビロードの手袋と鉄の拳の二者択一のあいだで選択しなければならなくなる。支配者たちが強制力を選択するところでは、その結果は労働者階級の運動にとって必ずしも有利なものとはならなかった。

しかしながら、ポルトガルのように古い支配者たちの革命的転覆が起きた国々において見られるように、ヘゲモニー的な勢力が不在の状態でも革命は達成されうる。そうした革命は、古い体制からいまだに離反していない諸階層からの十分な支持と同意をさらにいっそう勝ち取らなければならない。戦略的に考えた場合、ヘゲモニーの基本問題とは、確かにいかに革命家たちが権力に到達するかという問題が非常に重要であるにしても、実はそのことではない。いかにして革命家たちが政治的に存在する支配者あるいは政治的に無効にはできない支配者としてのみならず、案内役と指導者として受け入れられるようになるか、このことが基本問題なのである。このことには明らかに二つの側面がある。いかに同意を勝ち取るか、そして革命家たちがリーダーシップを行使する準備ができているかどうか、である。国民的でありかつ国際的でもあるような具体的な政治情勢というものもまた存在しており、この情勢が革命家たちの奮闘をより効果的にすることもありうるし、より困難にすることもありうる。一九四五年のポーランド共産党は、ヘゲモニー勢力となる準備ができていたけれども、おそらくそうした勢力として受け入れられてはいなかった。しかし、彼らは国際情勢のおかげで自分たちの権力を樹立した。一九一八年にドイツ社民党は、おそらくヘゲモニー勢力として受け入れられたであろうが、彼らはそうした勢力として行動することを望まなかった。そこにドイツ革命の悲劇があったのだ。チェコスロヴァキア共産党は、一九四五年にも一九六八年にもヘゲモニー勢力として受け入れられていたであろうし、そうした役割を遂行する用意もできていたが、そうすることを許されていなかった。権力移行の前、あいだ、後でのヘゲモニー獲得のための闘争は（その性格や速度がどうであれ）、決定的に重要なものであり続けている。

第三の点は、グラムシの戦略の核心には、永続的に組織される階級運動があるということである。この意味で「党」についての彼の考えは、いわば、組織された階級としての党というマルクス自身の考え、少なくとも晩年のマルクス自身の考えに回帰するものである。たとえグラムシがマルクスやエンゲルスよりも、そしてレーニンさえもしのぐほどに、党に関心を注いだとしても、しかも形式的な組織よりはむしろ政治的リーダーシップとその構造の諸形態に、さらには階級と政党との「有機的な」関係と彼が呼んだものの性質に自らの関心を集中したとしても、である。一〇月革命の時代、労働者階級の大衆政党の大多数は、社会民主主義政党だった。一九一七年以前のボリシェヴィキを含む大多数の革命理論家たちは、大衆の自然発生的な不満をいつでもできる限り動員する、幹部だけで構成された党、あるいは活動家集団の観点でのみ、考えることを余儀なくされていた。というのも、大衆運動は、存在することが許されていなかったか、さもなければ通常は改良主義的なものだったからである。彼ら革命理論家たちは、自分たちの国の政治の舞台で主要な役割を演じるような、永続的で根強いがそれと同時に革命的でもある大衆的労働者階級の運動の観点で考えることが、まだできなかったのだ。グラムシが自らの思想を形成する場であったトリノの運動は、比較的稀有な例外だったのだ。大衆的な共産主義政党を建設することが共産主義インタナショナルの主要な達成のひとつだったけれども、たとえばいわゆる「第三期」のセクト主義的方針のなかに、共産主義インタナショナルの指導部は（いくつかの国における大衆的労働運動と結びついていた共産主義者たちを除けば）古い手法で発展した大衆的労働運動の諸問題に慣れていなかったという証拠がある。

この点で、グラムシが革命家と大衆諸運動との「有機的な」関係を強調したことが重要となる。イタリアの歴史的経験は、そのような「有機的」関係をもたなかった革命的少数派を、彼にとって身近なものにした。彼らは、時と事情によってできる限り動員する「志願兵」の諸集団であり、「実際には大衆政党ではまったくなく……ジプシー集団や遊牧民の政治的対応物に過ぎなかった」（『獄中ノート』）。たいへん多くの左翼の政策は、今日でもなお――おそらくとくに現在――このやり方で、そして同じ理由で、自己の大衆組織をもった実際の労働者階級にではなく、想像上の労働者階級に、すなわち一種の労働者階級の外観をもつものあるいはその他の動員可能な集団に基礎をおいている。グラムシの独創性は、彼がこうした誘惑に決して屈することのない革命家だったという点にある。組織された労働者階級――しかもあるがままの、そして理論においてそうあるべきだと想定されるのではない労働者階級――が、彼の分析と戦略の基礎だったのである。

しかしながら、私が繰り返し強調したように、グラムシの政治思想はたんに戦略的、道具的あるいは操作的なものではなかった。彼の思想の目標は、そこから別のレベルとタイプの分析が始まるような、たんなる勝利ではなかった。しばしば彼が自らの出発点としていくつかの歴史的問題ないしは出来事を取りあげて、次にそこから、たんに支配階級ないしはいくつかの似たような状況の政治についてだけではなく、政治一般についても、結論を引き出していることが非常に目につく。それというのも、彼は次のことをつねに意識していたからである。すなわち、全体としての人間、あるいは少なくとも歴史的に非常に広い範囲にわたる諸社会における人間の政治的関係のうちには、なにか共通のものが存在するということ——たとえば、彼が好んで言及したように、指導する者と指導される者とのあいだの差異が存在するということである。彼が決して忘れなかったのは、社会は経済的支配と政治的権力からなる諸構造以上のものであるということ（これはかなり前にエンゲルスにより提示された）、そして搾取からの解放は、社会を自由な人間たちからなる現実の共同体として構成する可能性をもたらすということである。彼が決して忘れなかったのは、ひとつの社会——それが実在するものであろうが、いまだ潜在的なものであろうが——に対して責任を負うということは、直接的な階級的あるいは党派的な利害ないし国家的な利害に配慮するということ以上の事柄なのだということ、たとえばそうした責任の負い方は、「過去や伝統あるいは未来との」連続性を前提にするということである。それゆえグラムシが革命を主張する際には、革命をたんなる収奪者からの収奪としてのみならず、イタリアにおいてはひとつの人民の創出、ひとつの国民の実現ともみなしていた——それは、過去の否定であると同時に実現でもあった。実際、グラムシの著作は、厳密には過去において革命のなかでなにが革命されたのかということと、なにが維持されたのか、そしてそれはなぜ、しかもどのようにしてかということについての非常に重要な——しかもほとんど議論されてこなかった——問題を提示している。言い換えるならば、グラムシが提示しているのは、連続性と革命の弁証法の問題なのである。

しかしながら、グラムシにとってこのことは、もちろんそれ自体として重要なのではなく、むしろ人民の動員と自己変革の手段として、知的道徳的変革の手段として、すなわち人民が自らの闘争のうちで新しいヘゲモニー階級とその運動のリーダーシップに従いながら自らを変革し形成するという過程の一部としての集団的自己発展の手段として、重要なのである。そしてグラムシは、将来の社会主義についての思弁に関しては通常のマルクス主義的な疑念を共有していたけれども、それでも他の大半のマルクス主義者とは異なって、運動それ自体の性格のうちに将来の社会主義への手がかりを確かに探したのである。もし彼が、将来の社会主義の性格と構造と発展を、ひとつの政治運動、ひとつの党として、かくも入念かつ微視的に分析していたとするならば、たとえば彼が永続的で組織された運動の出現――急速な「爆発」とはいわないまでも――をその最小の毛細管状で分子的な諸要素（彼がそう呼んだように）にまで降りて追跡しているとするならば、それは彼が将来社会を、そうした運動を通じて、しかもそうした運動を通じてのみなされる、彼が「集団的意思の形成」と呼ぶものに依拠するものとみなしていたからである。すなわち、こうした仕方によってのみ、それまで従属的《サバルタン》だった一階級が潜在的にはヘゲモニー的な階級へと自らを変身させる――もし、こういういい方がお好きであれば、社会主義建設にふさわしい存在になる、といってもよい――ことができるからである。こうした仕方によってのみ、従属的《サバルタン》階級は、自らの政党を通じて、実際に「現代の君主」に、すなわち変革の政治的エンジンになりうるのである。そして従属的《サバルタン》階級は、自らを構成するうちに、新しい社会が建設される際の土台のいくつかを、なんらかの意味ですでに確立するだろうし、新しい社会の輪郭のいくつかは、その過程のなかで、またその過程を通じて明らかになるだろう。

3　社会主義と民主主義

結論として、なぜ私が本章で政治理論家としてのグラムシに焦点を合わせることに決めたのかを説明したい。それはたんに彼が突出して興味深く刺激的な政治理論家だから、ということにとどまらない。あるいはまた、彼がいかに政党ないし国家は組織されるべきかについての秘訣を知っているから、ということでももちろんない。マキァヴェッリと同様に、彼は、いかに社会が創設あるいは変革されるべきかについての理論家なのであって、政治記者たちを夢中にさせるようなつまらない事柄についてはいうまでもなく、憲法上の細かい事柄についての理論家でもなかった。グラムシを取りあげた理由は、彼は、マルクス主義理論家たちのなかにあって、社会の特別の次元としての政治の重要性を最も明晰に理解した人だからであり、政治には権力問題以上のものが伴なうということを彼が認識していたからである。このことは、とりわけ社会主義者たちにとり、最大の実践的重要性をもっている。

少なくとも先進諸国におけるブルジョワ社会は、ここでは深入りできない歴史的理由により、つねに自らの政治的枠組みと仕組みに主要な注意を払ってきた。それが政治的調整活動がブルジョワ・ヘゲモニーを強化する強力な手段になった理由なのであり、だからこそ、共和制の擁護とか民主主義の防衛あるいは市民的諸権利と自由の保障のようなスローガンが支配者の側に主要な便益をもたらす形で支配者と被支配者をひとつに結びつけるのである。しかしこのことは、そうしたスローガンが被支配者に対して無関係だということを必ずしも意味しない。したがってそうしたスローガンは、強制力の表面にほどこされたたんなる虚飾あるいは単純なごまかしとは異なる何かそれ以上のものなのである。

社会主義諸社会もまた、理解可能な歴史的理由により、他の諸課題に、とりわけ計画経済の課題に集中してきたのであり、(権力維持という重大問題を除けば、そしておそらく多民族国家においては国を構成する諸民族間の関係という重大問題を除けば)自らの実際の政治的法的諸制度や諸過程にはそれほどの注意を払ってこなかったのである。そうした諸制度や諸過程は、可能な限り非公式的な形で、ときには承認された憲法や政党の規約——たとえば党大会の定期的招集——にさえ反する形で、そしてしばしば不明瞭な仕方で動くにまかされた。極端なケースでは、近年の中国のように、国の将来に影響を与えるような重大な政治的諸決定が、権力の頂点にいる支配者の一小集団の闘争から突然生じているように思われ、しかもそうした諸決定は決して公的に議論されたことがないがゆえに、それらのまさに性格が不透明なのである。そのような場合、何かが明らかにまちがっている。こうした政治の無視によるその他の不都合は問わないとしても、人民大衆が政治過程から排除され、いつのまにか脱政治化し、公共的な問題について無関心になることが、認められさえしてしまうときに、社会主義的な一社会を（所有され運営される経済とは別に）創出するために、どうやって人間生活を変革することが期待できるというのか。徐々に明らかになってきていることは、社会主義諸国の大半による政治的調整活動の無視は、深刻な欠陥をもたらしかねず、そうした欠陥は正されねばならないということである。社会主義の将来は、いまだ社会主義ではない国々においてもすでに社会主義である国々においても、こうした政治的調整活動に、より多くの注意を払えるかどうかにかかっているだろう。

グラムシは、政治の決定的重要性を強調することによって、社会主義の確立という決定的な側面と同様に、社会主義を勝ち取るという決定的な側面にも、注意を喚起した。私たちが留意すべき点である。それゆえにまた、政治を自らの分析の核心にした一人の主要なマルクス主義思想家は、こんにち読まれ、注目され、内的に消化される価値があるのだ。

第13章 グラムシの受容

The Reception of Gramsci

1 ヨーロッパとアメリカにおけるグラムシ

一九九四年におけるグラムシの国際的な反響についての一冊の本を読む者はおそらく誰でも、フェルナンデス・ブエイ教授が引用しているスペイン語圏におけるグラムシの第一の擁護者の発言に同意するだろう。いわく、「グラムシは古典である。すなわち、決して流行はしないが、いつの時代でも読まれる著者なのである」。それにもかかわらず、その本の各章は、この古典的著者の国際的な名声が知的生活における流行の変化と一緒に揺れ動いたという逆説を証言している。こうして一九六〇年代のラテン・アメリカにおけるアルチュセールの流行が、グラムシの普及を大きくさえぎった。ただしフランス本国では、アル

▼ 本章は以下の共著の序論として執筆されたものである。*Gramsci in Europa e America*, Antonio A. Santucci (ed), (Rome and Bari, 1996).

チュセールの卓越性が当時かろうじて名前の知られていたこのイタリア人思想家――アルチュセールは彼を賞賛すると同時に批判もした――を有名にしたのではあるけれども。カルロス・ネルソン・コウティーンが相互に両立しえない知的要素からなる「折衷主義的なスープ」と呼ぶものを消費することに関しては相当な能力の持ち主であった一九六〇年代と七〇年代の「新左翼諸派」の最盛期と、グラムシの受容とがほぼ同時期に生じているがゆえに、流行の要素はとりわけ顕著であった。流行の要素は、一九九〇年代に入るとより一層明らかになった。その頃、かつての左翼活動家たちはネオリベラルに変身しており、古い熱狂を思い起こさせるようなものをもはや一切心にとめることがなかった。イリーナ・グリゴリエヴァがロシアの一九九一年以降について述べているように、「こんにち、マルクス主義と関連する思想の遺産と結びついていたものはすべて断罪されている」。したがって、一九九三年のロシアは、「おそらく世界で最もグラムシ的ではない国」だったのである。

同じように明らかなのは、彼の死後四〇年間の複雑な事情の連鎖がなかったとしたら、グラムシは世界の知的舞台における主要な人物にはなりえなかったかもしれない、ということである。また彼は、同志であり礼賛者でもあったパルミーロ・トリアッティが彼の遺稿を保管して刊行し、それにイタリア共産主義運動における中心的な位置を与える決定を下すことがなかったら、まったく無名のままだったかもしれない。スターリン主義の支配的影響力という条件下では、たとえ共産主義インタナショナル第七回世界大会の路線がその危険性を緩和したとはいえ、とくにグラムシ思想が周知の異端的性格をもつ以上、そうした決定は、不可避的選択であったわけではまったくない。たとえトリアッティ自身のグラムシ理解が後に批判されることになるとしても、グラムシの死後、「現在の混乱から彼を引き離し、党の将来の活動のために彼を守り抜く」[1]とトリアッティが配慮したこと、そして彼が〔亡命先のモスクワからレジスタンスのさなかの一九四四年に〕イタリアに帰国して以来、グラムシの中心的役割を強調し続けたこと、これらがその後のグラムシの普及の土台となったのである。グラムシ著作集の編集上の不備や〔第一次〕大戦直後期の論考を欠落させていたことは、グラムシを知らせるためには払わねばならない代価であった。ふりかえってみれば、それは払う価値のある代償だったのだ。トリアッティの決定とイタリア共産党が新たに獲得した威信のおかげで、スターリンの死去前のいくつかの「人民民主主義国」を含む多くの国々で、少なくとも『獄中からの手紙』は翻訳刊行された。自国の共産党が刊行できなかったところでは、他に刊行する者はいなかった。『獄中からの手紙』の優れた英訳が原書刊行後ほとんどただちにできていたにもかかわらず、イギリスとアメリカで実際に出版社を見つけるには長い年月を要した。

そうではあったが、イタリアのレジスタンスについて個人的な記憶をもっていたり、戦後イタリア左翼と個人的に交流をもっていたりした少数の外国人を別にすれば、グラムシの受容史〔Rezeptionsgeschichte〕は、ソ連共産党第二〇回党大会とともに始まる。二〇年近くのあいだ、スターリンおよび共産主義インタナショナルの遺産から自らを解き放つことは、国際共産主義運動によってなされた試みの一部であった。このことは、「社会主義陣営」の内部でグラムシが殉教者であると同時に政治思想家としてもほとんどすぐさま公式に認定されたことに反映されている。——たとえば、ソ連において一九五七年から五九年にかけて彼の諸著作が三巻選集となって刊行されたこと、一九五八年の第一回国際グラムシ研究大会にソ連人研究者が参加したこと、第二回研究大会（一九六七年）に参加した代表団が事実上ソ連を代表して派遣されていたこと、その代表には実力があり改革派とみとめられた人物が選ばれていたことなど、こうした一連の事実が証明しているように。実際、一九五六年以降、グラムシについて書いた非イタリア人研究者の大半は、かつてあるいは当時も幾分かはマルクス主義に肩入れしていた人々だった。実際に、一九七〇年

▼1　P. Spriano, *Gramsci in carcere e il partito* (Rome, 1988).

代末以前には、アメリカの歴史家H・スチュアート・ヒューズ（彼はとりわけイタリアに関心を抱いていた）やイギリスの歴史家ジェームズ・ジョル（彼は左翼の歴史の専門家だった）を除けば、この分野に非マルクス主義者が関わることは想像もできなかった。もちろん、結局のところグラムシは、アカデミックな研究の世界に受け入れられることになるのだが。

より正確にいうと、イタリア以外では、もっぱらグラムシは、一〇月革命が希望になったがモデルにはなりえない国々のために――すなわち非革命的な環境と情勢のもとにある社会主義運動のために――一つのマルクス主義的戦略を提示した共産主義思想家として、人々の注目を集めたのである。ヤルタ会談〔一九四五年〕からエンリコ・ベルリングェルの死去〔一九八四年〕までのあいだにイタリア共産党が獲得した威信と成功は、イタリア共産党の戦略の発案者と一般にみなされていたひとりの思想家の影響を、当然のごとく拡大した。間違いなくグラムシは、一九七〇年代の「ユーロコミュニズム」の時期にその卓越した国際的地位の頂点にいたのであったが、一九八〇年代になっておそらくはドイツ連邦共和国を例外として影響力を減らした。グラムシはドイツではむしろ遅くなってから発見されたのであり、彼への関心は一九八〇年代の前半にそのピークを迎えたのである。左翼が蜂起や武装闘争という、より古典的な戦略をまだ捨てていないところでは、左翼は他の知的導師《グル》を好んでいた。それゆえ、ラテン・アメリカへのグラムシの導入は、興味深い二段階の歴史となる。すなわち、彼は、まず一九五六－六〇年以降の共産党マルクス主義の幕開けの一部として、次に一九七〇年代の武装闘争戦略の破産の後に、導入されたのである。

グラムシをめぐる国際的な討議は、このイタリアの最も偉大なマルクス主義思想家をめぐるイタリア国内の活発な論争とはほとんど切り離されて、独立していたように思われる。グラムシに関する主要なイタリア語の諸著作は、いずれにしても（ジュゼッペ・フィオーリの書いたグラムシの伝記を除いて）英語には翻訳されなかった――ショウスタック・サッスーンやムフにより執筆されたり編集されたりした諸著作のようなイタリア語の文献への入門書は利用可能であるけれども。このことは驚くべきことではない。私たち外国人は、たとえ自らの関心が普遍的なものだとしても、ある国の思想家たちをその思想家自身の文化に属する読者とは異なる仕方で読むことが避けられない。また、その思想家がグラムシのように自らの出身国の現実と非常に緊密に関連している場合には、外国人による読み方と本国人の読み方とはたぶん食い違うことさえある。いずれにせよ、イタリアで最も熱を込めて討議された論争のいくつかは、グラムシをめぐるものだったというよりもイタリア共産党の政策のいくつかの局面に賛成するかあるいは（より一般に見られたように）反対するためのものだった。こうした論争は、外部にいる非専門家にとっては、つねに大きな興味をそそったわけではなかった。それにもかかわらず、外国の読者に影響を与えたのは、グラムシの著作それ自体であって、それらの著作をめぐって彼自身の国で蓄積された批評や解釈の文献ではなかったということは留意しておくべきである。言い換えるならば、外国の読者に影響を与えたのは、彼の最初の主要著作選集がイタリア語以外の言語でも利用可能となった時代、あるいは最も早くても、いまだ翻訳されていない思想家を紹介するために各国で最初の重要なグラムシ派が知的舞台に登場した時代の、あのグラムシ〔the Gramsci〕なのである。本質的にいって、イタリア語圏以外のグラムシ受容は、一九六〇－七〇年代に利用可能であったグラムシの受容だったのではないか。

したがって、グラムシの国際的な受容は、政治的左翼の評判の浮き沈みに左右されてきたし、いまもされている。そしてこのことは、ある程度、そうであり続けるだろうし、そのはずである。グラムシは、とりわけ政治的実践についての哲学者である。「西欧マルクス主義」と呼ばれる潮流の著名人たちの大半は、いわばアカデミシャンとして読まれうるのであり、実際彼らの多くはアカデミシャンであったし、そうでありえた。たとえばルカーチ、コルシュ、ベンヤミン、アルチュセール、マルクーゼその他の人々である。彼らは、アンリ・ルフェーブルのように、たとえ政治的オルガナイザーとして具体的な政治的現実に一度や二度は放り込まれたことがあったとしても、そうした現実からはちょっと距離を取って執筆していた。グラムシをこうした現実と切り離すことはできない。というのも、彼のなす一般化は実に広範なものであり、それは彼が執筆していた際の特殊な状況における政治により、世界を変革するための実践的条件とは何かという探究とつねに結びついていたからである。レーニンと同様にグラムシは、アカデミックな生活をめざしていたわけではない。だがレーニンとは違って彼は、生まれついての知識人、理念がもつ純粋な魅力によってほとんど肉体的に興奮する人物であったけれども。彼は、マルクス主義大衆政党のリーダーであると同時に本物のマルクス主義理論家でもあるという唯一の人物だったのだが（グラムシよりはるかに独創的ではないオットー・バウアーを別にするならば）、そのことには理由があったのである。なぜマルクス派の歴史家が、そして非マルクス派の歴史家でさえも、グラムシにかくも有益なものを見出してきたのかといえば、その理由のひとつは、まさに、抽象と還元主義的理論モデルを求めて具体的な歴史的・社会的・文化的現実の領域を手放すことをよしとしなかった彼の態度にある。

　したがって、おそらくグラムシは、主要に彼の著作が政治に対して投げかけた光のゆえに、これからも読み継がれるだろう。その光とは、彼自身の言葉によれば、「実際の現実への関心を覚醒させ、政治的直観力をさらに正確で強靭なものにするのに役立つ実践的な探究規準と個別的観察の総体[2]」のことである。グラムシと目標を共有する人々が彼に案内役を期待するであろうということには明らかに理由があるけれども、そうした政治的直観力を追い求めることが左翼にのみ見出されるとは私は思わない。ジョゼフ・ブッティジジが書いているように、レーニン、スターリン、トロツキー、毛沢東がもはやソ連崩壊後の左翼を鼓舞することがなくなった現在でさえも、グラムシはいまだにそうすることができるがゆえに、アメリカの反共派は恐れを抱いているという。しかしこれに対して、確かにグラムシが左翼の政治行動の成功にとっての案内役に今でもなりうるということが望まれるとしても、すでに明らかなことは、彼の国際的な影響の浸透が左翼を超えているということ、しかも道具的な意味での政治の領域を本当に超えているということである。

アングロ・サクソン系の用語事典が彼のことを「アントニオ・グラムシ（イタリアの政治思想家、一八九一――一九三七年）、ヘゲモニーの項目を参照せよ[3]」という一語に要約できる――わたしはこの項目の全部を引用しているのだ――ということは、どうでもよいことに見えるかもしれない。ブッティジジが引用したあるアメリカ人ジャーナリストが、「市民社会」の概念を近代政治学の言説のなかに導入したのはグラムシだけだと信じ込んでいるというのは、確かに馬鹿げているかもしれない[4]。しかしながら、ひとりの思想家を永遠の古典として受け入れるということは、その人が「重要」であるということ以上にはその思想家についてほとんど何も知らないような人々による、こうした表層的な言及によってしばしば示されるものなのである。

グラムシは、彼の死後五〇年を経て、その名声が国民の歴史と文化においてそもそも最初から認められていたイタリア以外の国々においてさえも、右で述べたような意味で「重要」になったのである。いまやこのことは、世界のほとんどの地域で認められている。実際、カルカッタを中心とする「サバルタン研究」という歴史学派の隆盛は、グラムシの影響がいまでも拡大中だということを示している。グラムシは、最初に彼に国際的な卓越性を与えた政治的情勢を切り抜けて生き残った。彼は、ヨーロッパの共産主義運

▼2　Q. Hoare and G. Nowell-Smith (eds), *Selections from the Prison Notebooks of Antonio Gramsci* (London, 1971), pp.175-6.〔上村忠男編訳、『新編　現代の君主』（ちくま学芸文庫、二〇〇八年）一三〇ページ〕。
▼3　A. Bullock and O. Stallybrass (eds), *The Fontana Dictionary of Modern Thought* (London, 1977).
▼4　Q. Hoare and G. Nowell-Smith (eds), *Selections from the Prison Notebooks of Antonio Gramsci*.

動それ自体をも超えて生き残ったのである。彼は、イデオロギー的な流行の変化から独立していることを証明したのだ。こんにち、アルチュセールに、ましてやシュペングラーに、誰が新しい流行を期待するというのか。彼は「西欧マルクス主義」の実に多くの他の思想家たちの運命であるかのように見えるアカデミックなゲットーへの囲い込みを超えて生き残った。彼は、ひとつの「イズム」になることさえ見事に回避したのだ。

彼の著述についてのこれからの評価がどのようなものになるのか、私たちにはわからない。しかしながら、彼の思想の永続性は、すでに十分確かなものであり、それゆえにまた、彼の思想の国際的な受容を歴史的に研究することには意味がある。

2　英語圏におけるグラムシ

人文諸科学と文芸に関する世界中の文献目録に最も頻繁に引用されている著作をもつ全世界の著作家たちのリスト[5]に挙げられているイタリア人は数少なく、一六世紀以降に生まれた者では五人しかいない。たとえば、ヴィーコもマキァヴェッリも含まれていない。それでもアントニオ・グラムシの名前はちゃんと含まれているのだ。引用されているからといって、知られていることも理解されていることも保証はしないが、引用された著者が知的な存在感をもっていることは確かに示してはいる。没後五〇年を経てグラムシが世界で存在感をもっているということは否定することができない。彼の存在感は、とりわけ英語圏の歴史家たちのあいだでは卓越している。

グラムシが歴史学の領域で知られるようになったのは、英語圏の膨大な反ファシスト知識人をイタリアに送り込むことになった戦争が終わってすぐのことだった。彼の著作は、早くも一九四八年に、すなわち

『史的唯物論〔とベネデット・クローチェの哲学〕』の刊行の直後に、『タイムズ文芸補遺』で好意的に論じられた。歴史家たちは、イタリア国外におけるグラムシ発見に顕著な役割を果たした。ある若いイギリス人歴史家は、おそらく非イタリア語による最初のグラムシ著作選を編集したし（ルイス・マークス『現代の君主』ロンドン、一九五六年）、早くも一九五八年にはある著名なアメリカ人歴史家が、二〇世紀初頭のヨーロッパの知の全般史について英語で書かれたもののうち今日でも最もよく知られた著作において、「グラムシとマルクス主義的ヒューマニズム」という小見出しの下で彼のことを論じている（H・スチュアート・ヒューズ、生松敬三・荒川幾男訳、『意識と社会――ヨーロッパ社会思想　一八九〇－一九三〇』みすず書房）。もうひとりのイギリス人歴史家であるグイン・A・ウイリアムズは、一九六〇年に「アントニオ・グラムシの思想におけるヘゲモニーの概念」について非イタリア語で書かれた最初の論文を発表した（『ジャーナル・オブ・ザ・ヒストリー・オブ・アイデアズ』誌上で）。同じ頃、アメリカで博士号論文がさらにもう一人の歴史家によって完成し、それは数年後にイタリア国外で刊行された最初のグラムシ研究書となる。ジョン・M・キャメットの『グラムシの社会主義』（石堂清倫訳、合同出版社）である（原書刊行はスタンフォード、一九六七年）。ようするに一九六〇年までのグラムシは、不十分な理解とはいえ、イタリアを除けば他のどの地域よりも英語圏でよく知られていた。一九七一年以降、グラムシの諸著作をホーアとノウエル＝スミスが編集・刊行した選集は、とりわけ出来栄えのよいものであり、これにより英語読者が享受してきた優位は、さらに増した。▼6

▼5　'The 250 most-cited authors in the Arts and Humanities Citations Index, 1976–1983' (in Eugene Garfield, Institute for Scientific Information, *Current Comments* 48, Dicember 1986).

▼6　Q. Hoare and G. Nowell-Smith(eds), *Selections from the Prison Notebooks of Antonio Gramsci*.

グラムシの影響が最も大きかったのは、もちろんマルクス主義の歴史家たちに対してだった。彼らは、西洋の他の地域よりも英語圏で一定程度活動的であり影響力をもってきた。それにもかかわらず歴史学における「グラムシ学派」は存在しないし、歴史家に対するグラムシの影響をマルクス主義全般に対する彼の影響ときっぱりと区別することもできない。グラムシの著述と例示は、マルクス主義思想という生命をもった存在の周囲に成長してしまった学説の硬い殻、しかも原典の正統性の強調によってレーニンのように独創的な戦略と観察さえも覆い隠してしまうような硬い殻を叩き割ることに、とりわけ役立ったのだ。グラムシは、マルクス主義者が俗流マルクス主義から自らを解放することを手助けしたのであり、返す刀で今度は、左翼への反対者たちがマルクス主義を決定論的実証主義の一変種として退けることを一層やりにくくした。

この意味でグラムシの主要な教えは、グラムシ派的ではなくてマルクス派的なのである。彼の教えは、次のようなマルクス本人の主張に基づく一連の変種なのである。「人間は自分自身の歴史をつくる。だが〔……〕自分でえらんだ環境のもとでではなくて、すぐ目の前にある、与えられ、持越されてきた環境のもとでつくるのである」(『ルイ・ボナパルトのブリュメール一八日』『全集』第八巻、一一五ページ〔一〇七ページ〕)(あるいは、グイン・A・ウイリアムズが述べているように、「人間の意志がグラムシのマルクス主義にとって中心的なのであるが、それは歴史という客観的現実に適合させられた、ある歴史的な意志なのである」)。[7] 晩年のジョージ・リヒトハイムのような非常に鋭敏なマルクス学者が見落とすことがなかったように、[8] グラムシによる政治と文化の領域の自律性の強調は、同時代のマルクス主義者たちのなかにあっては稀有なものであるが、そうした強調でさえも、マルクスの教えを思い起こさせるものとみなすことができる。

したがって、歴史叙述の発展についての信頼に足る調査研究がグラムシをもっぱらそうした文脈で理解しているということは、当然のことなのである。[9] そしてまた、あるマルクス主義歴史家が次のようにいいえたことも。「マルクス主義歴史学に対するグラムシの影響は、とりたてて新しいというわけではない。私は、グラムシの歴史に対するアプローチがマルクスのアプローチと異なっているとは思わない」[10]。だからといって、グラムシの影響力の重要性が弱まるということではない。継承された共産主義の伝統の硬直性と手を切りたいと切望していた歴史家たちは、この「比類のない能力を備えた理論家」(リヒトハイム)が、自分たちの味方であるということを知って、大いに励まされ、影響を受けたと感じたのだ。さらにいえば、一九五〇年代以降登場したり再発見されたりしたマルクス主義理論家のうち、グラムシほど歴史に沈潜した者は他にいなかったし、したがってまた、歴史家たちにより研究されることが有益であったり、読まれるのに恰好であったりする理論家も他にいなかった。

それだけではない。歴史家たちに対するグラムシの影響には、それ以上のものがあったのであり、それはマルクスへの転回(あるいは回帰)をグラムシが促進していることだけにとどまらなかった。というのも、グラムシの理論的な仕事に見られる一定の諸観念がこのうえもなく豊かであるからというだけではなく、彼自身が本質的に歴史的であるのと同時に政治的な諸問題について、広範囲にわたって書いたからで

▼7　Gwyn A. Williams, *The Welsh in their History* (London, 1982), p.200.
▼8　G. Lichtheim, *Marxism* (London, 1964), pp. 368-70.〔G・リヒトハイム著、奥山次良・田村一郎・八木橋貢訳『マルクス主義――歴史的・批判的研究』(みすず書房、一九七四年)、三〇八‐一〇ページ〕。同じ著者の次の著作も参照されたい。*Europe in the Twentieth Century* (London, 1972), pp.44, 218-20.
▼9　Georg G. Iggers, *Neue Geschichtswissenschaft* (Munich, 1978), p.51.
▼10　Abelove, Blackmore, Dimock and Schneer (eds), *Visions of History* (NY, 1983), p.38.〔E・P・トムスン他談、近藤和彦・野村達朗編訳『歴史家たち』(名古屋大学出版会、一九九〇年)、一三ページ。実はこの発言はホブズボーム本人のものである〕。

もある。

イタリア史についての彼の省察は、彼自身の国では多くの者が論じたとしても、イタリア研究者たちの狭い集団を除けば、どこでも多くの反響を呼ぶことはなかった。他方で、歴史研究のある特定の分野、あるいは複合した分野で、グラムシの直接的な影響は強いものである、いや支配的なものでさえある。その分野とは、イデオロギーと文化の歴史であるが、それというのも主要に、イデオロギーと文化はとりわけ前工業社会の「一般大衆」に作用するからである。この分野におけるグラムシの影響は、かなり昔にさかのぼる。なんと一九六〇年のこと、私は次のように書いた。「アントニオ・グラムシの著作のうちで最も刺激的な示唆のひとつは、『従属的諸階級《サバルタン》』の世界の研究に過去のどの人よりも多くの関心を払うように呼びかけていることだ」と。▼11

それ以来、従属的諸階級《サバルタン》の世界の歴史と研究は、歴史叙述において最も急速に発展し繁栄する領域のひとつとなった。こうした動きは、マルクス主義者や、左翼人民主義者と呼ぶのが最もふさわしいかなり多くの人々によってなされただけではなく、他のイデオロギーを信奉する歴史家たちによっても実践された。この研究領域が発展したのは、グラムシがそうした研究の必要性を声を大にして唱えたからではない。その領域に真剣に取り組む者は誰であれ、この領域にしっかりとした思想を与えた稀有な思想家の一人（そしてマルクスその人を含めても、やはり西欧マルクス主義における唯一の人）に関心をもたないではいられないからである。それというのも、高級文化と書物に表現された思想を研究する歴史家たちには頼ることのできる長い伝統があるのに対して、民衆文化という新しい領域の歴史家たちにはほとんど案内役がいなかったからである。したがって、「心性史〔histoire des mentalités〕」のような味気ない概念の中心には知的な欠落があったのである。したがってまた、ケンブリッジ大学の優れた歴史家であるピーター・バークのような、この研究領域にひきこまれる非マルクス主義者でさえも、たとえば『ヨーロッパの民衆文化』

（ロンドン、一九七八年〔中村賢二郎・谷泰訳（人文書院、一九八八年）〕）という先駆的な著作におけるように、たとえ偶然にとはいえグラムシの著述に向かうことになるのは、当然のことなのである。実際、民衆文化あるいはその他のいかなる文化であれ、グラムシに接近することなしに、あるいはより明示的な形で彼の考えを活用することなしに、そうした文化の問題を論じることは、こんにちでは困難あるいは不可能であろう。E・P・トムソンとレイモンド・ウイリアムズがそうだったとバークが示唆しているように。[12]

とはいうものの、グラムシが思考し執筆した他のあらゆる領域と同じように、この研究領域への彼の知的な沈潜の深さは、その沈潜が純粋にアカデミックなものだけではなかったという事実によるものである。実践が彼の理論を活気づけ豊かにしたのであり、実践が彼の理論の目的だったのだ。イデオロギーと文化を学ぶ研究者たちへの彼の影響が非常に際立っている理由は、民衆文化に関心をもつすべての人々にとって、この領域もまた純粋にアカデミックなものだけではないということである。そうした研究に加わるほとんどすべての人々の目的は、主として学位論文や本を書くことではない。そうした人々は、グラムシがそうだったように、過去と同じくらい未来に強い関心をもっている。すなわち、労働者階級とその運動を含む人類という巨大な存在を形成しているごく普通の人々の未来、諸国民と文明の未来に。私たちは、グラムシの死から七〇年を経て、彼からの知的刺激のためだけではなく、次のような教えを授かったことのゆえにも彼に感謝しているのである。すなわち、この世界を変革するための努力は、独創的で鋭敏で注意深い歴史的思考と両立可能であるだけではなく、そうした思考なしでは不可能でもあるという教えである。

▼11　E.J. Hobsbawm in *Società*, XVI, 3, p.436.
▼12　Peter Burke, 'Revolution in Popular Culture', in R. Porter and M. Teich (eds), *Revolution in History* (Cambridge, 1986), p. 211.

第14章 マルクス主義の影響力――一九四五年から一九八三年まで

The Influence of Marxism 1945–83

どのような思想家も、自らの下した指令にこれほど見事に従って生きたことはなかった。「哲学者たちは、世界をただprintln さまざまに解釈してきたにすぎない。しかし、肝腎なのは、世界を変革することである」(「フォイアバッハに関するテーゼ」)。マルクスのこの理念は、大半のヨーロッパの労働運動と社会主義運動を鼓舞する学説となった。マルクスの理念は、主としてレーニンとロシア革命を通じて二〇世紀の社会革命の真髄をなす国際的な学説となり、そのような学説として中国からペルーにいたるまで同じように受け入れられた。こうした学説の諸解釈は、これらの学説と一体化した政党や政府の勝利を通じて、そのピークには人類の三分の一ほどが暮らした国々の公式イデオロギーとなった。世界のその他の地域においてさまざまな規模とさまざまな重要性をもって展開された政治運動についてはいわないとして。これと似たような地位を獲得した思想家のうち、個人を特定できる唯一のケースは、過去における偉大な宗教の創始者たちだけである。しかしおそらくムハンマドを例外とすれば、マルクス学説の普及の急速さと比較可能な規模で勝利を収めた者はひとりもいない。普及の規模と速度の点でマルクスに匹敵する世俗の思想家もいない。

彼の名の下になされたことに彼自身はどこまで賛成しただろうか。また公式には反論の余地のない真理として受け入れられる神学の世俗版へとしばしば変容してしまった彼の諸学説について、彼自身がどう考えるだろうかということは、興味深くはあるがアカデミックな思索のテーマであって、ここでのテーマではない。たとえそれらが彼自身の思想からはどんなに遠いとしても、それらを私たちが解説し、言及することができる限り、それらは歴史的に見てマルクスの理念に由来するのであり、そうした派生関係は、思想と行為において直接的に立証できる。それらは、マルクス主義の歴史に属している。これらの発展が論理的にマルクスの理念に含まれているのかどうかということは、また別の独立した問題である。このことがこれまで大いに議論されてきたが、それは主に、マルクスの名の下に（そして今までのところ、通常、彼の弟子であると主張するいく人かの革命指導者たち――レーニン、スターリン、毛沢東など――と一緒になって）首尾よく確立された体制と政治が今までのところは皆、ある一定の家族的類似を示しているからであり、あるいはむしろ、そうした体制と政治が皆、自由民主主義とは異なった否定的特徴を共有してきたからである。

この問題に答えることは本章の役目ではないけれども、ふたつのことがいえるだろう。どのような思想群もその創始者よりも長生きするかぎり、いかなる思想も、その本来の意図や内容に限定されることをやめる。いかなる思想も、人類の解釈能力により、あるいは望ましいもしくは好まれる先行者とのつながりの主張に傾きがちな人間により定められた非常に幅の広い枠組みの内部にあるため、思想は、実践においては予測できないほど幅の広い修正や変容を受けやすく、理論においても非常に幅の広い変容を受けやすいのである。キリスト教的であると主張し、自らの権威を一連の聖典から引き出している体制は、エルサレムの封建的王国からシェーカー教徒にいたるまで、ツァーリのロシア帝国からオランダ共和国まで、カルヴァンのジュネーヴからジョージ王のイングランドにいたるまで、多岐に渡る。キリスト教神学は、それぞれの時代にアリストテレスやマルクスを取り込んだ。他の同じように固い信仰をもったキリスト教徒たちをつねに満足させたわけではなかったにせよ、どの神学もイエスの教えに由来していると主張することができた。まさにそのような広範な理念と実践が、直接にであれマルクスの後継者を通じてであれ、マルクスの著作に由来するものであり、矛盾していないと主張したのである。もし私たちが、彼らが皆こうした派生関係を主張しているということを知らなかったならば、たとえばシオニストのキブツ集団農場とポル・ポトのカンボジア、ヒルファーディングと毛沢東、スターリンとグラムシ、ローザ・ルクセンブルクと金日成とのあいだに存在する彼らの類似点よりもいっそう明確な相違にしっかりと気づくかもしれない。一九一七年以来の歴史的に見て短い期間に、工業化した世界の周辺あるいは外側における多くの国々において、自主的な革命や模倣的革命や領土占領によって自らの支配を確立した体制が、どうして共通する否定的あるいは肯定的な特性を発達させねばならなかったのかについては、正当な歴史的根拠があったけれども、なぜマルクス主義の体制がある一定の形態をとらねばならなかったのかについては理論的な根拠が存在しないのである。▼1 これは、マルクス主義は必然的にレーニン主義を意味するのであり、したがってレーニン主義は（あるいはマルクス主義の正統派を自認するその他の学派も）失敗するしかないのだ、という議論である。

しかしながら、マルクスの思想も含めて、あらゆる思想の集成は、大衆動員が政党や大衆運動によってなされようと政府によってなされようと、それ以外の仕方でなされようと、大衆を動員することで、重要な政治勢力となることによって必然的に変質するのだ、ということがいわれうる。もしそうであるならば、

▼1　こうした体制下で工業発展した唯一の国々は、第二次大戦後、ロシアによる占領と支配がなかったら工業化を達成しえなかっただろう。

どのような思想の集成も、形式化や固定化や教育上の単純化によるものでさえも、また小学校や中学校の教育やしばしば大学でもしっかりと教えられるようになるとしても、変質するものなのである。この世界を解釈することとこの世界を変革することは、いくら有機的に関連してはいても、同じことではない。このことが、一九世紀の実業家や彼らの仲間のジャーナリストを、彼らが依拠していると称するアダム・スミスの実際の著述から区別するような、一連の非公式の信念の形成を通じて生じることなのか、あるいは――極端な事例では――異議を唱えることを許容しない公式のドグマによって生じることなのか、それはあまり重要ではない。変質したという事実こそが残るのである。実際、過去の思想家の思想のアカデミックな歴史研究、とりわけ政治思想の歴史研究の多くは、死後の再解釈の背後にある思想家の本来の意味と意図や彼らの思想の本来の文脈や言及対象を再発見することにある。こうした宿命を逃れる著述は、これまで一度も真面目に取り上げられることのなかったものか、刊行後にはすぐさま忘れ去られてしまうほどに特定の時間と場所に緊密に結びついているものだけである。こんにちのアダム・スミスは、一握りの専門研究者にとって以外は、一七七六年のアダム・スミスではない。同じことが当然マルクスについてもいえる。

マルクス主義の政治的衝撃は、歴史の観点からすると、マルクスによるおそらく最も重要な達成である。とはいえ、マルクス主義者がマルクスの知的衝撃を政治的衝撃から区別するということはまずありえないけれども、マルクス主義の知的衝撃も実に際立っている。その名前を聞くだけで人類の知的宇宙を大きく変化させたことがわかる思想家は、それほど多くない。マルクスは、ニュートンやダーウィン、フロイトのような大物たちとともに、その一員なのだ。こうした名前のリストが示唆するように、彼らの名前と結びついた知的変革は、彼らの名前が各自の研究分野における専門家によるランクづけをはるかに超えて教養ある文化全般へとすべてが浸透するのでないかぎり、比較することが困難である。フロイトは、あるいはダーウィンさえも、ニュートンと同じような知的特質の持ち主であるといっているのではない。とはいうものの、彼らの力量や彼らの知的業績の本質がなんであれ、そうしたリストに挙がっている名前は数少ない。マルクスの名前がこのリストに載ることに異議を唱えることなどできないが、それには以下のような二つの独特な理由がある。第一に、本書が示しているとおり、マルクスの名声は、死後の実際的な目的のゆえにである。事実、マルクスの生前には、そのような名声を彼が勝ち取ることを確信した者は非常に少なかった。第二に、マルクスの名声が確立したのは、一世紀にもわたる執拗で大規模で情念に満ちた、しかも知的に見ても取るに足らないとは決していえないような批判に直面しながらのものだった。優秀な精神の持ち主たちが、マルクスの誤謬や不適切な点を論証する企てに徹底した努力を傾けたし、そうした人々のなかには、かつてマルクス主義者であったが後に批判者に転じた者も多く含まれていた。こうしたことは、知の領域を変革する思想家たちが滅多に経験しないことである。とはいえ、他の同じような人物の道のりは、概してもっと穏便なものに思われたし、知的に手厳しい批判が加えられるときも、そうした人物たちの専門領域に限定されていたように思われた。没後一〇〇年を経て、マルクスは、ペンやタイプライター、演壇あるいは――それがふさわしい場合であれば――検閲官による削除や警官隊の出動にいたるまで、それが誰によるものであれ、彼の思想に対して向けられた集中砲火による一〇〇年を生き延びた。彼自身の知的資質が本気で疑われたことはない。それだけではない。彼のイデオロギーの世界的な存在感は、以前にもまして、さらにそれ以後もあるいは相変わらず、ほとんど確実に大きくなった。彼が書いたり、彼の影響で書かれたものは、よりいっそう広い影響力をもち、読まれ、議論された。そしてこのことは、かつてのマルクス主義的な社会民主主義政党がマルクスからの影響を否定した事実や、ソヴェート連邦が全世界の左翼に対してその魅力を明らかに喪失しつつあったし、しかも脱スターリン化によりマルクス主義を汲む革命的な流派のあいだではその至高の地位を明らかに失いつつあったという事実にもかかわらず、そうだったのである。

こうした注目すべき結果には三つの根拠がありうる。マルクスが亡くなった直後から、どこでもマルクス主義は現状維持を打破する強力な政治運動とつねに同一視され、一九一七年以降は、国際的にも破壊活動的で危険で現状打破的だとみなされた国家体制と同一視されたがゆえに、執拗な攻撃にさらされてきた。一九九〇年代にいたるまで、マルクス主義は、手強い政治勢力を代表することをやめなかった。それだけではない。マルクス主義は理論上つねに国際主義的なものであり続け、そうであるがゆえに、その批判者たちには潜在的にではあれ世界規模の危険ないし誤謬に見えた。この点でマルクス主義は、特定の国民あるいは人種と同一視されるがゆえに他国民ないし他人種を改宗させることができない諸教説とは異なるのであり、あるいはギリシャやロシアの正教会やイスラム教シーア派のような、理論上は普遍的であるが事実上は特定の地域に限定される諸教説とも異なるのである。

それだけではない。マルクス主義は、真剣な知的自負を伴ないつつ、つねに現状に対する革命的批判であり続け、またたくまにそうした批判のうちで最も影響力があり最も優勢なものとなった。一九七〇年代まで、よりよい「新」社会によって現状を取って替えたいと願う現状批判者は、ほとんどがみな、そして理想化された「旧」社会への回帰によって現状に取って替えたいと願う者たちでさえも、自らの目標を「社会主義」と規定していたのである。しかしながら、社会主義理論に対するマルクス主義的分析の関係は、社会主義を批判すれば不可避的にマルクスを批判することになるというものだった。マルクスの死から一年後、同時代の社会主義についての情報量の豊かな研究書が刊行された[▼2]。この著作は、マルクス以前の「空想的」ないし「相互扶助的」な初期学派の消滅を指摘しながらも、全部で九章からなるその著作のうちのわずか一章をカール・マルクスにあてることしかできなかった。二〇世紀後半の議論になると[▼3]、社会主義学説のあらゆる流れを、本質的にはそれらとマルクス主義学説との関係の観点で考察する傾向がずっと強まる。マルクス主義は、暗黙の裡に社会主義の中心的な伝統であるとみなされた。

同じ理由で、現存社会主義を批判したいと望む者は、他方における現存社会主義を擁護したいと望む者と同じように、そうした批判を支配している理論に引きつけられたし、あるいは革命家たちの提案に懐疑的であった者は、マルクスを攻撃するように駆り立てられた。このことは、マルクス主義学説が現状維持のための公式イデオロギーと同一視されてしまう体制の下でのみ、あてはまらなかったのだ。しかしながら、マルクス主義的な体制によって支配された国家は、少数派だったのだ。いずれにしても、ソ連を除けば、そういう国々は建国から三〇年か四〇年しか経っておらず、革命後最初の世代ないし数世代が信奉したマルクス主義における社会批判の要素には、たとえおそらく縮小しつつあったとはいえ、幾ばくかの意義が保持されていたのである。

二〇世紀の末頃の知の領域においてマルクス主義およびマルクス主義をめぐる論争が中心的役割を勝ち取ったことには第三の理由が存在する。それは、知識人にとってのマルクス主義の過剰なほどの魅力である。中等教育と大学教育の一挙的拡大のおかげで、知識人の数は、この時期にかつてないほど増大した。知識人が全体として〔en masse〕マルクス主義に引きよせられたのは、明らかに一時期だけのことであり、たとえ全体が引きよせられた時でも、彼らの大半が一生そうだったわけではない。それだけではない。マルクス主義に対してとても免疫のある、ないしはマルクス主義からきっぱりと拒絶されてきた時代、地域、さらには知的職業が存在してきた。それにもかかわらず、近代の社会運動と結びついたあらゆるイデオロ

▼2　John Rae, *Contemporary Socialism* (London, 1884).
▼3　たとえば、ダニエル・ベルによる「社会主義（Socialism）」という項目を参照されたい。*International Encyclopedia of the Social Sciences* (NY, 1968).

ギーのうち、マルクス主義は理論として最も興味深いものであったということも真実であり続ける。したがってマルクス主義は、政治参加と政治活動に対してだけではなく、討論や理論の練りあげに対しても最大の展望を提供してきたのだ。『社会科学国際百科事典』（一九六八年）の索引のうち、「マルクス」および「マルクス主義」という項目の下にある記載事項の数が（「レーニン主義」という項目の下にある追加的記載事項を除外しても）他のいかなる思想家の名前の下にある記載事項をもはるかにしのいでいたのは、偶然でもなければ知的流行のたんなる反映でもないのである。

三つの複合的事情が、一九四五年以降の四半世紀におけるマルクス主義の議論を形成するにあたって最も重要なものであった。すなわち、一九五六年以降のソ連とその他の社会主義諸国における発展であり、第二に、はやくも一九五〇年代に（紛らわしくも）「第三世界」と呼ばれていた国々、とりわけラテン・アメリカと関連する複合的事情であり、そして第三に、一九六〇年代末の工業資本主義諸国において起こった、とりわけ学生たちの政治的急進化の際立った予期せざる噴出である。それらの実際の政治的影響は、直接間接を問わずきわめて不均等であったが、マルクス主義の議論へのそれらの衝撃はそうではなかった。しかしまた同時にそれらの事情は、とりわけ一九六〇年以降、お互いにきっぱりと切り離すこともできない。

1　スターリン批判と雪解け

「ソ連」にまつわる複合的事情は、マルクス主義の発展に以下に見られるような三つの仕方で影響を与えた。第一に、ソ連とその他の東欧諸国における脱スターリン化現象が実践的にも理論的にも効果を与えたがゆえに、次のような認識が生じた。すなわち、これら社会主義社会の現実の組織の在り方とその作動の仕方——とりわけそれら諸国の経済組織のあり方——は改革を必要としているということであり、これはとりわけ、ソ連共産党第二〇回党大会に続く数年間、そして一九六〇年代末に感じ取られるようになった認識である。脱スターリン化は、スターリン時代には固く封印されていた諸問題の再考を可能にし、またときには促進しさえした一定の雪解け現象をもたらした。

　第二に、脱スターリン化は、一つの「指導党」すなわちソ連共産党によって支配された、単一で一枚岩で一極集中型の国際共産主義運動の分裂を通じて、マルクス主義に影響を与えた。この一枚岩の統一は、すでに一九四八年のユーゴスラヴィアのソ連圏からの脱退によって弱体化していたのだが、一九六〇年頃に生じた中国とソ連の分裂により、事実上存在しなくなった。全世界の共産党が、それゆえ共産党内のマルクス主義の討論も、こうした崩壊現象により、さまざまな程度に影響を受けた。もう少し正確にいえば、さまざまな「社会主義への国民的な道」あるいは社会主義内部における国民的な道がいまや可能であり、しばしば望ましいものでもあるという権利上の〔de jure〕あるいは事実上の〔de facto〕確認により影響を受けた。それだけではない。理論の単一の国際的な正典をいまだに求めていた者にとってさえ、競合する正典の存在により、それらの諸説の再調整という深刻な問題が提起された。

　第三に、ソ連をめぐる複合的な事情は、社会主義世界における——あるいはもっと正確にいうならソ連の影響圏のうちにある諸国と中国における——以下のようなしばしば劇的でもある政治的事件を通して、マルクス主義内部の発展に影響を与えた。すなわち、一九五六年のソ連共産党第二〇回党大会におけるスターリン批判に対する東欧諸国の早い反応（ポーランド事件、ハンガリー事件）、「プラハの春」（一九六八年）をその最も悲劇的な出来事にしている一九六〇年代末の危機、一九六八年から一九八一年にかけてのポーランドの一連の地殻変動、さらには五〇年代末、六〇年代中期（「文化大革命」）、そして毛の死後に、中国を震撼させた政治的激震である。

最後に、ジャーナリズムや観光、文化交流や社会主義諸国からの無視できない数の移民の発生といった形に限定されてはいても、世界における社会主義諸国とそれ以外の国々とのあいだの直接のコミュニケーションの拡大により、マルクス主義が発展した。それは、西側のマルクス主義者に入手可能なその発展についての一連の情報が増加したかぎりにおいてだったが、ますます増大する困難のために、情報はただ見落とされてしまう可能性があった。にもかかわらず、そうした国々が依然として西側の革命家が熱望するもののモデルに、時にはほとんど空想的なモデルに変えられたとしたら、その原因のほとんどは、西側の革命家たちが社会主義諸国についてほとんど何も知っておらず、ときにはそれ以上知ることができなかったか、あるいは知ろうとしなかったからである。西側の革命家たちの多くが中国の「文化大革命」を理想化したことは、現実の中国とほとんど何の関係もなかったが、そのことはモンテスキューの『ペルシア人の手紙』がイランとは関係がなく、一八世紀の「高貴な野蛮人」の表象がタヒチ島人とは関係がなかったのと同じであった。皆が遠い国での経験と称されるものを、世界のもう一方の側を社会的に批判するために利用したのだ。それにもかかわらず、コミュニケーションと情報伝達の拡大とともに、すでに翻っていたいくつかの赤い国旗の下に理想郷を探し求める傾向は、目に見えて小さくなった。一九五六年以降の時期は、西側のマルクス主義者の大半が次のような結論を出すことを余儀なくされた時代だったのだ。すなわちソ連からキューバやベトナムにいたるまでの現存社会主義体制は、彼ら西側のマルクス主義者たちが社会主義社会とは――あるいは社会主義建設の途上にある社会とは――こうであって欲しいと願っていた姿とは、似ても似つかないものであったという結論である。マルクス主義者の大半は、一九一七年以前のあらゆる国々における社会主義者の立場に回帰することを強いられたのだ。かつての社会主義者は、社会主義を資本主義社会が生み出した諸問題の解決に必要とされるものとして、すなわち未来への希望として、賛意を示さなければならなかったのだが、いまやその希望は実際の経験によってはまったく不十分な形でしか裏打ちされていないものとなった。

これに対して、社会主義諸国から「異論派」が出国・亡命したことにより、マルクスとマルクス主義をもっぱらそうした体制と、とりわけソ連と同一視するという古い誘惑が強まった。かつてこの古い誘惑は、モスクワから来るものは何であれそれに全面的で無批判的な支持を与えることを怠る者をみな、マルクス主義者の共同体から追放する役目を果たしていた。それが今や、マルクスのすべてを拒絶したいと望む人々に仕えるようになった。というのも、そうした人々は、『共産党宣言』から伸びる、あるいは伸びうる唯一の道は、スターリンのロシアの強制収容所あるいはマルクスの弟子たちにより統治されるその他の国々において強制収容所に相当するものにたどり着いて終わるしかない道だと主張したからである。この反応は、心理学的にいうと、「躓いた神」◆について熟考した幻滅した共産主義者たちを見れば、理解可能である。そうした反応は、社会主義諸国の内部にいる、あるいはそこから亡命した異論派の知識人たちを見れば、理解がよりいっそう容易でさえあった。というのも、この人たちは自らが公式には属していた体制と関係のあるものをすべて拒絶していたので、その拒絶は――そうした体制が依拠した理論を生み出した思想家に始まって――全面的なものとなったからである。知的な判断を加えるならば、そうした拒絶は、すべてのキリスト教徒が論理的かつ必然的に法王絶対主義に必ず行きつくに違いないとか、あるいはすべてのダーウィニズムは資本主義的自由競争へと行き着くはずだという命題と、およそ同じくらい〔無理な〕

◆（訳注）「躓いた神（the God that failed）」は、若くして共産党に入党するも、その後スペイン内戦やソ連の実態に接して共産主義に幻滅・失望した欧米各国の知識人たちによる論集の書名。寄稿者は、アンドレ・ジイド、アーサー・ケストラー、イニャツィオ・シローネ、スティーブン・スペンダー、リチャード・ライト、ルイズ・フィッシャー。リチャード・クロッスマン編／村上芳雄・鑓田研一訳『神は躓く』（青溪書院、一九五〇年）。

正当化を含んでいる。

2　「第三世界」理論の興亡

「第三世界」という複合的事情は、主に二つの仕方でマルクス主義の発展に影響を与えた。

第一に、この事情は、アジア、アフリカ、ラテン・アメリカにおける人民解放闘争へと関心を集中させ、さらには、そうした運動の多くは、そして脱植民地化により生じた新しい体制のいくつかは、マルクス主義のスローガンに、しかもマルクス主義と（少なくともそうした新体制によって）結びつけられた国家構造および戦略に引きよせられたという事実へと関心を集中させた。そうした運動や体制は、社会主義諸国の経験に着想を得ていた。社会主義諸国の大半も当初は後進国であり、自らの努力のおかげで当時ようやく後進状態から脱出しつつあるところだったからである。「第三世界」における運動と体制のかなりの部分が、少なくとも時に自らの目標として社会主義（それはしばしばアフリカ社会主義とかイスラム社会主義等々とみなされた）を掲げると主張した。もしそうした社会主義があるモデルをもっていたとするならば、それはマルクス主義者によって統治された体制に由来した。かつての植民地あるいは半植民地である国について論じている他の著作と同じように、マルクス主義の著作も当然のごとく膨大な量になった。

グローバル資本主義の巨大なブームが続いた数十年間にますますはっきりしてきたことは、社会革命が主に従属世界および「低開発」世界で待ち望まれているということだった。したがって留意すべき二点目としては、「第三世界」の経験は、マルクス主義者の関心を次のことに集中させたということだった。すなわち、支配的諸国と新開発諸国との関係であり、そうした地域における社会主義への移行の独自性の性格と諸問題であり、そうした地域の将来の発展に影響する社会的、文化的な独自性である。以上のことがらは、当時の政治戦略の問題のみならず、マルクス主義理論の問題をも提起した。さらには、マルクス主義者たちの意見は、政治的実践家としても、理論家としても、幅広く分岐した（ある者は「必然的にそうなった」といいたくなった）。

「第三世界」の経験とマルクス主義理論とのあいだのこうした相互作用の際立った例は、歴史叙述の分野に見出されるかもしれない。封建制から資本主義への移行とは何だったのかという問題は、マルクス主義者の研究者たちの関心を長く引きつけてきたテーマだったが、これにはマルクス主義の政治家たちの介入が伴なった。というのも、少なくともロシアにおいては、このテーマは当面の利害が絡む問題を引き起こしたからである。そこでは「封建制」は、直近の現象だった。つまりツァーリの階級的性格をめぐる論議には決着がついていなかったが、そのツァーリの「絶対主義支配」自体がついこのあいだ転覆されたに過ぎず、おまけにこの問題に関してそれぞれに見解をもっている解釈者たちは（M・N・ポクロフスキーのように）彼らと政治的に対立している党の指導者たちからは、政治的反対派ないしそうした反対派を支えている理論家と、あたっていなくてもみなされていた。このテーマは、日本における政治的見解をめぐる問題でもあった。われわれはこれらの議論を、モーリス・ドッブの野心的な企ての出版以前にまで溯る必要はない。彼は控えめな書名の自著『資本主義の発展の研究』（一九四六年）で、その問題の体系的な研究を提供しようと企てたのであり、それは主として一九五〇年代に、活発な国際論争をひきおこした。[▼4]

いくつかの問題は論争が続いていた。封建制を解体し、ついには資本主義が封建制に取って代わるよう

▼4　次の著作に付されたR・H・ヒルトンの序論を参照。*The Transition from Feudalism to Capitalism* (London, 1954).〔P・スウィージー他著、大阪経済法科大学経済研究所訳『封建制から資本主義への移行』（柘植書房、一九八二年）〕

な、封建制に内在する基礎的な矛盾（ひとつの「一般法則」）は存在したのか。もし存在するとしたら（大半の正統派マルクス主義者はそうした法則が存在すると確信していた）、その法則はどのようなものだったのか。そのような法則が存在しないとするならば、つまり封建制が自己安定的な経済体制であるように思われるとするならば、封建制に資本主義が取って代わったことをどのように説明できるのか。封建制にそのような解体メカニズムが存在するならば、そのメカニズムはあらゆる封建社会で作動しているのか。そうだとすれば、ヨーロッパ地域以外で資本主義を発展させることになぜ失敗したのかが説明される必要があった。あるいは、資本主義が発展したのが一地域だけだとすれば、ヨーロッパ地域を世界の他の地域から区別する固有の特性を分析する必要がある。ドッブの説をポール・M・スウィージーが批判することで論争が始まったのだが、その批判の核心は、封建制の内部にある主要な「生産関係」すなわち領主と農奴の関係に内在するメカニズムによって封建制の解体を説明しようという試みにスウィージーは納得しなかったということである。その代わりにスウィージーが強調したのは——というよりも再強調したのは、というのもそれについてはマルクス主義の先行者と同じくらい非マルクス主義の先行者もいたので——封建制経済が侵食され変化した際に商業が果たした役割であった。「商業の発達が、西ヨーロッパ封建制の衰退をもたらした決定的要因である[5]」。

この論争は、断続的に現在まで続いてはいるが、沈静化してしまった。しかしながら、一九六〇年代になると時に近代資本主義経済の歴史的生成という問題は、まったく異なった仕方で——とはいえ、それ以前の論争におけるスウィージーの立場に由来するような外見を伴って——再び提起された。新しい命題は、A・グンダー・フランク（『資本主義とラテン・アメリカにおける低開発』一九六七年）によって論争的な形で提示され、そしてその後はI・ウォーラーステイン[6]によって、より洗練され歴史学的に見てより裏づけられた形で提示された。当時のウォーラーステインは、現代アフリカを専門とする政治学者として自らの研究歴を開始して、その後歴史学へと転じたのだった。この解釈の中心をなしていたのは、以下のような三つの主要命題である。第一に、資本主義は、本質的に市場関係と同一視しうるし、世界規模で見れば「世界システム」の発展と同一視しうる。そしてこの世界システムは、いくつかの「中枢」先進諸国が「周辺」に対する支配を確立しそれを搾取する場となっている世界市場から成り立つということである。第二に、この「世界市場」の確立は、一六世紀における植民地獲得時代の初期にまでさかのぼることができるが、これこそが本質的に資本主義的な世界を創出したのであり、この資本主義世界は資本主義経済の観点から分析されねばならないということである。第三に、宗主国である「中枢」資本主義諸国は、その他の地域を支配し搾取することで発展したのだが、それにより中枢の漸進的「発展」と「第三世界」の漸進的な「低開発」の両方が生じた。すなわち、世界の二つのセクター間で拡大し資本主義の下で埋めることができないまでになった不均衡の成立である。

こうした歴史的諸問題への関心は、一九七〇年代に入ると目を瞠るほどに復活した。この関心は元来、世界のあの〔低開発の〕地域における、とりわけ一九五〇－六〇年代のラテン・アメリカにおける左翼についての独自の政治論争を反映するものである。

この大陸における左翼を分岐させた問題は、革命家たちにとっての国内の主要な敵勢力の性格規定であ

▼5　Ibid., p.41n.〔大阪経済法科大学経済研究所訳、二一五ページ〕

▼6　Immanuel Wallerstein, *The Modern World-System* (NY, 1974)〔I・ウォーラーステイン著、川北稔訳『近代世界システム』一・二（岩波書店、一九八一年）〕。フランクが提示した命題に対して早い時期に出た批判については Ernesto Laclau, 'Feudalism and Capitalism in Latin America' (*New Left Review* 67, 1971)〔E・ラクラウ著「ラテン・アメリカにおける封建制と資本主義」、横越英一監訳・大阪経済法科大学法学研究所訳『資本主義・ファシズム・ポピュリズム』（柘植書房、一九八五年）所収〕を参照されたい。

った。国外の敵は、もちろん「帝国主義」であり、なによりもまず、アメリカ合衆国がそれであると目されれた。しかし国内における攻撃は主に土地所有者に向けられるべきなのか。土地所有者は、広大な後進地域と農業経済を支配し、工業世界から製品を輸入する見返りに世界市場向けの輸出に特化していた。それとも攻撃は国内ブルジョワジーに向けられるべきなのか。工業化（国家に支援された輸入代替化によるもの）に利害と関心をもつ国内ブルジョワジー集団と国内の正統派共産主義政党は、どちらもラテン・アメリカの主要な課題は、農業利権と「ラティフンディズム」（しばしばおおざっぱに「封建制」ないしその遺制と同一視されていた）を解体することだという見解に賛成していた。「民族」ブルジョワジー——マルクス主義知識人でいっぱいのこの大陸には、この通称を自ら進んで受け入れた実業家さえいた——にとって、この見解は、国民的マニュファクチャーのための巨大な国内市場の形成にとっての経済上の主要な障害（すなわち貧困化し周辺化させられていた貧農大衆が近代的経済から事実上排除されていたこと）の除去だけではなく、工業化にとっての政治上の主要な障害を取り除くことをも意味していた。正統派共産主義者にとってこの見解は、米帝国主義と国内「寡頭政治」に抗する国民的共同戦線の創出を意味した。このことが含意しているのは、これらの国々における闘争は、事実そうだったように一直線に社会主義的変革を目指すことを日程に上がらせてはいないということだった。このことはまた、共産主義政党がたいていの場合にそれ以上急激な形の武装闘争や蜂起はしないということを含意していた。他方で極左勢力にとってこうした共産主義政党の方針は、階級闘争への裏切り行為だった。彼らによれば、ラテン・アメリカは、封建制経済ではないばかりか、「二重」経済でさえなく、れっきとした資本主義経済なのであった。主要な敵勢力はブルジョワジーなのであって、ブルジョワジーは米帝国主義と対立する利害をもつどころか、基本的に米帝国主義と一体化し、アメリカ独占資本と国際独占資本の国内における代理人として動いているとされた。それだけではない。革命が成功するための客観的諸条件は現にあるのであって、「ブルジョワ民主主義段階」に相当する当時の局面よりむしろ社会主義こそが彼らの目前の目標なのであった。左翼勢力のこうした分岐は、当時ほとんど同時進行で生じたソ連と中国の分裂により、さらにはキューバにおけるフィデル・カストロの勝利により、劇的なものとなった――当時明らかに中国は、ついには都市を包囲し掌握するであろう農民革命に専心していた。

分岐した双方の立場の論争上の長所がそれぞれどのようなものであったか、ということは、ここでのわれわれの問題ではない。彼らはどちらも単に当時の政治を歴史に投影していたに過ぎない。もしスペインとポルトガルの植民地が一六世紀以来つねに、本質的に資本主義経済の一部であったとするならば、「封建」ないし後進諸国を繁栄するブルジョワ資本主義国へと転換させるという課題は、つねに副次的な問題であったことになる。「発展への障害」は、一九五〇－六〇年代にかくも熱心に分析されたが、もしそれが国内における封建遺制ないしそれに類するものからなるのではなく、植民地国ないし半植民地国が資本主義の国際的中枢に従属していたからこそそうした諸国の低開発が生み出され強化されたのだという端的な事実からなるのだとするならば、農業主義者と工業主義者の対立には意味がなく、低開発を一掃するための条件を生み出すこともできないのであり、それができるのは社会革命と社会主義だけであるとされた。

これは自明のことだが、工業世界とそれ以外の部分との関係の性格は、単に歴史の問題ではなかった。その関係の性格は、従来「帝国主義」という一般的な表題の下で論じられてきたものを、歴史的に新しい文脈において論じられる問題として提起したのである。さらにまた、世界のこの二つのセクターはいかに定義ないし再定義されるべきかについての問題をも提起した。公式の植民地（すなわち外国権力の直接支配の下にある地域であり、したがって自らの政策決定を主権の統治として下すことのできない地域という意味で）が事実上消滅したことで、帝国主義と「植民地主義」が必然的に結合するという図式が疑問視された。政治的な脱植民地化は、植民地をかつて支配していた国の独自の地位に影響したかもしれないが、脱植民地化それ自体は旧植民地国と旧宗主国の経済的関係を変えることがほとんどなかった。マルクス主義的分析にとって脱植民地化それ自体は、どうでもよいことであった。というのも、形式的には主権をもつが事実上は帝国経済圏の一部であるような地域や、名目上は独立しているが外国権力に従属している国家が存在するということは、昔から知られていたことだったからである。他方で、「第三世界」のような用語の流行は、より包括的な再分類が求められていることを示していた。

「第三世界」という概念の先例となるものは、マルクス主義にはない。そして、マルクス主義者は他の人々と同じようにこの曖昧ではあるが便利な用語を使いがちであったにせよ、実際のところこの用語はいかなるマルクス主義的分析とも明確な継承関係がない。それにもかかわらず、マルクス主義者はこの用語を使う誘惑にほとんど抵抗できなかった。というのも、資本主義の活動の本質により貧困と本質的な非工業化の状態に放置されている、植民地世界ないし半植民地世界を帝国主義が搾取するという修正されたモデルに、この用語がうまく適合するように思われたからであり、先進資本主義諸国においてはますます遠ざかっていくように見えた社会革命の可能性が、アジア、アフリカ、ラテン・アメリカにおいてだけは生き残っているように思われたからである。この点で、「第二世界」と「第三世界」の違いは、いわば発生順によるものであった。マルクス主義のリーダーシップの下にある国々の数を一（あるいはひょっとしたら二かもしれない、モンゴルを含めれば）から一一に増やした社会主義の攻勢局面は、中国革命によって仕上げられた。事実そうであったように、これらの国々のいくつかは、少なくとも建国当初、「第三世界」諸国の特徴の多くを引きずっていた（たとえばアルバニアやユーゴスラヴィア連邦の多くの地域である）。これらの国々にその後に加わることになる革命は、すべてヨーロッパの外で生じた。ベトナム（一九五四－七五年）、キューバ（一九五八年）、および（一九六〇－七〇年代の）アフリカの旧ポルトガル植民地、エチオピア、ソマリア、南イエメン、カンボジア、ニカラグアの諸革命である。それだけではない。多くの場合に疑わしくもあり一時的なものであったが、必ずしもマルクス主義のリーダーシップの下にあったりそれを受け入れたわけではないにもかかわらず、自ら社会主義を名乗るか目指すと宣言した国は、すべて「第三世界」地域に見られた。これらの国々はみな、マルクス主義であろうとなかろうと、貧困と後進性の問題に直面していたし、（マルクス主義を掲げたところでは）アメリカおよびその同盟諸国の積極的な敵対行動に直面し続けた。この点で、「第三世界」諸国のあいだに見られた政治制度および目標の違いは、そうした諸国の状況の共通性にくらべて、たいした意味をもたないように思われた。

実際、一九六〇－七〇年代の過程で、単一ですべてを包含する「低開発」の「第三世界」という概念は、いよいよ胡散臭くなり、多くが使われなくなった。それにもかかわらず、「第三世界主義」の時代は続き、マルクス主義思想はその影響を強く受けた。かの世界の運動は労働者階級に依拠するようには見えなかった——そうした諸国の多くでは労働者階級がほとんど存在しなかった——ので、マルクス主義者は自らの関心を革命的潜在力に向け、その結果として労働者階級以外の階級、とくに農民の分析へと向かった。一九六〇年代初頭以来、非マルクス主義の理論と同じくらいマルクス主義理論も、農業・農民問題に相当の力を注いだ。この分野におけるマルクス主義の文献は、社会主義諸国の経験の反省とロシア・ナロードニキの理論家チャヤーノフの再発見に刺激を受けたもので、膨大で印象深い。[7]「第三世界」への関心は、おそらくマルクス主義社会人類学の、とりわけこの時期のフランス（ゴドリエ、メイヤスー）による著しい発展にも貢献した。

▼7　影響力のあった著作家のうち、エリック・ウルフ、テオドア・シャニン、ハムザ・アラウィを挙げることができよう。チャヤーノフの再発見は、マルクス主義者のダニエル・ソーナーによるものだった。

3　六〇年代末と若いインテリたち

三つの複合的事情のうちの最後の論点として、一九六〇年代末の急進主義の波は、マルクス主義に主要な二つの仕方で影響を与えた。第一に、この波は、マルクス主義文献を書いたり読んだり買ったりする者の数を飛躍的に増大させたのであり、それゆえ、マルクス主義の討論と理論の実際の厚みを増した。第二に、この波の規模は――少なくともいくつかの国では――実に広大であり、その登場は実に突然かつ予期せぬことであり、その性格も実に前例のないものだったので、この波は大半のマルクス主義者が長いあいだ自明の前提としてきた多くのことがらについての、広く応用可能な再考を求めているように見えた。この波は、一八四八年革命と同じように、そのいくつかの特徴を歴史的に思考する者の心に呼びおこし、急速に盛りあがり、また凋落した。この波は、一八四八年革命のように、当初そう見えたよりも多くのものを残していった。

急進主義の波は、いくつかの点で独特であった。それは若いインテリたちの運動として始まった。ここでいう若いインテリたちとは、一九六〇年代の過程で世界中のほとんどすべての国々で膨大な数に増えていた大学生たちのことであり、もっと一般化していうと、中産階級の家庭の息子たち娘たちであった。いくつかの国では、この波は大学生ないし近い将来大学生になる者たちに限定されたままだったが、他の国――とりわけフランスとイタリア――では、この波は、長年にわたり見られなくなった規模で工業労働者階級の運動に飛び火した。この波は、とても国際的な広がりをもった運動であり、先進国と従属国、資本主義社会と社会主義社会の境界線をのりこえた。一九六八年は、ユーゴスラヴィア、ポーランド、チェコスロヴァキアの歴史に残る年であったし、それはメキシコ、フランス、アメリカでも同様だった。しかしながら、この波が注目を集めたのは、それが主要に先進資本主義社会の中枢の一角を占める国々の、その経済的繁栄の頂点において生じたからである。しかも、短命とはいえこの波が生じたいくつかの国々の政治体制と制度に与えた衝撃は、とても劇的なものだった。

マルクス主義が関係しているかぎり、それは、「新左翼」を生み出した。彼らは自らをマルクスの名前ないしはマルクス主義の殿堂にある他のいく人かの人物と同一視したいという欲求をもっていたが、その欲求がいかなるものであれ、伝統的なマルクス主義の限界のその先を見ていた。こうして、アナーキズム的傾向が復活するのが見てとれた。それを自覚した現象としてであれ、あるいは一見マルクス主義的に見えるいくつかの通称により変装した姿（たとえば多くの西洋「毛沢東主義」のように）であれ、あるいは没政治的ないし反政治的な文化的反体制の形であれ。また、自らがマルクスとつながっていることを宣伝することに熱心で、マルクス主義革命家たちが伝統的に拒絶したり信用しなかった戦略と政治を遂行していることを隠すことさえしない政治集団の登場も見られた。「赤軍派」とか「赤い旅団」は、レーニンのやり方よりもむしろロシア・ナロードニキのテロリズムの方向性と合致していたし、他方で西欧における民族分離独立運動は歴史的な淵源を政治的右翼ないし極右にしばしばもっているが、彼らもついにはマルクス主義の革命用語をしばしば大真面目に使うようになった。こうした展開の副産物は、「民族問題」と呼びならわされてきたものについてのマルクス主義による論争が一九七〇－八〇年代に際立って復活したことである。

一九五〇年代以降、マルクス主義の発展に長期にわたって影響した諸要因のうち、相互に関連した二つの要因が目立っている。それは、政治イデオロギーとしてのマルクス主義の社会的基盤の変化であり、世界資本主義の変容である。

一九五〇年代以降のマルクス主義の成長は、第二インタナショナルや第三インタナショナルの時期とは違って、主としてその当時ますます大規模かつ重要な社会階層となったインテリたちのあいだで、しかもいくつかの国では圧倒的に、生じたのであった。実際、その成長は、この社会階層のうちとりわけ若者たちからなる重要な部分が急進化したことを反映していた。かつてマルクス主義の社会的淵源は、主にそしてしばしば圧倒的に肉体労働者の運動と政党にあった。だからといってマルクス主義に関する多くの本やパンフレットさえもが労働者により書かれたり読まれたりしたわけではない。独学した労働者階級出身の活動家（ブレヒトのいう「本を読む労働者」）が、労働運動と結合した討論会や労働者学校や図書館や研究機関で学ばれるマルクス主義文献を読む公衆の重要な部分をなしていたとしても。こうして、南ウェールズの炭鉱街には百を超える炭鉱夫向け図書館のネットワークが、この地域の――周知のとおり一九一四年以前から戦闘的な――組合活動家と政党活動家たちが自らの知的教養を獲得した一八九〇年から一九三〇年代にかけて、誕生したのである。[8] このことが意味していたのは、そうした運動に組織された労働者たちがある種のマルクス主義（「ひとつのプロレタリア科学」）を受け入れ称賛し吸収したのは、自らの政治意識の一部をなすものとしてだったということであり、さらには、マルクス主義知識人あるいは実際に労働運動と結合した知識人であれば誰であれ、その大部分は本質的には労働者階級に奉仕する者、あるいはもっと一般化していうとプロレタリアートの歴史的に不可避な台頭と勝利を通じて人類の解放に向かう運動に奉仕する者と、自らをみなしたということである。

一九五〇年代初頭以来、明らかになったことは、社会主義的労働者政党が大衆を基盤にして設立された世界の大半の国々において、社会主義政党はそれが社会民主主義の形を取ろうと共産主義の形を取ろうと、もはや前進しているのではなく、どちらかといえば基盤を喪失する傾向にあったということである。[9] それだけではない。工業化した諸国においては、労働運動の中枢をなしてきた肉体労働者階級が、就業人口における他の部門の労働者に対して相対的にまた時には絶対的にも数を減らした。のみならず、肉体労働者階級の内的な一体性と活力も弱まった。労働者階級の生活水準の著しい改善、消費者としての個人ないし世帯の欲望（それが現実的なものであれ誘引されたものであれ）への商業宣伝とメディアによる大規模な集中攻撃、その結果生じた労働者階級の生活の私生活化、これらがかつてはプロレタリアートからなる大衆政党と労働運動の強さの一因をあれほどの規模で体現していた、労働者階級の共同性の団結力を弱体化させたのは明らかである。その間に、非肉体労働系の雇用が増大し、中等教育と高等教育が拡大したことで、以前よりもはるかに高い割合で、より高給で技能を備えた労働者階級の息子たち娘たちが――そして最も勉強と読書に熱心に取り組んだ労働者であると同時にプロレタリアートの潜在的な幹部であり労働運動の指導者である者たちが、流出していったのである。南ウェールズの炭鉱夫向け図書館の調査が一九七三年には図書館がもはや三四しか存続していないと悲しげに報告しているように、「一九三〇年代とは異なり一九六〇年代までには、読書は炭鉱街における主要な娯楽のひとつではなくなった」のだ。[10] 労働運動に関わらなくなった子供たちの世代は、必ずしも自分たちの両親の大義を信奉することをやめたわけではなかったし、政治的な活動をしないわけでもなかった。けれどもそうした世代は、両親の世界と自分自身

▼8　そうした図書館やそこに収められた蔵書、さらにはそこの「修了生」のリストを知るには、次のものを参照されたい。Hywel Francis, 'Survey of Miners' Institutes and Welfare Libraries, October 1972-February 1973' (*Llafur* I, 2, May 1973, pp.55-64).

▼9　フランス、スペイン、ギリシャでのように、いくつかの弱小あるいは瀕死の社会主義政党が一九七〇年代初頭以来、一見復活したかに見えるが、これを誤解してはならない。もはやこれらの党は、伝統的な路線に従ってプロレタリアートを基盤にした大衆政党として活動してはいない。主に、現存保守体制への不満や国家、経済、社会のさまざまな改革への欲求により一体となっただけの社会的には異種混交の有権者動員組織なのである。

▼10　H. Francis, op. cit., p.59.

の世界とのあいだには溝があることを強く意識していた。労働運動の経験が自伝、ルポルタージュ、イデオロギー的省察を結合したひとつの力強い文学ジャンル――その著者たちのうちのいく人か（たとえばレイモンド・ウィリアムズ）は左翼の天空に輝く巨星となった――を生み出した国であるイギリスでは、このことはとりわけ強く意識された。

こうした発展は、労働運動に対してもマルクス主義に対しても深く影響しないわけにはいかなかった。というのも、どちらも本質的には次のような信念に基づいて成長したからである。すなわち、資本主義はプロレタリアート（肉体労働者の階級とみなされた）の姿をした自らの墓掘人を生み出すのであり、このプロレタリアートは、その数と自己意識と力量において成長を続け、その政党ないし運動により代表され、さらには、よりいっそう社会主義的になり（すなわち革命的になり――革命的というのが正確には何を意味するのかについては意見が食い違うとしても）、不可避的な歴史過程の媒体として勝利することを歴史的に定められていた、という信念である。しかし第二次世界大戦以来、西側の資本主義の発展とそこにおける労働運動の発展は、そうした展望をますます疑わしいものにするように見えたのである。

一方で、肉体労働者は、社会主義運動が彼らに与えた（と同時に彼らも社会主義運動に与えていた）歴史への信頼を失った。イギリス保守党のある指導的政治家が思い出を語ったところによれば、労働者階級出身のある有能で精力的な労働党下院議員が一九三〇年代に彼に次のようにいったという。「あなたの階級は衰退しつつあるけれども、わたしの階級は未来の階級です」[11]。一九八〇年代にこんなやりとりが交わされるとは考えられない。他方で、歴史的に見れば社会主義の勝利は不可避であるという予測は、政治戦略にはとうていなりえないと長く意識されてきたけれども、それにもかかわらずマルクス主義政党は、そのメンバーと指導者たちが自らの歴史的進行方向を描くための羅針盤とみなしていたものが不確実になったことにより、方向感覚喪失に陥った。この方向感覚喪失は、一九五六年以降、否認したり否定したりすることがいよいよ困難になったソ連その他の社会主義諸国の発展により、強化された。マルクスその他の「古典」の基本的分析から長期および短期の戦略と戦術にいたるまで、マルクス主義者が従来は当然とみなしていたものの多くを、まさに根本的に再考することが避けられなくなった。

そうした再考は、一九一七年以降のマルクス主義の伝統的主流派——ますます独断的になるそうした正典が解体し始めるまで、ソ連および国際共産主義運動と結合していた——の枠内ではいよいよ困難になっていたのである。したがってマルクス主義の伝統的主流派は、待機と硬直化として特徴づけられていたのであり、マルクス主義的分析の見直し作業は意図的に遅らされたのである。一九〇〇年以降のマルクス主義者にとって、そして間違いなく、共産主義運動により教養形成したすべての人々にとって「見直し」とか「修正主義」という言葉それ自体がマルクス主義の放棄ないし裏切りでさえあるというただそれだけの理由でそうされたのである。[12] したがって、マルクス主義的分析を改訂する動きが始まったとき、そうした動きはそれだけいっそう突然のことだったのであり、古いマルクス主義と新しいマルクス主義の対決は、やはり劇的なものとなった。第二次大戦直後にそれができていれば、戦後資本主義の性格特性の変容を見て取ることは、容易であったろう。ガルブレイスのような非マルクス主義者や、ストレイチーやショーンフィールドのような元マルクス主義者は、早くも一九五〇年代にはそうし始めていた。積極的に活動するマルクス主義者も、その批判的同調者も、一九三〇年代にマルクス主義は「世界経済危機とファシストの

▼11　この小噺は、R・A・バトラー（卿）からの引用である。

▼12　すでに見たとおり、「新左翼」の大部分、そしてマルクス主義理論に興味をもった「新左翼」のメンバーの大半は、当初、ボリシェヴィキの伝統によって教養形成した、あるいはそれ以外の仕方でボリシェヴィキの伝統と結びついていた党ないし集団を去ったりそこから除名された元共産主義者たち（それが正統派であろうと異論派であろうと）だった。

挑戦を不十分とはいえ一貫性をもって説明していた」（リヒトハイム）ということに、あるいはまた「一九三〇年代の大不況はマルクス理論と見事に合致した」（バランとスウィージー）ということに同意していた[13]が、他方でまた、両者ともに「ポスト資本主義社会の理論を定式化するに際して、マルクス主義は自由主義よりうまくいっていたわけではなかった」（リヒトハイム）ということにも、あるいは「マルクス主義は『豊かな社会』の主要特性のいくつかをわたしたちが理解することを、おおいに手助けしたわけではなかった」（バランとスウィージー）ということにも同意していたのである。ひとつの世代の最良の部分にわたって、ほとんどのマルクス主義者は、彼らが変革したいと望んだ世界の現実の姿に直面することに失敗したか、あるいはそれをためらったのだ。

マルクス主義内部の革新現象の唐突さは、若きインテリたちの主に教育課程における大規模な急進化により拍車がかけられたが、それというのも、すでに見たとおり、この急進化がマルクス主義理論の社会的な支持基盤を大きく変えてしまったからである。党員ともちろんその指導者も主に学位証書をもった人々からなるマルクス主義政党と組織が——どれも小規模だが——生まれた[14]。というのも、労働組合の発展が示しているように、工業に組織された肉体労働の割合が減少するにしたがって、労働組合運動の数と比重が非肉体労働系の雇用において増大したからである。とりわけ、拡大する公共部門、企業ごとに組織されている職業および職種、メディア産業、社会的責任に直接関連する業務と呼ばれうるもの——教育、健康、社会保障などの——において、それが著しい。しかもそうした職業における非肉体労働者が、何らかの形態のより高い教育を受けた男女で充足される傾向が拡大している。

それだけではない。若いインテリの急進化は、マルクス主義文献を読みたいという公衆の欲求や、マルクス主義の知的存在感の拡大をもたらしただけではなく、そうしたことがらを再生産するメカニズムをもたらしもした。

マルクス主義の要素は、学生たちがお互いに交わすやりとりの言葉遣いに浸透するようになったが、それは急進主義的学生運動――それはラテン・アメリカにおけるようにしばしば独自のスタイルをとり、一九六〇年代末のヨーロッパのいくつかの国におけるようにしばしば伝染性をもっていた――出身の男女が教師や情報伝達の仕事に従事するようになるにしたがって、ますますそうなった。しかも実際――発展途上諸国においてのみならず――政策決定者、国家公務員、メディア業界は、ますますその新人調達を急進化した世代の大学生たちに依拠する領域となった。マルクス主義は、教育とコミュニケーションに関連する諸産業にかつてよりもいっそう堅固な足場を獲得した。このことがマルクス主義の影響力を固めたのだ。一九六〇年代の若き時代の子らは、彼らの多くにとって（組織立った政治的パージさえなければ）長い経歴になるであろう仕事を開始した。彼らの多くが、時の経つうちに若い頃の自らの信念を穏健化ないし放棄することになったかもしれないが、他方で彼ら自身は急進的学生運動の乱高下に自らつき従うことはしなかったのである。

こうした展開は、予測されないわけではなかった。そのことが劇的な姿で誰の目にも明らかとなるずいぶん前に、マルクス主義について最も有能な観察者のひとりがすでに書いたように、「先進」国においてマルクス主義は「現代社会そのものの批判へと転じて」しまったように思われるのであり、それもほとんど「近代工業と科学テクノロジーにより創出された世界をインテリゲンチャが拒絶することを下支えする

▼13　G. Lichtheim, *Marxism* (London, 1961), p.393〔奥山他訳、三二八ページ〕。P. Baran and P.M. Sweezy, *Monopoly Capital* (NY, 1966), p.3.〔P・バラン、P・スウィージー共著、小原敬士訳『独占資本』（岩波書店、一九六七年）六ページ〕。

▼14　このことは、革命セクトや革命グループのメンバーにだけあてはまることではなく、かつてのスウェーデン共産党のように自己変革した小規模な共産主義政党にもあてはまる。

目的をもっていた。そしてこの論争の主要な闘争舞台は、大学が用意したのだ」[15]。目新しかったのは、インテリがマルクス主義へ転向する規模が想像以上に大きかったことだが、それも主に、一九六〇年代に世界中で高等教育制度とそこに通う学生の数が劇的に拡大したことであり、それが歴史的に前例のない拡大だったことによる。

インテリ（主に若いインテリ）の急進化は、一連の特徴を帯びていて、その特徴はそうしたインテリ世界の内部あるいはその世界のためにつくられたマルクス主義思想に反映していた。第一に、この急進化は、当初、経済的不満や経済危機の結果ではなかった。実際に、急進化は一九六〇年代末にその最も壮大な姿で登場した。すなわち、「経済の奇跡」と呼ばれた資本主義の拡大と繁栄の時代の頂点において、しかも大学生の教育と出世の見込みが大半の国々で非常に高い時代に登場したのであった。したがって急進的批判の主要な標的は、経済ではなく、社会ないし文化であった。もし社会そのものを批判するためのそうした研究を代表する大学の学科が何かあったとしたら、それは社会学であった。それゆえこの科目は急進的学生を不釣り合いなほどたくさん引き寄せ、しばしば「新左翼」の急進主義と事実上同一化した。第二に、急進化した若いインテリたちは、マルクス主義が伝統的に労働者階級とのあいだに（そしてその「第三世界」版においては農民階級とのあいだに）結んでいたつながりにもかかわらず、彼らの生活パターンないし社会的出自のせいで、労働者とも農民とも切り離されていたが、それでもインテリたちは理論上は情熱的に彼らと一体化していた。もしインテリたちが上層ブルジョワジーの子弟であったならば、彼らは近代ロシアのナロードニキのように「人民のなかへ」入ろうとすることぐらいはせいぜいできたかもしれないし、彼らのグループに積極的に参加する相対的に少数のプロレタリア、農民、あるいは黒人を誇りに思ったかもしれない。もし彼らインテリたち自身がプロレタリア、農民、あるいはもっとありそうな下層階級や中層階級といった出自であったならば、彼らの状況と将来の経歴は、当然のごとく彼らをそうした本来の社会環境から外へと引き出したのである。彼はもはや労働者でも農民でもなく、自分たちの両親からも隣近所からもそうと見られることはもはやなかった。さらにいえば、彼らの政治的見解は、（一九六八年五月のフランスでのように）インテリと労働者の両者が同じときに戦闘行為に参加している場合でさえ、大半の労働者の見解よりもはるかに急進的となる傾向があった。

　したがって、「新左翼」のインテリたちは時に、階級としての労働者を資本主義に統合されているがゆえにもはや革命的ではない——おそらく「反動的」でさえある——という理由で退けがちだった。こうした分析の典拠〔locus classicus〕はヘルベルト・マルクーゼの『一次元的人間』〔生松敬三・三沢謙一訳、河出書房新社、原書刊行はロンドン、一九六四年〕であった。そうでないとしても、彼らは、それが社会民主主義的であれ共産主義的であれ、実際の大衆的な労働運動と政党を、社会主義への熱望を捨てて改心した裏切り者として退けがちであった。これとは逆に、動員された学生たちは、ほとんどすべての先進国において、さらにある程度はそれ以外の国においても、少なくとも彼らが中産階級の特権的な子弟あるいは将来特権的な支配階級になる者とみなされている限り、大衆からはまったく受け入れられなかった。したがって、「新左翼」周辺のマルクス主義理論は、ある程度の孤立のうちで発展したのであり、マルクス主義的実践とのつながりも非常に問題含みのものだった。

　第三に、新左翼の周辺は、次のような二つの意味でアカデミックなマルクス主義思想を生み出す傾向にあった。それがアカデミックだというのは、まず、その思想が主に過去、現在、将来の学生からなる公衆に向けられており、しかもアカデミックな訓練を受けていない者にとっては容易に近づきがたい、どちらかといえば秘儀的な言語で表現されていたからであり、次に、ここでリヒトハイムを再度引用するならば、

▼15　G. Lichtheim, op. cit., pp.393-4.〔奥山他訳、三二八ページ〕

新左翼は「政治行為からもっとも遠くに持ち去られてしまったあのマルクス体系の諸要素にしがみついていた」[16]からである。この手のマルクス主義思想は、純粋マルクス主義への、しかもとりわけ諸学科のうちで最も普遍的で抽象的な学問、すなわち哲学への強い好みを示していた。マルクス主義の哲学的出版物の目録は、一九六〇年以後、ぶ厚くなり、急進的なインテリたちの最も多くの注目を集めた国内および国際的なマルクス主義論争は、実際にも、哲学者たちと結びついたものだった。すなわち、ルカーチ、フランクフルト学派、グラムシ派、デッラ＝ヴォルペ、サルトル、アルチュセール、それに彼らのさまざまな追随者、批判者、反対者である。このことは、中等教育を修了した者であれば誰であれ何らかの哲学教育を受けることを逃れられない国々――たとえばドイツ、フランス、イタリア――では、おそらく驚くにはあたらないことだったが、アングロ・サクソン系諸国のように哲学が一般の人文系高等教育の一部ではないところでは、そうした哲学的論議への好みは、非常に目立つものになった。

アルチュセールがあたかもマルクス『資本論』を主に認識論の著作であるかのようにみなしたときのように、哲学は他の諸学科に浸透する傾向があった。哲学は、「理論的実践」と定義される何ものかに対するつかの間の流行に見られたように、実践に取って代わることさえあった。現実の世界の探究と分析は、世界の構造とメカニズムについての一般化された考察の背後に、あるいはそれどころか、そもそも現実世界はいかにして理解可能かといったなおいっそう一般的な研究の背後に退却してしまった。理論家たちは、現実の諸問題や実在する社会の将来展望についての考察から「生産様式」一般の「節合」をめぐる論争へとそれることに引き付けられた[17]。晩年のニコス・プーランザスは、彼が具体的分析をしなかった、あるいは「具体的な経験的事実や歴史的事実に」あまり言及しなかったといって批判されたとき、それに対する自己弁護としてそうした批判は経験主義と新実証主義のあらわれでしかないと論じたが、それでも自分の仕事には「ある程度の理論中心主義〔theoreticism〕の傾向」があると認めていた[18]。明らかにそうした極端な理論的抽象化は、きわめて有能なフランスのマルクス主義哲学者ルイ・アルチュセールの影響力と結びついていた。彼の影響は、一九六五－七五年頃がそのピークであった――アルチュセールの国際的な流行の広がりは、それ自体が意義深いものだ――が、やはりそれにしても純粋理論の魅力の広がりは著しいものだった。その魅力の広がりは、かなりの数の年長のマルクス主義者を当惑させたし、しかも当惑したマルクス主義者は、経験主義の国の出身者に限られなかった。[19]

そうしたマルクス主義者たちは、抽象的理論に集中するのを拒否したわけではない。とりわけマルクス自身が自らの精力を傾注した諸問題に――経済理論の諸問題のように――抽象的理論が関係する場合であれば。そうした著作それ自体がもつ知的面白さやそうした問題を追究する人々の知的な功績とはまったく別に、マルクス主義理論の土台を再考することは、マルクス自身の著作とマルクス主義を、思想的に首尾一貫しており矛盾のない体系として批判的に吟味することの必要性のひとつの本質的要素である。それでもやはり、そうした純粋理論構築を世界の具体的な分析から区別する隔たりは大きなものであり、そうし

▼16　Ibid., p.394.〔奥山他訳、三二八ページ〕。

▼17　アルチュセール以降のマルクス主義理論における「節合」という用語の展開をめぐる有益な議論については、次のものを参照されたい。A. Foster-Carter, 'The Mode of Production Debate' (*New Left Review* 107, 1978, pp.47-78).

▼18　N. Poulantzas, 'The capitalist state: a reply to Miliband and Laclau' (*New Left Review* 95, 1976, pp.65-6). プーランザスの主要著作には、次のものがある。*Political Power and Social Classes* (London, 1973)〔田口富久治・山岸紘一・綱井幸裕訳『資本主義国家の構造』Ⅰ・Ⅱ（未來社、一九七八－八一年）〕, *Fascism and Dictatorship* (London, 1974)〔田中正人訳『ファシズムと独裁』（批評社、一九八三年）〕, *Classes in Contemporary Capitalism* (London, 1975).

▼19　ベテランのマルクス主義歴史家による礼儀正しくはあるが容赦ないアルチュセール批判については、次のものを参照されたい。P. Vilar, 'Histoire marxiste, histoire en construction: essai de dialogue avec L. Althusser' (*Annales* 281, 1973, pp.165-98).

た理論構築とマルクス自身の著作の大半とのあいだの関係は、科学哲学者と実際の科学に従事している研究者の関係によく似ているようにしばしば思われる。実際の科学研究者は科学哲学者をしばしば賞讃してきたが、彼ら研究者は自分たちの実際の研究において哲学者に助けられたことはそれほどなかったのである。それは、科学哲学が、科学者が確立しようとして生涯を費やしたものを満足に証明できなかったことを示したときに、とりわけそうなのである。

しかしながら、インテリたちの急進化の帰結には、理論的なもの以上のなにかがある。それは、彼らが労働者に合流するために階級分断線を超えた諸個人と自らをみなし、あるいはみなされることがもはやできないからという理由を見るだけでも、あるいはすでに見たとおり、社会階級としてのインテリと労働者のあいだには溝が広がっているという理由だけを見ても、明らかだった。極端な場合には（アメリカでの例のように）、ベトナム戦争の時期に、一方は反戦活動家を生み、他方は戦争賛成デモの参加者を出した。しかしながら、その双方が左翼の側に立っていたときでさえ、彼らの政治的関心の焦点は異なる傾向にあった。したがって、環境やエコロジーの問題に対する強い関心を呼び覚ますには、純粋にプロレタリア的な組織においてよりもインテリ左翼の方がずっと反応がよかったのだ。両方の集団が結合すれば――まだそれが生じた国では――政治的には最も強力だった。左翼が支援したブラジル、反共主義者が支援したポーランドは、どちらも一九八〇年代のことである。したがって、それが永続的なものであろうとなかろうと、両者の溝ないし結合の欠如は、マルクス主義的運動の行動によって社会を変革するという実践的展望に、影響しがちであった。また同時に、経験が教えるところによれば、もっぱらインテリを基盤とする政治運動は、階級意識と階級的忠誠心という固い結束によって団結した伝統的な社会主義ないし共産主義の労働者政党のような大衆政党を生み出すことは、できそうになかった。あるいは、実際にはいかなる大衆政党も生み出しそうにはなかった。知識人を基盤とする政治活動はまた、そうした基盤をもつグループの、そして実際には彼ら知識人が練り上げたマルクス主義学説の、政治的可能性と展望を制約しがちであった。

他方で、マルクス主義の舞台での知識人の影響力の増大は、とくに彼らが若いかアカデミックであるか、あるいはその両方である場合には、国境さえも超えて、彼らの中心同士の急テンポの交流をこの上なく促進した。この階層に属する者たちは、とりわけ動きが早く、コミュニケーションの速さに類がないほどに慣れていた。それだけではない。彼らの人間的なつながりとネットワークは、国家による組織立った冷酷な弾圧にさらされない限り、分裂や混乱に対して非常に免疫があった。学生運動が大学から大学へと広がった際の速度がそのことをよく証明している。したがって、この運動が作りだした新しい段階は、マルクス主義運動の組織された国際主義が、一八八九年以来初めて、事実上存在するのをやめたまさにそのときに、実践的にも理論的にも、むしろ事実上の情報的国際主義を可能にしたのだ。実際に生まれたのは、喧嘩っ早いところもあったにせよ、ひとつの情報上の世界主義的なマルクス主義文化だったのだ。もちろん、国民的、地域的な傾向は存続したし、自分の出身国以外ではほとんど知られていないマルクス主義の著作家もいた。しかし他方で、その著作が元々英語やフランス語あるいは容易に理解または翻訳できる世界のその他の言語で書かれていれば、マルクス主義の問題に関心をもっている者たちが誰もその名前を知らないような、マルクス主義知識人を擁している国というものも、ほとんど存在しなかった。マルクス主義の用語からなるこの国際主義的な世界に参加するにあたっての主な障害は、言語（たとえば、元々日本語で書かれた著作）か、経済であった（貧困から抜け出せないでいる階級出身のインドの知識人。助成金を受けずに刊行された書物を定価で購入することができなかったか、あるいは――外貨をもたないがゆえに――外国の刊行物をわずか数冊輸入する以上のことができなかった）。それでもやはり、マルクス主義の歴史における初期のどの時代と比較しても、以前よりもこの知的世界は、地理的に見ていっそう拡大したし、この世界のなかで討論する「理論家」その他のマルクス主義の書き手の数も、ほとんど確実に増えた

――そしていっそう異種混交的になった。

4　マルクス主義の多様な発展

以上を踏まえ、マルクス没後一〇〇年にあたる一九八三年に存在するようなマルクス主義の傾向と発展を、どのように要約すべきだろうか。

第一に、マルクス主義は、一九一四年以前にドイツの社会民主党が事実上行使していたり、ソヴェート共産主義が世界中のマルクス主義に対してそのヘゲモニーを発揮していた時期に行使していたような、支配的ないし拘束的な国際的正統性による結合を失った。異端的な解釈であっても、それを事実上非マルクス主義的なものとみなすことはいっそう困難になったし、逆に劇的な変革をめざすマルクス主義以外の政党や運動の戦略は、いまや自分たちのイデオロギー的な上着を飾るバッジ程度にしか、マルクスを扱わないようになった。ソ連ブロックと中国とで解釈が異なっていたように、お互いに張り合い抗争しあう複数の正統派がマルクス主義に生まれた。マルクス主義政党の内部にも、マルクス主義をめぐる複数の解釈が生じ論争となった。そのため論争は、ついにはいくつかの共産主義政党においては、どのマルクス主義の単一の解釈が支配しているともいえないようなところにまで行きついた。このことはまた、そうした政党の内部に競合しあう潮流ないし分派を生み出したし、とりわけ古い共産主義政党の左派に生じた集団や組織は、お互いがマルクス主義の名の下に争い合うか自らが分裂したから、そうした諸集団の多様性は、分裂をさらにイデオロギー的に正当化しがちであった。マルクス主義は、ついには他のイデオロギーと――カトリック、イスラム教、ときにはナショナリズムとも――自ら進んで結合した。他方でその他のマルクス主義は、自らが奉じることになったイデオロギーであれば何であれ、その名の下にマルクスやその他のマルクス主義者（たとえば毛沢東）の名前を引き合いに出すことで満足した。マルクス主義者集団の基礎となっていた社会階層が変化したことで、多元主義への傾向が強まったが、それだけではなく、マルクス主義は狭い意味での政治の分野を超えて（マルクス主義の顧客となった新しいインテリ層を通じて）一般的なアカデミズムと文化の領域へと広がっていくようになった。

この新しい多元主義は、一九一四年以前の時代に見られた政治的不一致への寛容とは区別されなければならない。ベルンシュタインの修正主義は、ドイツ社民党内で許容されていたけれども、同時にそれは路線の理論としては、党によってもマルクス主義者の大半によっても望ましくないもの、非正統的なものとして却下された。これに対していまや、いく人かのマルクス主義者によって提起された諸理論が他方のマルクス主義者たちの疑念や反発を呼びおこす一方で、何が正統な解釈をなし、何が事実上「マルクス主義的」であることをやめたのかについて、一国内であれ国際的にであれ、承認された合意がほとんど存在しなくなった。このことは、哲学、歴史学、経済学のような分野でとても顕著となった。

このようにマルクス主義が不明瞭な形で多元化し、権威のある解釈が凋落したひとつの帰結として、マルクス主義内部に「理論家」が再登場したことが挙げられる。とはいえ、一九一四年以前の時代とは違って、こんにちの「理論家」は、特定の政治組織あるいは政策とさえ緊密に結びつくことがもはやなく、ましてやカウツキーがあの時代にそうしたように、非公式にではあれときには重要な政治的役職を占めることなどさらにない。知識人によって指導される小さな運動体では、指導者がいまだにときには理論家として一人二役を演じることはあっても、スターリン主義が生み出した社会主義国のいくつかの珍妙な倒錯（たとえば北朝鮮）を除けば、党の指導者を理論家と自動的に同一視するという作風は、スターリン主義の衰退に伴って消滅した。国際的なマルクス主義論争に威信と影響をもたらした人物や、その周りに「学派」が集う人物が、党員としても知られている場合（たとえばL・アルチュセールはフランス共産党員だった）でさえも、通常そうした人々は党を「代表する人」とみなされることはなかった。ようするに、彼らは、党活動とは関係なく論文や本を書いている私人として影響を発揮する傾向にあった。一九五〇年代以降、さまざまなときにさまざまな期間、さまざまな目的をもって、そのように振る舞ってきた人々こそ、――マルクス主義の論争が渦巻く際の中心軸となった人々の名前をほんの少しだけ挙げるとすれば――アルチュセール、マルクーゼ、サルトル、スウィージーとバラン、コッレッティ、ハーバマス、A・グンダー・フランクのような人々であった。彼らのマルクス主義の性格のみならず、マルクス主義に対する彼らの実際の関係も、しばしば不明瞭であったということこそが、この時代の多元主義に典型的なのである。印刷物は読める状態で残っているのだから、その著者たちが自分の著作についてなされた解釈にコメントすることがもはやできないということを除けば、著者が死んでしまったかどうかは必ずしも重要な問題ではない。正統性の解体は、過去の卓越したマルクス主義思想家たちの大部分を、マルクス主義論争の公的舞台に復活させたのであり、次のような人々は再度注目を浴び影響を与えるべく準備ができている。すなわち、ルカーチとベンヤミン、コルシュとオットー・バウアー、グラムシとマリアテギ、ブハーリンとルクセンブルクといった人たちである。

第二に、すでに示唆したとおり、何がマルクス主義的であり何がそうでないかを区別する境界線はいよいよ不明瞭になった。このことは、予想できることであった。というのも、マルクス主義のあれだけ多くが、マルクス主義を淵源とする知識人も含めて、冷戦体制もものともせずに大学教育や論争の主流へと浸透していたからである。このことはまた、急進的学生からなる広範な新しい公衆が要求していたことの当然の副産物でもあったし、それまでマルクス主義の真髄として受容されてきたものの多くが真剣な再考を求めているという発見の副産物でもあった。ヨーロッパの歴史叙述についてのひとつの（非マルクス主義的な）調査が一九七八年に明らかにしたところによると、「この数十年間にマルクス主義歴史家たちは職業的ギルドに入りこむことに成功した」という。——それと並んで、この調査の索引にはレオポルト・フォン・ランケとマックス・ヴェーバーを除けば他のどの名前よりもマルクスについて事項が最も多いことも指摘されている。▼20 最も影響力のある経済学の教科書は、一九七〇年代にマルクス経済学について特別に一章をあてることに決めた。▼21 たとえばフランスでは、こうしてマルクス主義は、ついに知の分野を構成する要素のひとつになった。通常フランスの知の分野は、マルクス主義以外にもソシュール、レヴィ＝ストロース、ラカン、メルロ＝ポンティら（さらには高校《リセ》の高学年の授業で取り上げられる影響力のある哲学者ないしパリの第五区や第六区で議論の対象となる思想家であれば誰であれ）を含む。そうした文化で育ち、自分のマルクス主義を習得したマルクス主義知識人は、マルクス主義の用語体系に慣れていない読者に理解してもらうために、またマルクス主義には自分たちの理論の観点からしても何か論じるべきものがあるということを批評家に証明するためにも、それが優勢な語法であれば何であれ、その語法にマルクス主義を翻訳することが望ましいとみなしたに違いない。そうした時代の産物の典型は、G・A・コーエンによる唯物史観の再定式化であるが、彼は「二〇世紀の分析哲学を特徴づけているあの明快さと厳密さという基準」▼22 の用語系を使って、またそうした基準を適用することによって、それをなしたのである。そうでないとするならば、彼らはマルクス主義とそれ以外の影響力のある理論——構造主義、実存主義、精神分析その他——との何らかの結合を単に生み出しただけなのかもしれない。

▼20　Georg G. Iggers, *Neue Geschichtswissenschaft* (Munich, 1978), p.157.
▼21　Paul A. Samuelson, *Economics* (tenth edition, 1976), chapter 42.〔P・A・サムエルソン著、都留重人訳『経済学』上下（岩波書店、一九八〇年、第一一版）〕。
▼22　G.A. Cohen, *Karl Marx's Theory of History: A Defence* (Oxford, 1978), p.ix.

新しいマルクス主義者たちは、自分たちが学校や大学で何かそれ以外の種類の知識や理論的立場をすでに身につけてからマルクスに引きよせられることが多かったので、そのことがその後の彼らのマルクス主義を特徴づけた。したがって、大戦後（一九四八年）に成人として共産党員になったアルチュセールに関して、彼の知的背景はマルクスとは程遠く、しかもマルクスについての論考を書き始めた頃、彼はマルクスの著作よりもスピノザの著作の方によほどよく通じていたということはほとんど確実であると指摘しても、彼を貶めたことにはならない。もしそうした新世代のマルクス主義者たちがもっと若かったとしたら、おそらく革命家としての自分の青春時代に身につけたマルクス主義の諸要素を、それ以外の知的影響や知的発展にしばしば結びつけるような教師を前にして、彼らも今頃はその教師の門下生になっていたかもしれない。基本的に、こういうことは新しい話ではなかった。過去において、高度の教育をうけたマルクス主義者たちは、正典が意図的に誇張したマルクス主義と大学の教養とのあいだに走る溝に橋をかけようとした。このことは、オーストリア・マルクス主義とフランクフルト学派に見事にあてはまる。新しさは、制度化されていて知的鎖国志向のマルクス主義のもっと古い拠点にとっての危機と不確実性の時代に、学問的な訓練を受けたインテリたちの量的急進化にあったのだ。

その当時、マルクス主義は、自分たちの外を見ることをますます余儀なくされていた。というのも、その発展（正統派においてもトロツキストのような異端派においても）の共産主義的段階の特徴がかくも際立ったものであったマルクス主義思想が、自己孤立化と自己限定をしたことにより、マルクス主義者はほとんど考察したことがなく非マルクス主義者がおおいに考察してきた分野が、広大なものになったからである。マルクス経済学がそのよい例である。計画経済を中心的に行政管理してきたマルクス主義の政府は、自分たちがおこなった計画や経営管理の欠陥に気づくや否や、大学のブルジョワ経済学をたんなる資本主義擁護の一形態として退けることができなくなった。逆に、「政治経済学」の通説を修正しただけの言い直しは、もっぱら資本主義が自らの問題を解決できず、その特性を「本質的には」変更していないと論証することだけにあてられる一方で、社会主義経済についての観察は、無意味な概説に限定されていたのだが、マルクス経済学はもはやそうした言い直しに自己を限定することができなくなった。[23] 正統派理論が何といおうと、社会主義社会で実際に働いているエコノミストは（たとえ公式にはエコノミストとは呼ばれないとしても）、オペレーションズ・リサーチとプログラミングを考慮に入れなければならなかったし、そうすることで社会主義経済についての分析をも含む資本主義社会のエコノミストの仕事と合致し、それを活用するようになった。[24] これは余談だが、経済学のいくつかの重要な発展は、一九二〇年代にソ連経済に生じた新しい課題を解決しようとした東欧のマルクス主義者やそれ以外の経済学者たちにまでさかのぼることができるし、それゆえ、公式のマルクス主義の正典から長いこと除外されてきたにせよ、ひとつのマルクス主義の系譜が存在することを指摘することができる。

こうして、自らの理論を、真理への自分たちの排他的な要求を正当化し、マルクス主義以外のすべての者たちの誤謬（「反マルクス主義」）を断罪する単なるイデオロギーとして扱うことをしなかったマルクス主義者は、非マルクス主義者が自らの分野でしてきたことを知らないですませることはもはやできなかっ

▼23　わかりやすい例として、次のものを参照されたい。O. Kuusinen (ed.), *Fundamentals of Marxism-Leninism* (Moscow, 1960), part III and chapters 22, 23.〔日本共産党中央委員会宣伝教育部訳『マルクス＝レーニン主義の基礎』四分冊（日本共産党中央委員会機関紙経営局、一九六〇年）、第三部および第二二章、第二三章〕。

▼24　その初期の例として次のものを参照されたい。Oskar Lange, *Political Economy I: General Principles* (Warsaw, 1963).〔O・ランゲ著、竹浪祥一郎訳『政治経済学』（合同出版社、一九六四年）〕。この著作の第五章「合理的経済運営の原理」は、とりわけフリッシュ、サミュエルソン、ソローの業績に言及する「プログラミングの数学的基礎」という補論を含む。ランゲは、第二次大戦後のポーランドに帰国した卓越した社会主義の研究者であった。

た。実際、学問的な訓練を受けた新世代のマルクス主義知識人たちは、非マルクス主義者の知識を避けて通ることはできなかったのだ。逆に、学生急進主義の圧力は、マルクス主義についての専門課程ないしはマルクス経済学のような科目を大学（これらのテーマに関する無知は、大学ではしばしば深刻であった）に導入することにつながった。そうした科目は、一九七〇年代には英語圏では実にありふれたものになった。しかしながら、アカデミックな制度や科目にマルクス主義の影響が浸透するのは、そうした圧力がなかったとしても、進んでいった。というのも、一方では、先行世代のマルクス主義知識人が自らの専門分野で昇進していったからであり、他方では一九六〇年代型の若い知識人たちもそうした分野に参入してきたからであるが、それよりも大きな理由として挙げられるのは、多くの分野におけるマルクス主義の知的貢献をマルクス主義に特別な共感を抱いていなかった人々でさえも取り入れるようになったことである。このことは、とりわけ歴史学と社会科学にあてはまる。フランスの歴史家たちからなるアナール学派にも、その総帥であるフェルナン・ブローデルにも、彼らが若かった頃にはマルクス主義のいかなる影響も意義のあるものとしては見受けられなかった。しかしながら、ブローデルの後期の重要な著作『物質文明と資本主義』には、フランス人であれ何人であれ他のいかなる著述家よりも、マルクスへの言及の方が多いのである。この卓越した歴史家は、マルクス主義者であったことなどただの一度もなかったが、このテーマに関する主著は、マルクスにさかのぼって言及しないですますことはできなかった。この合流が生じたおかげで、マルクス主義者も非マルクス主義者も、ほとんど同じやり方で開拓する広大な研究分野が生じた。その結果、著者がとりわけマルクス主義を宣伝するか拒否するか、擁護するか攻撃するかでもしない限り、ある特定分野の業績がマルクス主義的であるかないかを決めることは困難になった。マルクス主義者が昔の正統派的解釈をいよいよ放棄するようになったので、あらゆる研究を一方あるいは他方の陣営にきっぱりと振り分けることがますます困難にさえなり、ときには無意味なことになった。

こうして、マルクス主義者がマルクス主義の伝統だけではなく、マルクスその人の理論をも再考する構えができたことが、一九五〇年代以降の発展の第三の特徴をもたらした。もちろんこのことそれ自体は目新しいものではない。マルクス経済学内部の論争は、一九六〇年以降に目を瞠るほどに復活を遂げたが▼25、本来この論争は上位の権威によって押しつけられたドグマにより窒息させられるまでは、つねに活気があった。マルクスの分析の一部をさまざまな根拠に基づいて修正する試みは、一九〇〇年代にはお馴染みのことであったし、ベルンシュタインの「修正主義」に関連したものだけではなかった。実際、マルクス主義を学説全体としてではなくもっぱら「方法」として評価しようという試みは、初期のオーストリア・マルクス主義を淵源とするように思われるのだが、ある意味でそれはマルクスが実際に書いたことに対する不同意を表明するための上品な形式であった。

こうして一九六〇－七〇年代になるとマルクス主義者にも次のような者たちが現われた。労働価値説や利潤率の傾向的低下をマルクス主義理論から除外する者、「人間の意識が彼らの存在を規定するのではなく、逆に彼らの社会的存在が彼らの意識を規定する」という命題（すなわちマルクスの「土台」と「上部構造」についての観方）を否定する者、一八八二年以前のマルクスの著述はすべてマルクス主義者としては不十分なものであり、この未熟なマルクスは（伝統的なマルクス主義の用語を使えば）唯物論者というよりもむしろ哲学的観念論者とみなされる、とする者、あるいはマルクスにそうした二つの立場の違いがあったことを否定する者、さらにはエンゲルスを丸ごと〔en bloc〕退ける者、あるいは「歴史の研究は、

▼25　その復活は、この年に刊行されたピエロ・スラッファの『商品による商品の生産』〔菱山泉・山下博訳『商品による商品の生産――経済理論批判序説』（有斐閣、一九六二年）〕の刺激によるところが大きい。この著作の刊行は、「リカーディアン」と「非リカーディアン」マルクス主義者の注目に値する討論に発展した。

科学的でないばかりでなく、政治的に無価値である」[26]と唱える者まで。マルクス主義の歴史上、どの時代においても、大半のマルクス主義者がそれまで認めていたことと明らかに食い違っているあれやこれやの命題が、自らをマルクス主義者とみなす人々によって、かくも広範に提示されしかもそれが肯定的に受け止められたことはかつてないと私は考える。

マルクス主義の大半の学派や傾向によって自分たちの理論にとりそれまで本質的だとみなされてきたものを、このようにしばしば見境のないほど修正することにどれほどの妥当性があるのかを査定するのは、歴史家の役目ではない。もちろん歴史家なら、こうした再考の多くが、周知のとおり短気だったマルクスその人を激怒させただろうと確信をもって断言できるだろうが。中立的な立場が仮にあるとして、その立場からいえることは、マルクス自身が述べた見解（エンゲルスやその後の「古典的理論家たち」の見解はいうまでもなく）に対するそうした挑戦は、マルクス主義の知的伝統の連続性においてこれまでに記録された最も深い断絶をなしているということである。それと同様に、そうした挑戦は、その方向性が正しいかどうかはともかく、マルクス主義を改革することによってマルクス主義を強化し、マルクス主義思想をさらに発展させるための並はずれた努力のひとつとなっており、それ自体がマルクス主義の注目すべき活力と魅力の証拠となっている。というのも、そうした挑戦は次のような二つのことを示しているからである。まずそれは、マルクス主義の劇的な現代化〔aggiornamento〕の必要性の承認であり、これは創始者自身の思想にありうる誤りや矛盾を探し出すことを遠慮しない態度を意味する。次に、それと同時にマルクス自身の思想がその総体としては世界を理解し変革するための本質的な案内役であるという確信である。

もちろん、この理論的な下草のジャングルのいくらかは、時間が片付けてしまうだろう。というのは、理論的再定式者のうちのいく人かは自らの議論の筋道を追いかけ続けてついにはマルクス主義を出ていくだろうし、他のいく人かは、私たちの視界から消えてしまって、結局のところ、論文テーマを探して博士論文準備中の学生か、マルクス主義史を扱う本が将来自分たちを取りあげてくれるのを待つことにしか、なりそうもないからである。ある一定の合意が次のような論点に関して再度生じることもありうる。すなわち、どのような理論の発展がマルクス自身の思想から正当に引き出しうるのか、あるいはマルクス自身の思想と合致させられるのかという論点であり、さらには——より議論の余地のある問題として——彼の分析総体からその首尾一貫性を奪うことなしに、マルクス理論のどの部分が廃棄可能なのかについての論点である。その場合には、マルクスの伝統の連続性が再確立できるかもしれない。それも単一の「正しい」マルクス主義の形式によってではなく、むしろ論争や見解の不一致がマルクスとの知的な継承関係を合理的に要求できるような場の境界線を引き直す形式によってではあるが。しかしながら、そうした知的連続性が再確立されうるとしても、主流派マルクス主義と呼ばれるかもしれない潮流は、非主流派マルクス主義と呼ばれるかもしれない潮流と共存し続けるだろう。非主流派を構成する人々は、知的DNA検査が彼らの主張を認めないとしても、自分たちの思想の起源がどのような理由であれマルクス由来のものであると主張するだろうからである。彼らが自分たちをマルクス主義者であると主張するかぎり、彼らはマルクス主義の歴史の一部をなし、実際その歴史から外れてしまえば理解できない存在であろう。それはちょうど、自分たちがキリスト教徒であると主張する非主流ないし折衷的な宗教やカルトも、キリスト教の歴史の一部であることと同じである。そう主張する人々の教説が、キリスト教精神の共有財産をなす内容からどんなに遠く離れてしまったとしても、である。[27] いまのところはそうでないにせよ、結局マルクス主義の主流派も非主流派も、マルクス主義であるものとそうでないものとのあいだにはっきりとした区別

▼26　このくだりは、「本書はマルクス主義理論についての著作である」という文言で始まる本から引用している。それは次のものである。B. Hindess and P.Q. Hirst, *Pre-capitalist Modes of Production* (London, 1975).

が引かれていない領域の拡大（それは必ずではないが、おおよそアカデミックな分野だろう）とともに、共存することになるのではないか。

しかしながら、はっきりしていると思われることがひとつある。何がマルクス主義の主流（ひとつまたは複数の）を構成するのかについての合意が、再び生じるとしても、その主流派は「古典的著作家たち」の原典からの距離を過去のマルクス主義よりもずっと大きく取って、活動するだろうということである。そうした原典がかつてそうだったように、内的一貫性を備えた理論および学説の完結した集大成として、現在の経済と社会の直接利用可能な分析的記述として、ないしはマルクス主義者による現在の行動への直接的な案内役として、これからもしばしば言及されるということはありそうにない。マルクス主義的伝統の連続性の断絶は、おそらく完全には回復できないだろう。

「古典」的原典は、政治的行動のための概説書として容易に使えるものではない。というのも、マルクス主義の運動はこんにち、そしておそらく将来も、マルクス、エンゲルス、さらには二〇世紀前半の社会主義運動や共産主義運動が自分たちの戦略と戦術を練りあげた際の情勢と（たまたまの一時的で歴史的な偶然の一致による以外）ほとんど共通するところがない情勢の下にあるからである。レーニン没後半世紀を過ぎて古い共産主義政党の大半が、資本主義にとって代わるための闘争をそれぞれの国でなおまだ継続していたが、新しい戦略を求め、それゆえ（自分たちの組織内の党員たちのあいだに広がる古い確信への郷愁を払いのけて）マルクス主義における聖書原理主義に相当するものを退けたということは、意義のあることだ。反対に、古い確実性への渇望がいつまでも根強くて「正しく」定式化され適用されさえすればよい「教訓」をマルクス主義が授けてくれた――一方の集団の「正しさ」は、他方の集団の「誤謬」であるのだが――ような国では、そういうタイプのマルクス主義は理論的に衰退した。そういうマルクス主義は、数少ない簡素な要素に、つまりほとんどスローガンに縮減されがちである。たとえば、階級闘争の根本的な重要性、労働者、農民あるいは第三世界の搾取、資本主義あるいは帝国主義の打倒、革命と革命的闘争（武装闘争を含む）の必要性、「改良主義」と「修正主義」の非難、「前衛」が必要不可欠であること、などなど。そうした単純化は、マルクス主義が現実世界の複雑さと向き合うことを不可能にしてしまった。というのも、分析がすでに布告された真理をその純粋形態によって論証することにあてられているに過ぎないからである。そのため、すでに布告された真理は、純粋主意主義ないしその他、活動家が好むものであれば何とでも結合できた。行動のための案内役として活用された原理主義的マルクス主義の残存形態は、本質的に、古典的レーニン主義から取ってこられて単純化された諸要素から成り立っているのだが、それも（ネオ・アナーキストのあいだで見られるように）望み通りにレトリックに解消してしまわない限りでのことに過ぎない。過去の闘争の経験や実に輝かしいレーニンのような革命政治の実践者から学ぶべきことはもちろん多いのだが、それは過去と過去の文献への文字通りの言及によるものではないのだ。

繰り返しになるが、マルクスによる経済の一般理論や資本主義発展の分析は、おそらく後世のマルクス主義者にとっての出発点として残るに違いないが、他方で、ある時代の「古典」本文は、資本主義のもっと後の段階の記述として使うことはできない。レーニンは彼のいつもの現実主義によって、このことがわかっていた。彼の『帝国主義論』は、一九〇〇年以降の資本主義の新しい段階を分析しようとした他のいく人かのマルクス主義者の著作とは違って[28]、イギリス帝国がイギリス労働者階級に与える影響について論じた『書簡集』からの二つの関連文章以外には、マルクスとエンゲルスの文献に一切言及していない。そ

▼27　このことは、マルクス主義の主流派の学説が主流派であるというだけで非主流派の学説よりも真実であるということを意味するわけではない。主流派の学説の方がよりマルクスに即しているということを意味しているに過ぎない。

れなのに一九一七年以降の時代になると、資本主義の現行の発展について執筆された膨大なマルクス主義の文献はこの前例に注意を払うことができず、次のようなことに多大な時間と努力を捧げた。たとえば、レーニンの（あるいは実にまれなことではあったが、彼以外のマルクス主義者の）テキストが（彼が不注意にも「最近の」と記述した）資本主義発展の一段階のいまだに本質的に妥当な分析をなしているということを論証したり、レーニンのテキストへの批判的な注解をつくったり、あるいはまた――レーニンのテキストが明らかに時代遅れとなったときには――レーニンの一九一七年の親しみやすい言い回しを第二次世界大戦以降の時代のための「国家独占資本主義」の理論へと練りあげたりしたのである。[29] 古い独断的な正統性の狭い隊列の外では、一九八三年には大半のマルクス主義者は、資本主義の現段階の分析を、今ではほとんど過去のものとなった段階を記述したテクストの観点でおこなわなければいけないとは、もはや思っていなかった。

最後に、当時広く理解されていたのは、マルクス自身の理論は、彼がその理論をある体系的な仕方で定式化した限りでは、少なくともひとつの重要な点で均質性を欠いていたということである。つまり、こういうことが考えられるに違いない。マルクスの理論は、資本主義およびその傾向の分析からなると同時に、巨大な予言的情熱を伴ない、ヘーゲル由来の哲学の観点で表現された、完全社会（プロレタリアートによって達成されうる）への人類の絶え間ない欲求という歴史的希望から成り立っていたのだ、と。マルクス自身の知的発展においてこの二つのうちの後者が前者に優越したのであり、後者を前者から知的に演繹することはできない。言い換えるならば、次の二つの命題には質的な違いがあるということだ。すなわち、資本主義はその本性からして克服不可能な矛盾を生み出す。この矛盾は「生産手段の集中と労働の社会化が、ついに資本主義的発展と両立不可能になる時点にまでいたる」や否や資本主義打倒の条件を不可避的に整えるはずであるとする命題であり、ポスト資本主義社会は、人間疎外の終焉とあらゆる諸個人の人間的能力の全面的発達へといたるとする命題である。これら二つの命題は、結局はどちらも真理であることが証明されるだろうけれども、異なる形態の言説にそれぞれ属しているのだ[30]。

それだけではない。マルクスが体系的な理論の完成された集成を残さなかったということは、これまで否定できないできたし（実際に完成したのは『資本論』の第一巻のみである）、彼が「自らの構成の壮大さ[31]」を十分に理論的な分析へと移し替えることにつねに成功したわけではないということを、否定するのも困難である。そのためマルクス経済学には、マルクス主義者のあいだで「長く論争のテーマとなってきた理論的諸問題」が存在したのであり、彼らのあいだで「マルクス主義理論の解釈も多様に分岐した[32]」のである。

▼28　たとえば、ヒルファーディングの『金融資本論』とローザ・ルクセンブルクの『資本蓄積論』には、たえずマルクスにさかのぼっての言及がある。

▼29　そうした言い回しは、『国家と革命』に出てくる。一九七〇－八〇年代の分析にこの薄いが権威のある教科書を適用した結果のひとつは、忠誠心あふれるレーニン主義者が、国家独占資本主義がはやくも第一次世界大戦中から戦後にかけて発展していたと考えなければいけないと思い込んだことである（以下の事典の項目を参照。art. 'staatsmonopolistischer Kapitalismus' in *Wörterbuch der marxistisch-leninistischen Soziologie*, Berlin E., 1977, pp.624ff）。

▼30　この点で若きマルクスと成熟したマルクスとの断絶についての議論は、アルチュセールの「認識論的断絶〔rupture épistémologique〕」という形でよく知られている――マルクスの『初期著作』をマルクス主義の体系に本来的に属しているものとみなすことを正統派のソヴェート・マルクス主義が嫌がっていたことで、この問題に先鞭がつけられた――のだが、この問題は非常に重要である。争点となっているのは、マルクスはヘーゲルの遺産ないし一八四四年のパリ草稿〔『経済学・哲学草稿』と『ミル評注』〕での議論を果たして捨て去ったのかどうか、ではない。もちろん彼は捨て去ってなどいない。争点は、未来を思い描くまったく異なる二つの仕方を結びつけたことの効果は何か、ということなのだ。

▼31　J.A. Schumpeter, *History of Economic Analysis* (London, 1954), p.573〔J・A・シュンペーター著、東畑精一・福岡正夫訳『経済分析の歴史』上中下（岩波書店、二〇〇五－六年）、中、三六三ページ〕。

である。このため、理論家はマルクスの膨大なテクストを非常に注意深く研究することになった。しかし、マルクスのテキストを全体として首尾一貫しており矛盾を含まず現実的でもあるものへと作り変える試みと、マルクスのテキストを「マルクス主義が教えていること」についての権威ある言明として活用することとのあいだには、ほとんど共通性がなかった。熟達したマルクス経済学者には、マルクスの政治経済学の大衆向け（エンゲルスの『反デューリング論』の第二部やレーニンの『カール・マルクスの学説』のような）解説書で十分だとみなす者は、仮にいたとしてもわずかである。そうした解説書や（『賃金、価格、利潤』のように）解説書として扱われたマルクスの基本書は、社会主義的な労働者大衆政党の活動家や党員をマルクス主義により教育することがそうした政党の主要な役目だった時代には、卓越した役割を果たした。そうした政党が路線を変更したりときには弱体化したことで、さらには単一の「正しい」マルクス主義の正統性の権威が凋落したことで、それら基本書の役割は小さくなった。いずれにせよ、マルクス主義理論は、活動家であれ学者であれあるいはその両方であれ、事実上主にインテリにむけて呼びかけるようになり、古典文献を無批判に扱うことは減った。[33]

最後に、一九五〇年代以降のマルクス主義思想の第四の特徴を次のようにいうことができる。マルクス主義者は、直接に政治活動に関わることがらに対して当然そうしたように、人文・社会科学の領域に圧倒的な努力を集中した。自然科学とテクノロジーという広大できわめて重要な分野は、一九四七年以後、マルクス主義者がマルクス主義者として乗り出すことがほとんどなかった領域であり、マルクス主義がこの分野にいかなる関連性をもつことも否定したり、あるいは「人間本性《ヒューマン・ネイチャー》」としての「自然《ネイチャー》」以外には、基本的に「自然《ネイチャー》」とマルクス主義が関係することさえ否定することが、一部では流行にさえなった。[34]このことは、マルクスとエンゲルスとは著しい対照をなしている。というのも、両者はいずれも自然科学とその思想にはっきりと強い興味を示していたし、（たとえマルクスよりもエンゲルスの方がこの分野には強い関心を向けていたとしても）この分野についてはいいたいことが二人にはあったからである。また、一九三〇年代には、いずれにせよ多くのイギリスとフランスの自然科学者たちは、マルクス主義に引きよせられて、マルクス主義を自分たちの研究主題に適用したいと切望していたからである。科学、社会情勢、政治は、こんにち以前のいつにもましてお互いが緊密に絡み合っており、もちろん多くの科学者は自らの社会的役割や社会的責任を自覚している。一九六〇年以来の急進化した若い「新左翼」のあいだでは科学とテクノロジーそれ自体に対するある一定の敵意が（しばしば哲学における「実証主義」の拒絶を口実にして）著しかったとしても、急進的な科学者や革命的でありさえする科学者、マルクス主義の科学者さえいる。このことは、人間と社会の本性についての議論から離れることが明らかに不可能な生命科学の諸部門（たとえば自らをマルクス主義者とみなす現代で最もよく知られている科学者、アメリカ人のスティーヴン・ジェイ・グールドのように、遺伝学およびその周辺）を例外として、そうした研究を職業にしている人々にとっての急進左翼の魅力をおそらく小さなものにした。しかしながら、急進主義的科学者の信奉す

▼32　P.M. Sweezy, *The Theory of Capitalist Development* (London, 1946), p.vii〔P・M・スウィージー著、都留重人訳『資本主義発展の理論』（新評論、一九六七年）、一九ページ〕。

▼33　次のものを参照。M. Desai, *Marxian Economic Theory* (London, 1974). 本書は、ひとりのマルクス経済学者が学生向けに書いた教科書のよい見本である。「本書は、マルクス経済学を、多くの未解決の問題が解かれるべき状態のままであるような進行中の研究プログラムとして扱う」（六ページ）と述べている。

▼34　次のものを参照されたい。G. Lichtehim, 'On the Interpretation of Marx's Thought', in *From Marx to Hegel* (NY, 1971), p.69〔G・リヒトハイム著、小牧治他訳「マルクス思想の解釈について」、『マルクスからヘーゲルへ』（未来社、一九七六年）、八九–九〇ページ〕。「マルクスの考察の対象となる唯一の自然が、人間自身の自然〔人間本性〕および自らの『実践活動』により変革する対象としての、自らを取り巻く環境であることは明らかだ。それ自体で、そしてそれ自体のために存立している外的世界は、〔マルクスにとっては〕どうでもよいのである」。

るマルクス主義は、自分たちの職業上の理論と実践にはほとんど関係がない。

一九八三年の時点で社会主義国家で活動している大半の自然科学者や技術者は、公言はしたがらないだろうし、あらゆる誠実な科学者がそうであるように、自然科学と社会の現在および未来の関係について見解をもっているだろうけれども、彼らもマルクス主義は自分の職業活動とは関係がないという見解を取るだろうという推測をあえてする人がいてもおかしくない。

こうした状況は、マルクス主義の目標が明らかに小さくなっていることを示している。すなわち、過去の世代にとってマルクス主義の最も強いアピール力とは、人間社会とその発展がごく一部をなしているに過ぎないこの世界についての、すべてを含み込み解明する見解をまさにマルクス主義がつくりあげているように思われたという点にある。そういうマルクス主義の目標が小さくなったことを示しているのである。この傾向は、続くのだろうか。それはわからない。ある者は、マルクス主義から人間抜きの宇宙《コスモス》を完全に排除してしまうことに対する反発のいくつかの現われを書きとめるに過ぎないかもしれない。▼[35] ある者は、あらゆる「事実」は人間の心のなかで、まずもって概念をつくりあげることによってのみ存在していると主張することで、この世界の客観的実在ないし理解可能性を否定することが哲学の流行になったが、この流行はもはやその人気をいくぶんか失ったと書くかもしれない（科学者の実践であれ、政治的行動によって世界を変革することを望む者の実践であれ、実践を結合するということは本当に難しい）。

5　マルクス主義の影響力——光と影

これまでに概観してきたことをすべて踏まえるならば、一九五〇年代以降の時代を観察してきた者が再びマルクス主義の危機について論じるとしても驚くべきことではない。古い確信——あるいはそうした確信のうちの競合しあう見解——がかつてはあったが、それは資本主義の将来についてだったり、新しい社会体制への移行をもたらすことが期待されるかもしれない社会勢力や政治勢力についてだったり、生み出されるべき社会主義の性格についてだったり、そうした変革をなしとげたとすでに主張した社会の本性や見通しについてだったりする。そのような古い確信すべてに疑いがかけられた。実際、そうした確信はもはや存在しない。マルクス主義の基礎理論は、マルクス自身の理論も含めて、深刻な批判的吟味や、また競合しあうけれども一般的に広く応用が可能な再定式化にさらされたのである。マルクス主義の多数派が過去に受け入れただろうことの多くは、真剣な問いに付された。もし社会主義国家の公式イデオロギーやいくつかの一般的に小さな原理主義セクトを除けば、マルクス主義者の知的努力はすべて、マルクス主義の伝統的理論と学説が実質的な再考、修正、見直しを求めていると推測した。他方で、マルクス没後一〇〇年を経て、そうした再考ないし修正されたマルクス主義のどれも単独では、自らを卓越したものとして確立したとはいえない。

それでもなお、すでに見たとおり、伝統的マルクス主義の問い直しは、密接に関連しながらマルクス主義の知的アピール力と影響力に著しい世界規模の成長をもたらした。このことは明らかに、活発なマルクス主義政党の成長により（一八九〇年代のように）魅力が発揮されたからではない。というのも、この間のそうした政党の大半の成績は、人を鼓舞するほどのものではなかったからである。ましてや「現存社会主義」をさまざまな仕方で代表していると主張する諸国の魅力によるものではない。それどころか、一九五六年以前なら——正しいか間違いかはともかく、史上初の労働者国家、史上初の労働者革命が生み出した国、史上初の社会主義社会の建設とみなされた——ソ連と一体化しているということが世界共産主義運

▼35　たとえば次のものを参照。Sebastiano Timpanaro, *On Materialism* (London, 1975).

動の活動家にとっては（一九四五年以前であれば、さらにそうした活動家でない者にとっても）純粋な感激であった一方で、ソ連との一体化は、〔一九五六年以降は〕ますます知識人を、そしてそれ以上に公衆を遠ざけた。実際、一九五〇年代以後の反マルクス主義の主流派は、政治議論としてはじつにシンプルな路線を取る傾向にあり、さまざまに見直しがなされ拡大深化をとげた「ネオ・マルクス主義」さえも、それがとりわけマルクスを放棄しない限り不可避的にスターリン主義かその等価物になるに違いないということを根拠にして退けた。マルクス理論は、捨て去られてはいないにしても、知的に根拠をもたないということを論証する伝統的な企ては、あまり重要ではなくなり、いまではマルクスおよびマルクス主義者を知的に取るに足らないものとして退ける企てには、ほとんど出くわすことさえなくなった。

　マルクス主義の影響力の増大は、それ以外の要因によるものだった。それは、間違いなく、一九五〇年代にイデオロギーの地盤が、ある程度整理されたことによるものだった。ヒトラー主義とのつながりのゆえに一時期は疑似革命的な言説の語法としてあった急進主義右翼は、ファシズムの敗北により事実上排除されたし、自由主義的な社会批判は、一九五〇年代にはしばしば自己満足的なイデオロギーになり、現存西洋社会が自らの問題すべてを解決する能力をもっていると賛美していたため、社会批判の領域をマルクスに明け渡してしまった。ブルジョワ社会と、そこに見られる不平等と不正義の最もあからさまな形態（たとえば「第三世界」におけるような）を、また同様に明らかに受け入れ難い体制が存在することを、原理的に批判することの必要性が、本当に痛感されたことこそが、男たち女たちをマルクス主義者にしたのだ。

＊

マルクスおよびマルクス主義という世界的な知的潮流はおそらく、出版が自由に認められている国々で、また、権威主義的で軍部が支配している政府が後退ないし崩壊の瀬戸際まできていたスペイン、ポルトガル、ギリシャのような国々でさえも、一九七〇年代にはそのピークを迎えた。マルクス主義の文献は、古いものも新しいものも、ドイツの急進派による著作権法無視の海賊出版〔Raubdrucke〕から、イギリスのペンギン出版社や西ドイツのズールカンプ出版社のような海賊出版とは違って政治的に手を汚していない出版社のカタログにいたるまで、本屋にあふれていた。オックスフォード大学出版局は（敵意が感じられる）マルクス主義の歴史書を三巻本で出版し、マクミラン出版社は（好意が感じられる）マルクスの伝記を刊行した。マルクス主義者自身が出版社（たとえばニュー・レフト・ブックス出版社）を興したり、マルクスとエンゲルスの野心的な『著作集 *Collected Works*』を（イギリスで）、またマルクス主義の歴史書を（イタリアで）計画した。マルクス没後一〇〇年が近づいたとき、たぶんマルクス主義者は並外れた前進を達成した半世紀を振り返ることになったに違いない。

マルクス主義に都合よく風が吹くことはそう長くないということを示す兆候は、いくつかあったが、逆風の速度と規模を予測できた観察者はほとんどいなかった。もちろん私もできなかった。イタリア共産党が選挙戦で最も偉大な成功を収めていた一〇年間〔一九七〇年代〕のイタリア共産党の全国的なお祭りに際して、この種の企画としては最も大がかりな計画だったエイナウディ出版社の叢書『マルクス主義の歴史』〔全四巻五分冊〕の第一巻目の開始における自分の役割を私が引き受けたときだったからである。マルクス没後一〇〇年に続く二五年間は、マルクスの遺産がたどった歴史のうちで最も暗い年月となるだろう。

第15章 マルクス主義の後退期——一九八三年から二〇〇〇年まで

Marxism in Recession 1983–2000

マルクス没後一〇〇年、マルクス主義が政治的にも知的にも急速に後退しつつあることが明らかとなった。その後のおよそ二五年間、ちょうど世紀末の頃には復活の可能性を示す兆候があったにもかかわらず、それは変わらなかった。その兆候は逆説的なことに、資本主義経済のグローバリゼーションがますます制御しがたくなるというマルクスの予言を思い出させてくれた『ニューヨーカー』のジョン・カシディのようなビジネス評論家たちのあいだで最も歴然と見受けられたのである。それでもやはり、四半世紀にわたり、マルクスが時代に適う思想家とはもはや見なされておらず、ほとんど世界中でマルクス主義が、ゆっくりと朽ちてゆく中高年の生き残り集団の単なる思想一式に落ちぶれたことは疑いえない。一九七〇年代から刊行されてきた五〇巻に及ぶ英語版『マルクス＝エンゲルス著作集』の最終巻がようやく二〇〇四年に出版されても、反響を呼ぶことはなかった。それとは別に、マルクス＝エンゲルスが書いた一言一句を残らず収録した完全版である新MEGA版全一二二巻という一九七〇年代からのプロジェクトは、華々しく進展し、滞ることなく加速されさえもした。このプロジェクトは、まったく注目されなかったが、例外的に、共産主義体制によって立案、資金調達された事業から多国籍の学術的事業——その政治的およびイデオロギー的含意がもしあったとして、そうした含意は忘却されていたのだが――への知識の連続性に関するケース・スタディとしておそらく注目されたに過ぎない。

マルクスとマルクス主義がこのように劇的に後退した理由は、一見して明らかなように思われる。その両者と公式に同一視された政治体制が、ヨーロッパでは一九八〇年代に明らかに危機に直面し、中国ではすでに劇的な進路変更を果たしていたのである。ソ連とそのヨーロッパ衛星諸国の崩壊により、国家宗教化――その教義は、理論と行為に対する権限を公式に主張する政治的権威のおかげで普及したのだが――していた「マルクス・レーニン主義」が一掃されたのは当然であった。こうしたことそれ自体が、「現存社会主義」を自称した地域の外ではマルクス主義の思想に必ずしも影響を与えたわけではなかった。というのは、当時、スターリンの『ソ連共産党小史』がボリシェヴィキ党史概説としてではなくても、一般に、「弁証法的唯物論と史的唯物論」の概説として受け入れられていた時代は、とうの昔に過ぎ去っていたからである。いずれにせよ、ドグマ化したソヴェート正統派のために、ソヴェート社会で起こったこと、起こっていることについてのマルクス主義による現実的な分析はすべて妨げられていた。これまでの章で示されたように、一九五六年以降、政権政党ではない共産主義政党におけるマルクス主義思想の大半は、公然とあるいは（モスクワ路線の共産主義政党内部では）隠然と、この正統派を非難していた。ポスト一九五六年世代のマルクス主義者のなかの主要な政治的諸潮流や、トロツキー派、毛派は、ソヴェート体制と同様にソヴェート・イデオロギーに対する敵対によって、定義されていた。

それでもやはり、ソ連とソヴェート・モデルの失墜は、どこにおいても共産主義者だけでなく社会主義者にも大きな爪痕を残した。その理由は、ソ連とソヴェート・モデルは、明白な欠点があるにせよ、社会主義を現実に建設する唯一の試みであったということだけかもしれない。それはまた、ほとんど半世紀にわたり、古い資本主義諸国の資本主義に対するグローバルな対抗勢力として行動する超大国を生み出していた。ソ連とソヴェート・モデルがこの二つの点で――それが、ほとんどの点で西側の自由主義的資本主義よりも明らかに劣っていることはいうまでもないとして――失敗したことは、ポスト一九八九年の時代にワシントンのイデオローグと凱歌を共にしなかった人々にとってさえ、はっきりしていた。資本主義は、自身の死の警告（死を想え〔memento mori〕）を失ってしまった。社会主義者は、（プラハの春がそう表現したような「人間の顔をもつ」）別のよりよい社会主義が一〇月革命の遺産から生じうるというどんな希望もソヴェート連邦の終焉とともに絶たれるのを目の当たりにしたのである。八〇年に渡り実践された後、社会が競争の代わりに協同の名において建設されるという当初の社会主義的希望をなお抱いていた人々は、ふたたび思索と理論に後退しなければならなかった。そうした人々のなかにあっては、マルクス主義者たちは歴史的未来に関する彼らの理論的予測が、明らかに外れたことを認めざるを得なかった。

こうしたことすべてによって、政権の座についていなかった社会主義者は希望もやる気も失ったままであった。また、「現存社会主義」国においては、マルクス・レーニン主義のすべてがあっさり放棄された。マルクス・レーニン主義は、崩壊を免れたアジアの政権諸政党には根付いていなかったのである。アジア諸国では、共産主義（「前衛党」）は、ローマ・カトリックとイスラムのように万人が改宗するための信仰ではなく、選ばれた少数の指導者や活動家のための教義とされていた。このことだけでも、イデオロギーが必要とされた領域の外では人々は脱政治化しがちであった。住民の大部分をまとめていたのは、それが利用可能である場合は、国家へ人民を縛り付ける伝統的な紐帯――歴史的継承性、愛国心、人種的ないしその他の集合的アイデンティティー感覚、さらには既成権力への形式的服従の習慣でさえもあって――なのであり、マルクス・レーニン主義への信念――すべての子供がかならず経験した道徳／政治教育の残滓としてのそれを除いて――ではなかった。体制が崩壊したときに残存したものは、連続性や記憶、象徴であり、市民宗教への忠誠心ではなかった。

一九八〇年代には大規模でおそらく増加しつつあった社会主義体制下の知識人層の多数派は、ほとんどその体制のために割く時間をもっていなかっただろう、あるいは〔ナチスからの〕解放期に新体制の熱狂的な支持者になっていた場合には――多数の知識人がそうだったのだが――、ポーランドの連帯の参謀になった大学人共産主義者のように、沈黙するか公然たる異論派になった。また、相変わらず社会主義に入れ込んでいた場合は、最低の場合でも、「現存」型の欠点の批判者となり、その改革を望むようになっていたのである。これは、社会主義体制それ自体の主要な幹部にさえますます当てはまるようになった。一九八〇年ごろ、ポーランドにいたアメリカ人研究生が気づいたことだが、ポーランドの党官僚たちは「共産主義者」と自認することを全面的に拒絶した。その研究生が、たまたま中央委員会の重要メンバーの一人に共産主義者であるかどうか尋ねることができたときに、しばらく間があってから、「私はプラグマティストだ」と返事をされたのである。[1]

また（上から広められる不可侵のドグマとは異なるものとしての）マルクス主義は、党員のなかに深く根付いてもいなかった。ほとんどの党員にとって、あるいは野心的な党員にとって、自分たちのイデオロギーに関して重要なことは、それが真であるかどうかでも、どのように適用されうるのかでもなく、それが拘束力をもっているということであった。モスクワの上級党学校のイギリス人学生が、ソヴェートの同期生に「スターリンの場合のように、方針が変わったらどうするか」と尋ねた。「彼は、私が政治音痴であるかのように私を見つめた。『そういうときは、その新方針が当面の真理になるのだよ[2]』」。体制が崩壊したとき、そのエリートは、確かに、全国家的イデオロギーが失われたことも含めて、多くのことを残念がったが、しかし、教義と関係する特別な下位グループ――ヴァチカンの神学者に相当する――に属するエリートでない限り、たいていは、その体制版のマルクス・レーニン主義を放棄することにたいした困難はなかった。いずれにせよ社会主義体制下のエリートは、ポスト・ソヴェート＝ロシアにおいて国家の庇護とジャングル資本主義とマフィア勢力とが結合する事態に難なく適応した。

それでもやはり、マルクス主義からの撤退を単純にマルクス・レーニン主義体制や毛沢東主義体制の崩壊あるいは転換に帰すことはできない。というのは、その撤退は明らかにそれよりもずっと前に始まっていたからである。ひとつの重要な要素は、ヨーロッパにおいて在野の共産主義政党がだんだんと解体、変質し、そしてそういう党が左翼のなかで優位を占めていたフランスとイタリアでは、ポスト一九四五年世代の知識人層に対する党のヘゲモニーが失われたことであった。また、反ファシズム、世界大戦、レジスタンスによって形成された世代グループが、政治と文化の双方で表舞台からだんだんと退場したことを過小評価すべきではない。ヨーロッパの在野共産党の危機も社会主義政党および社会主義政府の危機も、ともに、一九八〇年代初めまでにはあまりに歴然たるものとなっていた。実際のところ、レーニンが先進西欧諸国においてはしばらく議題にならなかったということが明白であった。ただし彼をなお一九六八年以降になってラディカル化した学生運動は発見しなければならなかったにしても。きわめて急速にグローバル化しつつある国家を超えた経済のなかで自由放任主義政策が世界的に復活した一九七三年以降の時代には、このこと〔先進西欧諸国において重要課題として取り上げられないこと〕が、国家の介入によるフェビアン主義的な漸進的改良主義の擁護者であるベルンシュタインにも当てはまることは、それほど明らかではなかった。それが非常にはっきりするのは、レーガン大統領、マーガレット・サッチャー首相の時代、そして、劇的なことだが、フランソワ・ミッテラン大統領の一九八一年の政策が失敗した後の時代であった。

▼1　この出来事は、英国学士院でのヨーロッパの共産主義の凋落に関する学会でノーマン・デイヴィスが報告した。
▼2　Jim Riordan, 'The Last British Comrade Trained in Moscow: The Higher Party School, 1961-1963', Socialist History Society, SHS Occasional Paper 23, 2007.

しかし、一九七〇年代には、新時代がすでに始まっていたとしても、書店やゼミ室でのマルクス主義の存在感は、最高潮に達しており、また、政治結社も労働組合も、その戦闘性から、いくつかのきわめて劇的な成功を収めた。

政治活動を考慮にいれなければ、マルクス主義は知識人層のなかではすでに後退していたのだが、この後退は一九八〇年代になるまで明らかにならなかった。マルクス主義だけでなく、第二次世界大戦以降の西欧思想において勢力を誇っていた人間社会に関する思想潮流全体――マルクス主義はその一構成要素である――がすでに後退していたのである。自然科学でさえ攻撃にさらされたが、その理由は、技術によって損害が生じるおそれがある、あるいは実際に損害が生じたということだけでなく、自然科学が世界理解のモデルとして妥当かどうかが問われていたからでもあった。

このような後退は、経済学ではおそらくまったく気づかれていなかった。経済学では、マルクス主義者はつねに周辺的であったが、ノーベル経済学賞受賞者の最初の一〇人のなかには、若い頃一時期ソ連で教育を受けたか、あるいはまだソ連で活動していた者が三人（ワシリー・レオンティエフ、サイモン・クズネッツ、レオニート・カントロヴィチ）いた。しかし、フリードリヒ・フォン・ハイエクが受賞した――彼のイデオロギー的対立者のスウェーデン人グンナー・ミュルダールの〔受賞の〕おかげでまだバランスはとれていたのだが――一九七四年から、またミルトン・フリードマンが受賞した一九七六年から、明らかにノーベル経済学賞は、ケインジアンその他の国家介入理論からの急旋回や、いっそう非妥協的になった自由放任主義への回帰と同一視されるものとなった。この広く普及したコンセンサスにおける分岐点は、一九九〇年代後半になるまで現われてこなかった。

マルクス主義者および非マルクス主義者の、政治的またはイデオロギー的というよりもむしろ方法論的な共通の方向性が、社会科学および人文科学――すくなくとも合衆国以外では、とくに社会学と歴史学

——のなかで長い間にわたってますます明白になっていた。一九世紀末以来ずっと、社会学すなわち社会の営みを理解しようとする試みは、マルクス主義とも、また世界の単なる解釈でなくその変革をという、より一般的な目的とも重なり合っていた。デュルケーム、マルクス、マックス・ヴェーバーが、この学科における創設の父としてのオーギュスト・コントとハーバート・スペンサーに取って代わったが、マルクス自身が社会学を明確な個別の研究領域として考えていたと信ずべき根拠はない。社会学は、一九六〇年代以降の高等教育の顕著な拡大のおかげで、非常に目をひくもの——現在では、イギリスの四五の大学機関に社会学を含む学部がある——となり、政治的急進化のおかげで、多くの学生が選択する科目となった。知的には、社会学の卓越は、大学における急進的な雰囲気が弱まるとともに、急速に目立たなくなった。

歴史学もまた学生の急進主義と関連していたが、一つの研究分野としてのその進展の方が参考として役に立つ。歴史学ではマルクス主義者は、おもに、当時急速に発展していた社会諸科学の洞察と方法を動員することにより、無味乾燥で因襲的な歴史叙述を豊饒化したいと望んだ近代化潮流の一部であった。因習的な歴史叙述は、いかなる種類の一般化にも反対し、卓越した個人の行動の観点での、出来事の時系列的な継起についての政治的、軍事的、制度的な物語にほとんど限定されていたのである。非常に多様な学問分野とイデオロギーから集まってきた改革者たちは、一九世紀末からその存在が認められるようになっていたが、アカデミックな歴史学の要塞への包囲戦を大して進展させられなかった。とはいえ、例外的に、その周辺部で「社会経済史」という制度的前哨地を確保した。彼らは、戦間期、とくに一九三〇年代にやや進歩したが、第二次世界大戦が終結するまでは大きな勢力にはならなかった。

実際に当時、彼らは、主として歴史と社会科学の結合の一助となるような雑誌、とくにマルク・ブロックとリュシアン・フェーヴルの有名な『社会経済史年報』を通じて歴史学の分野にインスピレーションを与え、変化をもたらした。この『社会経済史年報』は、一九二九年以来フランスで古い因習的な歴史学の戦闘的な競争相手であり、名称の変更によって、フェルナン・ブローデルのもと世界中で最も影響力をもつ歴史学雑誌となった。またブローデルは、古い大学の実質的なライバル機関として最近建設された人間科学研究所のなかに社会科学高等研究院（Ecole des Hautes Etudes en Sciences Sociales）を設立することもした。アナール学派は、その知的な源泉や共感の点でどのような意味でもマルクス主義的でなかったが、イギリスのマルクス主義の歴史家たちが創刊した雑誌『過去と現在』◆を触発する効果をもっていた。英語圏では、旧式の学問に対する公式の対抗機関がなかったので、それがかなり控えめではあるが、アナール学派の英語圏での対応物になったのである。その両者が、一九六〇年以降、「史的社会科学」という綱領的な題目のもとですすめられたドイツの歴史学方法論の改革に影響を与えた。この改革は、しかるべき方針をもつ新しい大学の設立、とくにビーレフェルト大学の設立によって制度的に強化されたのである。マルクスよりもマックス・ヴェーバーがドイツの改革者たちを鼓舞した。その間に、特殊な学際的雑誌『社会と歴史の比較研究』がアメリカで創刊され、後に、現在も活動中の「社会科学史学会」に拡大した。

ほぼ確実なことだが、改革者たちは一九七〇年頃には論調を定め、伝統的な歴史家たちをおおいに守勢に追いやった。次第に急進化する大学生の一群が非常に増えてその影響力をまし、より理論的な社会学と同様に「社会史」が青年知識人のお好みの武器となった。これらの発展におけるマルクスとマルクス主義の役割は評価しがたいが、一九七一年に出たこの分野のある概説書の索引では、マルクスとマルクス主義の方が他の歴史家や歴史学の学派よりもずっと多かった。[▼3] 一九〇七年から二〇〇七年までの一〇〇年間のイギリス史を編纂する歴史家たちのために、「ついに、辺鄙な図書館の書棚からさえも、時代遅れの歴史の教科書をいくつか追い出した」のは、マルクス主義の成果であった。[▼4] しかし、少数のマルクス主義者（歴史家に選択の余地がなかった共産党政権下の国を除いて）は、今では勝利したように思われている歴史叙述近代化の大運動のつねに一員にすぎなかった。

進歩志向の歴史学近代化論者が過剰に自信をもち、（フランスにおけるように）論争が単純化したために批判にさらされたことは、ほとんど驚くに当たらない。明らかな例を挙げれば、フランスの学派が「出来事の歴史」として軽視したものや、マルクス主義者が「歴史における個人の役割」として重視しなかったものに対して、十分な注意を払わないことが意味していたのは、ヒトラーのドイツやスターリンのソ連の妥当な歴史をまだ描くことができないということであった。▼5 しかし、一九七〇年代初めから半ばにかけてのある時点から、これ以上のことが知られるようになった。社会科学を通じて人間諸集団の構造と変化を理解する試みが、あらためて疑われていることが明白になったのである。同じ頃、社会学と社会人類学は、同じような反客観的・反構造的転回をとげ、さまざまな型の所謂「批判理論」と融合し、ポスト・モダン的相対主義の極端な諸形式を生み出した。新古典派経済学は社会を、無歴史的な市場均衡を目的とするような、自己利害を合理的に追求する個人の集積に還元した。新しい歴史家たちは、社会科学と社会変化の

◆（訳注）『過去と現在』は、一九五二年創刊の歴史研究誌で、創刊はクリストファー・ヒル、ロドニー・ヒルトン、エリック・ホブズボームなどイギリス共産党歴史家グループの主導によるが、党の機関誌ではない。ハンガリー事件（一九五六年）でヒルとヒルトンが離党しホブズボームは党に残った。ホブズボームは創刊号に「機会破壊者たち」を書き、ヒルとヒルトンのあとを継いで『過去と現在』協会の会長を務めた。現在は季刊で二〇一四年一一月号一日発行が二二五号である。

▼3　Felix Gilbert and Stephen R. Graubard (eds), *Historical Studies Today* (NY, 1971, 1972).

▼4　Robert Evans, 'The Creighton Century: British Historians and Europe 1907-2007', in David Bates, Jennifer Wallis, Jane Winters (eds), *The Creighton Century 1907-2007* (London, Institute of Historical Research, 2009), p.15.

▼5　近代化論者の社会的展望が拡大すると、歴史的傑作が生まれたが、それは一九九八－二〇〇〇年――イアン・カーショーの二巻本『ヒトラー』の刊行――まで待たねばならなかった。スターリンのソ連に関する同種の作品は今なお待たれている。

学際的な「大問題」とにとってこれほど大切なこの方法から、構造分析よりもむしろ物語（とくに政治的物語）へと逃避した。そして彼らは一方では文化と思想の方へ移行し、他方では個人の歴史的経験への感情移入の方へ移行した。一つの重要な要素のせいで、歴史的社会的な一般化と予測可能性だけではなく、客観的現実の研究という概念そのものさえも受け入れられなかった。今や支配的となった「近代主義者」からのこの重大な転回は、とくに政治的あるいはイデオロギー的な方向ではなかった。ブローデルと彼のアナール学派は、マルクスと同じくらいその犠牲となった。新しい修正主義のいくつかの側面は、歴史的不確定性（反事実的ないし「たられば」的な歴史学における多くの試行を生み出した）のような伝統的保守主義と適合したけれども、その多くは、ポスト一九六八年のラディカリズムの周囲から生じたものであった。歴史的「ポスト・モダン派」といえるもののうちのいくつかは、革命的左翼であり続けさえした。

したがって、非共産圏におけるマルクス主義からの撤退は、一九七〇年代の社会科学および人文科学における、より一般的な盛衰の一部であった。その後退は、冷戦イデオロギー、ソ連への敵意、そしてそこかしこの政権についている共産党への反体制的糾弾と明らかに関連したわけではなかった。一九五〇年代と一九六〇年代にはこれらの影響力が強かったにせよ、それと同じくらい、知的マルクス主義を含む政治的急進主義の高揚には目を見張るものがあった。この高揚は、ヨーロッパの共産主義体制崩壊の先取りではさらになかった。そうした体制を毛嫌いする人々でさえ、その崩壊を直前までまともに予想していなかったのである。また社会民主党は、一九七〇年代にはヨーロッパでそれ以前と比べてもそれ以後と比べても多くの政府を実際に仕切っていたのだから、社会民主主義の深まりゆく危機のせいだとすることもできない。ごくまれな例外はあるにせよ、二〇世紀最後の四半世紀にきわめて多方面で知的な反マルクス主義や反共産主義と結びつけられた人々の名前は、目新しいものではなかった。「躓いた神」を非難した人々にしても、一九七〇年以前に各自の共産党とのつながりを絶っていた。ソヴェートの思想闘争に反撃しようとする文化自由会議の西側の冷戦の闘士の体系的な試みは、ＣＩＡからの資金提供が一九六七年に露見すると、実質的には存続しなかった。

いずれにせよ、マルクス主義からの撤退は、とくに、革命のマルクス主義的説明に固有な歴史の自動的進展と革命的行動の役割との対立によって、急進的な旧左翼それ自体の内部で発生した。歴史の発展により必然的に資本主義が終焉を迎えるならば、したがって社会主義の必然的な勝利が想定されるならば、自発的行動の決定的役割はありえないだろう。リンゴが歴史の木から落ちるほどに十分熟した場合は例外なのだが、その場合ですら、革命的行動はリンゴを拾う以上のことができるだろうか。実際には、このことは、社会革命の見込みのない地域において、特権的な革命家にとって問題を生んだに過ぎなかった。一九一四年以前の急進左翼は、行動を熱望し、ドイツ社会民主党の進化論的期待と一体化したマルクス主義を拒否した。若きグラムシは、『資本論』に反する革命」を論じさえした。ひとえに第一次世界大戦とロシア一〇月革命だけが、彼らの超急進主義をレーニン経由でマルクスへ回帰させた。同様に、どんな犠牲を払ってでも行動主義へ走る傾向があった一九六〇年代の新しい急進的左翼運動は、所得と福祉の向上、企業と労組の共存によって安定化した西側資本主義の成功の絶頂期において発生した。そのひげ面がその頃には革命の象徴として確立されていたマルクスは、確かにそうした運動のなかで忘却されることはなかったが、より主意主義的な蜂起に似合うイメージ、すなわちチェ・ゲバラにだんだん取って代わられるようになった。

しかし、そうした運動においてマルクス主義が嫌われた点は、社会民主主義者がマルクスに読みこんだ必然的な「労働者階級の前進」というよりも、レーニンがマルクスに押しつけた厳格な集権的党組織であった。革命史の点からみれば、そうした運動は、マルクスからバクーニンへの逆転を表していた。そうした運動がソヴェート共産主義に関して嫌悪していたものは、すべてその規律ある中央集権化――中央が命ずる真理および行動からスターリンの大粛清にいたるまでの――に由来した。無制限の自己表現（「自分の好きなようにすること」）はいうまでもなく、自然発生性や下部からのイニシアチブなどが、行動の根源となるべきものであった。指導性は信用されず、決定は大衆的集会の多様な声から生まれるべきであった。反対に、マルクス主義革命家の伝統的目的すなわち政治権力の移行を追求し続けた人々は、階級的抑圧の社会のなかでレーニン主義的な「革命的情勢」を歴史が生み出してくれることを、もはや当てにできなかった。したがって、彼らは、伝統的にマルクス主義者が退けた非合法的な小集団による計画的な反乱行動やテロ行動にますます期待を寄せた。これらの行動は、貧しい低開発諸国では正当化することができたが、前提条件として、そのような地域では、絶えず社会的な大火が起こる瀬戸際にあり、チェ・ゲバラのようなゲリラの外部からのイニシアチブによってひとたび「焦点が合わせられる」と、一気に燃え上がるということが必要だった（実際には、キューバ革命に触発されたこの理論は、レジス・ドブレがどれほど手際よく定式化したとしても、一九六〇年代と一九七〇年代には、その選ばれた大陸において完全に挫折した▼[6]）。経済的に豊かな国々では、彼らは、「行動による宣伝」すなわち小グループのテロリズム――ニュースの見出しと劇的な映像を渇望するメディア社会において予想外に大きなインパクトを与えるはずだった――という昔のアナーキストのスローガンに後退した。

したがって、多数の潮流が、ポスト一九五六年の旧（マルクス主義）左翼の発酵と一九六〇年代の新しい文化的急進主義から発生した。この急進主義は、伝統的なマルクス主義的分析から離れたが、常にというわけではないにせよ多くの場合は、左派であり続けた。たとえば、その潮流としては、とくに、イギリスのヒストリー・ワークショップ運動とその雑誌、ドイツの「日常史」（*Alltagsgeschichte*）、インドの「サバルタン学派」、多様な形態の「批判理論」があり、また、伝統的労働運動の危機が残したギャップを埋める――と期待された――「新しい社会運動」を代表すると主張する新種のフェミニストその他のアイデンティティーに着目する歴史学が新たに続出していたのである。

同時に、人間の生産力の統御不能な増大が後年の環境破壊の土台をなしたという（一九七〇年代初頭以来、ローマ・クラブが大げさに表現した）発見により、よりよい将来を心待ちにする進化論としてのマルクス主義の魅力は否定された。一九三〇年代にマルクス主義者が消耗したブルジョワ社会の特徴と考えていた「進歩の危機」が、今やマルクス主義者を不利な状況に追いやったのである。進歩という資本主義の性向が生み出す不正と抑圧はつねに告発されてきたが、今や、まさにその進歩自体が攻撃にさらされた。ますます、左翼のキャンペーンは、マルクス主義の先行者たちなら受け入れたかあるいは少なくとも（グローバリゼーションのように）不可避のものとみなしたような、自然に対する人間の支配力の発展に反対し、自然環境を守り、変化が生じないように努めたのである。マルクス主義は、「歴史的必然性」の肯定的な展望から否定的な展望へのこうした逆転のあおりをとくに受けやすかった。

大学教育を受けた層が拡大し、政治的な重要性を増しつつあったが、とくにそうした層内部での政治的左翼への転換のおかげでマルクスの遺産が再興されたと、もしかしたらいえるのかもしれない。というのも、マルクス理論への関心は、歴史的に見ればきわめて多くの場合、さまざまな個人あるいはグループが政治的にラディカル化することと、もしくは諸民族が権威主義の時代から脱却することと結びついていたからである。いくつかの証拠によれば、政治的行動主義のおかげで一九七〇年以来のさまざまな時期にブラジル、[7]台湾、韓国、トルコのようないくつかの非ヨーロッパ諸国で、マルクスに関連する文献への関心が高まったけれども、こうしたことは西側では起こらなかった。反対に、西側左翼の主要な供給源すなわ

▼6　Régis Debray, *Révolution dans la révolution, et autres essais* (Paris, 1967)〔R・ドブレ著、谷口侑訳『革命の中の革命』（晶文社、一九六七年）〕。

ち労働に依拠する社会民主主義運動の危機のせいで、そうした運動内部におけるいかなる社会主義実現への大志もすべて切り捨てられた。私の知る限りでは、過去二五年間のヨーロッパ左翼政党の指導者で、資本主義それ自体がシステムとして受け入れられないと宣言した者は一人もいなかった。躊躇せずにそう宣言しただ一人の公人は、法王ヨハネ・パウロ二世であった。さらに、個人の趣味と生活スタイルをそれ以前のどんなシステムよりも許容し、ますます影響を与え、メディア主導の大衆的スペクタクルのあの経済と社会として自らを提示する全盛期の資本主義システムに、一九六八年の反乱世代――当時でいえば、情況主義者――を組み込むこと以上に容易なことは他にないこともわかった。徐々に、アカデミックな成功でお金を稼げるようにもなった。一九九〇年代と二〇〇〇年代は、学位をもつ億万長者が生まれる最初の時代となった。実際、少なくとも一人の洒落のわかる人がいったように、二〇〇八年の世界的な金融危機の原因となった事実は、歴史上初めて、昔のような知性に恵まれない人ではなくむしろ賢い学士様が金融業に入り、複雑すぎて大半の資本家には理解しがたいアルゴリズムを開発したことである。[8] 俊英の学生たちにとっては、社会変革よりもむしろ出世の方が差し迫っていた。

さらに、より一般的な事象を忘れないようにしよう。すなわち、いわゆる一八世紀啓蒙主義的な社会変革のイデオロギーの一般的な後退と、社会的行動主義を一八世紀啓蒙主義とは別に喚起するもの――とくに、暗黙の内に近代化された型の伝統的諸宗教――の興隆あるいは復活である。これらは、ヨーロッパで大人気とはならなかったが、他方で、一九七九年のイラン革命すなわち二〇世紀の最後の大きな社会革命において最初の大成功を収めた。これがそうではなかったとしても、二〇世紀後半の歴史的および知的発展は、明らかに、伝統的にマルクスから引き出された政治的な分析、綱領、予測を浸食した。資本主義の発展と作動様式のマルクスによる基礎的な分析の効力は失われていない。しかしながら、将来、マルクス主義に対する関心が復活するとすれば、その復活は、間違いなく、マルクスの思想の伝統的な見方の実質的再調査に基づくものでなければならないだろう。

ほとんどの共産主義体制が崩壊することもなく、国家権力をもたない共産主義者が共産主義の伝統的方法と目的を慎重に放棄することもなく、またそれと同時に労働者に依拠する社会民主主義が危機に陥ることもなかったならば、おそらくこうしたこと〔伝統的宗教の復活〕からは、マルクス主義が知的言説のなかでほとんど全面的に周辺化する二〇年間を十分に説明できなかったろう。かつてはマルクスに着想を得ていたマルクス主義的なシステムと運動が明らかに存続できなかったため、あるいはその伝統的目的を放棄したために、マルクス主義は政治的にもはや重要でなく、また知的にも、歴史のなかで疑念を呈されてきたような理論に多くの時間を費やす必然性はないと思われたのである。いずれにせよ、冷戦は終わった。奇妙なことだが、憤然たる告発がその対象の消滅後もなお続いた。それはポーランドで、ユダヤ人がいなくなった後も反ユダヤ主義が残っていたのと、同様のことである。

冷戦の反共レトリックは、かつては脅威であった敵に対抗するためというよりも、西側の自由民主主義的資本主義の世界規模での優位性および──願わくは──至高性に与するために、途切れることがなかった。この資本主義は、だんだん自信を深め、普遍的人権のイデオロギーが正当化する武力とソフト・パワーの介入によって、混乱した世界における秩序形成者であることを自認した。非難された──萎縮した議論として──ものは、マルクスの理論や分析ではなくて、理想主義的な青年を誤った方向に導いたと主張されているマルクスの革命の見通しと、マルクスやその他の者による自由主義への異議申し立てが含意あるいは提示していると信じられていた全体主義と、また、いうまでもなく、社会主義者の野心が市場社会

▼7　私自身の著作の翻訳と流通の割合を指標として使っている。

▼8　Calvin Trillin, 'Wall Street Smarts' (*International Herald Tribune*, 15.10.2009, p.6).

が自らを調整する合理性に対して生み出した障害であった。一言でいえば、マルクスは、テロルと強制収容所の触発者としてのイメージが固定し、共産主義者は、テロルとKGBの本質的な擁護者――関与者でないにせよ――としてのイメージが固定した。このレトリックに、冷戦期においてなお転向していなかった人――「躓いた神」から転向しなかった人もいたのだが――がどの程度納得していたのかは、はっきりしていない。このように忌み嫌う行為が、まさに今日のように三〇代以上の人々しか実際の冷戦期の記憶をもっていない世紀になるまで、長期にわたり存続しているという事実を理解することは、容易なことではない。

しかしながら、結局、マルクスは、いささか予期せぬかたちで世界に戻ることができた。その世界において、資本主義は、社会革命の脅威ではなくそれ自身の無制約のグローバルな影響によって、自らの将来が問われていることを突きつけられており、またその世界に対して、カール・マルクスは自由市場の合理的選択と自己調整メカニズムの信者よりも、ずっと明敏な案内人であることが証明されたのである。

第16章 マルクスと労働者階級——長い世紀

Marx and Labour: the Long Century

一連のマルクス主義史研究の締めくくりには、労働者階級の組織的運動に関する評論がふさわしいように思われる。マルクスにとってプロレタリアートは、「資本主義の墓掘人」であることを定められた者、新しい社会変革の本質的な担い手であった。二〇世紀において、組織化された労働者階級の運動と党の大半が新しい社会(「社会主義」)というマルクスの夢と結びつくようになり、そしてマルクス主義者の方では、ほとんど例外なく誰もが、労働者階級の党と運動を自分たちの政治行動の選りすぐりの現場と見なしていた。しかし、マルクス主義も労働運動も、複雑に変化する相互関係のなかでの、自立的な歴史の主体としてでなければ理解できないし、実際、二〇世紀の歴史に対するマルクス主義や労働運動の衝撃も理解できないのである。

『共産党宣言』の読者であれば誰であれ、労働運動の起源がずっと昔に遡ることを知っているが、それでもやはり、労働運動とそのイデオロギーに関するこの概説を一九世紀のちょうど終わり頃から始めても、まったく見当違いというわけではない。イギリス労働史についての本格的な研究は、とりわけ労働組合主義に関するウェッブ夫妻の注目すべき研究とともに一八九〇年代に始まった。最初の国際比較研究は、一九〇〇年に出版されたW・クーレマンの『労働組合運動――万国の労働者および使用者の組合組織の叙述』である。新しい社会主義諸政党の内部から書かれた最初期の歴史書も同時期に出版されだした。たとえば、一八九八年にメーリングのドイツ社会民主党史の初版が出ている。

さらに、一八九〇年代の一〇年間で、ヨーロッパの諸政府は、堅固に組織化された労働運動が政治のなかに現に存在していることを認知するようになった。イギリス政府は、一八九三年から四年にかけて初めて『労働統計抄録』を刊行し、ベルギー政府は、一八九六年に『労働雑誌』の刊行を始めた。イギリス首相――一八九四年に当時のローズベリ卿――が初めて労使紛争の解決のために個人的に介入を迫られていると感じて態度を改めた。その五年後、フランス首相のワルデック＝ルソーは、シュナイダー社のクルーゾ工場でストライキ中の労働者から介入要請を受けたときに、彼の例に従った。また同年、フランス政府は、労働者階級の諸政党あるいは少なくとも社会主義政党を心の奥底から震え上がらせるような一歩を踏み出した。四〇歳の社会主義者アレクサンドル・ミルランを商工大臣に任命したのである。そのときまで、いや実際にはそれからも多年にわたり、社会主義者は、革命あるいはゼネストによって資本主義が打倒されるまでは、あるいは少なくとも断固たる社会民主主義政党が単独で選挙に勝利するまでは、自分たちが政府を形成することも政府に参加することもなくて当然であると考えていた。イデオロギー的には、これが二〇世紀の労働者階級の政治史の発端となる危機であった。

なぜ、ヨーロッパ諸政府は、労働者階級を真剣に取り扱わねばならないという結論に達したのか。もちろんその理由は、労働組合がもうすぐ産業の障害になると主張する雇用主は多かったにせよ、労働者階級が経済的影響力をもっているということではなかった。組合組織はまだそれほど大きくはなく、――たとえば、英仏では一五ないし二〇％であり、ドイツではそれよりもかなり小さかった。労働者階級の政治における存在感は、社会民主党が有権者（男性のみ）の三〇％に支持されるとびぬけて最大の選挙勢力であったドイツを除けば、大きいものではなかった。しかしながら、もし選挙民主主義を導入すること――それは、ありうることだと思われていたのだが――になったとすれば、労働諸政党が一大選挙勢力になることを期待できただろう。実際、一九一四年の何年か前にはスカンディナヴィア等の地域でそうなったのである。それでもやはり、政府が実際に神経をとがらせていたものは、票読みではなくて、新たな圧倒的に「赤い」階級政党に表現される労働者のはっきりとした階級意識であった。リベラル・リフォームをおこなった一九〇六年の自由党新政権の商務大臣ウィンストン・チャーチルは、保守党と自由党の旧来の二大政党制が行き詰まることになれば、イギリスの政治は公然たる階級政治すなわち階級的利害の衝突の影響を強く受ける政治となるだろうと述べた。イギリスでは、大半の住民は「労働者」であるか、「労働者」を自認しており、そのことがとくに喫緊の課題のように思われていた。むしろ階級闘争の政治を回避することこそ一般的な問題なのであった。

ミルラン危機のために、新しい労働諸政党は、初めて――これで最後というわけではないのだが――自身の活動の場となっている制度に対する関係を考察せざるを得なくなった。この問いを立てる機が十分熟していたことは明らかであった。というのも、ほとんど同時期（一八九九年の秋）に、ドイツ・マルクス主義の最初期の大黒柱の一人エドゥアルト・ベルンシュタインの改良主義宣言『社会主義の諸前提と社会民主主義の任務』が刊行され、国際的な運動のなかで激しい議論がわき上がることとなったのである。このことは、――これも初めてのことだが――『マルクス主義の危機』（後のチェコスロヴァキア大統領マサリク著）のような題名の書物が出版される時代であったということともまた無関係ではない。

ミルラン危機とベルンシュタインの修正主義論争との双方の背後にある基本的な問いは、改良か革命かというものであった。一八九〇年代末になるまで、少なくとも先進経済圏において資本主義が即座に崩壊する見込みはありえなかった点を考慮する場合、労働運動の歴史的機能はどのようなものであったのだろうか。言い換えれば、革命にたよらない社会主義への道はあったのだろうか。ミルランとベルンシュタインの事例はとくに反発を招くものであった。というのは、彼らがこの問いを取り上げる際にはどうしても独断的な態度とならざるを得なかったからである。ベルンシュタインは、実際にもマルクス主義の遠慮のない修正を提案してインタナショナル全支部を憤慨させ、あらゆる人から非難されたため、拒絶されるほかなかった。国際的な社会主義運動において、ミルラン問題は、一個人に関することであり、また社会主義理論そのものが問題となっていたわけではなかったので、より慎重な形で決着を見た。一つの妥協案が提起された。実践的には個人の「ブルジョワ政府」への参加は認めるがまだ政党の参加は認めないというものであった。ベルンシュタインについていえば、実践的には、社会民主党は資本主義下での労働条件の改善が運動の主たる取組内容であるという命題を容認する一方で、ベルンシュタインによる改良主義の理論的な正当化はきっぱりと拒否していた。実際のところ、一九〇〇年以降は、主要資本主義国におけるマルクス主義的な労働運動でさえ、資本主義との戦争状態というよりもむしろ承認されていない共存関係を経験していたのである。

労働者と社会主義は切り離せないように思われていたが、二つの運動は同一ではなかった。ミルランとベルンシュタインは社会主義の危機ではあっても、労働運動の危機ではなかったのである。労働史家たちのある国際会議で、「挫折した近代のプロジェクトとしての労働運動」というテーマが議論されたが、これは正しいものではなかった。労働運動と階級意識は、「プロジェクト」ではなく、――社会的生産のある局面においては――賃金で雇われる男女からなる諸階級の論理必然的で政治的にほとんど不可避の特質である。「プロジェクト」という用語は、むしろ社会主義、すなわち資本主義を新しい経済体制と新しい社会で置き換えようとする意図にふさわしい。労働運動は、弾圧と恐怖による予防策が講じられている社会を別にすれば、労働者階級を内包するすべての社会で生じる。労働運動は、アメリカ合衆国史において重要な役割を果たしてきたし、アメリカ民主党内部では今でも果たしている。同時に、「なぜアメリカ合衆国に社会主義がないのか」という問いは——とくに一時期はマルクス主義者だったヴェルナー・ゾンバルトによって一九〇六年に——すでに立てられており、イデオロギー運動としてであれ、政治運動としてであれ、アメリカ合衆国には社会主義が存在しないことあるいは重要でないことが当然とされていた。イギリスでは、自由党と労働党の提携による労働組合運動は、自由党への政治的支援を求め、大戦後にいたるまで自由党とつながりを完全に絶つことはなかった。アルゼンチンでは社会主義者と共産主義者が長い間不満を抱えており、どのようにすれば政治的に独立した反体制的な労働運動が一九四〇年代に同国——そのイデオロギー（ペロニズム）は主として扇動的な将軍への忠誠からなっていたのである——で発展しうるのかは容易にはわからないことに気づいていた。

さらに、ポーランドの連帯のような反社会主義を積極的に掲げた誠実な〔bona fide〕労働運動があったし、他のイデオロギーとのつながりの有無はともかく、特定のナショナリズムあるいは宗教と結びつく労働運動があった。こうして、一九七〇年代にイギリス政府が北アイルランド政府にカトリック教徒を参加させようとした企ては、プロテスタント系の労働者階級のゼネストによって挫折した。反対に、歴史は、階級的基礎をもつこともないし求めもしない社会主義運動や共産主義運動、また正統および異端のキリスト教に基礎をもつ運動があり、そしてまた一九世紀のさまざまな共同体建設の「空想的社会主義者」——逆説的なことだが、当時は、他のどこよりもアメリカで人気があった——がいたことを記録している。

もちろん、『共産党宣言』の時代から一九七〇年代に至るまで、社会主義とは無関係な労働運動が例外的なものであることは、否定できない。事実、社会主義者や、あるいは社会主義運動のなかで鍛え上げられた人民が重要な役割を果たさなかった労働運動は、どのようなものであれ実践のなかにほとんど見出すことができない。労働運動と社会主義のこうした共存は、明らかに偶然のことではなかった。どちらの側もその共存を利用したが、労働者階級を代表すると主張する党の名において、また社会主義の名において、労働運動を廃止した「現存社会主義」の体制は例外であった。

それでもやはり、労働運動と社会主義は必ずしも一致するわけではなかった。実際、カウツキーからレーニンに至るまでのマルクス主義理論家の主張によれば、労働運動は自然発生的に社会主義を生み出すのではなく、むしろ労働運動のなかに社会主義が外部から注入されねばならないのであった。これは、おそらく誇張である。アメリカ革命、フランス革命そして産業革命の時代が到来したことで、現存秩序を終結させて完全に異なるよりよい社会に置き換える可能性が、少なくとも西欧における全般的な知の舞台の一部になったのだといえるかもしれない。したがって、本質的に集団的なよりよい条件を求める労働者の闘争は、よりよい社会すなわちより社会的に公正な社会、実際には、競争ではなくてコミュニティと協同に基づく社会の可能性を含意していた。貧困層の運動は、おそらくこうした展望を好意的にとらえ、支持した。外部から労働者階級にもち込まねばならなかったのは何か別のものだった。それは、新しい社会の明確な名前と内容、資本主義から社会主義への移行戦略、そしてとりわけ、全国レベルで活動する政治的に独立している階級政党という概念であった。労働組合のような組織、相互扶助、生活協同組合は、労働者の生活経験から自然発生的に生じるかもしれないが、政党が生じることはないのである。

『共産党宣言』以来のマルクスとエンゲルスの根本的貢献によれば、労働者の階級組織は、必然的に国内全土あるいは国外でさえも活動する政党として現われるはずである（もちろん、これが可能であったのは、立憲制的でリベラルあるいはブルジョワ民主主義的な国家に限られていた）。この主張は、雇用主に対抗するために国家からの支援を調達しなければ目的をたいして達成できないような労働運動にとってだけでなく、近代の政治構造一般にとって、きわめて重い歴史的な意味をもっていた。また、現実的なものでもあった。というのも、そうした政党——イギリス労働党、スペイン社会労働党、スウェーデン社会民主労働党、ノルウェー労働党などのように当初の階級的結びつきをいまだに留めているものもある──は、マルクスの死後に姿を現わしたが、後年、非共産圏のヨーロッパの多くの国々では与党あるいは主要野党になりその座に留まることとなった。この実績は、ヨーロッパ大陸でほとんど比べようもないほど一貫しており、重要である。ついでにいえば、この実績によって、労働運動は資本主義のもとではどうにもならないので革命的になるべきだ、あるいは革命的なままでなければならないという信念は正しくないことが証明された。歴史的必然性によってプロレタリアートは「真に革命的な階級」である、あるだろうという前提は、無根拠であることがいまや明白である。さらにいえば、もう一つの歴史の教訓は、革命はあまりにも込み入った一連の出来事であるので、単純に革命を階級構造の転写と見なすことはできないというものであった。マルクス主義者のように、左翼の理論家や労働史家は、ほとんどの労働者階級の政党がそれ自身に託された革命的役割を果たすことを頑なに拒む理由を説明しようとしたが、このことを踏まえていれば多くの時間、労力、洞察力を無駄遣いしないですんだに違いない。

要するに、発展した資本主義の（立憲制）諸国では、他のさまざまな理由から革命が政治日程にのぼっていなかったとはいえ労働運動の内部あるいは外部に革命家たちがいたが、大半の組織化された労働者──階級意識をもつ労働者でさえ──も、自分たちの党が社会主義に深く関与している場合でさえ、普通は革命的ではなかった。こうした状況は、改良のための政治的変革は革命によって生じると期待する他はなかったロシア帝国やオスマン帝国などのような国々では当然異なっていた。

だから、二〇世紀初頭、発展した資本主義の主要諸国では、労働者階級と隆盛をきわめる経済体制との共存の支障となるものは何もないように思われていた。資本主義の崩壊も、この地域に典型的なリベラルでますます民主化する政体の崩壊も、しばらく起こりそうになかった。「後進」世界では、「先進」世界が経済的、文化的、とくに軍事的に優れていることは明白であったので、資本主義的な発展モデルは、帝国主義的な世界構造と同様、脅威にさらされることはなかったのである。実際のところ、革命が現実的に期待され単なるレトリック上の表現法ではなかった「後進」国では、ブルジョワ資本主義の発展が進歩のための唯一の道であることはマルクス主義者にとっては明白であった。したがって、ロシアではいわゆる「合法マルクス主義者」がマルクス主義を資本主義的工業化のイデオロギーに変えたのである。しかし、ボリシェヴィキさえも来るべき革命の直接目標はブルジョワ・リベラル社会であると――一九一七年まで――確信していた。というのも、それのみがプロレタリア革命したがって社会主義への、さらなる前進のための歴史的条件を生み出しうるからである、と。

第一次世界大戦によってこうした期待はすべて踏みにじられたように思われた。一九一四年から一九四〇年代後期までの「破局の時代」は、戦争や社会的・政治的崩壊、革命――とりわけロシア一〇月革命――といった脅威にさらされていた。旧世界にとって、何もかもがうまくいかなかった。戦争の結末は、あちこちの革命と植民地の動揺であった。法の支配のもとにあるブルジョワ・リベラルの民主的立憲制諸国が、一九一四年以前ではほとんど想像することのできなかったヒトラーのドイツやスターリンのソ連のごとき政治体制に譲歩した。経済的リベラリズムの市場経済までもが、一九三〇年代初頭の危機のなかで行き詰まったように思われた。そもそも資本主義は、民主主義と労働運動の両者を廃止するような形でなければ、はたして生き残ることができたのであろうか。グローバル資本主義の混乱の深刻さを想起して初めて、ソ連の外部でさえスターリンのソ連の原始的な工業経済が西側よりもダイナミックな体制として、また資本主義の包括的な代替物たりうるものとして、本気で見られていた理由を理解することができる。一九六〇年代初頭になってもなお、社会主義経済圏の生産高は西側経済圏以上でありうるというフルシチョフの信念を共有したイギリス首相ハロルド・マクミランのようなブルジョワ政治家がいたのである。ソ連経済の成果と潜在力にもっと懐疑的であった人々でさえ、ソ連のグローバルな政治的影響力と軍事力は否定しえなかった。第一次世界大戦でツァーリズムが崩壊し、第二次世界大戦でロシアは超大国となった。当時の解放された植民地の大半や他の「第三世界」にとって、実際、ソ連とソ連による社会主義が後進性を乗り越える方法の経済モデルになったのである。

したがって、カタストロフの時代の社会主義者と労働運動の政治課題は、資本主義との共存からその廃絶へと移った。革命とその後の新社会建設という見通しの方が、本気で追求されてはいない遠くの社会主義を日々の改良によって目指す漸進主義よりも、優れているように思われた。シドニー・ウェッブとビアトリス・ウェッブは、英国フェビアン協会の発案者にして漸進的改良主義の使徒でもあった──一八九〇年代に、ベルンシュタインの修正主義に実際に刺激を与えた──のだが、一九三〇年代になると改良主義を放棄し、ソヴェート社会主義に宗旨替えをした。

それでもやはり、一九一七年以降情勢は一変したが、資本主義は、その主要拠点においては、終局的な崩壊の危機にも、社会革命──革命は、資本主義体制の周辺国に限られていたので──の危機にも瀕していなかった。ペトログラードのようなソヴェート革命は、ベルリンでは樹立されなかった。今では、それを期待するのは現実性の乏しいものであったことがわかる。だから、改良主義的な共存の基礎は強固なままであった。実際、対立し合っている改良主義的な社会民主党と革命的な共産党との相違点が、その当時、明確になればなるほど、改良主義的な共存は社会革命に対する、またグローバルな共産主義運動という幻影に対する安全装置として政治家や企業家にとってより魅力的なものとなった。しばしば戦間期に欠けていたものといえば、労働運動に対する必要な譲歩のための資力を与えてくれるような繁栄だけであった。いずれにせよ、危機の最も厳しい時期でさえ、こうした国々の労働運動内の多数派は、改良主義的な政党から革命的な政党へ鞍替えすることを拒んでいた。戦間期に共産党が大衆的な支持を得られたのは、共産党が合法化されていたドイツ、フランス、チェコスロヴァキアの三カ国においてだけであり、そうした国々ですら、社会民主党をしのぐことはなかった。フィンランドで共産党が合法化されていれば、四か国となっていただろう。他の国では、戦間期の共産党は最大で投票数の六％（ベルギー、ノルウェー、スウェーデン）を得たが、それもほんの一時のことであった。

第二次世界大戦後、この共存は、完全雇用という計画的政策による、また福祉国家にふさわしいものによる構造改良政策の一環として、より体系的に追求されたが、その基礎には、ポスト一九四五年の数十年間（一九四七年から七三年まで）にわたる資本主義経済の大規模な躍進があった。戦間期の大恐慌とヒトラーのドイツの興隆というトラウマとなる経験がなかったとしても、このような意識的な企ては実現していただろうか。この試みは、どの程度まで、反ファシスト・レジスタンス期に急激に勢力を伸ばした共産主義の脅威によるものであるのだろうか。当時、共産主義の勢力の背後に控えていたもの、それはひとつの超大国であった。スターリンやヒトラーがいなければ、ベルンシュタイン（「運動がすべてであり、究極の目標はない」）が勝利したのであろうか。おそらくそうではなかっただろう。

だから、資本主義の主要諸国では、労働運動の修正主義的モデルが西側資本主義の新黄金期に普及した。修正主義的モデルの勝利は、一九五九年のドイツ社会民主党ゴーデスベルク綱領におけるマルクス主義の公式な放棄に象徴された。マルクス主義を放棄しても、感傷的な思い出のほかには何も失われないように思われていた。というのも、黄金期（一九四七年から七三年まで）が終焉を迎えたときには、すでに改良主義の目的は実践的には達成されており、改良主義の最も楽観的な代表的論者でさえ一九一四年以前に想像できなかったほど、労働者の暮らし向きは格段に向上したからである。それでもやはり、修正主義的な政党は、社会主義の「究極目標」を放棄した――それで、内部的には伝統的な左派からこき下ろされたのだが――にもかかわらず、労働者階級に根を張ったままであった。修正主義的な政党の主要な選挙基盤である肉体労働者階級が、修正主義的な政党に投票し続けていたのである。肉体労働者が自分たちの階級政党を見捨て始めるのは、もっとあとのことであった。

実際には、一九七〇年代末になるまで、瞠目すべき生産拡大がきわめて多数の工業労働者をなお必要としていた。したがって、工業労働者は、選挙母体の主要部分でありつづけたか、あるいはそうなったのである。一九七〇年代、資本主義のヨーロッパに存在していたプロレタリアートの数は、労働者の新しい階級意識から突然に大衆的プロレタリア党が生まれた一九世紀末よりも、絶対的にも相対的にも、おそらく多かった。しかしまた、今では明らかなように、こうした労働者階級の党は、改良主義者と革命家たちが連携したとしても、決して過半数を超える票を集めることはなかったし、そうなったのですらようやく第二次世界大戦後になってからのことであった。

戦間期を除けば、一九七〇年代以降の危機の時代までの資本主義主要諸国での労働運動の発展は、次のように要約できるだろう。

第一次世界大戦以前でさえ、支配階級の政策は、(新たに生まれた労働者諸政党からの圧力で加速された)政治的民主化の拡大に直面し、社会改良の方へシフトしはじめていた。非ファシスト国では、この過程は戦間期に加速されたが、社会改良は第二次大戦後になってようやく「完全雇用」と「福祉国家」というスローガンのもとで体系化された。帝政ドイツが主要な例外のままであったが、一九一四年以前でさえ、民主化と経済成長のおかげで穏健な労働運動の価値の公認が促進された。その結果、労働運動と労働者政党は、実践的には、国民国家と一体化した。このことは一九一四年の大戦勃発時にはあまりに明らかであった。

その戦争が終わったときには、組織化された労働者階級の規模および勢力の瞠目すべき拡大が見受けられた。その拡大は戦間期には維持されえなかったが、第二次世界大戦中および戦後に再び拡大し始めた。フランスやスペインのように工業が伝統的に脆弱あるいは不安定な国を除いて、組織化された労働者階級の力はおそらく一九七〇年代に最高潮に達した。かくして、労働者政党は、国家および制度を維持する勢力になった。第一次世界大戦中および戦後に、労働者政党の代表者が政権に参加し、そしてすぐに自分たち自身で政権を形成したが、一九四五年以降になるまでは非社会主義政党の協力が必要であったのである。こうした発展もまた頂点に達した一九七〇年代には、正確な日付はさておくにしても、オーストリア、ベルギー、デンマーク、フィンランド、ノルウェー、ポルトガル、フランコ独裁終焉後のスペイン、スウェーデン、イギリス、ドイツ連邦において社会民主主義の政府が統治しており、一九八一年にはフランスとギリシャがこれに加わった。そして、危機が訪れた。

西側資本主義主要諸国の労働運動において、革命家はどのような役割を果たしたのだろうか。彼らの理論がどのようなものであったにせよ、資本主義の崩壊も社会主義への移行も期待できなかったので、実践的には、彼らは革命的ではありえなかった。他方で、革命家は必要とされていた。というのも、非社会主義の労働運動でさえ、革命家の大志が表されている見解はもちろんのこと、職場の階級闘争と中央政府に対する政治圧力との結合を当てにしていたからである。かくして、労働組合の強い国では、革命家が果たしえた役割は重要なものであった。だから、イギリスやアメリカのような国々では、ごく少数の共産主義者が不釣り合いなほどの結果を残していたのだが、共産党は政治的に取るに足らなかった。イギリスの労働組合運動における共産党の影響力がピークに達する一九七〇年代には、共産党はすでに瀕死の状態に陥っていたのである。

破局の時代からの遺物である独裁国家——たとえば、スペインとポルトガル——では、非合法の共産主義者が相変わらずレジスタンスの主力であり、一九七〇年代の民主制移行において重要な役割を果たしたが、すぐに隅のほうへ追いやられた。イタリアでは、ヨーロッパ最大の大衆的共産党が合衆国の圧力によって一貫して政権から排除されていたが、ソ連からは距離をとっており、社会民主主義モデルに移行した。フランスでは、一九七〇年代の数年間に共産党は、社会党をすでに再建していたミッテランが始めた新人民戦線的路線の一環として改良政策を追求した。共産党は、短期間であるが、一九八一年から四年にかけて社会党の大統領のもとで政権の一員となった――一九四七年に政権参加が認められて以来、初めてのことだった――が、すぐに伝統的な強硬路線に復帰した。フランス共産党は、一九七四年以来、再建された社会党の得票数よりも少なく、また彼らに出し抜かれたので、その大衆的な支持が一九八〇年代には急速に失われた。

一九一七年および一九四五年から一九四九年までのレーニン主義による革命がまさに勝利していた国も含めて、資本主義の主要諸国以外では、情勢はとても異なっていた。ロシアのボリシェヴィキがプロレタリアートの名において権力の座に就き、その五か年計画によって巨大な工業労働者階級を生み出したが、私たちが知るような姿の労働運動は廃止されたのである。ソ連が崩壊するまで、党と国家の指導を受けない労働者組織はまったく認められなかった。このモデルは、一九四五年の後に後追いで共産化した国々で、そうする権力が維持されている限り追従された。共産主義世界における労働者階級の歴史や、さらには労働争議の歴史を書くことは可能であるが、一九八〇年代のポーランドの連帯という重要な例外があるものの、労働運動の歴史を書くことはできない。

世界のうちの他の地域では、社会主義的なあるいはその他の労働運動（概してオーストラレイジアの労働運動と、また他のごく少数の例外的でささやかな労働運動）は、ロシア革命とともにようやく始まった。そうした地域には、第二インタナショナルはほとんど存在していなかった。社会民主主義の土台はまったくなく、ましてやベルンシュタイン的な政策など到底なかったのである。他方で、（主にアメリカ大陸の）いくつかの国では、歴史的な理由から、旧世界〔ヨーロッパ〕ではほとんど見られない現象、すなわち扇動的な国家指導者が土地所有者である旧来のエリート層に対する自らの闘争の一環をなすものとして労働運動を進んで支援するという現象が見られる。これが、アルゼンチンとブラジルの事例であった。メキシコでは、同じ役割を担ったのが制度的革命党（ＰＲＩ）で、これはメキシコ革命後に生まれ体制内化した統治政党であった。事実、一九七〇年代およびそれ以降に本格的な工業化が始まるまで、鉱山、エネルギー、運輸、海運、繊維といった業種を除けば、こうした国々では組織化可能な労働者階級を見出すことは難しかった。しかし、それ以降でいえば、一世紀前にヨーロッパで生じたことと比較可能な出来事が二つあった。すなわち、韓国の大衆的労働組合運動およびブラジル労働党（ＰＴ）の躍進であり、どちらも一九八〇年代に生じた。（正統的であろうがなかろうが）レーニン主義の影響はこうした運動のなかで顕著であったが、決定的な力をもっていたのは少数の国においてだけであった。それでもやはり、どのようなイデオロギーや非イデオロギーがこれらの運動を支えているにせよ、こうしたことは事実上すべて、平和な民主主義の政治よりも身近な、軍事クーデタ、革命、喧嘩、ギャングなどがありふれたものとなっている国々で生じたのである。ソ連と同様に中国とヴェトナムでは、大衆的な工業化から労働者階級の自立的組織に到達するということはなかった。

1　グローバル資本主義の制覇と頓挫

そして、一九七〇年代が終わると、すべてが変化した。レーニンもベルンシュタインも希望を失った。周知のとおり、ソヴェート体制は崩壊し、他方で政権をとっていない共産党は衰退した。それほどは知られていないことだが、ベルンシュタイン的な社会民主主義もまた一掃された。改良主義的組織は、三重の基礎に依拠していた。第一の基礎は、労働者階級の規模と成長、労働者と多少なりとも貧しい人々からなる雑多な大衆を単一の階級としてまとめ上げる意識、行動があまりにも過激でなければブルジョワ民主主義政府が一九一四年以前でさえこうした重要な票田に対してした譲歩であった。しかし、一九七〇年代以降、主要資本主義諸国（「第一世界」）の肉体労働者階級は、相対的にも絶対的にも縮小し、統一した階級意識も、また他の勢力と統一しようとさせる階級意識も、その大部分が失われた。この影響はたいへん大きく、過去の運動に無条件にしっかり根を張っていた肉体労働者階級の内のいくつかのグループは、サッチャー政権のイギリスやレーガン政権のアメリカでそうなったように経済的なリベラリズムの政党へ移るまでになった。また、一九八〇年代には、とくにフランス（指導者はル・ペン）とオーストリア（指導者はハイダー）で、労働者階級の選挙民の人気を博した急進的な民族主義右翼政党の躍進も目立っていた。さらに、豊かな消費社会の富がきわめて増大したことから、労働者階級もその恩恵を受けるようになっており、労働者階級の個人のための真の改善は連帯と集団的行動によってのみ達成されうるという自明の信念が浸食されたのである。

一八世紀啓蒙に起源をもつ左翼イデオロギー（社会主義を含む）の凋落がどのような役割を果たしたのかについては、われわれはせいぜい推測できるだけである。ヨーロッパではおそらく重要な役割ではなかったが、アジアとアフリカの諸国とくにイスラム圏では事情が異なっていた。一九七九年のイラン革命は、クロムウェルの時代以来最初の——世俗的イデオロギーに触発されたわけではなく、むしろ宗教の言葉で、この場合でいえばイスラム教シーア派の表現で大衆に訴えかけた——大革命であった。その結果、政治化したイスラム教原理主義（スンニ派）が、パキスタンからモロッコにかけてのさまざまな地域で登場しはじめ、勢力を獲得した。同時に、すでに見たように、マルクス主義および社会民主主義左翼が急激に凋落し、労働者も学生も総じて脱政治化したのである。

ロシア革命が改良主義に第二の基礎を与えていた。すなわち、共産主義およびソ連に対する恐怖である。少なくともヨーロッパでは、第二次世界大戦中および戦後の進展によって完全雇用と体系的社会保障という対抗政策が政府にも雇用主にも同様に求められているように見えた。しかし、ソ連はもはや存在せず、ベルリンの壁崩壊とともに資本主義は、何におびえていたのかを忘れることができ、したがって、株主となる見込みの低い人々に対する関心を失った。いずれにせよ、一九八〇年代および一九九〇年代の大量失業期においてさえ、その犠牲者を反体制化させる昔の力は失われてしまったようであった。

しかし、まさに政治だけでなく経済からも、一九四五年以後、改良主義と特に完全雇用が求められているということが――ケインズもスカンディナヴィア社会民主主義のスウェーデン人経済学者たちもすでに予言していたように――立証された。これが改良主義の第三の基礎となるべきものである。そうした政策を採用したのは、社会民主主義政府だけでなく、（アメリカをも含む）ほとんどすべての政府であった。このおかげで、西側諸国に政治的安定と空前の経済的成功がもたらされたのである。改良主義的な経済政策および戦後政策がもはやこうしたプラスの成果を生み出さなくなった一九七三年以後の新たな時代になるまでは、シカゴ大学経済学部にそのころ蔓延するようになっていた急進的な経済的リベラリズムの個人主義的イデオロギーに政府が動かされることはなかった。そうしたイデオロギーからすれば、労働運動や労働諸政党、さらに公的な社会福祉制度は、利潤と経済のために最大の成長を保証する自由市場にとっても障害、またしたがって――そのイデオローグが論じるところでは――福祉全般にとっての障害以外の何者でもなかった。理想をいえば、そうした障害は撤廃されるべきであるものの、実際には、それは不可能であることが示された。「完全雇用」は、今や、労働市場のフレキシビリティと「自然失業率」の学説に取って代わられた。

この時期は、超国家的なグローバル経済の進展を前にして、国民国家が後退した時期でもあった。労働運動は、理論的には国際主義的であったにもかかわらず、自国の枠組内でしか影響力をもたず、自国の国民国家に雁字搦めにされていた。とくに、二〇世紀後半の国家主導の混合経済と福祉国家においては、そうであったのである。国民国家の後退とともに、労働運動と社会民主主義政党は、その最も強力な武器を失った。また、今までのところ、超国家的な活動にたいした成果を収めていない。

資本主義が新たな危機の時代にはいると、私たちはこのように労働運動の歴史の特異な局面の終わりにいることに気づく。急速に工業化しつつある「新興経済」では、工業労働が衰退する可能性はまったくない。豊かな旧来の資本主義国では、労働運動は相変わらず存在しているが、その主力を担っているのは、新自由主義のキャンペーンにもかかわらず衰退の兆候をみせない公共サービス部門である。西側の運動が生きながらえたのは、マルクスが予言したとおり、活発に経済活動をする層の大多数が賃金や俸給に依存し、したがって、雇用主と被雇用者の利害の相違を認識しているからである。それゆえ、両者間に紛争が生じる場合、そこには、とにかく被雇用者の共同行動が必ず含まれていた。したがって、階級闘争は、政治イデオロギーによって守られていようとなかろうと、継続しているのである。

さらにいえば、貧富の格差や、異なる利害をもつ社会グループ――そうしたグループを階級と呼ぼうが呼ぶまいが――のあいだの分断が存続している。したがって、一〇〇年あるいは二〇〇年前とはまったく異なる社会的位階制がどのようなものであるにせよ、また、階級政治とみなすことができるのはある程度までのでしかないにせよ、政治は継続しているのである。

結局、労働運動が続いているのは、国民国家が死滅の途上にはないからである。国家やその他の公的機関は、人道的な見地から、社会的生産物を自国民に分配しうる唯一の機関であり、市場では満たされえない人間的需要を満たすための唯一の機関である。したがって、政治は、社会改良闘争の必然的な要素のままであったし、いまでもそうである。実際、いわば右翼にとっての一種のベルリンの壁崩壊として二〇〇八年に始まった、経済の大危機から直接的に得られた認識によれば、国家は、かつて新自由主義の勝利――それは政府が系統的な民営化と規制緩和によってその勝利の基礎を築いたときであった――にとって不可欠であったように、深刻な状態にある経済にとって不可欠であるとされた。

しかしながら、一九七三年から二〇〇八年にいたる一時代に社会民主主義が被った影響は、ベルンシュタインを放棄したのであった。イギリスでは、社会民主主義の指導者は、グローバルな自由市場の経済成長が自動的に生み出す利益と、さらに、上から提供される社会的セーフティーネットとを当てにするということ以外の選択肢は持っていないと感じていた。「新労働党《ニューレイバー》」は、労働運動との有機的なつながりをほとんど絶ち、市場主導型社会と一体化し、二〇〇八年にそれが崩壊するまで変わらなかった。これは極端な事例であるにせよ、おそらく今や再統一なったドイツやスペインを除けば、他の拠点における改良主義的社会民主主義の状況も（唯一健在であった大衆的共産党すなわちイタリア共産党の状況も含めて）また急速に悪化していた。共産党は、穏健な「ユーロコミュニズム」派と強硬な伝統派に分裂し、西側では共産主義が重要な政治勢力としては消滅するほどにまで衰退した。

しかしながら、二〇〇八年には破局の時代以来最も深刻な資本主義の危機に世界が入り込むことにより、この時代もまた終焉を迎えている。その当初、労働者階級の状況はちぐはぐなものであった。労働者階級の党が、単独与党として、あるいは「大連立」の一員としてヨーロッパの多くの国でまだ政権内にあったのである（スペイン、ポルトガル、イギリス、ノルウェー、ドイツ、オーストリア、スイス）。突然の金融崩壊のために国家が経済的アクターとして復権した。使用者も労働者も、生き残っている国内産業を援助するよう自国政府に求めたからである。さらに、労働者のあいだでは、「デモへ行く」（フランス語でいうところの *descendre dans la rue*）という昔ながらの伝統は弱まっていた――ただし、この伝統は、いくつかのヨーロッパ諸国や、アルゼンチンのような他の国々では、相変わらず存続し、政治的に重要なものであったのだが――にせよ、職場の闘争性と民衆の不満のはっきりとした兆候がすでにあった。有力な労働組合運動は、相変わらず存在し、その指導者は相変わらず社会民主主義者か共産主義者であり、いずれにせよ社会主義の伝統から生まれていた。

理論上では、こうしたときに、イデオロギー的左翼に結びついた労働運動の復活が可能であるように思われていた。しかし実際は、その短期的な見通しに、一九二九年から三三年までの大恐慌の直接の政治的帰結がほとんどヨーロッパ全土における労働運動と左翼からの劇的な離反であったことを忘却してしまった人でさえ、落胆させられたのであった。社会主義者は、伝統的に労働者階級の参謀となっていたが、現下の危機の乗り越え方について格別に多くを知っているわけではなかった。一九三〇年代と異なり、社会主義者は、危機の影響を受けない共産主義体制あるいは社会民主主義体制の実例をまったく提案できず、また社会主義的変革のための現実的な提案をもちあわせてもいない。西側の古い資本主義国では、すでに脱工業化により工業および選挙の主要基盤すなわち工業労働者階級がすでに縮小しており、今後も縮小し続けるだろう。これとは状況が異なる新興諸国では、労働運動が拡大し続けるかもしれないが、社会解放の伝統的なイデオロギーと連携するための現実的基盤はなかった。というのも、そうした伝統的イデオロギーは現在あるいは過去の共産主義体制に結びついていたか、あるいは「赤」と結合する初期の運動がそれまでのあいだにすでに衰退していたからである（ラテン・アメリカの例外的事例は、考慮からはずそう）。

確かに、左翼の古いイデオロギーが断片化あるいは衰退しつつある間に、ある程度反体制的なあるいは左翼的な思想が生じたのだが、しかしそれは、より中産階級に依拠するものであった。その関心事——たとえば、環境保護であったり、当時の戦争に対する熱狂的な反対活動であったりする——は、労働運動の活動と直接に関連していなかったし、その活動家を労働運動に敵対させることもありえた。労働運動の社会変革が確信となっている場合、労働運動は理想社会への熱望というよりもむしろ抗議を表していた。労働運動内で労働運動が何に対して反対したのかは容易に見て取れる——労働運動は、資本主義を明確に概念化してはいなかったにせよ、「反資本主義」であった——が、資本主義の代替物として提唱しているものが何であるかを特定することはほとんどできなかったのである。このことから、一九世紀の社会主義理論の一潮流であるバクーニン派——旧社会が転覆したときにどんなことが生じてしまうのかについての観念がきわめてわずかであり、したがって展望もなく激しい社会的不満が蔓延する状況にきわめて容易に適応した——のアナーキズムのようなものの復活が説明されるかもしれない。この復活は、さまざまな暴動や警察との対峙、またおそらくはテロ活動などのメディア価値を通じて世間の注目を集める点では効果的であった一方で、実質的には、今日の労働運動の成り行きになんら影響をあたえない。それは一九世紀の「行為による宣伝」に相当するものではあるが、アナルコ・サンディカリズムに相当するものはもはや存在していない。

社会主義左翼の古いイデオロギーが衰退することでできた空隙が、民族、宗教、ジェンダー、ライフスタイル等々の集団的アイデンティティーからなる想像の共同体によってどれくらい埋められるのかは明らかではない。政治的に見ると、民族ナショナリズムにとって絶好のチャンスが来ている。というのも、このナショナリズムは、グローバリゼーションと大量失業が結びつく今の時代に、かつてないほど喧伝されている大衆的労働者階級の外国人排斥的で保護主義的な政治的要求——すなわち、「われわれの」産業は外国人のためではなく国民のためのものだ、国の仕事は国民のために優先させよ、富裕外国人と貧困外国人移民による搾取を排除せよ等々——に訴えているからである。理論的には、ローマ・カトリックやイスラムのような普遍宗教は、外国人排斥をそれなりに制限するはずだが、しかし民族性も宗教も、昔ながらの生活様式と人間関係を破壊し何もその埋め合わせをできない恐ろしいほど急速な資本主義的グローバリゼーションに対して、有効な障壁として魅力を発揮している。民族主義的なあるいは宗教的な煽動的急進右翼への一挙的な政治的旋回のリスクが最も高いのは、おそらくヨーロッパの旧共産圏、南アジア、西アジアであり、最も低いのはラテン・アメリカである。アメリカ合衆国では、大恐慌時代にF・D・ルーズヴェルト政府のもとでそうなったのと同様に、経済危機により相対的には左寄りにシフトするかもしれないが、これはアメリカ合衆国以外ではそうなりそうもないだろう。

それにもかかわらず、改善された点もあった。私たちは、資本主義は答えではなくて問いであることを再発見したのである。資本主義の成功は、半世紀にわたりとても当然視されてきたので、資本主義という名前そのものの伝統的に否定的だったイメージが肯定的なものに取って代わられた。ついに実業家と政治家は、「自由企業〔free enterprise〕」の自由だけでなく、あからさまに資本主義者であることもまた誇りとすることができるようになった。[1]一九七〇年代以降、資本主義体制は、第二次世界大戦後に自己改良をする気にさせてくれた不安も、西側経済の後年の「黄金時代」におけるこの改良による経済的恩恵も忘却し、再び極端な体制となったので、ついには二〇〇七年から八年にかけて内部崩壊するレッセ・フェール政策（「政府は解決をもたらすものではなく、むしろ政府こそ問題となっている」◆）の病理的な類型を論ずる人さえいるかもしれない。ソヴェート体制終焉後のほぼ二〇年にわたりイデオローグが自分たちの達成物であると信じていたものは、「歴史の終わり」、「経済的・政治的自由主義の堂々たる勝利」[2]（フクヤマ）、資本主義の最終的で永続する自己安定的な——理論的にも実践的にも疑問視されたこともなく、またそうされることもありえない——社会政治的世界秩序である。

こうしたことは、どれももはや擁護不可能である。民間と公共すなわち純粋個人主義と純粋集産主義と

▼1　新しいやり方は、合衆国の雑誌『フォーブス』が切り開いたものである。同誌は、一九六〇年代にすでに誇らしげに「資本家のツール」であることを自認していた。

◆（訳注）レーガンの大統領就任演説のなかの言葉。訳文は、外務省のレーガンの大統領の就任演説（要約）による。

▼2　F. Fukuyama, 'The End of History' in *The National Interest* (summer 1989), p.3.

の経済的ゼロサム・ゲームとして世界史を扱おうとする二〇世紀の試みは、ソヴェート経済および一九八〇年から二〇〇八年までの「市場原理主義」経済の明白な破綻の後は継続しなかった。そのどちらの経済にも復帰することはもはや不可能である。一九八〇年代から明白であったように、マルクス主義者であろうがなかろうが社会主義者は、少なくとも「社会主義」という言葉でいわんとしていることを再考して、（肉体的）労働者階級が必然的に社会変革の主たる担い手であるという前提を放棄しないならば、あるいは放棄するまでは、資本主義に対する自らの伝統的な代案をもてないままであった。しかし、市場社会の一九七三年から二〇〇八年までの背理法〔reductio ad absurdum〕の信奉者もお手あげの状態である。これらに体系的に取って代わる体制の兆しはおそらく見えていないが、現体制の解体の可能性を――さらには崩壊の可能性さえも――否定することはもはやできない。その場合どうなるか、どうなりうるのかは、どちらの側にもわからない。

逆説的なことだが、どちらの側も、ある大思想家――資本主義と、彼自身が一八四八年に予言した資本主義のグローバリゼーションの帰結を認識しそこねた経済学者とを批判すること〔critique〕を真髄とするような大思想家――への回帰に関心をもっている。ここでもまた明らかなのは、市場システムの作用は、歴史的に、すなわち歴史の終焉としてではなくひとつの段階として、かつ現実的に、すなわち理想的な市場均衡の観点ではなく、もしかすると体制を変えるような周期的危機を生み出す固有のメカニズムの観点において、分析されなければならないということである。現下の危機は、こうした体制を変えるような周期的危機のひとつかもしれない。ここでまた明白なのは、大危機のあいだでさえ「市場」には、二一世紀が直面する大問題、すなわち、ますますハイテク化する無制限の経済成長が持続不可能なほどの利潤を追求しながらグローバルな富を生産しているが、その代償として、ますます必要性の薄れてきた生産要素すなわち人間労働と、そして――付け加えてよいと思うのだが――世界中の自然資源が犠牲になっているという大問題への解決策がないことである。経済的リベラリズム、政治的リベラリズム、あるいは政治経済的リベラリズムは、二一世紀の問題への解決策を提供しえない。ここでふたたび、マルクスを真剣に考えるべき時がきたのである。

［日本語版解説］

著者エリックについて

水田洋

生い立ち

エリック・ホブズボーム（Eric Hobsbawm）は、一九一七年六月九日に、エジプトのアレクサンドリアで生まれた。父は、ロンドンのイーストエンド（貧民居住区）から出稼ぎで来ていたユダヤ系イギリス人企業家（元キャビネット職人）、レオポルド・パーシー・ホブズバウム（Hobsbaum）であり、母は、一八歳で彼と恋愛結婚をしたウィーンのユダヤ人宝石商の娘、ネリー・グリュンである。エリックの出生を記録するイギリス領事館の係官が、姓の後半のドイツ語「バウム（baum）」を、イギリス流に「ボーム（bawm）」と誤記したために、家族の中でエリックだけが「ホブズボーム」と呼ばれることになった。

一九一九年に第一次世界大戦が終結すると、オーストリア・ハンガリー帝国の解体が大混乱を引き起こす。父ホブズバウムは、この混乱に乗じて一旗揚げようと思ったのであろう。一九二〇年に、生まれたばかりのエリックの妹ナンシーを含めて一家四人を、アレクサンドリアからウィーンに移した。エリックが説明しているようにイーストエンドのユダヤ人の家ではどこでも、息子がやり手になってこの地域を脱出できることを期待していたのであり、エリックの父もそのような期待の対象であった。しかし、とエリックは言っている。硬貨イギリス・ポンドを持っていることは、当時のウィーンではたいへんな強みではあったが、言葉もまだ達者ではない父がビジネスに成功するはずがなかったというのである。期待通りに活動しようとしたホブズバウムは、妻の両親と良好な関係を保つことができなかった。そして、続いては妻とも。

厳冬の一九二九年二月八日の夕べ、金策に駆けまわって疲れ切った彼は、自宅の入口の階段を登りきらずに倒れた。呼び声を聞いて二階から駆け下りた妻の腕のなかで、彼は「死ね」と言いながら死亡した。妻との関係も破局的だったのである。その言葉を厳しく受け止めた妻は、その後、極寒のなか墓参をつづけ、肺に病を得て間もなく死去する。短期ではあったがその医療を支えたのは、「赤いウィーン」の社会保険であった。世界で最初の労働者集合住宅である「カール・マルクス・ホーフ」をつくった組織によるものだろう。母親は一九三一年七月に亡くなり、エリックはベルリンで映画会社に職を得た叔父シドニーに頼り、先着の妹とともに中学生になる。彼は、父の兄弟八人のうち成功したのは、このシドニーだけだと言っている。スペイン人民戦線支援運動のなかで、シドニーは映画人として、エリックはケンブリジの学生として、同じトラックに乗っていた。

エリックは一九三一年の夏にベルリンに着き、間もなく社会主義生徒同盟に加入する。そこではヴァイマル体制が崩壊するなかで、ナチスと共産党が戦っていた。彼は、一九三三年一月二五日にドイツ共産党の最後の公認デモに、同志たちとともに参加した時の緊張感を回顧しているが、さらにその五日後にヒトラーが首相に就任した時のショックを、「そうでなければなんでもない日に、妹と一緒の学校から帰り道で」新聞記事を見たときのこととして伝えている。企業活動ができなくなったユダヤ人たちは、ホブズバウム家を含めて各地に散らばっていくのだが、エリックとナンシーは叔父シドニーに連れられて、一九三三年の春遅くイギリスへ渡る。「その後約三〇年、私はベルリンを再訪できなかったが、あの日々を忘れたことはなかったし、忘れることは決してないだろう」。彼にとって、アレクサンドリアは名前を誤記されただけで生涯の時期に入らず、ウィーンは「苦難の時」であったが、ベルリンは「思い出の時」だったのである。

赤いケンブリジ

ロンドンに着いたエリックは、その世界一の都市としての広大さに驚きながら、マリルボン高校に入学し、ケンブリジ大学キングズ・カレジの奨学金を獲得するために猛勉強をして成功する。この成果が注目すべきものであるのは、海外の非英語圏育ちのユダヤ人少年が、高校教育以外の援助なしに成功したということであり、さらにその後彼が歴史家として評価されるようになったとき、同時に名文家としても評価されたのも、この猛勉強の成果であったということである。

こうして入学したケンブリジで、彼は、毎週の小論文から優等卒業試験に至る課程で鍛えられるのだが、そのうちに学寮・学部・大学の素晴らしい図書館を利用することが講義よりはるかに有効であることに気がついて、最初の一学期以後はまともに講義を聞いた記憶がないという。ただし、エリック本人から何度か聞かされた唯一の例外があって、それは知的興奮を誘うポスタン（Michael Moissey Postan, 一八九九～一九八一年）の経済史の講義であった。ポスタンはベッサラビア出身で、オデッサなどで大学を出たのちイギリスに亡命してきた。反共ではあったが反動ではなく、当時のイギリスでは、東ヨーロッパ情勢を客観的に伝え得る唯一の人物として尊重されていた。「そうだ、ポスタンしかいなかったから、左翼の学生は皆、聞きに行ったのだ」とエリックは言っていた。ぼくは一度だけ彼が話すのを聞いたが、「われわれ思想の歴史家たちは」という言葉が記憶に残っている。その次に教師として挙げられるのは、「素晴らしいゲルマニスト」ロイ・パスカル講師（Roy Pascal, 一九〇四〜八〇年）である。英語で「ジャーマニスト（germanist）」というこの知的職業名を日本語で伝えるのは不可能だが、ここではこの人が『ドイツ・イデオロギー』の英訳者であり、スコットランド歴史主義研究の開拓者であったと言っておけばいいだろう。ついでに言えば、その開拓の方を継承したのはイギリスではなく日本の学界であった。[▼1] エリックがここでパスカルに感謝しているのは、そういう学恩に対してではなく、学生の政治活動への援助についてであった。

彼は自分が、「赤いケンブリジ」の中の最も赤い世代の一人であることを発見する。それは同時に、党活動が彼の情熱のすべてであることを意味した。職業としての政治家になることも考えたが「結局、私が不本意ながら認めたのは、もっとも望ましい唯一の職業である職業的革命家すなわち党活動家になることは、私には無理であって、それよりも非妥協性が少ないやり方で生計を立てていくことで我慢するべきだということである」。彼が第三の選択肢として、学生新聞の編集者となることを挙げているのをみて、ケンブリジともなれば学生新聞でもそれだけの実力があるのかと、ぼくは自分の『一橋新聞』時代を振り返った。彼がそういうことを考えているうちに、スペインでは一九三二年の総選挙で人民戦線派が勝利して、アサニアの人民戦線政府とモロッコのフランコ反乱軍との間にスペイン戦争（一九三六〜三九年）が始まっていた。国際旅団によるスペイン人民戦線救援運動では、赤いケンブリジはその中心の一つになり、チャールズ・ダーウィンの血を引くカリスマ的指導者ジョン・コーンフォード（John Cornford, 一九一五〜三六年）はエリックも認めている通り有名であったが、エリック自身は奨学金学生であったため、国際旅団には参加しなかった。イギリス共産党の指導部としては、ケンブリジの学生党員が、国際旅団で戦死するよりも優秀な成績で卒業して、党活動に貢献することを期待していたとも言われる。

おそらくスペイン問題をきっかけとして、一九三七年にパリで世界学生集会が開催され、それをさらに国際組織にするべくケンブリジ・レフトから、書記としてジェームズ・クルーグマン（James Klugman, 一九一二〜七七年）が派遣された。エリックは通訳およびオルグとして参加していたが、拡大計画は第二次世界大戦の勃発（一九三九年）によってつぶれた。「全世界の学生は中国を支持する」という英文電報が、『一橋新聞』に届けられたのはその頃だっただろうか。

ケンブリジの学友としてもう一人、ヴィクター・キアナン（Victor Kiernan, 一九一三〜二〇〇九年）をあげておかなければなるまい。というよりも、学友という言葉にこだわれば、彼こそ学友なのである（コーンフォードは学友とは言えない）。エリックが知り合った頃、キアナンはトリニティー・カレジに属していて、植民地出身学生に対する共産党の教育と組織にあたっていた。エリックはキアナンを通じて中・遠東植民地とそこの学生たちを知り、交友は戦後まで続いたという。ぼくがキアナンに会ったのはもちろん戦後のことだったが、そのとき彼はエディンバラ大学の教授であり、引退の記念講演にはエリックを招聘したのであった。

ケンブリジ・レフト時代のキアナンは、われわれにも無関係ではない事件にかかわった。日本語ができるカナダ人留学生として彼がオルグした、ハーバート・ノーマン（Herbert Norman, 一九〇九〜五七年）である。言うまでもなくノーマンは、戦後間もなくアメリカのマッカーシー反共旋風に巻き込まれて自殺に追い込まれたカナダの外交官である。問題は、カナダ政府による信頼するという声明があり、国際学界でも

▼1　ロイ・パスカル（一九〇四〜八〇）は一九三八年に「財産と社会」という雑誌論文で、ナチスに屈服したドイツ歴史学派を批判し、スコットランド歴史学派を高く評価した。日本に伝えられたのは戦後であったが、我々は大いに勇気づけられた。Roy Pascal, Property and society. *The Scottish Historical School of the eighteenth century*. The Modern Quarterly, London, 1938.

日本近代史研究の第一人者と評価されていたのに、駐エジプト大使が任地カイロで投身自殺とは？　ということである。アメリカ合衆国上院委員会の要求に応じて出席したとき、ノーマンは共産主義関係の団体との関係を問われて「いかなる意味でも」と全面否定した。しかし、キアナンのもとでのケンブリジ時代を考えると、それは過去を隠蔽した、嘘をついたことになるのではないか。メソディスト宣教師の子として育ったものにとって、これはどのくらい重いものなのか。キアナンの回想記「ノーマンのケンブリジ」[2]はもちろん回答を与えてくれない。

開戦前に戻って、もう一人学友を追加する。ただしケンブリジからではなくＬＳＥすなわちロンドン大学経済政治学院からきた、ジョン・サヴィル（John Saville, 一九一六〜二〇〇九年）である。彼についてさしあたっては、一九五七年にトムソン（E. P. Thompson, 一九二四〜九三年）とともに新左翼の旗揚げをしたことを述べておけば十分であろうが、無視できないのは学生時代のエリックにとってのＬＳＥである。エリックが「偉大なるフェビアン」と呼ぶウェッブ夫妻から受け継いだそこの学風は、ケンブリジのそれより親しみやすいものであっただろう。彼によれば、そこの学生はロンドンの中流階級下層または労働者階級の出身であった。終生の友を得たと書いているのはＬＳＥであって、ケンブリジではない。彼はそこで最初の妻を得たが、この結婚は戦後間もなく破綻した。

一九三九年六月に学業課程を終了したエリックは、パリで夏休みを楽しんでいるうちに、九月一日、ヒトラーのポーランド侵略によって大戦が始まったことを知り、ヒッチハイクで帰国した。イギリスではすでに第一次大戦からの平和運動の成果として、良心的兵役拒否が制度化されていたのだが、反ファシズムの戦いにエリックが参加を拒否する理由はあるまい。招集されて彼が入った部隊は、続いて始まった太平洋戦争で、イギリス植民政策の根拠地であるシンガポールの防衛にあたることになっていた。ところがイギリス海軍は、開戦三日で新造戦艦プリンス・オブ・ウェールズと重巡洋艦レパルズを沈められ、マレー半島の防衛を放棄してシンガポール島に立てこもった陸軍も、開戦一月《ひとつき》で降伏した。そこで捕虜になったイギリス本土とオーストラリアの兵士たちを待ち受けていたのは、有名な泰緬《たいめん》鉄道建設の捕虜虐待であったが、エリックはそういう目には遭わなかった。「教育のことがあったので」と彼が言っていたが、イギリス空軍教育隊に派遣されているうちに、部隊は出発してしまったということである。「教育隊」というのは、彼のような活発な共産主義者が大ブリテン帝国の陸軍部隊で、どのような行動を許されるかを教育するところだったのではないか。

初対面の頃

日本の学界がエリック・ホブズボームに初めて出会うのは、戦後の学芸復興の中で国際会議（あるいは留学）に派遣された東京大学の高橋幸八郎の帰国報告によってであった。記憶が薄れてしまったが、高橋報告は、一方では彼の本職の農民的所有についてであり、他方ではイギリスのクリストファー・ヒルが主導するイギリス共産党の歴史家集団のことであったはずである。しかし、高橋報告のなかでぼくがはっきり覚えているのは、エリックの離婚の嘆きだけである。

戦後間もない一九四七年にエリックがキングズ・カレジを出て、バークベック・カレジの歴史学の講師になったとき、アメリカのマッカーシー反共旋風がイギリスにも及んでいて、「君は当分、昇任できないだろうが、誰も君を追い出そうとはしないだろう」と言われたという。こうしたイギリス自由主義アカデ

▼2　Victor Kiernan, “Herbert Norman’s Cambridge”, in Roger Bowen (ed.), *E.H. Norman, his life and scholarship* (Toronto: University of Toronto Press, 1984).

ミックスによる共産主義者の取り扱いは、次にあげるグラーズゴウのミークにも当てはまる。ところでこのバークベック・カレジというのは、ロンドン大学の一部ではあるが、グラーズゴウ大学でアダム・スミスの同僚であったアンダスンが創設した職工学校の伝統を受け継いでいて、講義は午後から夜にかけておこなわれるのであった。研究者養成の施設ではないということでもあるが、この時間割りが留学生に便利だというので、ぼくは水田珠枝のほか何人も留学生を彼のもとに送った。

エリックとの初対面は一九五五年三月、ブリストル大学女子学生寮で経済史学会が開催されたときである。ぼくは前年一〇月から、ブリティッシュ・カウンスル留学生としてグラーズゴウ大学で、マクフィー教授とミーク講師の指導を受けていた。教授の部屋に机を与えられて、毎日スミスの恩師ハチスンの主著を読むという生活は、たいへんな優遇であると留学生仲間に羨ましがられたのであったが、それは同時に、経済学科に一つしかない電話の取り次ぎを任されたということであった。ミークがレジュメを配布して『資本論』を解説する経済原論の講義は、こちらの勉強が足りなくてついていけない。「ミスター・ミズタ、この問題は古典のどこにあったかね」とミーク講師に問われて、学生たちの驚きの視線を感じながら、『資本論』がここでは古典と言われているのだと改めて思ったりする。そういう日々のある日、突然、若い農業政策の講師で共産党員のジョージ・フーストンが、ブリストルの経済史学会に車で行くからと誘ってくれたのに、喜んで乗ったのだ。

グラーズゴウからブリストルまでは一日では無理なので、ウースター郊外のロドニー・ヒルトンの家に泊めてもらう。ヒルトンは、オクスフォードのベリオル・カレジでクリストファー・ヒルの後輩の中世史家で、同じく共産党員で、バーミンガム大学の教授。一三八一年の農民一揆に近代への決定的な転換を見たことで有名であり（マグナ・カルタか、農民一揆か）、資本主義の起源にかんするドッブ／スウィージー論争の編集者としても知られていた。日本人が来るというので準備したらしく、彼は日本の訳者からの手紙を見せてくれた。「My dearest Professor」と始まるその手紙は、日本の革命が主体的条件の成熟にもかかわらず客観的条件が伴わないために遅れていることを訴えていた。二人の訳者に翻訳を勧めたのはぼくだったから、彼らの焦りを説明する役割を避けるわけにはいかなかった（ヒルトン／フェイガン『イギリス農民戦争』田中浩・武居良明訳、未来社、一九六一年）。ぼくがロドニーから受けた最大の学恩は、アダム・スミスの従弟の末裔・カニンガム夫人の所在を確認して、スミス蔵書の継承をつないだことである。

翌日、ヒルトンも誘ってブリストル大学女子寮に着いてみると、海を見わたす高台の寮が全部個室であるのに驚くとともに、遠路の旅の疲れを癒せることに安心した。おかげでぼくは福祉国家の立案者ビヴァリッジの退屈な報告を我慢して聞くことができて、副学長のシェリー・パーティーを楽しんだのである。それはエリックとの初対面の場所でもあったが、どうしたことか副学長サー・フィリップ・モリスが、最初にわれわれのところに来て歓迎の挨拶をしたので、なぜだろうということになり、「学会一の美男美女の集まりだからだ」と言ったのはロドニーだった。美女はただ一人、ジョーン・サースク（Joan Thirsk, 一九二二〜二〇一三年）で、LSE出身の農業社会史家、このころから共産党歴史家集団に近づいていた。

エリックの学会活動を見ることができたのは、その翌日である。イギリス重商主義における労働の地位というD・C・コールマンの報告に立ち上がったエリックは、質問の矢を浴びせた。報告を承認または一部賞賛さえしたうえで、それにもかかわらず一転して厳しい質問に取りかかるのである。このネヴァザレス（nevertheless）論法は、少し気を付ければ本書を含めて彼の文章のいたるところに発見できるはずである。この時コールマンは、「それにもかかわらず」とたたみかける質問に答えているうちに、自分が何を言いたいのかわからなくなったという感じだったが、ぼくが強い印象を受けたのは、エリックの質問のスタイルとともに、彼が経済史家であるということ、すなわちここでは思想史家ではないということであった。その頃の彼の論文には、資本主義における労働者の貧困化問題をあつかったものがあったようであり、本書にもそれは引き継がれている。彼の著書の翻訳の書評を何度か頼まれて、あまりいい点をつけなかったのは、訳者たちがネヴァザレスにふりまわされていたためかもしれない。

翌年、すなわち一九五六年にはスターリン批判とハンガリー事件があって、ヒル、ヒルトンとミークは脱党したが、エリックはそのままイギリス共産党員として言論・執筆活動を続け、イギリス共産党のほうが消滅した。

著者として

彼の執筆活動を単行本で見ると次の通りである。

原書出版年	原書タイトル（邦訳）
一九五九年	*Primitive Rebels*（『素朴な反逆者たち』水田洋ほか訳、社会思想社） *The Jazz Scene*（『抗議としてのジャズ』フランシス・ニュートン名で刊行。山田進一訳、合同出版）
一九六二年	*The Age of Revolution*（『市民革命と産業革命』安川悦子・水田洋訳、岩波書店）
一九六四年	*Labouring Men*（『イギリス労働史研究』鈴木幹久・永井義雄訳、ミネルヴァ書房）
一九六八年	*Industry and Empire*（『産業と帝国』浜林正夫・神武庸四郎・和田一夫訳、未來社）
一九六九年	*Bandits*（『匪賊の社会史』斎藤三郎訳、みすず書房／船山榮一訳、筑摩書房）
一九七三年	*Revolutionaries*（『反乱と革命』斉藤孝・木畑洋一訳、未來社）
一九七五年	*The Age of Capital*（『資本の時代 1848-1975』全二巻、柳父圀近ほか訳、みすず書房）
一九七七年	*The Italian Road to Socialism: An Interview*（未訳）

一九八四年　*Worlds of Labour: Further Studies in the History of Labour*（未訳）
Workers: Worlds of Labor（未訳）
一九八七年　*The Age of Empire*（『帝国の時代 1875-1914』全二巻、野口建彦ほか訳、みすず書房）
一九八九年　*Politics for a Rational Left: Political Writing, 1977-1988*（未訳）
一九九〇年　*Nations and Nationalism Since 1780*（『ナショナリズムの歴史と現在』浜林正夫ほか訳、大月書店）
Echoes of the Marseillaise: Two Centuries Look Back on the French Revolution（未訳）
一九九四年　*Age of Extremes*（『20世紀の歴史――極端な時代』上下巻、河合秀和訳、三省堂）
一九九七年　*On History*（『ホブズボーム歴史論』原剛訳、ミネルヴァ書房）
一九九八年　*Behind the Times: The Decline and Fall of the Twentieth-Century Avant-Gardes*（未訳）
Uncommon People: Resistance, Rebellion and Jazz（未訳）
二〇〇〇年　*On the Edge of the New Century*（『21世紀の肖像』河合秀和訳、三省堂）
二〇〇二年　*Interesting Times: A Twentieth-century Life*（『わが20世紀――面白い時代』河合秀和訳、三省堂）
二〇〇七年　*Globalisation, Democracy and Terrorism*（未訳）
二〇一一年　*How to Change the World: Tales of Marx and Marxism*（本書）
二〇一三年　*Fractured Times: Culture and Society in the 20th Century*（『破断の時代――20世紀の文化と社会』木畑洋一ほか訳、慶應大学出版会）

以上のほかに彼は英語版マルクス・エンゲルス全集の総編集長でもあったから、その仕事のなかでの苦情を繰り返し聞かされた。それは主として「スラブの野蛮」というようなマルクスのロシア嫌いの表現を、ソヴェートの編集者が隠そうとするということであった。著作権者はマルクスではないか。

著作表を見ると、初対面のときの経済史家という印象から、次第に社会運動史に傾いていく様子がわかる。最初は思想までいかない社会運動史で、次にペンネーム「フランシス・ニュートン」で出したジャズ論は抗議なのだから思想論であり、『市民革命と産業革命』は対象に当然啓蒙思想があるので、嫌でも思想史をふくまざるを得なかっただろう。ぼくはジャズを除いて初期の二冊の翻訳に参加した。そのほかの著書も、その多くが翻訳されている。特にベストセラーとして彼の名声を確立したのは、『極端の時代』と題された二〇世紀史である。手元にある一九九五年版を見ると半年の間に九回増刷を続けたことがわかる。彼がその頃の手紙で、この本が翻訳で世界各国へ伝えられることを喜んでいたのを覚えている。名声の確立過程は、ケンブリジ優等卒業以来の体制内地位の上昇によってもわかるのだが、これは制度の説明が面倒なので省く。面倒でない例としては、ド・ゴール空港でロンドン行きに乗り込んだとたんに「ヒロシ」と呼ぶ声があり、エリックがコレージュ・ド・フランスの講義から帰るところであった。ぼくは搭乗客の視線の中で、コレージュ・ド・フランスの教授からファースト・ネームで呼ばれる日本人という光栄に浴することになる。

思想的交流の一例としては、ロイ・パスカルの『ドイツ・イデオロギー』の最初の英訳への批判を、こういうものにもいくらか関心があるだろうと送ったことがある。折り返し彼からは、「いくらかどころか大いに関心がある。君の批判も部分的には受容するが、それより大事なことは、これを読んで君がなぜアダム・スミス研究のエクスパートになったかが、わかったということだ」という返信があった。日本にも市民社会論という問題があることが、このコンテクストで彼にわかりやすかったのだろう。

次のようなこともあった。オーストリア左翼がナチスに実力抵抗したリンツでは、戦後、労働運動史国際学会が続けられていて、ぼくはこれを日本の学界に知らせた関係から何度か出席していたが、そこで冒頭の講演者として招かれたエリックに会ったことがある。彼は、ぼくを『『国富論』の翻訳がよく売れるので、毎年ヨーロッパに来られる幸福な男」と紹介して笑わせたのち、しばらくして会衆をかき分けて近寄ってくると、「アジェンデが倒れて、ラジオ・カナダがコメントを求めているので」とささやいて姿を消した。一九七三年九月一一日、チリのアジェンデ人民戦線政権の崩壊である。彼を見送ったぼくは、彼をこのような地位に置くヨーロッパ社会とは、どういうものなのだろうかと、思いめぐらせた。そこではソヴェート・ロシアのユートピアの実現が確実ならば、そのための二〇〇〇万人の虐殺も容認されるという意見が、衝撃を与えながらもなお容認されるのであった。

世紀の変わり目に日本学士院に入ったぼくは、そこに客員会員の制度があることを知ったが、それは文系では日本研究の業績を持つ者に限られていた。これでは視野狭窄だと思ったので、エリックを突破口とするために「彼の著書のほとんどが邦訳されているから」という推薦提案をしたところ、広く賛成があって流れが変わってしまった。転換の潮時だったのだろう。二〇〇五年に彼が客員に選定されると、学士院は恒例にしたがって最高の待遇で訪問を歓迎する旨の招待状を送ったので、ぼくは彼の二度目の訪日を期待して喜んでいたのだが、これは実現しなかった。その間、ぼくはロンドンに行くたびに、彼が『20世紀の歴史』の印税で入ったと言っていたペルメルのクラブで、ドーヴァー・ソールを食べながら訪日を勧めたのだが、ぼくと同病関係であった前立腺がん以外の病気による彼の体調の悪化によって、乗り気にならなかった。

間に合わなかった日本語版序文

二〇一一年の年頭の挨拶の中で、彼は次のように書いてきた。

「僕は今月、主として知識人と文化にたいするマルクス主義の影響についての論文集を、*How to Change*

the World（本書の原題）という題で出版することになっている。そのことを別にすれば、僕は肉体的に惨めになり、さまざまな医学的問題を抱え、運動能力も極度に衰えた。そうではあるが、誰でも九四歳になろうとすれば、この種のことは予期しなければならない。われわれがすべて君のようにタフではありえないのだ」。

この手紙のアドレスが、ぼくの私宅ではなく日本学士院となっていたので、訪日をあきらめなければならないことを知ったが、彼はなお、八月末に「間違いなく邦訳の出版期日にあわせて序文を書くつもりだ」と約束して、ついでに次のように書いた。

「僕はさしあたり重要な企画を持ってはいないが、一九世紀にブルジョワ社会が崩壊してからの社会・文明論のコレクションということがある。これは主として、僕の健康状態が非常に悪いことによるもので、身体的には足を引きずって数歩を歩くことしかできず、それから先は車椅子だ」。

ぼくがこれを読んで、終末が迫っていることを感じなかったのは希望的観測というものであっただろう。エリックは、翌年の一〇月一日早朝、ロンドンのRoyal Free Hospitalで死去した。

娘のジュリアによれば、直接の死因は白血病の複雑化による肺炎であった。ところで、このRoyal Free Hospitalは、自宅近くのハムステッドにある大病院であって、彼が入院するとすればここしかなかっただろうが、それでも「社会主義イギリス」の国民健康保険による無料病院であることについて、エリックは母親の最期を支えた医療施設が「赤いウィーン」のものであったことを思い浮かべなかったであろうか。

彼の死が報じられると、二人の無名のイギリス人から日本学士院に電話があり、マス・コミでは毀誉褒貶さまざまな評価が飛び交った。「彼は歴史を、象牙の塔から民衆の生活の中に持ち込んだ」というのから、右に「スターリンの応援団長」、左に「最後のロマン主義者」というように。

〔日本語版解説〕

二一世紀世界をどのように変えるか
――本書の魅力

伊藤　誠

世界をどのように変えるか

本書は「いかに世界を変革するか」を主題としている。なんと魅力的なテーマであろうか。実際、世界と日本の多くの人々は社会の進路にいま閉塞感を深めている。

競争的な市場原理による資本主義に合理的で効率的な経済再生を期待した新自由主義は、一九八〇年代以降すでに四〇年近くを経て、多くの働く人びとに安心のゆく社会秩序をもたらしていない。先進諸国の労働運動は、新自由主義のもとでのＩＴ（情報技術）「合理化」、公企業の民営化、グローバルな競争圧力のもとで、組織率を低下させ、安価な非正規雇用の激増とそれにともなうワーキングプアなどの新たな貧困層の増大に有効な対処ができない。Ｔ・ピケティ『21世紀の資本』（みすず書房、二〇一四年）が印象的に告発しているように、富と所得の格差が顕著に再拡大している。そのため内需は抑制され、景気回復は投機的バブルに依存する傾向を強め、経済生活は不安定性を増し、二〇〇八年にはアメリカの住宅バブルの崩壊から、一九三〇年代以降最大の世界恐慌をもたらした。

それを契機に米日両国に二〇〇九年に民主党への政権交代が生じ、ニュー・ニューディールへの民衆の期待が高まった。緊急経済対策とあわせ、アメリカでのグリーン・リカバリーや公的医療保険制度の導入、日本でのエコポイント制度や子ども手当など新たな社会民主主義的政策の効果もあって、翌年にかけてかなりの景気回復も実現された。それにもかかわらず、経済危機がひとまず鎮静すると、それらの政策はおしもどされて、民衆の期待は裏切られていった。日本では東日本大震災と原発事故とが民主党政権に大きな動揺と負担を加えた。

ニュー・ニューディールは、なぜニューディールのような生命力をもちえなかったのであろうか。一九三〇年代には、大恐慌の災厄をみることなく、工業化計画をすすめ失業者を生じていないソ連の社会主義的体制が、資本主義世界に衝撃を与えていた。一方で、ドイツ、イタリア、日本にファシズムをもたらし、その脅威への対抗関係をもふくめて、本書第11章などに扱われているようなマルクス主義への関心を浸透、拡大させていった。他方で、アメリカ、イギリスなどの反ファシズム諸国には、ニューディールをはじめとする社会民主主義的雇用政策を定着させ、労働組合育成をその政策の柱の一つともするようにうながす側面からの圧力をなしていた。これにくらべ、ソ連型社会崩壊後の現代の資本主義世界には、競合的な社会体制の強力なモデルがない。ニュー・ニューディールが、労働組合の保護育成の施策を欠き、その社会的支持基盤を組織しえないまま、おしもどされたのも、それに起因するところがあるといえよう。

社会民主主義的な労働者保護や福祉、教育、年金の公的保障をともなう高度成長期までの先進諸国の資本主義が、一九七〇年代初頭までにゆきづまり、公的規制や再配分を縮小、撤廃する方向での新自由主義的グローバリゼーションの時代をむかえているにもかかわらず、ソ連型集権的社会主義の体制もゆきづまり崩壊しており、世界的にみて、二〇世紀には自由な資本主義の発展に代わる社会の進歩の方向とみなされていた社会主義と社会民主主義とが、またともに深い危機を迎えているのである。

そのために、いまや経済生活上の格差と不安定性の拡大をもたらす欠陥が明白になっている新自由主義的グローバル資本主義の体制が、容易に変革されず、人間と自然にたいする荒廃作用が野放しに継続されている。その重い世界秩序の現状がわれわれの内面にも閉塞感を深めがちである。それは資本主義世界の歴史的危機であるとともに、その秩序を補整し、のりこえようと試みてきた社会運動とその思想と理論にわたる主体の危機でもある。この二重の危機をどのように打開してゆくことができるか。

本書の最大の魅力は、こうした歴史の重層的危機をその由来とあわせて誠実にうけとめ、まさに「いかに世界を変革するか」、資本主義をめぐるこの問題をその根源からマルクスにたちもどって再考しようとする著者の再点検作業にある。その主要な著書のほとんどが邦訳されており、日本にもファンが多いイギリスの批判的知性を代表する社会運動史家であり、経済思想史家でもある著者が、生涯のほとんど最後にまとめた貴重なマルクス論の力作でもある。

一九八〇年春から半年、私はロンドン大学クィーン・マリー・カレッジで教え、ケンブリッジ大学でもセミナーを開いていた。その夏に近いころ、バークベック・カレッジの研究室にホブズボームを訪ねたことがある。日本の研究動向などをきかれた後、イラン革命の翌年でもあったので、宗教原理主義がなぜ世界を大きく動かすようになっているのでしょうかとたずねてみた。あの丸いめがねの奥でまばたきしつつ、社会主義が本来は貧困な民衆を組織すべきなのですが、それに成功していないためともいえますね、とゆっくり話されたことが印象的であった。本書第16章などでもそのおりのことが想起される。途中でお嬢さんから電話が入ったが、いま日本からの友人と話しているので、と時間を割いてくださったことに恐縮しつつ、日本を大切に考えてくれていることも実感した。

D・ハーヴェイ『資本の〈謎〉』（作品社、二〇一二年）も、マルクスによって現代の世界恐慌を分析しつつ、その最終章で「何をなすべきか？　誰がなすべきか？」を問題としていた。いまマルクスにもどって

「いかに世界を変革するか」が、深く広く問われている。ピケティ・ブームもいくらかはその反映ではないかとさえ思われる。

実際、それに続き、イギリス労働党は、新自由主義に譲歩を重ねていた「中道路線」に批判を加えていた、社会主義者を自認するJ・コービンを二〇一五年九月に党首に選び、ピケティを顧問としてむかえつつ、労働者政党としての再建をすすめている。ついで、翌年のアメリカ大統領選挙戦では、サブプライム恐慌以来「われわれは九九%だ」としてウォール・ストリートなどから街頭占拠運動を広げていたミレニアム世代の若者たちを支持基盤のひとつとして、B・サンダースが（広義の）社会主義をめざす「政治革命」を訴え、大旋風をまき起こしている。その直接間接の衝撃も、予想外の大統領D・トランプ登場の一要因をなしていた。

いずれにしても、新自由主義的グローバル資本主義の潮流は、いまや変化への潮目をあらわにしつつある。とくに先進諸国内部にも多重危機の深化を介し、競争的な市場による資本主義の内在的作用の限界や矛盾をどう制御し、克服してゆくかがあらためて問い直されているのである。そこから、一九三〇年代の危機を想起させる新たなファシズムに通ずる右派的再編への動向も多くの諸国に広がりつつあり、トランプ登場もそれを促進するおそれが危惧される。と同時に、それとのせめぎあいを通じて大多数の働く人びと、社会的弱者の協力や結束への社会運動をうながしつつ、新自由主義のもとでの歴史の閉塞状態をのりこえて、二一世紀世界をどう変えるか、批判的知性の思想と理論の営為における努力も重要な挑戦課題としてあらためて浮上しつつある。本書には、その課題に取り組むうえで、豊かな示唆が与えられているといえる。

今年は『資本論』出版一五〇周年、ロシア革命一〇〇周年にあたる。来年はマルクス生誕二〇〇年となる。その現代的意義をともに考えるうえでも、本書は貴重な手掛かりを与えてくれるにちがいない。

マルクスの思想と理論の史的再考

本書は、一九五六年から二〇〇九年までに執筆された論稿に加筆して集成した全二部一六章からなっている。第Ⅰ部は「マルクスとエンゲルス」の思想と理論の発展を再吟味する試みにあてられ、第Ⅱ部は「マルクス主義」の影響を再考する課題にあてられている。それぞれにおさめられている各八章の論稿は、多様な側面からマルクスの思想とその影響の歴史的意義を現代的に読み解こうとする一貫した姿勢につらぬかれている。

そのなかで、「いかに世界を変革するか」、著者が若いころ強く惹かれていたソ連型社会やそこでのマルクス主義から遠ざかり、まさに一九五六年のスターリン批判やハンガリー事件を契機に、本書に集められた諸論稿で西欧新左翼の代表的知性の一人として、誠実に研究と思索を重ねた挑戦的営為の緊張感が随所に示されている。一九六〇年代以降の西欧マルクス・ルネッサンスの広がりにも重要な役割を担っていた著者による本書のマルクス論には、これに関連し、少なくともつぎのような三つの特色を指摘することができる。

第一に、本書には、「いかに世界を変革するか」をめぐり、資本主義の歴史性の批判的認識をふまえて、根源的に問題を提起しているマルクスとエンゲルスの著作が、いつどのような範囲で出版され、人びとに利用可能となってきたのか、世界各国にわたる入手可能なかぎりでの史実を集め、時代を追って再点検している（第8章など）。それは、マルクス学としても、今後補充されてゆくべき貴重な貢献をなし、優れた歴史家としての著者の世界認識への学問的な試みの一端をうかがわせるところである。

そこでも、スターリン体制のもとで、第一次『マルクス・エンゲルス大全集』（MEGA）のドイツ語版出版が、指導的編集者リャザノフの解任と謀殺により終焉し、マルクス主義の「正統スターリン主義的解釈」が強調されて、マルクス自身のいくつかの著作、とくに初期の著述まで異端視されたことが指摘されている。本書では、こうした取扱いに反発して、ソ連型マルクス主義における唯物史観の単線的で自然必然性的な解釈に対抗して、マルクス自身における歴史社会の多様な歩みについてのより広い認識や、それをつうずる深い人間主義的発想を重視する再解釈の可能性が強調されている。

日本についても、本書は、一九一七年のロシア革命以前に、『共産党宣言』に三種の日本語版が作られたとしている。それはおそらく一九〇四年『週刊平民新聞』紙上の第二章までの英語版からの幸徳秋水・堺利彦訳、一九〇六年の『社会主義研究』創刊号におけるその両名による完訳、および堺がこれをドイツ語原本と引き合わせ、口語体とした秘密出版の新訳の三種か、と思われる。また、一九二〇年には『資本論』の日本語版も出版されていたと述べているが、それは高畠素之訳を指している。さらに、訳注も加えておいたが、第二次大戦後、『資本論』などの異なる版本の原典研究が促進された契機として、日本で『資本論』第一巻初版第一章が再出版されたこともあげられているが、その対訳版は、実は戦前、一九二八年の宮川稔訳（青木書店）にさかのぼることができる。

なお、『資本論』の第一草稿にあたる『経済学批判要綱』の外国語訳は、一九六〇年代末にようやくおこなわれた（二四一ページ）と本書は述べているが、訳注を付したように、日本ではその翻訳も研究もそれに先行していた。そのことも補正しておきたい。それとあわせて、スターリン体制のもとでゆがめられ、未完に終わった第一次MEGAにたいし、おそらくは世界最初の『マルクス・エンゲルス全集』（改造社）の全二七巻・別巻一冊が、一九二七～三三年に日本で完成されていたことも、とくに補記しておきたい。しかもその編集と翻訳にわたり、講座派と労農派とに分かれ相互批判と論争をおこなっていた日本のマルクス派の研究者が協力してあたり、本書で問題としているようなスターリン体制下の編集上の偏りも少なかったこともあらためて注意しておきたい。

そこには、第二次世界大戦にかけてのファシズムのもとで加えられたきびしい弾圧をこえて戦後復活し、影響力を増す日本のマルクス派の一角に、講座派と労農派の見解をともに位置づけてのりこえようとする宇野弘蔵のような、独自の学問的研究が産出されてゆく基盤もあった。宇野は、スターリン批判に先立ってスターリン論文の難点を学問的に指摘し、講座派に強い影響をおよぼしていたソ連型マルクス主義に対峙する独創的見解を体系的に提示し、その後継者たちとともに、西欧マルクス・ルネッサンスに多くの点で通底する反スターリン的学風を日本の経済学界の一部に形成している。

第二の特色として、本書は、ジャック・アタリと同席した二〇〇七年の講演（第1章）などでも強調しているように、マルクスの核心が、その思想と理論の包括性にあり、世界を同時に政治的・経済的・科学的・哲学的である全体として理解しようと努めたことにあるとみている。それはたんに便宜的に学際的なのではなく、あらゆる研究分野を有機的に連ねてふくみこんだものであると解釈しているのである。それも労働運動を重視しつつ、優れた歴史研究をマルクスによりつつ、積み重ねてきた著者の実感あふれる総括といえよう。

本書でも、資本主義にいたる人類史の歩みをどのように包括的に理解すべきか、さらに資本主義をこえて「いかに世界を変革するか」、まさに雄大な問題と展望に現代的にとりくむためのマルクス論が各章をつうじ展開されている。広範な分野にわたる諸科学やさらには芸術とマルクス主義の影響を扱う第10章などには、ヨーロッパの代表的な知識人としてのまさに包括的見識のみごとな提示もみられる。たとえば、第二インターナショナル内部に生じた「真の芸術論」として、ウィリアム・モリスによるあらゆる労働の芸術創造の要素と、商品生産の芸術をこえる、日常生活環境、たとえば建築などの技術に期待する思想潮流が指摘されている。それは、大内秀明『ウィリアム・モリスのマルクス主義』（平凡社新書、二〇一二年）

にもつらなる現代的な指摘でもある。
それとともに、本書のマルクス論は、歴史学はもとより、政治学、社会学、哲学など文字どおり広範な諸分野に関連する問題群を包括する卓越した力量を示すところとなっている。いわゆる人文社会科学の諸分野の研究に関心をよせる学生、一般読者に広く訴え、興味をもって読んでもらえる伸びやかな批判的知性の輝きがある。

日本のとくに戦後のマルクス研究は、これにくらべると『資本論』にもとづく経済学の分野に関心が集められがちで、その他の広い諸分野におけるマルクスへの関心との包括的な連動性が不足していたのではなかろうか。その欠落は、本書にも示される西欧マルクス・ルネッサンスの包括的な研究の連動性の影響もうけて、日本におけるフェミニズム、国家論、現代思想、社会学などでのマルクス派的研究が活性化するなかで、是正される傾向も生じつつある。本書は、そのような動向を促進する包括性を、マルクスの思想と理論の影響の世界的な広がりについて、印象深く語りかける特色を示している。

本書の第三の特色は、「いかに世界を変革するか」について、マルクスの思想と理論およびその影響にたちもどって再考をすすめるなかで、自由な個人の発達の理念を重視し、人間の本来的な主体としての発展に、歴史の進展の意義と動因とを期待するヒューマニズムの観点をつらぬいていることにある。

たとえば、本書によれば、マルクスとエンゲルスにとっての理念は、フーリエのたんなる本能解放論とは異なり、「人間のあらゆる能力の完全な発展」にある（第2章）。生産の原初的自然条件から、労働の専門化および交換の結果、さまざまな先資本主義的社会諸形態が形成され展開される過程は、マルクスにしたがえば、「同時にまた、人間的個人主義の解放である」。資本主義社会になれば矛盾した形態においてではあれ、「自由な個人の発達というヒューマニズムの理念は、先行するすべての諸形態よりもその現実に近づいている」（第7章、一七四ページ）。

『共産党宣言』は、第一章の結びに、「ブルジョアジーはなによりもまず自分自身の墓堀人をつくりだす。ブルジョアジーの没落とプロレタリアートの勝利とは、ともに避けられない」と述べている。しかし、本書によれば、「広範な推定に反して、歴史的変化は人々が自分たちの歴史を作ることを通じて進行するのだと信じる限り、それは決定論の文書ではない。墓穴は人間の行動によって、あるいはそれを通じて、掘られなければならない」(第5章、一五七ページ)。

こうした著者のいくつかの論点における認識は、一方で、ソ連型マルクス主義のもとでの経済決定論とそれを共産党や社会主義国家の指導者が代表して指導する組織方針のもとでは、軽視されていた側面であって、著者はこれに批判的に対峙するマルクス論を提示している。他方で、新自由主義的グローバリゼーションのもとでの資本主義の、働く人びとと自然環境への破壊的荒廃作用に対する、根源的な批判と解決の方途をも示唆しているのである。

それにともない、本書では、マルクスとエンゲルスの政治論の特徴を、「いくつかあいまいな場所が残されている」ことも認めつつ、要約する(第3章)とともに、「マルクス主義政治理論を開拓した」グラムシの貢献を高く評価している(第11章)。抑圧されているサバルタン(被抑圧)階級が、有機的知識人の役割も組み込んで、ヘゲモニーをめぐる「陣地戦」を構築し、そのなかで政党や革命家と自由な個人としての大衆運動の双方向からの交流と運動をいかに組織し、育ててゆくか。ファシズムに抗して、その問題を探究したグラムシの思索は、たしかに現代のとくに先進諸国をつうずる困難な社会変革の思想と運動にも、豊かに示唆するところが多い。

本書は、西欧マルクス・ルネッサンスにおいてほぼ共有されているこうした発想に深く関わるところとして、著者の専門領域につらなる歴史社会の移行論にも注目すべき論点を提示している。

とりわけ、本書第7章は、『経済学批判要綱』の一部におさめられている「資本主義に先行する諸形態」を、独立の英語版として一九六四年に出版したさいに執筆された解説的序文にもとづく豊かな内容の論稿である。マルクスによる唯物史観としての人類史の総括、それに依拠した社会構成体の歴史的変化・移行の論理に興味をよせる読者には、参照され再読されてよい論点が多い。

そこでは、『要綱』のこの部分に「マルクスの最も輝かしい深遠な考察が示されており、この直後に書かれ、唯物史観をきわめて含蓄に富むかたちで提示した、あのみごとな『経済学批判』への「序言」への不可欠な補論が多面的に示されている」（一六六ページ）と、その意義が強調されている。そして、『共産党宣言』ではまだ言及されていなかった「アジア的生産様式」を導入して、原始共同体社会から生じ、それに代わる「代替経路」として、アジア的、古代的、ゲルマン的、およびいくぶんあいまいでアジア的とも類似性をともなうスラブ的、の三つないし四つの社会構成体の区分について、その典拠を探りつつ、その特徴づけが本書ではほぼつぎのように読みとられてゆく。

すなわち、アジア的体制は、工業と農業の自給自足的結合を保ち、都市は支配者としての君主らの居住地にとどまっていた。古代的体制は、農業と土地所有にもとづく奴隷制都市のダイナミックな歴史に特徴を示していた。ゲルマン的体制は、農村部の独立の生産センターとしての世帯にもとづきつつ、やがて都市と農村の対立により発展する。それらは、『経済学批判』「序言」では、「一見継起的な歴史諸段階として提示されているようにみえる」が、「まったくのところそれは明白に事実に反している」（一九六ページ）。

世界の多くの諸社会は、原始共産社会から、これら三つないし四つの社会構成体を、多型的社会発展の経路の類型として、同時代的にも並存させつつ、多くの地域ではそのなかのある種の類型を経ることなく、近代以降の資本主義世界に編入され、複雑な多様性をもって、資本主義化をうながされることにもなった。したがってまた、社会経済的諸構成体間の移行の論理についてのマルクスの見解も複雑で、いくつかの困難な問題を残している。たとえば、古代の地中海世界に、なぜ農奴制ではなく奴隷制が発達したのか。そこで到達していた生産諸力と複雑な生産諸関係とに、その理由があったと推論してよいかもしれないが、マルクスはそれを論じていない。また、古代的生産様式の崩壊が、なぜ封建制を必然的に導くことになったのかにも論理的理由があるようには思えない（二〇〇～二〇三ページ）。

同様に、封建制の内的矛盾はどういうものであり、資本主義はそこからどのように発展したのかについても、マルクスの議論の筋道は明確でない。その問題をめぐって一九五〇年代に、国際的に大規模な移行論争が生じたのもそのためである。封建的支配階級の収入増大の必要と、生産体制としての封建制の非効率性との矛盾にその社会没落の原因があったとするM・ドッブの見解や、R・H・ヒルトンが地代闘争を移行の原動力とみなしたことに、マルクスが同意することもありうるところである。しかし、少なくとも『諸形態』にはそれは予示されていない。これに対し、P・スウィージーは、封建的生産体制は使用価値を目的に組織されていたので、解体への動因はむしろ都市部での商業の成長にともなう軋轢にあったとしていた。この議論の筋道は『諸形態』の見解と「ごく類似している」（二〇五ページ）。

こうした整理・検討を加えつつ、本書は、一方で『諸形態』におけるマルクスが、諸大陸にわたる人類史の全過程を総括しつつ、それをつうじ階級諸社会の歴史としての人類の前史が、生産の原初的自然条件から、しだいに人間的個人主義、自由な個人の発達を多型的な歴史社会を経て、多くの矛盾や制限をそれぞれにともないつつ、いかに実現する歩みをすすめ、資本主義にいたっているかを大きな筋道として読みとろうとしている。しかも同時に本書は他方で、その人類史が、いかにそれぞれの地域の歴史社会の特性や諸制約により、かならずしも単線的で単純な発展経路をたどるものとはならず、むしろ多型的で多様な社会経済体制を並存させていたかをマルクスは認識していたし、異なる体制への移行の論理についても、一面的で単純な解釈を避けていたことを強調している。

その延長線上において、晩年のマルクスが、ヴェラ・ザスーリッチへの手紙などで、エンゲルスやその支持をえたロシア・マルクス主義者たちと異なり、ロシアの村落共同体が、資本主義の発達による解体にさきだち、社会主義への移行の基礎を与えうることを認め、「ナロードニキの見解に傾いていった」（二〇九ページ）ことも、本書は指摘している。本書の『諸形態』論からすれば、それもさほど「予想外」のことにあたらないこととなろう。

それはソ連の「正統」マルクス主義が、スターリン体制のもとで、唯物史観の単線的な解釈にもとづき、遅れた農村の封建制を都市部での資本主義的発展とともに基盤としていた帝政ロシアの絶対王制的体制をまず近代化する市民革命にあたる変革をへて、社会主義革命を達成したと、一九〇五年以降のロシア革命の経緯を総括しつつ、それと同様の二段階革命を一九二七年以降の日本共産党の変革路線の綱領にも指示していた発想とは異なる変革路線の可能性を、マルクスの思想と理論に見いだす解釈にもなりうる。

当時の日本では、いわゆる講座派マルクス主義の研究が、共産党の二段階革命路線を支持し、多数の農民を高額現物小作料で搾取している封建的体制が存続していることを強調していた。これに対抗する労農派マルクス主義は、明治維新を市民革命とみなし、その後の日本は農民も賃金労働者に転化して発達しつつあり、社会主義革命が直接に可能であり、必要とされていると一段階革命路線を主張していた。宇野弘蔵は、労農派によりつつ、ドイツや日本のように後発の資本主義は、イギリスと異なり、高度な資本構成による産業技術を最初から移入するため、都市部における資本主義の雇用増大速度が抑制されて、相対的過剰人口として農村部に多数の農民経営が存続し、農業問題が大きな社会問題となる特性を示すことを強調していた。それは日本のマルクス派では異端で少数派ではあったが、本書が評価している『諸形態』論での社会構成体の多型的発展論や晩年のマルクスのロシア論とも、実は意外に響きあうところであった。

海外で、日本のマルクス学派に戦前から生じていた重要な争点の一つとして、講座派と労農派の間の日本資本主義論争について講義やセミナーで説明すると、途上諸国からの学生や研究者たちから、同様の論争はそれぞれの出身国にも生じているという反応がほとんど例外なく返ってくる。

本書では、第14章で、戦後に植民地解放を達成した後の途上諸国における、そのような社会変革路線をめぐる論争が考察されている。そこでは、封建制から資本主義への移行の論理をめぐるドッブとスウィージーの論争が、一九六〇年代に途上国の社会変革路線の問題に転移された形で再提起されたとみなされる。ことにラテン・アメリカ諸国などでは、対外的にはアメリカに代表される「帝国主義」に対峙しつつ、対内的変革課題は、二段階革命か一段階革命か。「正統派」共産主義政党は、ソ連の支援もうけつつ、「封建制」ないしその遺制としての大土地所有者の支配する「ラティフンディズム」による農業利権の除去にむけての国民的共同戦線創出を重視し、当面社会主義的変革を目指すことは回避した。これに対し、スウィージーの移行論に類縁性を示すG・フランクやI・ウォーラーステインらの第三世界派によれば、資本主義は、本来的に「世界システム」としての市場関係をつうじ、中枢先進諸国が周辺途上諸国を支配し搾取する体制を形成し続けているのであり、そのもとで近代化を目指す変革は、基本問題を見失い、すでに資本主義の支配下に組み込まれている民衆の階級闘争への「裏切り行為」ともなる。それは、ラテン・アメリカ諸国のみにかぎらず、途上諸国の多くのマルクス派に生じた切実な政治論争の反映でもあった。

こうして、本書に提示されている体制間の移行の論理は、ソ連型マルクス主義に対抗する新左翼の思想と理論の基礎を、マルクスの『諸形態』論および晩年のロシア論、封建制からの移行論争、（われわれからみれば、それと呼応する日本資本主義論争や宇野理論）、さらには第三世界派の見解を、異なる歴史的文脈においてではあれ、通底する類縁性において再吟味させるところがある。その類縁性の意義をどのようにさらに論理的に再整理するかは、「世界をどう変えるか」に関連して、日本をふくむ先進諸国にとっても、いま資本主義の新自由主義的グローバリゼーションのなかで、あらためてマルクスにたちもどり、『資本論』の経済学を活かしつつ、根本的に考えたくなる重要な論点のひとつにちがいない。

本書第15章と第16章では、一九八三年のマルクス没後一〇〇年ごろからの新自由主義のもとでのマルクス主義とそれに関連する労働運動とが、とくに先進諸国において顕著な「後退期」に入ったとみなされている。そこに生じている困難な閉塞状況に、われわれはどのように対処してゆくべきか。本書の第16章では、マルクス主義の「後退期」が、二〇〇八年の深刻な経済危機をもって「終焉を迎えている」とも記されている。たしかに資本主義の内的矛盾を体系的に解明したマルクスの思想と理論への関心は世界的に再現している。とはいえ、本稿のはじめに述べたように、新自由主義的グローバリゼーションのもとでの労働者階級への抑圧、それにともなう経済生活上の不安と格差の拡大は、マルクスへの関心の回帰によってただちに解消されず、ニュー・ニューディールも少なくともいったんおしもどされている。したがってマルクス主義の「後退期」をどのように終焉させ、社会変革の道を打開してゆけるかは、本書をつうじ、なお大きな宿題として残されているといえる。

その意味では、一九九一年のソ連崩壊にともなうマルクス主義への衝撃は、労働運動にとっても小さくはなかったにもかかわらず、この時期に新たに浮上している一連の社会変革への新たな社会諸運動の可能性にも注目してゆかなければならない。たとえば、反グローバリズムや反戦・平和への新たな大衆運動、地域通貨や労働者協同組合の組織化による相互扶助的諸運動の拡大、それらによる地域社会の再活性化、地産地消への新たな取り組み、自然環境保全への住民運動やソフトエネルギー開発への社会的関心の高まり、脱原発への民衆運動、国際的な民衆連帯などが、しばしば反資本主義への傾向や志向性をともない、むしろこの時期に先進諸国にも広がっている。本書では労働運動に関心をよせるあまり、それらの動向はあまり取り上げられず、あるいはときとして労働運動とは利害が異なるところとさえみなされている。しかし、それらの社会諸運動にも資本主義的グローバリゼーションへのオルタナティブを求める民衆の発想や志向性が、さまざまな連帯組織の形成と発展への試みをともないつつ、現代的に育てられてきている。労働運動再生を期待し、促進しつつ、マルクス派はそれらをどのように受けとめ、今後の社会変革につらなるものと位置づけてその積極的意義をくみとってゆけるか。

本書における社会体制移行論の再考をつうじ、著者が現代世界に示唆している重要なメッセージは、新自由主義のもとで「後退期」を経たマルクス主義が、そのような問いかけにも応えうるような二一世紀型の社会主義とそれにつらなる二一世紀型の社会民主主義にともに活かされてゆくべきであり、それにともなう変革経路やそのための戦略課題は、それぞれの歴史社会とその主体としての民衆の選択にゆだねられるべき広く多様な可能性に富んでいるはずである。読者とともにさらに考えてゆきたいところである。

[日本語版解説]

ホブズボームとグラムシ、アルチュセール

中村勝己

イタリア共産党への評価

世界で最も人気の高い歴史家の一人であるホブズボームは、イタリアでもよく読まれている歴史家である。イタリアのラテルツァ出版社から出ている新書サイズのインタヴュー・シリーズには彼の本が二冊入っている。[1]同じイタリアのエイナウディ出版社からは、ホブズボームを編集委員として迎えた大作『マルクス主義の歴史（*Storia del marxismo*）』（全四巻、五分冊）が出ており、これはマルクス主義理論史に関するいわゆる旧西側諸国の文化事業としては執筆陣の水準の高さと層の厚みにおいて出色の出来栄えだった。[2]

▼1　どちらも邦訳されている。一冊は、イタリア共産党（当時）の幹部ジョルジョ・ナポリターノ（一九二五年生まれ、二〇〇六年から一五年までイタリア共和国第一一代大統領を務めた）との対談本『イタリア共産党との対話』（山崎功訳、岩波新書）であり、もう一冊はジャーナリストのアントニオ・ポリートを聞き手とする『歴史家ホブズボームが語る二一世紀の肖像』（河合秀和訳、三省堂）である。

ホブズボームの側にもイタリアに対する（というよりもイタリアの対独武装抵抗闘争《レジステンツァ》とイタリア左翼とりわけ共産党に対する）強いシンパシーがあった。たとえば、ホブズボームによれば「イタリア共産党は、西欧の中では、というよりも世界においても、共産党が権力を掌握していない地域の共産主義の歴史の中では、偉大な成功を収めた例」なのであり、この党の「歴史の中で実に興味深い点は、ファシズム期を通じて極めて弱体であったのが、レジスタンス期、及び戦後には驚くほど、勢力を伸張したという、その著しい対照にある」という。[3] 政治指導者としてのパルミーロ・トリアッティに対する高い評価は明らかであるし、なにより政治思想家としてのアントニオ・グラムシに対する畏敬の念は深いものだったろう。

ホブズボームのイタリア共産党に対する共感の二点目として挙げられるのは、やはり共産党の〈社会主義へのイタリアの道〉という独自路線（一九五六年の第八回党大会でトリアッティにより確立）に対するものであるように思われる。その背景にはもちろんグラムシが唱えた陣地戦論があるが、それだけではなく、単なる漸進主義にとどまらない、多元主義的自由主義を尊重するイタリア共産党の政治姿勢に対するホブズボームの評価があるのだろう。それは先に注1で挙げた『イタリア共産党との対話』を読めば明らかである。本来、この書はホブズボームを聞き役としたナポリターノへのインタヴュー本なのだが、ホブズボームの質問およびコメントが充実しているため、あたかも対談本のような内容になっている。

グラムシのサバルタン階級論

少し古いデータになるが、一九八八年までにホブズボームが執筆ないし講演したグラムシ関連の論考は、二〇本ある。イタリア語と英語で内容が重複しているものも含まれているが、いずれにしても外国人研究者によるグラムシ研究としては数の多いほうだと言えるだろう。[4] グラムシ研究に関しては、本書のなかで

▼2　これは、五分冊をあわせると四〇〇〇頁を超える文字通りの大著である。そこに収められたホブズボームの論考は、本書の「まえがき」でも説明されているように、本書の「核心部分」をなしている。編集委員はホブズボーム、ジョルジュ・オープト（ルーマニア出身で第二インターナショナル史を専門とするフランス人研究者）、フランツ・マレク（オーストリア共産党指導部を担った歴史家）、エルネスト・ラジョニェーリ（トリアッティ著作集の編集を担ったイタリア人研究者）、ヴィットリオ・ストラーダ（ロシアの精神史と革命史を専門とするイタリア人研究者）、コッラード・ヴィヴァンティ（イタリア史を専門としエイナウディ出版社に勤めたあと大学教員に転身したイタリア人研究者）の六人からなる。構成は、第一巻『マルクスの時代のマルクス主義』、第二巻『第二インターナショナルの時代のマルクス主義』、第三巻第一分冊『第三インターナショナルの時代のマルクス主義——一〇月革命から二九年恐慌まで』、第三巻第二分冊『第三インターナショナルの時代のマルクス主義——二九年恐慌からソ連共産党第二〇回党大会まで』、第四巻『こんにちのマルクス主義』である。書誌情報は以下の通り。*Storia del marxismo*, v. 1. *Il marxismo ai tempi di Marx*, v. 2. *Il marxismo nell'età della Seconda Internazionale*, v. 3. *Il marxismo nell'età della Terza Internazionale*, 1: *Dalla rivoluzione d'Ottobre alla crisi del'29*, v. 3. *Il marxismo nell'età della Terza Internazionale*, 2: *Dalla crisi del'29 al XX Congresso*, v. 4. *Il marxismo oggi*, Einaudi, 1978-1982. 執筆陣のうち日本でも知られている研究者を挙げると、デイヴィド・マクレラン、モーリス・ドッブ、イシュトヴァン・メーサロシュ、ギャレス・ステッドマン・ジョーンズ、イーリング・フェッチャー、マッシモ・サルヴァドーリ、アンジェイ・ヴァリツキ、ヴァレンティーノ・ジェッラターナ、アルド・アゴスティ、ロイ・メドヴェージェフ、アレック・ノーヴ、マリオ・テロォ、エルマー・アルトファーター、モーシェ・レヴィン、ジュリアーノ・プロカッチ、パオロ・スプリアーノ、サミール・アミン、モーリス・ゴドリエ、アグネス・ヘラーらがいる。編集委員の筆頭にホブズボームの名前が挙げられているのは、やはりこれだけの執筆者を集めることのできる力量の持ち主がホブズボーム以外にいなかったからだろう。

▼3　ホブズボーム『革命家たち——同時代的論集Ⅰ』（斉藤孝・松野妙子訳、未來社）、六〇および六二頁。

▼4　一九二二年から八八年までの世界中のグラムシ論および研究をほぼ網羅した次のグラムシ文献目録を参照。*Bibliografia gramsciana 1922-1988*, a cura di John M. Cammett, Prefazione di Nicola Badaloni, Editori Riuniti, 1991, pp. 175-6.

自らの貢献についてホブズボームは控え目にこう書いている。「この分野〔イデオロギーと文化の歴史の研究〕におけるグラムシの影響は、かなり昔にさかのぼる。なんと一九六〇年のこと、私は次のように書いた。《アントニオ・グラムシの著作のうちで最も刺激的な示唆のひとつは、『従属的諸階級《サバルタン》』の世界の研究に過去のどの人よりも多くの関心を払うように呼びかけていることだ》と」（本書第13章）。

ホブズボームは、自らの功績についてもっと自慢しても良かっただろうに。というのも、一九六〇年といえば、インドの研究者たちが人種・宗教・言語などの多様性により複雑に分化したインドの民衆社会を分析するに際してグラムシの〈サバルタン〉概念に着目する〈サバルタン・スタディーズ〉を開始する二〇年以上も前のことなのだから。そしてスターリン批判とハンガリー事件の年にイタリア共産党が第八回党大会（前出）を開いて脱スターリン化の方向性を本格的に押し出し、第一回グラムシ研究大会を開催（一九五八年一月）してからわずかしか経っていない。さらに言えば、ホブズボーム『素朴な反逆者たち』（水田洋・安川悦子・堀田誠三訳、社会思想社）刊行の翌年である。

『素朴な反逆者たち』は、たとえグラムシの名前をわずかしか挙げていない（邦訳四一頁参照）としても、グラムシ『獄中ノート』からの影響が明らかだ。グラムシは『獄中ノート』の「ノート25」、いわゆる「サバルタン・ノート」において、イタリア統一後の一八七八年に起きた中部イタリアの南トスカーナ地方の千年王国運動、ラッザレッティ主義に注目していた。ダヴィデ・ラッザレッティは一八三四年に生まれ、荷馬車の御者を生業にしていた三四歳の頃、突然改心してサビーナ地方（ラツィオ、ウンブリア、アブルッツォ各州にまたがる丘陵地帯）の洞窟に引きこもり悔悛の修行を始める。そして南トスカーナ地方のアミアータ山を拠点に〈神の共和国〉の到来が近いことを宣伝・布教する千年王国運動を開始した。当時のイタリアは王国であるから、〈神の共和国〉を希求するということは、反王政を意味することになる。また彼は、生前に六冊もの著作を出した一種の預言者であった。当初は好意的に見ていたローマ教皇庁もこの男を異端として破門した。アミアータ山に共産主義的コロニーを建設したラッザレッティ派は、ついに官憲と衝突、ラッザレッティは銃殺されて運動も鎮圧された。運動に参加した多くは貧しい山岳地帯の農民たちだった。

「農村の大衆は」――とグラムシが書いている――「正規の政党が存在しないなかで、大衆自身から出現してくる土地の指導者たちを探しもとめ、農村に原初的な形態で醸成されている要求の総体に宗教とファナティズムを混ぜ合わせるのだという事実を政府に明らかにしてみせたことにも留意しなければならない」と。▼5 グラムシは獄中で参照できたわずかな史料から、南トスカーナの農民からなるサバルタン諸集団がヘゲモニー集団（たとえばイタリア王国の役人たちやローマ教皇庁）から知的道徳的に自立して社会変革の主体へと変成する姿（本書第12章）をラッザレッティ派の運動に見出したかったのであろう。

これに対してホブズボームは、より恵まれた研究環境の下でラッザレッティ派のことを自ら調べ直し、グラムシとは逆の結論を得た。彼は言う、「異端の農民が左翼運動にも参加しようとする傾向を、ラッザ

▼5 アントニオ・グラムシ「従属的諸階級の歴史のために」『知識人と権力』（上村忠男編訳、みすず書房、一一八頁）。また、グラムシ『歴史の周辺にて「サバルタンノート」注解』、グラムシ『獄中ノート 著作集第七巻』（松田博編訳、明石書店、一八頁）も参照。ちなみに、一九六〇年頃は、グラムシ『獄中ノート』の全容を明らかにする校訂版刊行（一九七五年）以前であり、全六冊からなる『獄中ノート』テーマ別編集版（俗にトリアッティ版と呼ばれた）しかなかった。グラムシがラッザレッティに言及しながら「サバルタン諸集団（gruppi subalterni）」について論じているのは全六冊のうちの『リソルジメント』の巻の二〇〇ページである。Antonio Gramsci, IL RISORGIMENTO, Einaudi, 1955, p. 200. さきに見たラッザレッティ論が収録されているこの巻の第三章は「補遺。サバルタン諸階級の歴史のためのメモ（III. APPENDICE. APPUNTI SULLA STORIA DELLE CLASSI SUBALTERNE）」と題されており、「ノート25」からの抜粋などが収められている。しかし三〇ページあまりのこの章で「サバルタン」に言及しているのは六ページにすぎない。

レッティ派のような純宗教的政治的な千年王国主義と同一視してはならない」[6]と。一見正反対の結論のようだが、近代世界確立（たとえば国民国家形成に伴う中央政府による徴税）に対する前工業的、前資本制的な民衆世界による反抗を取りあげることで、既成マルクス主義史学（史的唯物論）の枠組を作りかえようという志向は両者に共通しているのだ。

ホブズボームのサバルタン階級論

ところで、本書で挙げられているホブズボームの一九六〇年の論考[7]は、歴史学が文化人類学や社会人類学の知見を積極的に導入することで革新を図るべきであるとしている。「サバルタン諸階級の研究のために」と題された、いかにもグラムシ的なタイトルにもかかわらず、この論考が前掲グラムシ文献目録に記載されていないのは、文中でのグラムシへの言及回数が少ないからなのだろうか。しかしサバルタン諸階級という概念により、前工業社会、前資本制社会における宗教的反抗や千年王国運動を把握しようというホブズボームの姿勢は、ヨーロッパのみならずアジア・アフリカ・ラテンアメリカの当時の低開発諸国の農民運動や先住民運動なども射程に入れることができる点で、深くグラムシ的であると言えないだろうか。イタリア自体が、南部という経済の面でも言語・習俗の面でも北部と異質な要素を組み込んだ複雑な社会構成をなすことを想起されたい。グラムシは、一九二六年執筆の「南部問題についての覚え書」において、このことを正面から取り上げた。そしてホブズボームのこの論考は、『獄中ノート』ではなく、この草稿を引用している。

ちなみに、グラムシの「南部問題」草稿に〈サバルタン〉概念は一度も出てこない。しかるにホブズボームの論考は「近代社会主義〔運動〕以前のサバルタン諸階級（le classi subalterne prima del socialismo moderno)」や「前資本制的世界におけるサバルタン諸運動（i movimenti subalterni del mondo precapitalistico）」などの概念を使いながら、社会人類学の成果を活用した低開発地域の運動史の必要性を唱えている。論考の結論はこうだ。こうして「サバルタン諸階級の歴史学的、社会学的分析は、学術的なものであることをやめる。そして非常にこんにち的で直接的な政治的関心からなるひとつの事実となる。じっさい、私たちの時代の政治的、社会的諸運動は、低開発諸国ないし諸地域（すなわち、前資本制的、あるいはかなり不完全な資本制的諸国ないし諸地域）に生きる人民の運動である。これらの諸運動が成功を収めたところでは、それが成功したのは、まさにそうした運動諸勢力がプロレタリアの運動とそのイデオロギーの教えに従って、効果的な仕方で組織され指導されたからである」(*op. cit*., p. 449）と。ここから解ることはふたつ。ひとつは、ホブズボームの問題関心がきわめて政治的なものであること。もうひとつは、当時のホブズボームが〈サバルタン諸階級〉を前衛党中心の階級同盟のなかに位置づけていることだ。どちらも実にグラムシ的ではないか。この論考から五〇年以上がたってみて、これを時代遅れとみなすか、それともグローバル化の進展によってもはや「低開発」であることをやめた諸国・諸地域で本格化している民衆運動の課題を現在でも照らし出すものとみるか。その答えは読者にゆだねたい。

▼6　『素朴な反逆者たち』一四九〜五〇頁。
▼7　正確な書誌情報は次の通り。Eric J. Hobsbawm, «Per lo studio delle classi subalterne», in *Società*, Anno XVI, n. 3, maggio-giugno 1960, Einaudi, pp. 436-49.

イギリスのアルチュセール受容について

さて、ホブズボームがグラムシと比べてフランスのマルクス主義哲学者ルイ・アルチュセールに対して評価が辛いのは、やはり、アルチュセール（およびその弟子）が七〇年代のフランス共産党の綱領改定論争に際して〈プロレタリア独裁〉を堅持する論陣を張ったこと、そして、その理論偏重主義（とホブズボームには思えたもの）と無関係ではないだろう。七〇年代前半のイギリス共産党理論誌『マルクシズム・トゥデイ』は、アルチュセール理論を手厳しく批判した論考を載せ、これにアルチュセールが反論、その後も同誌上でのアルチュセール批判が続いた。[8] そこにホブズボームの名前は見当たらないが、そうした理論動向と彼が無関係であったはずはない。

ちなみにホブズボームは、一九七八年のインタヴューでアルチュセールについて率直に語っている。「アルチュセールとグラムシの仕事に対する最近の関心（の高まり）は、マルクス主義歴史学の実りある前進につながってきているとお考えでしょうか」という問いにホブズボームは次のように答えている。「アルチュセールは大変おもしろい人だと思いますが、彼が歴史家に向かって語りうることは具体的には何もないのです」と。[9] アルチュセールに対してこれほど評価が低いのはなぜかというと、「私は十分にイギリス型の歴史家なのでして、確かな事実の方に、すなわち何が起こったのか、それは何故かの方に集中したいと思う」（前掲書）からだと言うのである。「確かな事実」に「集中したい」「イギリス型の歴史家」という言い方に、ホブズボームの実証主義的なマルクス主義史学の姿勢が見てとれる。これでは確かに、伝統的マルクス主義をすべて「歴史主義」の廉で断罪した理論中心主義者アルチュセールと、ホブズボームとのあいだに生産的な対話が成立する見込みはなかったろう。

しかしホブズボーム以降のイギリス・マルクス主義理論にアルチュセールの影響力は深く浸透していき、

それは〈アルチュセール革命〉と呼ばれたことさえある。[▼10] カルチュラル・スタディーズのスチュアート・ホール（一九三二〜二〇一四年）、『ヘゲモニーと社会主義戦略』のエルネスト・ラクラウ（一九三五〜二〇一四年）とシャンタル・ムフ（一九四三年〜）、文芸批評のテリー・イーグルトン（一九四三年〜）、そしてラカン派マルクス主義のスラヴォイ・ジジェク（一九四九年〜）にいたるまで、イギリスで活躍してきたマルクス派（あるいはポスト・マルクス派）の思想家たちは、多かれ少なかれアルチュセールの理論的インパクトを受けている。イギリス・マルクス主義（あるいはポスト・マルクス主義）のなかで、実証性が重視される歴史学や経済学の分野を除けば、つまり文化や思想の研究分野において、最も理論的生産性が高いのは、広義のアルチュセール派だと言っても過言ではない。

ここでは、彼らのアルチュセール理論に対する反応をひとつだけ引用しよう。テリー・イーグルトンのアルチュセール評価である。彼は近年のインタヴューで、前期アルチュセールの主著『マルクスのために』と『資本論を読む』の英訳が出揃った一九六〇年代後半から七〇年代初頭に「アルチュセールを読むことで知的高揚感を覚えた」かどうかという問いに次のように答えている。「〈高揚感〉というのは正確な言葉とは言い難いですが、ただ、元気になる感覚は確かにありました。そこには、一連の概念が、あらゆる領域つまり精神分析や文学や文化などの領域で、それを使って作業できる、あるいはそれを動員できる

▼8　くわしくは、ルイ・アルチュセール『歴史・階級・人間――ジョン・ルイスへの回答』（西川長夫訳、福村出版）を参照。

▼9　E・P・トムスン／N・Z・デイヴィス／C・ギンズブルグほか『歴史家たち』（近藤和彦・野村達朗編訳、名古屋大学出版会）、一二頁参照。

▼10　アラン・ハント編『階級と階級構造』（大橋隆憲・小山陽一ほか訳、法律文化社）、訳者あとがきを参照。本書は、ホブズボームの〈党〉、すなわちイギリス共産党の綱領改定作業のための会議の副産物であるらしい。

ように整理して並べてある、そんなふうに思えたからです[11]」と。アルチュセールの理論は、マルクス主義のいわゆる上部構造論、文化の分析を豊かなものにする力があったことの証言である。

しかしまた、イーグルトンは言う。「私はこれまで一度たりとも自分のことを、折り紙つきのアルチュセール派だと思ったことはありません。(……)アルチュセールの中心的概念のほとんどについて、つねに意見を保留してきました。(……)一九八〇年代半ばには、アルチュセール主義の利点と損失とのバランスシートを作成するつもりで『批評の政治学』の前書きを書きました。(……)その前書きで私が論じたのは、アルチュセールの中心的な理論概念のよいところとは、それが、マルクス主義思想の諸伝統のゆがみを正したことにあるのですが、しかし、こうした別の選択肢ともいえる概念は、その効用を力説しすぎると、逆にゆがんだものが生じるということでした」(前掲書)と。筆者は、イーグルトンのこの感想がイギリス・アルチュセール派を代表しているとは思わないが、それが(ホブズボームやE・P・トムスンのような)全面否定でもないし全面肯定でもないという意味でバランスが取れているところに、イギリス・アルチュセール派のセンスの良さを感じる。

〈共産主義の理念〉をめぐって

その広義のアルチュセール派のなかから近年、〈共産主義の理念〉を掲げて国際研究集会を開催する動きが出てきた。ジジェクとアラン・バディウ(一九三七年〜)である。二〇世紀の共産主義体制の失敗と二一世紀の新自由主義/グローバリゼーションの挫折を経て開催されたこの国際会議では、二〇世紀のマルクス・レーニン主義とは異なった、報告者たちにより様ざまに再定義された〈共産主義の理念〉が語られている。[12]〈この世界をどのように変えるのか〉という問いに対して、〈共産主義〉というひとつの名のもとでの複数の回答が与えられたのだ。第一回目の会議の会場は、なんとホブズボームの勤務校だったロンドン大学バークベック校である。こうした新しい動向に対して、ホブズボームがどのような評価を下したのか、筆者は何も知らない。いわゆる〈六八年世代〉に対して冷ややかに見える彼の態度（たとえば本書第15章）から多少推察することができる程度だ。

しかし、この会議に集まった論者たちとホブズボームの距離は案外と近いのではないだろうか。強大な革命党を建設することが強大な共産主義国家を創設する前提条件であり、それが人類の解放をもたらすとする倒錯した歴史観を真っ向から否定するバディウがいる。『〈帝国〉』や『マルチチュード』で目指すべきものとしていた〈絶対民主主義〉を、〈共《コモン》〉の生産としての〈共産主義〉と呼び直すことで、〈共産主義〉に本家帰りしたかのようにも見えるネグリがいる。[13] 〈共産主義〉を生産の社会化という意味にではなく、様ざまな知の結合と平等化（大衆化）として理解せよと説くランシエールがいる。「社会主義は失敗した。いまや資本主義は破産した。とすれば、次は何か」と問うホブズボームの論考（『ザ・ガーディアン』二〇〇九年四月一〇日号）を取りあげ、「その答えは言うまでもない。共産主義だ」と明快に答え、「始めからやりなおす」ことを提案するジジェクがいる。彼ら／彼女ら広義の〈六八年世代〉は、「マルクス主義の後退期」（本書第15章）をくぐり抜けて、グローバル金融資本主義との闘いを「始めからやりなおす」覚

▼11　テリー・イーグルトン『批評とは何か――イーグルトン、すべてを語る』（大橋洋一訳、青土社）、一九七頁。
▼12　コスタス・ドゥズィーナス／スラヴォイ・ジジェク編『共産主義の理念』（長原豊監訳・沖公祐・比嘉徹徳・松本潤一郎訳、水声社）。バディウが広義のアルチュセール派として理論活動を続けてきたことに関しては市田良彦『革命論――マルチチュードの政治哲学序説』（平凡社新書）を参照されたい。
▼13　実際、ネグリは共著者マイケル・ハートともに、『コモンウェルス』において自分たちがいまも共産主義者であることを公言している。

悟を私たち読者に問うている。

民族排外主義に抗するために

それにしても、いったい何から始めるべきなのか。実はホブズボームは、そのことも私たちに示唆してくれていたのではないか。それは、偏狭で病理的でさえあるナショナリズム（民族排外主義）との闘いである。「政治的に見ると、民族ナショナリズムにとって絶好のチャンスが来ている。というのも、このナショナリズムは、グローバリゼーションと大量失業が結びつく今の時代に、かつてないほど喧伝されている（……）外国人排斥的で保護主義的な政治的要求（……）に訴えているからである」（本書第16章）と。このナショナリズムは、「大衆的労働者階級」にも一定程度浸透しているとホブズボームは見ている。それがたとえば西欧諸国における極右政党の選挙での伸長や反イスラム・反移民デモ、日本における在日外国人へのヘイトスピーチなどとなって現われている。周知の通り、米国ではドナルド・トランプが新大統領となり、就任早々に移民追放を政策化した。フランスでは、今年（二〇一七年）、大統領選があり、排外主義右翼のルペン（国民戦線）のさらなる伸長が予想されている。その背景には、グローバル化にとり残された人々の怨嗟の声があることを多くの識者が指摘している。「このような嘆き、あるいは怒りによる叫びの本質は一体何であろう」かとホブズボームは別の著作▼[14]で問うている。

ホブズボームは、その著作で次のように言う。「よそ者で、脅威を与える『やつら』に対して、『我々』という集団に『エスニック』／言語的一体性をもたらすようになる感情の力は否定できない。愛国的熱情を広めるために、ある南大西洋の沼地や荒れた牧草地をめぐって、象徴的な存在であるアルゼンチン人という『やつら』に対して、想像的な存在であるイギリス人という『我々』による気違《マ》い《マ》じみた戦争が行なわれ、外国人嫌いが世界で最も広まった大衆的イデオロギーとなっている二〇世紀後半ではとりわけそうであろう」（前掲書）。しかしながら「エスニックな一体性を求めるこのような運動は、しばしば弱さと恐れへの反動であり、現代世界が及ぼす力を寄せつけないためのバリケードを立てる試みのように見える」（前掲書二二〇～一頁）と。

アルゼンチンとイギリスとのあいだで戦われたフォークランド紛争（マルビナス戦争、一九八二年）を取りあげて自国イギリスのナショナリズムを辛辣に批判してみせる彼の姿勢は天晴れと言うべきであるし、民族排外主義を「弱さと恐れへの反動」と規定する分析は鋭い。しかし他方で彼はこうも述べていなかっただろうか。経済のグローバル化を背景にした「ネイション‐ステイトの衰退とともに、ナショナリズムも衰退していくことはありえないことではない。（……）こうした日がすでに近づいていると主張するのは馬鹿げていよう。しかしながら、少なくともそうした日がくると予見しえるのではないかと思う」（前掲書二四七頁）と。グローバリゼーションの進行とともに国民国家の生権力（社会保障）的機能が衰退したことによって、いわば下からあぶり出されてきたかのように社会に、すなわちネットから街頭へと噴出した民族排外主義の動きを見ていると、二五年前のホブズボームの予測は楽観的に過ぎるようにも思える。経済のグローバル化の進行はナショナリズムを衰退させるのではなくて、むしろこれを呼び出し強化する、と見るのがこんにちにおける妥当な判断であるだろう。

しかし筆者は、ホブズボームの診断が誤っていたと言いたいのではない。グラムシは、〈知性の悲観主義・意志の楽観主義[15]（Pessimismo dell'intelligenza, ottimismo della volontà）〉を自らのモットーとして厳しい獄中生活を耐え抜こうとした。私たちは民族排外主義・ナショナリズムの猖獗が、ホブズボームが予測したよ

▼14　ホブズボーム『ナショナリズムの歴史と現在』（浜林正夫・嶋田耕也・庄司信訳、大月書店）、二二一頁。

りもはるかに激しくなりつつあることを〈知性の悲観主義〉によって冷静に分析・解読すると同時に、英知を結集しそうした動向に抗うことで、民族排外主義を克服する「日がくると予見しえる」とする〈意志の楽観主義〉をホブズボームと共有したいのである。

▼15 Antonio Gramsci, *Quaderni del carcere*, Edizione critica dell'Istituto Gramsci, a cura di Valentino Gerratana, Einaudi, 1975, p. 2332.

編集後記

千葉伸明

本書の編集方針および翻訳・編集にあたっての経過について少し記しておきたい（また、私の個人的な視点が含まれることをご理解たまわりたい）。

もう何年も前のこと、手帳を見直すと二〇一二年三月のことである。私は、ある日の夕方、お茶の水へ出かけた。駅近くにある昔ながらの喫茶店に、内田眞人さん（作品社編集部）や中村勝己君たちと集まるためであった。別の仕事を終えた私たちは、次に翻訳すべきものについて相談した。そして、まさに「いかに世界を変革するか？」というアクチュアルな問題意識に、歴史的に応答してくれる本書にチャレンジしてみようという話になった。

その後、なんとホブズボームと親交のある水田洋先生が、太田仁樹先生とともに、本書の翻訳をすでに進めていられるとの情報が、伊藤誠先生より内田さんにもたらされた。そして、伊藤先生に仲介をしていただき、中村君と私が翻訳作業に加えていただけることになった。こうして、本書の翻訳プロジェクトがスタートしたのである。偶然にも本書のおかげで、先生方と仕事をさせていただくことになり、さまざまな面で勉強することができた。この巡り合わせにたいへん感謝している。

翻訳にあたっては、水田先生と伊藤先生と何度も打合せをしてお話をうかがい、翻訳・編集方針を決定していった。固有名詞の表記の仕方、訳語の統一の問題、引用の出典としてどれを選ぶかなどである。そうした会議のなかで、水田先生は時おり「エリックはね……」と、長年にわたる交流からのエピソードのお話をされたが、私たちの世代からすると、それじたいがきわめて貴重な「歴史の証言」と言えるもので、思わずさまざまな質問をぶつけてしまい、翻訳のことから話が逸れてしまうこともたびたびだった。その一端は、水田先生の解説に記されている。

なお、翻訳プロジェクトのスタート時点ではホブズボームは存命で、水田先生より、翻訳を進めていることを知らせると喜び、「間違いなく」日本語版序文を書くと約束されたとうかがい、楽しみにしていた。ホブズボームの死を知ったときの驚きと残念さは忘れられない。

翻訳の分担は、以下のとおりである。

- 「まえがき」および第1～6章──水田洋・太田仁樹
- 第7～9章──伊藤誠
- 第10～11章──千葉伸明
- 第12～16章──中村勝己

なお、全体を通しての訳語や出典などの統一作業、引用の照合作業、文献一覧の作成、索引の項目の作成は、主として千葉が行なった。

文献一覧は、原著にはなく新たに作成した。その際、原注において言及されているもの、本文で題名が挙げられているものをとりまとめた。しかし、ホブズボームが記している書誌データには省略がままあり、データを補完しなければならなかった。この作業のために、国立情報学研究所の文献検索サイトCiNii Booksをたいへん便利に活用させていただいた。このサイトがなければ、文献一覧作成や引用文献・箇所の確認は不可能であったかもしれない。

この作業のなかで、今さらながらのことだが、情報テクノロジー革命の射程と情報リテラシーの問題を痛感した。家にいながら簡単に専門的な情報を入手できるということは、明らかに知への門戸が大きく開かれたことを意味している。そこに門番はおらず、誰でも入っていける。だからこそ、情報リテラシーが求められるのだと思う。インターネット上では、情報発信の敷居が相当低く、そこで得られる情報は玉石混交である。情報およびその情報源の検証が不可欠である。今回の文献調査でも、インターネットから相当の情報を得られたが、その真偽に確信を持てないことも多かった。そうした場合は、司書さんを煩わせながら、現物にあたった。これは、なかなかたいへんな作業ではあるが、その分、引用文献・箇所の確認ができたときの達成感は格別である。

情報の真偽とはやや別の問題であるが、書物の同一性という問題も厄介なものである。正直なところ、版による違いがきわめて大きい場合もあることを知らなかった。入手しやすい版で引用箇所を探しても見当たらないので、ホブズボームをしても間違うことがあるのだなとニヤリとしたが、念のため、参照指示の版を確認すると、間違いどころか、まさに当該の引用文が見つかるということが、何度もあった。そのたびに濡れ衣を着せてごめんなさいと、心の中で叫んだ。

索引は、凡例にあるとおり、原著の索引に準じて項目をピックアップした。しかし、訳語は原語と一対一に対応するものではないので、原著とまったく同じとは言えない。

じつは二〇一四年の夏ごろには、ひと通りの訳稿がそろっていた。しかし、その原稿の量も膨大だが、マルクスとマルクス主義の歴史を現在まで一冊で展開している内容なので、登場する人名・文献名・引用文などが膨大であった。山のようなゲラと格闘して、それらをチェックして統一するなどの作業には、膨大な労力がかかった。また、ゲラの校正および組版をじつに熱心にしてくださっていた藤森雅弘さんが若くして急逝されてしまい、引き継ぎの作業の混乱もあり、結果、刊行がかなり遅れることになった。

多くの読者の方から、まだ出ないのかと問い合わせがきたとうかがっているが、この場を借りて皆さまにお詫び申し上げる。また、編集作業には万全を期したが、思わぬ脱漏が残っているのではないかと思われる。この点もまた読者の皆さまにご宥恕を請うとともに、もし誤りを発見した場合はご指摘を賜りたい。

最後になるが、思わぬ経緯で、水田先生・伊藤先生の翻訳プロジェクトに参加させていただいたことについて、両先生に心よりの感謝を申し上げる。また、翻訳作業が難航したにもかかわらず最後まで諦めず私たちを励ましていただいた内田さんに感謝の意を表したい。

そして個人的なことになるが、何年ものあいだ、私の家族に迷惑をかけてしまった。いつも暖かく見守っていてくれたおかげで、安心して作業を進められた。面と向かっては言いづらい感謝の言葉をここで述べておきたい。

(Discovering the *Grundrisse*)
Foreword to Marcello Musto (ed.), *Karl Marx's Grundrisse: Foundations of the Critique of Political Economy 150 Years Later* (Routledge, 2008), pp. xx-xiv. Foreword © E.J. Hobsbawm 2008.

第７章　マルクスの資本主義に先行する諸形態論（Marx on pre-Capitalist Formations）
K. Marx, *Pre-Capitalist Economic Foundations* (the *Grundrisse*), translated by Jack Cohen, introduced and edited by E.J. Hobsbawm (Lawrence & Wishart, 1964), pp. 9-65. © E.J. Hobsbawm 1964.

第８章　マルクスとエンゲルスの諸著作の遍歴（The Fortunes of Marx's and Engels' Writings）
The History of Marxism, chapter 11.

第９章　マルクス博士とヴィクトリア時代の評論家たち（Dr Marx and the Victorian Critics）
The New Reasoner 1 (1957). Published in E.J. Hobsbawm, *Labouring Men* (Weidenfeld & Nicolson, 1964). © E.J. Hobsbawm 1957.

第10章　マルクス主義の影響——一八八〇年から一九一四年まで（The Influence of Marxism 1880-1914）
これまで英語では公表されたことがなかった。イタリア語で出された次のものに所収。E.J. Hobsbawm, Georges Haupt, Franz Marek, Ernesto Ragioneri, Vittorio Strada and Corrado Vivanti (eds), *Storia del Marxismo,* vol. 2 (Einaudi, 1979). © E.J. Hobsbawm 1979, 2008.

第11章　反ファシズムの時代に——一九二九年から一九四五年まで（In the Era of Anti-fascism 1929-45）
英語より先に次のものにイタリア語で公表された。E.J. Hobsbawm, Georges Haupt, Franz Marek, Ernesto Ragioneri, Vittorio Strada and Corrado Vivanti (eds), *Storia del Marxismo,* vol. 3, part 2 (Einaudi, 1979). © E.J. Hobsbawm 1979, 2011.

第12章　グラムシ（Gramsci）
現在の形ではこれまで公表されたことがなかった。この論考の別バージョンが次のものに所収。Anne Showstack Sassoon (ed.), *Approaches to Gramsci* (Writers and Readers, 1982). © E.J. Hobsbawm 1982, 2008.

第13章　グラムシの受容（The Reception of Gramsci）
英語より先に次のものの序論としてイタリア語で公表された。Antonio A. Santucci (ed.), *Gramsci in Europa e in America* (Laterza, 1995). 本書は私の名前で刊行されたが、それは誤りである。© E.J. Hobsbawm 1995, 2011.

第14章　マルクス主義の影響力——一九四五年から一九八三年まで（The Influence of Marxism 1945-83）
英語より先に 'Il Marxismo oggi: un bilancio aperto'「こんにちのマルクス主義——暫定的な収支決算」のタイトルで次のものにイタリア語で公表されたが、今回本書に収めるにあたり大幅に書き直した。E.J. Hobsbawm, Georges Haupt, Franz Marek, Ernesto Ragioneri, Vittorio Strada and Corrado Vivanti (eds), *Storia del Marxismo,* vol. 4 (Einaudi, 1982). © E.J. Hobsbawm 1982, 2011.

第15章　マルクス主義の後退期——一九八三年から二〇〇〇年まで（Marxism in Recession 1983-2000）
今回が初出である。© E.J. Hobsbawm 2011.

第16章　マルクスと労働者階級——長い世紀（Marx and Labour: the Long Century）
英語より先にドイツ語で二〇〇〇年に公表された。この論考は、一九九九年のリンツ労働史学者国際会議でなされた講演をもとに書き直されたものである。© E.J. Hobsbawm 2000, 2011.

(London, E. Wilson, 1833).
Wallerstein, I., *The modern world-system: capitalist agriculture and the origins of the European world-economy in the sixteenth century* (New York, Academic Press, 1974).〔川北稔訳『近代世界システム：農業資本主義と「ヨーロッパ世界経済」の成立』(1巻2巻)（岩波書店、2006年)〕
Wangermann, E., "Introduction to The Role of Force in History," in: Engels, F., *The role of force in history : a study of Bismarck's policy of blood and iron* (London, International Publishers, 1968).
Webb, B., *Our partnership* (London, Longmans, Green, 1948).
Weber, H., *Die Wandlung des deutschen Kommunismus: die Stalinisierung der KPD in der Weimarer Republik* (Frankfurt am Main, Europäische Verlagsanstalt, 1969).
Weissel, E., *Die Ohnmacht des Sieges : Arbeiterschaft und Sozialisierung nach dem Ersten Weltkrieg in Österreich* (Vien, Europaverl., 1976).
Welskopf, E.C., *Die Produktionsverhältnisse im Alten Orient und in der Griechisch-römischen Antike: ein Diskussionsbeitrag* (Berlin, Akademie-Verlag, 1957).
Werskey, G., *The visible college* (London, 1972).
Williams, G.A., *The Welsh in their history* (London, Croom Helm, 1982).
Winchester, S., *Bomb, book and compass: Joseph Needham and the great secrets of China* (London, Viking, 2008).
Wittfogel, K.A., *Geschichte der bürgerlichen Gesellschaft: von ihren Anfängen bis zur Schwelle der grossen Revolution* (Wien, Malik Verlag, 1924).〔新島繁訳『市民社會史』上下（叢文閣、1935年)〕
——, *Oriental despotism: a comparative study of total power* (New Haven, Yale University Press, 1957).〔湯浅赳男訳『オリエンタル・デスポティズム：専制官僚国家の生成と崩壊』（新評論、1995年)〕
Woytinsky, W., *Die Welt in Zahlen* II (Berlin, 1926).
Zévaès, A., *De l'introduction du Marxisme en France* (Paris, M. Rivière, 1947).
Zhdanov, A. et al., *Problems of Soviet literature: reports and speeches at the first Soviet Writers' Congress* (Moscow, 1935).
Zhukov, E., "The Periodization of World History," *International Congress of Historical Sciences, 11th, Stockholm, 1960:* Rapports I.
Zuckerman, S., *From apes to warlords: the autobiography (1904-1946) of Solly Zuckerman* (London, Hamilton, 1978).

初出一覧

第1章　現代のマルクス（Marx Today）

現在の形ではこれまで公表されたことがなかった。この論考の元になった対話の縮小版は次のものに発表された。*New Statesman* (13.2.2006, Eric Hobsbawm and Jacques Attali, 'The New Globalisation Guru?'). © E.J. Hobsbawm 2006, 2011.

第2章　マルクス、エンゲルスとマルクス以前の社会主義（Marx, Engels and pre-Marxian Socialism)

E.J. Hobsbawm (ed.), *The History of Marxism vol. 1: Marxism in Marx's Day* (Harvester Press, 1982), chapter 1. © E.J. Hobsbawm 1982.

第3章　マルクス、エンゲルスと政治（Marx, Engels and Politics)

The History of Marxism, chapter 8.

第4章　エンゲルスの『イングランドにおける労働者階級の状態』について（On Engels' *The Condition of the Working Class in England*)

Introduction to F. Engels, *The Condition of the Working Class in England* (Panther Books, 1969). Introduction © E.J. Hobsbawm 1969.

第5章　『共産党宣言』について（On the *Communist Manifesto*)

Foreword to K. Marx and F. Engels, *The Communist Manifesto: A Modern Edition* (Verso, 1998), pp. 3-29. Foreword © E.J. Hobsbawm 1998.

第6章　『経済学批判要綱』の発見

年)〕

Stalin, J., "Marxism and the national question". 〔「マルクス主義と民族問題」、『スターリン全集』第2巻（大月書店、1980年復刻版）〕

——, *Dialectical and historical materialism.* 〔石堂清倫訳「弁証法的唯物論と史的唯物論について」、『弁証法的唯物論と史的唯物論』（大月書店、1953年）〕

Stammler, R., art. 'Materialische Geschichtsauffassung,' *Handwörterbuch der Staatswissenschaften,* 2nd ed.（1900）.

——, Wirtschaft und Recht nach der materialistischen Geschichtsauffassung : eine sozialphilosophische Untersuchung .

Stein, L., Der Sozialismus und Communismus des heutigen Frankreichs（Leipzig, 842）.〔石川三義・石塚正英・柴田隆行訳『平等原理と社会主義：今日のフランスにおける社会主義と共産主義』（法政大学出版局、1990年)〕

Steinberg, H.-J., *Sozialismus und deutsche Sozialdemokratie: zur Ideologie der Partei vor dem I. Weltkrieg,* (Hanover, Verlag für Literatur und Zeitgeschehen, 1967).〔時永淑・堀川哲訳『社会主義とドイツ社会民主党：第一次世界大戦前のドイツ社会民主党のイデオロギー』（御茶の水書房、1983年)〕

Sweezy, P. M., Dobb, M.H., Takahashi, H.K., Hilton, R.H. and Hill,C., *The transition from feudalism to capitalism: a symposium*（London, Fore Publications, 1954）.〔大阪経済法科大学経済研究所訳『封建制から資本主義への移行』（柘植書房、1982年)〕

Sweezy, P.M., *The theory of capitalist development: principles of Marxian political economy*（London, Oxford University Press, 1942）.〔都留重人訳『資本主義発展の理論』（新評論、1967年)〕

Talmon, J., *Political messianism: the romantic phase*（London, Secker & Warburg, 1960）.

Tanner, J.R. and Carey, F.S., "Comments on the use of the Blue Books made by Karl Marx in Chapter XV of Le Capital," Cambridge Economic Club, May Term（1885）.

Thompson, E.P., *William Morris: romantic to revolutionary*（London, 1955）.

Timpanaro, S., *On materialism*（London, 1975）.

Togliatti, P., *The Spanish revolution*（New York, Workers Library Publishers, 1936）.

Tökei, F., *Sur le mode de production asiatique*（Paris, Centre d'Etudes et de Recherches Marxistes, 1964, cyclostyled）.

Tönnies, F., *Gemeinschaft und Gesellschaft: Grundbegriffe der reinen Soziologie*（6-7th eds.）（Berlin, Karl Curtius, 1926）.〔杉之原寿一訳『ゲマインシャフトとゲゼルシャフト：純粋社会学の基本概念』上下、（岩波書店、1957年）

Toynbee, A., "*The Industorial Revolution,* " in: *Lectures on the industrial revolution of the eighteenth century in England : popular addresses, notes, and other fragments*（*Londn ; New York, Longmans, Green, and Co., 1908*）〔原田三郎訳『イギリス産業革命史』（創元社、1953年〕

Toynbee, P., *Friends apart: a memoir of Esmond Romilly & Jasper Ridley in the thirties*（London, Macgibbon and Kee, 1954）.

Trillin, C., "Wall Street Smarts," *International Herald Tribune*（15.10.2009）.

Trockij, L.D., 1910. "Intelligencija i socialism," *Sovremennyj mir*（1910）.

Trotskij, L., Strada, V.（ed.）, *Letteratura e Rivoluzione*（Torino, Einaudi, 1973）.〔桑野隆訳『文学と革命』上下（岩波書店、1993年)〕

Unwin, G., Tawney, R.H. ed., *Studies in economic history: the collected papers of George Unwin,*（London, MacMillan, 1927）.

Vandervelde, E. and Destrée, J., *Le socialisme en Belgique*（Paris, V. Giard & E. Briere, 1903）.

Venturi, F.,"Le mot "socialista"," *Second International Conference of Economic History,* Aix-en-Provence, 1962（The Hague, 1965）.

Vierkandt, A., "Reviewed Work: *Socialisme et Philosophie* by Antonio Labriola," *Historische Zeitschrift* ,84（1900）.

Vilar, P., "Histoire marxiste, histoire en construction: essai de dialogue avec L. Althusser," Annales ,281（1973）.

Vincard, P., *Histoire du travail et des travailleurs en France*（Paris, Chez Pierre Vinçard, 1845）.

Volpe, G., *Rousseau e Marx: e altri saggi di critica materialistica*（Rome, Editori riuniti, 1957）.〔竹内良知訳『ルソーとマルクス』（合同出版、1968年)〕

Vorländer, K., *Kant und der Sozialismus: unter besonderer Berücksichtigung der neuesten theoretischen Bewegung innerhalb des Marxismus*（Berlin, Reuther & Reichard, 1900）.

Wade, J., *History of the Middle and Working Classes*

Eyre & Spottiswoode, 1960).
Reale, E., *Avec Jacques Duclos au banc des accusés à la réunion constitutive du Kominform à Szklarska Poreba (22-27 septembre 1947)* (Paris, Plon, 1958).
Richards, J.M., *Memoirs of an unjust fella* (London, Weidenfeld and Nicolso, 1980).
Rickaby, T., "The Artists' International," *History Workshop,* 6, Autumn (1978).
Riordan, J., "The Last British Comrade trained in Moscow: The Higher Party School, 1961–1963," in Socialist History Society, *SHS Occasional Paper,* 23 (2007).
Rjazanov, D. ed., *Marx-Engels-Archiv; Zeitschrift des Marx-Engels-Instituts in Moskau* (Erlangen, Verlag Politladen, 1971).
Roll, E., *A History of Economic Thought* (London, 1948).
Romilly, G. and Romilly, E., *Out of bounds: the education of Giles Romilly and Esmond Romilly* (London, H. Hamilton, 1935).
Rosdolsky, R., 1964. „Friedrich Engels und das Problem der 'Geschichtslosen Völker'," Archiv f. Sozialgeschichte, Hannover, 4 (1964).
——, *Zur Entstehungsgeschichte des Marxschen „Kapital": der Rohentwurf des „Kapital" 1857-58* (Frankfurt, Europäische Verlagsanstalt, 1968).
〔時永淑ほか訳『資本論成立史：1857-58 年の『資本論』草案』(全 4 巻) 法政大学出版局、1973 − 4 年〕
Rossi, A., *Physiologie du Parti communiste français* (Paris, Éditions Self, 1948).
Rubel, M., *Karl Marx devant le Bonapartisme* (The Hague, 1960).
Rühle, J., *Literatur und Revolution: die Schriftsteller und der Kommunismus* (München, Knaur, 1963).
Saltykov, A.D., *Lettres sur l'Inde* (1848).
Samuel, R., "British Marxist Historians, 1880–1980 : I," *New Left Review,* 120 (1980).
Samuels, S., "The Left Book Club," *Journal of Contemporary History,* 1, 2, (1966).
Samuelson, P.A., *Economics* (10th ed.) (1976).〔都留重人訳『経済学』上下 (岩波書店、1977 年)〕
Santarelli, E., "La revisione del marxismo in Italia nel tempo della Seconda Internazionale," *Rivista storica del socialismo,* 4 (1958).
Sassoon, A.S., *Gramsci and contemporary politics: beyond pessimism of the intellect* (London and NY, Routledge, 2000).
Schäffle, A., *Die Quintessenz des Socialismus* (1874).
——, *The quintessence of socialism.*
Schlesinger, A.M.Jr., *The politics of upheaval* (Harvard, Cambridge and the court of J.F. Kennedy, 1960).〔岩野一郎他訳『大変動期の政治』論争社、1966 年〕
Schumpeter, J.A., *Theorie der wirtschaftlichen Entwicklung* (Leipzig, Duncker & Humblot, 1912).〔塩野谷祐一他訳『経済発展の理論：企業者利潤・資本・信用・利子および景気の回転に関する一研究』(改訳) 岩波書店、1980 年〕
——, *History of economic analysis* (New York, Oxford University Press, 1954).〔東畑精一・福岡正夫訳『経済分析の歴史』上中下 (岩波書店、2005—6 年)〕
Shirokov, M. and Lewis, J. (eds.), *A Textbook of Marxist Philosophy,* London, Victor Gollancz, n.d. -1937).
Sidgwick, H., "The Economic Lessons of Socialism," *Econ. Jnl.,* 5 (1985).
Sills, D. L., (ed.), *International Encyclopaedia of the Social Sciences* (New York, 1968).
Skoutelsky, R., *L'espoir guidait leurs pas: les volontaires français dans les Brigades internationales, 1936-1939* (Paris, B. Grasset, 1998).
Small, A., "Socialism in the light of social science," *American Journal of Sociology* 17, May (1912).
Smart, W., *Factory Industry and Socialism* (Glasgow, 1887).
Snow, C.P., "Rutherford and the Cavendish," in: Raymond, J. (ed.), The Baldwin age (London, Eyre & Spottiswoode, 1960).
Soetbeer, A., *Edelmetall-Produktion und Wertverhältnis zwischen Gold und Silber seit der Entdeckung Amerikas bis zur Gegenwart: mit drei Tafeln graphischer Darstellungen* (Gotha, Perthes, 1879).
Spender, S., *Forward From Liberalism* (London, Victor Gollancz, 1937).
Spriano, P., *Storia del Partito comunista italiano III: I fronti popolari, Stalin, la guerra* (Torino, Einaudi, 1970).
——, *Gramsci in carcere e il Partito* (Rome, l'Unità, 1988).
Sraffa, P., *Production of commodities by means of commodities: prelude to a critique of economic theory.*〔菱山泉・山下博訳『商品による商品の生産：経済理論批判序説』(有斐閣、1962

Ministeriums für Landwirthschaft, Domainen und Forsten (Berlin, 1866).
Michel, H., *The shadow war: Resistance in Europe, 1939-1945* (London, Deutsch, 1972).
Michels, R., "Die deutsche Sozialdemokratie. Parteimitgliedschaft und soziale Zusammensetzung," *Archiv für Sozialwissenschaft und Sozialpolitik*, 23 (1906).
——, "Die italienische Literatur über den Marxismus," *Archiv für Sozialwissenschaft und Sozialpolitik*, 25, 2 (1907).
——, *Zur Soziologie des Parteiwesens in der modernen Demokratie : Untersuchungen über die oligarchischen Tendenzen des Gruppenlebens, Stuttgart* (1970).〔森博・樋口晟子訳『現代民主主義における政党の社会学：集団活動の寡頭制的傾向についての研究』全2冊(木鐸社、1973－4年)〕
Mill, J., *History of India* (1826).
Mommsen, W.J., *Bürgerliche Kultur und politische Ordnung: Künstler, Schriftsteller und Intellektuelle in der deutschen Geschichte 1830-1933* (Frankfurt, Fischer Taschenbuch Verlag, 2000).
Morris, W., Jackson, H. (ed.), *On Art and Socialism* (1946).
Mulhern, F., *The moment of "Scrutiny"* (London, NLB, 1979).
Mun, T., *A discourse of trade, from England vnto the East-Indies: answering to diuerse obiections which are vsually made against the same* (London, Printed by Nicholas Okes for Iohn Pyper, 1621).
Namboodiripad, E.M.S., *The National Question in Kerala* (Bombay, People's Pub., 1952).
Needham, J., "On Science and Social Change," *Science and Society*, 10, 3 (1946).
Newton, F., *The Jazz Scene* (Harmondsworth, Penguin, 1961).〔山田進一訳『抗議としてのジャズ』上下(合同出版、1968－9年)〕
Newton, K., *The Sociology of British Communism* (London, Allen Lane the Penguin Press, 1969).
Nicholson, J.S., *Principles of Political Economy* I, (1893).
Orwell, G., *Animal Farm*.〔川端康雄訳『動物農場：おとぎばなし』(岩波書店、2009年)〕
Ory, P., *Les collaborateurs, 1940-1945* (Paris, Seuil, 1976).
Overy, R., *The morbid age: Britain between the wars* (London, Allen Lane, 2009).
Paschukanis, E., *Marxism and the General Theory of Law* (French edn., Paris, EDI, 1970).〔稲子恒夫訳『法の一般理論とマルクス主義』(日本評論社、1958年)〕
Pearson, K., "Two articles on 'Socialism and Darwinism'," reprinted in *Neue Zeit, 16, 1* (1987-8).
Perini, L. (ed.), Karl Marx, *Rivoluzione e Reazione in Francia 1848–1850* (Torino, Einaudi, 1976).
Pešehonov, A.V., "Materialy dlja istorii russkoj intelligentsii," K voprosu ob intelligencii, Saint-pétersbourg (1906).
Pipes, R., "'La teoria dello sviluppo capitalistico in P.B. Struve ' in Istituto G. Feltrinelli," *Storia del marxismo contemporaneo,* (Milan, 1973).
Pirenne, H., "Une polémique historique en Allemagne," *Revue Historique,* 64, 2 (1897).
Plekhanov, G., *Kunst und Literatur* (Berlin, 1954).
Politzer, G., *Principes élémentaires de philosophie* (Paris, Éditions sociales, 1946).〔陸井四郎訳『哲学入門』(三一書房、1952年)〕
Pollexfen, J., *England and East-India inconsistent in their manufactures: being an answer to a treatise, intitled An essay on the East-India trade* (London, s.n. 1697).
Poulantzas, N., *Political power and social classes,* (London NLB : Sheed and Ward, 1973).
——, *Fascism and dictatorship: the Third International and the problem of fascism* (London, NLB, 1974).〔田中正人訳『ファシズムと独裁』(社会評論社、1978年)〕
——, *Classes in contemporary capitalism* (London, NLB, 1975).
——, "The capitalist state: a reply to Miliband and Laclau," *New Left Review,* 95 (1976).
Prawer, S.S., *Karl Marx and World Literature* (Oxford, NY, Melbourne, Oxford University Press, 1978).
Procacci, G., "Dal feudaleismo al capitalism:una discussion storica," *Società,* 1, (1955).
Prochasson, C., Rasmussen, A., *Au nom de la patrie: les intellectuels et la première guerre mondiale (1910-1919)* (Paris, Découverte, 1996).
Prothero, M., *Political Economy* (London, George Bell & Sons, 1895).
Rae, J., *Contemporary Socialism* (London, Wm. Isbister, 1884).
Raymond, J. (ed.), *The Baldwin age* (London,

——, *State and Revolution* (1918).
〔マルクス＝レーニン主義研究所訳『国家と革命　マルクス主義国家学説と革命におけるプロレタリアートの諸任務』『レーニン全集』(大月書店、1953 − 68 年) 第二五巻所収〕
Leonhard, W., *Child of the revolution* (London, Ink Links, 1979).
Lewis, J., *The Left Book Club : an historical record* (London, V. Gollancz, 1970).〔鈴木建三訳『出版と読書：レフト・ブック・クラブの歴史』(晶文社、1991 年)〕
Lichtheim, G., "Marx and the Asiatic Mode of Production," *St Antony's Papers* (1963).
——, *Marxism: an historical and critical study* (London, Routledge and Kegan Paul, 1964).〔奥山次良、田村一郎、八木橋貢訳『マルクス主義：歴史的・批判的研究』(みすず書房、一九七四年)〕
——, *The Origins of Socialism,* (NY, Frederick A. Praeger, 1969).
——, "On the Interpretation of Marx's Thought," in: *From Marx to Hegel* (NY, Herder and Herder, 1971).〔「マルクス思想の解釈について」、小牧治他訳『マルクスからヘーゲルへ』(未来社、1967 年) 所収〕
——, *Europe in the twentieth century* (London, Weidenfeld and Nicolson, 1972).〔塚本明子訳『ヨーロッパ文明：1900-1970』全 2 巻(みすず書房、1979 − 81 年)〕
Linden, M.v.d. (ed.), *Die Rezeption der Marxschen Theorie in den Niederlanden* (Trier, Karl-Marx-Haus, 1992).
Llewellyn-Smith, H., *Economic aspects of state socialism* (Oxford, Blackwell, 1887).
——, *Two lectures on the books of political economy* (London, Birmingham and Leicester, 1888).
Longinotti, L., 1974. "Friedrich Engels e la 'rivoluzione di maggioranza'", *Studi Storici,* 15,4 (1974).
Luppol, I., *Diderot: ses idées philosophique* (Paris, Éditions sociales internationales, 1936).
Lustmann, E., *Weg und Ziel: die Politik der oesterreichischen Kommunisten* (London, Hans Winterberg, 1943).
Luxemburg, R., *Accumulation of Capital.*〔太田哲男訳・解説『資本蓄積論』(同時代社、1997 年)〕
——, *J'étais, je suis, je serai ! : Correspondance, 1914-1919* (Paris, F. Maspero 1977).
Lyon, B., *Henri Pirenne: a biographical and intellectual study* (Ghent, E. Story-Scientia, 1974).
Macintyre, S., *A proletarian science: Marxism in Britain, 1917-1933* (Cambridge, Cambridge University Press, 1980).
Mao Tse-tung, "The Chinese revolution and the Chinese communist party," *Selected works of Mao Tse-Tung,* Vol.3, London, Lawrence & Wishart, 1954).〔「中国革命と中国共産党」、『毛沢東選集』第二巻 (外文出版社、1968 年) 所収〕
Markov, W. M., *Jacques Roux und Karl Marx: zum Einzug der Enragés in die Heilige Familie* (Berlin, Akademie-Verlag, 1965).
Martin, J. (ed.), *Antonio Gramsci: Critical Assessments of Leading Political Philosophers,* 4 vols (London and NY, Routledge, 2001).
Marx, K. and Institut istorii partii, *Karl Marx: Chronik seines Lebens in Einzeldaten* (Moscow, Marx-Engels-Verlag, 1934).〔岡崎次郎、渡辺寛訳〕『マルクス年譜』青木書店、1960 年)〕
Maurer, G.v., *Einleitung zur Geschichte der Mark, Hof, Dorf, und Stadtverfassung und der öffentlichen Gewalt* (Munich, 1854).
——, *Geschichte der Fronhöfe, der Bauernhöfe und der Hofverfassung in Deutschland,* 4 vols (Erlangen, F. Enke, 1862-3).
Mautner, W., "Zur Geschichte des Begriffes 'Diktatur des Proletariats'," *Archiv für die Geschichte des Sozialismus und der Arbeiterbewegung,* 12 (1926).
Mayer, G., *Friedrich Engels in seiner Frühzeit* (Hague, M. Nijhoff, 1934).
——, *Engels und der Aufstieg der Arbeiterbewegung in Europa* (Hague, M. Nijhoff, 1934).
McGilligan, P. and Buhle, P. (eds.), *Tender comrades: a backstory of the Hollywood blacklist* (NY, St. Martin's Press, 1997).
Mehring, F., *Gesammelte Schriften und Aufsätze,* Fuchs, E. ed., *Zur Literaturgeschichte von Hebbel bis Gorki* (Berlin, Soziologische Verlagsanstalt, 1930).
Meier, P., *La pensée utopique de William Morris* (Paris, Éditions Sociales, 1972).
Meiser, W., "Das Manifest der Kommunistischen Partei vom Februar 1848; ' Zur Entstehung und Überlieferung der ersten Ausgaben'", *MEGA Studien,* 1 (1996).
Meitzen, A., *Der Boden und die landwirtschaftlichen Verhältnisse des Preussischen Staates: im Auftrage des Kgl. Ministeriums der Finanzen und des Kgl.*

Hugo; K. Kautsky; P. Lafargue; Franz Mehring; G. Plechanow," *Historische Zeitschrift* 81, H.1（1898）.

Johnson, P., "Letters to the editor," *New Statesman, 100*（5.12.1980）.

Jones, G.S.（ed.）, *The communist Manifesto: with an introduction and notes*（London and New York, Penguin Classics, 2000）.

Karady, V. and Kemény, I., "Les juifs dans la structure des classes en Hongrie," *Actes de la Recherche en Sciences Sociales,* 22（1978）.

Kaufmann, M., *Socialism: its nature, its dangers, and its remedies considered*（London, Henry & King, 1874）.

——, *Utopias, or, Schemes of social improvement: from Sir Thomas More to Karl Marx*（London, C. Kegan Paul, 1879）.

——, "SCIENTIFIC SOCIALISM-HISTORICAL," in: Samuelson, J.（ed.）, *Subjects of the day; a quarterly review of current topics, no. 2. Socialism, labour, and capital*（London, G. Routledge and Sons, limited, 1890）.

Kershaw, I., *Hitler: 1889-1936: hubris*（London, Allen Lane, 1998）.

——, *Hitler : 1936-45 : nemesis*（London, Allen Lane, the Penguin Press, 2000）.

Keynes, J.M., Interview, "Democracy and Efficency ," *New Statesman,* 17（28.1.1939）.

Kindlinger, N., *Geschichte der deutschen Hörigkeit: insbesondere der sogenannten Leibeigenschaft*（1818）.

Kirkup, T., *A history of socialism,*（London, A. and C. Black, 1900）.

Kliem, M., Merbach, H. and Sperl, R.（eds.）, *Marx Engels Verzeichnis* I,（Berlin, 1968）.

Knox, B., "Remembering Madrid," *New York Review of Books,*（6.11 1980）.

Kohn, C., *Karl Kraus*（Stuttgart, Metzler, 1966）.

Kolakowski, L., *Main Currents of Marxism: its rise, growth, and dissolution* vol. 1, *The Founders*（Oxford, Oxford University Press, 1978）.

Korsch, K, *Karl Marx*（London, Chapman & Hall, 1938）.

Kosambi, D.D., *An Introduction to the Study of Indian History*（Bombay, Popular Book Depot, 1956）.

Krader, L.（ed. and tr.）, The ethnological notebooks of Karl Marx :（studies of Morgan, Phear, Maine, Lubbock）（Assen, Van Gorcum, 1974 , 2ed）.〔布村一夫訳『古代社会ノート』（未来社、1972年）〕

Kriegel, A., *The French Communists: profile of a people*（Chicago & London, University of Chicago Press, 1972）.〔横山謙一訳『フランス共産党の政治社会学』第1部（お茶の水書房、1982年－）〕

Kroll, T., *Kommunistische Intellektuelle in Westeuropa : Frankreich, Österreich, Italien und Großbritannien im Vergleich*（*1945-1956*）,（Cologne-Weimar-Vienna, Böhlau, 2007）.

Kuczynski, J., *Die Geschichte der Lage der Arbeiter unter dem Kapitalismus vol. 8*（Berlin, Akademie-Verlag, 1960）.

——, *Die Geschichte der Lage der Lage der Arbeiter unter dem Kapitalismus,* 22,（Berlin, Akademie-Verlag, 1967）.

Kuusinen, O.（ed.）, *Fundamentals of Marxism-Leninism*（London, Lawrence & Wishart, 1961）.〔マルクス・レーニン主義の基礎刊行会訳『マルクス・レーニン主義の基礎』全四冊（合同出版、1965年）〕

Laclau, E., "Feudalism and Capitalism in Latin America," *New Left Review,* 67（1971）

LaMonte, R.R., "The New Intellectuals," *New Review,* 2（1914）.

Lange, O., *Political Economy* I : *General Principles*（Warsaw, PWN-Polish Scientific Publishers, 1963）.〔竹浪祥一郎訳『政治経済学』1、2（合同出版社、1964 － 73年）〕

Lattimore, O., 1957. "Feudalism in History," *Past and Present,* 12（1957）.

Laveleye, E. de, *The socialism of today*（London, 1885）.

Leclère, L., "La théorie historique de M. Karl Lamprecht," *Revue de l'Université de Bruxelles,* 4（1899）.

Lefebvre, G., Procaccgi, G. and Soboul, A., "Une discussion historique: Du féodalisme au capitalisme," *La Pensée,* 65（1965）.

Lefebvre, H., *Le nationalisme contre les nations*（Paris, Sociales internationales, 1937）

——, *Le matérialisme dialectique*（Paris, Librairie Félix Alcan, 1939）.〔本田喜代治訳『弁証法的唯物論』（新評論社、1953年）〕

Lehmann, J., *New writing in Europe*（London, Penguin, 1940）

Lenin, V.I., "Frederick Engels," in: *Marx-Engels-Marxism*（London, 1935）.〔村田陽一訳「フリードリヒ・エンゲルス」、『マルクス＝エンゲルス＝マルクス主義』、全3冊、（大月書店、1942－3年）、第一分冊所収〕

de l'intelligentsia révolutionnaire," *Cahiers du Monde Russe et Soviétique*, 19, 3 (1978)

Haupt, G., Lowy, M. and Weil, C., *Les marxistes et la question nationale, 1848-1914: études et textes* (Paris, F. Maspero, 1974).

Haupt, H., "Literaturbericht : Die Geschichte des Sozialismus in Einzeldarstellungen von E. Bernstein, C. Hugo, K. Kautsky, P. Lafargue, Franz Mehring, G. Plechanow, Bd. 1 Theil 1. von Karl Kautsky, Stuttgart, Diez, 1895, XIV, 436 S. 3 M.," *Historische Zeitschrift*, 79 (1897).

Hauptmann, G., *Florian Geyer*.〔大間知篤三訳『フローリアン・ガイエル』(ゆまに書房、2008年)〕

——, *The Weavers*.

Hegel, F., *Lectures on the Philosophy of History*.〔長谷川宏訳『歴史哲学講義』上下(岩波書店、1994年)〕

Henderson, W.O. and Chaloner, W.H. (eds.), *Engels' Condition of the Working Class* (Oxford, Basil Blackwell, 1958).

Herbert, E.W., *The artist and social reform: France and Belgium, 1885-1898* (New Haven, Yale Univ. Press, 1961).

Hessen, B., "The social and economic roots of Newton's Principia," in: *Science at the cross roads : papers presented to the International Congress of the History of Science and Technology, held in London from June 29th to July 3rd, 1931, by the delegates of the U.S.S.R* (London, Kniga, 1931).

Hildebrand, B., *Die Nationalökonomie der Gegenwart und Zukunft* (Frankfurt am Main, Literarische Anstalt (J. Rütten, 1848).

Hilferding, R., *Finance Capital*.〔岡崎次郎訳『金融資本論』上下(岩波書店、1982-3年)〕

Hilton, R.H., "Introduction to The Transition from Feudalism to Capitalism," in: Sweezy, P. et al. *The transition from feudalism to capitalism : a symposium* (London, Fore Publications, 1954).

Hindess, B. and Hirst, P.Q., *Pre-capitalist modes of production* (London, Routledge and K. Paul, 1975).

Hinze, O., "Über individualistische und kollektivistische Geschichtsauffassung," Historische Zeitschrift ,78 (1897).

Hobsbawm, E.J., "Per lo studio delle classi subalterne," Società, 16, 3 (1960).

——, *Labouring men : studies in the history of labour* (London, Weindenfeld and Nicolson, 1964).〔鈴木幹久・永井義雄訳『イギリス労働史研究』(ミネルヴァ書房、1998年新装版)〕

——, "Karl Marx's Contribution to Historiography," *Diogenes*, 64 (1968).

——, "La diffusione del marxismo (1890-1905)," *Studi Storici*, 15 (1974).〔水田洋訳「マルクス主義の普及——1890-1905年」『思想』第611号(1975年5月号)〕

Hobson, J.A., *The evolution of modern capitalism: a study of machine production* (London, Walter Scott, 1894).〔住谷悦治・阪本勝・松沢兼人訳『近代資本主義発達史論』上下(改造図書出版販売、大和書房(販売)、1977年改造文庫覆刻版)〕

——, *Imperialism: a study*, (London, James Nisbet, 1902).〔矢内原忠雄訳『帝国主義論』上下(岩波書店、1951－2年)〕

Hofmann, W., *Ideengeschichte der sozialen Bewegung des 19. und 20. Jahrhunderts* (Berlin, Walter de Gruyter, 1968).

Holl, J.C., *La jeune peinture contemporaine* (Paris, Edition de La Renaissance Contemporaine, 1912).

Homans, G.C., "The Rural Sociology of Medieval England," *Past and Present*, 4 (1953).

Huellmann, K.D., *Städtewesen des Mittelalters*, (Bonn, A. Marcus, 1826-9).

Hundt, M., *Geschichte des Bundes der Kommunisten, 1836 – 1852* (Frankfurt am Main, P. Lang, 1993).

Hunter, R., *Socialists at Work* (New York, Macmillan, 1908).

Iggers, G.G., *Neue Geschichtswissenschaft : vom Historismus zur historischen Sozialwissenschaft : ein internationaler Vergleich* (Munich, Deutscher Taschenbuch-Verlag, 1978).〔中村幹雄ほか訳『ヨーロッパ歴史学の新潮流』(晃洋書房、1986年)〕

Ives, P., *Language and hegemony in Gramsci* (London and Ann Arvor, Pluto Press, Fernwood, 2004).

Jandtke, C. and Hilger, D. eds., *Die Eigentumslosen : der deutsche Pauperismus und die Emanzipationskrise in Darstellungen und Deutungen der zeitgenössischen Literatur* (Munich, Verlag Karl Alber Freiburg, 1965)

Jelinek, G., "Literaturbericht: Die Vorläufer des neueren Sozialismus. 1. Band, zweiter Theil: Von Thomas More bis zum Vorabend der französischen Revolution by E. Bernstein; C.

Frank,A.G.,Capitalism and underdevelopment in Latin America:historical studies of chile and Brazil (New York,Monthly Review Press,1967).

Friedmann, G., *La crise du progrès : esquisse d'histoire des idées, 1895-1935* (Paris, Gallimard, 1936).

Fukuyama, F., 1989. "'The End of History?," *The National Interest,* summer (1989).

Gamayunov, L.S., Ulyanovsky, R.A., 1960. "The work of the Russian sociologist M.M. Kovalevsky "Communal landholding, the causes, ways and consequences of its disintegration" and K. Mark's criticism of the work," *XXV International Congress of Orientalists* (Moscow, 1960).

Garfield, E. and Institute for Scientific Information. "The 250 most-cited authors in the Arts and Humanities Citations," *Current Comments,* 48 (December 1986).

Garosci, A., *Gli intellettuali e la guerra di Spagna,* (Torino, Giulio Einaudi, 1959).

Gesellschaft für Deutsch-Sowjetische Freundschaft, Wädekin, K.-E. (Redaktion der Übersetzung), *Zur Periodisierung des Feudalismus und Kapitalismus in der geschichtlichen Entwicklung der UdSSR : Diskussionsbeiträge* (Berlin, Kultur und Fortschritt, 1952).

Gilbert, F. and Graubard, S.R. (eds.), *Historical studies today* (New York, W.W. Norton, 1971, 1972).

Goldsmith, M. and Mackay, A. (eds.), *The science of science: society in the technological age* (London Souvenir Press, 1964).〔是永純弘訳『科学の科学：科学技術時代の社会』(法政大学出版局、1969 年)〕

Gonner, E.G.K., *The social philosophy of Rodbertus* (London, Macmillan, 1899).

Gothein, E., art. "Gesellschaft und Gesellschaftswissenschaft," in: Conrad, J., Elster, L., Lexis, W. and Loening, Edg. (eds), *Handwörterbuch der Staatswissenschaften,* Band 4 (Jena, Verlag von Gustav Fischer, 1900, 2nd Ed.).

Graham, W., *The social problem: in its economical, moral, and political aspects* (London, Kegan Paul, Trench, 1886).

——, *Socialism, new and old,* (London, K. Paul, Trench, Trübner, 1890).

Gramsci, A., Caprioglio, S. and Fubini, E. (eds.), *Lettere dal carcere* (Turin, G. Einaudi, 1965).〔大久保昭男・坂井信義訳『愛よ知よ永遠なれ：グラムシ獄中からの手紙』全 4 巻(大月書店、1982 年)〕

Gramsci, A., "La Rivoluzione contro il Capitale," in: *Scritti giovanili, 1914-1918* (Turin, G. Einaudi, 1958)〔上杉聰彦訳「資本論に反する革命」、石堂清倫編『グラムシ政治論文集』全 3 巻 (五月社、1976 - 9 年) 第二巻所収〕

——, Buttigieg, J.A., (ed.), *Prison Notebooks* (New York, Columbia University Press,1992).

Gramsci, A. Hoare, Q. and Nowell-Smith, G. (ed.), *Selections from the Prison Notebooks of Antonio Gramsci* (London, Lawrence and Wishart, 1971).

Gramsci, A., Rosengarten, F. (ed.), *Letters from Prison* (New York Columbia University Press, 1993-1994).

Gramsci, Forgacs, D. ed., *A Gramsci reader : selected writings, 1916-1935* (London, Lawrence and Wishart, 1988),〔東京グラムシ研究会監修・訳『グラムシ・リーダー』(御茶の水書房、1995 年)〕

Günther, R. and Schrot, G., "*Problèmes théoriques de la société esclavagiste,*" Recherches Internationales à la lumière de marxisme 2, May–June (Paris, 1957).

Guest, C.H. (ed.), *David Guest: a scientist fights for freedom (1911-1938): a memoir* (London, Lawrence & Wishart Ltd., 1939).

Guest, G., *A text book of dialectical materialism* (London, London: Lawrence & Wishart, 1939).

Haldane, J.B.S., "A Dialectical Account of Evolution," *Science and Society,* 1, 4 (1937).

——, *The Marxist philosophy and the Sciences* (London, G. Allen & Unwin, 1938).

Hammer, J. v., *Geschichte des Osmanischen Reiches, großentheils aus bisher unbenützen Handschriften und Archiven durch Joseph von Hammer* (Pesth, C.A. Hartleben, 1835).

Hassen, G., *Die Aufhebung der Leibeigenschaft und die Umgestaltung der gutsherrlich-bäuerlichen Verhältnisse überhaupt in den Herzogthümern Schleswig und Holstein* (St Petersburg, Eggers, 1861).

Haupt, G., "Emigration et diffusion des idées socialistes: l'exemple d'Anna Kuliscioff, " *Pluriel* 14 (1978).

——, "Le rôle de l'exil dans la diffusion de l'image

Maspero, 1972).
Coats, A., W., art. "ELY, RICHARD T.," in: Sills, D.L. (ed), *International encyclopedia of the social sciences,* vol. 5 ([New York], Macmillan, Free Press , 1968).
Cohen, G.A., *Karl Marx's theory of history: a defence* (Oxford, Clarendon Press, 1978).
Cole, G.D.H., *The world of labour : a discussion of the present and future of trade unionism* (London, G. Bell & Sons, 1913).
——, *The Second International, 1889-1914* (London, Macmillan, 1956).
Colletti, L., *From Rousseau to Lenin: studies in ideology and society* (New York, Monthly Review Press, 1972).
Communist Party of Great Britain, *For peace and plenty! ; Report of the 15th congress of the Communist Party of Great Britain* (London, Communist Party of Great Britain, 1938).
Crick, B., *George Orwell : a life* (London, Secker & Warburg, 1980).〔河合秀和訳『ジョージ・オーウェル：ひとつの生き方』上下（岩波書店、1983年)〕
Cunningham, W.,"The Progress of Socialism in England," *Contemp. Rev.* (January, 1879).
——, *Politics and economics : an essay on the nature of the principles of political economy, together with a survey of recent legislation* (London, Kegan Paul, Trench, 1885).
Dawson, W.H., *German socialism and Ferdinand Lassalle : a biographical history of German socialistic movements during this century* (London., Swan Sonnenschein, 1888).
Debray, R., *Révolution dans la révolution? : et autres essais* (Paris, F. Maspero, 1967).〔谷口侑訳『革命の中の革命』(晶文社、1967年)〕
Desai, M., *Marxian economic theory* (London Gray-Mills Pub, 1974).
Dobb, M.H., *Russian economic development since the revolution* (London, G. Routledge & sons, 1928).〔野々村一雄訳『ソヴェト経済史：1917年以後のソヴェト経済の発展』上（日本評論社、1974年)〕
Dobb, M.H., Studies in the development of capitalism (London, Routledge & Kegan Paul, 1946).〔京大近代史研究會訳『資本主義發展の研究』1・2（岩波書店、1954 - 5年)〕
Draper, H., *The Annotated Communist Manifesto* (Berkeley, Center for Socialist History, 1984)
.
Duclos, J., "On the Dissolution of the Communist Party of the United States," Cahiers du Communisme (April, 1945).
Ely, R.T., *French and German socialism in modern times* (New York., Harper & Brothers, 1883).
Engels, F., Wangermann, E. (ed)., *The role of force in history : a study of Bismarck's policy of blood and iron* (London, Lawrence & Wishart, 1968).
Erhardt, L., "Literaturberichit : Die Probleme einer Philosophie der Geschichte. Vorlesung, gehalten in der Universität zu Rom am 28 Feburar 1887 von Antonio Labriola. Deutsch von Richard Otto, Leipzig, G. Reißner, 1888," *Historische Zeitschrift,* 64 (1890).
Ermers, M., *Victor Adler : Aufstieg und Grösse einer Sozialistichen Partei* (Wien, H. Epstein, 1932)
.
Evans, R., "The Creighton Century: British Historians and Europe 1907 - 2007," in: Bates, D., Wallis and J., Winters, J. (eds.), *The Creighton Century 1907 - 2007* (London, Institute of Historical Research, 2009).
Fauvet, J., *De la guerre à la guerre, 1917-1939* (Paris, Fayard, 1964).
Favilli, P., *Storia del marxismo italiano: dalle origini alla grande guerra* (Milano, FrancoAngeli, 1996).
Fejtö, F., *Histoire des démocraties populaires: Après Staline 1953-1968* (Paris, Éditions du Seuil, 1969).〔熊田亨訳『スターリン以後の東欧』(岩波書店、1978年)〕
Flint, R., *Socialism* (London, 1895).
Förder, H., *Marx und Engels am Vorabend der Revolution : die Ausarbeitung der politischen Richtlinien für die deutschen Kommunisten (1846-1848)* (Berlin, Akademie-Verlag, 1960).
Forster, R.C., *The historical geography of Arabia, or, The patriarchal evidences of revealed religion: a memoir, with illustrative maps: and an appendix, containing translations, with an alphabet and glossary, of the Hamyaritic inscriptions recently discovered in Hadramaut* (London, Duncan and Malcolm, 1844).
Foster-Carter, A., 1978. "The Mode of Production Debate," *New Left Review* 107 (1978).
Foxwell, H.S., "The Economic Movement in England," *The quarterly journal of economics* (1888).
Francis, H., "Survey of Miners' Institutes and Welfare Hall Libraries," Llafur 1, 2 (1973).

1994).
Bebel, A., *Charles Fourier: sein Leben und seine Theorien* (Stuttgart, J.H.W. Dietz, 1890).
Becker, H. and Barnes, H. E., *Social Thought from Lore to Science* vol.3 (3rd (edn.), New York, Dover, 1961)
Below, G.v., 1898. "Die neue historische Methode," *Historische Zeitschrift*, 81 (1898)
Bernier, *de François Bernier, docteur en médecine de la Faculté de Montpellier, contenant la description des États du Grand Mogol, de l'Indoustan, du Royaume de Cachemire, etc* (Paris, 1830). 関美奈子訳『ムガル帝国史』1-2(岩波書店、2001年)
Bloom, S.F., *The world of nations: a study of the national implications in the work of Karl Marx* (New York Columbia University Press, 1941).
Blumenberg, W. (ed.), *August Bebels Briefwechsel mit Friedrich Engels* (The Hague, Mouton, 1965).
Böhm-Bawerk, von E.v., *Zum Abschluss des Marxschen Systems* (Berlin, O. Haering, 1896).〔木本幸造訳『マルクス体系の終結』(未来社、1992年復刊)〕
Bogdanov, A., *A Short Course of Economic Science*, 1897, revised 1919 (London, Labour,1927).〔林房雄訳『經濟科學概論』(白揚社、1925年)〕
Bonar, J., *Philosophy and political economy : in some of their historical relations* (London, S. Sonnenschein; New York, Macmillan,1893).〔東晋太郎訳『經濟哲學史』(大鐙閣、1921年)〕
Bosanquet, B., *The Philosophical Theory of the State* (London, Macmillan, 1899).
Botz, G., Brandstetter, G. and Pollak, M., *Im Schatten der Arbeiterbewegung: zur Geschichte des Anarchismus in Österreich und Deutschland* (Wien, Europaverl, 1977).
Bourgin, H., *De Jaurès à Léon Blum: l'École normale et la politique* (Paris, A. Fayard, 1938).
Boyle, A., *The climate of treason: five who spied for Russia* (London, Hutchinson, 1980).〔亀田政弘訳『裏切りの季節』(サンケイ出版、1980年)〕
Brissot de Warville, J.-P., *Recherches philosophiques sur le droit de propriété et le Vol* (1780).
Browder, E., *Tehran and America: Perspectives and Tasks* (New York, Workers Library Publishers, 1944).
Brown, A., *J.D. Bernal: the sage of science* (Oxford University Press, 2005).
Buhle, P., *Marxism in the USA: From 1870 to the Present Day* (London, Verso, 1897).
Bullock, A. and Stallybrass, O. (eds.), *The Fontana Dictionary of Modern Thought* (London, Collins, 1977).
Burhop, E.H.S., "Scientists and Public Affairs," in: Goldsmith G. and Mackay A. (eds.), *The Science of Science* (London, Souvenir Press, 1964).〔是永純弘訳「科学者と社会活動」、ゴールドスミス，マカイ編、是永純弘訳『科学の科学：科学技術時代の社会』(法政大学出版局、1969年) 所収〕
Burke, P., "Revolution in Popular Culture," in: Porter, R. and Teich, M. (eds.), *Revolution in History* (Cambridge, Cambridge University Press, 1986).
Cabet, E., *Comment je suis communiste et mon credo communiste* (Paris, Au Bureau du Populaire, 1841).
Campbell, G., *Modern India: a sketch of the system of civil government: to which is prefixed, some account of the natives and native institutions* (London, J. Murray, 1852).
Carr, E.H., 1953. "The Marxist attitude to War," in: *The Bolshevik Revolution, 1917-1923 III* (London, Macmillan, 1953).〔宇高基輔訳「戦争にたいするマルクス主義者の態度」、『ボリシェヴィキ革命』第三巻 (みすず書房、1971年) 所収〕
Carroll, N., *The odyssey of the Abraham Lincoln Brigade : Americans in the Spanish Civil War* (Stanford, Stanford University Press, 1994).
Carter, M., *Anthony Blunt: His Lives* (London, Macmillan, 2001).
Castells, A., *Las Brigadas Internacionales de la guerra de España* (Barcelona, Editorial, Ariel, 1974).
Caudwell, C., *The crisis in physics* (London, John Lane The Bodley Head, 1939).
Caute, D., *The Fellow Travellers: A Postscript to the Enlightment* (London, MacMillan, 1973).
Charle, C., *Les intellectuels en Europe au XIXe siècle : essai d'histoire comparée* (Paris, Éditions du Seuil, 1966).
Ciccotti, E., *Il tramonto della schiavitù nel mondo antico: un saggio* (Torino, Fratelli Bocca, 1899).
Claudin, F., *La crise du mouvement communiste du komintern au kominform* (Paris, François

【全集第 30 巻】
「マルクスからフェルディナント・フライリヒラートへ、1860 年 2 月 29 日」(川口浩訳)
「マルクスからルートヴィヒ・クーゲルマンへ、1862 年 12 月 28 日」(良知力訳)
【全集第 31 巻】
「マルクスからフランソワ・ラファルグへ、1866 年 11 月 12 日」(渡辺寛訳)
【全集第 32 巻】
「マルクスからエンゲルスへ、1868 年 3 月 14 日」(岡崎次郎訳)
「マルクスからエンゲルスへ、1868 年 3 月 25 日」(岡崎次郎訳)
「マルクスからルートヴィヒ・クーゲルマンへ、1869 年 11 月 29 日」(下村由一訳)
「マルクスからラウラおよびポール・ラファルグへ、1870 年 3 月 5 日」(下村由一訳)
「マルクスからジークフリート・マイアーおよびアウグスト・フォークトへ、1870 年 4 月 9 日」(下村由一訳)
「マルクスからポールおよびラウラ・ラファルグへ、1870 年 4 月 18 日」(下村由一訳)
【全集第 33 巻】
「マルクスからエンゲルスへ、1870 年 8 月 17 日」(岡崎次郎訳)
「マルクスからフリードリヒ・ボルテへ、1871 年 11 月 23 日」(下村由一訳)
【全集第 34 巻】
「マルクスからフリードリヒ・アードルフ・ゾルゲへ、1877 年 9 月 27 日」(川口浩訳)
「マルクスからニコライ・コランチェヴィチ・ダニエリソーンへ、1880 年 9 月 12 日」(髙橋勝之訳)
「現代社会主義の創始者とのインタヴュー」(川口浩訳)
【全集第 35 巻】
「マルクスからフェルディナンド・ドメラ・ニーウェンホイスへ、1881 年 2 月 22 日」(土屋保男訳)
「マルクスからヴェラ・イヴァーノヴナ・ザスーリチへ、1881 年 3 月 8 日」(土屋保男訳)

その他の引用・参考文献

Abelove, H. et al. (eds.), *Visions of history* (New York, Pantheon Books, 1983).〔近藤和彦、野村達朗編訳『歴史家たち』(名古屋大学出版会、1990 年)〕

Adler, M., *Der Sozialismus und die Intellektuellen* (Wien, I. Brand, 1919).

Advielle, V., *Histoire de Gracchus Babeuf et du babouvisme: d'après de nombreux documents inédits* (Paris, Chez l'auteur, 1884).

Agosti, A., 1999. *Bandiere rosse: un profilo storico dei comunismi europei* (Rome, Editori riuniti, 1999).

Amendola, G., *Un'isola* (Milano, Rizzoli, 1980).

Anderson, P., *Considerations on Western Marxism* (London, NLB, 1976).〔中野実訳『西欧マルクス主義』(新評論、1979 年)〕

Andréas, B., *Le manifeste communiste de Marx et Engels: histoire et bibliographie, 1848-1918* (Milano, Feltrinelli, 1963).

Ashton, T.S. et al., Hayek, F.A. (ed.), *Capitalism and the Historians* (London, Routledge & Kegan Paul, 1954).

Aucouturier, M., "Le Problème de l'intelligentsia vue par les publicistes marxistes avant la révolution," *Cahiers du Monde Russe et Soviétique,* XIX, 3 (1978).

Avineri, S., *The Social and Political Thought of Karl Marx* (Cambridge, Cambridge University Press, 1968).〔中村恒矩訳『終末論と弁証法：マルクスの社会・政治思想』(法政大学出版局、1984 年)〕

Baby, J. et al., *Sciences physico-mathématiques, sciences naturelles, sciences humaines* (*A la lumière du marxisme: essais*) (Paris, Editions sociales internationals, 1936).〔*A la lumière du marxisme* は、1935 年に出版された書籍もあるが、1936 年に出版されたものは、シリーズ名として *A la lumière du marxisme* が用いられており、第 1 巻が本書、第 2 巻が *Karl Marx et la pensée moderne* (*A la lumière du marxisme : essais, t. 2*) (Paris, Editions sociales internationals, 1937).〕

Balfour, A.J., 1885. "Land, Land Reformers, and the Nation.," in: *The Report of the proceedings and papers read in Prince's Hall, Piccadilly under the presidency of the Right Hon. Sir Charles W. Dilke, on the 28th, 29th, and 30th January 1885,* (London, 1885.)

Baran, P. and Sweezy, P., *Monopoly capital : an essay on the American economic and social order* (New York, Monthly Review Press, 1966).〔小原敬士訳『独占資本：アメリカの経済・社会秩序にかんする試論』(岩波書店、1967 年)〕

Baxwell, R., *British volunteers in the Spanish Civil War: the British Battallion in the International Brigades, 1936-1939* (London, Routledge,

「エンゲルスからマルクスへ、1853 年 6 月 9 日」（岡崎次郎訳）
【全集第 29 巻】
「エンゲルスからマルクスへ、1856 年 9 月 27 日以後」（萩原直訳）
「エンゲルスからマルクスへ、1857 年 11 月 15 日」（下村由一訳）
「エンゲルスからマルクスへ、1858 年 10 月 7 日」（中村稔生訳）
【全集第 31 巻】
「エンゲルスからマルクスへ、1866 年 4 月 13 日」（渡辺寛訳）
【全集第 33 巻】
「エンゲルスからマルクスへ、1870 年 8 月 15 日」（岡崎次郎訳）
【全集第 34 巻】
「エンゲルスからマルクスへ、1879 年 9 月 9 日」（岡崎次郎訳）
【全集第 35 巻】
「エンゲルスからマルクスへ、1882 年 12 月 15 日」（岡崎次郎訳）
「エンゲルスからマルクスへ、1882 年 12 月 16 日」（岡崎次郎訳）

●エンゲルスから第三者へ

【全集第 34 巻】
「エンゲルスからアウグスト・ベーベルへ、1879 年 12 月 16 日」（髙橋勝之訳）
【全集第 35 巻】
「エンゲルスからカール・カウツキーへ、1882 年 2 月 7 日」（岡崎次郎訳）
「エンゲルスからエードゥアルト・ベルンシュタインへ、1882 年 2 月 22 日－25 日」（岡崎次郎訳）
「エンゲルスからエードゥアルト・ベルンシュタインへ、1882 年 6 月 26 日」（岡崎次郎訳）
「エンゲルスからエードゥアルト・ベルンシュタインへ、1882 年 8 月 9 日、エジプトについて」（岡崎次郎訳）
「エンゲルスからカール・カウツキーへ、1882 年 9 月 12 日」（岡崎次郎訳）
「エンゲルスからアウグスト・ベーベルへ、1882 年 9 月 23 日」（岡崎次郎訳）
「エンゲルスからアウグスト・ベーベルへ、1882 年 12 月 22 日」（岡崎次郎訳）
【全集第 36 巻】
「エンゲルスからエードゥアルト・ベルンシュタインへ、1883 年 8 月 27 日」（良知力訳）
「エンゲルスからエードゥアルト・ベルンシュタインへ、1884 年 3 月 24 日」（村田陽一訳）
「エンゲルスからアウグスト・ベーベルへ、1884 年 12 月 11 日－12 日」（村田陽一訳）
「エンゲルスからアウグスト・ベーベルへ、1885 年 11 月 17 日」（川口浩訳）
「エンゲルスからアウグスト・ベーベルへ、1886 年 9 月 13 日－14 日」（林睦実訳）
「エンゲルスからフーリドリヒ・アードルフ・ゾルゲへ、1886 年 11 月 29 日」（森田茂訳）
「エンゲルスからフェルディナント・ドメラ・ニーウェンホイスへ、1887 年 1 月 11 日」（下村由一訳）
【全集第 37 巻】
「エンゲルスからポール・ラファルグへ、1889 年 3 月 25 日」（森田茂訳）
「エンゲルスからヴェラ・イヴァーノヴナ・ザスーリチへ、1890 年 4 月 3 日」（土屋保男訳）
「エンゲルスからヨゼフ・ブロッホへ、1890 年 9 月 21 日－22 日」（下村由一訳）
【全集第 38 巻】
「エンゲルスからアウグスト・ベーベルへ、1891 年 5 月 1 日－2 日」（川口浩訳）
「エンゲルスからアウグスト・ベーベルへ、1891 年 9 月 29 日－10 月 1 日」（川口浩訳）
「エンゲルスからラウラ・ラファルグへ、1892 年 12 月 5 日」下村由一訳）
【全集第 39 巻】
「エンゲルスからヴィクトル・アードラーへ、1893 年 10 月 11 日」（村田陽一訳）
「エンゲルスからヴィクトル・アードラーへ、1894 年 7 月 17 日」（土屋保男訳）
「エンゲルスからフェルディナント・テニエスへ、1895 年 1 月 24 日」（小西悟訳）
「エンゲルスからリヒャルト・フィッシャーへ、1895 年 3 月 8 日」（林睦実訳）

●マルクスからエンゲルスへ

【全集第 28 巻】
「マルクスからエンゲルスへ、1853 年 5 月 21 日」（岡崎次郎訳）
「マルクスからエンゲルスへ、1853 年 6 月 2 日」（岡崎次郎訳）
「マルクスからエンゲルス、1853 年 6 月 14 日」（岡崎次郎訳）
【全集第 29 巻】
「マルクスからエンゲルスへ、1856 年 9 月 26 日」（萩原直訳）

●マルクスから第三者へ

【全集第 28 巻】
「マルクスからヨーゼフ・ヴァイデマイアーへ、1852 年 3 月 5 日」（良知力訳）

ごろ☆
【全集第 17 巻】
『フランスにおける内乱　国際労働者協会総評議会の呼びかけ』（村田陽一訳）、1871 年 4 月－ 5 月
「〔国際労働者協会創立 7 周年祝賀会での演説 1871 年 9 月 25 日、ロンドンにおいて〕」（渡辺寛訳）、『ザ・ワールド』1871 年 10 月 15 日付
「〔『フランスにおける内乱』〕草稿」（村田陽一訳）
【全集第 18 巻】
「〔ハーグ大会についての演説〕」（村田陽一訳）、『ラ・リベルテ』1872 年 9 月 15 日付
「政治問題への無関心」（髙橋勝之訳）、『1874 年度共和主義年鑑』
【全集第 19 巻】
「ゴータ綱領批判」（山辺健太郎訳）、1874 年 4 月－ 5 月初め
「〔ヴェ・イ・ザスーリチへの手紙〕」（平田清明訳）、1881 年 3 月 8 日
「〔ヴェ・イ・ザスーリチの手紙への回答の下書〕」（平田清明訳）、1881 年 2 月末－ 3 月初め
【全集第 23 巻 a・b】
『資本論　第一巻』（岡崎次郎訳）
【全集第 25 巻 a・b】
『資本論　第三巻』（岡崎次郎訳）
【全集第 26 巻 I・II・III】
「剰余価値学説」（I・II：時永淑訳、III：岡崎次郎・時永淑訳）
【全集以外】
『経済学批判要綱（草案）: 1857 － 1858 年』（大月書店、1858 － 65 年）
Marx, K., “Peuchet on Suicide”（Collected Works, vol. 4）.
——, “Draft Plan for a Work on the Modern State”（Collected Works, vol. 4）.
——, “Draft Plan for Section III of the Manifesto of the Communist Party”（Collected Works, vol. 6）.
——, “Konspekt der Debatten über das Sozialistengesetz, 1878,” in: *Adoratski, W.（ed）, Briefe an A. Bebel, W. Liebknecht, K. Kautsky und andere*, 1（Moscow-Leningrard, 1933）.

マルクス＝エンゲルスの著作

【全集第 2 巻】
『聖家族　別名　批判的批判の批判　ブルーノ・バウアーとその伴侶を駁す』（石堂清倫訳）、1844 年 9 月－ 1845 年 11 月
【全集第 3 巻】
「ドイツ・イデオロギー　最近のドイツ哲学——それの代表者フォイエルバッハ、B・バウアーおよびシュティルナーにおける——およびドイツ社会主義——それのさまざまなる予言者における——の批判」（真下信一、藤野渉、竹内良知訳）、1845 年－ 46 年☆
【全集第 4 巻】
『共産党宣言』（村田陽一訳）、1847 年 12 月－ 1848 年 1 月
【全集第 7 巻】
「1850 年 6 月の中央委員会の同盟員への呼びかけ」（村田陽一訳）、1850 年 6 月
【全集第 17 巻】
「1871 年 9 月 17 日から 23 日までロンドンで開催された国際労働者協会代表者協議会の諸決議」（渡辺寛訳）、1871 年 10 月 17 日
【全集第 19 巻】
「〔『共産党宣言』ロシア語第 2 版序文〕」（村田陽一訳）、1882 年 1 月 21 日
【全集以外】
Marx, K.-Engels, F., “Plan of the “Library of the Best Foreign Socialist Writers””（Collected Works, vol.4）.

書簡など

●エンゲルスからマルクスへ

【全集第 27 巻】
「エンゲルスからマルクスへ、1845 年 3 月 17 日」（岡崎次郎訳）
【全集第 28 巻】
「エンゲルスかちマルクスへ、1853 年 5 月 20 日」（岡崎次郎訳）
「エンゲルスからマルクスへ、1853 年 5 月 18 日」〔全集では、5 月 18 日付けのものは掲載されていないが、5 月 26 日ごろとされるもの（岡崎次郎訳）が、当該書簡と思われる〕
「エンゲルスからマルクスへ、1853 年 5 月 31 日」（岡崎次郎訳）
「エンゲルスからマルクスへ、1853 年 6 月 1 日」（岡崎次郎訳）
「エンゲルスからマルクスへ、1853 年 6 月 6 日」（岡崎次郎訳）

党裁判の新装1885年版への序文〕」（山辺健太郎訳）、1885年10月8日
「〔『共産党宣言』（1888年の英語版）の〕序文」（村田陽一訳）、1888年1月30日
「〔封建制度の衰退とブルジョワジーの勃興について〕」（村田陽一訳）、1884年末☆
【全集第22巻】
「〔カール・マルクス『フランスにおける内乱』（1891年版）への〕序文」（村田陽一訳）、1891年3月18日
『1891年の社会民主党綱領草案の批判』（村田陽一訳）、1891年6月18日と29日のあいだ
「〔ブリュッセル大会とヨーロッパの情勢について（ポール・ラファルグあての手紙から）〕」（川口浩訳）、『ル・ソシアリスト』1891年9月12日付
「ドイツにおける社会主義」（内山敏訳）、『ディー・ノイエ・ツァイト』1892年7月
「〔『空想から科学への社会主義の発展』英語版（1892年）への〕序論」（寺沢恒信訳）、1892年4月20日
「〔『ロシアの社会状態』への〕あとがき（1894年）」（土屋保男訳）、1894年1月前半
「将来のイタリア革命と社会党」（髙橋勝之訳）、1894年1月26日
「フランスとドイツにおける農民問題」（村田陽一訳）、『ディー・ノイエ・ツァイト』1894年11月
「〔カール・マルクス『フランスにおける階級闘争　1848年から1850年まで』（1895年版）への〕序文」（中原稔生訳）、1895年3月6日
【全集第23巻a】
「『資本論』英語版への序文」（岡崎次郎訳）
【全集以外】
Engels, F., Manifesto: Draft of a Communist Confession of Faith（Collected Works vol.6）.

マルクスの著作

【全集第1巻】
「歴史法学派の哲学的宣言」（出隆訳）、『ライン新聞』1842年8月9日付、付録
「共産主義とアウグスブルク『アルゲマイネ・ツァイトゥング』」（村田陽一訳）、『ライン新聞』1842年10月16日付、付録
「『ケルン新聞』と『ライプイガー・アルゲマイネ・ツァイトゥング』の発禁」（小松茂夫訳）、『ライン新聞』1843年1月4日付
「ヘーゲル法哲学の批判から〔ヘーゲル国法論（第261節－第313節）の批判〕」（平林泰之・土屋保男訳）、1843年☆
「『独仏年誌』（1844年）からの手紙」（花田圭介訳）、1843年3月、5月、9月
「ヘーゲル法哲学批判　序説」（花田圭介訳）、『独仏年誌』1844年
「論文『プロイセン国王と社会改革――プロイセン人』（にたいする批判的論評」（鎌田武治・長洲一二訳）、『フォルヴェルツ！』1844年8月7日、10日付
【全集第3巻】
「〔フォイエルバッハにかんするテーゼ〕」（真下信一訳）、1845年春
【全集第4巻】
『哲学の貧困　プルードンの『貧困の哲学』への返答』（平田清明訳）、1846年12月末から1847年4月初めのあいだ
「道徳的批判と批判的道徳　ドイツ文化史に資して　カール・ハインツェンにたいするカール・マルクスの反論」（石堂清倫訳）、『ブリュッセル－ドイツ語新聞』1847年10月28日、31日、11月11日、18日、25日付）
【全集第6巻】
「革命運動」（中原稔生訳）、『新ライン新聞』1849年1月1日付
『賃労働と資本』（長洲一二訳）、『新ライン新聞』1849年4月5日、6日、7日、8日、11日付）
【全集第8巻】
『ルイ・ボナパルトのブリュメール18日』（村田陽一訳）、『ディー・レヴォルツィオーン、不定期刊行雑誌』1852年、第1号
【全集第13巻】
『経済学批判　第1分冊』（杉本俊朗訳）、1858年8月－1859年1月
「〔経済学批判への〕序説」（岡崎次郎訳）、1857年8月末－9月半ば☆
【全集第16巻】
「国際労働者協会創立宣言」（村田陽一訳）、1864年10月21日から26日までのあいだ
「P・J・プルードンについて〔J・B・フォン・シュヴァイツアーへの手紙〕」（村田陽一訳）（『デル・ゾツィアル－デモクラート』1865年2月1日、3日、5日付）
「賃金、価格、利潤」（村田陽一訳）、1865年5月末－6月17日☆
「総評議会からラテン系スイス連合評議会へ」（内山敏訳）、1870年1月1日ごろ
「非公開通知」（髙橋勝之訳）1870年3月28日

引用・参考文献一覧

・原注において言及されているもの、本文で題名が挙げられているものをとりまとめた。
・日付のあとの☆は、ドイツ語版全集のテキストがマルクス＝エンゲルスの手稿から直接再録されたことを示している。
・「全集」とは、『マルクス＝エンゲルス全集』（大月書店版）を指す。

エンゲルスの著作

【全集第１巻】

「大陸における社会改革の進展」（水田洋訳）、『ザ・ニュー・モラル・ワールド』1843年11月4日付、第19号

「国民経済学批判大綱」（平木恭三郎訳）、『独仏年誌』1844年

「イギリスの状態　I　18世紀」（村田陽一訳）、『フォールヴェルツ！』1844年8月31日、9月4日、7日、11日付

【全集第２巻】

『イギリスにおける労働者階級の状態　著者自身の観察および確実な文献による』（岡茂男訳）、1844年9月－1845年3月

「近代に成立し今も存続している共産移住地の記述」（土屋保男訳）、『ドイッチェス・ブュルガーブーフ・フュール・アインタウゼント・アハト・フンデルト・フュンフ・ウント・フィーアツィヒ』

「フーリエの商業論の一断章〔序文と結語〕」（杉本俊朗訳）、『ドイッチェス・ブュルガーブーフ・フュール・アインタウゼント・アハトフンデルト・ゼックス・ウント・フィーアツィヒ』

【全集第４巻】

「共産主義者の原理」（山辺健太郎訳）、1847年10月末－11月☆

「〔『共産党宣言』〕1883年ドイツ語版序文」（村田陽一訳）、1883年6月28日

【全集第５巻】

「フランクフルトにおけるポーランド討論（続き）」（村田陽一訳）、『新ライン新聞』1848年8月31日付

【全集第７巻】

『ドイツ農民戦争』（伊藤新一・土屋保男訳）、『新ライン新聞、政治経済評論』第5・6号合併号、1850年5－10月

【全集第８巻】

「ドイツにおける革命と反革命」（村田陽一訳）、『ニューヨーク・デイリー・トリビューン』1851年10月25日、28日、11月6日、7日、12日、28日、1852年2月27日、3月5日、15日、18日、19日、4月9日、17日、24日、7月27日、8月19日、9月18日、10月2日、23日付

「昨年12月のフランスのプロレタリアートが不活発だった真の原因」（村田陽一訳）、『ノーツ・トゥー・ザ・ピープル』1852年2月21日、3月27日、4月10日付

【全集第16巻】

「労働者階級はポーランドについてなにをなすべきか？」（川上洸訳）、『ザ・コモンウェルス』1866年3月24日、31日、5月5日付

【全集第17巻】

「労働者階級の政治活動について〔1871年9月21日の協議会での演説の自筆の記録〕」（野沢協訳）、1871年9月21日

【全集第18巻】

「〔『ロシアの社会状態』の〕あとがき（1894年）」（土屋保男訳）、1894年1月前半

【全集第19巻】

『空想から科学への社会主義の発展』（寺沢恒信・村田陽一訳）、1880年1月－3月半ば

『マルク（ドイツの農民。彼はなんであったか、なんであるか、またなんでありうるか）』（村田陽一訳）、1882年9月半ば－12月半ば

「ドイツ人の古代史によせて」（萩原直訳）、1881年－1882年年☆

【全集第20巻】

『オイゲン・デューリング氏の科学の変革　（反デューリング論）』（村田陽一訳）、1876年9月—1878年6月☆

「自然の弁証法」（菅原仰訳）、1873年－1883年、いくつかの補足は1885年－1886年

【全集第21巻】

『家族、私有財産、国家の起源　ルイス・H・モーガンの研究に関連して』（村田陽一訳）、1884年3月末－5月26日

「1854年と1885年のイギリス」（岡茂男訳）、『ザ・コモンウィール』1885年3月・『ディー・ノイエ・ツァイト』1885年6月

「共産主義者同盟の歴史によせて〔ケルン共産

●ま行

●や行

●ら行

●わ行

●た行

●な行

●は行

●や行

●ら行

地名・国名索引

●あ行

●か行

●さ行

書名索引

●ま行

●や行

●ら行

●た行

●な行

●は行

●さ行

事項索引

●あ行

●か行

●や行

●ら行

●わ行

●ま行

●は行

●た行

●な行

●さ行

人名索引

マルクスとエンゲルスは、本書全体にわたり多出のために掲載していない。

●あ行

●か行

[監訳者]
水田 洋（みずた・ひろし）
1919年生まれ。名古屋大学名誉教授、日本学士院会員。専攻は社会思想史。2001年に「18世紀スコットランド研究国際学会（Eighteenth-Century Scottish Studies Society）生涯業績賞」。主著に、『近代人の形成』（東大出版会）、『アダム・スミス研究』（未來社）ほか。主な訳書に、ホッブズ『リヴァイアサン』（岩波書店）、アダム・スミス『道徳感情論』（岩波書店）、アダム・スミス『国富論』（河出書房新社）ほか多数。

[翻訳者]
伊藤 誠（いとう・まこと）
1936年生まれ。東京大学名誉教授、日本学士院会員。専攻は理論経済学。2012年に「The World Association for Political Economy,Marxian Economics Award」、2016年に「経済理論学会・ラウトレッジ国際賞」を受賞。主著に、『「資本論」を読む』（講談社学術文庫）、『資本主義の限界とオルタナティブ』（岩波書店）、『マルクス経済学の方法と現代世界』（桜井書店）、『伊藤誠著作集』（全6巻、社会評論社）ほか多数。

太田仁樹（おおた・よしき）
1950年生まれ。岡山大学名誉教授。専攻は社会思想史。主著に、『レーニンの経済学』（御茶の水書房）、『論戦 マルクス主義理論史研究』（御茶の水書房）ほか。主な訳書に、I･ウォーラーステイン／G・アリギ／T・ホプキンズ『反システム運動』（大村書店）、オットー・バウアー『民族問題と社会民主主義』（共訳、御茶の水書房）、カール・レンナー『諸民族の自決権』（御茶の水書房）ほか多数。

中村勝己（なかむら・かつみ）
1963年生まれ。大学非常勤講師。専攻はイタリア政治思想史。論文に「ヘゲモニーの系譜学――グラムシと現代政治思想」（杉田敦編『講座 政治哲学 第四巻 国家と社会』岩波書店）、「オペライズモの光芒――トロンティの社会的工場論と〈政治〉」（市田良彦・王寺賢太編『現代思想と政治――資本主義･精神分析･哲学』平凡社）ほか。訳書に、ネグリ『戦略の工場』（共訳、作品社）、アガンベン『例外状態』（共訳、未來社）、ボッビオ『光はトリノより』（青土社）ほか。

千葉伸明（ちば・のぶあき）
1970年生まれ。高崎経済大学大学院地域政策研究科博士前期課程修了。専攻は社会思想史。論文に「フーコーの考古学的方法における主体の歴史性――『言葉と物』を中心として」（『地域政策研究』高崎経済大学地域政策学会、2005年3月）。訳書に、ネグリ『戦略の工場』（共訳、作品社）など。

[著者紹介]

エリック・ホブズボーム（Eric Hobsbawm）

イギリスの歴史家。1917年6月9日、エジプト・アレキサンドリアで、ユダヤ系イギリス人の家庭に生まれる。ウィーンおよびベルリンで中学までを過ごし、1933年にロンドンの高校に入る。奨学金を得て、ケンブリッジ大学キングズ・カレッジに入学。「赤いケンブリッジ」と称された知的環境のなかで、思想形成をおこなった。在学中、スペイン戦争の人民戦線救援運動に加わったが、奨学金を得ていたため義勇軍の国際旅団には参加できなかった。第二次大戦が勃発すると招集され、配属された部隊はマレー半島で日本軍に降伏し、泰緬鉄道建設の捕虜となった。しかし、ホブズボーム自身は、イギリス空軍教育隊に派遣されていたため、所属部隊の出発に間に合わなかったので助かったという。ケンブリッジ大学で博士号取得後、ロンドン大学バークベック・カレッジで教鞭を執った。著書『市民革命と産業革命』『資本の時代』『帝国の時代』の「長い19世紀」（1789～1914年）三部作、そして「短い20世紀」（1914～91年）を著わした『20世紀の歴史――極端な時代』などは、世界的なベストセラーとなった。また共編著の『創られた伝統』は、近代において「伝統」が創り出されているという問題を指摘し、歴史学に大きな影響を与えた。著書は単著だけで24冊におよび、14冊が邦訳されている。

2012年10月1日早朝、白血病の複雑化による肺炎のため、ロンドンのロイヤルフリー病院で、95歳で死去。本書への日本語版序文を「間違いなく書く」と旧友の監訳者に約束していたが、残念ながら間に合わなかった。

ホブズボームの墓（ロンドン・ハイゲイト墓地のマルクスとスペンサーの墓のすぐ近くにある。本書14頁参照）

いかに世界を変革するか
——マルクスとマルクス主義の200年

2017年11月20日　第1刷発行
2018年 4 月30日　第3刷発行

著　者——エリック・ホブズボーム
監訳者——水田 洋
翻訳者——伊藤誠、太田仁樹、中村勝己、千葉伸明

発行者——和田 肇
発行所——株式会社作品社
〒102-0072 東京都千代田区飯田橋 2-7-4
tel 03-3262-9753　fax 03-3262-9757
振替口座 00160-3-27183
http://www.sakuhinsha.com
編集担当——内田眞人
本文組版——編集工房あずる＊藤森雅弘／有限会社閏月社
装丁——伊勢功治
印刷・製本——シナノ印刷(株)

ISBN978-4-86182-529-3 C0020

◆作品社の本◆

21世紀に、資本論をいかによむべきか？

F・ジェイムソン　野尻英一訳

資本主義と格差社会、その“先”を見通すために──「失業」と新たな概念「ロスト・ポピュレーションズ」をキーワードに「資本論」理解を刷新する最高の精華！

新訳 初期マルクス

ユダヤ人問題に寄せて／ヘーゲル法哲学批判-序説

カール・マルクス　的場昭弘訳・著

なぜ“ユダヤ人”マルクスは、『資本論』を書かねばならなかったのか？本当の「公共性」、「解放」、「自由」とは何か？《プロレタリアート》発見の1844年に出版された、この二論文に探る。【付】原文、解説、資料、研究編

新訳 共産党宣言

初版ブルクハルト版（1848年）

カール・マルクス　的場昭弘訳・著

膨大で難解な『資本論』に対し、明瞭で具体的な『共産党宣言』を、世界最新の研究動向を反映させた翻訳、丁寧な注解をつけ、この一冊で、マルクスの未来の社会構想がわかる訳者渾身の画期的な試み。

アントニオ・ネグリの著書

戦略の工場

レーニンを超えるレーニン

中村勝己・遠藤孝・千葉伸明訳

世界は、再び動乱と革命の時代を迎えた。20世紀を変革したレーニンの思想と理論を、21世紀変革の「理論的武器」として再構築する。解説：白井聡・市田良彦

マルクスを超えるマルクス

『経済学批判要綱』研究

小倉利丸・清水和巳訳

『資本論』ではなく『経済学批判要綱』のマルクスへ。その政治学的読解によってコミュニズムの再定義を行ない、マルクスを新たなる「武器」に再生させた、〈帝国〉転覆のための政治経済学。

野生のアノマリー

スピノザにおける力能と権力

杉村昌昭・信友建志訳

「ネグリが獄中で書き上げたスピノザ論は、私たちのスピノザ理解を多くの点で刷新した偉大なる書である。ネグリこそは、本物の、そしてもっとも深い、スピノジアンである」（ジル・ドゥルーズ）。現代にスピノザをよみがえらせた、ネグリの名高き話題作の待望の邦訳。

さらば、“近代民主主義”

政治概念のポスト近代革命

杉村昌昭訳

ネグリを批判する聴衆との激烈な討論をへて生まれた、政治概念の再定義。「主権」「市民権」「法」「自由」「抵抗」……、“近代民主主義”の主要な政治概念を根底から覆し、世界の変容に応じて、政治的語彙を再定義する。

ネグリ 生政治的自伝

帰還

杉村昌昭訳

ネグリ自身によるネグリ入門。「赤い旅団」事件から、亡命生活、イタリア帰還まで。『マルクスを超えるマルクス』から『帝国』まで。その思想的核心と波乱の人生を、初めて赤裸々に語った話題の書。